Criminal Procedural Law

刑事诉讼法

陈瑞华 / 著

图书在版编目(CIP)数据

刑事诉讼法/陈瑞华著. —北京:北京大学出版社,2021.1
ISBN 978-7-301-31850-8

Ⅰ.①刑… Ⅱ.①陈… Ⅲ.①刑事诉讼法—中国—高等学校—教材 Ⅳ.①D925.2

中国版本图书馆 CIP 数据核字(2020)第 225942 号

书　　　名	刑事诉讼法 XINGSHI SUSONGFA
著作责任者	陈瑞华　著
责 任 编 辑	邓丽华
标 准 书 号	ISBN 978-7-301-31850-8
出 版 发 行	北京大学出版社
地　　　址	北京市海淀区成府路 205 号　100871
网　　　址	http://www.pup.cn
电 子 邮 箱	编辑部 law@pup.cn　总编室 zpup@pup.cn
新 浪 微 博	@北京大学出版社　@北大出版社法律图书
电　　　话	邮购部 010-62752015　发行部 010-62750672　编辑部 010-62752027
印 刷 者	北京中科印刷有限公司
经 销 者	新华书店
	730 毫米×1020 毫米　16 开本　39.25 印张　643 千字 2021 年 1 月第 1 版　2025 年 6 月第 3 次印刷
定　　　价	118.00 元

未经许可,不得以任何方式复制或抄袭本书之部分或全部内容。

版权所有,侵权必究

举报电话: 010-62752024　电子邮箱: fd@pup.cn
图书如有印装质量问题,请与出版部联系,电话: 010-62756370

作者简介

陈瑞华,法学博士,北京大学法学教授,教育部"长江学者奖励计划"特聘教授。兼任北京大学法学院学术委员会主任,中国法学会常务理事。2004年,获得中国法学会第四届"全国十大杰出青年法学家"称号。

主要研究兴趣为刑事诉讼法学、证据法学、司法制度、企业合规和程序法理论。曾在《中国社会科学》《法学研究》《中国法学》《政法论坛》等刊物发表论文200余篇,出版学术著作20余部。代表作有:《刑事审判原理论》《刑事诉讼的前沿问题》《程序性制裁理论》《程序正义理论》《刑事诉讼的中国模式》《刑事证据法的理论问题》《司法体制改革导论》《刑事辩护的理念》《论法学研究方法》《刑事证据法》等。

内 容 简 介

《刑事诉讼法》是一部以刑事诉讼问题为研究对象的法学教科书。本书以我国现行《刑事诉讼法》和相关司法解释所确立的诉讼制度为基本线索，全面阐述了刑事诉讼法的基本原理、基本范畴和基本制度，对各种程序制度背后的制约因素和理论根据作出了解释。

本书分为"总论""一般程序"和"特别程序"三个部分。在"总论"部分，本书讨论了刑事诉讼法的基本概念和程序法的思维方式，简要分析了刑事诉讼目的、刑事诉讼价值、刑事诉讼构造、刑事之诉的类型和效力、程序性制裁、刑事诉讼基本原则、刑事诉讼主体、刑事辩护、强制措施以及认罪认罚从宽制度，揭示了刑事诉讼法学中较为成熟的基本理论问题，对于那些贯穿刑事诉讼程序始终的程序制度作出了理论上的解释。

在"一般程序"部分，本书按照刑事诉讼程序的先后顺序，对立案、侦查、审查起诉以及第一审、第二审、死刑复核、刑事再审、执行等诉讼程序中的基本理论问题作出了解释，讨论了这些程序的性质、功能、原则、诉讼构造以及较为重要的制度安排，帮助读者深入认识在刑事诉讼程序背后发挥制约作用的理论根据，解释这些程序的框架结构和制度要素。

在"特别程序"部分，本书讨论的是一些容易被人忽略的特殊刑事诉讼程序问题，包括刑事附带民事诉讼程序、刑事和解程序、涉案财物追缴程序、未成年人刑事案件诉讼程序、精神病人强制医疗程序等。本书揭示了这些特别程序的性质、功能、基本原则，也对其程序适用问题作出了理论解释。不仅如此，鉴于我国监察体制改革完成后，反腐败案件从立案、调查到移送审查起诉，再到法庭审判，都形成了一套较为特殊的诉讼程序，因此，本书设置了"反腐败案件特别程序"一章，以便对我国的反腐败案件特殊程序作出统一解释。

本来，证据制度也是刑事诉讼法的重要内容。但考虑到证据法在我国法学教育体系中已经成为一门独立的法学课程，因此，本教科书不再对证据制度作出专门的分析。或许，对于那些刑事诉讼法学的初学者而言，将笔者所著的《刑事证据法》(北京大学出版社出版)与本书一起，作为共同的教科书，将是一种非常明智的选择。

序　言

经过近五年断断续续的写作、整理和打磨,尤其是在 2020 年上半年"新冠疫情"期间历经三个多月的集中努力,这部名为《刑事诉讼法》的法学教科书的创作工作终于完成了。

推出一部个人独立撰写的刑事诉讼法教科书,早在十多年之前就进入了我的学术规划之中。2010 年,我参与了北京大学出版社法学学术教科书系列的出版计划。2012 年 4 月,经过两年的埋头写作,我率先推出了一部刑事证据法教科书。迄今为止,该部教科书已经历过两次较大规模的修订,并于 2018 年 4 月形成了较为成熟的版本。与此同时,我对于刑事诉讼法教科书的写作也在时断时续地进行着。在每两年一次给北大法学院本科生讲授刑事诉讼法课程时,我都根据课堂教学的进度,结合自己对刑事诉讼问题的研究成果,进行教科书相关章节的创作。到 2019 年上半年,这部教科书已经具有了近 25 万字的规模,并形成了一个初步的框架体系。2020 年寒假前往珠海度假,我终于有了相对完整的时间来推进这部教科书的写作进度。春节前后新冠疫情暴发,在滞留当地的几个月时间里,因缺乏可供参考的资料和可供查阅的文献,我无法从事学术论文的写作。于是,索性利用这段时间,全身心地投入到教科书的后期创作之中。在疫情引发的恐慌中,在当地温暖清雅的环境中,战胜了自己的拖沓、懒散和随性,全面调整教科书的框架结构,逐章推敲相关理论的表达方式,精心打磨各个部分的制度分析,最终完成了这部教科书的初稿。通过这一段时间的写作经历,我深深体会到,做任何事情,既要持之以恒,具有"咬定青山不放松"的精神,又要集中精力,掌握"临门一脚"的机会,达到"突破最后防线"的效果。这是在学术上有所成就的必由之路。

但是,相对于写作学术论文而言,写作教科书其实是一件十分乏味甚至痛苦的事情。做学问的人有个"毛病",无论是写论文还是写书,都愿意从事带有创新性和挑战性的工作。那种工作会激发研究者的强烈兴趣,勾起研究者的创作激情,甚至达到为之痴迷、为之忘我、为之癫狂的状态。但是,像写教科书这样的工作,假如仅仅局限于文字的整理和知识的罗列,很容易使人感觉索然无味,兴致阑珊,无法全身心地投入其中。多少次,因为忍受不了教科书写作过程的沉闷乏味,导致中途搁笔,将完成的部分文字"束之高阁",丢到电脑文件夹之中。多少次,因为对已完成部分不甚满意,而整段整节地加以删除。又有多少次,对比那些蔚然成型的法学教科书,会产生与其不能有实质突破,倒不如放弃写作的想法。有时候,在学术创作中,最难克服的不是劳累和艰辛,而是因无法实现自我超越而产生的困惑。

那么,如何克服在教科书写作中遇到的困难呢?我的体会是,一定要对法学教科书作出准确的功能定位,然后根据这种定位来找到创作方法。我以为,一部优秀的法学教科书,至少要发挥四个方面的功能:一是为初学者提供教学参考的功能;二是对相关法学理论进行系统梳理和总结的功能;三是对法律制度进行理论解释的功能;四是对有争议的疑难问题提供解决方案的功能。

首先,法学教科书具有基本的教学参考书功能。若不是出于帮助初学者学习法律的考虑,我们何苦要创作这种尽管体系完整但对每个问题都无法深入讨论的教科书呢?既然是写给初学者的著作,教科书就应对本学科的基本原理、基本概念、基本制度给出清晰准确的解释,为初学者进入法学之门、受到学术训练提供基本的路径。与此同时,作为过来人,我们都曾经对当年学习法律的经历印象深刻,对于那种八股文式的教科书文风深恶痛绝。为避免我们的学生重新遭受这种磨难,我们所创作的教科书应具有清新雅致的文风,编入具有可读性的案例材料。

这部刑事诉讼法教科书的创作过程,其实与我为学生讲授刑事诉讼法课程的过程保持了同步。每经过一轮课程讲授,这部教科书的写作进度就往前推进一步。很多情况下,刚刚讲完某一章节的内容,在课堂上,在黑板前,就产生了新的灵感,于是在课后立即加以整理,就形成了某一章节的大致框架。甚至在一学期的讲授结束之后,因为讲出了不少超过写作进度的内容,所以就参照最优秀学生的课堂笔记,来逐章完善教科书的内容。在这部教科书的最后写作阶段,正值我通过网络方式为本科生讲授刑事诉讼法课程。这给了我全面修改教科书的宝贵机会,通过"边讲课,边调整"的努力,使得很多表述得不顺畅的章节得到了调整,很多不合理的内容设置得到改变,很多不合适的案例材料得到修订。或许,任何写作都不仅仅是创作者单方面的观点表达,而应考虑到受众的可接受性。当年白乐天创作诗歌,尚且要听取众人的反馈,而今天我们创作法学教科书,又怎能不考虑初学者的感受呢?

其次,法学教科书要发挥总结法学理论的功能。有些法学教科书之所以难以得到传播,也无法保持持久的生命力,主要原因在于仅仅满足于知识的传授和法律条文的注释,而无法对相关领域的法学研究成果作出系统的总结和梳理。按照我国的法学传统,一部优秀的法学教科书,既要对研究者自己的学术研究成果进行系统的总结,也应对本学科较为成熟的法学理论作出完整的梳理。在一定意义上,法学教科书应当是法学理论的集大成者。一个初学者,一个对该学科感兴趣的普通读者,甚至一位从事其他法学学科研究的学者,完全可以通过阅读一本优秀的法学教科书,来对该学科的理论水平形成基本的了解。

在写作刑事诉讼法教科书过程中,笔者注重从两个方面整理既有的法学理论:一是在"总论"部分,强化对刑事诉讼基本理论部分的整理,加大刑事诉讼基本原理的分量;二是在"一般程序"和"特殊程序"部分加强对相关理论问题的论述。

民国期间的刑事诉讼法教科书曾经以"刑事诉讼主体""刑事诉讼客体"和"刑事诉讼行为"作为总论部分的基本框架。这一框架后来没有被承继下来。而自上个世纪90年代以来,我国刑事诉讼法学初步形成了以"刑事诉讼目的(价值)""刑事诉讼构造"和"程序性制裁"为核心的理论体系。近期的刑事诉讼法学研究在刑事之诉的分类和效力的研究中出现了一些理论突破,出现了"对人之诉""对物之诉""定罪之诉""量刑之诉""程序之诉"等多个概念。而在刑事诉讼基本原则、辩护制度和认罪认罚从宽制度的研究上,我国法学界也出现了一些创新性的理论观点。对于上述理论观点,刑事诉讼法教科书应当加以总结、梳理和吸收,使之成为可传授给初学者的基本知识。于是,这些理论和观点,就形成了本书"总论"部分的现有框架。

而后面的一般程序和特别程序部分,这部教科书除了对基本概念和基本制度作出解释以外,还要揭示各个程序制度的理论根基,使读者不仅了解程序制度的立法原意,而且更要了解围绕各种制度所形成的成熟理论。例如,对于侦查、审查起诉、第一审程序、第二审程序、刑事附带民事诉讼程序、未成年人刑事案件诉讼程序等,本书都解释了它们各自的性质和功能,分析了各个制度的基本原则,讨论了每一程序的诉讼构造问题。又如,随着近年来刑事和解制度和认罪认罚从宽制度的兴起,一种独立于"对抗性司法"的"合作性司法"理念逐渐得到确立,这种理念带有控辩协商的成分,体现了一种崭新的诉讼价值观念,引领着相关诉讼制度的发展。对于这一理论发展趋势,本书也在适当章节进行了总结和介绍。再如,美国学者赫伯特·帕克所提出的刑事诉讼双重模式理论,格里菲斯提出的家庭模式理论,霍华德·泽赫提出的恢复性司法理论,大陆法学者提出的附带民事诉讼正当性理论,等等,都对我国相关程序制度的改革产生了影响。对于这些理论及其影响,本书在相关章节也作出了简要分析。

再次,法学教科书要注重对现行法律制度进行理论解释,揭示法律条文的立法原意。作为国家基本法律,刑事诉讼法既是一部刑事法,也是一部程序法。这部法律确立了内容繁杂的程序、制度和规则,也随着国家法律制度的改革而处于不断修订完善之中。如何认识这些程序、制度和规则呢?没有一部好的教科书加以指引,初学者经常会感到扑朔迷离,一头雾水,难以找到方向,甚至误入歧途。教科书应当帮助初学者了解各种程序制度的立法原意,揭示法律条文背后的考量因素和制约力量。在一定程度上,除非一部法律发生实质性的修改和变革,否则,一部教科书可以在这部法律的理论解释方面具有较长的生命力。

为发挥对法律制度作出理论解释的功能,笔者在教科书写作中力图不援引任何具体的法律条文,而是对各个程序和制度作出理论上的解释。尤其是对那些容易使初学者感到困惑或迷失方向的问题,本书都给出了简要但尽量系统的分析。例如,对于刑事诉讼法的固有思维方式,对于刑事诉讼的目的,对于国家专门机关的性质和职能,对于检察机关为什么不是当事人,对于为什么要区分"犯罪嫌疑人"和"被告人"的称谓,对于被害人为什么不享有上诉权,对于辩护律师的忠诚义务和公益义务,对于我国非羁押性强制措施和羁押性强制措施的关系,对于"不告不理"与"告诉才处理"的关系,对于为什么要建立"公诉转自诉"的制度,对于三种不起诉制度的性质和效力,对于认罪认罚程序和刑事和解程序的性质和后果,等等,本书都作出了较为系统的理论解释。

最后,法学教科书要对实践中有争议的疑难问题,提供一种解决方案。任何成文法一旦出台,都面临着如何有效实施的问题,也都会遇到抽象的法律规则如何在纷繁复杂的司法实践中得到恰当适用的问题。为解决这一问题,我国最高人民法院和最高人民检察院都发布了一系列司法解释,试图指导司法人员解决各种各样的疑难问题。尽管如此,在刑事诉讼法的实施过程中,仍然会存在大量有争议的疑难问题,不仅在刑事诉讼法中找不到现成的答案,而且就连那些司法解释也难以给出令人满意的解答。要解决这一问题,司法实务工作者和辩护律师就可以求助于刑事诉讼法教科书。而一部优秀的刑事诉讼法教科书,应责无旁贷地发挥解决疑难问题的功能。

例如,在刑事司法实践中,辩护律师经常遇到司法机关管辖不明或者滥用立案管辖权或审判管辖权的问题。如法院院长为本案当事人,本法院刑事法官审判本院民事法官,一个非重要犯罪地法院受理被害人主要为外地人的涉众型经济犯罪案件,一个已经对下级法院请示案件作出过审查和批示的上级法院,负责对案件的二审程序,等等。对于被告人及其辩护律师提出的这类管辖异议或者回避请求,司法机关究竟应如何处理呢?要解决这一问题,就需要认真研究管辖的性质和功能,了解解决管辖异议的基本原则。这部刑事诉讼法教科书对此问题的有关论述,就可以为解决这类问题提供理论上的参考。

又如,2012年修订的《刑事诉讼法》确立了辩护律师向在押嫌疑人、被告人"核实有关证据"的权利。但在司法实践中,辩护律师在会见时究竟可否携带案卷材料,可以携带哪些证据材料,可否将这些证据材料向在押嫌疑人、被告人出示呢?对于这一问题,很多地方的公安机关和检察机关给出不同的解释,使得辩护律师经常莫衷一是,无所适从。其实,本书在讨论嫌疑人、被告人的法律地位时,就已经指出他们处于"第一顺序辩护权行使者"的地位。在讨论辩护律师的忠诚义务时,也指出律师在辩护过程中负有与委托人进行沟通、协商的义务。据此,辩护律师在会见时可以将所掌握的证据材料告知嫌疑人、被告人,听取其意见。本书对此问题已经给出了答案。

再如,刑事诉讼法确立了认罪认罚从宽制度,却没有明确规定检察机关与被告人如何进行有效的量刑协商。有人据此认为我们的法律不存在"量刑协商"机制。其实,根据这一程序的立法原意,嫌疑人认罪认罚的,检察机关应听取嫌疑人、辩护人或者值班律师的意见,并责令嫌疑人签署认罪认罚具结书。这份具结书其实就是检察官与嫌疑人达成的量刑协议。本书对此问题作出了充分的论述。无论是辩护人还是值班律师,都应当与检察官就量刑问题进行充分协商,提出足以说服检察官的量刑筹码,为嫌疑人争取最大限度的宽大量刑方案。借助于教科书的理论解释,无论是检察官还是律师,对于这些疑难问题都是不难解决的。

经过刑事诉讼法教科书的写作过程,笔者将自己近三十年法学研究的成果进行了重新梳理,对自己多年的法学教学经验进行了总结,最终推出了这部带有探索性和试验性的法学教科书。笔者已经概括出了法学教科书的四项基本功能。那么,这部刑事诉讼法教科书真的能实现这些功能吗?这部教科书真的能够实现作者所提倡的自我超越吗?最起码的,这部教科书真的会得到初学者的接受,不会变成作者所批评的那种"面目可憎的教材"吗?……这些问题,都需要通过实践来加以检验。笔者期待着,所有阅读、使用和参考这部教科书的读者,都能从中获取知识、得到启迪和产生灵感!

一如既往,笔者在写作和出版这部刑事诉讼法教科书过程中,得到了诸多人士的帮助和支持。我的学生刘译矾、王瑞剑、毛逸潇在几轮刑事诉讼法课程教学中担任助教,分担了大量繁重的教学辅助工作。通过指导他们的学术写作,我深刻体会到了"教学相长"的道理。我指导过的两位访问学者——吉林财经大学法学院的王喆博士和四川警察学院的张颖教授,对这部教科书的框架结构和写作体例提出了宝贵的意见。北大出版社的邹记东、李霞、白丽丽、邓丽华等诸位编辑,为这部教科书的策划、编辑、出版和推介,投入了劳动,付出了心血,作出了贡献。对于他们(她们)的帮助和支持,表示衷心感谢!

在"新冠疫情"肆虐期间,我的家人陪伴和照顾着我,为我完成这部教科书提供了巨大支持!在一定程度上,这部教科书是我们一起克服困难,共克时艰,共同努力完成的一部作品。家人的支持和帮助,是我从事学术创作的最大动力。

还要感谢数不胜数的法律界朋友以及未曾谋面的广大读者。他们以各种方式表达了对这部教科书出版的期待,提出了对教科书内容的建议,甚至透露了对作者能否推出一部有所超越的刑事诉讼法教科书的"疑虑"。这些都是我从事学术写作的永恒动力。这部教科书能否达到自我超越的效果,有待于读者的最终检验。

陈瑞华

2020 年 4 月 4 日于居家隔离期间

目录

第一部分 总 论

第一章
刑事诉讼法导论

1.1 刑事诉讼 / 004
1.2 刑事诉讼法 / 006
1.3 我国刑事诉讼法的变迁 / 008
1.4 刑事诉讼法的思维方式 / 013
阅读案例材料之一 杜培武案件 / 022

第二章
刑事诉讼的目的和价值

2.1 刑事诉讼的目的 / 027
2.2 刑事诉讼的价值 / 035
2.3 程序公正价值的展开——程序正义理论 / 042
2.4 特殊的诉讼价值 / 052
阅读案例材料之二 杨佳案件 / 057

第三章
刑事诉讼构造

3.1 刑事诉讼构造的概念 / 063
3.2 刑事诉讼的横向构造 / 069
3.3 刑事诉讼的纵向构造 / 079
3.4 刑事程序的诉讼化改革 / 086
阅读案例材料之三　苏秀文案件 / 089

第四章
刑事之诉的类型和效力

4.1 刑事之诉理论概述 / 092
4.2 刑事之诉的性质和要素 / 094
4.3 刑事之诉的基本类型 / 096
4.4 诉讼要件 / 104
4.5 刑事之诉的效力 / 108
阅读案例材料之四　赵祥忠案件 / 112

第五章
程序性制裁

5.1 程序性违法的法律后果 / 115
5.2 程序性制裁的性质 / 116
5.3 程序性制裁的法律价值 / 117
5.4 程序性制裁的分类 / 121
5.5 程序性制裁的实施程序 / 124
5.6 非法证据排除规则 / 127
5.7 撤销原判、发回重审制度 / 129
阅读案例材料之五　孙承贤案件 / 131

第六章
刑事诉讼基本原则

  6.1 刑事诉讼基本原则的性质和体系 / 136
  6.2 国家追诉原则 / 145
  6.3 控审分离原则 / 150
  6.4 无罪推定原则 / 154
  6.5 禁止强迫自证其罪原则 / 160
  6.6 辩护原则 / 164
  阅读案例材料之六 "德国牙医"案件 / 167

第七章
刑事诉讼主体（Ⅰ）
——国家专门机关的性质与职能

  7.1 我国刑事司法体制的基本特征 / 171
  7.2 法院 / 175
  7.3 检察机关 / 182
  7.4 公安机关 / 186
  7.5 司法行政机关 / 190
  7.6 监察委员会 / 192
  阅读案例材料之七 陈亚男案件 / 197

第八章
刑事诉讼主体（Ⅱ）
——管辖与回避

  8.1 管辖制度 / 201
  8.2 回避制度 / 210
  阅读案例材料之八 王庆军案件和吕西娟案件 / 216

第九章
刑事诉讼主体（Ⅲ）
——当事人的地位和权利

9.1 当事人的概念 / 221

9.2 犯罪嫌疑人与被告人 / 222

9.3 被害人 / 229

9.4 自诉人 / 236

9.5 附带民事诉讼当事人 / 237

9.6 作为当事人的单位 / 238

阅读案例材料之九　杜保乾案件和潘儒岭案件 / 241

第十章
辩护

10.1 辩护制度的基本内容 / 245

10.2 辩护人的诉讼权利 / 253

10.3 刑事辩护的基本形态 / 261

10.4 辩护律师的职业伦理 / 267

10.5 有效辩护 / 276

阅读案例材料之十　念斌案件和周姓律师无效辩护案件 / 284

第十一章
强制措施

11.1 强制措施的性质 / 292

11.2 强制措施的适用原则 / 293

11.3 西方国家强制措施制度的基本特征 / 296

11.4 非羁押性强制措施 / 309

11.5 羁押性强制措施（Ⅰ）——刑事拘留 / 315

11.6 羁押性强制措施（Ⅱ）——逮捕 / 316

11.7　强制措施的监督和救济 / 320

阅读案例材料之十一　王玉雷案件 / 323

第十二章
认罪认罚从宽制度

12.1　认罪认罚从宽制度的确立 / 326

12.2　认罪认罚从宽的双重后果 / 327

12.3　比较法视野下的控辩协商机制 / 328

12.4　我国的量刑协商机制 / 338

12.5　认罪认罚程序中的基本理念 / 343

12.6　值班律师制度 / 346

12.7　被害人在认罪认罚程序中的地位 / 347

12.8　程序转换 / 348

阅读案例材料之十二　认罪认罚程序中的协商筹码 / 351

第二部分　一般程序

第十三章
立案

13.1　立案的性质 / 356

13.2　立案前的初步调查 / 357

13.3　立案的条件 / 358

13.4　对立案的救济和监督 / 359

13.5　被调查人的法律帮助问题 / 360

13.6　立案程序的争议问题 / 360

阅读案例材料之十三　陈恩瑞案件 / 362

第十四章
侦查

14.1 侦查的性质 / 365
14.2 侦查程序的原则 / 368
14.3 侦查程序的构造 / 370
14.4 侦查行为 / 374
14.5 侦查终结 / 378
14.6 补充侦查 / 380
14.7 认罪认罚案件的处理方式 / 381
阅读案例材料之十四　黄志坚案件 / 383

第十五章
审查起诉

15.1 审查起诉的性质 / 388
15.2 审查公诉的原则 / 389
15.3 审查起诉程序的诉讼构造 / 391
15.4 不起诉 / 392
15.5 提起公诉 / 395
15.6 起诉书对审判的制约（Ⅰ）——变更起诉事实问题 / 397
15.7 起诉书对审判的制约（Ⅱ）——变更罪名问题 / 397
15.8 撤回起诉 / 401
15.9 认罪认罚案件的审查起诉 / 402
阅读案例材料之十五　赵宇故意伤害案 / 406

第十六章
第一审程序

16.1 第一审程序的性质和流程 / 409
16.2 第一审程序的原则 / 416

16.3 庭前会议 / 422

16.4 法庭调查程序 / 424

16.5 相对独立的量刑程序 / 430

16.6 简易程序 / 432

16.7 认罪认罚案件的审判程序 / 433

16.8 自诉案件审理程序 / 436

阅读案例材料之十六　庭审实质化改革的成都实践 / 438

第十七章
第二审程序

17.1 第二审程序的性质 / 442

17.2 第二审程序的诉讼功能 / 443

17.3 第二审程序的原则 / 444

17.4 第二审程序的启动 / 447

17.5 第二审法院的审理方式 / 450

17.6 第二审法院的裁判方式 / 452

阅读案例材料之十七　刘文远案件和董伟案件 / 458

第十八章
死刑复核程序

18.1 死刑复核程序的性质 / 462

18.2 死刑复核程序的诉讼构造 / 463

18.3 辩护律师对死刑复核程序的参与 / 464

18.4 裁判方式 / 465

阅读案例材料之十八　最高人民法院法官听取辩护意见案件暨不核准死刑案件 / 467

第十九章
刑事再审程序

19.1　刑事再审程序的性质 / 471
19.2　刑事再审程序的基本理念 / 472
19.3　刑事再审的法定事由 / 478
19.4　刑事再审程序的启动方式 / 480
19.5　申诉案件的审查程序 / 483
19.6　再审审判程序 / 486
19.7　再审程序的争议问题 / 488
阅读案例材料之十九　聂树斌案件刑事再审决定书 / 489

第二十章
刑事执行程序中的诉讼问题

20.1　刑事执行程序的性质 / 492
20.2　暂予监外执行 / 492
20.3　减刑、假释的适用程序 / 495
20.4　死刑及其执行方式的变更 / 499
阅读案例材料之二十　镇江减刑假释审理程序 / 501

第三部分　特别程序

第二十一章
刑事附带民事诉讼程序

21.1　附带民事诉讼的基本原理 / 508
21.2　附带民事诉讼的请求范围 / 509
21.3　法院的裁判逻辑 / 511
21.4　附带民事诉讼的提起 / 513
21.5　附带民事诉讼的审理程序 / 514

21.6　检察机关提起的附带民事诉讼 / 515

　　阅读案例材料之二十一　周喜军案件和颜礼奎案件 / 517

第二十二章
刑事和解程序

22.1　刑事和解的概念 / 521
22.2　刑事和解的理论基础 / 522
22.3　恢复性司法 / 523
22.4　刑事和解的适用程序 / 526

　　阅读案例材料之二十二　黄静案件 / 530

第二十三章
涉案财物追缴程序

23.1　涉案财物追缴程序概述 / 534
23.2　涉案财物的查封、扣押和冻结程序 / 535
23.3　审查起诉阶段对涉案财物的处分程序 / 536
23.4　对席案件的涉案财物追缴程序 / 537
23.5　嫌疑人、被告人逃匿、死亡案件的违法所得没收程序 / 539
23.6　涉案财物追缴程序的发展趋势 / 543

　　阅读案例材料之二十三　任润厚案件 / 545

第二十四章
未成年人刑事案件诉讼程序

24.1　未成年人案件诉讼程序的关爱诊疗价值 / 551
24.2　未成年人案件刑事诉讼的特殊原则 / 554
24.3　未成年人刑事案件的特殊制度 / 557
24.4　附条件不起诉 / 560

24.5　审判程序 / 561
24.6　犯罪记录封存 / 563
阅读案例材料之二十四　郭某某盗窃案和李某某盗窃案 / 565

第二十五章
精神病人强制医疗程序

25.1　精神病人强制医疗程序的性质 / 572
25.2　精神病人强制医疗程序的启动 / 573
25.3　审理程序 / 575
25.4　救济程序 / 577
25.5　解除强制医疗程序 / 577
阅读案例材料之二十五　宋某某强制医疗案 / 579

第二十六章
反腐败案件特别程序

26.1　反腐败案件的管辖 / 582
26.2　监察委员会的刑事调查 / 582
26.3　监察留置 / 585
26.4　监察机关调查与检察机关审查起诉的程序衔接 / 586
26.5　对被调查人的权利保障 / 588
26.6　缺席审判 / 589
阅读案例材料之二十六　纪检监察机关的"四种形态" / 594

参考文献 / 596

索引 / 600

第一部分　总论

第一章　　刑事诉讼法导论
第二章　　刑事诉讼的目的和价值
第三章　　刑事诉讼构造
第四章　　刑事之诉的类型和效力
第五章　　程序性制裁
第六章　　刑事诉讼基本原则
第七章　　刑事诉讼主体（Ⅰ）
　　　　　——国家专门机关的性质与职能
第八章　　刑事诉讼主体（Ⅱ）
　　　　　——管辖与回避
第九章　　刑事诉讼主体（Ⅲ）
　　　　　——当事人的地位和权利
第十章　　辩护
第十一章　强制措施
第十二章　认罪认罚从宽制度

第一章　刑事诉讼法导论

> 多年以后,你可能对刑事诉讼法的条文不再熟悉,可能对某一诉讼制度感到陌生,对某一刑事案件的结局也不再产生兴趣……但那些渗透于法律条文之中的程序法的思维方式,可能会对你产生持久的影响。

1.1　刑事诉讼
1.2　刑事诉讼法
1.3　我国刑事诉讼法的变迁
1.4　刑事诉讼法的思维方式
阅读案例材料之一　杜培武案件

1.1 刑事诉讼

什么是刑事诉讼呢？一般的定义是，刑事诉讼是国家专门机关在当事人和其他诉讼参与人参加下，依照法定程序，解决嫌疑人、被告人刑事责任问题的活动。

当然，这是一种对现代刑事诉讼的理论解释。但在我国古代司法制度中，对犯罪问题采取一种行政化的处理方式，而不存在"刑事诉讼"的概念。在那一制度下，既不存在侦查机关进行专门调查，也没有建立检察机关提起公诉，更没有确立法院在抗辩双方参与下开庭审判的制度。那时的司法官员集行政权和司法权于一身，在行使司法权的同时还充当了调查者、启动程序者和裁判者等诸多角色。可以说，国家对于处理犯罪案件的活动，并没有将其纳入诉讼程序的轨道。

作为一种司法制度，"刑事诉讼"制度是在"清末改制"时期，从西方法律制度中引进的"舶来品"。从字面意义上看，所谓"刑事诉讼"（criminal procedure），其实是一种国家以诉讼方式解决犯罪问题的司法活动。对于犯罪问题，世界上曾经存在着多种解决方式，例如军事镇压的方式，行政治罪的方式，等等。而刑事诉讼制度的建立，使得国家解决犯罪问题的方式发生了一场革命，也就是将其纳入诉讼程序的轨道，按照诉讼方式来认定犯罪事实，确定行为人的刑事责任问题。

所谓诉讼方式，是指在原告提出起诉的前提下，法院通过听取抗辩双方的举证和申辩来对案件作出权威裁决的司法活动。诉讼活动的本质特征有三：一是原告向法院提出指控，启动司法裁判程序；二是在法院主持下，原告和被告双方共同参与；三是法院居中听审，作出裁决。不难看出，现代的民事诉讼和行政诉讼，大体都具有上述"诉讼"活动的基本特征。

根据所要解决的争议不同，诉讼一般可以分为民事诉讼、行政诉讼和刑事诉讼三种形态。除此以外，一些国家和地区还存在着"宪法诉讼"，也就是围绕着宪法争议或违宪审查问题所进行的诉讼活动。但迄今为止，我国法律所确立的诉讼形态主要是民事诉讼、行政诉讼和刑事诉讼。

通常来说，民事诉讼是个人或者组织认为其民事权益受到他人的侵犯，向法院提起民事诉讼请求，法院在当事人和其他诉讼参与人参加下，依照法定诉讼程序，审理解决民事纠纷的活动。而行政诉讼则是行政相对人认为行政机关或其他法定组织的行政行为侵犯其合法权益,依照法定程序,向法院提出行政争议,法院通过对该行政行为的合法性进行审查,来解决该项行政争议的活动。

相比之下,刑事诉讼既不同于民事诉讼,也与行政诉讼迥然有别。刑事诉讼的基本特征有四:

首先,刑事诉讼是由多个国家专门机关参与、主导和推动进行的诉讼活动。民事诉讼和行政诉讼主要是由法院主导进行的诉讼活动。而参与刑事诉讼的国家专门机关则有侦查机关、公诉机关、审判机关和执行机关。其中,侦查机关对于符合立案条件的案件,作出立案决定,启动刑事诉讼程序;侦查机关通过实施强制措施和专门调查活动,查获犯罪嫌疑人,收集犯罪证据,查明犯罪事实;公诉机关对案件是否符合起诉条件进行审查,并向法院提起公诉,启动法院的审判程序;法院经过法庭审理,作出权威的裁判;在法院裁判发生法律效力后,执行机关负责将裁判付诸实施。

其次,刑事诉讼存在着非常复杂的审判前程序。与民事诉讼和行政诉讼一样,刑事诉讼的核心环节也是法院审判。但是,民事诉讼和行政诉讼不存在较为复杂的审判前程序。而相比之下,刑事审判前程序则具有较为复杂的诉讼构造。这一程序的主要功能是要启动刑事诉讼程序,并对案件是否具备起诉的条件进行审查核实。为此,侦查机关要对案件启动立案审查程序,并对作出立案决定的案件展开专门调查活动,公诉机关要对案件是否具备起诉条件进行审查活动。可以说,在检察机关向法院提起公诉之前,侦查机关和检察机关已经进行了较为复杂的立案审查、专门调查和审查起诉活动,对不符合起诉条件的案件,早已作出了不立案、撤销案件、不起诉等终止刑事诉讼的决定。检察机关提起公诉的决定,本身就已经过了多方面的审查和过滤过程。

再次,刑事诉讼是解决被告人刑事责任的诉讼活动。民事诉讼是以存在民事争议为前提的,行政诉讼也是以存在行政争端为基础的。相对而言,刑事诉讼一般并不存在着通常意义上的"刑事争议"或"刑事争端"。刑事诉讼程序以犯罪事实的发生为逻辑前提,所要解决的是被告人是否承担刑事责任的问题。无论是侦查机关、检察机关还是法院,都要在各自主导的诉讼阶段,认定被告人是否实施了犯罪行为,判定被告人是否需要承担刑事责任。对于那些依法不承担刑事责任的被告人,各专门机关要作出终止刑事诉讼并宣告被告人无罪的决定。而对于那些依法构成犯罪的被告人,侦查机关和检察机关要依次移交下一个专门机关,法院通过审理作出定罪量刑的裁决,追究被告人的刑事责任。

最后,刑事诉讼自始至终存在着国家追诉机关与被告人的诉讼对抗。在民事诉讼中,处于诉讼对抗状态的通常是发生民事争议的个人或组织;在行政诉讼中,相对人和行政机关处于诉讼对抗的状态。相对而言,刑事诉讼中的对抗双方则主要是国家追诉机关和被告人。其中,代表国家行使追诉权的是侦查机关和检察机关,而被告人作为被调查和起诉的一方,则享有辩护权,并可以获得辩护人的帮助。在很多国家和地区,存在着审判前的司法审查程序,在预审法官或侦查法官主持下,检察官与嫌疑人及其辩护人就逮捕、羁押、保释、提起公诉等问题展开诉讼对抗。我国尽管没有确立这一制度,但在法院审判阶段,也设置了检察官与被告方进行诉讼对抗的制度。法院在刑事审判中既要听取代表国家行使公诉权的检察官的主张和观点,也要听取被告人及其辩护人的观点和申辩,在此基础上,对检察机关提出的追究被告人刑事责任的请求作出裁决。这对于法院的独立性和公正性而言,显然是一种特殊的考验。

1.2 刑事诉讼法

从表现形式上看,法律有成文法和判例法之分。几乎所有国家都颁布实施了数量繁多、层次复杂的成文法。在成文法的体系结构中,宪法或宪法性规范居于"金字塔的塔尖",构成具有最高法律效力的成文法典。我国法学界一般称其为"治国安邦的总章程"或"人民自由的大宪章"。而在宪法之下,一般有民法、刑法、行政法、民事诉讼法、刑事诉讼法、行政程序法、行政诉讼法等一系列基本法律。除此以外,可能还会有规范性和权威性较低的成文规范,如行政法规、司法解释、部门规章、地方性法规,等等。

那么,在上述成文法体系中,刑事诉讼法具有怎样的性质和地位呢?一般而言,刑事诉讼法是对刑事诉讼活动进行法律规制的法律。刑事诉讼法一旦生效实施,就具有法律规范效力。无论是法院、检察机关、侦查机关、执行机关,还是被告人、被害人、辩护人、诉讼代理人以及其他诉讼参与人,都要受到刑事诉讼法的约束,只要违反刑事诉讼法的规定,就要承受不利的法律后果。对于国家专门机关而言,违反刑事诉讼法的后果通常是程序性制裁,也就是其诉讼行为或诉讼决定被宣告无效。而对于包括当事人在内的诉讼参与人而言，违反刑事诉讼法的后果，则是被国家专门机关作出不利诉讼决定，或者被采取强制措施，被作出强制性侦查行为，甚至被追究民事责任、行政责任乃至刑事责任。

作为国家基本法律，刑事诉讼法确立的规范内容主要有：一是刑事诉讼的目的和基本原则；二是基本的诉讼构造，包括法院、检察机关、侦查机关、执行机关在刑事诉讼中的地位和法律关系，被告人、被害人的诉讼地位及其与国家专门机关的关系；三是适用于刑事诉讼全过程的诉讼制度，包括管辖、回避、强制措施、辩护、附带民事诉讼等制度；四是证据制度，包括对各种证据的证明力和证据能力加以限制的规则，运用证据认定案件事实的规则；五是刑事诉讼程序的具体流程，包括立案、侦查、审查起诉、第一审、上诉审、死刑复核、执行等在内的一系列具体诉讼程序。

在国家整个法律体系中，刑事诉讼法具有怎样的特征呢？

首先，相对于民法、民事诉讼法、行政法、行政诉讼法而言，刑事诉讼法属于刑事法。通常认为，一个成熟的法律体系在宪法的规范约束下，同时存在着民事法、行政法和刑事法这三套法律体系。其中，民事法包括民法和民事诉讼法，是调整平等的个人、组织相互间民事法律关系，并对其发生的民事争议加以解决的法律体系；而行政法则包括行政实体法、行政程序法、行政诉讼法，是调整行政机关或相关组织与作为相对人的个人或团体之间行政法律关系，并对相对人与行政机关所发生的行政争议加以解决的法律体系。相对而言，刑事法则主要包括刑法和刑事诉讼法，是针对犯罪行为来确定定罪标准、刑罚幅度以及确定被告人刑事责任的方法或步骤的法律。正因为如此，刑事诉讼法与刑法具有较为密切的联系。

其次，相对于刑法而言，刑事诉讼法属于诉讼法。法律按其性质和功能来看，可以分为实体法和诉讼法两大类型。其中，刑法、民法和行政法属于实体法的范畴，而刑事诉讼法、民事诉讼法和行政诉讼法则属于诉讼法的范畴。一般说来，实体法所确立的是法律主体的权利、义务和法律责任，而诉讼法则是为实施实体法所建立的诉讼程式、方法和步骤。在国家刑事法律体系中，刑法作为刑事实体法，确立了犯罪构成的基本要件以及刑事处罚的种类和幅度，而刑事诉讼法则确立了国家专门机关在当事人以及其他诉讼参与人参加下，确定被告人刑事责任的方式、方法和具体步骤。相对于刑法而言，刑事诉讼法具有"工具法"和"程序法"的性质，但同时对于避免无罪者受到刑事追诉、保障当事人的基本权益，可以发挥"人权保障法"的功能。

再次，相对于民商法而言，刑事诉讼法具有公法的属性。在国家法律体系中，民商法所调整的是平等民事主体之间的法律关系，遵循私人意思自治和当事人处分等基本原则，具有私法的性质。而刑事法和行政法所要调整的则是国家机关与个人之间的法律关系，面临着如何有效限制公权力、保障个人权利不受国家机关任意侵犯的问题，因此具有公法的性质。刑事诉讼法所要调整的是国家专门机关与被告人、被害人等当事人之间的诉讼法律关系，始终面临着如何有效保障被告人权益不受专门机关任意侵害，如何保障被害人权益得到实现的问题。因此，作为公法的刑事诉讼法，还具有人权法的属性。

最后，相对于宪法而言，刑事诉讼法属于部门法，但具有"宪法适用法"或"小宪法"的性质。在国家法律体系中，宪法是母法，是一切部门法制定和修订的法律依据。宪法同时确立了两类基本规范：一是各种政治实体的法律关系，包括各个国家机关的地位和法律关系，中央政府与地方政府的关系，等等；二是国家公权力机关与个人的法律关系，尤其是个人的基本权利以及防止这些权利受到国家机关侵犯的法律保障机制。前者可以被称为"国家权力控制法"，后者则一般被称为"人权法"。

刑事诉讼法作为部门法，对于宪法有关"人权法"的规范具有适用和实施的功能。一方面，刑事诉讼法与宪法具有相似的法律品格，如果说宪法所确立的公民基本权利，基本上将国家公权力机关视为假想敌的话，那么，刑事诉讼法所确立的被告人基本权利，也将侦查机关、公诉机关和法院作为假想敌。所谓被告人的基本权利，其实就是保障被告人不受侦查机关、公诉机关和法院任意侵犯的权利。另一方面，宪法所确立的包括辩护权、公开审判、禁止无理逮捕、禁止非法搜查和扣押、保障个人住宅和通讯自由等在内的基本权利条款，都需要通过刑事诉讼法所确立的具体程序来加以实现。对于国家专门机关任意侵犯公民上述权利的情形，刑事诉讼法还要设置诸如非法证据排除、撤销原判和发回重审等方面的程序救济机制。

1.3 我国刑事诉讼法的变迁

传统的刑事诉讼法教科书通常会回顾外国刑事诉讼制度的发展历程，也会对中国自西周以来直至民国期间刑事诉讼制度的演变作出简要总结。笔者认为，对外国刑事诉讼制度发展史的研究，可以交由比较法研究者来加以阐述,而对中国刑事诉讼法制史的研究,也应交由法律史学者来进行讨论。本书所要回顾的是当代中国刑事诉讼法的变迁问题。

迄今为止,我国施行的《刑事诉讼法》还是1979年颁布的《刑事诉讼法》。当然,立法部门先后在1996年、2012年和2018年对这部法典作出了三次规模不等的修订。这部法典的颁布实施和修订经验表明,作为诉讼法和人权法的刑事诉讼法,其发展进程不仅与国家政治、经济、社会的变革保持同步发展的态势,而且受到司法体制改革进程的深刻影响。可以说,国家每发生一次重大的政治、经济和社会的变革,司法体制每发生一次重大改革,刑事诉讼制度的发展空间也就随之而得到扩展。其中,国家政治制度的发展、宪法的修订、司法制度的改革、律师制度的变革以及法学研究和法律理念的更新,对于刑事诉讼制度发展的影响尤为深刻而重大。

1.3.1　1979年《刑事诉讼法》

1979年,在"文革"结束后兴起的法制重建运动中,我国立法机关同时颁布了包括《刑法》《刑事诉讼法》在内的七部重要法律。1979年《刑事诉讼法》基于重建法制秩序和保障无罪的人不受错误追究的考量,确立了我国刑事诉讼制度的基本框架。该法将"保证刑法的正确实施","保证准确、及时地查明犯罪事实,正确应用法律,惩罚犯罪分子,保障无罪的人不受刑事追究",设定为刑事诉讼法的立法宗旨;该法确定了公安机关、检察机关和法院"分工负责,互相配合,互相制约"的原则,确立了我国刑事司法体制的基本框架;该法确立了我国刑事强制措施制度的基本结构,将取保候审和监视居住设定为主要的非羁押性强制措施,将拘留和逮捕设定为基本的羁押性强制措施;该法以大陆法和苏联法律为蓝本,区分了公诉与自诉制度,将公诉程序设定为以立案、侦查、审查起诉、审判为主要环节的程序体系;该法确立了带有浓厚职权主义色彩的刑事审判程序,强调法官主导法庭调查的程序,而检察官和辩护人的参与则处于辅助的地位;该法确立了两审终审制度,建立了通过当事人上诉或检察机关抗诉来启动二审程序的制度,并将死刑复核程序确立为两审终审制的例外。这些基本立法理念、基本原则和程序制度,有些至今仍被确立在我国法律之中,有些则对我国刑事诉讼制度产生了重大影响。

在人权保障方面,1979年《刑事诉讼法》首次确立了被告人获得辩护的制度。该法确立了被告人自行辩护与辩护人辩护这两种辩护形式,允许被告人可以按照自己的意愿委托律师、亲属、监护人、社会团体或单位推荐的人担任辩护人。对于辩护人辩护,该法规定了委托辩护与指定辩护这两种基本类型,并将指定辩护区分为任意性的指定辩护和强制性的指定辩护,为后来法律援助制度的建立奠定了基础。当然,该法允许辩护人参与辩护的范围只限于法庭审判阶段,将强制性指定辩护制度的适用范围也仅仅限定为被告人为聋哑人或未成年人的少量刑事案件。

1.3.2　1996年修订的《刑事诉讼法》

随着改革开放的深入推进,我国的政治、经济、社会等领域发生了重大的变革。而经过长达十几年的刑事司法实践,我国的刑事诉讼制度已经不符合社会的发展和改革的进程,刑事诉讼制度的全面改革被列入立法机关的议事日程。1996年,我国立法机关对1979年《刑事诉讼法》作出了重大的修订。通过这次法律修订,我国废除了曾广受诟病的收容审查制度和免予起诉制度,对强制措施制度和公诉制度进行了全面的改革。立法者借鉴英美对抗式诉讼制度,确立了"抗辩式审判方式",削弱了法官的诉讼主导地位,取消了庭前实质审查制度,适度引入了交叉询问机制,强化了抗辩双方的诉讼参与程度。立法者还首次在审判制度中引入了简易程序,使得那些轻微刑事案件可以通过简便快捷的程序加以快速处理,以试图缓解普通审判程序改革所可能引发的诉讼拖延和诉讼成本增加的问题。

在人权保障方面,1996年修订的《刑事诉讼法》确立了法院统一定罪原则,将被追诉者以检察机关提起公诉为界限,区分为"犯罪嫌疑人"和"被告人"的称谓。该法强化了疑罪从无原则,首次确立了"证据不足,指控的犯罪不能成立的无罪判决"。该法改革辩护制度,将辩护律师参与刑事诉讼的时间提前到审查起诉阶段,同时允许嫌疑人在被侦查机关第一次讯问后或者采取强制措施之日起,可以聘请律师提供法律帮助。当然,律师在侦查阶段不具备辩护人的身份,而只能提供一些有限的法律帮助。该法扩大了强制性指定辩护制度的适用范围,使那些被告人为盲、聋、哑人,未成年人以及可能被判处死刑的案件,可以获得法院的指定辩护。这是我国刑事诉讼法首次将强制性的指定辩护适用于重罪案件。

在加强被告人权利保障的同时,1996年修订的《刑事诉讼法》还加强了被害人的程序保障。该法确立了被害人在公诉程序中的当事人地位,赋予被害人委托诉讼代理人、申请回避、参与法庭审理、申请抗诉等诸多诉讼权利,特别是对刑事追诉机关作出不立案、撤销案件、不起诉的决定,赋予被害人向检察机关提出申诉和向法院起诉的权利,使得这些案件有可能转化为自诉案件。

1.3.3 2012年修订的《刑事诉讼法》

2012年,伴随着人权保障条款被确立在宪法之中,立法机关对《刑事诉讼法》进行了又一次大规模的修订。2012年修订的《刑事诉讼法》对证据制度作出了重大调整,首次全面确立了非法证据排除规则,建立了非法证据排除的适用程序,在证明标准中引入了"排除合理怀疑"的主观要素,试图解决证人、鉴定人出庭作证的问题。该法对强制措施制度作出了改革,完善了取保候审和监视居住的适用条件和适用对象,改变了逮捕的适用条件和适用程序,确立了逮捕必要性的条件和审查程序,初步确立了羁押必要性审查的程序。该法改革了审判程序,恢复检察机关移送案卷制度,首次设置了庭前会议程序,使得法官在审判前阶段可以在控辩双方参与下解决程序性争议,确定案件争议焦点,并进行必要的庭前准备。该法改革了简易程序制度,将简易程序适用于基层法院审理的所有被告人自愿认罪的案件。不仅如此,该法还吸收实践中的改革成果,确立了四种特别程序,包括未成年人案件刑事诉讼程序、刑事和解程序、违法所得没收程序以及精神病人强制医疗程序。

在人权保障方面,2012年修订的《刑事诉讼法》对律师辩护制度作出了重大调整。根据这部法律,嫌疑人自侦查机关第一次讯问或者采取强制措施之日起,有权委托律师担任辩护人。辩护律师在侦查阶段可以代理申诉和控告,申请变更强制措施,会见在押嫌疑人。在侦查终结之前,辩护律师提出要求的,侦查机关应当听取辩护律师的意见,并接受辩护律师的书面辩护意见,将其载入案卷之中。除了保障辩护律师在侦查阶段提出辩护意见以外,2012年修订的《刑事诉讼法》还扩大了辩护律师在审查批捕和审查起诉阶段的参与范围:一是在审查批捕阶段,辩护律师提出要求的,检察机关应当听取其辩护意见;二是在审查起诉阶段,检察机关应当听取辩护律师的辩护意见,对其书面辩护意见应当载入案卷;三是自进入审查起诉之日起允许辩护律师查阅、摘抄、复制案卷材料。此外,该法对指定辩护制度作出了重大改革,一方面将强制性指定辩护适用范围进一步扩大到被告人为尚未完全丧失辨认或控制行为能力的精神病人,或者可能被判处无期徒刑、死刑的案件,另一方面,将强制性指定辩护制度的适用阶段加以前置,使得那些符合强制性指定辩护条件的嫌疑人、被告人,可以在侦查、审查批捕、审查起诉和审判等各个阶段获得法律援助律师的辩护。

1.3.4　2018 年修订的《刑事诉讼法》

2012 年修订的《刑事诉讼法》实施后不久，我国又迎来了一场大规模的司法体制改革。2014 年，为解决我国司法体制中存在的深层问题，国家最高层启动了具有深远影响的司法体制改革运动。这一轮司法体制改革除了推进省级以下司法机关人财物收归省级统管、司法人员员额制度、司法责任制度等制度安排以外，还从两个方面推动了刑事司法体制的改革：一是建立以审判为中心的诉讼制度；二是推动认罪认罚从宽制度的改革。与此同时，国家监察体制改革也在充满争议的情况下得以完成，并最终通过宪法修订和《监察法》的颁行而被纳入法律框架之中。检察机关对职务犯罪案件的侦查权，被整体转隶至新组建的监察委员会。经过这一轮的司法体制改革，我国刑事诉讼制度的基本面貌发生了较大改变。这主要表现在：一是随着"以审判为中心的诉讼制度改革"的推进，"庭审实质化"改革得到前所未有的落实；二是"认罪认罚从宽制度"的推行，引入了控辩协商机制，大大改变了我国刑事诉讼程序的面貌；三是"刑事辩护全覆盖"制度的推进，有望使指定辩护的适用范围得到全方位的扩大；四是"法律援助值班律师"制度的推行，可以使部分嫌疑人、被告人获得值班律师的紧急法律帮助；五是随着监察体制改革的完成，对职务犯罪案件的立案管辖制度发生了重大变化，监察机关以监察调查的方式取代了检察机关对这些案件的立案侦查权。

经过四年的司法体制改革，我国的刑事司法体制发生了多方面的变化。为吸收这一轮司法体制改革的成果，立法机关 2018 年通过了修订的《刑事诉讼法》。2018 年修订的《刑事诉讼法》从有效推动反腐败进程的角度出发，对监察法与刑事诉讼法的相关制度进行了衔接，以监察委员会的调查取代了检察机关的侦查，确立了缺席审判制度。与此同时，该法还确立了认罪认罚从宽的诉讼原则，确立了认罪认罚从宽案件的诉讼程序，确立了控辩协商制度，并对刑事速裁程序作出了具体规定。

在人权保障方面，2018 年修订的《刑事诉讼法》正式确立了值班律师制度。嫌疑人、被告人选择认罪认罚程序，申请排除非法证据的，在没有委托辩护人，也无法被指定辩护律师的情况下，可以取得值班律师的帮助。值班律师不具备辩护人的身份，但可以为嫌疑人、被告人提供法律咨询、代为申请变更强制措施、与检察官协商量刑方案，参与并见证签署认罪认罚具结书的过程。但是,作为一个存在极大争议的问题,在监察委员会的调查程序中,被调查人员无权委托辩护律师,律师也无法为被调查人提供法律帮助,无法参与监察委员会的调查程序。而只有在监察委员会将案件移送检察机关审查起诉之后,嫌疑人、被告人才可以获得委托律师或者被指定辩护律师的机会。这就使得律师辩护制度的适用范围在这类案件中出现了一定程度的萎缩。

1.4 刑事诉讼法的思维方式

德国法学家李斯特说过,刑法是犯罪人的大宪章。这意味着刑法具有对犯罪人的权利加以保护的功能。我国清末著名法学家沈家本也说过,刑律不善,不足以害良民;刑事诉讼律不备,即良民亦罹其害。相对于刑法而言,刑事诉讼法是更为重要的人权法,它所保护的不仅仅是犯罪嫌疑人、被告人的基本权利,还保护被害人、辩护人、诉讼代理人以及其他诉讼参与人的基本权利。

一般而言,普通人对于刑法的一些基本概念和原理接受起来并不十分困难。但相比之下,在对刑事诉讼法的理解上,却一直存在着普通人思维方式与法律人思维方式的明显差异。有些时候,对于刑事诉讼法的一些理念和概念,普通人甚至会与法律人在思维方式上发生一定的冲突。例如,对于事实不清、证据不足的案件,普通人认为需要继续调查事实真相,不能放过有罪的人,而法律人则坚持作出无罪之宣告;对于侦查人员违反法律程序的行为,普通人认为只要对侦查人员进行制裁就可以了,而法律人则认为需要实施程序性制裁,将侦查人员非法所得的证据予以排除;对于一个审判过程,普通人认为必须发现案件事实真相,正确适用刑法,追求结果的公正,而法律人则认为必须追求程序的正义,结果的正确要以程序公正为前提……因此,学习和研究法律的人,要真正进入刑事诉讼法的规范世界,就需要弄清楚刑事诉讼法的基本思维方式。这对于我们深入认识这部法律的精神和品格是非常重要的。

1.4.1 作为法律实施过程的程序

按照普通人的思维方式,"杀人偿命,欠债还钱"是天经地义的事情。法律只要确立了一项权利,司法机关就应严格无误地实现这一权利。按照实体法的思维方式,司法过程就是适用实体法规范的过程,它大体遵循演绎推理的程式,根据司法机关认定的案件事实,将实体法的规定适用到个案之中。至于案件事实,则被实体法视为已经查明的事实真相。至于诉讼程序,则无非是保障实体法得到实施的手段和工具而已。当年,英国哲学家边沁将实体法视为"主法",而将程序法视为"附属法",说的就是这个意思。

其实,这种观点只是将刑事诉讼法视为一种"静态的程序法"。静态意义上的程序法是相对实体法而存在的一套法律规范,也就是通常所说的保证实体法得到实施的方法、步骤和手续。但是,除此以外,法律程序还有"动态"的一面,也就是相对结果而言的法律实施过程。在这一意义上,诉讼过程的结果无非是事实认定和法律适用的结局。而在法律程序启动之前,任何诉讼结局都具有一定的不确定性或不可预测性,要经过完整的诉讼过程之后才能最终形成。因此,动态的刑事诉讼程序对于案件诉讼结局具有塑造、影响甚至决定性的作用。

按照程序法的思维方式,程序法不仅仅是保障实体法实施的工具,它还具有自己的独立价值。实体法与程序法不仅具有目的和手段的关系,还具有结果和过程的关系。从动态的角度看,刑事诉讼程序一旦启动,就会按照刑事诉讼法所设定的步骤、方式、方法向前发展,并可能出现多种诉讼结果。通常的结果是,经过立案、侦查、起诉等审判前程序,并进一步经过第一审、第二审乃至死刑复核程序,案件最终被证明属于犯罪案件,被告人被认定有罪,法院最终根据认定的案件事实来实施了刑法规范。但是,正如很多案件所显示的那样,法院经过审判,也可能认定案件事实不清,证据不足,检察机关指控的罪名不能成立,被告人被宣告无罪。这种无罪判决一旦宣告,即意味着检察机关指控的"犯罪事实"不能成立,被告人将被视为无罪的人。既然犯罪事实都得不到确认,那么刑法的适用也就无从谈起了。在此情况下,刑事诉讼程序还能被视为实施刑法的工具吗?

在刑事诉讼过程中,司法机关不仅可以作出事实不清、指控罪名不能成立的无罪判决,还可以对侦查人员违反法律程序的行为作出裁决。例如,对于侦查人员通过刑讯逼供等违法手段所获取的有罪供述,法院就可以作出排除非法证据的裁决。不仅如此,二审法院发现一审法院违反法定诉讼程序,影响公正审判的,也可以裁定撤销原判,发回重审。这种审判既不存在认定被告人有罪的活动,也不包含对被告人科处刑罚的过程,其实质在于对侦查人员、一审法院违反法律程序的行为进行司法审查,并对这些违反法律程序的行为实施制裁。很显然,这种审判也不是为实施刑法而进行的司法活动,而是为保障刑事诉讼法本身的实施而举行的司法审查活动。

如此看来,刑事诉讼程序不仅仅属于保障刑法实施的活动,还属于一种自主性的法律实施过程。这一法律过程不仅可以将一个刑事案件的"犯罪"属性加以否决,将被告人的"犯罪人"身份予以取消,还可以对违反刑事诉讼法的行为本身加以制裁,追究法律责任。作为法律实施过程,刑事诉讼程序确实要以犯罪行为已经发生、行为人涉嫌实施犯罪行为为逻辑前提,但它一旦启动,就对案件的诉讼结果具有独立的塑造作用。可以说,没有经过一个完整的刑事诉讼程序,任何人都不能转化为犯罪人,任何案件都不能被称为刑事案件,任何刑法规范也都无法得到实施。

1.4.2 "事实上有罪"与"法律上有罪"的区分

按照普通人的思维方式,任何公民一旦被抓捕、侦查或者起诉,就都是犯罪人。在司法实践中,检察机关一旦作出批准逮捕的决定,行为人所在的工作单位就开始做对该人"开除公职"的准备,所在学校也开始做"开除学籍"的准备。有的公安机关刚刚宣布侦查破案,就举行"公开逮捕大会"、侦查人员"立功嘉奖大会",或者向新闻媒体发出有关行为人"犯罪事实和破案经过"的新闻通稿,有关侦查机关有时还对行为人的涉案财物进行公开拍卖和处置,民政部门甚至对那些受到行为人伤害的公职人员宣告为"烈士"……

但按照程序法的思维方式,要区分"事实上有罪"和"法律上有罪"的概念,未经法院生效判决确认,任何人都不能被视为犯罪人。即便有证据证明行为人"可能实施了犯罪行为",司法机关也至多将其视为"犯罪嫌疑人"或"被告人"。只有在法院作出了生效判决后,行为人才具有"罪犯"或"犯罪人"的地位。

在法院生效判决作出之前,那些受到刑事追诉的行为人究竟具有怎样的身份呢?刑事诉讼法赋予他们"犯罪嫌疑人""被告人"的身份。在杜培武案的审判过程中,一审法院将杜培武列为"被告人",二审法院则列为"上诉人"。这些身份意味着行为人不仅不是"犯罪人",而且还拥有程序法上的"辩护者"身份。

在整个刑事诉讼过程中,直至法院作出生效判决之前,被追诉者尽管可能"事实上有罪",但都不是"法律上有罪"的人。侦查机关一旦决定立案,行为人开始具有"犯罪嫌疑人"的身份;检察机关提起公诉后,犯罪嫌疑人开始被称为"被告人";被告人假如对一审法院的裁判不服,提出上诉,他在二审程序中就具有"上诉人"的身份。上述诉讼角色终止于法院作出生效判决之时。只有在法院作出生效的有罪判决后,被告人才正式地具有"罪犯""犯罪人"或"犯人"的地位。但假如法院所做的是生效的无罪判决,那么,被告人就立即变成无罪的人,其角色完全恢复到刑事诉讼程序启动前的状态。

1.4.3 定罪的法律障碍

按照普通人的思维方式,亲眼目睹了"犯罪过程"的人,当然可以相信行为人实施了犯罪行为;当场抓获现场作案的歹徒的人,当然可以将其制服、控制并扭送公安机关,并确信后者就是"凶手"。而按照实体法的思维方式,只要一个人的行为具有社会危害性而又为刑法所禁止,该行为就属于"犯罪行为"。

但是,普通人所说的只是"自然意义上的犯罪",实体法所说的"犯罪行为"也只是在刑法意义上构成了犯罪而已,行为人还不一定能转化为"法律意义上的罪犯"。所谓"自然意义上的犯罪",是一般人根据逻辑、经验和常识对某一反社会行为所做的评价。这种评价可以促使人们举报、控告、起诉他们认为"构成犯罪"的人,也可以激发普通公民与"犯罪行为"作斗争的道德勇气。但是,"事实上有罪"是一种容易出现错误的模糊判断,也不具有法律约束力。相反,"法律上有罪"则是一种权威的判断,是司法机关对一个人的行为所做的否定和谴责。"定罪"与"量刑"都属于国家对行为人追究刑事责任的法定方式。

按照程序法的思维方式,普通人要转化为"法律意义上的罪犯",必须经历三个相对独立的评判过程:一是实体法上的评判,行为人是否违反刑法,构成某一法定的罪名,根据"法无明文不为罪"的原则,任何行为不符合特定犯罪构成要件,或者无法认定为任一罪名的,都应被判定为无罪。二是证据法上的评判,行为人要被认定为犯罪人,其"犯罪事实"必须得到严格的证明,也就是由承担证明责任的一方,将被告人的"犯罪事实"证明到事实清楚,证据确实、充分,排除合理怀疑的程度。否则,法院应认定被告人的犯罪事实不能成立。三是程序法上的评判,行为人还必须经历完整的刑事诉讼程序,由法院的生效判决确定为有罪。

上述三个评判过程都构成了"法律障碍",阻止国家将一个无罪的公民随意确定为有罪的人。这就有点像美国的帕克教授所说的"跨栏赛跑"一样,司法机关只有越过这些栏杆(法律障碍),才能最终到达终点(完成定罪的过程），而假如任何一个法律障碍不能越过的话，司法机关都不能将一个无罪的人认定为罪犯。

可以说，刑事诉讼程序为国家的定罪设定了两个法律障碍。即便一个人的行为符合刑法的犯罪构成要件，但假如他没有经过完整、正当的刑事诉讼过程，或者其"犯罪事实"没有被证明到事实清楚，证据确实、充分的程度，那么，国家的定罪过程就没有真正完成。正因为如此，国家专门机关所作的不立案、撤销案件、不起诉、终止诉讼等裁决，都是法律上无罪的决定。

1.4.4 程序法中的"事实"

按照普通人的思维方式，犯罪事实一旦发生，就属于不以人们意志为转移的"客观事实"。司法机关的责任就是运用证据，揭示、发现和证明这些客观事实，"使自己的主观认识符合客观实际"。迄今为止，刑事诉讼法仍然要求国家专门机关"忠实于事实真相"；一些诉讼法理论则受到某种认识论观点的影响，强调司法人员发挥"主观能动性"，实事求是，有错必纠。在这些观念中，无论被告人是否实施了犯罪行为，案件事实都是客观存在的，是司法人员努力探明的对象。在各种成文法中，"以事实为根据，以法律为准绳"成为司法人员要遵守的基本原则。

但是，按照程序法的思维方式，"无证据则无事实"。在法律程序中，凡是有证据证明的事实，应被视为真实的事实；而那些没有证据证明的事实，则应被视为不存在的事实。在杜培武案件中，尽管云南两级法院认定杜培武实施了故意杀人行为，但经过再审程序，昆明中院认定两名被害人被杀系其他人所为，现有证据不足以证明杜培武实施了故意杀人的"犯罪事实"，即判定这一事实不成立，杜培武不构成犯罪。这就是证据裁判主义的体现。这是其一。其二，对案件事实真相的探究要受到法律程序的限制，也就是要维护"手段的正当性"。其三，要区分事实真相的发现者和裁判者。法官的使命是裁断，而不是发现。法官没有义务去收集证据，揭示和证明犯罪事实，而主要负责对检察机关指控的事实作出裁判。

事实要通过证据加以证明。那么，如何保证所揭示的事实符合客观真相呢？换言之，如何发现事实真相呢？

按照普通人的思维方式，事实真相需要由一个公正、聪明而智慧的司法人员主动去寻找证据，主动去发现事实，力求不枉不纵，甚至在发生错误认识时都要加以及时纠正。我国古代的包青天形象，神明般的神探狄仁杰断案故事,都显示出一种对"发现真相"的民间追求。至今为止,我国三大诉讼法都赋予法官进行"庭外调查核实证据"的权利,甚至就连最高人民法院法官在复核死刑案件时,都要亲自前往现场,要么亲自提讯被告人,要么亲自接触证人,调查核实相关证据。这都是一种"直线式的探求真相方式"。

但是,按照程序法的思维方式,事实真相的发现需要由立场对立、利益冲突的双方分别提交证据、进行抗辩来进行。通过设置一种中立的第三方,充当裁判者,听取对立双方的观点、主张和论证过程,做到兼听则明,防止偏听偏信,这样才能做到尽可能地避免错误。显然,这是一种"对抗式的探明真相方式"。

那么,事实真相究竟从何而来呢?按照程序法的思维方式,事实真相要由裁判者根据两种相互竞争的事实陈述和诉讼主张,通过听取抗辩双方的举证、质证和辩论才能得到判定。

1.4.5 程序法中的责任

按照普通人的思维方式,无论是违法行为还是侵权行为,都应对行为人本人实施制裁,才能发挥最好的法律效果。传统法理学也将"责任自负"奉为基本的归责原则。所谓"责任自负",就是由违法者本人承受消极的法律后果,司法机关要使违法者承受消极的后果或者利益损失。一般所说的"民事责任""行政责任""刑事责任",都是这种归责原则的产物。按照这一思维方式,对于发生在刑事诉讼过程中的违法行为,也应直接追究违反法律程序的司法人员的责任。例如,对于刑讯逼供的侦查人员,滥用批捕权和公诉权的检察官,违法审判的法官,要么追究民事责任,要么进行纪律惩戒,要么追究刑事责任。

但是,按照程序法的思维方式,对于侦查人员、检察官、法官违反法律程序的行为,不能仅仅指望从实体法中引入制裁手段,而且应采取一种宣告无效的程序性制裁方式。例如,对于侦查人员违反法律程序的行为,法院可以宣告侦查行为不合法,并作出排除非法证据的裁决;对于一审法院违反法律程序的行为,二审法院可以宣告该审判为违法审判行为,并作出撤销原判、发回重审的裁决。

这种以宣告无效为标志的程序性制裁方式,其实是一种独立于实体法的程序性法律责任。从逻辑构成来看,这种程序性制裁包含三个基本要素:一是对侦查机关、公诉机关和审判机关的某一诉讼行为作出违法之宣告,这本身就是一种对其行为合法性的谴责和否定;二是宣告该项刑事诉讼行为不具有法律效力,也就是不能产生预期的法律效果,相当于自始至终没有发生过;三是宣告由该项诉讼行为所产生的结果不具有法律效力,例如侦查人员通过违法侦查行为所产生的结果——非法证据,应被排除于法庭之外,不得作为定案的根据;法院通过违法审判活动所形成的结果——裁判结论,应被依法撤销,案件发回原审法院重新审判。

1.4.6 程序法中的权利

通常情况下,法律权利是指权利主体所享有的利益资格。按照普通人的思维方式,"杀人偿命、欠债还钱"之所以是天经地义的事情,就是因为剥夺人的生命权的行为就应该受到制裁,侵犯人的财产权的行为就应该受到惩罚,由此才能实现基本的公平正义。宪法确立了大量公民基本权利,对公民政治权利、人身权利、经济权利、社会权利、文化权利的列举可谓不厌其详。但是,在公民的基本权利被侵犯时,被侵权者究竟如何获得救济呢?在公民的宪法权利受到侵犯时,宪法能为被侵权者提供什么样的救济途径呢?

刑事诉讼法中的权利,通常是一种程序性权利。这些权利大体由两个部分组成:一是"不受国家专门机关任意侵犯的权利",二是获得司法机关司法救济的权利。前一权利可以被视为一种"消极权利",是一种"诉讼特权";后一种权利则是指"诉诸司法裁判的权利",又被简称为"诉权"。

何谓消极权利?英国政治学家以赛亚·柏林曾对"积极自由"与"消极自由"进行过区分,认为积极自由是指"可以做什么的自由",而消极自由则是"不受……剥夺或限制的自由"。与积极自由相比,消极自由是一种最低限度的自由,经常意味着一个人的利益不受他人或者国家机关任意限制、侵犯或剥夺的自由。

在刑事诉讼中,面对侦查机关和公诉机关的追诉活动,嫌疑人、被告人所享有的权利都是这类"消极权利",也就是不被任意侵犯的特权。根据国家追诉机关可能侵犯的利益不同,这类消极权利可以有多种表现形式,如"不受强迫自证其罪的权利","不受任意拘留和逮捕的权利","不被任意搜查或扣押的权利","不受无根据起诉的权利","在法院作出生效判决之前,不被推定为犯罪人的权利"……

这些刑事诉讼中的消极权利通常被视为嫌疑人、被告人对抗国家专门机关的一种诉讼特权。之所以将其称为"诉讼特权",是因为这些权利是法律专门为嫌疑人、被告人设置的权利,其他当事人都无权享有。同时,这些权利要得到有效的实现,就需要相关的国家专门机关履行特定的诉讼义务。例如,要保证"不被强迫自我归罪的权利"得到实现,侦查机关就不得采取刑讯逼供、威胁、引诱、欺骗等非法取证手段;要确保"不受任意拘留和逮捕的权利"得到实现,司法机关就应当严格把握逮捕条件,进行逮捕必要性的严格审查,必要时还要对羁押必要性进行持续不断的审查;要维护"不受任意搜查或扣押的权利",法院对于侦查人员采取非法搜查或扣押所获取的证据,应当及时作出排除非法证据的裁决……

除了"消极权利"以外,刑事诉讼的很多权利还具有"诉权"的性质。按照程序法的思维方式,任何权利若仅被列举在法律条文之中,则该法律条文不过是一纸具文而已。权利的生命在于救济,法律的生命在于实施。很多国家的宪法在列举公民基本权利之后,紧接下来就确立了一个宪法条款:对于侵犯公民宪法权利的行为,被侵权者可以向中立的、公正无私的法庭提出诉讼请求,获得该法庭的公正审判。这通常被称为"获得庭审的权利"。在诉讼法上,这被称为"诉权条款"。

所谓诉权,又称为"诉讼权利",或者"程序性权利",是指被侵权者诉诸司法裁判的权利。在刑事诉讼中,被告人经常会行使各种诉权,如申请召开庭前会议,申请排除非法证据,申请专家辅助人出庭作证,申请证人出庭作证,申请二审法院开庭审理,等等。与此同时,其他当事人也有可能行使这类诉讼权利,如辩护人提出申诉,申请检察机关提起抗诉,申请附带民事诉讼,等等。

诉权的实现,有赖于司法机关给予一定的程序保护。第一,权利主体需要具有诉讼行为能力;第二,权利主体需要提出申请或者诉讼请求;第三,法院需要对该项诉讼请求加以受理;第四,法院需要举行庭审,对此诉讼请求加以审理;第五,法院需要作出裁判,给出裁判的理由;第六,权利主体应获得向上级法院申请救济的机会。

1.4.7　对诉讼程序问题的裁判

按照普通人的思维方式,刑事审判就是法官针对被告人刑事责任的审判活动。曾几何时,将某某人"押上审判台"还被视为对其加以惩罚的标志。

但按照程序法的思维方式,刑事审判具有多元化的形态。法院不仅要对被告人的刑事责任问题进行审判,解决被告人的定罪量刑问题,还有可能对案件的程序争议问题作出裁决。

例如,在现代法治国家,刑事追诉机关要对个人采取拘留、逮捕、取保候审等强制措施,或者实施查封、扣押、冻结等强制性侦查行为,都要向专门的司法官员申请许可令状,后者要对这种申请作出裁判;那些被采取错误、违法或者不必要的未决羁押措施的被告人,可以向更高等级的法院申请变更强制措施,或者申请"人身保护令",后者就此举行带有司法救济性质的听证会,作出裁判;在法庭审理过程中,遇有被告人就某一侦查行为的合法性提出异议时,法庭要中止正常的审理活动,专门就侦查行为的合法性举行审理活动,这种被称为"诉中诉""案中案""审判之中的审判"的程序,带有程序性裁判的性质。

可以看出,现代的刑事诉讼程序,同时存在着两条司法裁判线索:一是法院对检察机关提出的指控被告人有罪的申请作出裁判的过程;二是法院对于控辩双方就某一诉讼程序上的请求或者程序性争议进行裁决的过程。正是因为法院可以对诉讼程序上的争议问题进行受理,并通过法庭审理作出权威的裁判,刑事诉讼法才具有可诉性,围绕着刑事诉讼程序的争议才能得到及时解决,刑事诉讼法的实施就有了诉讼程序上的保证。

阅读案例材料之一

杜培武案件

1998年4月20日,昆明市发生了涉及两名警察被杀的刑事案件。负责侦查此案的昆明市公安局的刑警人员将杜培武列为犯罪嫌疑人。经过几个月的勘验、检查、预审讯问工作,杜培武供认了"实施杀人行为的过程",案件就此告破。10月20日,昆明市人民检察院向昆明市中级人民法院提起公诉,指控被告人杜培武犯有故意杀人罪。与此同时,负责侦破此案的刑警人员都受到了程度不同的嘉奖和职务晋升。昆明市公安局刑侦支队第三大队大队长宁兴华被提升为刑侦支队副队长,刑侦支队副政委秦伯联升任政委,第三大队副队长张某则升任大队长。①

同年12月17日,昆明市中级人民法院对该案进行了公开开庭审理。在审理过程中,被告人杜培武向法庭陈述了侦查人员对其刑讯逼供的情况,并将手、腿和脚上的伤痕向法庭作出了展示。被告人还向法庭告知自己受到刑讯逼供的情况已经驻看守所检察官验证并拍摄了照片,并向该检察官提交了"刑讯逼供控告书"。辩护律师当庭要求法庭向昆明市第一看守所驻所检察官提取相关资料和照片,并向其调取被告人提交过的"刑讯逼供控告书"。法庭责成公诉方就此调查取证,并宣布休庭。1999年1月15日,昆明市中级人民法院第二次开庭审理此案。公诉人在法庭上声称有关照片"没有找到",并认为其提交给法庭的"审讯录像"显示"被告人杜培武自动、自然,无人威逼",被告人在公安机关承认杀人,在看守所也承认杀人,而与公诉人交谈时也承认杀人,因此刑讯逼供的事实"并不存在"。但被告人当庭出示一件"血衣",以证明刑讯逼供事实的存在。辩护律师则当庭认为"控方所进行的补充和说明,不仅没有解决说明其取证的合法性,反而更进一步地证明了取证违法的事实存在,其所举证据违法所得,依法不能采信,而且应追究违法取证者的法律责任"。2月5日,昆明市中级人民法院作出一审判决,认定"辩护人未能向法庭提供证实其

---

① 雷捣:《死囚余生录之昆明警察杜培武杀人冤案反思(二十九)》,载《法律服务时报》2003年10月17日第15版。

观点的证据,也未能提供证实被告人杜培武无罪的证据","辩解纯属狡辩,应予以驳斥"。判决书最后判决杜培武有罪,并判处死刑。

案件进入二审程序后,辩护律师在辩护意见中依然提出了刑讯逼供问题,并认为"一审法院判处上诉人杜培武犯有故意杀人罪并处以死刑,而对侦查过程中的取证程序严重违法却视而不见"。云南省高级人民法院没有举行开庭审理,而仅仅通过阅卷和讯问被告人,即作出终审判决。终审判决书没有对辩护人诉称的"刑讯逼供"问题作出任何明确的回应,而认定"本案基本犯罪事实清楚,证据确实合法有效,应予以确认",对"上诉请求和辩护意见不予采纳",但"根据本案的具体情况和辩护人所提起的辩护意见有可采纳之处",改判杜培武死刑缓期两年执行。杜培武随后被投入云南省第一监狱服刑。①

2000年6月,随着杨天勇系列抢劫杀人案件的侦破成功,杜培武杀人案被证实属于一起"错案"。云南省和昆明市政法部门随即启动了纠正错案的过程。7月4日,云南省高级人民法院发布"再审决定书",认定"由于发现原审判决认定事实确有错误的新证据",决定启动再审程序。7月6日,云南省高级人民法院作出(2000)云高刑再字第9号刑事判决书,判定杀人案件"已有新的证据证明非杜培武所为……杜培武显属无辜",因此撤销原审两级法院的有罪判决,宣告杜培武无罪。

在强大的追究错案责任人员的压力之下,云南省政法系统也启动了追究办案人员法律责任的程序。2000年7月19日,昆明市公安局决定停止杜培武专案组负责人秦伯联和宁兴华的警察职务,由公安局纪委立案查处。8月22日,云南省委政法委员会召开会议,要求"坚持错案追究制,依法查处有关责任人,省市公检法都要写出书面检查,并对刑讯逼供、错办、错诉、错判等问题进行总结,提出具体整改措施,并进行内部通报"。9月8日,昆明市公安局作出对秦、宁二人行政处分的决定。9月16日,云南省公安厅厅长接受媒体采访,表示杜培武案件最初是由刑讯逼供造成的,并透露了公安厅已经作出六条规定防范刑讯逼供现象发生。9月22日,云南省人大常委会第18次会议通过了《关于重申严禁刑讯逼供和严格执行办案时限等规定的决定》。9月29日,云南省高级人民检察院召开新闻发布会,向社会公布了为贯彻省人大常委会"决定"而采取的八项措施。

同年11月初,秦、宁二人因涉嫌刑讯逼供案件被检察机关相继立案,并先

---

① 王人达、曾粤兴:《正义的诉求——美国辛普森案和中国杜培武案的比较》,法律出版社2003年版,第58页以下。

后被采取了刑事拘留措施。2001年1月22日,检察机关向法院提起公诉,指控宁、秦二人构成刑讯逼供罪。杜培武作为刑讯逼供的受害人,提出了附带民事诉讼请求,要求二被告人赔偿损失7万余元。7月21日,昆明市五华区法院经过法庭审理,对秦伯联、宁兴华刑讯逼供案作出一审宣判,判决两被告人构成刑讯逼供罪,并分别判处宁兴华有期徒刑一年零六个月,缓刑二年;秦伯联有期徒刑一年,缓刑一年。判决书认定,两被告人"为急于破案,违反相关法律规定,分别直接参与并指使办案人员对被害人杜培武实施吊、打、罚、跪、连续审讯等违法手段,逼取杜培武的口供,并造成错案,其行为已构成刑讯逼供罪"。法院同时认为,"鉴于杜培武错案的产生有多种因素,且错案发生后,秦、宁已从中吸取了深刻的教训,今后不致再危害社会,同时杜培武错案已及时得到纠正,杜得以无罪释放,二被告人已具备缓刑条件,可适用缓刑"。对于杜培武所提出的附带民事诉讼请求,法院认为"秦宁二人对杜培武实施了刑讯逼供行为并造成轻伤的后果,二被告人给杜培武造成的物质损失理应赔偿,但由于杜所提精神损害赔偿不属于刑事附带民事诉讼的受案范围,而杜对其经济损失又未能举证,故其诉讼请求不予准许"。①

在促使检察机关对办案警察的刑讯逼供问题提起公诉的同时,杜培武还于2000年12月向云南省高级人民法院提出了国家赔偿请求。杜培武的国家赔偿请求包括五个部分:一是精神损害赔偿100万元,其中昆明市中级人民法院、昆明市公安局和昆明市检察院各负担30万元,省高院负担10万元;二是按照国家赔偿法所确定的赔偿标准的20倍赔偿被无罪关押期间所受到的身体伤害;三是律师代理费2000元;四是亲属因此案所花费的一万余元;五是医疗费三万余元。云南省高级人民法院所作的国家赔偿决定书认为,杜培武被错误羁押814天,其人身自由受到非法侵犯,应予以赔偿,其请求的错误羁押赔偿的理由成立。但杜的精神损害赔偿请求不属于国家赔偿法所规定的赔偿范围,因此"不予考虑"。法院决定对其错误羁押按照上一年度职工平均工资的五倍加以赔偿,律师费用和因本案所花费的一万余元应予赔偿,医疗费已由昆明市公安局支付,不再赔偿。最后,云南省高级人民法院决定共赔偿九万余元。②

---

① 伯立诚:《云南昆明公开审理民警杜培武遭刑讯逼供错案》,载《云南日报》2001年6月22日版。另参见雷捣:《死囚余生录之昆明警察杜培武杀人冤案反思(三十八)》,载《法律服务时报》2003年12月19日第15版。

② 参见《杜培武洗清冤屈获国家赔偿,未得精神赔偿起争议》,载《中国青年报》2001年10月13日版。另参见雷捣:"死囚余生录之昆明警察杜培武杀人冤案反思(三十八)",载《法律服务时报》2003年12月19日第15版。

【深入思考题】

1. 杜培武案件经历了哪些具体的刑事诉讼程序?

2. 辩护律师在杜培武案件中着重强调了侦查人员刑讯逼供问题,请求法院作出排除非法证据的裁决。法院对侦查行为的合法性进行了司法审查,与传统的刑事审判活动有何区别?

第二章 刑事诉讼的目的和价值

> "不做自己案件的法官""听取双方的陈述""迟来的正义为非正义""正义不仅要实现,而且要以看得见的方式实现"……这些朗朗上口的法律格言,让我们意识到,刑事诉讼法并不是一堆僵化死板的规范性条文,而是一种来自历史、深入民间、渗透社会的文化现象,体现着我们对于何为正义、何为非正义的基本判断。

2.1 刑事诉讼的目的
2.2 刑事诉讼的价值
2.3 程序公正价值的展开——程序正义理论
2.4 特殊的诉讼价值
阅读案例材料之二 杨佳案件

2.1 刑事诉讼的目的

2.1.1 中国刑事诉讼法的表述

1979年,我国颁布实施了第一部《刑事诉讼法》。立法部门先后于1996年、2012年和2018年对该法进行过三次规模不等的修订,对辩护制度、证据制度、强制措施制度、公诉制度、审判制度等作出了多次重大改革。但是,在经过上述修订后,这部法律对"刑事诉讼法的任务"的表述并没有发生实质的变化,而保持了大体的一致性。对于"刑事诉讼法的任务",法学界一般称之为刑事诉讼的目的,也就是国家通过刑事诉讼活动所要实现的理想目标。

根据《刑事诉讼法》的表述,刑事诉讼的目的可以被概括为三个层面:一是直接目的;二是间接目的;三是根本目的。

2.1.1.1 直接目的

刑事诉讼的直接目的是"准确、及时地查明犯罪事实","保证刑法的正确实施"。前者是事实认定问题,后者则是刑法适用问题。具体而言,刑事诉讼的直接目的包含着两个主要方面:一是"准确、及时地查明犯罪事实";二是"保证刑法的正确实施"。

首先,公检法三机关进行刑事诉讼的直接目的是查明案件事实。对于这一直接目的,可以从三个角度加以理解:一是通过证据来认定案件事实,揭示案件事实的本来面目;二是对案件事实的揭示要准确无误,既要对所发生的事实是否属于犯罪事实作出正确的认识,也要对被告人是否实施了犯罪行为给予正确的判断;三是及时有效地查明案件事实,提高诉讼效率,防止诉讼拖延。

其次,刑事诉讼的进行要保证刑法的正确实施。在准确查明犯罪事实的基础上,公检法三机关要对被告人的定罪量刑作出正确的决定,以刑法为依据来解决被告人的刑事责任问题。一方面,在认定案件事实的基础上,要将刑法相关的犯罪构成要件加以适用,为被告人确立一个适当的罪名;另一方面,在确定适当罪名的前提下,按照罪责刑相适应的原则,对被告人确定适当的刑事处罚。

2.1.1.2 间接目的

刑事诉讼的间接目的是"惩罚犯罪","保障无罪的人不受刑事追究",

"教育公民积极与犯罪作斗争"。具体而言,对这三个间接目的可以做如下理解:

一是惩罚犯罪目的。通过将刑法条款适用于具体的案件事实,司法机关对构成某一罪名的被告人作出有罪之宣告,并对其科处刑罚。在有罪判决发生法律效力后,执行机关将犯罪人交付执行,依法剥夺其自由、财产或者生命。由此,刑事诉讼活动就完成了惩罚犯罪人的目的,并发挥刑事处罚的基本功能,实现法律报应、个别威慑、一般威慑等方面的刑罚效果。

二是保障无辜目的。刑事诉讼活动固然要追求惩罚犯罪人的效果,但这种惩罚必须建立在"准确惩罚""不枉不纵"的前提下,不能出现刑事误判,也不能制造冤假错案。可以说,"准确地惩罚犯罪人"本身就包含着"不冤枉无辜者"的含义。基于"文革"等历次政治运动的教训,我国 1979 年《刑事诉讼法》特别强调"保障无罪的人不受刑事追究",并将这一点作为建立很多刑事诉讼制度的立法宗旨。例如,遇有犯罪嫌疑人、被告人不构成犯罪,或者犯罪事实不清、证据不足,指控的犯罪不能成立的案件,国家专门机关应当作出不立案、撤销案件、不起诉、宣告无罪、终止诉讼的裁决。公检法三机关经过刑事诉讼活动,尽管作出了上述法律上无罪的决定,没有实现"惩罚犯罪分子"的目的,却实现了"保障无罪的人不受刑事追究"的目的,这仍然具有法律上的正当性。

三是教育目的。我国法律强调刑事诉讼活动的教育感化作用,这主要体现在两个方面:一是从消极的方面说,教育公民遵纪守法,不再走上犯罪的道路,这是与刑罚的一般威慑功能密切相关的考虑;二是从积极的方面来说,教育公民积极与犯罪现象作斗争,积极控告、揭发或检举犯罪行为,在了解案件情况时主动充当案件的证人,履行出庭作证义务。

2.1.1.3 根本目的

刑事诉讼的根本目的是维护法制,尊重和保障人权,保障全体公民的人身权利、财产权利、民主权利和其他基本权利,保障建设事业顺利进行。这种带有明显意识形态色彩的目的表述,既是宪法的根本目的,也是所有部门法所要实现的理想目标。

2.1.2 对刑事诉讼目的的反思

2.1.2.1 刑事诉讼的目的仅仅在于实现一个理想结果吗?

无论是发现事实真相,正确适用刑法,还是惩罚犯罪,保障无罪的人不受刑事追究,都是一种较为理想的结果。就连维护法制、保障公民各项权利、维护建设事业顺利进行等,也无非是在实现上述理想结果之后所带来的积极社会效果而已。

但是,为实现这些理想结果,为什么要经历完整的刑事诉讼过程?这一过程会耗费大量司法资源,而且还要为国家追诉机构设立一个对立面,使被告人及其辩护人成为对追诉机关加以制衡的力量,这种制度设计有何正当性?诉讼的结果还有可能使那些"事实上有罪的人"逃脱法网,这岂不是劳而无功吗?

在刑事诉讼过程中,为什么要将行为人视为"法律上无罪的人"?为什么要赋予行为人"犯罪嫌疑人""被告人"的地位?为什么要保障被告人的辩护权?为什么要逐步扩大辩护律师的参与范围?这些刑事诉讼过程中的制度安排,难道仅仅只是为了实现刑事诉讼的理想结果吗?

很明显,我国《刑事诉讼法》对于刑事诉讼目的的立法表述,存在着"重结果,轻过程"的问题,忽略了刑事诉讼过程的正当性和合法性,无法解释为什么未经正当法律程序,不得剥夺任何人的财产、自由乃至生命的问题。

2.1.2.2 刑事诉讼程序仅仅是保障刑法实施的手段吗?

刑事诉讼程序仅仅是保障刑法正确实施的工具和手段吗?刑事诉讼程序作为一种法律实施过程,难道对诉讼结果的形成不会产生任何塑造和影响作用吗?

假如刑事诉讼的结果是不立案、撤销案件、不起诉、终止诉讼或者宣告无罪,刑法将无法得到"正确实施",那么,在此情况下,难道刑事诉讼的目的就得不到实现了吗?

假如侦查人员违反法律程序,实施刑讯逼供或其他严重违法行为,法院通过审判作出了宣告无效的裁决,将侦查人员非法取得的有罪供述排除于法庭之外,那么,这种诉讼活动与刑法的实施没有任何关系,难道就不具有正当性吗?

不难看出,我国刑事诉讼法对其立法宗旨的表述,存在着将刑事诉讼法工具化、附庸化乃至功利化的问题,否定了其自身的法律属性和独立品格,忽略了刑事诉讼法自身的有效实施问题。

2.1.2.3 刑事诉讼法为什么要保护被告人的诉讼权利?

自1979年以来,我国刑事诉讼法始终强调"保障无罪的人不受刑事追究"。这种带有"保障无辜"意味的目的表述,在很大程度上兼顾了对被告人权利的保障。但是,假如被告人就是"事实上有罪"的人,假如被告人最终被宣告有罪,又假如99%以上的被告人最终都变成了犯罪人,那么,我们对他们的权利就不加以保障了吗?

2012年修订的《刑事诉讼法》根据宪法修正案中"国家尊重和保障人权"的条款,增加了"尊重和保障人权"的表述。但这究竟是要尊重和保障哪些人的人权呢?我国《宪法》第二章确立了公民的基本权利,其中第37条至第41条确立了公民的人身自由、人格尊严、通信自由、住宅秘密。这些公民基本权利都有一个潜在的假想敌,也就是可能的侵权主体,那就是行使国家专门权力的国家机关和国家工作人员。例如,保障人身自由针对的是非法逮捕、非法拘禁、非法搜查等行为;保障人格尊严针对的是侮辱、诽谤和诬告陷害等非法行为;保障通信自由和住宅秘密则针对的是那些非法搜查、扣押、侵入住宅、检查通信等行为。那么,究竟是谁会经常性地侵犯公民的人身自由、人格尊严、住宅秘密和通信自由呢?答案当然是国家机关和国家工作人员。

既然国家机关和国家工作人员被视为公民基本权利的侵害者,那么,无论是宪法还是刑事诉讼法,当然要将保障公民权利不受这些机关和工作人员的侵犯作为基本的立法宗旨。所谓的"国家尊重和保障人权",当然主要是指"尊重嫌疑人、被告人的基本权利",也就是"保障嫌疑人、被告人不受国家机关和国家工作人员侵犯的权利"。因此,那些受到刑事追诉的人,就属于刑事诉讼中最需要权利保障的人;对嫌疑人、被告人的权利保障,应属于刑事诉讼法的重要立法宗旨。为了保障被告人的基本人权,我们需要对那些国家专门机关和工作人员的权力作出法律限制,防止其滥用,避免其越权,将其"关进制度的牢笼之中"。

我国刑事诉讼法所强调的刑事诉讼目的,无论是发现事实真相,还是准确惩罚犯罪,都始终站在国家的立场上,注重的是国家专门机关权力行使的正当性,却忽略了犯罪嫌疑人、被告人的权利保障问题,否定了他们通过行使诉讼权利,与国家追诉机关进行诉讼抗争并对裁判机关加以制衡的正当性。

2.1.3　刑事诉讼的双重目的

2.1.3.1　帕克的双重模式理论

美国的赫伯特·帕克教授提出过"犯罪控制"与"正当程序"的双重诉讼模式理论,对刑事诉讼研究产生过重大的影响。1964年,时为斯坦福大学教授的帕克,发表了题为"刑事诉讼的两种模式"的论文,对刑事诉讼程序中"存在竞争关系的两种独立价值体系",进行了抽象和概括,提出了"犯罪控制"(crime control model)与"正当程序"(due process model)的模式理论。①

在"犯罪控制模式"的视角下,刑事诉讼程序为了保护社会公众的安全和自由,必须有效地发挥控制犯罪的功能。"犯罪控制模式"的核心理念是效率和有罪推定。所谓"效率",是指刑事诉讼程序在对犯罪人进行羁押、审判、定罪和处置方面的能力。而"有罪推定"则意味着警察、检察官的初步调查程序能够比较准确地发现那些真正有罪的案件,而接下来的所有诉讼活动都是为完成定罪目的所要履行的手续。在犯罪数量巨大而司法资源却极为有限的情况下,诉讼效率的提高需要依赖非正式的行政调查程序,尤其是警察、检察官所控制的审判前程序。相对于缓慢的、低效率的正式司法程序而言,行政化的初步审查程序,更有助于案件事实真相的发现,也更有利于诉讼效率的提高。正因为如此,"犯罪控制模式"强调减少对警察、检察官行政性调查程序的法律限制,刑事诉讼程序应尽量避开正式的法庭审判程序,而最大限度地诉诸有罪答辩程序,从而使得定罪活动可以快速、顺利地完成。

如果说"犯罪控制模式"是一条流水作业的生产线,那么,"正当程序模式"则更像一个体育竞技中的"障碍赛"。刑事诉讼的每一程序都是法律为被告人定罪所设置的法律障碍。"正当程序模式"对那种非正式的、行政化的调查程序能否发现事实真相提出了质疑,认为这种程序始终存在犯错误的可能性。相反,在那种正式的、司法性的和对抗性的事实发现程序中,由于被告人获得了提出辩解的机会,有了指出警察、检察官事实认定错误的可能,因此在发现事实真相方面反而具有更大的优势。当然,事实发现的可靠性问题并不是"正当程序模式"所关注的核心问题。真正使这一模式得以建立的理念有以下三个:一是保护个人权利和限制政府权力的理念,由于权力总是易于遭到滥用,为避免最大的效率变成最大的专制,刑事诉讼程序必须对逮捕、羁押、起诉、审判、定罪的权力施加严格的限制;二是"无罪推定"的思想,也就是要严格区分"事实上有罪"与"法律上有罪"的概念,即使被告人事实上是有罪的,但如果刑事诉讼程序违反了法律为被告人所设定的各项程序保障的话,

---

① Herbert Packer, "Two Models of the Criminal Process", 113 *University of Pennsylvania Law Review* 1 (1964). 中译本参见〔美〕弗洛伊德·菲尼、岳礼玲:《美国刑事诉讼法经典文选与判例》,卫跃宁等译,中国法制出版社 2006 年版,第 30 页以下。另参见〔美〕虞平、郭志媛编译:《争鸣与思辨——刑事诉讼模式经典论文选译》,北京大学出版社 2013 年版,第 3—50 页。

那么被告人仍然可以被宣告为"法律上无罪";三是"平等武装"的理念,考虑到刑事诉讼是由政府发动的可能导致被告人受到严厉惩罚的活动,政府必须被施加一些公共义务,以保证财力贫困的被告人有能力提出合理的抗辩。不仅如此,"正当程序模式"还对刑事制裁在道德和效用上持有一种怀疑主义的态度。①

2.1.3.2　在刑事诉讼中加强人权保障的必要性

在帕克理论的影响下,我国法学界也出现了"惩罚犯罪"与"保障人权"的双重目的理论。当然,这一双重目的也可以表述为"发现真实"与"正当程序"。但相比之下,"惩罚犯罪"和"保障人权"的表述,在法学界和司法界得到了更为广泛的接受,属于对刑事诉讼目的进行准确解释的理论。

那么,究竟什么是保障人权呢? 刑事诉讼中的保障人权,主要是指保障犯罪嫌疑人和被告人的基本权利。从广义上看,保障人权也可以包括保障被害人、自诉人等其他当事人的基本权利。甚至就连辩护人、诉讼代理人的权利保障,也可以被理解为保障人权的基本内容。但考虑到刑事诉讼的特殊性,这里所说的保障人权,一般是指保障犯罪嫌疑人、被告人、被害人等诉讼参与人在刑事诉讼过程中的基本权利。其中,对嫌疑人、被告人的权利保障,属于刑事诉讼中人权保障的主要课题。

之所以将保障人权主要定位为保障犯罪嫌疑人、被告人的权利,是出于三个方面的考虑:一是避免冤假错案的需要。作为国家专门机关刑事追诉对象的个人,嫌疑人、被告人在刑事诉讼中处于非常危险的境地,司法机关一旦最终完成对其刑事责任的追究,就意味着其自由、财产乃至生命可能被剥夺。但定罪是法院代表国家对被告人的行为所作的权威宣告和最严厉谴责。定罪不仅可能带来适用刑事处罚的后果,还会使被告人具有了"犯罪前科",使其未来对社会、政治、经济等生活的参与机会受到限制或剥夺。因此,为避免国家司法机关对被告人进行任意定罪,必须将嫌疑人、被告人的权利保障作为刑事诉讼的重要考量,赋予其进行诉讼抗辩的机会,从另一角度提出证据,揭示事实,发表法律适用的意见,防止司法机关偏听偏信,预防并纠正冤假错案,从而避免国家司法机关的任意定罪。

二是避免诉讼侵权行为的需要。被告人的权利经常受到国家专门机关的侵犯。侦查机关可能会通过非法逮捕、拘留、监视居住来任意剥夺其人身

---

① Herbert Packer, *The Limits of the Criminal Sanction*, Stanford University Press, 1968.

自由,通过刑讯逼供、暴力取证等行为来侵犯其人格尊严,通过搜查、扣押、监听等方式侵犯其个人隐私,通过任意搜查来侵犯其住宅秘密和通讯自由;检察机关可能通过任意逮捕来滥用未决羁押权,通过无休止地反复起诉来滥用公诉权;法院则可以通过拒绝证人出庭、拒绝二审开庭审理等方式来剥夺被告人的辩护权。面对这种经常发生的诉讼侵权现象,唯有最大限度地确立和维护被告人的权利,才能防止侵权行为的发生,并在侵权行为发生后寻求积极有效的司法救济。

三是制衡国家专门机关权力行使的需要。国家权力的行使天然地带有扩张性,并始终存在着权力滥用的可能性。刑事诉讼法既属于一种人权保障法,也带有国家权力控制法的性质。要避免国家专门机关滥用各项权力,仅仅对其权力的内涵、外延、制裁方式作出法律规定,这是远远不够的,还必须在刑事诉讼的各个阶段确立一个对立面,确保嫌疑人、被告人及其辩护人通过诉讼抗辩活动,形成一种有效的诉讼制衡力量,促使其在立案、侦查、审查批捕、审查起诉、审判等方面严格遵守法律程序,避免违法和越权,切实地遵守法律程序。唯有重视并保障被告人的人权,使其成为一种足以抗衡国家权力的力量,才能将国家专门机关的权力"关入牢笼之中",有效地保障刑事诉讼法的实施,并维护基本的法治秩序。

2.1.3.3 刑事诉讼的双重立法宗旨

尽管我国刑事诉讼法将发现案件事实真相、惩罚犯罪、保障无罪的人不受刑事追究作为主要立法宗旨,但是,在几乎每一次刑事诉讼法修订中,保障嫌疑人、被告人的权利已经成为重要的立法目的。这显然表明,国家通过实施刑事诉讼法,国家专门机关通过进行刑事诉讼活动,要同时追求"惩罚犯罪"和"保障人权"这种双重目的。

所谓"惩罚犯罪",其实就是通过刑事诉讼活动,国家专门机关在查明犯罪事实的基础上,正确适用刑法,使有罪的人受到及时惩罚,使得无罪的人不受刑事追究。当然,要达到准确地惩罚犯罪的效果,国家专门机关必须保障无罪的人不受刑事追究;而要实现对犯罪行为的揭示和惩罚,国家专门机关也必须发现案件事实真相,准确适用刑法。

所谓"保障人权",是指国家专门机关在刑事诉讼中应当尊重和保障犯罪嫌疑人、被告人的两类权利:一是消极权利,也就是不受专门机关任意侵犯的权利;二是积极权利,也就是为实现本方权益而诉诸司法机关的权利。嫌疑人、被告人的权利保障,同时包含了不受任意侵犯和积极行使诉权这两个方面的含义。

当然,惩罚犯罪和保障人权属于一对具有竞争关系的诉讼目标,两者经常处于无法兼顾的状态。为解决这两项刑事诉讼目的的冲突,我国法学界和司法界出现过"相互协调""进行平衡"和"加以兼顾"的观点。但这种似是而非、含混其词的观点,对于立法和司法实践并没有太大的参考价值。在刑事诉讼制度的发展中,改革决策者经常基于不同政治、经济和社会背景,在上述两项刑事诉讼目的之间有所偏重。

通常情况下,为有效地实现惩罚犯罪的目的,立法机关和司法改革决策者通常会从以下方面完善刑事诉讼制度:一是适度限制犯罪嫌疑人、被告人的权利,设定辩护律师行使权利的例外,如对于危害国家安全、恐怖活动等案件,辩护律师会见在押嫌疑人,要经过侦查机关的批准,等等。二是在特定案件中赋予刑事追诉机关一系列特殊的权力,如赋予侦查机关一系列特殊侦查手段,如诱惑侦查、控制下交付、技术侦查等权力;允许检察机关将行政机关在行政执法中获取的实物证据直接作为指控犯罪的证据,等等。三是对那些被告人自愿认罪的刑事案件,强调程序的简易化,引入控辩协商机制,注重提高诉讼的效率。例如,2012年修订的《刑事诉讼法》扩大了简易程序的适用范围,2018年修订的《刑事诉讼法》则确立了认罪认罚从宽制度,对于嫌疑人、被告人自愿认罪认罚的案件,检察机关可以提出较为宽大的量刑建议,并与嫌疑人签署认罪认罚具结书,法院一经确认认罪认罚的自愿性、真实性和合法性,就可以按照检察机关提出的量刑建议作出快速裁判。

那么,为有效地实现保障人权的目的,刑事诉讼法通常会作出哪些方面的修订呢?首先,刑事诉讼法会强化犯罪嫌疑人、被告人的诉讼主体地位,为其行使辩护权提供有效的程序保障,如1996年修订的《刑事诉讼法》以检察机关提起公诉为标志,将被追诉者分别称为"犯罪嫌疑人"和"被告人";2012年《刑事诉讼法》确立庭前会议制度,允许被告人及其辩护人就回避、管辖、非法证据排除等问题提出程序异议,促使法院在双方参与下解决程序争议;2018年《刑事诉讼法》为认罪认罚的嫌疑人、被告人确立了值班律师法律帮助制度。其次,刑事诉讼法会扩大辩护律师的参与范围,强化辩护律师的参与效果,如1996年修订的《刑事诉讼法》允许嫌疑人在审查起诉阶段委托辩护律师,2012年修订的《刑事诉讼法》赋予辩护律师在审查起诉阶段和审判阶段查阅、摘抄、复制案卷的权利。再次,对于国家专门机关违反法律程序的行为,刑事诉讼法为嫌疑人、被告人确立新的司法救济机会,如2012年修订的

《刑事诉讼法》全面确立了非法证据排除规则,给予被告人及其辩护人对侦查行为的合法性提出异议的机会,并确立了庭前初步审查和法庭正式调查这两种司法审查机制。这些在刑事诉讼制度方面所出现的变化,就从不同方面体现了刑事诉讼中加强人权保障的立法宗旨。

2.2 刑事诉讼的价值

所谓价值,是指一种值得人们向往和追求的善的品质。人们通常将价值区分为工具价值与固有价值,即作为方法的善和作为目的的善。一般而言,我们说一事物是有价值或者是善的,可分别依据两项独立的判断标准:一是看它对于实现某一外在目的而言是否有用和必要;二是看该事物本身是否具有一些内在善的品质。由此,我们可以将价值区分为两个基本层面:一是外在价值,又可称为工具价值,也就是某一事物在实现某一外在目的方面所具有的工具或手段的价值。这种外在价值来源于经济学意义上的价值,被视为一种带有功利主义色彩的价值。二是内在价值,又称为目的价值,也就是事物自身所拥有的一些独立的内在优秀品质。这种内在价值来源于内在的道德理念,被视为一种依靠事物自身内在优秀品质的伦理价值。

作为刑事诉讼制度所要实现的优秀道德品质,刑事诉讼价值也可以有外在价值和内在价值之分。刑事诉讼的外在价值是指刑事诉讼制度在实现外在目的方面的工具意义,也就是在实现实体正义方面的有用性或功利性;刑事诉讼的内在价值则是刑事诉讼制度自身所要具备的内在品质,也就是符合内在的公正性和正义性的标准。除此以外,刑事诉讼制度还要致力于实现第三种法律价值,也就是在诉讼成本投入和诉讼产出之间达到较好的经济效果。对于这种带有保障性和附属性的价值,我们一般称之为"经济效益价值"。

2.2.1 程序的工具性

所谓程序的工具性,也就是刑事诉讼程序的外在价值。这一价值是我们据以评价和判断一项刑事诉讼程序在形成"好的裁判结果"方面是否有用和有效的价值标准。在这里,评价程序结果的标准是独立的,它们主要是实体正义、和平、安全、秩序等价值。实现这些价值目标的要求相对于作为手段的程序而言,是一种外在的价值目标。一项刑事诉讼程序如果能够产生好的结果,或者具备产生好结果的能力,我们就会说它具有一种外在的善,也就是作为手段和工具的价值。

例如,某法院在收到检察机关的起诉书后,不举行公开的庭审程序,而是委派一名法官进行阅卷,并单方面讯问被告人。在获取被告人的有罪供述之后,该法官就以这种供述以及其他书面材料为根据,对被告人作出了有罪判决。结果,法院经常对那些无罪的人作出错误的定罪和判刑。在这一例子中,法院审判的结果是不好的,因为它是不公正的,毕竟,惩罚无辜本身就是一种非正义。与此同时,这种刑事诉讼程序本身也是不好的,因为它没能给予控辩双方实际参与裁判制作过程的机会,被告人没有机会提出证据并对不利于自己的证据予以反驳和质证。这种程序不能确保法官对证据进行客观、全面而无偏见的审查,极易导致错判无辜,因而不具备产生公正结果的能力。

2.2.1.1 公正结果的标准

所谓公正的结果,是指司法机关通过刑事诉讼活动所形成的裁决,符合刑事实体正义和形式正义的要求。公正的裁判结果是法庭通过整个刑事诉讼过程所要达到的一种理想结果,它主要体现在法院所作的刑事裁判上面。如果我们从所谓"给予每个人以应得的对待"这一意义上来理解正义的话,那么公正的结果就是指法院对刑事被告人作出他所应得的处理,如对他宣布应得的定罪,或者判处应得的刑事处罚。通常说来,公正的结果有两个标准:一是实体正义,二是形式正义。

所谓"实体正义",又称为"结果的正义",是指司法机关通过诉讼程序所作的裁判结果符合正义的要求。哲学理论上所谓的"实质正义""分配的正义"以及"矫正的正义",主要是就权利、义务和法律责任的分配而言的,这在司法程序中则主要体现在实体正义。在刑事审判活动中,实体正义有积极和消极两层含义之分。

积极意义上的"实体正义",是指法院对刑事案件的裁判结果必须符合三个方面的条件:一是裁判应是"正确"的,也就是所认定的事实要有确实充分的证据加以支持;二是裁判应当是"合法"的,亦即裁判者对犯罪构成要件的裁断和刑罚的适用应当合乎刑事实体法的规定;三是裁判应当在严格遵守法律规则与行使必要的自由裁量权之间保持最低限度的平衡,也就是裁判者要适度地行使自由裁量权。简而言之,这一层面的"实体正义"要求裁判者对被告人的定罪和量刑,必须符合罪刑法定、罪刑均衡和刑罚谦抑性原则的要求,而不能是没有事实根据和法律依据的,也不能是过度的和不必要的。

消极意义上的"实体正义",则是指法院应当尽量避免两种非正义的结果出现,也就是"放纵有罪的人"和"冤枉无辜的人"。这一层面的实体正义概念又可以被简称为"不枉不纵"。放纵有罪的人,也就是对一个有罪的人作出无罪的裁判,这显然无法达到惩罚犯罪的目的,属于刑法上的非正义。而冤枉无辜的人,也就是使一个可能无罪的人受到不公正的定罪处罚,这不仅会导致国家刑罚权的滥用,还在客观上放纵了真正有罪的人。这显然属于一种更为严重的非正义。上述两种非正义固然都属于刑事诉讼活动所应避免出现的结果,但是,司法机关经常会陷入"非此即彼"的两难选择境地,也就是在被告人可能有罪、也可能不构成犯罪的情况下,如果作出有罪的裁决即可能"冤枉无辜",而如果作出无罪的裁决则可能"放纵犯罪"。在此情况下,实体正义要求司法机关"宁纵勿枉",以"不冤枉无辜"作为最高的和优先选择的价值目标。

所谓"形式正义",是指法院的裁判结果应当做到对所有的案件和所有当事人一视同仁,不给予任何一方无根据的差别待遇。通常所说的"法律面前人人平等",就体现了形式正义的部分要求,但并不是全部含义。严格说来,形式正义有两项基本的要素:一是对相同情况下的案件作出同样的处理,对不同的案件作出与这种不同情况相适应的差别对待;二是在适用任何一项法律规则时,应对所有人一视同仁,不偏不倚。

形式正义与实体正义具有密切的联系,因为形式正义是一种"比较的正义",主要是指在两个案件的裁判结果相互对比过程中,有关当事人不能受到不公正的对待。所谓的形式正义或者形式上的非正义,都最终体现在案件的裁判结果上,属于通过对不同案件裁判结果的比较来确立的价值标准。例如,此案中的当事人发现与另一案件的当事人相比,自己受到了"区别对待",而没有获得平等的待遇,就有可能产生形式上受到不公正对待的感觉。

2.2.1.2 程序的工具价值

既然我们将实体正义和形式正义奉为一种公正的诉讼结果,那么,为实现这种较为理想的诉讼结果,我们应建立怎样的刑事诉讼程序呢?换言之,刑事诉讼程序在保证上述公正结果实现方面具有怎样的工具价值呢?

首先,为保证司法人员查明事实真相,避免事实认定的错误,刑事诉讼程序设定了一种多方参与机制。所谓多方参与,是指刑事诉讼是一种由法官与诉讼各方共同参与进行的事实认定活动。这种多方参与性可确保诉讼各方从不同的角度提出主张、证据和事实,法官可同时接触多方面的证据,听取各方从不同甚至相反角度提出的证据、事实和法律意见,讲述各自有关案件的"故事"。这种多方参与机制可以形成一种制衡的力量,促使裁判者兼听则明,避免偏听偏信,防止出现事实认定和法律适用的错误。

其次,刑事诉讼程序还设定了一种司法证明机制,以确保公诉方承担证明责任,并达到最高的证明标准,由此避免误判的发生。所谓司法证明,是指公诉方在裁判者面前证明被告人犯罪事实的交涉活动。控辩双方围绕"被告人有罪"这一事实和论题进行证实和证伪活动,法官和其他裁判者在对这种司法证明加以审核的基础上,判定被告人被指控的犯罪事实是否已得到证明。经过这种证明过程,那些得到证明并达到法定证明标准的指控事实,就成为认定被告人犯罪的依据;而那些无法得到证明或者无法达到法定证明标准的指控事实,就将被法官所拒绝。

再次,刑事诉讼程序所具有的交涉性、公开性和说理性等诸多属性,可以限制司法人员的自由裁量权,促使其作出合乎理性的裁决。

刑事诉讼程序的多方参与机制为各方的理性交涉创造了条件。多方参与可防止法官以任意或随机的方式形成裁判结论,督促法官与公诉方、被告方以及其他有关各方进行理性的协商、论证和说服,使法官在吸收各方意见和观点的基础上形成裁决。与此同时,刑事诉讼程序的公开性使得整个司法裁判过程暴露在社会公众面前,通过公众的旁听、新闻媒体的报道以及公众对裁判结果的知情,那些公正的裁判容易得到社会的积极评价,而那些有可能违法、不公正或者无法自圆其说的裁判,则受到社会各界的批评和非议。这种来自社会各界的强大压力,构成一种外在的监控力量,可以促使裁判者谨言慎行,作出恰如其分的裁决。另外,司法人员对裁判结论的充分说理,可以进一步挤压他们自由裁量的空间,对每一项裁判结论都给出根据和理由,尤其是对那些不采纳的观点,则要给出拒绝接受的原因,而对于最终的裁判结论也要进行综合性推理和说明。无论裁判结果是否对被告人不利,裁判的说理性足以消除人们的疑虑,令人消除对司法程序的怀疑和批评。

最后,审级制度的设置既可以发挥纠正错误的功能,也为形式正义的实现提供了程序保障。通过上诉审和再审程序的设置,同一案件可以经受至少两级法院的审理,下级法院在事实认定上的错误也更容易为上级法院所发现和纠正,裁判结果的公正性由此得到保障。除了发挥司法救济的功能以外,审级制度还可以起到维护法律统一适用的作用。至少在上诉审法院所管辖的司法区域范围内,该法院通过审理上诉案件,可以对下级法院的裁判标准进行衡量,对不合理的裁判标准加以矫正,对有失偏颇的裁判结论加以改判,从而实现"同案同判"的目标,并产生维护法律统一适用、实现形式正义的效果。

2.2.2 程序的公正性

所谓程序的公正性,是指刑事诉讼程序所具有的内在价值。这种内在价值是一种据以判断刑事诉讼程序本身是否具有善的品质的标准。一项刑事诉讼程序无论是否具有产生好结果的能力,只要它本身具备一些独立的价值标准,我们就可以认为它具有一种内在的善,即作为目的的价值。

在这里,判断程序本身是否正当、合理的标准,要独立于用于评价诉讼结果的价值标准。法官依据一项刑事程序从事审判活动,即使最终使有罪者受到定罪,使无辜者免受刑事追究,我们也不能对这项程序一味地加以肯定,而要客观地分析它是否具备一些公认的内在价值标准。换言之,评价刑事诉讼程序正当性的标准,除了看该程序是否产生公正的裁判结果以外,还要看该程序是否具备一些内在的优秀品质。

为了说明问题,笔者可以分析一个例子。法官在庭审过程中一旦遇到疑难问题,就中止法庭审理,单独从事庭外调查活动,并收集到大量对被告人不利的新证据。在制作裁判时,法官将这些新证据直接用作对被告人定罪的根据。结果,法官能够发现许多为检察机关所忽略的有罪证据,并使许多本来可能逃脱法网的犯罪分子受到定罪和判刑。在这一例子中,刑事诉讼的结果是好的,因为法院对那些犯罪人作出了有罪裁判,也没有冤枉无辜的人,实现了实体正义。但是这种刑事程序本身却是不好的,因为法官没有给予诉讼各方对他自行收集的证据进行质证和辩论的机会,剥夺了那些与案件结果有利害关系的人有效参与裁判过程的权利,因此这一程序不符合最低限度的程序公正标准。在这里,法院的判决是好的,但法院据以制作判决的程序却是不可接受的。

可见,刑事诉讼程序本身是否符合正义标准,与它在实现某一外在理想结果的有用性方面并没有直接的关系。在不少情况下,公正的程序可能并不是"好"结果得以形成的促进力量。假如我们一味地强调法律程序的工具价值,只能根据裁判结果的"好坏"来判定法律程序的正义与否,这注定会违背人类最基本的共识和良知,也不符合人类司法活动的基本经验。其实,法律程序是否具备内在的优秀品质,与其所要达成的裁判结果没有必然的因果关系。裁判结果"不好",不一定由此推断出法律程序的非正义;反之,裁判结果的"正确"和"合法",也不能由此推断出法律程序的公正性。公正的法律程序与公正的裁判结果之间并不是一一对应的关系,而处于相互独立的状态。

刑事诉讼程序的内在价值反映了正义观念对诉讼过程在品质上的一种基本要求。法律不仅要向公众施加其要求、义务和命令,而且要把公众视为负责任的理性主体,向其证明这种要求、义务、命令的合理性。与此同时,司法机关在法律实施过程中也要对与案件有利害关系的公民予以适当的尊重,对其要求、主张给予充分的关注,使其受到公正的对待。这种过程的正当性并不完全依附于结果的可接受性,而具有其独立的意义。公正的审判程序将包括被告人、被害人在内的所有程序参与者均视为诉讼的主体:法官在制作裁判过程中要将他们均视为可进行协商、探讨、交涉的对话者和参与者,要向他们证明和显示其判决、裁定、决定的合理性和正当性,并尽力以理性的方式说服他们接受和承认裁决的权威性。同时,这些当事人尽管不能亲自制作有关自己权益问题的裁决,但法官在判决时至少应把他们的观点、立场、证据等充分地考虑在内,并使裁判的结果完全建立在所有合理交涉活动的基础上。这样,对于所有程序参与者而言,获得法庭审判的机会就意味着获得每一个公民都能从法律中得到的尊重和保障。无论刑事诉讼的最后结果是否对自己有利,法庭审判的整个过程对每一方程序参与者而言都具有独立的意义。

那么,究竟什么是程序公正? 坚持程序正义的意义是什么呢? 对于这些问题,本书将在下文作出专门讨论。

2.2.3 程序的经济性

所谓程序的经济性,是指刑事诉讼程序的设计和运行应当符合经济效益的要求。在经济学中,经济性又称为经济效益性,是指用较少的人力、物力和时间获得最大的成果和收益。要使一种行为符合经济性的要求,就必须同时做到两点:一是使投入的资源得到最大限度的节约;二是使产出的成果达到最大化。同样,一项刑事诉讼程序要符合经济效益的要求,也必须确保司法资源的耗费降到最低程度,同时使最大量的刑事案件尽快地得以处理。

程序的经济性标准既适用于对单个刑事诉讼过程的评价,也适用于对国家整个刑事诉讼制度的评价。对于前者,程序经济原则要求诉讼过程的经济成本要降到最低程度,这种经济耗费基本上类似于经济分析学家们所说的"直接成本"。而对于后者,程序的经济性则要求国家合理地配置刑事司法资源,使刑事审判程序的运作从整体上同时符合资源节约和产出最大化的要求。

刑事诉讼过程中所耗费的司法资源主要有以下四个方面:一是人力资源。如进行刑事诉讼活动需要有相当数量的法官、检察官、警察、法官助理、检察官助理、书记官、翻译官、法警等。在吸收人民陪审员参加合议庭的情况下,还要有一定数量的人民陪审员。二是物力资源。如为进行正常的刑事诉讼活动所必备的侦查设施、实验室、检察设备、法庭设施、通讯及交通设备等。三是财力资源。如法官、人民陪审员、检察官、警察、书记员等的薪金,司法鉴定费用,对出庭作证的证人所支付的报酬和补偿费用,等等。四是时间资源。在刑事诉讼过程中,时间的浪费往往意味着司法机关在单位时间内诉讼活动效率的降低,并导致对单个案件的诉讼活动所投入的经济费用的增加,因此在刑事诉讼过程中,时间已成为一种与经济成本密切相关的司法资源。这些司法资源相当于国家在刑事诉讼方面所进行的必要投入。那么,一项刑事诉讼程序怎样才能使这种司法资源投入或耗费得到最大限度的节约,而同时又使所产出的"成果"达到最大化呢? 在这里,我们有必要设立一些具体的程序经济性标准,以便对一项刑事诉讼程序的经济效益作出准确的测量和评定。

首先,刑事诉讼法应将刑事诉讼快速进行确立为一项基本原则。大陆法国家确立了审判集中的原则,强调法庭审理不得间断,审判人员不得更换,法庭休庭要有最长时间限制。英美法国家则确立了刑事被告人获得迅速审判的权利,强调检察机关应尽量压缩审判前的公诉准备时间,不得拖延将被告人交付审判的时间。我国《刑事诉讼法》还确立了"认罪认罚从宽原则",强调对于嫌疑人、被告人认罪认罚的案件,在实体上要作出宽大的刑事处理,在程序上要采用简便快速的诉讼方式。这些都是为确保刑事诉讼的快速进行所确立的基本原则。

其次,刑事诉讼程序应当尽量简化。一项刑事诉讼程序设计得愈是繁琐、复杂,司法人员在诉讼中所受到的限制则愈多,诉讼过程中的经济耗费也就愈大。这是因为,繁杂的程序不仅会降低诉讼活动的速度,而且也容易使单位时间内的人力、物力和财力投入受到更大的耗费。因此,刑事诉讼程序应力求简捷便利,以节省不必要的耗费。我国刑事诉讼法在各个制度设计上都体现了简化诉讼程序、提高诉讼效率的要求。例如,为避免不必要的诉讼拖延,我们确立了两审终审制,没有采纳有些国家实行的三审终审制,这种对审判级别的适度限制,就考虑了诉讼经济原则的要求。又如,我国刑事诉讼法对于基层法院审理的可能判处3年有期徒刑以下刑罚的案件,适用法官独任审判制度,不适用合议庭审判制度。再如,我国刑事诉讼法所确立的庭前会议制度,一方面可以及时解决控辩双方提出的程序争议,另一方面可以及时确定控辩双方争议的焦点问题,以确保法庭审理集中解决那些有争议的问题。还有,我国刑事诉讼法确立了诉讼期限制度,要求侦查、审查逮捕、审查起诉、第一审程序和第二审程序都要在法定期限内进行完毕,以避免刑事诉讼活动的拖延。

再次,刑事诉讼程序应保证司法资源的合理配置。在一定时期以内,国家对刑事诉讼活动的司法资源投入都是相对固定和有限的。只有使这些资源得到最佳的合理配置,才能在不损害正义目标实现的前提下提高诉讼活动的经济效益。司法资源不合理配置的情况主要有两种:一是在刑事诉讼过程中对所有的刑事案件平均分配司法资源,采用繁杂程度基本相同的程序,而不论案件所涉及的被控罪行是否严重和复杂,不论案件事实是否已十分清楚,也不论被告人是否已供认了犯罪事实等;二是在刑事诉讼过程中本末倒置,对所涉罪行较为严重、社会影响较大的案件分配较少的司法资源,采用简便迅速的程序加以处理,而对那些较为轻微、事实清楚的案件则分配较多的司法资源,采用较为繁杂的程序处理。在这两种情况下,国家对刑事案件的审判所投入的司法资源同其产出的"成果"相比都是不相适应的。

我国刑事诉讼法根据法院可能判处的刑事处罚的幅度,同时考虑到嫌疑人、被告人是否认罪认罚的情况,确立了多种刑事诉讼程序。首先,根据嫌疑人、被告人自愿认罪认罚的情况,将案件的诉讼程序区分为一般刑事诉讼程序与认罪认罚程序。其次,在检察机关提起公诉后,对于被告人认罪认罚的案件,根据可能判处的刑事处罚和负责审判的法院情况,分别适用速裁程序、简易程序和普通程序,并采取了程度不同的简易化审理方式。再次,对那些被告人不认罪的刑事案件,法院按照法定的正当程序进行法庭审理,贯彻"庭审实质化"的诉讼理念。这种制度设计就有着合理分配诉讼资源的考虑,可以提高刑事诉讼的经济效益。

2.3 程序公正价值的展开——程序正义理论

通常说来,正义具有三种基本形态:程序正义、实体正义和形式正义。如果说实体正义只能体现在法院的裁判结果上,形式正义强调法院对所有案件一视同仁的话,那么,程序正义主要体现在刑事诉讼过程之中,又被称为"过程中的正义"。无论是"不做自己案件的法官",还是"听取双方的陈述",这些古老的自然正义法则都是对刑事诉讼程序所提出的价值要求,而与裁判结果没有必然的联系。那么,一种刑事诉讼程序如何才能符合正义的要求呢?在以下讨论中,笔者将对程序正义的起源、程序正义的基本要素以及程序正义的正当性作出简要分析。

2.3.1 程序正义理论的起源

程序正义作为一种观念,早在13世纪就出现在英国普通法之中。在英国,程序正义观念的古典表述是"自然正义"(natural justice)。1215年英格兰国王颁行的《大宪章》(Magna Charta)规定:"除非经由贵族法官的合法裁判或者根据当地法律",不得对任何自由人实施监禁、剥夺财产、流放、杀害等惩罚。1355年英王爱德华三世颁布的一项律令(有学者称为"自由律")明确规定:"任何人,无论其身份、地位状况如何,未经正当法律程序,不得予以逮捕、监禁、没收财产……或者处死。"这两个法律文件被许多学者视为英国普通法中正当程序理念的最早渊源。英国法律制度在其发展的较早时期,即有注重法律程序的传统,人们相信"正义先于真实"(Justice before Truth)、"程序先于权利"(Process before Rights)。① 这一方面与英国法官长期形成的遵循先例的传统有关,使得法律程序具有形成和发展实体法原则和规则的功能,另一方面也体现出英国人运用法律程序对政府权力加以制约的思想。而注重法律程序的最集中体现就是对自然正义原则的严格遵守。

自然正义是英国法治(rule of law)的核心要求,是法官在司法裁判中所要遵循的程序原则。这一原则有两个基本要求:(1)不做自己案件的法官(*nemo judex in parte sua*);(2)听取双方的陈述(*audi alterm parterm*)。这两项要求原本仅适用于法官的司法裁判活动,被用来作为法官解决纠纷时所要遵循的最低程序公正标准。根据上述第一项要求,法官在审判中不得存有任何偏私,而且须在外观上使任何正直的人不对其中立性有任何合理的怀疑。为此,法官不仅不能与案件或者当事人双方存有利益上的牵连,也不得对案件事实事先形成预决性的认识或判断,否则法官所作的裁判就失去了法律效

---

① 转引〔法〕自勒内·达维德:《当代主要法律体系》,漆竹生译,上海译文出版社1983年版,第337页。

力。自然正义的第二项要求又可称为"两造听证"原则,要求法官必须给予所有与案件结局有着直接利害关系的人以充分陈述意见的机会,并且对各方的意见和证据平等对待,否则他所制作的裁判也不具有法律效力。

英国普通法上的程序正义观念在美国得到继承和发展,并在美国形成了"正当法律程序"(due law process)的宪法原则。美国联邦宪法第五条修正案和第十四条修正案均规定:"未经正当法律程序,不得剥夺任何人的生命、自由和财产。"这标志着程序正义观念在美国以宪法原则的形式得到确立。根据美国学者和联邦最高法院的解释,正当法律程序可分为"实体性正当程序"(substantive due process)和"程序性正当程序"(procedural due process)两大理念,其中前者是对联邦和各州立法权的一种宪法限制,它要求任何一项涉及剥夺公民生命、自由或者财产的法律不能是不合理的、任意的或者反复无常的,而应符合公平、正义、理性等基本理念;而后者则涉及法律实施的方法和过程,它要求用以解决利益争端的法律程序必须是公正、合理的。美国权威的《布莱克法律辞典》对程序性正当程序的含义作出了具体的解释:"任何权益受判决结果影响的当事人有权获得法庭审判的机会,并且应被告知控诉的性质和理由……合理的告知、获得法庭审判的机会以及提出主张和辩护等都体现在'程序性正当程序'之中。"①在美国学者看来,正当法律程序体现了正义的基本要求,而程序性正当程序更是体现了程序正义的基本观念。前联邦最高法院大法官杰克逊认为:"程序的公正、合理是自由的内在本质",如果有可能的话,人们宁肯选择通过公正的程序实施一项暴厉的实体法,也不愿意选择通过不公正的程序实施一项较为宽容的实体法。② 因此,程序性正当程序所表达的价值就是程序正义。

第二次世界大战以后,随着一系列国际人权公约的实施,程序正义的理念被吸收进这些公约之中,成为"公正审判的最低标准"。例如,联合国通过的《公民权利与政治权利国际公约》第14条就将"获得公正审判的权利"确立为受刑事控告者应获得的最低权利保障。这种权利包括以下内容:"立即以其通晓之语言,详细告知被控罪名和理由";"给予充分时间和便利,准备答辩并与其选任的辩护人进行联系";"到场受审,并亲自答辩或者由其选任的辩护人进行答辩";"对不利于自己的证人可亲自或间接加以质证";"向法庭申

---

① See *Black's Law Dictionary*, fifth edition, West Publishing Co., 1979, p.449.
② Christopher Osakwe, The Bill of Rights for the Criminal Defendant in American Law, in *Human Rights in Criminal Procedure*, Martinus Nijhoff Publishers, 1982, p.260.

请传唤本方证人,并在与不利于自己证人同等条件下出庭作证";"如不通晓或不能使用法院所用之语言,法庭应免费为其准备翻译",等等。这些较为具体的权利保障,就体现了程序正义的基本要求。

2.3.2 程序正义的基本要素

程序正义的核心理念,是指司法机关在作出一项法律决定过程中,对那些利益可能受该决定直接影响的人,应保证其有机会获得中立法庭之公正审判的机会。具体而言,法律程序的设置应符合一些基本的程序公正要求:一是程序的参与性;二是裁判者的中立性;三是程序的对等性;四是程序的合理性;五是程序的及时性;六是程序的终结性。

2.3.2.1 程序的参与性

这一程序正义的基本要求又可称为"获得法庭审判机会"的原则,其核心思想是,那些权益可能受到裁判结局直接影响的人,应有充分的机会并富有意义地参与裁判的制作过程,从而对裁判结果的形成发挥有效的影响。一些学者进行的实证研究显示,一个人在对自己的利益有着有利或不利影响的裁判或者决定制作过程中,如果不能向有权作出裁决的人或机构提出自己的意见、主张,不能与其他各方及裁判者展开有意义的论证、说服和交涉,就会产生强烈的不公正感,这种感觉源于其权益受到裁判者的忽视、其道德主体地位遭到裁判者的否定这样一种现实。因此,为确保被告人、被害人等受到公正的对待,法庭至少应保证他们在裁判制作过程中始终在场,保证他们有向法庭提出有利于自己的证据、主张并对不利于自己的证据和意见进行质证和反驳的机会、能力和具体的程序保障,并且将其裁判结论直接建立在根据这些证据、主张、辩论等所作出的理性推论的基础上,从而使各方的参与产生实际的效果。不仅如此,法庭还应当保证各方有充分提出本方证据、事实和主张的机会,而不对其参与进行不必要的限制。同时,被告人、被害人等在法庭审判过程中还应受到基本的人道待遇,其人格尊严和自主意志得到尊重。只有这样,刑事审判过程才能符合程序参与性的基本要求。

参与性由以下几个具体要素所构成:(1)所有可能受到裁判结局有利或者不利对待的人(简称为"利害关系人"),应当参加裁判的制作过程,也就是在审判过程中始终"在场";(2)利害关系人应当有足够的机会和便利进行必要的防御准备;(3)利害关系人应当有机会提出本方的证据,传唤本方的证人出庭作证,并要求法院给予有关的司法帮助;(4)利害关系人应有机会对不利于本方的证据进行质证和反驳,并对不利于本方的证人进行当庭询问;(5) 所有作为法庭裁判根据的证据和观点,都应经过法庭调查和辩论程序,裁判结论应建立在当庭出示、质证和辩论过的证据和观点的基础上。

要确保控辩双方都有充分的机会有效地参与到案件的裁判制作过程中来,法律需要在所有可能影响控辩双方利益的裁判活动中禁止法官从事"单方面接触",或者未经与控辩双方交涉和协商,即擅自作出某一影响各方利益的裁决。首先,在开庭前的准备阶段,法庭应当举行审前准备程序,允许控辩双方同时到场参与,并就一系列诉讼程序问题进行交涉,以便解决双方的程序争议。其次,在法庭审理中,控辩双方应有平等的机会提出本方证据,对对方证据进行质证,并发表辩论意见。再次,在法庭审判过程中,所有的庭外调查活动都不能由法官单方面进行,而必须通知控辩双方到场参与,双方不仅有权发表意见,而且有权将调查所得的证据纳入法庭调查的范围。最后,所有上诉审程序都必须采用开庭审判的形式,允许控辩双方到场参与,并就案件的事实认定和法律适用问题的争议进行质证和辩论。

2.3.2.2 裁判者的中立性

所谓裁判者的中立性,是指裁判者应当在那些其利益处于冲突状态的参与者之间保持一种不偏不倚的地位,而不得对任何一方存有偏见和歧视。这一要求的意义在于确保各方参与者受到平等的对待。裁判者的中立性有以下四项具体要求:(1) 与案件有牵连的人不得担任该案的裁判者;(2) 裁判者不得与案件结果或者诉讼各方存有利益关系或足以影响其中立性的其他关系;(3) 裁判者不应存有支持一方、反对另一方的偏见;(4) 裁判者不得对案件结局产生预断,在外观上不能使任何一方对其中立性产生合理的怀疑。

通常认为,裁判者的中立性有助于实现公正的结果。但这并不是绝对的。在例外情况下,一个中立无偏的法官可能会作出不公正的裁判,而一个与诉讼一方存在利害关系的法官,则完全可能"铁面无私""大义灭亲",而作出公正的裁决。裁判者的中立性并不一定是裁判结果公正性的制度保证。但可以肯定的是,裁判者一旦失去了中立性,就容易失去控辩双方的信任,其裁决的公正性也容易受到利害关系人乃至社会公众的怀疑。

要维护裁判者的中立性,法律需要建立多方面的制度保障。例如,需要完善回避制度,以确保那些与案件存在不当关系或者对某一方存有偏见和预断的法官,及时退出案件的裁判过程;法律需要建立管辖异议制度,使得控辩双方有机会就某一法院是否具有管辖权问题,发表意见和提出异议;法律需要明确限定法院的裁判范围,使其不得对那些未经检察机关起诉也未经法庭调查的案件事实和罪名,擅自作出裁判;法律需要限定二审法院的审判范围,对于未经当事人上诉也未经检察机关抗诉的裁判事项,禁止法院进行主动审查,等等。

2.3.2.3 程序的对等性

裁判者在审判过程中应给予各方参与者平等参与的机会,对各方的证据、主张、意见予以同等的对待,对各方的利益予以同等的尊重和关注。与裁判者的中立性一样,程序的对等性也确保各方参与者受到平等的对待,进而实现程序正义。但这种平等对待,主要是指控辩双方在参与审判过程和影响裁判结论方面,获得平等的机会、便利和手段;裁判者应对各方的证据和意见予以平等的关注,并在裁判时将各方的观点平等地考虑在内。

但是,无论是控辩双方获得平等的参与机会,还是裁判者对各方的利益、观点和主张给予平等的关注,这充其量只是一种形式上的对等性。假如控辩双方在对抗能力方面处于天然的不平等状态,那么,裁判者仅仅维持这种形式上的对等,无疑将会使得诉讼一方"以强凌弱",法庭审判将不可避免地陷入"弱肉强食"的状态。因此,在控辩双方无法保持"势均力敌"的情况下,裁判者还必须确保双方获得平等对抗的机会和能力。这可以被称为"实质上的对等"。为此,诉讼的强大一方应承担一些特殊的义务,而参与能力较弱的一方则应拥有一些必要的诉讼特权,由此才能确保双方在一个大体对等的平台上进行交涉和对抗。

"实质上的对等"理念的产生,是出于"天平倒向弱者"的需要。西方法律史上所出现的"平等武装"(Equality of Arms)的理念,其实就是实质上对等的一种形象说法。在现代诉讼制度中,"实质上的对等"的理念在一系列制度安排中都得到了体现。例如,在行政诉讼中,作为相对人的原告方,不必承担举证责任,而作为被告方的行政机关则要承担证明行政行为合法性的责任。又如,在民事诉讼中,在控辩双方出现法定不对等情形下,如消费者与产品制造商就产品质量问题所进行的诉讼,环境污染企业与作为受害者的民众就环境污染侵权问题所进行的诉讼,患者与医院就医疗事故责任问题所进行的诉讼等,都适用"举证责任倒置"原则,由被告方承担举证责任。而在刑事诉讼制度中,根据无罪推定原则,公诉方始终承担证明指控的犯罪事实成立的责任,并需要达到最高的证明标准,而这一证明责任是不能转移到被告方的。这无疑也体现了确保控辩双方实质对等的观念。

2.3.2.4 程序的合理性

所谓程序的合理性,是指裁判者对案件作出裁决的过程必须符合理性的要求,其判断应以确定、可靠和明确的认识为基础,而不是通过任意或者随机的方式作出。心理学的研究成果显示,一个人在某种对自己不利的诉讼决定产生过程中,如果无法及时了解程序的进程、判决的内容以及判决的根据,就会产生一种受到不公正对待的感觉,而且从心理上难以对判决的正当性产生信服。这种感觉源于自己的权益受到忽略、自己的命运受到随意的处置,而自己却毫无改变这种状况的能力的心理状态。

刑事审判程序要符合程序理性的要求,必须至少满足以下基本条件:(1)裁判者认定的犯罪事实必须经过合理和充分的论证;(2)裁判者在制作裁判之前要进行冷静、详细和适当的评议,以便对各方的论点和论据都加以认真讨论和衡量;(3)裁判者的结论必须以经过当庭质证的证据为根据,并顾及控辩双方提出的所有观点、主张和意见;(4)裁判者应给出裁判的根据和理由,并对裁决结果作出论证和说明。

程序的合理性的实现,有赖于一系列程序制度的保障。首先,法庭必须有一个冷静的、从容不迫的审判环境,而不能在存在外界压力、影响和干预的情况下从事审判活动。其次,法庭必须根据当庭举证、质证和辩论过的证据作出对案件事实的认定,而不能从法庭之外寻找裁判的根据。再次,法庭在作出裁判之前应当经过一个完整的评议阶段,以便合议庭成员对事实认定和法律适用问题发表意见、达成共识并形成多数意见,从而以合乎理性的方式产生最终的裁判结论。最后,法庭的判决必须陈述理由,这包括判决宣告后的当庭说理与判决书陈述裁判理由这两个程序环节。

2.3.2.5 程序的及时性

刑事审判活动应当及时地形成裁判结果,既不能过于拖延和迟缓,也不能过于快速。当我们说法庭审判"过于迟缓"或"过于急速"时,实际在用"及时性"要求对刑事审判活动作出否定的评价。及时性原则要求审判活动在"过于急速"和"过于迟缓"之间保持一种"中间状态",避免因过于急速或者过于迟缓而使各方受到不公正的对待。

英国有句法律谚语,"迟来的正义为非正义"(Justice delayed is justice denied)。审判活动过于迟缓和拖延,不仅会导致案件的结案周期大大延长,裁判结论迟迟无法产生,诉讼的成本大大增加,还会因此导致当事人长时间处于待判定的状态,其利益和命运则长时间地处于不确定的状态。这显然会使得所有利害关系人的利益受到不应有的忽视,使他们产生不被司法机关所尊重的感觉,一种程序上的非正义感往往伴随着对司法程序的失望和沮丧之情而油然而生。因此,如果迟来的正义仍然属于"实体正义"的话,那么,这种实体正义的晚到所带来的则是程序上的非正义。

"过于急速而来的正义也是非正义"。一种过于快速进行的审判活动会限制利害关系人对裁判过程的参与,导致裁判者对案件的结局形成预断,甚至促使裁判者不经冷静的庭审和评议即作出裁判结论,在刑事审判中,这种快速进行的审判往往会造成法庭先产生有罪的结论,然后从事法庭审理活动,致使法庭审判流于形式。因此,非经控辩双方自愿选择,任何速决程序都会使各方的利益受到严重的轻视,利害关系人的利益将无法得到司法机关的尊重。经验表明,当一个人的利益被法院以极为轻率和粗糙的方式作出不利决定的时候,一种本能的非正义感会由此产生。这样的审判过程和裁判结论肯定无法得到信任和尊重。

2.3.2.6 程序的终结性

刑事诉讼程序应当通过产生一项最终的裁判结果而告终结。刑事审判如果永远没有终结之时,或者对同一刑事案件的审判可以随时重新启动,那么被告人的刑事责任问题就将永无确定之日,其利益和地位将长时间处于不确定的状态。程序的终结性要求法院对同一刑事案件的审判有一个最终确定的状态,使得在此之后对同一案件的审判受到严格的限制,避免随意或无限制地重新启动审判程序。

审判程序必须产生终局的裁判结论,这并不意味着裁判者必然会作出正确、合法的裁判结论。相反,终结性要求在很多场合下对于裁判者实现"实事求是""有错必纠"的目标都构成了一种妨碍。毕竟,法院不能对一项裁判结论的公正性进行永无休止的重新审查,控辩双方也不能反复提出上诉、抗诉或者启动再审的申请。尽管如此,终结性要求仍然具有一种独立的内在价值:它可以避免审判程序的任意启动,防止刑事审判长时间地处于久拖不决的状态。

2.3.3 坚持程序正义的正当理由

为什么要坚持程序正义?在刑事诉讼中,实现程序正义的基本要求,究竟可以产生哪些积极效果呢?对于这一问题,我们可以从结果中心理论、尊严理论和司法公信力理论的角度作出解释。

2.3.3.1 结果中心理论

根据这一理论,我们之所以要坚持程序正义,是因为程序正义是实现实体正义的工具。一个刑事诉讼程序越是保持公正的标准,裁判者就越可能从不同的角度获取证据、事实和信息,全面认识案件事实真相,从而实现公平的定罪和量刑。这种理论站在一种工具主义或者结果中心主义的立场上,将刑事诉讼程序作为准确适用刑法的工具和手段,认为这种程序越是公正、合理,它就越具有产生公正裁判结果的能力;保障当事人各方充分而富有意义地参与裁判结果的制作过程,只是为了更加准确地追究被告人的刑事责任。

但是,刑事诉讼程序能否具有一种工具性价值,这在很多情况下是说不清楚的。通常情况下,相对于不公正的诉讼程序而言,一种保持最低限度程序公正标准的刑事诉讼程序,有可能从三个角度实现实体正义:一是确保裁判者获取全面的证据和信息,确保每一项证据经受控辩双方的有效质疑和挑战,最大限度地避免对被告人犯罪事实的错误裁判,防止无罪的人受到刑事追究;二是在控辩双方的充分参与下,确保裁判者对所有人一视同仁,公平地适用法律,避免不合理的差别对待;三是最大限度地限制裁判者的自由裁量权,在控辩双方的有效参与下,裁判者经过冷静地庭审,充分吸收控辩双方的信息和意见,经过充分讨论和评议,给出裁判的理由和逻辑脉络,使其裁判可以经得起上级法院的重新审查,裁判者的自由裁量权由此受到有效的约束和限制。

2.3.3.2 "尊严理论"

作为一种法律价值,程序正义所要表达的是一种最基本的思想,那就是一个人在司法机关作出对其利益产生重大影响的裁判时,应当具有一种可与裁判者就如何对待他的问题进行理性协商的地位,即强调尊重程序参与者作为自主、负责和理性主体的地位,要求裁判机构与他一起参与裁判结果的形成过程,向他论证裁判结果的合理性和正当性,从而使他成为裁判过程中的协商者、对话者、辩论者和被说服者,其作为人的尊严和价值得到充分的尊重。[①]

第一,公正的程序通过确保诉讼各方对裁判制作过程的参与以及对裁判

---

① R. A. Duff, *Trial and Punishment*, Cambridge University Press, 1986, pp. 114-119.

结果的积极影响,使他们的人格尊严和自主意志得到保障。美国学者萨默斯曾指出,参与(participation)意味着公民能够自主地主宰自己的命运,"在现代民主社会中,大部分公民宁愿自行管理自己的事务,也不愿意别人主宰自己的命运,哪怕别人做得要比自己更好。参与性统治的反面是奴隶制、政治服从或者军事管制。"①在刑事审判中,控辩各方对裁判过程参与得越充分,越有效,他们对法庭裁判结果的影响就越大。尤其对于那些作为被裁判者的刑事被告人而言,通过参与刑事诉讼过程,可以成为裁判者的协商者、对话者和被说服者。被告人尽管不能直接参与裁决的制作,却可以通过影响裁判的结果,决定自己的前途和命运。由此,被告人的人格尊严和自主意志得到一定程度的尊重:他不是一个命运受法庭任意摆弄和处置的客体,也不是被法庭用来作为维护社会治安的工具和牺牲品,而是一个独立的权利主体。

第二,公正的程序通过使参与者各方受到平等的对待,来确保其人格尊严和主体地位得到尊重。一般而言,要求受到平等的对待,源于"人类希望受到尊重的愿望","当那些认为自己同他人平等的人在法律上得到了不平等的待遇时,他们就会产生一种卑微感,亦即一种他们的人格与共同的人性受到侵损的感觉。"而"促使法律制度朝平等方向发展的力量乃是人类不愿受他人统治的欲望。"②在刑事审判过程中,裁判者对控辩双方的平等对待具有更为重要的意义,因为被告人所面对的主要是作为国家利益代表的检察官,这种平等对待意味着被告人与国家追诉机关在参与裁判过程方面拥有平等的机会、能力和程序保障,被告人与检察官受到平等的尊重和关注,这有助于被告人产生受到公正对待的感觉,产生其权益和人格尊严受到尊重的印象。

第三,一种合乎理性的刑事审判过程能够向利害关系人证明:他们的参与是富有意义的,他们所提出的证据、事实和主张是得到法庭充分考虑和采纳的。这些都显示出裁判者对利害关系人应得权益的关注和尊重,说明裁判者所作的关系其命运的决定并不是轻率的,而经过慎重的分析、考量和论证。

第四,公正的审判程序通过及时地形成裁判结论,并使得诉讼过程有终结之时,确保利害关系人的利益受到关注,其人的尊严和权利主体地位得到尊重。无论是刑事程序的及时进行,还是这种程序的有效终结,都显示出司法机关对利害关系人利益的重视,避免因为程序的过于迟缓、过于快速或任

---

① R. S. Summers, "Evaluating and Improving Legal Process—A Ples for 'Process Values'", in *Cornell Law Review*, Vol. 60, November 1974, No. 1, pp. 25-26.

② 〔美〕E. 博登海默:《法理学——法哲学及其方法》,邓正来译,华夏出版社1987年版,第280页。

意重新启动而给他们带来的讼累,防止其权益处于长时间的不确定或者危险的状态。

2.3.3.3 司法公信力理论

从吸纳不满和减少冲突的角度来说,程序正义可以最大限度地减少利害关系人(尤其是利益受裁判不利影响的一方)乃至社会公众对裁判结果的抵触,增强司法裁判的社会公信力。首先,相对于不公正的程序而言,公正的程序更有可能使那些利害关系人接受和尊重裁判结论,并从内心里对法院、法庭审判以及裁判结论表示出信服。其次,对于那些受到法院不利裁判的一方,尤其是那些受到法院定罪判刑的被告人及其亲属而言,公正的程序可以发挥一定的吸纳不满、减少抵触情绪的效果。最后,一种公正的审判还可以使社会公众对司法裁判的过程和结论产生认同感,消除公众对裁判结论的疑惑和质疑,唤起其对司法制度的信任和尊重,从而使司法活动产生较好的社会效果。在一定程度上,唯有通过公正的审判,维护基本的程序正义,司法机关才能实现法律效果和社会效果的统一。

2.4 特殊的诉讼价值

前述分析过的三种程序价值,包括实体正义价值、程序正义价值以及诉讼经济价值,在所有刑事诉讼程序中都可以得到适用,它们既是国家专门机关在这些诉讼程序中所要追求的价值目标,也是评价这些刑事诉讼程序的价值标准。但是,我国法律还确立了一些特殊诉讼程序,这些程序除了要体现上述基本价值以外,还要实现一些特殊的价值目标。

2.4.1 程序的和谐性

按照程序和谐性价值的要求,刑事诉讼不仅要在过程和结果上实现正义价值,而且还要追求被告方与被害方矛盾的化解,使得那些为犯罪所破坏的社会关系得到修复,避免因双方矛盾的持续激化,而出现结为世仇、重新犯罪、申诉信访等影响社会和谐稳定的问题。这一价值理念高度重视被告方、被害方的心理需求,使双方的利益诉求都得到尊重和体现,使双方更加充分地参与到案件的解决过程之中,而不是仅仅充当消极等待国家裁判、被动承受国家处置的当事者。

2012 年修订的《刑事诉讼法》对刑事和解程序的确立,在很大程度上考虑了程序和谐性价值的要求。对于较为轻微的公诉案件,被告方自愿真诚悔罪,通过向被害人赔偿损失、赔礼道歉等方式获得被害人谅解的,双方可以达成和解协议,公安机关、检察机关对此类案件可以提出从宽处理的建议,检察机关可以作出不起诉的决定,法院还可以作出从轻量刑的裁决。假如这一制度设计最终为立法部门所接受,那么,被害方就可以得到被告方的真诚悔罪和积极赔偿,被告方也可以获得司法机关的宽大处理,甚至免除刑事责任。这对于增进双方的互谅互让、避免矛盾的激化、有效解决被害人的赔偿问题,都将产生积极的社会效果。

但是,对刑事和解适用范围的制度安排,显示出立法者对这一制度的积极作用还持一种犹疑不定的态度,也体现了一种对被害人充分参与诉讼之负面效果的忧虑。假如立法者只允许对轻微刑事案件适用刑事和解程序,那么,在那些重大刑事案件(甚至可能判处死刑的案件)的诉讼过程中,假如被害方与被告方达成了这种和解协议,法院是不是就不能作出"宽大处理"了呢?反过来说,假如法院对那些可能判处重刑的案件适用了刑事和解程序,这岂不意味着法院"违反法律程序"了吗?

其实,对于任何刑事案件,无论轻微案件还是重大案件,司法机关都应鼓励被告人真诚悔罪、积极赔偿并取得被害方的谅解,也都应促使被害方与被告方积极达成和解协议,并在最终的刑事处理上给予被告人一定的宽大对待。这一点已经为最高人民法院的司法解释所确立,其积极效果也为我国近年来的司法实践所验证。从理论上说,被告人真诚悔罪本身,就是一种酌定从轻量刑情节;被告人积极赔偿被害人,并及时履行赔偿义务,这本身也会减轻被害人的痛苦和负担,使得被害方摆脱经济上的困境,这也是降低犯罪所带来的社会危害性的标志;双方达成和解协议,消除了结为世仇、重新犯罪乃至矛盾激化的可能性,这对社会的安宁和稳定也是一种积极的贡献。这些岂不都说明刑事和解不仅取得了积极的社会效果,在理论上也属于重要的从轻量刑理由吗?

当然,要实现程序的和谐性价值,仅仅依靠刑事和解还是远远不够的。这一理念还应当被贯彻到一系列诉讼程序之中。例如,在量刑程序中,遇有被害人要求参与审理过程的,法庭应充分保障被害人的诉讼权利,允许其提出新的量刑情节和量刑证据,听取被害方的量刑意见,并在裁判文书中充分说明量刑的理由,使得量刑裁决结果体现被害人的参与和影响。唯有如此,才可以减少被害方对法院量刑裁决的抵触,减少不必要的申诉或信访。又如,刑事诉讼法应当对附带民事诉讼制度作出全面的改革,在赔偿范围上改变那种只赔偿"物质损失"的规定,增加惩罚性赔偿和精神损害赔偿的内容;在审理程序上,可以考虑在被害人提出要求的情况下,将附带民事诉讼改变为独立的民事诉讼,由民事法庭对民事赔偿问题进行独立的审判;在执行方面,应当强化附带民事诉讼的"财产保全"和"先予执行"程序,做好判决前对被告方财产的查封、扣押、冻结工作,使那些有赔偿能力的被告人尽可能及时作出赔偿。唯有如此,才可能避免被害方因为法院拒绝其赔偿请求或者法院对民事判决执行不力而提出申诉、信访问题。再如,对于那些被告方没有赔偿能力、双方无法达成和解协议的案件,被害人确因受到犯罪侵害而陷入困境的,法律应对其提供"被害人国家司法救助"。这对于避免矛盾激化、维护社会和谐稳定,也是非常重要的制度保障。

2.4.2 程序的诊疗性

少年司法程序在中国刑事诉讼制度中的确立,显示出一种以关爱和治疗为核心的诊疗性价值得到法律的承认。对于那些身心发育并不成熟的未成年被告人而言,过分强调不枉不纵、严刑峻罚是没有太大意义的,而仅仅重视对其辩护权的保护也是远远不够的。只有将教育、感化、治疗的因素贯穿于少年司法程序之中,使得少年被告人的利益受到更为周到的关注,也使得他们顺利地得到行为上的矫治,回归社会,这才是少年司法所要实现的主要目标。

2012年修订的《刑事诉讼法》对少年司法程序的专章规定,不仅对中国法院长达26年的少年司法改革经验进行了吸收,使那些较为成熟的改革成果被上升为国家法律规范,而且通过承认少年司法改革的合法性,对这一领域的进一步改革提供了法律上的支持。该法确立了"教育、感化、挽救"的方针,规定了"教育为主、惩罚为辅"的原则,强调对少年被告人严格适用逮捕措施,对受到羁押的被告人采取分管分押的制度;法律高度重视少年被告人的诉讼权利,要求在讯问和审判时,通知被告人的法定代理人或者其他足以起到法定代理人作用的代表到场参与。尤其值得重视的是,该法确立了附条件不起诉制度,并针对少年犯罪案件适用了犯罪记录封存制度。

这些新的制度大都属于对一些较为成熟的改革经验的事后确认。这些带有原则性和宣言性的条文表述,对于少年司法程序可能无法起到直接的规范作用。尤其需要指出的是,立法者对于中国少年司法改革成果的总结是不完整的,对于少年司法程序的特殊性也是重视不够的。还有不少为少年法庭试行多年的制度尚未受到应有的重视。例如,已经实行二十多年的"圆桌审判"和"法庭教育"制度,是体现"教育、感化、挽救"方针的制度载体,很多法官都形成了一套行之有效的法庭教育经验。这一点在《刑事诉讼法》中没有得到任何体现。又如,在少年司法程序中得到普遍实行的社会调查报告制度,在这部法律中也没受到应有的重视。该法只是简单地要求法院"应当对未成年被告人的成长经历、犯罪原因、教育改造条件进行了解",却没有赋予社会调查报告以独立的证据地位,也没有对社会调查员的资格、出庭作证等问题作出任何规定。再如,该法确立了附条件不起诉制度,赋予检察机关对少年被告人更大的矫正责任。应当说,附条件不起诉属于我国检察机关创造的一条改革经验,但与这一制度相辅相成的还应当有法院的"暂缓判决"制度。这部法律只确立了附条件不起诉制度,却对暂缓判决制度没有给予重视,这就意味着少年被告人的矫正责任要更多地由检察机关来承担。这一点显然与我国检察机关的法律地位不相符合,也无法发挥法院在观护和矫正方面的作用。

另外,少年司法改革中还存在一个瓶颈问题,那就是少年被告人的羁押率太高,以至于造成少年被告人一经批捕就很难适用非监禁刑的局面。一般而言,法院高度重视少年司法改革问题,但检察机关、公安机关对这种程序的特殊性没有给予足够的重视,对少年案件的逮捕条件没有进行严格限制,使得少年案件的批捕率与成年人案件没有实质的区别。结果,面对那些已经被羁押几个月的少年被告人,法院纵有适用非监禁刑的想法,也不得不迁就检察机关逮捕羁押的现实,以至于对其判处长短不一的监禁刑。而短期监禁刑的科处,不仅矫正效果并不理想,而且还会使少年被告人受到刑罚执行场所的"二次感染"。2012年修订的《刑事诉讼法》尽管强调对少年案件"严格限制适用逮捕措施",却没有在逮捕条件、逮捕程序和羁押期限方面制定任何特殊的规则。这显然是一个令人遗憾的制度设计。

2.4.3 程序的协商性

现行《刑事诉讼法》确立了认罪认罚从宽制度。原则上,在侦查、审查起诉和审判阶段,犯罪嫌疑人、被告人自愿供述指控的犯罪事实,并愿意接受刑事处罚的,司法机关应对其作出从宽处理。而诉讼程序方面,对于自愿认罪认罚的嫌疑人和被告人,在其没有委托辩护人,也不符合指定辩护适用条件的情况下，侦查机关、检察机关、法院都应确保其获得法律援助值班律师的帮助。检察机关在审查起诉环节应讯问嫌疑人，听取辩护人或值班律师就案件事实、罪名以及量刑建议的意见。在此基础上，检察官在辩护人或值班律师的参与下，责令犯罪嫌疑人、被告人签署认罪认罚具结书。在提起公诉时，检察官应将此具结书连同起诉书、量刑建议书一起提交法院。原则上，法院在裁判时应尊重检察官与被告人、辩护人或值班律师经协商所确定的量刑建议。

认罪认罚从宽制度是一种带有中国特色的量刑协商制度，体现了一种协商性司法的诉讼理念。在这一程序中，检察机关引入适度的处分原则，在案件达到法定证明标准的情况下，对被告人的量刑问题给予适度的优惠或者减让，这既是对已经认罪认罚的被告人的一种量刑奖励，也是对未来的嫌疑人、被告人的一种量刑吸引。通过适用这一程序，法院对被告人的定罪量刑问题不再进行实质性的审理，那种通过发现事实真相来寻求实体正义的价值理念，让位于一种控辩双方通过平等协商和自愿妥协来形成诉讼合意的理念；传统上以保证当事人充分参与为标志的程序正义价值，也让位于一种通过放弃辩护机会来获取量刑优惠的新的程序正义理念。在一定程度上，认罪认罚从宽制度所追求的是一种协商的正义，其核心内容在于赋予检察官与被告人通过协商来处分案件实体结局的能力，从而尊重双方对量刑结果进行自主塑造和自愿选择的权利。

阅读案例材料之二

杨 佳 案 件[①]

　　上海市人民检察院第二分院以被告人杨佳犯故意杀人罪,于2008年7月17日向法院提起公诉。上海市第二中级人民法院同年8月26日公开开庭审理了本案。

　　上海市人民检察院第二分院指控,2007年10月5日晚,被告人杨佳在上海因骑一辆无牌照自行车而受到上海市公安局闸北分局某派出所巡逻民警的询问和盘查。之后,杨佳向公安机关投诉并提出赔偿精神损失费人民币一万元等要求。闸北公安分局派员疏导劝解。杨佳因其要求未被接受,决意对闸北公安分局民警行凶报复。2008年7月1日上午9时40分许,杨佳携带犯罪工具,来到闸北公安分局办公大楼门前,投掷装有汽油的啤酒瓶引起燃烧,并头戴防毒面具闯入闸北公安分局办公大楼。在闸北公安分局办公大楼底层大厅等处,杨佳先用刀砍击保安员顾建明头部,继而持刀分别猛刺正在工作且赤手空拳、毫无防备的民警方福新、倪景荣、张义阶、张建平的头、颈、胸腹等要害部位,致四名民警当场受伤倒地。之后,杨佳沿消防楼梯自九楼至十一楼途中,又持刀先后猛刺、猛砍赤手空拳且猝不及防的民警徐维亚、王凌云、李珂的头、胸腹等要害部位,致徐维亚、李珂当场受伤倒地,并致王凌云受伤。杨佳继续冲上二十一楼后,又持刀刺伤正在等候电梯的民警吴钰骅,并闯入2113室行凶,致民警李伟受伤,被在场民警林玮等人当场捕获。最终,杨佳的行为造成六人死亡,两人轻伤,一人轻微伤。

　　上海市人民检察院第二分院针对上述指控的事实,向法院提供了被害人的陈述、证人证言、有关书证、物证和录像资料,公安机关的《现场勘查笔录》《尸体检验报告》《鉴定书》,司法科学技术研究所的《司法鉴定中心鉴定意见书》,被告人杨佳的供述等证据。

　　被告人杨佳以辩护人申请传唤薛耀、陈银桥、吴钰骅等证人出庭作证未获

[①] 参见扬中、小路:《杨佳案始末》,载《财经》2008年第22期。另参见杨海鹏:《杨佳袭警案明日审理》,载财经网,http://www.caijing.com.cn/2008-08-25/110008190.html,2016年3月6日访问。

法庭准许,诉讼程序有失公正为由,拒绝回答法庭审理中的讯问和发问;对控辩双方宣读或出示的证据不发表意见,也没有为自己作出辩护。

被告人杨佳的辩护人当庭宣读了2008年7月29日会见杨佳的笔录,请求法庭播放了芷江西路派出所对杨佳盘查时的相关录音、录像等视听资料,并经法庭同意,申请法庭传唤证人顾海奇出庭作证。辩护人提出如下辩护意见:(1)芷江西路派出所民警对杨佳的盘查缺乏法律依据,且不能排除杨佳在接受盘查的过程中遭公安人员殴打的可能性,而警方对杨佳的投诉处置不当是引起本案发生的重要因素;(2)杨佳的行为构成故意伤害罪,不构成故意杀人罪;(3)参与部分侦查工作的闸北公安分局的侦查人员,与本案被害人是同事,没有依法回避,因此,所收集的证人证言不能作为定案的证据;(4)杨佳很有可能存在精神方面的异常,具有精神疾病,故有必要对其精神状态和刑事责任能力重新进行鉴定和评定。

法庭经过审判,对被告方的辩护意见作出了回应。首先,闸北公安分局侦查人员虽参与收集相关证人证言,但没有证据证明上述侦查人员和本案有利害关系或者其他关系,可能影响公正处理案件的事实存在,故辩护人关于闸北公安分局侦查人员收集的证言违反法律规定,相关证言不能作为定案证据的辩护意见,缺乏事实和法律依据。其次,司法鉴定科学技术研究所司法鉴定中心及参与对杨佳作精神状态鉴定和刑事责任能力评定的人员均具有法定资质,鉴定结论具有法律效力,且与本案的其他证据互相印证,应予采信。辩护人没有提供杨佳精神状态异常,具有精神疾病的相关依据。因此,辩护人申请重新鉴定的意见,理由不足,本院不予准许。再次,被告人杨佳因对公安人员就其所骑无牌照的自行车依法进行盘查及处理结果不满,而起意行凶报复的事实,证据确实、充分。辩护人提出的不能排除公安人员在盘查杨佳时对杨实施殴打的意见,没有证据支持。

上海市第二中级人民法院于2008年9月1日作出(2008)沪二中刑初字第99号刑事判决,判决被告人杨佳犯故意杀人罪,判处死刑,剥夺政治权利终身。

杨佳案件的一审审理由于在程序上存在着一些问题,引起了社会舆论和新闻媒体的强烈质疑。遭受质疑的程序问题主要有四个:一是杨佳父亲杨福生委托了两名北京律师,担任杨佳的辩护人。2008年7月15日,这两位律师向上海市第二检察分院递交了委托书、律师事务所函、律师证。次日,该院检察官向二律师出示了注明日期为7月15日的询问笔录,并根据杨佳在笔录中的陈述——"我只接受母亲为我聘请的律师,其他人聘请的律师我都不认可,包括我父亲",告知两律师不能担任杨佳辩护人,不能阅卷和会见杨佳。后来,两律师被告知,杨佳已于当日聘请谢有明等为其律师。

二是本案的辩护律师谢有明同时担任闸北区人民政府法律顾问。根据《广州日报》7月8日的报道,谢律师在接受媒体采访中发表了一系列对犯罪嫌疑人不利的观点:比如说杨佳精神正常,法律意识强,"像杨佳犯罪情节这么严重的,一般来说,在量刑上几乎没什么疑问,不出意外的话,估计是死刑"。

三是杨佳母亲是唯一有资格为杨佳聘请律师的人(据上海检方声称,杨佳不接受其父亲为他聘请的律师),但她已失踪多日,引起社会各界关注。谢有明律师却于7月17日与杨佳母亲签订了委托协议,成为杨佳的辩护律师。

四是在一审法院开庭审理过程中,众多媒体要求采访,很多公众要求旁听,均遭到拒绝。法庭旁听席坐满了来自上海市各级公安机关的便衣警察。

对于一审判决,原审被告人杨佳不服,提出上诉。上海市高级人民法院依法组成合议庭,公开开庭审理了本案。杨佳的上诉理由主要有:其闯入闸北公安分局大楼时无杀人故意,造成多名民警死亡,实属意外;在芷江西路派出所接受盘查时,被数名民警按倒在地殴打;要求相关民警出庭未获准许,一审审判程序不公正。

辩护人的辩护意见主要是:公安机关未能提供杨佳在芷江西路派出所接受盘查时的完整录像,不能排除杨佳曾遭公安民警殴打;司法鉴定科学技术研究所司法鉴定中心不具备鉴定资质,该中心对杨佳所作的鉴定结论不具有法律效力;杨佳可能存在精神异常情况,建议对杨佳重新进行精神病司法医学鉴定。

二审法院在开庭审理时,检察官就上诉人杨佳的作案动机和刑事责任能力宣读和出示了相关证据,并申请对杨佳进行精神病司法医学鉴定的鉴定人之一管唯出庭作证。出庭的检察官围绕着杨佳的作案动机和刑事责任能力等问题,宣读和出示了一系列鉴定意见书和证言笔录。

二审法院经过审理,对本案的争议问题作出了以下评判意见:

首先,关于杨佳上诉称其没有杀人故意,且在本院开庭审理时,对其行凶杀人的事实辩称记不清或不是事实。经查,杨佳在闸北公安分局持刀行凶杀人的事实,有查获的作案工具、《现场勘查笔录》《尸体检验报告》、相关《鉴定书》和闸北公安分局大楼监控录像、被害人的陈述、目击证人的证言等大量证据证实,杨佳到案后亦曾供认在案。根据杨佳持刀行凶过程及捅刺被害人身体的部位、力度和结果,已充分证实杨佳具有明显的杀人故意。因此,杨佳的相关辩解,与事实不符。

其次,关于杨佳上诉称在芷江西路派出所接受盘查时,被数名民警按倒在地殴打。经查,现场执法录音以及相关证人证言证实,芷江西路派出所巡逻民警依法盘查杨佳时,由于杨佳不配合,即将杨带至派出所询问;芷江西路派出所的监控录像中未反映出民警对杨佳实施殴打;杨佳本人笔记本记载及给本市公安机关的《投诉信》中均未提及被数名民警按倒在地殴打;相关民警陈述,在芷江西路派出所内对杨佳进行盘查时没有殴打过杨佳。因此,杨佳上诉称其在芷江西路派出所被数名民警按倒在地殴打,没有证据证实。

再次,关于杨佳上诉称部分证人未出庭作证,一审审判程序不公正。经查,上海市第二中级人民法院开庭审理时,针对本案的起因,公诉人宣读了相关民警的证言,出示了杨佳的《投诉信》;法庭还根据辩护人的申请,通知证人顾海奇到庭作证,播放了芷江西路派出所的现场执法录音和监控录像,上述证据均经当庭质证,查证属实,作为定案根据。本院认为,根据最高人民法院司法解释规定,"未出庭证人的证言宣读后经当庭查证属实的,可以作为定案的根据",一审法院的审判程序,符合我国刑事诉讼法和相关司法解释的规定。

最后,关于辩护人提出司法鉴定科学技术研究所司法鉴定中心不具备鉴定资质,建议对杨佳重新进行精神病司法医学鉴定的意见。经查,《司法鉴定许可证》和证人朱广友的证言等证据证实,司法鉴定科学技术研究所司法鉴定中心根据《全国人民代表大会常务委员会关于司法鉴定管理问题的决定》的规定,经司法行政部门审核后予以登记并公告,取得了包括法医精神病鉴定等业务范围的《司法鉴定许可证》。因此,该鉴定中心依法具备鉴定资质。

司法鉴定科学技术研究所司法鉴定中心的《鉴定意见书》及鉴定人管唯的当庭说明反映,该鉴定中心接受公安机关的委托后,鉴定人审查了本案的有关材料,结合送检材料及精神检查所见,杨佳有现实的作案动机,对作案行为的性质、后果有客观的认识,根据有关诊断标准,杨佳无精神病,作案时对自己的行为存在完整的辨认和控制能力,按照有关技术规范,应评定为完全刑事责任能力。

现有证据表明,本案对杨佳进行司法鉴定的鉴定机构及鉴定人均有资质,鉴定人除对杨佳进行检查性谈话外,还审查了本案相关材料,鉴定程序规范、合法,鉴定依据的材料客观,鉴定结论符合杨佳的作案实际情况。本案无证据证实存在鉴定人不具备相关鉴定资格、鉴定程序不符合法律规定、鉴定材料有虚假、鉴定方法有缺陷、鉴定结论与其他证据相矛盾或者鉴定人应当回避而没有回避等情形。杨佳具有完全刑事责任能力的鉴定结论,符合刑事证据合法性、客观性、关联性的基本特征,应予采信。辩护人申请对杨佳重新进行精神病司法医学鉴定的理由不充分,本院不予准许。

二审法院最终裁定驳回上诉,维持原判。该裁定经最高人民法院核准后,产生法律效力。根据最高人民法院院长签署的执行死刑命令,上海市第二中级人民法院对杨佳执行了死刑。

【深入思考题】

1. 在杨佳案件的一审程序中,存在着哪些程序不公正的现象?
2. 为什么同样是判处死刑,一审法院的审理程序和二审法院的审理程序却引发了截然不同的社会反响?

第三章 刑事诉讼构造

> 如果说诉讼价值理论主要解决刑事诉讼程序的正当性的话,那么,诉讼构造理论则注重分析刑事诉讼程序的形态,并对不同诉讼程序作出比较。有了这一理论,我们就可以从整体上把握刑事诉讼程序,一方面观察"控辩裁"三方的诉讼控制情况,另一方面思考"公检法"三机关的力量对比关系。

3.1 刑事诉讼构造的概念
3.2 刑事诉讼的横向构造
3.3 刑事诉讼的纵向构造
3.4 刑事程序的诉讼化改革
阅读案例材料之三 苏秀文案件

3.1 刑事诉讼构造的概念

3.1.1 什么是刑事诉讼构造

刑事诉讼是由国家专门机关和诉讼参与人共同参与的诉讼活动。这些专门机关和诉讼参与人行使特定的诉讼权利,承担一定的法律义务,相互间发生各种法律关系。在这些国家专门机关和诉讼参与人中,那些具有独立的诉讼地位,并对刑事诉讼的产生、发展和结局具有决定性作用的机关和参与人,被称为"刑事诉讼主体"。其中,侦查机关、检察机关和法院,由于分别行使侦查权、公诉权和审判权,对于刑事诉讼程序的启动、进程和结局具有重大的影响和作用,因此被称为刑事诉讼的"机关主体"。而作为受刑事追诉者的被告人,可以在辩护人的帮助下行使辩护权,与国家追诉机关进行程度不同的诉讼抗争,并对司法机关的决定施加积极的影响,因此摆脱了过去曾有过的"诉讼客体"地位,可以影响刑事诉讼的进程和结局,具有了刑事诉讼主体的地位。而被害人作为当事人,在公诉程序中可以协助检察机关行使公诉职能,也可以提起自诉和附带民事诉讼,也具有刑事诉讼主体的地位。对于被告人和被害人,我们可将其称为"当事人主体"。

上述刑事诉讼主体担负着各不相同的诉讼角色,对刑事诉讼进程发挥着不同的作用。对于刑事诉讼主体所担当的不同角色和作用,我们一般称为"刑事诉讼职能"。其中,法院作为审判机关,行使着审理和裁判的职能,发挥着认定案件事实和确定被告人刑事责任的作用;检察机关作为公诉机关,在被害人的协助下,行使着公诉职能,发挥着追诉犯罪的作用;被告人在辩护人的帮助下,行使着辩护职能,发挥着对抗追诉机关和影响裁判机关的作用。而以公安机关为代表的侦查机关,在刑事诉讼中发挥着查获犯罪嫌疑人、搜集犯罪证据的作用,行使的是侦查职能。

那么,在各个刑事诉讼主体行使诉讼职能的过程中,相互间会发生怎样的法律关系呢?在法律理论上,我们将刑事诉讼主体在刑事诉讼过程中的法律地位和相互间的法律关系,称为"刑事诉讼构造"。考虑到刑事诉讼主体可以在各个刑事诉讼程序中发生横断面上的关系,同时又在刑事诉讼全过程中发生纵向的法律关系,因此,我们将刑事诉讼构造区分为"刑事诉讼的横向构造"和"刑事诉讼的纵向构造"。

3.1.2 刑事诉讼构造的历史演变

从历史上看,刑事诉讼制度曾经历过长期的演变和发展过程,刑事诉讼构造一般被用来分析现代的刑事诉讼制度。但是,刑事诉讼制度究竟是如何演变和进化过来的呢?从刑事诉讼主体相互关系的角度来看,古代刑事诉讼制度曾经历过弹劾式诉讼和纠问式诉讼两个发展阶段,并在近代随着政治革命和司法改革,逐渐形成一种混合式诉讼制度。最后,又经过数百年的发展和演化,才最终形成当代多种构造模式并存的刑事诉讼制度。

法律史的研究表明,人类社会几乎都程度不同地经历过原始的同态复仇或血亲复仇时期,并将此作为解决纠纷或处理反社会行为的一种方式。人类摆脱原始的同态复仇或血亲复仇,走向文明的司法制度的第一步,是确立了弹劾式诉讼制度。

据法律史学者的考证,古希腊以及古罗马共和时期一度实行过弹劾式诉讼制度。所谓弹劾式诉讼制度,其实是一种充满原始的司法民主精神的诉讼制度。由于在政治体制上存在着民主制度的成分,司法活动也体现民众参与审判的理念,因此,这种诉讼制度具有当代民事诉讼的鲜明特征。一般而言,这种弹劾式诉讼的特征主要有三:一是实行不告不理原则,没有原告的起诉,就没有法院的审判;二是原告方与被告方各执一词,具有平等的诉讼地位;三是法官居中裁判,根据审判过程作出权威的裁决。

当然,受制于当时的政治、经济和科学技术的发展水平,国家没有建立专制和集权体制,也不存在犯罪的概念,将所有违法行为都大体上给予一视同仁的对待。因此,当时的起诉主要实行私人追诉原则,国家追诉制度并没有建立起来。与此同时,遇有疑难案件,法官可采用"神明裁判"的裁决方式,也就是依靠神明或其他超自然的力量来作出最终的裁断。所谓的"水审""火审""司法决斗"等,就体现了"神明帮助有理的一方战胜无理的一方"这一司法理念,也体现了所谓"神明帮助无辜者洗清冤屈"的思想。对于这种神明裁判方式,后世经常有人将其视为一种非理性、不科学的证据制度。

人类走向文明司法制度的第二步,是确立了纠问式诉讼制度。根据法律史学的研究成果,纠问式诉讼最初产生于欧洲教会裁判法庭,是这些法庭处理异教徒或巫术案件所依据的诉讼程序。后来,这种诉讼程序逐渐为世俗社会的法院所采纳。从罗马帝国时期开始,在长达一千多年的中世纪时期,除了在英国等少数国家以外,整个欧洲都实行过纠问式诉讼制度。纠问式诉讼制度是与专制主义和集权主义的政治制度密切相关的。我国古代刑事诉讼制度也具有纠问式诉讼的一些基本特征。一方面，政治上的专制属性决定了刑事诉讼制度被视为镇压异己的工具，中立无偏的法庭审判也不复存在，刑事追诉与司法裁判必然走向趋同，甚至合二为一。而专制主义的政治体制也必然只注重维护少数统治者一己之私利，而不会尊重人的尊严和权利。受刑事追诉者被视为诉讼客体，甚至成为酷刑逼供的对象，就是这种政治体制的必然结果之一。另一方面，将犯罪与民事侵权加以分离的观念逐渐得到社会的普遍承认，前者被视为侵犯整个统治秩序的严重违法行为，具有社会危害性，需要由国家进行统一的刑事追诉；而后者则属于侵犯个人权益的行为，只需由被害人个人进行追诉。由此，针对犯罪案件的国家追诉制度正式产生。

在纠问式诉讼制度下，司法官员集犯罪调查权、刑事追诉权和司法裁判权于一身，可以合法地施以酷刑，因此，容易滥用司法权力，甚至造成刑事误判。为约束司法官员的自由裁量权，也为了有效处理疑难案件，欧洲中世纪曾普遍实行"法定证据制度"。这种制度又被称为"形式证据制度"，是指法律明确对各种证据的证明力大小强弱作出规定，对法官根据何种证据和多少证据可以作出有罪认定，也确立明确的规则。司法官员只需根据法律所作的形式化和公式化要求，就可以作出是否采纳证据、是否认定行为人有罪的决定。应当说，法定证据制度蕴含了最早的"证据裁判原则"的理念，具有约束法官自由裁量权的客观效果，它对神明裁判制度的取代，也是重大的历史进步。但是，这一制度对证据证明力的判断过于机械僵化，违背事实认定的基本规律，扼杀了法官的主观能动性，这却具有历史的局限性。

在欧洲近代大革命时期，随着政治体制发生重大的变革，司法制度受到前所未有的冲击。纠问式诉讼制度连同其所依附的司法制度都受到激烈的批判，并最终被抛弃。在启蒙运动的影响下，出于对英国刑事司法制度的强烈向往，法国最先启动了刑事诉讼制度的改革，颁布崭新的刑事诉讼法典。后来这一改革成果被传播到整个欧洲。最初，一种带有混合式色彩的刑事诉讼制度得到欧洲大陆各国的普遍确立。所谓混合式诉讼，是指弹劾式诉讼与纠问式诉讼的混合体，也就是在审判前阶段由预审法官领导犯罪调查活动，调查证据，审查起诉，对符合条件的案件交由检察官提起公诉，因此保留原有的纠问式诉讼的特征。而与此同时，审判程序则遵从不告不理的原则，在检察官提起公诉之后，法官主持法庭审理活动，实现了司法裁判职能与刑事追诉职能的区分。当然，这种混合式诉讼制度并不是对纠问式诉讼和弹劾式诉讼进行简单的"混合",而是在国家追诉、控审分离和被告人诉讼主体化基础上所重新建立的新型诉讼制度。随着酷刑不再成为合法的调查手段,被告人逐渐开始享有禁止自证其罪的诉讼特权,被告人的辩护权逐渐得到强化,辩护律师参与诉讼的制度得到确立和逐渐强化。

经过长期的发展、改革和演化,特别是在第二次世界大战结束以后,在国际人权保障运动的影响下,欧洲大陆的刑事诉讼制度逐渐从原来的混合式诉讼演变成审问式诉讼,也就是职权主义的诉讼构造。而与此同时,几乎没有经历过纠问式诉讼制度的英国,逐渐形成了一种对抗式诉讼制度,也就是后来所说的当事人主义的诉讼构造。后来,英国将这种刑事诉讼制度逐渐推行到各殖民地地区,并在这些地区取得政治独立后,使这种刑事诉讼制度得到继续推行和发展。迄今为止,包括美国、加拿大、澳大利亚、新西兰在内的普通法系国家,几乎都仍然实行对抗式诉讼制度。

第二次世界大战结束后,日本在联合国占领军的压力下,通过了全面修订的刑事诉讼法。在刑事诉讼领域,日本引入美国对抗式诉讼制度,确立了一种混合了职权主义和当事人主义因素的诉讼构造。1988年,意大利通过修订后的刑事诉讼法,移植了美国对抗式诉讼制度的重要因素,实现了在传统大陆法系国家引入对抗式诉讼制度的重要尝试。这两个国家在时隔半个世纪所进行的刑事司法改革,标志着大陆法系国家逐步改造原有的刑事诉讼制度,使得一种新型的混合式诉讼构造得到确立。

3.1.3 刑事诉讼横向构造的含义

刑事诉讼的横向构造,是指控诉、辩护和裁判三方在侦查、起诉和审判程序中所具有的法律地位和相互间的法律关系。刑事诉讼的横向构造又被简称为"控辩裁三方的法律关系",其存在的前提是控诉、辩护和裁判三种职能同时并存。而在我国现行刑事诉讼制度中,无论是侦查阶段还是审查起诉阶段,都没有典型的控辩裁三方共同参与的诉讼形态,因此,无法以横向构造的视角来分析侦查程序和审查起诉程序。刑事诉讼的横向构造这一概念,目前还主要适用于刑事审判程序。

那么,在刑事审判程序中,控辩裁三方的法律关系究竟体现在哪些方面呢?一般来说,这三个诉讼主体在审判程序中会发生非常复杂的法律关系。例如,公诉方与裁判方会发生一定的法律关系,形成各不相同的"控审关系";检察官、被害人也会与被告人及其辩护人存在多方面的法律关系,形成形态各异的"控辩关系";辩护方与裁判方也会发生各种权利义务关系,形成较为复杂的"辩审关系"。但是,刑事诉讼的横向构造所关注的并不是上述全部法律关系,而主要是控辩双方与裁判者的法律关系。

在刑事诉讼中,我们将公诉方与辩护方所行使的权利统称为"诉权",也就是"诉诸司法裁判"的权利。而将法院所行使的审判权,笼统地称为"裁判权"。在不同的刑事诉讼制度中,控辩双方通过行使诉权对诉讼进程和结局的影响力有所不同,而法院对于诉讼进程和裁判结局的控制力也有所区别。而所谓刑事诉讼的横向构造,所关注的主要是诉权与裁判权的诉讼控制关系。

一般而言,控辩双方和裁判者的诉讼控制,可分为过程控制和结果控制这两个方面。其中,过程控制又被称为"程序控制",是指控辩双方和裁判者通过行使诉讼职能,对刑事诉讼进程的影响程度。而结果控制又被称为"实体控制",是指控辩双方和裁判者对于刑事诉讼结局的影响程度。

作为刑事诉讼构造的极端形态,历史上曾出现过的弹劾式诉讼,具有与现代民事诉讼相似的构造,赋予控辩双方对诉讼进程和诉讼结局最大限度的控制力。而随后出现的纠问式诉讼,则使得法院对诉讼进程和诉讼结局具有绝对的控制力,这形成了刑事诉讼横向构造的另一极端。而当代各国的刑事诉讼制度,在横向构造上则基本属于弹劾式诉讼和纠问式诉讼之间的状态。其中,控辩双方对诉讼进程和结局控制力较强的诉讼制度,被称为"对抗式诉讼"或者"当事人主义诉讼",而法院对审判程序的进程和诉讼结局具有更大控制力的诉讼制度,则被称为"审问式诉讼"或者"职权主义诉讼"。我国原来实行的是具有职权主义色彩的诉讼构造。经过1996年的刑事审判方式改革,引进了英美对抗式诉讼的若干因素,确立了一种"抗辩式诉讼"或"辩论式诉讼",其实就是加强了控辩双方对审判程序和诉讼结局的控制力的诉讼构造。

3.1.4 刑事诉讼纵向构造的含义

如果说刑事诉讼横向构造是指在每个具体程序中,控诉、辩护和裁判三方的法律关系的话,那么,刑事诉讼纵向构造则是指行使侦查职能、公诉职能和审判职能的三个国家专门机关之间的法律关系。这种法律关系并没有体现在侦查、审查起诉和审判等某一具体诉讼程序之中,而是体现在侦查、审查起诉和审判三个诉讼阶段的法律关系之中。这种法律关系由于贯穿于刑事诉讼程序的纵向发展过程,因此我们形象地称其为"纵向构造"。

在民国时期的法学研究中,法学界一度对"刑事诉讼阶段"进行过讨论,揭示了审判前阶段和审判阶段的法律关系。我国当代法律理论对于"刑事诉讼阶段"没有展开进一步的研究。不过,仅仅研究控诉、辩护和裁判这三个诉讼主体相互间的法律关系,而不关注侦查阶段、审查起诉阶段和审判阶段的法律关系,将无法解释刑事诉讼制度的诸多问题。在我国的相关法律文献中,研究者通常认为,要全面认识中国的刑事司法体制,"既要研究控辩裁三方的地位,也要关注公检法三机关的关系"。这里所说的"公检法三机关的关系",其实就是指刑事诉讼的纵向构造。

从比较法学的角度来看,我国与西方国家的刑事诉讼纵向构造具有明显的差异。从宏观上看,西方国家实行的是一种"以司法裁判为中心的纵向构造",而我国却确立了"公检法三机关流水作业"的诉讼构造;在侦查与公诉的关系上,西方国家确立的是一种"公诉引导侦查"的诉讼构造,而我国所确立的则是"公诉与侦查相分离"的诉讼构造;在侦查与审判的关系上,西方国家确立的是一种"司法审查"构造模式,我国则确立了"侦查中心主义"的诉讼构造;在检察机关的法律地位上,西方国家确立的是检察机关统一行使刑事追诉权的诉讼构造,而我国则确立了检察机关对侦查和审判行使诉讼监督权的构造。

我国2014年启动了规模较大的司法体制改革,推动了"以审判为中心的诉讼制度改革"。究其实质,这一改革并不是对刑事诉讼横向构造的改变,而是对公检法三机关的关系作出重大的调整,将审判阶段设置为整个刑事诉讼程序的核心阶段,使得侦查工作和公诉活动都要为审判活动服务,并将审判结果作为检验侦查和公诉工作质量的标准。显然,这是对我国刑事诉讼纵向构造所作的重大改革。

3.1.5 研究刑事诉讼构造的意义

如果说刑事诉讼价值理论可以回答刑事诉讼制度的正当性问题的话,那么,刑事诉讼构造理论则可以解释刑事诉讼程序的整体特征。具体而言,研究刑事诉讼构造的基本原理,具有以下三个方面的意义:

一是运用系统论的思想,从整体上揭示刑事诉讼程序的形态,解释刑事诉讼制度的基本特征。这种研究可以帮助我们透过刑事诉讼制度的表层现象,揭示那些在背后制约刑事诉讼制度发展的因素,避免"只见树木,不见森林"的认识局限,把握住刑事诉讼制度的本质特征。

二是从比较法的角度,对不同刑事诉讼制度的差异和相似点作出比较分析,解释刑事诉讼制度背后的制约因素。对刑事诉讼构造的研究,要求我们找到构成刑事诉讼制度的核心要素,并解释这些要素之间的法律关系。过去,这种研究通常被称为"类型化分析"或"样式化研究"。现在,我国可以通过解释不同刑事诉讼制度核心要素的关系,将其分为不同的"刑事诉讼构造模式"。

三是从制度变迁的角度,对刑事诉讼制度的发展脉络作出总结,解释刑事诉讼制度变迁的基本规律。每个国家选择某一种刑事诉讼构造模式,都不是率性而为的,而要受制于一系列复杂的制约因素。假如对这些制约因素不作出改变,而仅仅注重对刑事诉讼构造作出形式上的改变,那么,这种改革很难达到预期的目的。在这一方面,1996年的刑事审判方式改革就是一个典型的例子。与此同时,对于某种问题重重的刑事诉讼制度作出变革,也唯有从刑事诉讼构造上作出实质性突破,才能推动刑事诉讼制度发生结构性的变革。而在这一方面,2014年以来的"以审判为中心的诉讼制度改革",就是另一个重要的教训。

3.2 刑事诉讼的横向构造

3.2.1 对抗式诉讼构造

传统上,英美法系国家的刑事审判被称为对抗式审判(the adversarial trial)。对抗式审判实际上是一种由控辩双方主导进行,法官作为仲裁者确保双方遵守规则的竞赛(contest)。美国的达马斯卡教授曾对对抗式审判下过一个著名的定义:"理论上处于平等地位的对立双方在有权决定争端裁决结果的法庭面前所进行的争斗"。[1] 基顿教授也认为,对抗式"审判是不相一致的事实陈述和法律理论之间的竞争"。[2]

3.2.1.1 法官的消极裁判者地位

法官一般不参与收集和调查证据,也不单独提出证据,甚至极少对证人进行询问。但法官对控辩双方所提出证据的可采性拥有"否决权"。他在定

---

[1] Jenny Mcewan, *Evidence and the Adversarial Process*, Blackwell Publishers, 1992, p. 4.
[2] 〔美〕乔恩·R. 华尔兹:《刑事证据大全》,何家弘等译,中国人民公安大学出版社1993年版,第7页。

罪裁断过程中的主要作用在于确保控辩双方在提出证据、询问证人和进行质证、辩论时严格遵守程序规则。例如，控辩双方提出的某项证据如果属于传闻证据或者不具有可采性的其他证据，法官可以将该证据予以排除，以防止它对陪审团造成误导。又如，控辩双方如果在对证人进行主询问时提出了诱导性问题，法官也有权对这种问题进行制止或干预。

为维护法官的消极裁判者地位，英美法禁止法官在庭审前接触控辩双方的证据材料，避免其受到任何一方证据、观点的不当影响。法官几乎从不对证据作任何庭前调查，也不接触控诉方的案卷。在英国陪审团审判程序中，法官一般会收到控诉方准备在庭审中出示的记载证据目录和简要情况的书面材料。在美国，法官不接受控诉方移送来的案卷，但他可能在庭审程序中预先获悉双方将在审判中提出的证据情况。当然，这些证据并不会导致法官形成预断，因为有权对双方证据作出评价以及对指控事实作出裁断的是陪审团，而不是法官。

3.2.1.2 控辩双方对证据调查的控制

被告人尽管是重要的当事人，但实际与检察官展开积极对抗的还是他的辩护律师。对抗式审判之所以被视为控辩双方之间的竞赛，是因为双方都提出了各自有关案件事实情况的"一面之辞"（ones own case）。在庭审过程中，检察官和辩护律师所要做的就是向陪审团充分阐释自己对案件事实和法律适用的观点，并通过提出本方的证据来证明上述观点的成立，同时对对方的"一面之辞"进行反驳和证伪。双方为说服陪审团接受自己的"一面之辞"，会积极主动地提出本方的证据，传召本方证人，并对对方的证人进行交叉询问。

交叉询问程序是对抗式审判的核心，也是检察官和辩护律师控制法庭审判程序的关键环节。所谓"交叉询问"，是指对抗式审判中控辩双方主导调查证人证言的一种方式。交叉询问一般按照主询问（direct examination）、反询问（cross-examination）、再主询问（redirect-examination）和再反询问（recross-examination）的顺序进行。主询问一般由提出证人的一方对证人进行询问，这种询问以问答的方式进行，目的在于使证人所了解的一切事实充分地展示在法庭上，并避免使证人作出任何不利于自己一方的证言。反询问则是由对方向对其不利的证人进行的反驳性询问。反对一方通常对证人在主询问中所作的陈述再次进行询问，以发现证人证言的矛盾以及证人隐而未提的事实。反询问的最大功能在于从不利于自己一方的证人口中找出对自己有利的事实，揭露对方证人的虚假证词，使陪审团对该证人的可信性及其证言的证明力产生怀疑。再主询问则是由提出证人的一方针对反询问中暴露出的问题作出的补充性询问,目的在于维护本方证人的可信性及其证言的证明力。这种交叉询问依情况需要可进行若干次,直到双方不再提出新的问题。通过交叉询问,检察官和辩护律师基本上控制了证据的提出和调查过程。

3.2.1.3 被告人在庭审中的角色

在对抗式审判中,被告人可以通过两种方式参与法庭审判程序:一是行使不受强迫自证其罪的特权,始终保持沉默。在这种情况下,任何一方均不得对被告人进行询问,法官也不得从这种沉默中向陪审团作出任何不利于被告人的评论。二是自愿放弃沉默权,充当自己一方的证人。在这种情况下,被告人必须接受检察官和辩护律师的交叉询问,但他首先应由辩护律师实施主询问。被告人在询问中可以在律师帮助下提供旨在支持本方"一面之辞"的陈述,并在不受法官干预的情况下强调有利于辩护的方面。检察官只有在主询问完毕后,才能开始进行反询问。在英美对抗式审判中,被告人必须在检察官结束自己一方的举证之后,才能提供证言,但他可以根据辩护律师的建议选择作证的时机,以便对控诉方的证据和指控进行及时有效的反驳。

总体而言,在英美对抗式审判过程中,陪审团尽管控制着对事实问题的裁断权,但它对法庭审理程序没有任何控制权。检察官和辩护律师在提出证据、询问证人和进行证据评论方面起着主导作用,因而对作为裁判根据的事实形成过程拥有较大的控制权。他们尽管无权对案件事实作出裁断,却能说服陪审团接受自己的主张和论据,因而对陪审团的事实裁断发挥着较大的影响力。法官对案件事实的裁断不拥有控制权,但他拥有对法律适用问题的决定权。法官有责任确保控辩双方在举证、调查、询问和辩论中遵守法律规则,并就有关法律问题向陪审团作出法律指示。被告人作为案件的当事人,主要由辩护律师代表他完成对审判程序的参与以及对陪审团裁断结果的影响。可以说,没有辩护律师的参与,被告人将无法实施这种控制和影响,对抗式审判程序将无法正常地运转。

3.2.2 审问式诉讼构造

审问式诉讼是现代大陆法系各国所采取的刑事诉讼构造。从历史上看,这种审问式诉讼是经过对古老的纠问式程序的改革而发展起来的。这种审判模式最早出现于法国 1808 年颁布的《刑事诉讼法典》(*code d'instruction* criminelle),并在19世纪中后叶逐渐为欧洲大陆各国所广为接受和采纳。① 一般而言,这一审判程序建立在"职权调查原则"(principle of *ex officio* inquiries)和"实体真实原则"(principle of material truth)的基础上。根据前一原则,法院在检察官提起公诉后,可依职权继续从事收集证据和调查事实的工作。法院为对案件作出裁判,要亲自收集和发现能够使案件事实真相得以揭示的证据和事实,而不受控辩双方所提供的证据的限制。根据后一原则,法院在审判中有权独立探究事实真相,而不受检察官一方就案件事实认定和法律适用所作结论的限制,并对有利和不利于被告人的事实予以全面的重视。

与对抗式诉讼模式不同,审问式诉讼被视为一种"对客观事实的司法性调查"活动。审问式审判的核心问题是由法官依职权查明案件的事实真相。与英美陪审团审判不同,大陆法系国家的审判并没有所谓事实裁断与法律适用的两个阶段区分,法官将对事实的认定和法律适用问题通过一次连续的法庭审判一并予以裁决。非职业法官尽管可以与职业法官一起组成所谓"陪审法庭",但他们并没有职能上的区分,而拥有同样的裁判权:既要对被告人是否有罪的问题作出裁断,也要对有罪被告人的量刑问题作出裁决。

3.2.2.1 法官的主导地位

在审问式审判中,法官的职责是采取一切必要手段来确定被告人是否犯有被指控的罪行。在德国,为了调查事实真相,法院应当依职权调查一切对裁判有意义的事实和证据。在法国,法官应"本着荣誉和良心",采取有利于查明事实真相的一切措施。法官有权决定证据调查的范围和顺序。法官在庭审前一般详细阅览了检察官的案卷材料,了解了检察官用以支持其指控的证据,然后确定对案卷中所记载的证据的调查方法。

法官负责提出和调查各项证据。在庭审过程中,法官按照庭审前确定的调查顺序,依次在法庭上提出各项证据:讯问被告人,出示物证,宣读书证,亲自询问证人、鉴定人。检察官、辩护人必须取得法官的许可,然后才能向被告人、证人、鉴定人发问。在法国重罪法庭的审判中,检察官和辩护人甚至不能直接向证人提问,而必须请求职业法官代其进行询问。这样做的目的在于防止控辩双方的询问干扰法官为发现事实所采取的策略和计划,以免对非职业法官造成判断上的误导。在德国,主审法官一般允许法庭其他成员、检察官和辩护人向证人、鉴定人和被告人提出问题,也给予被告人同样的权利,但这

---

① Esmein, *A History of Continental Criminal Procedure*, Little Brown&Company, 1913, pp.393—478.

种提问不得导致这样一种后果：使审判长对被告人、证人和鉴定人的整个询问受到削弱。

法官如果认为某一证据对于调查事实真相确有必要，而它又没有被控辩双方提出，他有权自行提出和调查。换言之，法官在调查证据方面不受控辩双方所提证据范围的限制。德国《刑事诉讼法典》要求，主审法官可以依职权调取其他作为证据的物品。法国《刑事诉讼法典》规定，庭长可以根据庭审情况，要求提交有利于查明事实真相的一切新证据。

3.2.2.2 控辩双方的辅助地位

与对抗式审判不同，检察官与被告方在审问式审判中并没有自己独立的"一面之辞"。由于法官负有依职权查明真相的责任，控辩双方只能充当消极和辅助的角色。

检察官与辩护人向法庭提出的证据调查请求必须取得法官的同意，他们一般无权直接向法庭提出实物证据，也不得直接传唤证人并实施询问。在庭审过程中，几乎所有书证和物证都由法官主动出示，所有证人、鉴定人、被告人均由法官首先实施询问。对于法官依职权主动传唤的证人，检察官和辩护人甚至没有机会实施交叉询问，这种证人所提供的证言往往在得不到双方充分审查的情况下即成为法官裁判的根据。在审问式审判中，由控辩双方主导的交叉询问一般是被法律所禁止的。德国《刑事诉讼法典》尽管作出了有关由检察官和辩护人联合向法官申请实施交叉询问的规定，但这种申请在德国刑事审判实务中几乎从没有提出过。在任何情况下，控辩双方对被告人本人或法庭自行传唤到庭的证人，均不得实施交叉询问。

在审问式审判中，检察官被视为与法官具有同等地位的司法官员，他负有查明事实真相和维护司法正义的责任。检察官在庭审中与其说处于公诉人的地位，倒不如说是法官查明事实真相的协助者。他并不将"胜诉"作为公诉活动的唯一目标，而可以提出有利于被告人的主张、证据或申请。在一些特定情况下（如德国的强制起诉），检察官甚至并不与被告人处于相互对立的地位，控辩双方也不进行直接的对抗活动。在实施追诉方面，检察官一般处于十分消极的地位，他的公诉活动往往受到较大的限制，因为法官掌握着全案卷宗，他一般也不拥有案卷副本，案卷中载明的证据由法官提出、传唤、出示和调查。另外，对于作为积极调查者和裁判者的法官，检察官无法通过举证、论证、辩论等方式说服他接受控诉主张。对于被告人是否有罪的问题，法官会通过自行调查形成清晰的主观认识，而没有必要听从检察官的过多论证和说服。

3.2.2.3 被告人的地位

审问式审判通常以法官讯问被告人作为法庭调查开始后的第一项活动。从理论上讲,在法庭调查其他证据之前获得向法官作出陈述和申辩的机会,应属于被告人的一项特权。但这项特权往往会赋予被告人一种责任:他不得不对一项尚未得到证实的指控进行抗辩。与此同时,法官不仅利用这种讯问给予被告人进行辩解和申明观点的机会,而且还能将它作为从被告人口中获取陈述的手段。这样,被告人事实上在庭审的开始即面临一种心理压力:他不得不针对指控证明自己无罪。

在德国和法国,法官对被告人实施讯问之前,一般会告知他有权拒绝回答任何问题。但由于上述心理上的原因,被告人只在很少的情况下才行使沉默权。被告人往往担心,如果拒绝回答法官的讯问,他将冒犯法官,并将招致法官对其判处较重的刑罚,或判定他的行为构成了较严重的罪行。

当然,被告人在审问式审判中仍始终拥有不受强迫自证其罪的特权,他没有义务向法官作出对自己不利的陈述,他的有罪供述只有在他自愿作出的情况下才能作为证据。这些都有助于维护其诉讼主体地位。被告人可以选择保持沉默,从而由其辩护律师代其实施对法庭调查程序的参与和有限控制;他也可以选择积极的防御者角色,与其辩护人一起参与庭审,影响法官的裁决结果。但被告人始终不具有证人的身份,控辩双方也不得对其实施交叉询问。在德国和法国,即使被告人没有律师的协助,审问式审判也照样能够顺利进行,因为法官作为积极的调查者,在一定程度上能够对被告人利益予以适当的保护。

3.2.3 刑事诉讼构造的融合趋势

如果我们回顾一下大陆法系国家过去200多年的刑事诉讼制度发展史,就会发现这些国家的立法者们一直在从英美法系对抗式程序中寻找着改革的灵感和动力。与审问式程序相关的许多制度,都是先从英美法系移植过来,然后经过融合和妥协而最终形成的。同样,我们如果再对英美法系对抗式诉讼制度的发展历史作一分析,也不难发现这一制度也在缓慢地吸收、采纳大陆法系国家的一些制度。例如,检察官作为国家的刑事追诉官员,以国家的名义承担起控诉职能,这一制度就是通过吸收大陆法系检察制度而发展起来的。通过吸收大陆法系的制度,英美刑事诉讼程序逐渐呈现出一些不同于在民事诉讼中实行的纯粹对抗式程序的特征。当然，在两大法系国家制度融合的过程中，主流的趋势还是原来奉行审问式诉讼的国家程度不同地吸收对抗式诉讼的因素，从而确立了一种新的混合式诉讼程序。我们以第二次世界大战以后日本（1948年）和意大利（1988年）所确立的刑事诉讼构造为例，对此作一简要介绍。

日本和意大利战后的刑事司法改革尽管前后相距40多年，但两者都移植了对抗式程序的一些要素。但是，日本和意大利的刑事审判程序并没有走向彻底的对抗式诉讼，而仍保留了一些传统审问式程序的本质特征。首先，两国并没有将英美法系的陪审团审判制度移植过来，这就使对抗式程序在两国的完全确立受到了内在的限制。其次，纯粹的对抗式程序建立在英美法系法律传统基础上，有其固有的基础理念。而在日本和意大利，大陆法系的法律传统仍在发挥强大的作用，它们对于一切"异己"的程序模式、制度设计等均产生相当强的排斥力。

日本和意大利均对其原有的卷宗移送主义的起诉方式进行了改革。在日本，检察官在起诉时只应将起诉书移送给法官，而不得把任何可能使审判官产生预断的文书、物件或其他证据移送给审判官，也不得在起诉书中引用上述文书的内容。这种起诉方式被称为"起诉书一本主义"。法庭所要调查的证据一般由检察官和被告方当庭提出，证人一般由双方当庭传唤和询问。而根据意大利《刑事诉讼法典》，检察官被禁止将全部案卷移送法院，而只能移送为数甚少的证据材料，主要包括预审法官在"附属采证程序"中收集和固定的证据，司法警察、检察官和预审法官在那些"不可重复进行的行为"中获得的证据，以及少量的书面文件。至于其他证据，则要均由各方在法庭审理中当庭提出，并接受当庭质证。

在意大利和日本，控辩双方控制着法庭调查证据的范围。在意大利，控辩双方如果打算在庭审中询问证人、鉴定人或技术顾问，应当在开庭前向法院提出名单并说明需要了解的情况，当事人也可以依法自行在法庭审判过程中提出询问某一证人、鉴定人的请求。在庭审开始后，被告人有权要求法官采纳对其有利的证据，公诉人有权要求采纳对被告人不利的证据，双方还有权审查所有被要求采纳的文件。法官在听取当事人意见的基础上依照法律规定作出采纳证据的裁定。而在日本法庭审理中，法院在听取检察官和被告人及其辩护人意见的基础上，决定调查证据的范围、顺序和方法。检察官、被告人或辩护人请求询问证人、鉴定人时，应当预先给予对方知悉他们姓名及住所的机会。在请求调查证据文书或证据物时,应当预先给予对方阅览该项证物的机会。

意大利和日本采纳了作为英美对抗式审判核心的交叉询问程序,使控辩双方在事实调查过程中起着主导作用。在意大利,法庭调查从调取公诉人要求的证据开始,随后依次调取其他当事人所要求的证据;公诉人或者提出询问证人要求的辩护人直接向证人提出问题,随后,未提出询问证人要求的当事人依次向证人提出其他问题。要求询问证人的当事人还可以提出新的问题。当事人在进行交叉询问时遵守下列法律规则:询问证人应通过就具体的事实发问进行,禁止提出有损回答真诚性、有损证人人格尊严或有明显诱导或揭示倾向的问题,主审法官在交叉询问过程中要确保询问问题的关联性、回答的真实性、询问的公平性和反驳的正当性。

与意大利不同的是,日本刑事诉讼法规定了两种调查证据的方式:一是由法官控制的交叉询问;二是由检察官、被告方主导进行的交叉询问。后一种交叉询问也遵循主询问、反询问、再主询问、再反询问等方式和顺序,并采纳了询问和回答的方式。由于日本实行了起诉状一本主义的起诉方式,法官在庭审前不了解当事人双方证据的内容,他无法对当事人提出的证人、鉴定人首先进行询问,因而在司法实务中,由当事人主导进行的交叉询问程序基本上被固定下来,并实际成为日本法庭调查过程中真正得到采纳的程序。

在日本和意大利的混合式诉讼中,法官的主导作用受到了很大的削弱,他不能再像过去那样"为查明事实真相而采取一切证明手段和措施"。在日本,法院在听取检察官及被告人及其辩护人意见的基础上,可以在公审期日内询问证人。法院在认为必要时,可以依职权调查证据。审判长或陪席审判官有权询问证人、鉴定人、通译人或翻译人。调查证据文书时,审判长应当使请求调查的人朗读该项文书。但审判长或陪席审判官也可以自行朗读。而在意大利,法官在提出证据和调查事实方面也处于积极主动的地位。在庭审过程中,法官有权对当事人提出的调查证据请求进行审查,可以向当事人提出有助于全面调查情况的新问题。同时,主审法官可以向已接受过询问的证人、鉴定人、技术顾问或有关当事人提出问题,还可对案件中的某一专门问题主持进行鉴定,并立即自行传唤鉴定人出庭发表鉴定意见。尤其是,意大利法官在法庭调查结束后,如果认为确有必要,仍可以主动决定调取新的证据材料。

总体而言,在意大利和日本的混合式刑事诉讼构造中,对抗式程序的因素占据了较大比例,审问式程序的因素仅起着辅助或补充的作用。法官在控制证据的提出和事实调查方面的作用受到很大削弱,控辩双方事实上对证据调查拥有了较大的控制权,并能够对法庭的裁判结果发挥更大的影响力。被告人在庭审程序中也可以更加充分有效地进行防御。

3.2.4 中国的"抗辩式诉讼"

作为新中国第一部成文刑事诉讼法典,1979年《刑事诉讼法》确立了职权主义的刑事诉讼构造。自1990年以来,面对刑事审判制度存在的诸多问题,法学界和司法界纷纷开始讨论"刑事审判方式改革"问题。一些地方法院也开始进行自生自发的审判方式改革试验。1996年3月,立法机关通过修订《刑事诉讼法》,全面吸收了"刑事审判方式改革"的成果,确立了一种"抗辩式诉讼"制度。所谓"抗辩式诉讼",又被称为"辩论式诉讼",其实是我国1996年修订的《刑事诉讼法》所确立的新的刑事诉讼构造模式,通过对原有的审问式诉讼作出改革和调整,吸收了英美法系对抗式诉讼的若干因素,从而形成了一种中国式的混合式诉讼。根据立法部门的解释,这种改革旨在通过"完善庭审方式",确保被告人"充分行使辩护权",并且"通过双方对证据的质证","更准确地判定被告人是否有罪和罪行轻重,从而正确地适用法律"。同时,这种改革也旨在纠正"先定后审""庭审流于形式"等现象,"更好地加强庭审,发挥控辩双方的作用"。①

3.2.4.1 庭前实质审查制度的废止

根据1979年《刑事诉讼法》,法院只有在"事实清楚、证据充分"的情况下才能决定开庭审判,这几乎等于法院在确定被告人有罪的前提下才会开庭审判。审判人员一旦作出开庭审理的决定,即意味着他所掌握的有罪证据足以达到对被告人定罪的程度。这样,法庭审判的实质性工作已在开庭前的审查公诉中完成,庭审流于形式似乎是理所当然的结果。

1996年修订的《刑事诉讼法》为改变这种局面,明确要求法院"对于起诉书中有明确的指控犯罪事实并且附有证据目录、证人名单和主要证据复印件或者照片的",应当决定开庭审判。这就意味着法院不再对公诉案件的实体问题——被告人是否有罪问题进行审查,而仅保留一种形式上的审查,也就是将开庭审理的条件设定为两个方面:一是起诉书有明确的指控事实,二是

---

① 参见顾昂然:《中华人民共和国刑事诉讼法释义》,法律出版社1996年版,第343—351页。

起诉书附有相应的证据材料,这些证据材料只包括证据目录、证人名单及主要证据复印件或照片。至于公诉方移交的案卷材料能否证明被告人有罪,则不再属于法院庭前审查的范围。

2012年修订的《刑事诉讼法》最终废止了这一改革,又恢复了检察机关移送全部案卷的制度。检察机关在提起公诉时,要将起诉书、量刑建议书连同本案全部案卷移送法院,法院组成合议庭后,主审法官在全面查阅和研读案卷的基础上,进行庭前准备和法庭审理活动。尽管如此,法官在庭前仍然保留了形式审查制度,也就是只要认为"起诉书有明确的指控事实"的,就应当开庭审理。

3.2.4.2 对交叉询问机制的吸收

根据1979年《刑事诉讼法》,法官在开庭前确定证据调查的范围、方式和顺序,并在庭审中自行出示证据,审问被告人,询问证人和被害人,自行宣读书证,控辩双方只是在征得法官允许的前提下发表意见,进行讯问或者询问。但是,1996年修订的《刑事诉讼法》对此作出了较大的改变,通过引进交叉询问制度,将法庭调查的证据区分为控方证据和辩方证据,允许控辩双方依次对本方证据进行出示、宣读或者说明,对本方传召的证人、被害人、鉴定人进行首先发问。而对于不利于本方的证据,控辩双方都可以在举证方出示、宣读、发问完毕后,发表质证意见,或者向证人、被害人、鉴定人进行反驳性发问。这种由举证方与反对方交互进行的发问或发表意见,还可以根据案件情况进行若干个轮次。

2012年以后,立法机关尽管对刑事诉讼法又进行了数次修改,但始终坚持了这种由控辩双方主导证据调查的审判方式,并使之成为我国刑事审判程序的基本框架。

3.2.4.3 法官主导地位的削弱

在抗辩式诉讼中,法官在审判中的职权主导作用受到大大削弱。在开庭之前,法官除了查阅案卷材料以外,不再对案件是否构成犯罪问题进行实质审查,不再进行任何形式的庭前调查核实证据工作。这就使法官在开庭前产生预断和偏见的可能性大为降低,法官庭前"先定后审"的情况受到禁止。而在法庭调查中,公诉人首先对被告人进行讯问,被害人、辩护人、诉讼代理人再进行发问;对于各方申请调查的证人、鉴定人,由举证方进行首先发问,另一方再进行反驳性发问。无论是对被告人,还是对证人、鉴定人,法官都是在最后进行审问或者询问。与此同时,对于书证、物证、视听资料、电子数据以及各种笔录证据的调查,也遵循举证方首先出示、宣读、播放,另一方发表反驳意见的顺序。法官则通常最后发表意见。

不仅如此,法官在庭审中除了保留补充性审问、询问以及发表意见的权利以外,还可以通过庭外调查程序来对相关证据进行调查核实。具体而言,法官在庭审中如果对证据有疑问,可以宣布休庭,在法庭之外,进行重新鉴定或补充鉴定,搜集或调取新的实物证据,对有关场所进行重新检查,对证人、鉴定人、被害人进行补充性询问。原则上,法官在进行这种庭外调查活动时,要通知公诉人、被告人及其辩护人到场参与。对于庭外调查所得的新证据,法官一般都要重新启动法庭调查程序,使其接受当庭举证、质证和辩论。

3.3 刑事诉讼的纵向构造

3.3.1 以司法裁判为中心的构造模式

无论是英美法系国家,还是大陆法系国家,在整个刑事诉讼程序中始终存在着中立的司法裁判机关,对那些涉及限制或剥夺个人权益的追诉行为进行司法审查,对案件的实体问题和程序问题作出裁判。由此,在侦查程序、公诉程序和审判程序之间,就形成了一种"以司法裁判为中心"的诉讼构造。这一纵向构造模式对于刑事诉讼制度产生了深远影响。

3.3.1.1 对侦查行为的司法审查机制

在西方各国,如何防止个人的自由、财产、隐私等基本权益受到追诉机构的无理限制或剥夺,被认为是侦查程序中的主要诉讼问题。为此,各国普遍设立了司法审查机制,也就是让一个不承担侦查和公诉职能的"中立司法机构",对警察和检察官采取的强制性措施发布许可令状,并进行合法性审查。无论是逮捕、拘留、审前羁押,还是搜查、扣押、窃听,凡是涉及限制或者剥夺个人权利和自由的侦查行为,一般都要由法官作出许可与否的决定。即使在那些法定的情况紧急的场合,追诉机构在单方面决定采取强制措施以后,也必须在尽可能短的时间内向法官进行报告,由后者就其行为的合法性进行司法审查。由此,司法机构就可以通过裁判活动对检警机构的追诉活动实施严密的司法控制。

在涉及剥夺人身自由的强制措施的适用上,各国一般建立了"逮捕前置主义"的司法审查模式,使得逮捕和未决羁押要分别受到一次独立的司法审查。前者采取警察提出申请、法官审查并颁发令状的方式,后者则采取强制性的司法听证程序,要求警察在逮捕后尽可能短的时间内将嫌疑人提交法官面前,后者经过听取检控方的羁押理由和辩护方的保释理由,就嫌疑人是否应被羁押或者保释作出裁决。

3.3.1.2 对违法追诉行为的司法救济

刑事追诉机构为收集犯罪证据所采取的强制措施和强制性侦查行为,不仅要接受司法机构的同步授权和审查,而且还要接受更高一级司法机构的事后审查。一般而言,遭受逮捕、审前羁押、搜查、扣押、窃听的公民,如果在诉讼过程中认为自己受到不公正的对待,就可以向法院提起专门的程序性诉讼。这种专门针对追诉机构活动的合法性所进行的司法裁判活动,在有些国家被称为"人身保护令"之诉,在有的国家则被视为针对强制性措施的"司法复审"程序。一些国家不仅允许其具有较高审级的法院,如英国的高等法院、美国的联邦上诉法院、德国的州高等法院、法国的上诉法院审查起诉庭等,直接受理这一类程序性诉讼,而且还允许被羁押者直接向本国最高法院就有关诉讼活动的合法性提出诉讼。接受诉讼请求的法院一旦对此事项进行受理,就必须举行专门的听审,在控辩双方的参与下,就有关强制性措施的合法性进行审查,并作出权威的裁判。

3.3.1.3 对公诉活动的司法审查机制

在英国,受到"可诉罪"指控的被告人有权申请治安法官对起诉进行预审,以确定起诉是否具备充分的理由,防止被告人受到无根据的指控,避免诉讼的拖延并使被告人陷于无理的讼累之中。在美国的联邦和一部分州的司法区,重罪案件可以提交大陪审团进行审查公诉,一般的公诉案件则可以提交法官进行专门的预审程序。在德国,州高等法院基于被害人的起诉,可以对检察官所作的不起诉决定进行审查,并对符合条件的案件作出强制起诉的裁判。在法国,除了预审法官对重罪和部分轻罪案件要进行带有侦查和审查起诉双重性质的初级预审外,上诉法院审查起诉庭还可以就重罪案件进行第二次预审,并作出起诉与否的裁判。在意大利,预审法官可以在侦查结束以后举行专门的预审程序,以确定案件是否具备移送法庭审判的条件。显然,在西方各国,检察机构对于案件所作的起诉或者不起诉决定一般不具有最终的法律效力,法院或其他司法机构事实上对这种起诉活动拥有一定的审查权和控制权。

这显然表明,在大多数西方国家的审判前程序中,司法裁判机构负责对检察机关提交的案件是否达到提起公诉的条件进行司法审查。这种司法审查一方面可以发挥程序过滤功能,对那些无根据、不合理和非法的起诉,及时加以撤销和阻止,另一方面也可以发挥程序分流的作用,使得不同的案件被分配到相应的程序模式之中。主持这种"预审"或者"审查公诉"程序的,可以是预审法官(如美国、意大利、法国),治安法官(如英国),也可以是大陪审团(如美国)。只有这些司法机构作出了准许提起公诉的命令,检察机关才可以正式向法院提起公诉。否则,案件就有可能被撤销起诉,后者被转化为其他非正式的刑事程序(如大陆法国家的保安处分程序)。

3.3.1.4 对追诉合法性的程序性裁判机制

在西方各国,法庭审判不仅是对案件的实体问题作出最终裁判的场合,而且还具有审查警察、检察官追诉活动合法性的功能。如果说被告人作为涉嫌犯罪的人,属于一种"实体上的被裁判者"的话,那么司法警察和检察官,作为追诉活动的实施者,在其侦查和审查起诉是否合法方面,也要接受法院的司法裁判,从而处于"程序上的被裁判者"的地位。例如在英美法系,这种司法审查主要是通过排除非法所得的证据来进行的。一般而言,对于司法警察采用非法搜查、扣押、窃听、讯问等手段获得的书证、物证、供述等证据材料,法院基于辩护方的申请,可以将其排除于定案根据之外。这在客观上起到约束和限制警察权力、通过司法裁判维护侦查活动合法性的作用。在法国,控辩各方可以对预审法官实施的行为向上诉法院审查起诉庭申请宣布无效,也可以就预审法官所作的裁定向这一法庭提出上诉,由此引起上诉法院对侦查活动进行全面的司法审查。而在德国和意大利,法院对于检察官、司法警察采用严重违法的手段获得的供述等证据,也可以将其排除于法庭之外。通过上述审查活动,法院事实上就可以在审判阶段继续对审判前的追诉活动实施一定的司法控制。

3.3.1.5 法院裁决不受控方案卷的影响

在英国、美国,指控一方不得向主持法庭审判的法官移送任何案卷材料,作为事实问题裁判者的陪审团也不得接触控辩双方的任何证据材料,甚至不得对案情有过多的了解。所有证据都要由控辩双方按照一定的顺序当庭出示,证人也要由双方当庭进行交叉询问。根据英美证据法,传闻证据、意见证据、品格证据等容易误导陪审团的证据一般都禁止提到法庭上。作为裁判者的陪审团或法官完全根据控辩双方当庭进行的举证、质诘、辩论来认定事实，得出裁判结论。可以说，英美审判前程序与审判程序实际处于一种隔离的状态，追诉机构在审判前得出的指控结论并不能对法院的最终裁判具有预定的约束力，法庭完全可以根据案件的审理情况作出独立自主的裁判。在意大利，检察官和司法警察在审判前制作的案卷材料只对预审法官的预审活动具有影响力。预审法官决定将案件移送法庭审判的，还必须制作第二份案卷材料，其中只包括一些法定的必须移送法院的侦查行为记录和证据材料。控辩双方的其他所有证据仍要当庭向法院提出，并接受法庭的直接审查。

而在法国和德国，检察官尽管可以将全部案卷材料移送法院，但法院一般会委派一名报告法官负责阅卷。其他职业法官不得阅卷，只能听取报告法官的口头报告。至于作为外行人士参与法庭审判的陪审员，则既不能阅卷，也不能听取报告法官的报告。在法庭审判过程中，法庭可以通过直接、言词、集中、辩论式的法庭审判活动，对案件事实和适用法律问题作出独立自主的裁判。从理论上讲，侦查机构移送的案卷材料对法庭的最终裁判不具有任何预定的效力。但从实践的效果来看，由于报告法官在审判前向职业法官报告过案情，在评议中又要作开头发言，因此侦查案卷会通过他对职业法官甚至陪审员产生一定的影响。不过，考虑到法国和德国的法庭一般要直接听取所有证人的口头证言，亲自接触所有距离原始事实最近的证据，并采用连续不断、法官不更换的集中方式进行庭审，法庭审理结束后一般立即进行评议，以保证裁判者根据其在法庭审判中形成的直接印象作出裁判，因此，案卷对法庭裁判的影响也会得到一定的削弱。

3.3.2 公检法三机关流水作业的构造模式

与西方国家的刑事诉讼构造不同，中国的刑事诉讼在纵向上可以说具有一种"流水作业"的构造。侦查机关、公诉机关和审判机关分别主导着三个诉讼程序，通过搜集或审查证据，查明案件事实，它们可以被看做刑事诉讼这一流水线上的三个主要的"操作员"，通过前后接力、互相配合和互相补充的活动，共同致力于实现刑事诉讼法的任务。

长期以来，中国刑事诉讼法一直存在着一项极为重要的诉讼原则，也就是法院、检察院和公安机关进行刑事诉讼，应当分工负责，互相配合，互相制约，以保证准确有效地执行法律。这三个专门机关尽管承担着各不相同的法律职能，但它们被赋予相同的任务，也就是发现事实真相，正确适用刑法，惩罚犯罪人,保障无罪的人不受刑事追究。同时,这三个机关也拥有相似的活动方式,都可以收集和调取证据,并尊重事实真相。这一原则通过对公检法三机关之间的关系进行界定,从法律上确立了中国"流水作业式"的刑事诉讼构造。

3.3.2.1 三大司法机构先后主导诉讼程序

中国刑事诉讼法将公检法三机关设计成为三个几乎完全独立的"司法机构",使它们都拥有一些本应由中立司法机构所拥有的权力。这样,中国刑事诉讼就不会形成那种以司法裁判为中心的格局,而必然成为公检法三机关相互配合实施的流水作业活动。

本来在西方仅仅作为司法裁判权划分依据的管辖制度,在中国却可以被用来确定公安机关和检察机关侦查权的分配。同时,西方各国的回避制度主要适用于参与法庭审判的法官和陪审员,而且检察官和辩护方都享有申请回避的权利。而在中国,申请回避只是当事人的诉讼权利,检察人员不仅不能行使申请回避权,而且还与侦查人员和审判人员一道,成为当事人申请回避的对象。这种管辖制度和回避制度似乎暗含着这样一种逻辑前提:公安机关、检察机关和法院都是国家司法机关,与案件或当事人有着法定不适当关系的侦查人员、检察人员和审判人员,都必须依法退出诉讼程序,这样才能确保案件得到公正的"处理"。

公检法三机关还可以独立从事一些本来只属于司法机构职责范围内的行为。例如,公检法三机关都可以决定对某一公民采取强制措施,从而导致该公民人身自由、财产乃至隐私等权益的剥夺。在中国,作为刑事强制措施的拘传、取保候审和监视居住,可以由公安机关、检察机关和法院分别独立发布许可的令状。公安机关和检察机关还可以直接发布对公民实施刑事拘留的命令。而作为最严厉的强制措施,逮捕则既可以由检察机关批准或者直接决定采取,也可以由法院自行决定适用。又如,公安机关对案件的侦查终结,检察机关提起公诉,以及法院对案件所作的有罪裁判,都要达到同一最高的证明标准:"犯罪事实清楚,证据确实、充分"。这显示出法律实际将公检法三机关都视为司法机关的立法意图。

3.3.2.2 刑事追诉权与司法裁判权的集中行使

在中国,法官无权参与刑事审判前的诉讼活动。公安机关对公民实施的任何专门调查活动都无须取得法官的批准,而且除了在实施逮捕时需要取得检察机关的批准以外,可以完全独立地实施其他任何一种强制措施。而检察机关作为一种兼负有侦查和公诉职能的"法律监督机关",在其自行侦查的案件中甚至还可以自行采取包括搜查、扣押等在内的专门调查措施,实施逮捕、拘留、取保候审、监视居住、拘传等强制措施,而不受其他任何外部司法机构的授权和审查。这样,法院就只能在检察机关向其提起公诉以后,才能进行司法裁判活动,审判前的侦查和审查起诉阶段就不存在司法授权和审查机制。

结果,无论是遭受不当羁押的嫌疑人,还是受到无理搜查、扣押的公民,都无权直接向中立司法机构提出诉讼请求,法院也几乎从来不会受理这种请求,并就此举行任何形式的司法裁判。在司法实践中,遭受长时间羁押或者被采取其他强制措施的嫌疑人、被告人,一般只能向侦查机关或者检察机关提出有关解除或者变更强制措施的请求。但是,侦查机关作为与案件有着直接利害关系的机构,有着强烈的追诉犯罪的欲望;而检察机关也同时负有公诉或者侦查职责,也有着有效追诉犯罪的动机。

3.3.2.3 法庭审判中的程序性裁判

自2010年以来,我国法律逐渐确立了非法证据排除规则,使得侦查行为的合法性开始受到法院的司法控制。从法律文本上看,这种排除规则可以有"绝对排除规则""裁量性排除规则"和"可补正规则"等三种模式。但从这些规则的运行效果来看,真正富有意义的排除规则主要是针对非法讯问行为的强制性排除规则,而针对非法实物证据的裁量性排除规则以及针对瑕疵证据的可补正规则,基本上处于难以实施的状态。

即便是针对非法言词证据的强制性排除规则,在实际实施过程中也是步履维艰。迄今为止,法院真正排除的非法证据主要是侦查人员通过明显刑讯逼供、讯问地点明显不合法或者讯问没有依法录音录像等手段所获取的非法供述。至于侦查人员采取威胁、引诱、欺骗等非法手段所获取的非法供述,以及侦查人员所获取的"毒树之果""重复自白"等非法证据,都很难被法院排除。不仅如此,那些没有被纳入强制性排除规则适用对象的非法侦查行为,很难被法院纳入司法审查的对象,更不用说被排除于法庭之外了。

尽管我国法律允许法院将侦查行为的合法性纳入司法审查的对象,但是,真正能够接受法院审查起诉的侦查行为还是非常有限的。在司法实践中,诸如侦查机关违反立案管辖制度、违法适用强制措施、任意实施强制性侦查行为、剥夺律师诉讼权利等方面的行为,还无法被纳入法院司法审查的对象,更无法被作出宣告无效的制裁。

3.3.2.4　控方案卷材料对法庭审判的重大影响

根据 2012 年修订的《刑事诉讼法》,检察机关在提起公诉时要将全部案卷材料连同起诉书一并移送法院,记载着侦查证据、成果和侦查过程情况的案卷事实上成为前一程序连接后一程序的纽带,后一机构在前一机构案卷的基础上继续进行以后的活动。这样,审判前程序与审判程序就呈现出一种前后递进和接力互补的关系,在侦查阶段形成的案卷实际上成为法院裁判被告人是否有罪问题的直接根据,法院的审判不过是对侦查结论的确认而已。在侦查卷宗的连接下,侦查、起诉和审判实际构成真正意义上的"第一审""第二审"和"第三审"程序,法院的审判实际失去了对追诉方意见和证据进行独立审查的能力。

不仅如此,在中国目前的法庭审判中,绝大多数证人、鉴定人都不出庭作证,公诉方提交法院的大都是侦查人员单方面制作的书面证言笔录,以及侦查机构单方面聘请或委托的鉴定人所作的书面鉴定意见。在法庭审判中,法庭对这些证人证言、鉴定结论的调查,大都通过直接宣读书面证言、证言笔录或者鉴定结论的形式来进行。侦查卷宗对法庭审判的直接影响又通过书面的证言和鉴定结论而发生作用,法庭审判依然不过是对侦查卷宗中记载的证言和鉴定结论法律效力的确认而已。

3.3.2.5　程序倒流

根据我国刑事司法的惯例,刑事诉讼活动既可以从前一阶段向后一阶段运行,也可以从后一阶段向前一阶段返回。因为在案件由公安机关向检察机关申请批准逮捕、移送审查起诉以及检察机关向法院提起公诉、法院对案件进行庭前审查或者开始法庭审判以后,检察机关(在审判前阶段)和法院(在审判阶段)在审查后认为案件事实不清、证据不足或者有遗漏罪行或被告人情形的,有权将案件退回前一机关。

这种程序倒流主要有三种类型:一是检察机关退回补充侦查,这主要发生在审查起诉和第一审程序过程之中,检察机关认为案件事实不清,证据不足的,可以退回公安机关补充侦查;二是检察机关撤回起诉,也就是对于案件事实不清、证据不足的,检察机关向法院申请撤回起诉,法院则作出准许撤回起诉的裁定,这种"撤回起诉"可以发生在第一审阶段,也可以发生在第二审程序之中,甚至在极端的案件中还有可能发生在有罪裁判执行完毕后的再审程序中;三是二审法院发回重审,也就是对于事实不清,指控的犯罪不能成立的案件,二审法院撤销原判,将案件发回原审法院重新审判,案件由此退回第一审程序。

3.3.3 中国的"审判中心主义改革"

中国刑事诉讼所具有的"流水作业式构造",对整个刑事司法体制产生了重要的影响。立法机关曾多次试图通过修改刑事诉讼法,来解决这一司法体制所产生的问题。但是,真正对这一纵向构造产生触动作用的还是2014年的司法体制改革。

这轮司法体制改革首次提出了建立"以审判为中心的诉讼制度"的理念。根据这一理念,司法改革要"尊重司法规律",确保庭审在保护诉权、认定证据、查明事实、公正裁判中发挥决定作用,实现"证据质证在法庭""案件事实查明在法庭""诉辩意见发表在法庭""裁判理由形成在法庭",从而促使侦查和审查起诉活动围绕着审判程序来进行。这项改革意义重大,可以加强审判程序的终局性和权威性,确保法院对侦查和公诉活动的审查和检验,并通过庭审倒逼侦查机关和检察机关遵守法律程序,提高办案质量。不仅如此,通过这种改革,法院可以当庭进行举证和质证活动,当庭形成裁判结论,避免庭审的形式化。

但是,由于缺乏必要的配套改革措施,我国的刑事司法体制并没有发生实质的改变,这一改革也没有触动公安机关、检察机关与法院的法律关系。例如,改革者没有建立以法院为中心的管辖制度、回避制度,没有在强制措施和强制性侦查行为的适用上确立司法审查机制,没有建立对侦查案卷的程序限制,没有削弱检察机关的"法律监督地位",没有建立公诉引导侦查的机制,法院在刑事诉讼程序中的中心地位并没有得到确立。因此,原有的公检法三机关流水作业模式,不仅没有受到实质性的削弱,反而对刑事诉讼制度的改革产生了消极的影响。

3.4 刑事程序的诉讼化改革

刑事诉讼的横向构造所关注的是某一诉讼程序中控诉、辩护和裁判三方之间的法律关系,不同的刑事诉讼制度根据控辩双方与裁判方的诉讼控制关系,形成各不相同的横向构造模式。但是,那些不存在控辩裁三方共同参与的刑事程序,既无法形成对抗式诉讼构造,也无法被归入审问式诉讼的构造。这些刑事程序所面临的首要课题,将是诉讼形态的引入问题,也就是诉讼化改革问题。

迄今为止,立法机关通过修改刑事诉讼法,对法院的庭前会议程序、被告人逃匿或死亡案件的非法所得没收程序、精神病人强制医疗程序、减刑假释程序等启动了诉讼化改革,引入了控辩裁三方共同参与的诉讼构造。

2012年修订的《刑事诉讼法》确立了庭前会议制度,要求法院在法定情形下组织庭前会议,在控辩双方同时参与下,就回避、管辖、非法证据排除、延期审理等程序性争议问题,听取控辩双方的意见,了解相关程序事实,从而解决有关的程序性争议。与此同时,通过庭前会议,法官可以在控辩双方参与下,了解控辩双方存在争议的焦点问题,进行必要的庭前准备活动,从而将法庭审理的重点集中在控辩双方存有争议的问题上。可以说,庭前会议制度的确立,意味着法院的庭前准备程序引入了诉讼形态。

2012年修订的《刑事诉讼法》对于被告人逃匿或死亡的刑事案件,确立了违法所得没收程序。在这一程序中,检察机关提出没收违法所得的申请后,法院将该项申请予以公告,在公告期内,利害关系人就违法所得没收问题提出异议的,法院要举行开庭审理,允许检察机关与利害关系人及其诉讼代理人参与法庭审理。这一违法所得没收程序的建立,给予公诉方、利害关系人与裁判方共同参与诉讼过程的机会,实现了诉讼形态的建立。

而在精神病人强制医疗程序中,检察机关就那些实施危害社会行为的被告人可能属于无行为能力的精神病人的案件,向法院提起诉讼,法院经过开庭审理,就行为人的精神状态进行法庭调查和法庭辩论,然后作出是否确认其属于无行为能力人,以及是否送交医疗机构进行强制医疗的决定。与原来由公安机关依照行政程序作出决定的方式相比,这种将强制医疗问题纳入司法程序的改革,意味着在这一过程中初步建立了诉讼构造。

在减刑或假释的适用过程中,法律对部分重大案件确立了开庭审理机制。在接到执行机构的减刑或假释申请后,法院通知检察官、服刑犯罪人及其诉讼代理人共同参与,就服刑人是否符合减刑或假释条件听取双方的意见,同时听取执行机构的意见,然后就此作出裁决。这种发生在刑罚执行过程中的开庭审理制度,意味着法院在这一领域中初步开始了建立诉讼构造的尝试。

当然,还有一些刑事程序并没有控辩裁三方的共同参与,尚未形成完整的诉讼构造。它们要么是因为没有中立的裁判者参与其中,要么是因为法院按照行政化的方式进行裁判活动,因此,都无法形成控辩双方与裁判方分享诉讼控制权的基本格局。例如,在侦查程序、审查批捕和审查起诉中,由于侦查机关或检察机关主导了这些程序进程,没有中立第三方的参与,嫌疑人及其辩护人没有充分行使辩护权的空间。又如,第二审法院对于大多数当事人提出上诉的案件,最高人民法院对于死刑复核案件,都采取不开庭审理的方式,至多单独地听取当事人、辩护人、诉讼代理人的意见,而没有给予检察机关与被告方进行当庭举证和辩论的机会。这种程序并不具备基本的诉讼形态。再如,在刑罚执行过程中,监狱、看守所等执行机构,向法院提出对服刑犯罪人适用减刑或者假释之申请的,法院大多以不开庭的方式对该项申请进行审理,并作出裁决。这种以不开庭方式所组织的减刑、假释程序,显然没有建立基本的诉讼构造。

应当注意的是,在一部分刑事程序中,尽管我国法律并没有确立完整的诉讼形态,但在司法实践中,一些地方司法机关正在进行司法改革试验,试图引入诉讼形态。例如,在检察机关审查批准逮捕程序中,越来越多的地方检察机关启动了逮捕程序的听证制度改革,对于可能存在争议的申请逮捕案件,检察官主持听证会,侦查人员和嫌疑人及其辩护律师共同参与,通过听取双方的举证和辩论,检察官作出是否批准逮捕的决定。这种逮捕程序诉讼化的改革探索,属于在相关程序中引入诉讼构造的一种尝试。

阅读案例材料之三

苏秀文案件①

　　2003年11月20日,哈尔滨市道里区法院公开开庭审理苏秀文涉嫌交通肇事一案。由于这起案件引起了举国关注,新闻媒体对其法庭审理过程进行了全程报道。在被告人就指控的犯罪事实作出陈述、公诉人对其进行讯问、辩护人向其发问、审判长向其讯问后,公诉方向法庭出示询问(讯问)笔录。以下是公诉方出示证言笔录和被告人供述笔录的具体情况:(1)卷宗第2册第97—100页、第101—102页,证人代义权的证言;(2)卷宗第2册第138—139页、第140—141页,证人张海龙的证言;(3)卷宗第2册第124—126页,证人谢立案的证言;(4)卷宗第2册第127—130页,证人刘仲文的证言;(5)卷宗第2册第142—145页,证人郭东军的证言;(6)卷宗第3册第28—31页,证人苏君辉的证言;(7)卷宗第3册第32—34页,证人宫寒生的证言;(8)卷宗第2册第146—149页,证人王学彬的证言……(11)卷宗第2册第115—177页、第118—120页,证人苏秀琴的证言;(12)卷宗第2册第114—116页,证人关明波的证言;(13)卷宗第2册第85—91页、第93—96页、第103—110页,被告人苏秀文向侦查机关所作的供述,公诉人以"被告人苏秀文在法庭上供述的事实与在侦查机关供述的事实基本一致"为由,不再对该供述笔录进行当庭宣读。对于公诉人宣读的上述证言笔录,被告人除了对其中第(2)、第(3)、第(5)以及第(6)向证人提出异议之外,对其他八项证言笔录没有提出任何疑问。

【深入思考题】

　　1. 上述案件的审理过程,发生在1996年刑事审判方式改革完成之后。在没有任何证人出庭作证的情况下,法庭允许公诉方有选择地宣读证人证言笔录。在这种书面化和间接化的审理过程中,所谓的"抗辩式审判方式"究竟有何意义呢?

---

　　① 参见于津涛、徐赛虎:《"宝马案"庭审实录全文本》,载《瞭望东方周刊》2004年1月22日,第22页以下。

2. 在1996年以前,法学界和司法界都致力于引入对抗式诉讼制度,以为通过改造中国刑事审判程序的诉讼构造,强化控辩双方在法庭审理中的作用,就可以解决审判程序的公正性问题。但是,2014年以后,司法改革决策者逐渐认识到,中国刑事审判的主要问题不是诉讼构造问题,而是法庭审理流于形式,以及无法纠正冤假错案的问题。因此出现了审判中心主义和庭审实质化的改革运动。你对这一改革转型有何看法?

第四章　刑事之诉的类型和效力

> 司法裁判权是强大的,因为裁判者可以对任何案件作出终局、权威的裁判结论。但司法裁判权又是有限的,因为它遵循不告不理的逻辑,具有被动性和应答性,并要受制于行使诉权者所设定的对象和范围。

4.1　刑事之诉理论概述
4.2　刑事之诉的性质和要素
4.3　刑事之诉的基本类型
4.4　诉讼要件
4.5　刑事之诉的效力
阅读案例材料之四　赵祥忠案件

4.1 刑事之诉理论概述

民国期间,我国法学界曾从大陆法国家引入了刑事诉讼客体的概念。刑事诉讼客体,又被称为刑事诉讼标的,与刑事诉讼主体和刑事诉讼行为一起,被称为刑事诉讼法学的三大基本范畴。最初,有学者将诉讼标的视为"刑罚权",后来又有人将诉讼客体视为刑事案件,也就是"认定过程之刑事实体关系,藉以确定犯罪之成立及应予以科处之刑罚"。据此,就有了所谓"案件的单一性"和"案件的同一性"的概念。①

但是,将刑事诉讼客体视为"国家刑罚权""刑事案件"或者"刑事实体法律关系"的观点,仅仅将刑事诉讼视为解决被告人刑事责任问题的活动,这在传统的刑事诉讼制度中或许是有理论解释力的。但随着刑事诉讼制度的发展,法律针对司法机关解决被告人刑事责任问题的过程,还确立了若干种相关的诉讼程序,如被害人提起附带民事诉讼的程序,检察机关提起涉案财物追缴的程序,被告方提出排除非法证据的程序,检察机关提起适用精神病人强制医疗的程序,等等。对于这些种类多样、形态各异的诉讼程序,仅仅根据上述"以适用实体法"为导向的诉讼客体理论,将无法作出合理的解释,我们需要根据刑事诉讼制度的发展和进化,提出新的富有解释性的理论。在这一方面,民事诉讼法学有关"诉""诉讼标的""诉讼要件"和"诉权"的理论,对我们研究刑事诉讼客体问题具有可资借鉴的理论参考价值。

民事诉讼法学将"诉讼标的"作为重要的研究对象,并将其与"诉""诉权"和"诉权对裁判权的制约"等问题结合起来,形成了一种较为成熟的诉讼理论。根据这一理论,民事诉讼中的"诉",是指当事人向法院提出诉讼请求,申请法院对某一民事争议加以裁决的行为。民事诉讼中主要存在着三种相对独立的"诉",也就是"给付之诉""确认之诉"和"变更之诉"。但无论是何种"诉",都要同时具备三个基本要素:一是行使诉权的原告,以及作为被控告方的被告;二是特定的诉讼标的,又被称为诉讼客体或诉讼对象,也就是当事人提出民事争议、需要由法院加以裁决的法律关系,或者原告方提出的诉讼请求;三是诉讼理由,包括当事人提起诉讼的事实根据和法律依据。通过将民事之"诉"作出上述界定,诉讼标的理论试图达到三个方面的意图:一是将

---

① 参见陈瑞华:《刑事诉讼的前沿问题》(第五版)(上),中国人民大学出版社2015年版,第80页以下。

各种"诉"加以特定化;二是防止当事人对同一诉讼标的提出重复起诉;三是对法院的裁判范围作出适度限定,防止裁判权的滥用。

当事人要提起诉讼,需要以享有诉权为前提。所谓诉权,是指当事人为实现其实体权利而诉诸司法机关作出司法裁判的权利。当事人要享有诉权,需同时具备四个条件:有可以主张的实体权利、有特定的诉讼利益、有法定的诉讼资格以及有法定的诉讼能力。其中,拥有诉讼利益和诉讼资格是当事人享有诉权的核心条件。按照罗马法的格言,"利益是衡量诉权的尺度,无利益者无诉权"。当然,与诉讼的结局拥有直接的利益关系,仅仅是当事人享有诉权的必要条件,但还不是充分条件。在很多情况下,法律会对有权行使诉权的当事人的法律资格作出各种各样的限制。一般而言,凡与法院要裁判的争议没有利益关系的人,都不具有行使诉权的资格。因此诉讼利益与诉讼资格在很大程度上处于重合的状态。不过,在一些诉讼主体与诉讼结局并不存在明显的个人利益的情况下,法律有时为了保护特定的民事实体权利,也会赋予其享有诉权的资格。

原则上,与民事诉讼相似,现代刑事诉讼也具有越来越复杂的诉讼形态,随着"刑事之诉"的类型走向多元化,各种"诉"既具有特定的诉讼客体或诉讼对象,也具有各不相同的构成要素。在这些刑事之"诉"中,既有本身就属于民事之诉的"附带民事诉讼""刑事对物之诉",也有同样存在于民事诉讼之中的"程序性异议之诉"。对于这些刑事之诉的性质、构成要素及其对裁判权的制约问题,完全可以运用民事诉讼标的理论,作出重新的理论解释。不仅如此,即便对于检察机关所提出的追究被告人刑事责任的诉讼请求,我们也可以将其视为一种"刑事对人之诉",对其性质、构成要素及其对裁判权的影响,作出重新分析。毕竟,检察机关尽管代表国家行使"法律监督权",但在提起公诉方面,它仍然是通过行使诉权来推动法院作出司法裁判的。只不过,检察机关与一般当事人不同,它本身与刑事案件没有直接的利害关系,不存在传统上的"诉讼利益"。但是,在一个犯罪案件发生后,国家其实是与案件存在利害关系的一方。检察机关作为国家公诉机关,委派检察官作为国家利益的代表,来行使公诉权,并促使法院对其诉讼请求作出司法裁判。所谓"公诉权",其实与"自诉权"一样,都属于"诉权"的一种方式。在行使公诉权方面,检察官作为国家利益的代表,既具有特定的诉讼利益,也具有法定的诉讼资格。

由此,我们可以通过引入"诉""诉权"和"诉讼标的"的概念和原理,对刑事诉讼客体问题作出重新阐述。按照新的刑事之诉理论,刑事之诉是指检察机关和当事人为实现特定诉讼利益而提出特定诉讼请求,促使法院就此作出司法裁决的行为。无论是检察机关还是当事人,要提出特定的刑事之诉,都需要以享有诉权为前提,也就是需要有可以主张的实体权利、有特定的诉讼利益、有法定的诉讼资格以及具有法定的诉讼能力。其中,检察机关所行使的是"国家诉权",当事人所行使的则是"一般诉权"。只有具备了上述诉权,检察机关和当事人才可以向法院提起一种刑事之诉,这种"诉"通常具有三个方面的构成要素:一是具有特定的控告方和被控告方;二是具有特定的诉讼对象;三是具有特定的事实根据和法律依据。根据上述构成要素的差异,我们可以将刑事之诉分为四种类型:一是"对人之诉",二是"对物之诉",三是"程序之诉",四是"精神病人强制医疗之诉"。刑事之诉一旦提起,就可以对诉讼对象产生特定化的效果,既限定了另一方抗辩的范围,也确定了法院的裁判范围,对于刑事诉讼程序的进程具有直接的影响,对于法院的裁判具有实质性的约束。

4.2 刑事之诉的性质和要素

4.2.1 刑事诉讼中的诉权

与民事诉讼不同的是,刑事诉讼中的诉权是由检察机关和当事人分别行使的一种权利。其中,检察机关所行使的"公诉权"只是国家诉权的一种类型。国家诉权除了公诉权以外,还包括检察机关代表国家向法院提起民事公益诉讼、程序之诉等方面的权利。而当事人所行使的则是"一般诉权",也就是就民事赔偿、民事返还或者程序异议向法院请求裁判的权利。

与一般的民事诉权一样,刑事诉讼中的诉权也具有两个层面的意义:一是在实体角度上,检察机关和当事人为维护其所享有的实体权利或其他合法权益,要求法院进行裁判的权利;二是从程序角度来看,检察机关和当事人将其诉讼请求诉诸法院的权利。尽管传统的诉讼理论倾向于将诉权视为实体权利的附属权利,而一些新的诉讼理论则更为强调诉权的程序意义,但是,诉权其实既离不开实体权利,也不能脱离诉讼程序而存在。具体而言,诉权实际属于实体权利与诉讼程序之间的纽带和桥梁。一方面,诉权的产生起源于检察机关和当事人相互间所发生的权利争议,也就是与诉讼争端存在利益牵连的检察机关和当事人,向法院提出了确认其权利存在的请求。另一方面,诉权的实现必然意味着检察机关和当事人将其诉讼请求诉诸法院加以裁判,也就是向法院提出诉讼主张,由法庭听取当事人的陈述,获得法庭就有关诉讼争议问题作出的裁判。①

应当说,诉权是相对于裁判权而存在的概念。诉权与裁判权的关系也是刑事诉讼客体理论关注的问题。一般来说,诉权与裁判权对于诉讼进程和诉讼结局的控制力,决定了一个国家诉讼构造的整体模式。但刑事诉讼客体理论并不关注诉权与裁判权在刑事诉讼中的控制分配问题,而是研究诉权对裁判权的制约和平衡问题。原则上,在一个确立了最低限度的诉讼形态的制度下,当事人一旦行使诉权,法院的裁判权在诉讼程序层面上要受到一系列的制约。不仅如此,新的刑事诉讼客体理论还认为,刑事之诉一旦形成,就具有相对的特定性和明确性,要对司法裁判产生两个方面的制约:一是推动司法裁判程序的启动、进程和结论形成;二是限定司法裁判的对象和范围。由此,通过刑事之诉的有效行使,检察机关和当事人不仅可以实现本方的诉讼利益,而且还可以对法院的司法裁判权产生有效的制衡作用。

4.2.2 刑事之诉的概念

无论是检察机关还是当事人,只要享有诉权,就可以向法院提出一种旨在维护其合法权益的诉讼请求。刑事之诉可分为程序意义上的刑事之诉与实体意义上的刑事之诉。

与民事之诉相比,刑事之诉具有以下三个方面的特点:一是刑事之诉的主体是检察机关和当事人。检察机关作为行使国家诉权的公诉机关,代表国家提出特定诉讼请求,成为刑事之诉的公法主体。而当事人则作为行使一般诉权的诉讼参与人,向法院提出独立的诉讼请求,构成刑事之诉的一般主体。

二是刑事之诉的内容是检察机关和当事人请求法院保障的实体权益,或者请求法院解决的诉讼争议。例如,检察机关所提出的"对人之诉",就属于要求法院确认被告人刑事责任的诉讼请求,具有维护国家实体权益的性质;被害人所提出的"民事对物之诉",就属于要求法院维护其民事实体权益的性质。又如,被告人提出的"非法证据排除之诉",作为一种程序之诉,就属于提交法院解决程序性争议的请求。

三是刑事之诉是检察机关和当事人对法院提出的诉讼请求。检察机关

---

① 〔法〕让·文森等:《法国民事诉讼法要义》(上),罗结珍译,中国法制出版社1999年版,第97页以下。

和当事人为实现本方的实体权益,或者为解决所发生的诉讼争议,请法院作出裁决的行为,就是刑事之诉。例如,检察机关提出的违法所得没收之诉,就包含了将被告人违法犯罪所得的涉案财物加以追缴的诉讼请求;检察机关提出的精神病人强制医疗申请,就包含着申请法院将具有社会危险性的精神病人交付医疗机构进行强制医疗的请求。

4.2.3 刑事之诉的构成要素

与一般的民事之诉一样,刑事之诉也是由若干个要素构成的。不同的刑事之诉,所具有的构成要素也不相同。构成要素越是精细和准确,刑事之诉的特定性和明确性就越可以得到加强,不同的刑事之诉也就可以得到区分。一般说来,任何一项刑事之诉,都具有以下三个构成要素:

一是诉讼主体,也就是提起刑事之诉的主体和被起诉的主体。例如,检察机关提起的公诉又被称为"对人之诉",其起诉主体是对特定案件享有管辖权的检察机关,而被起诉主体则是受到特定刑事指控的被告人。又如,被告人提起的非法证据排除之诉,其起诉主体是本案的被告人,被起诉主体则是本案行使公诉权的检察机关。

二是诉讼客体,又可称为诉讼标的或诉讼对象,是指检察机关和当事人发生争执或提起请求并要求法院给予裁决的权利义务关系。不同的刑事之诉具有各不相同的诉讼客体。例如,"对人之诉"的诉讼客体是检察机关或自诉人向法院提出的追究被告人刑事责任的诉讼请求;"对物之诉"的诉讼客体是检察机关或被害人向法院提出的责令犯罪人赔偿损失、返还财产或者没收犯罪人涉案财物的诉讼请求;"程序之诉"的诉讼客体是检察机关、被告人或其他当事人为行使诉讼权利或者表达程序异议而向法院提出的诉讼请求;"精神病人强制医疗之诉"的诉讼客体,则是检察机关向法院提出的将精神病人加以强制医疗的诉讼请求。

三是诉讼理由,是指检察机关或当事人提出刑事之诉的事实根据和法律依据。所谓事实依据,是指检察机关和当事人提出诉讼主张所依据的案件事实;所谓法律依据,则是检察机关和当事人提出诉讼请求所援引的法律条文和法律理由。

4.3 刑事之诉的基本类型

根据不同的标准,刑事之诉可以有多种分类方式。例如,根据提起主体的不同,刑事之诉可分为"国家刑事之诉"与"一般刑事之诉"。前者是检察机关代表国家所提出的各种刑事之诉,后者则是当事人所提出的刑事之诉。又如,根据所提出的诉讼请求不同,刑事之诉可分为"对人之诉""对物之诉""程序之诉"和"精神病人强制医疗之诉"。为了对刑事之诉作出深入的分析,我们有必要按照后一种分类标准,对刑事之诉的不同类型作出较为具体的解释。

4.3.1 对人之诉

所谓"对人之诉",是指向法院提出的追究被告人刑事责任的诉讼请求。按照提出的主体不同,对人之诉可分为检察机关提出的对人之诉与自诉人提起的对人之诉。其中,检察机关提出的对人之诉,也就是一般意义上的"公诉";自诉人提起的对人之诉,属于通常所说的"自诉"。无论是公诉,还是自诉,都同时包含着两个方面的诉讼请求:一是申请法院对被告人作出有罪宣告,二是建议法院对被告人适用特定刑事处罚。

我国自2010年以来,逐步推行"量刑规范化改革",使得公诉案件的定罪程序和量刑程序发生了相对的分离。因此,检察机关向法院提出的诉讼请求发生了明显的分离:通过提出"起诉书",检察机关向法院提出了定罪申请,这可以被称为"定罪之诉";通过提出"量刑建议书",检察机关向法院提出了适用刑事处罚的建议,这可以被视为"量刑之诉"。

4.3.1.1 定罪之诉

定罪之诉是以说服法院作出有罪判决为目的的诉讼活动。无论是检察机关提交的起诉书,还是自诉人提交的起诉书,都具有"定罪申请书"的性质,属于提起定罪之诉的标志性诉讼文书。定罪之诉的诉讼客体是要求法院对被告人宣告有罪的请求,其诉讼理由是检察机关或自诉人指控的特定犯罪事实,以及确定被告人行为符合特定构成要件和罪名的刑法条文。

以公诉为例。检察机关要推动定罪之诉的进程,需要提出证据,证明起诉书所载明的犯罪构成要件事实。根据无罪推定原则,检察官负有证明被告人有罪的责任,并在无法承担这种证明责任时承受指控不能成立的"败诉风险"。遇有犯罪事实不清、证据不足,法官对于被告人构成犯罪产生合理怀疑时,应当作出无罪的判定。作为一种较为理想的诉讼目标,检察机关既要说服法院接受本方指控的犯罪事实,也要说服法院接受本方所提出的罪名。当然,在我国刑事诉讼中,法院有时也会接受公诉方所提出的犯罪事实,却判处与起诉书不一致的罪名。

4.3.1.2 量刑之诉

量刑之诉是以说服法院接受本方量刑建议为目的的诉讼活动。无论是检察官提交的"量刑建议书",还是自诉人所提出的起诉书,都是提出量刑之诉的标志性诉讼文书。与定罪之诉不同,量刑之诉的客体是建议法院对被告人适用特定刑事处罚的诉讼请求。量刑之诉的理由也包括两点:一是能够证明被告人行为社会危害程度的量刑事实和量刑情节;二是刑法有关刑事处罚种类和幅度的条文。

在公诉案件中,检察机关既可以向法院同步提出起诉书和量刑建议,也可以先后分别提出这两项诉讼请求。但无论如何提出,量刑建议都包含着两个基本要素:一是申请法院所要采纳的量刑事实和量刑情节,二是建议法院所要适用的量刑种类和量刑幅度。基于检察官的"客观义务",检察官既要提出不利于被告人的量刑情节,也被要求关注有利于被告人的量刑情节。同时,为有效地约束法官在量刑方面的自由裁量权,检察官既可以提出带有一定幅度的量刑建议,也可以提出较为具体精确的量刑建议。当然,考虑到检察官仅仅是量刑的建议者,而不是裁判者,检察官所了解的量刑情节也不一定是全面、客观的,被告方有可能当庭提出一些新的量刑情节,也有可能提出一些有价值的量刑辩护意见,因此,检察官的量刑建议对于法院的裁判并不具有必然的约束力。法院在审判过程中可以改变量刑建议。同时,检察官遇有量刑事实发生变化,或者发现原来的量刑建议不合时宜的,也可以向法庭提出新的量刑建议。

4.3.2 对物之诉

相对于对人之诉而言,对物之诉是检察机关和被害人要求法院责令被告人作出民事赔偿、返还财产或者对涉案财物加以没收的诉讼请求。顾名思义,"对人之诉"是要求追究被告人刑事责任的诉讼,而"对物之诉"则是要求对被告人的相关财产加以处置的诉讼请求。根据提出这种诉讼的诉讼主体和诉讼客体的不同,对物之诉可以分为民事对物之诉和刑事对物之诉。前者是被害人或检察机关向法院提出的要求被告人赔偿经济损失的诉讼请求,后者则是检察机关向法院提出的追缴涉案财物的诉讼请求。

4.3.2.1 民事对物之诉

在那些有被害人的刑事案件中,被害人或其诉讼代理人对于因犯罪行为所受到的经济损失,可以向法院提出民事赔偿的诉讼请求。这种民事赔偿请求既可以在刑事诉讼程序结束后单独提起,也可以在刑事诉讼过程中提起。在后一种情况下,法院在解决被告人刑事责任的同时,一并解决被告人的民事赔偿问题,因此将这种诉讼称为"附带民事诉讼",又可以称为"民事对物之诉"。

提起民事对物之诉的主体通常是受到犯罪行为侵害的被害人,被害人死亡或者失去诉讼行为能力的,可以由其法定代理人或近亲属提起诉讼。当然,检察机关或其他社会公益组织,为维护国家利益或者社会公共利益,也可以提起附带民事诉讼。对于这种诉讼,我们也称之为"刑事附带民事公益诉讼"。但无论提起的主体如何,民事对物之诉的被告通常都是刑事案件的被告人,或者对犯罪所造成的经济损失负有赔偿责任的个人或者组织。与此同时,民事对物之诉的诉讼客体是向法院提出的要求赔偿经济损失的诉讼请求,这种经济损失属于被害人因被告人犯罪行为所承受的"物质损失"。民事对物之诉的诉讼理由包括两个方面:一是被告人所实施的犯罪事实,及其造成被害人物质损失的事实;二是被告人需要承担民事侵权责任的法律依据,包括刑法、刑事诉讼法和民法等相关的法律条文。

4.3.2.2 刑事对物之诉

犯罪行为一旦发生,不仅会给被害人造成程度不同的经济损失,而且有可能使被告人获得一些不法财产和收入,其犯罪工具还有可能对整个社会带来程度不同的危险。为弥补被害人的损失,剥夺违法犯罪人所获取的违法利益,并预防行为人再犯新罪或者给社会带来新的危害,法律需要建立一种针对违法犯罪人涉案财物的追缴程序。从实体上看,这种"涉案财物"可分为三个部分:一是违法犯罪所得及其孳息;二是相关的违法犯罪工具;三是相关的违禁品。同时,对"涉案财物的追缴",作为一种实体性处罚措施,本身并不属于法定的刑事处罚,而带有保安处分的性质。法院一旦作出追缴涉案财物的裁决,就可以对这些财物作出两个方面的处置:一是将违法犯罪人非法侵占的被害人或其他利害关系人的合法财产,予以返还或者责令予以退赔;二是将其余涉案财物予以没收,收归国库。

而从诉讼程序上看,检察机关作为国家公诉机关,向法院提出追缴涉案财物的诉讼请求,这可以被称为"涉案财物追缴诉讼"。由于这种诉讼只能由检察机关提起,诉讼客体是要求法院追缴涉案财物的诉讼请求,因此,它与附带民事诉讼或"民事对物之诉"具有本质的区别。我们可以将其称为"刑事对物之诉"。根据被告人是否到场参与诉讼这一标准,我们可以将刑事对物之诉进一步分为两种:一是在被告人参与的情况下,由检察机关在提起公诉的同时附带提起的对物之诉,简称为"对席案件的刑事对物之诉";二是在被告人逃匿或者死亡的案件中,由检察机关提起的违法所得没收之诉,简称为"缺席案件的刑事对物之诉"。

4.3.2.2.1 对席案件的刑事对物之诉

在刑事诉讼中,检察机关在起诉书中提出定罪之诉,通过量刑建议书提出量刑之诉,还可以通过起诉书提出追缴涉案财物的诉讼请求,从而正式提起"刑事对物之诉"。在被告人到场参与诉讼的情况下,法院经过法庭审理,既要调查被告人的犯罪事实,也要对被告人通过犯罪行为所获取的违法所得及其直接或间接经济收益作出调查,还要查清被告人所使用的犯罪工具和涉案违禁品的情况。在对被告人的犯罪事实作出认定的同时,一并认定被告人所获取的违法所得及其孳息、所使用的犯罪工具和违禁品的相关事实。在裁判文书中,法院既要对被告人作出定罪量刑的裁决,又要对被告人的上述涉案财物作出追缴的决定。可以说,在被告人到场的案件中,检察机关尽管可以提起刑事对物之诉,但法院并没有对这一诉讼请求组织相对独立的法庭审理程序,而是将其依附于案件的对人之诉程序之中,在确定被告人承担刑事责任的前提下,附带解决涉案财物的追缴问题。

这种对涉案财物追缴问题所作的制度安排,无法给予被告人、被害人及其他利害关系人提出异议并参与诉讼过程的机会,也难以对刑事追诉机关查封、扣押、冻结的涉案财物究竟是否属于应予追缴的违法所得,作出准确合理的调查核实,容易造成纵容刑事追诉权的滥用,也经常侵犯当事人以及其他利害关系人的合法权益。如何有效规范和限制涉案财物追缴程序,建立一种相对独立的"对席案件的刑事对物之诉",这已经成为我国刑事诉讼制度改革的重大课题。

4.3.2.2.2 缺席案件的刑事对物之诉

尽管被告人在场的案件中,法院无法组织一场相对独立的涉案财物追缴程序,但是,在被告人缺席的案件中,检察机关却可以提起一种"刑事对物之诉"。根据2012年修订的《刑事诉讼法》,在犯罪嫌疑人、被告人逃匿或者死亡的情况下,检察机关尽管要终止对被告人的刑事追诉活动,但是,对于被告人因涉嫌的犯罪行为所获得的违法财物及其孳息,检察机关却可以提起一种专门的"没收违法所得"的诉讼请求,并对此适用专门的违法所得没收程序。

对于这种诉讼请求,我们称之为"缺席案件的刑事对物之诉"。

从这种诉讼的构成要素上看,提起诉讼的主体是检察机关,被起诉的主体是无法参加诉讼的行为人的近亲属。当然,在公告期内提出异议的其他利害关系人,也就是对所要追缴的涉案财物主张民事权利的善意第三人,也可以提出民事诉讼请求。这种对物之诉的客体是将行为人涉案财物予以追缴的诉讼请求,诉讼理由通常有两个:一是行为人实施了检察机关指控的违法犯罪行为,有关的涉案财物属于行为人通过违法犯罪行为所获取的违法所得;二是追缴行为人违法所得的刑法、刑事诉讼法和民法等相关法律条文。

与对席案件的刑事对物之诉不同,缺席案件的刑事对物之诉一旦提起,法院要组织一场独立的诉讼活动,并作出专门的裁决。通常情况下,检察机关经审查起诉,在确认行为人逃匿或者死亡的情况下,自行确定行为人违法所得的数额和范围,并向法院提出没收违法所得的申请。法院接受申请后,发出公告,确定异议期。在异议期之内,利害关系人提出异议的,法院需要组成合议庭进行法庭审理。在法庭审理中,检察官、行为人近亲属以及所有提出异议的利害关系人出席诉讼活动,参加法庭调查和法庭辩论。法院在查清事实的前提下确定违法所得的范围,并作出是否追缴的裁决。当然,无论是对于行为人实施违法犯罪行为的事实,还是对涉案财物属于行为人违法所得的事实,检察机关都要承担证明责任,但只需证明到"高度可能性"的程度,法院即可认定指控成立。这显示出这种没收违法所得的诉讼程序大体适用民事诉讼的证明标准。

4.3.3 程序之诉

无论是对人之诉,还是对物之诉,都属于检察机关和当事人为维护某种实体性权利而提出的诉讼请求。但在这些诉讼请求之外,检察机关和当事人还有可能就诉讼程序问题提出某种诉讼请求。例如,被告方提出排除非法证据的申请,启动非法证据排除程序;被害方提出财产保全或先予执行的申请,请求法院对此作出裁决;检察机关提出对案件适用简易程序或者速裁程序的建议,法院对此作出决定。对于这种检察机关和当事人就案件的诉讼程序问题所提出的诉讼请求,我们可以称之为"程序之诉"。

根据所针对的诉讼对象的不同,我们可以将程序之诉分为两类:一是为行使某种诉讼权利或者实现某种诉讼利益而向法院提出的诉讼请求;二是对某一诉讼行为的合法性提出异议并要求法院宣告无效的程序之诉。前者可称为"程序申请之诉",后者则被称为"程序异议之诉"。

4.3.3.1 程序申请之诉

所谓程序申请之诉,是指检察机关和当事人为行使某种诉讼权利,或者为追求某种诉讼利益,要求法院作出程序性裁决的诉讼请求。从构成要素的角度来看,这种诉讼的主体既可以是检察机关,也可以是包括被告人、被害人、自诉人在内的当事人。一方面,在我国刑事诉讼制度中,检察机关尽管不具有当事人的地位,但在提起公诉之后,也可以向法院提出多方面的申请或者建议,这些申请和建议与当事人所提出的申请一样,都属于行使程序之诉权利的表现形式。另一方面,程序申请之诉的诉讼客体是申请法院支持诉讼权利或是维护诉讼利益的请求。例如,被告人、被害人、自诉人通过这种程序申请之诉,可以提出回避、变更管辖、证人出庭作证、延期审理、二审开庭审理等方面的诉讼请求,从而实现其各自的诉讼权利。又如,检察机关可以申请法院通知证人、鉴定人、专家辅助人出庭,申请延期审理,申请撤回起诉,并要求法院加以裁决。这是检察机关实现公诉目标、维护诉讼利益的程序保障。

检察机关和当事人可以在法庭审判的任何阶段提出程序申请之诉。对于这种诉讼请求,法院既可以在庭前会议过程中听取意见,了解情况,并作出决定,也可以在庭审过程中将其纳入法庭审理的对象。但相对于法院对对人之诉和对物之诉的审理方式来说,这种针对程序申请之诉的审理不仅程序相对简单快速,而且所作的也通常是非正式的裁决。

4.3.3.2 程序异议之诉

所谓程序异议之诉,是指侦查人员、检察人员、审判人员的行为存在违反法律程序情况的,当事人向法院申请宣告该行为无效的诉讼请求。与程序申请之诉不同,程序异议之诉并不是一般意义上的程序请求,而是对侦查行为、公诉行为、审判行为的合法性提出程序异议的申请。这种程序异议之诉带有一定的进攻性和指控性,要求法院对侦查行为、公诉行为和审判行为的合法性作出否定性评价和宣告。与此同时,这种程序异议之诉要追求宣告无效的结果,也就是要求法院将非法侦查行为、公诉行为和审判行为连同其诉讼结果一并作出无效之宣告,使其不产生预定的法律效果。

迄今为止,在我国刑事诉讼制度中,提出程序异议之诉的主体主要是被告人。被告人提出的程序异议之诉主要有两种类型:一是非法证据排除之诉;二是撤销原判、发回重审之诉。从诉讼客体来看,前者是针对侦查人员的违法侦查行为,被告人要求法院宣告侦查行为无效并将非法证据排除于法律程序之外的诉讼请求。后者则是针对一审法院违反法律程序的审判行为,要求二审法院宣告一审裁判无效并将案件发回重审的诉讼请求。这两种程序异议之诉一旦提起,可以引发法院实施程序性制裁的措施。对于程序性制裁问题,我们将在下一章作出专门讨论。

检察机关作为国家法律监督机关,对于侦查活动和审判活动都可以行使诉讼监督权。对于侦查机关、法院存在违反法律程序情况的,检察机关可以通过"提出纠正意见"的方式,督促侦查机关或法院纠正其程序性违法行为。但这种"提出纠正意见"的行为,并不是提出"程序异议之诉"的典型方式,也不会引发法院对此问题的程序性裁判活动。可以说,在治理程序性违法现象方面,检察机关是通过行使诉讼监督权的方式来发挥作用的。或许,经过未来的司法体制改革,检察机关通过提出程序异议之诉的方式,来申请法院启动程序性裁判活动,并对侦查行为和审判行为的合法性进行司法审查,这将是更为符合刑事诉讼规律的制度安排。

4.3.4 精神病人强制医疗之诉

2012年修订的《刑事诉讼法》确立了一种精神病人强制医疗程序,将精神病人强制医疗问题纳入司法程序的轨道。根据这一制度,对于实施危害社会的暴力行为的精神病人,存在继续危害社会可能的,检察机关可以向法院提出强制医疗的申请,法院对此进行审理,对于符合强制医疗条件的精神病人,作出强制医疗的决定。据此,我国法律确立了一种新型的诉讼形态,我们可以将其直接称为"精神病人强制医疗之诉"。

从构成要素上看,提出精神病人强制医疗之诉的主体是检察机关,被起诉的主体则是实施过危害社会行为的精神病人。检察机关作为国家利益和社会公共利益的代表,有权对涉嫌犯罪的人提起公诉,也可以对那些具有继续危害社会可能性的精神病人,提出强制医疗的申请。而这些被起诉的人,曾经实施过危害公共安全或者危害人身安全的暴力行为,只是因为被鉴定属于不负刑事责任的精神病人,因此,检察机关无法对其提起公诉,法院也无法对其加以定罪。但是,考虑到这些精神病人具有继续危害社会的可能性,因此,为保护公共安全,防止公民人身和财产权利受到继续侵害,司法机关需要对他们采取强制医疗措施,一方面剥夺其人身自由,另一方面对其进行专业治疗,消除其精神病症。因此,这些精神病人就成为检察机关申请强制医疗的对象。

精神病人强制医疗之诉与前面所说的"对人之诉"具有实质的区别。毕竟,这种诉讼针对的是患有精神疾病的人,是检察机关对特定人所提出的适用强制医疗措施的申请。这种诉讼所追求的目标并不是追究特定人的刑事责任,所依据的也不是刑法有关犯罪构成和刑事处罚的条文。从理论上看,对精神病人实施强制医疗,并不是一种刑事处罚措施,而带有"保安处分"的特征,目的在于通过治疗、矫正、教育等方式,将那些实施过严重危害社会行为的人,治疗其病症,消除其毒瘾药瘾,纠正其不良的生活习惯,使其重新回归社会生活。但是,我国刑法并没有确立保安处分制度,而仅仅确立了强制医疗这一种具有类似保安处分功能的制度,因此,我们无法将其称为"保安处分之诉",而只能就事论事地将其称为"精神病人强制医疗之诉"。

4.4 诉讼要件

任何一种诉讼,一旦提出,就具有两个方面的法律效果:一是促使法院进行受理,使之成为司法裁判的对象;二是对于该种诉讼请求是否成立,从事实认定和法律适用两个方面作出裁判。前者可称为"诉的程序效果",后者则可被视为"诉的实体效果"。所谓诉讼要件,是指某一诉讼能够为法院接纳的程序合法条件,也是该项诉讼进入实体审理的前提性要件。对于具备诉讼要件的诉讼请求,法院可以作出受理并加以实体审理的决定。而对于不具备诉讼要件的诉讼请求,法院则不予受理,或者将案件退回检察机关或自诉人,或者说服检察机关或者自诉人撤回起诉。

4.4.1 诉讼要件的性质和分类

我国刑事诉讼法针对各种诉讼的提起确立了一系列合法性要件。无论是定罪之诉、量刑之诉、对物之诉,还是程序之诉、精神病人强制医疗之诉,提起诉讼或者提起相关诉讼请求的一方,都必须确保该诉讼符合法定的条件,法院才会加以受理,否则,法院就有可能作出退回检察机关或者不予受理的决定。例如,检察机关提出的公诉,必须满足"起诉书具有明确的指控犯罪事实"这一形式要件,必须移送相关的案卷材料,必须移送具有管辖权的法院,否则,法院就有可能将案件退回检察机关。又如,检察机关对于被告人逃匿或者死亡的案件,提出没收违法所得申请的,该项申请所适用的案件必须符合法定的"重大犯罪案件"范围。再如,自诉人提出起诉的案件,需要符合法定的自诉案件范围;被害人或其法定代理人、近亲属提出附带民事诉讼的,必须针对由于被告人的行为所造成的物质损失来提出。

无论是检察机关提起的对人之诉、对物之诉、精神病人医疗之诉,还是当事人提起的自诉、附带民事诉讼以及程序性之诉,法院都要对其是否具备诉讼要件进行审查。在大多数情况下,这种审查具有形式审查的性质,也就是仅限于对有关诉讼是否具备形式要件进行审查。但在例外情况下,法院也会进行实体审查,也就是对诉讼所依据的事实是否达到法定的证明标准加以审查。例如,对于被告人逃匿或者死亡案件的违法所得没收申请,法院除了要审查该项诉讼是否具备形式要件以外,还要审查检察机关对犯罪事实的证明是否达到"有证据证明有犯罪事实"的程度。通常情况下,法院对诉讼要件的审查,要么放在庭前会议环节进行,要么通过书面或间接方式进行。经过审查,对于具备诉讼要件的诉讼请求,法院应当加以受理,使案件进入实体审理程序。而对于诉讼要件欠缺的起诉或者申请,法院则作出不予受理或者退回的决定,使得案件不进入实体审理程序。

通常情况下,诉讼要件可分为积极要件和消极要件。积极要件是指法院根据其存在来作出受理决定的要件,消极要件则是指法院以其不存在为前提作出受理决定的要件。前者可以包括法院管辖权、当事人具有诉讼行为能力等条件,通常由法院依据职权加以调查确定。而后者则可以包括受案范围、重复起诉等事项,往往需要检察机关或当事人提过积极主张和抗辩而说服法院加以调查确认。由于消极要件可以成为阻碍法院受理案件的条件,因此又被称为"诉讼障碍"。

诉讼要件可以包括以下四个方面的构成要素:一是案件的可诉性;二是诉讼的形式要件;三是法院的适格性;四是当事人的适格性。

4.4.2 案件的可诉性

所谓案件的可诉性,是指检察机关或当事人提出的诉讼,应当属于法定的可向法院提起诉讼的范围。法律将某种诉讼请求或者案件纳入可诉讼的范围,通常出于多方面的价值或政策考量。

对于检察机关而言,无论是在提起公诉、提起附带民事公益诉讼还是在提起违法所得没收之诉等方面,都要受到法律有关案件可诉讼范围的限制,这是为了追求一些重要的法律价值,或者实现特定的刑事政策。例如,对于

"告诉才处理"的案件,犯罪情节显著轻微、危害不大、不认为构成犯罪的案件,犯罪已过追诉时效的案件,以及那些已经受到刑事处理的案件,检察机关都不能将其纳入公诉的对象,或者检察机关即使提起公诉,法院也不会加以受理。这主要是考虑到,告诉才处理的案件属于典型的自诉案件,不属于检察机关提起公诉的范围;犯罪情节显著轻微的案件,不属于犯罪案件,而应被纳入民事诉讼或行政处罚的范围,国家刑事处罚权应当有所谦抑和节制;已过追诉时效的案件,不属于国家刑事追诉的对象,检察机关应节制其追诉权;已经受到过刑事处理的案件,则不应受到重复性的刑事法律评价,这是出于维护国家刑事司法裁判确定性和权威性的考虑。

又如,在对被告人逃匿或死亡案件提起没收违法所得的申请方面,检察机关只能在法定"重大犯罪案件"中提出这种诉讼请求,超出法定的案件范围,法院将不予受理。这主要是考虑到没收违法所得程序是在被告人不到案的情况下启动的,对其参与诉讼的权利构成一种限制,并且会使被告人的家庭成员和近亲属受到经济惩罚,因此,只有为了维护重大的国家利益,检察机关才可以提起这类违法所得没收之诉。

对于当事人而言,无论是在提起自诉、附带民事诉讼还是在提起程序之诉方面,也都要受到案件受理范围的限制,法院只对那些具有可诉性的案件作出受理的决定。其中,对自诉范围的限制,是出于维护国家追诉原则的考虑,将被害人行使刑事诉权的范围限制在可控的范围之内。对于自诉人的起诉,认为属于"犯罪已过追诉时效","自诉人撤诉后,就同一事实又进行告诉",或者"经法院调解结案后,自诉人反悔,就同一事实再行告诉"的,法院应当说服自诉人撤回起诉,或者作出"不予受理的裁定"。

对于被害人的附带民事诉讼请求,限制在因犯罪行为所造成的物质损失上面,而对于那些被非法占有、处置的被害人财产,则不包括在附带民事诉讼请求之中,而由检察机关通过提起公诉来加以追缴。这显然是出于诉讼效率的考虑,并对被害人的民事诉权作出适度的限制。

而在提起程序之诉方面,被告人可以提起非法证据排除之诉,法院对此类诉讼请求可以进行初步审查,对于符合条件的案件启动正式调查程序。但对于其他诸如管辖、回避、延期审理、证人出庭、召开庭前会议、二审法院开庭审理等方面的程序请求,法院通常会在开庭前或者庭前会议上加以简单处理,而不会就此启动法庭审理程序。这也体现了节约诉讼成本、提高诉讼效率的原则,并使得当事人的程序性诉权受到适度的限制。

4.4.3 诉讼的形式要件

所谓"诉讼的形式要件",是指检察机关或当事人在提起诉讼时,必须向法院提交合乎法律要求的起诉书或者申请书,并同时提交相应的案卷或者证据材料。有些诉讼请求还需要所提交的证据材料将有关事实证明到法定的可信程度。之所以要求这些形式要件,主要是考虑到法院可以有效地进行庭前准备工作,同时也尽量避免检察机关和当事人滥用诉权。

检察机关在提起公诉时,要将起诉书、量刑建议书和案卷材料一并提交法院。起诉书必须写明"指控的犯罪事实",量刑建议书必须写明明确的或者具有一定幅度的"量刑意见"。这些都是法律对检察机关起诉的形式要件的要求。

自诉人在提起自诉时,诉状要有"明确的被告人、具体的诉讼请求和证明被告人犯罪事实的证据",要载明以下内容:一是自诉人和被告人的基本情况;二是被告人的犯罪事实;三是具体的诉讼请求;四是负责受理的法院和起诉时间;五是证据名称和来源;六是证人姓名、住址和联系方式。

除了起诉书或者申请书的形式要件以外,有些诉讼请求还需要提交证据材料并达到法定的证明标准。例如,检察机关在就被告人逃匿或者死亡案件提出没收违法所得的申请时,应当提交没收违法所得申请书,并提交有关证据材料、有关涉案财物的情况等。对于被告人所实施的犯罪事实,检察机关提交的证据材料,需要证明到"有证据证明有犯罪事实"的标准。又如,被告人及其辩护人提出排除非法证据的申请的,除了要提交排除非法证据申请书以外,还必须提交相关的证据材料或者线索,并将侦查人员存在违法取证行为这一事实证明到令法官"产生疑问"的程度。

4.4.4 法院的适格性

所谓"法院的适格性",是指法院对于特定的诉讼或者案件具有法定的审判管辖权。原则上,无论是检察机关提起公诉、附带民事公益诉讼、违法所得没收之诉、精神病人强制医疗之诉,还是自诉人提起自诉,被害人提起附带民事诉讼,被告人提起非法证据排除之诉,都要确保案件符合法定的审判管辖条件。所谓法定的审判管辖条件,是指法院对于特定的起诉、申请和其他诉讼请求,具备法定的级别管辖权和地区管辖权。唯有对特定案件具备法定的审判管辖权,法院才能合法地行使审判权,否则,就构成审判上的越权,所进行的审判活动和所作的裁判,都将失去法律效力。

对于案件是否具备审判管辖权的审查,是法院庭前审查的重要内容。对于检察机关或当事人提出的任何诉讼请求,法院认为案件不具备法定的审判管辖权的,都会将案件退回检察机关,或者作出不予受理或驳回起诉的裁决。

4.4.5 当事人的适格性

所谓"当事人的适格性",是指提出诉讼请求的当事人,必须亲自到案参加诉讼活动,并具备法定的诉讼行为能力。之所以要强调当事人的适格性,主要是出于保障当事人有效行使诉讼权利的考虑,确保诉讼程序的公正性。

当事人必须亲自到案参加诉讼活动,这是当事人具备适格性的前提条件。一方面,对于被告人死亡的案件,检察机关不能提起公诉。另一方面,对于被告人逃匿或者不能到案的案件,检察机关一般也不能提起公诉。当然,在被告人逃匿或者死亡的案件中,检察机关可以提起没收违法所得的申请。在法定的例外情形下,检察机关对逃到境外的被告人,在符合法定条件、履行法定手续的前提下,可以提起公诉,由法院进行缺席审判。但这些都属于受到严格限制的例外情形。

与此同时,当事人必须具备为法律所容许的诉讼行为能力。原则上,被告人属于无行为能力的精神病人,或者属于不满 14 周岁的未成年人的,检察机关不能提起公诉。而被告人属于限制行为能力的精神病人,或者已满 14 周岁不满 18 周岁的未成年人的,检察机关在确保其法定代理人到场参加诉讼的情况下,可以对其提起公诉。若未成年被告人的法定代理人不能参加诉讼活动,其他法定的"合适成年人"能够参加诉讼的,也可以对其提起公诉。

4.5 刑事之诉的效力

作为刑事诉讼所要解决的诉讼问题,刑事之诉一旦符合法定的诉讼要件,相应的刑事之诉即告形成,并随即对刑事诉讼程序产生一定的法律效力。从形式上看,这种刑事之诉形成特定的诉讼对象,也就是特定的"案件",成为控辩双方抗辩的对象,也成为法院裁判的对象。而从实质上看,这种刑事之诉的提起也限定了法院裁判的范围,使得法院的审理和裁判紧紧围绕着诉的要素来进行。

4.5.1 刑事之诉的形式效力

检察机关和当事人一旦提出特定的刑事之诉,就对法院的司法裁判产生形式上的约束力。一方面,这种诉讼请求界定了裁判的对象,避免了司法裁判的恣意性;另一方面,这种诉讼请求推动了刑事诉讼程序的进程,实现了诉权决定裁判程序的效果。

首先,法院应当对特定诉讼请求作出受理的决定。所谓受理,其实是法院正式启动审判程序的决定。有了诉讼请求,法院动辄不予受理,那么,这种诉讼请求的提出将是毫无意义的。原则上,只要检察机关和当事人提出的诉讼请求符合法定的诉讼要件,法院都要加以受理,使其转化为一个有待裁判的"诉讼争议问题"。例如,对于检察机关提起的公诉,法院只要发现起诉书记载了明确的指控犯罪事实,就应当开庭审理。又如,对于被告人提起的排除非法证据的申请,法院只要发现被告人提交了相关的证据材料和证据线索,并对侦查行为的合法性产生疑义的,即可启动法庭上的正式调查程序。

其次,法院应给予诉讼另一方进行答辩的机会。无论对何种诉讼请求,法院受理后,应尽快将起诉书或申请书副本送交另一方,给予其准备防御并进行答辩的机会。唯有如此,该项诉讼请求才能获得来自另一方的有效质疑和抗辩,法院也才可以兼听则明,对诉讼请求的事实根据和法律依据作出审慎的审查核实,避免出现无根据和无理由的裁判。例如,检察机关提起公诉后,法院应将起诉书副本送交被告人和辩护人,给予其进行辩护准备和当庭辩护的机会;被告人提交排除非法证据的申请后,法院会将申请书副本送达检察机关,给予其进行调查核实证据和提出意见的机会。

再次,检察机关和当事人一旦提出特定诉讼请求,法院应当进行开庭审理,并将其作为审理对象和裁判对象。在法庭审理中,法院应将该项诉讼请求作为法庭调查的对象和法庭辩论的对象。从司法证明的角度来看,该项诉讼请求将成为法庭上的待证事实或证明对象,承担证明责任的一方需要对该项诉讼请求所依据的事实进行举证,对该项事实的证明也需要达到法定的证明标准。例如,对于检察机关起诉的罪名,法院要将该项罪名是否成立作为审理和裁判的对象,检察机关需要将该项起诉所依据的犯罪事实作为证明对象,并将其证明到排除合理怀疑的程度。又如,在被告人逃匿或死亡的案件中,利害关系人提出异议并参与诉讼的,检察机关需要围绕着没收违法所得的申请,承担证明责任,并将有关涉案财物属于违法所得这一事实证明到高度可能性的程度。

又次,经过法庭审理,法院需要对相关诉讼请求作出附理由的裁判。对于任何一种诉讼请求,法院都需要给出明确的裁判结论,这是一种理性和公正的审判程序的最低要求。法院动辄不给出裁判结论,或者任意拖延给出裁判结论的时间,都属于对检察机关和当事人诉权的侵犯。但是,法院仅仅给出一种裁判结论还是不够的。这种裁判应当提供明确的裁判理由,包括事实根据和法律依据,也包括对裁判理由的必要论证和解释。唯有列出明确的裁判理由,检察机关和当事人才有可能接受裁判结果,或者针对裁判理由提出程序异议,并获得合理的司法救济。

最后,对于法院是否采纳诉讼请求的裁判,应给予检察机关和当事人获得司法救济的机会。诉讼客体一旦形成,法院对有关诉讼请求一旦作出不予采纳的裁判,无论是检察机关还是当事人都应获得向上级法院提出各种司法救济的机会。唯有如此,这一初审裁判才有可能获得重新的司法审查,检察机关和当事人也才可以获得再一次进行答辩和论证的机会,上级法院对下级法院的司法监督也才会变得现实有效。

4.5.2　刑事之诉的实质效力

任何一项刑事之诉提出以后,除了在形式上成为法院的裁判对象并推动刑事诉讼进程以外,究竟还产生哪些方面的实质效力呢?原则上,刑事之诉一旦提起,就界定了法院司法裁判的对象和范围,法院裁判不得超越检察机关和当事人所提出的诉讼请求,否则就应被宣告为无效裁判。

任何一种刑事之诉都具有三个方面的构成要素,这些构成要素对于法院的裁判都具有约束力。原则上,法院不能超越其中任何一种构成要素来进行裁判活动。具体而言,法院应围绕着检察机关或当事人起诉的主体进行裁判,而不能超越受诉主体的范围,对那些未经起诉的主体作出裁判。例如,检察机关提起公诉后,法院不能对起诉书列明的被告人以外的其他人是否构成犯罪进行裁判。又如,被告人提出排除非法证据的申请后,法院应对其所提出的特定侦查人员的行为是否合法作出裁判,而一般不能对未经申请的其他侦查人员是否违法作出裁判。这是其一。

其二,法院应围绕着检察机关和当事人设定的诉讼对象进行裁判,而不能将裁判对象扩大到那些未经提出争议的诉讼事项上面。例如,检察机关在提起公诉时提出了追缴特定涉案财物的申请,法院就应裁判这种申请是否成立,而不应将那些未经申请追缴的其他财物纳入裁判的范围。又如,检察机关一旦提出对特定精神病人采取强制医疗措施的申请,法院就应对该人是否属于无行为能力的精神病人以及是否继续存在危害社会的可能作出裁判,而不能对超出该项申请以外的事项(如该人是否承担民事责任问题)作出裁判。

其三,法院应围绕着检察机关和当事人提出的诉讼理由进行裁判。原则上,对于检察机关和当事人提出的诉讼请求,法院在受理后,要审查其诉讼理由,既要对诉讼所依据的事实根据进行审查,确定是否达到了法定的内心确信标准,也要审查这种诉讼是否具备相关的法律依据,是否具有明确的法律条文和法律理论依据。

当然,对于检察机关和当事人提出的各项刑事之诉,法院在裁判方面所受到的约束并不完全相同。大体上,在对人之诉中,相对于量刑之诉而言,定罪之诉所受到的限制要更加严格一些;在对物之诉中,相对于民事对物之诉而言,刑事对物之诉受到的限制要更加严格一些;相对于对人之诉和对物之诉而言,程序之诉所受的限制要更为宽松一些;相对于旨在确定被告人刑事责任的对人之诉而言,精神病人强制医疗之诉所受的限制更为宽松一些。

其中,在定罪之诉中,检察机关所提出的起诉书对于法院的裁判具有最为严格的约束。根据控审分离的原则,检察机关起诉书所确定的被告人、案件事实和法律评价,确定了法院的司法裁判范围。未经检察机关变更起诉,法院不得擅自将起诉书所确定的被告人、案件事实和法律评价作出变更。尤其是对于检察机关起诉书所确定的罪名,法院一般只能作出是否成立的裁判,而不能自行变更罪名。当然,作为一种受到严格限制的例外,法院可以将起诉书列明的罪名改为较轻的罪名,但前一罪名要与后一罪名具有包容关系;法院在变更罪名之前,应告知检察机关提出变更起诉的申请,并给予被告人及其辩护人进行必要防御准备的机会。

阅读案例材料之四

赵祥忠案件[①]

1999年4月3日,重庆市第一中级人民法院对綦江"虹桥"垮塌一案作出了一审判决。作为被告人之一的赵祥忠被判决犯有工程重大安全事故罪。而此前重庆市人民检察院第一分院提出的起诉书,则指控他犯有玩忽职守罪。法院经审理认定,"检察机关指控赵祥忠的犯罪事实清楚,证据确实、充分,但指控其犯有玩忽职守罪不当",因此将起诉罪名自行作出了变更。由于电视台对这一案件的审理过程进行了现场直播,众多新闻媒体对案件的审判作出了报道,因此案件的审理过程和判决结果受到社会各界的关注,也引起了法律界的争议。其中,受到较多争论的问题是:法院自行将检察机关起诉的罪名加以变更,在程序上是否属于正当的?

一些学者和律师认为,法院直接变更罪名违背了"人民法院行使审判权必须遵循的不告不理原则";"剥夺了被告人的辩护权"。一些人士指责法院"违背了人民检察院独立行使检察权的原则","侵犯了检察权";否定了"公诉效力",违背刑事诉讼法的有关规定。还有学者认为,法院直接改变控方罪名存在诸多弊端,它破坏了现代刑事诉讼中控辩审三方合理的角色、功能定位,与现代民主政治条件下司法决策的民主性和科学性的基本要求相悖,也不利于维护被告人的合法权益。

与此形成针锋相对的是,有一些法官和学者为法院直接变更罪名问题作出了辩解。法官们的一般观点是,作为最终负责定罪的审判机关,法院只要认定被告人的行为构成犯罪,就可以根据刑法分则的规定,判定其犯有适当的罪名,而这一罪名完全可以与检察机关指控的罪名不相一致。还有的法官认为,对被告人究竟判处什么罪名,也就是通常所说的"定性"问题,属于人民法院审判权的有机组成部分,法院经过法庭审理,当然有权对被告人的行为作出与检察机关不同的法律评价。另外,也有学者认为,作为刑事诉讼的最终定案机关,法院

---

① 参见《赵祥忠工程重大安全事故罪——人民法院可否变更起诉罪名定罪处刑》,载《刑事审判参考》总第6集,法律出版社2000年版。

有权对指控罪名不正确的,作出合乎法律规定的变更;法院处在"控、辩、审"结构中的主导地位,控辩双方提出的罪名经常具有片面性,检察机关起诉的罪名只对法院起到参考作用,作为主导地位的法院才是确定罪名的权威机构;法院对检察机关指控不成立的,可以直接否定,也当然可以变更罪名。

【深入思考题】

1. 检察机关通过起诉书设定了"定罪之诉"的范围,对于被起诉的被告人和被指控的犯罪事实,法院的审判对象应限定在起诉范围之内,这是没有争议的。但是,我国法院对于检察机关起诉书认定的罪名,在判决时可以作出改变。对于法院的这种裁判逻辑,你同意吗?

2. 即便允许法院在判决时改变检察机关起诉的罪名,法院难道不应受到实体上和程序上的限制吗?例如,在实体上,法院真的可以抛开检察机关起诉的罪名,而随心所欲地认定一个新罪名吗?又如,在程序上,法院经过法庭审理,在评议和宣判时直接变更罪名,不给予检察机关变更起诉的机会,不给予被告人及其辩护人准备防御的机会,不针对新的指控重新组织法庭调查和法庭辩论,这样做是否符合程序正义的理念呢?

第五章　程序性制裁

> 刑事诉讼法具有独立法律品格的主要标志,是违反法律程序的行为应承担消极的法律后果。刑事诉讼法为公检法三机关违反诉讼程序的行为,确立了宣告无效的制裁后果。这既保证了刑事诉讼法的有效实施,也为作为公共权力受害者的被告人,提供了司法救济机会。

5.1　程序性违法的法律后果
5.2　程序性制裁的性质
5.3　程序性制裁的法律价值
5.4　程序性制裁的分类
5.5　程序性制裁的实施程序
5.6　非法证据排除规则
5.7　撤销原判、发回重审制度
阅读案例材料之五　孙承贤案件

5.1 程序性违法的法律后果

法律的生命不仅仅在于出台,更在于得到实施。而实施法律的真谛则在于对违法者追究法律责任。根据法律制度所要制裁的违法行为的性质来看,违法行为可分为"实体性违法"和"程序性违法"。前者是指行为人违反了民法、行政法或刑法的规定,或者程度不同地损害了国家、社会或个人的合法权益,或者破坏了法律所要保护的社会秩序和法律关系。后者则是指行为人在刑事诉讼过程中违反了法定的诉讼程序,或者破坏了刑事诉讼法所要保护的法律秩序和法律关系,或者损害了当事人或其他诉讼参与人的合法权益。

对于任何一项实体性违法行为,唯有确立相应的法律责任,对已经实施违法行为的人实施处罚,才能实现实体法的立法宗旨。在实体法中,法律责任通常都表现为追究违法者个人的法律责任,使其利益受到适当的损失或者剥夺。例如,对违反民法者,可以追究其违约责任或者侵权责任;对于违反行政法的人,可以对其实施行政处罚;对于触犯刑律的人,则可以通过定罪判刑的方式来追究其刑事责任。无论是民法、行政法还是刑法,大体都遵循"责任自负"的原则,对法律责任的追究只限于违法者个人,并且只限于针对违法行为本身来确定法律责任的幅度。对于这种通过剥夺违法者利益的方式来追究法律责任的方式,我们通常称之为"实体性制裁"。

但与实体法不同的是,程序法对于违反法律程序的行为,还存在一种以宣告无效为标志的制裁方式。在刑事诉讼法中,对于侦查人员违反法律程序实施的侦查行为,可以作出排除非法证据的裁决;对于一审法院违反法律程序所实施的审判活动,可以作出撤销原判、发回重审的裁决。这些针对侦查人员、审判人员违反法律程序的行为,所实施的宣告无效的制裁方式,通常被称为"程序性制裁",是刑事诉讼法所确立的特有的责任追究方式。

当然,对于程序性违法行为,法律不仅设立了宣告无效的制裁方式,而且在符合特定条件的情况下,还可以处以实体性制裁。例如,对于侦查人员存在刑讯逼供、非法拘禁等非法侦查行为的,侦查机关可以对违法者追究行政责任,受害者可以提起国家赔偿之诉,检察机关还有可能对其立案侦查,启动刑事诉讼程序。但是,对于这种程序性违法行为,要追究实体性法律责任,还是要受到诸多条件限制的。唯有这种程序性违法行为具有特别严重的情节,并造成严重的危害社会后果,司法机关才有可能对行为人实施实体性制裁。

在绝大多数情况下,对于一般的程序性违法行为,司法机关还是将程序性制裁作为主要制裁手段。

5.2 程序性制裁的性质

所谓"程序性制裁",是指对于侦查人员、检察人员、审判人员违反刑事诉讼程序的行为,法律所设定的一种通过宣告无效来追究责任的程序性后果。与那种通过追究办案人员的行政责任、民事责任甚至刑事责任来实施的"实体性制裁"措施不同,程序性制裁是通过宣告无效的方式来追究违法者的法律责任的。

在大陆法国家的刑事诉讼制度中,这种宣告无效就是通常所说的"诉讼行为无效制度",也就是法院按照特定的程序宣告那些违反法律程序的诉讼行为不具有法律效力,并撤销其所产生的直接法律后果。而在英美法中,最典型的"程序性制裁"莫过于排除非法证据、撤销起诉以及撤销违法裁判等三种宣告无效措施,因为它们意味着法院可以分别宣告警察违法所得的证据无效、检察官违法所作的起诉无效、法院违法所作的裁判结论无效。不仅如此,在几乎所有针对审前羁押建立了司法审查机制的国家,法院一旦发现某种未决羁押不具有合法性,还可以直接宣告终止该羁押措施的适用,这也意味着未决羁押措施被宣告无效。①

在我国刑事诉讼制度中,公认的程序性制裁制度主要有两种:一是非法证据排除规则;二是撤销原判、发回重审制度。前者是针对侦查人员违反法律程序的行为所设定的宣告无效的后果,后者则是针对一审法院违反法定诉讼程序的审判行为所设定的宣告无效后果。

相对于实体性制裁而言,程序性制裁一般具有以下几个基本特征:

第一,从所针对的违法行为来看,程序性制裁制度所要惩罚的是侦查人员、检察人员和法官违反法律程序的行为。一般情况下,实体性制裁所追究的都是违法者个人的法律责任,所针对的也是一般违法者的民事违法行为、行政违法行为或犯罪行为。而程序性制裁所针对的都是侦查人员、检察人员和审判人员违反诉讼程序的行为,而不是其民事侵权行为、行政违法行为或犯罪行为。程序性制裁也不是要追究侦查人员、检查人员和审判人员的个人

---

① 有关西方国家程序性制裁的主要模式,可参见陈瑞华:《程序性制裁理论》,中国法制出版社2010年版,第161页以下。

法律责任,而是宣告他们所实施的刑事诉讼行为不具有法律效力。

第二,从所带来的法律后果来看,程序性制裁所带来的是宣告无效的后果,也就是那些受到程序性违法行为之直接影响的证据、起诉、判决、行为以及羁押命令,不再具有法律效力,也不能产生其预期的法律后果。

通常情况下,宣告无效由三个要素构成:一是宣告刑事诉讼行为属于违法行为;二是宣告刑事诉讼行为本身不具有法律效力;三是宣告刑事诉讼行为的结果不具有法律效力。例如,非法证据排除规则的实质在于侦查行为被宣告为违法侦查行为,侦查人员所获取的证据为非法证据,非法证据被排除于法律程序之外;撤销原判的后果则是原审法院的审判行为属于违法审判,该审判行为不具有法律效力,原审法院违法所作的裁判不产生法律效力。一般而言,被宣告无效的诉讼行为将被视为"从未发生过",任何一方都不得在诉讼中引用该项诉讼行为作为支持本方诉讼主张的依据。

第三,根据程序性违法行为的性质和所造成的后果,程序性制裁可以被分为不同的层次。在英美法中,宣告无效可以分为"绝对无效"和"相对无效"两种;而在大陆法中,宣告无效则可以有"不可补正的无效"与"可补正的无效"之区分。

而在我国刑事诉讼制度中,无论是非法证据排除规则还是撤销原判、发回重审制度,在适用程序性制裁过程中,都可以有不同的法律后果。例如,排除非法证据可以有"绝对排除""相对排除"以及"可补正的排除"之区分。又如,撤销原判可以有"绝对的撤销原判"和"相对的撤销原判"之差异。

第四,从适用程序来看,程序性制裁要通过一种相对独立的司法裁判程序加以实施。一方面,这种司法裁判活动发生在刑事诉讼进程之中,属于实体性裁判的附属程序;另一方面,这种程序性裁判一旦启动,又具有中止实体性裁判程序的效力,唯有法院作出程序性裁决,才能恢复实体性裁判活动的进行。由于这一程序性裁判程序存在于实体性裁判过程之中,法院经过同一诉讼程序要先后解决案件的程序问题和实体问题,因此,它们通常被称为"审判之中的审判"(a trial within a trial),或者"诉中诉""案中案"(case in case)。

5.3 程序性制裁的法律价值

5.3.1 程序性制裁的正当性

通常认为,只有在刑事诉讼中建立这种宣告无效的制度,才可以确保刑事诉讼法得到实施,使得程序性违法行为的受害者获得有效的司法救济。但是,这似乎只是论证了制裁程序性违法行为的必要性,而没有解释清楚为什么要采取一种宣告无效的制裁方式。美国法律界曾针对非法证据排除规则的正当性问题,提出过诸如"宪法权利理论"(constitutional rationale)、"司法诚实性理论"(judicial integrity rationale)、"抑制理论"(deterrence rationale)等多种理论。从20世纪70年代后期以来,美国联邦最高法院仅仅将排除规则的理论基础归结为"有效抑制警察的程序性违法行为",就将这一问题的讨论带入一个较为狭隘的领域了。

其实,我们可以从三个方面论证程序性制裁的独立价值:一是程序法独立价值的必要体现;二是法院纠正司法非正义行为的必要手段;三是促使警察、检察官和法官遵守法律程序的有效措施。

5.3.1.1 程序法独立价值的必要体现

程序性制裁所体现的是一种"程序中心主义"的制裁方式,也就是"只要程序存在错误,则受该错误直接影响的实体结果即告无效"。

程序性制裁的实施前提是法院宣告警察、检察官或者下级法院法官存在程序性违法行为,其直接后果则是宣告受前者直接影响的证据、起诉、判决等失去法律效力。这种制裁方式蕴含着"违反程序规则即宣告结果无效"的思维方式。根据这种思维方式,法院排除某一证据的根据不是该证据不可靠或者不具有关联性,而是该证据的取得方式违反了法律程序;上级法院撤销原判的理由也不是原审判决不具有充足的事实根据,而是下级法院违反了法定的诉讼程序。因此,程序性制裁所带来的是"违反法律程序则导致实体结论无效"的制裁方式。

这种制裁方式赋予法律程序以完全独立的价值。程序法不再是实体法的附庸,遵守诉讼程序也不再仅仅被视为发现案件事实真相的手段,更不仅仅是保证实体法实施的工具,而具有自身独立的价值,那就是维护刑事诉讼法的实施,对那些违反法律程序的行为实施程序上的制裁,并为程序性违法行为的受害者提供有效的司法救济。在程序性制裁制度的影响下,诸如事实真相的发现、刑法的有效实施以及犯罪行为的追究等实体层面的价值目标,在一定程度上要让位于刑事程序法的有效实施。

5.3.1.2 纠正司法非正义行为

程序性制裁制度的实施,可以从两个方面彰显司法权对于维护司法正义的意义:从消极的方面来看,法院通过对违法侦查和公诉行为的程序性惩罚,显示出司法权相对于警察权和检察权的独立性,体现了法院至少没有充当警察、检察官程序性违法行为之"共犯"或"帮凶"的角色;而从积极的方面来看,法院还将自身置于警察、检察官以及下级法院诉讼程序合法性的裁判者地位,从而对于侦查、公诉和审判行为的合法性争议,经过正当的法律程序,作出权威的裁判结论。

法院对这种特殊的"民告官"案件的司法审查,以及对存在程序错误的诉讼行为的直接制裁,显示出司法权在为公民提供权利救济、约束公共权力方面的独特作用。

5.3.1.3 促使警察、检察官、法官遵守程序法

按照法律人的思维方式,要促使人们遵守法律规则,就要确立一种"剥夺违法者违法所得利益"的制度机制。与实体法不同,程序法并没有确立"责任自负"的归责原则,那些违反法律程序的警察、检察官和法官,通常都不会被追究刑事责任、民事责任和行政责任,甚至就连受到纪律处分的情况,都是非常罕见的。如此一来,在程序法的实施过程中,通过剥夺程序违法者实体法律利益的方式来实施制裁,就具有明显的局限性。

程序性制裁制度的确立,可以通过宣告无效的方式来"剥夺违法者违法所得的利益"。对于警察、检察官、法官来说,违反法律程序的主要目的通常是迅速获得其刑事追诉的结果,如及时获得特定的有罪证据,顺利提起某一有罪指控,或者快速地作出有罪裁决。程序性制裁的实施,可以使警察违法所得的有罪证据被排除于法庭之外,检察官违法提起的公诉受到阻止,法官违反所作的有罪裁决被撤销。通过剥夺警察、检察官、下级法官违法所得的诉讼利益,法院可以有效地建立一种诉讼激励机制,对那些违反法律程序的行为造成一种程序阻却效应,促使其不得不遵守法定的诉讼程序。

具体说来,程序性制裁对警察、检察官、法官遵守法律程序的督促作用主要有以下几个方面:一是法院对警察、检察官和下级法院法官的诉讼行为作出违法之宣告,这带有对其侦查、公诉和审判行为加以否定和谴责的效果;二是法院对警察、检察官和下级法院法官的诉讼行为作出无效之宣告,这具有否定其法律约束力、恢复原状的效果;三是法院对警察、检察官、下级法院法官违法诉讼结果作出宣告无效的决定,这会导致警察、检察官、下级法院法官违反法律程序的动力受到压制,由此产生一种普遍的挫败感。

5.3.2 程序性制裁的局限性

美国联邦最高法院前任大法官卡多佐曾针对非法证据排除规则的正当性问题,提出过一句著名的诘问:"因为警察违法,就放纵犯罪?"

作为一种程序法的归责方式,程序性制裁从其产生之日起就不断地面临着各种质疑。通常而言,人们对于维护程序法的有效实施,乃至对警察、检察官、下级法官违反法律程序的行为作出违法之宣告,确实是没有异议的。容易产生争议的是这种"宣告无效"的制裁方式。

首先,任何一种程序性制裁制度都无法使作为程序性违法者的警察、检察官、法官受到实际的惩罚。这就意味着一种法律责任制度没有建立在责任自负的原则上,没有令那些违反法律程序的警察、检察官和法官受到处罚。毕竟,法院无论是宣告控方证据无效、公诉无效还是原审判决无效,都不会导致违法的警察、检察官和法官个人之利益遭受损失。

其次,法律制度为程序性制裁的实施所付出的代价过于高昂。当年卡多佐大法官的著名疑问就是针对这种代价而提出的。例如,对于警察违反法律程序问题,法院在追究法律责任问题上可以有多种选择:它可以简单地宣告这种侦查行为不具有合法性;可以给予受害者提起民事侵权诉讼的机会;可以告知受害者向警察惩戒部门提起纪律惩戒之诉;可以责令警察恢复原状;可以命令警察在消除原来存在的程序性违法行为的前提下重新实施侦查行为……但是,法院面对这些选择,却单单选择其中最严厉的惩罚措施,不仅宣告警察违反法律程序,而且将那些非法所得的证据永远排除于法庭之外,甚至不给予警察任何补救的机会。人们不禁会提出疑问:仅仅因为警察违反法律程序,就排除非法证据,甚至裁判被告人无罪,这是否是一种过度使用的惩罚措施?

再次,程序性制裁制度使得被告人获得额外的利益,而这种利益的正当性却是需要质疑的。这种制裁方式的逻辑结构是:"因为被告人受到侵权,就裁判其无罪"。对于那些侵犯被告人基本权利甚至宪法性权利的侦查行为、检察行为和审判行为,法院固然要为其提供权利救济的机会,但是,这种宣告无效的制裁方式并不是在提供权利救济,而是给予作为公共侵权行为之"受害者"的被告人以额外的利益,甚至宣告被告人无罪。仅仅因为警察、检察官、法官违反了法律程序,就赋予被告人如此大的利益,这似乎缺乏必要的正当性。

最后，法院仅仅因为刑事程序存在错误和瑕疵，就放弃追究犯罪的责任，甚至使可能有罪的被告人逃脱法网。这在一般案件中可能还不会发生太大的消极后果，但在那些恶性的、残忍的或者影响较大的犯罪案件中，假如法院动辄因为程序错误就放弃追究犯罪的责任，难道不会引起社会公众的普遍不满？社会公众真的能忍受法院对于犯罪的放纵吗？

5.4 程序性制裁的分类

程序性制裁是一种宣告诉讼行为无效的制度。但是，针对侦查人员、检察人员、审判人员违反法律程序的诉讼行为，司法机关究竟在什么情况下可以宣告无效呢？作为一种特殊的法律责任制度，程序性制裁究竟与程序性违法行为之间存在怎样的对应关系呢？要回答这些问题，我们需要对程序性制裁作出必要的理论分类，并揭示各种诉讼行为无效的基本含义和法律后果。需要指出的是，有一些程序性制裁的分类，可能来源于西方国家的刑事诉讼理论，但在我国刑事诉讼制度中却发生了一些变化。我们没有必要固守这些分类和概念的原始含义，而可以根据本国刑事诉讼制度作出符合实际情况的理论解释。

5.4.1 法定无效与实质性无效

对于侦查人员、检察官、法官所实施的所有程序性违法行为，刑事诉讼法都要确立宣告无效的法律后果吗？答案显然是否定的。在一般法律责任理论中，无论是民事违法、行政不法还是犯罪行为，法律通常都会确立一种责任法定原则，只有对那些情节严重的违法行为，才会授权司法机关追究行为人的法律责任。同样，对于司法人员实施的程序性违法行为，刑事诉讼法通常也确立了责任法定原则，只有对那些明文确立了宣告无效之后果的诉讼行为，才会追究程序上的法律责任。但是，对于那些没有被确立宣告无效之后果的程序性违法行为，刑事诉讼法也赋予司法人员一定的自由裁量权，在这些行为严重侵害公共利益或个人权益的情况下，允许司法人员作出宣告无效的决定。

根据刑事诉讼法是否明文确立了宣告无效的后果，我们可以将程序性制裁分为法定无效和实质性无效。所谓法定无效，是指刑事诉讼法对于一些较为重要的诉讼行为提出了义务性或禁止性要求之后，为使那些违反法律要求的行为受到制裁,会提出明确的"违法即无效"的要求。对于这种由刑事诉讼法明文确立的宣告无效之后果,我们一般称之为"法定无效"。迄今为止,我国刑事诉讼法所确立的非法证据排除规则,通常都明确规定了"排除"或者"不得作为定案根据"的后果,这些后果显然都属于针对非法侦查行为的法定无效。与此同时,我国刑事诉讼法针对一审法院违反法定诉讼程序的行为,也明文确立了"撤销原判"的后果,这些也可以算作法定无效的情形。

所谓"实质性无效",是指对于侦查人员、检察官、法官违反法定诉讼程序的行为,刑事诉讼法尽管没有确立法定的无效后果,但是,司法机关考虑到该行为要么严重损害了公共利益,要么严重侵犯了当事人的基本权益,要么破坏了刑事诉讼法所要保护的法律秩序,因此,仍然可以否定其法律效力。在我国司法实践中,法院对于那些违反管辖制度、滥用强制措施、任意采用技术侦查措施等方面的行为,尽管无法直接适用法定的程序性制裁措施,但有时也会作出类似于宣告无效的制裁性措施。这就属于一种适用实质性无效的例证。

过去,刑事诉讼理论一度奉行"无明文则无无效"的原则,注重对法定无效制度的严格遵循。但随着法律制度的发展,为有效地保障个人权益,维护法律秩序,各国刑事诉讼法逐步允许司法机关扩大宣告无效的适用范围,遵循"无利益则无无效"的理念,确立了实质性无效的制度。

5.4.2 绝对无效与相对无效

与一般的违法行为一样,程序性违法行为也有情节轻重之分。从形式上看,所有程序性违法行为都具有"违法性"特征,但从实质上看,根据程序性违法行为所侵害的法益和所造成的后果的不同,可以将其分为严重的程序性违法行为、一般的程序性违法行为和程序瑕疵行为等三种类型。通常情况下,对于严重的程序性违法行为,刑事诉讼法确立了"绝对无效"的后果;而对于一般的程序性违法行为以及程序瑕疵行为,刑事诉讼法则确立了相对无效的后果。

所谓绝对无效,又称为"强制性无效",是指对于那些严重损害公共利益或者严重侵害个人权益的程序性违法行为,司法机关主动、直接对其宣告无效的制度。这种无效的本质,是司法机关对于那些情节严重的程序性违法行为,在是否宣告无效方面不享有自由裁量权。从另一角度看,这些严重程序性违法行为一旦发生,会自动地带来被宣告无效的法律后果。在我国刑事诉讼中,针对侦查人员采取刑讯逼供等非法获取言词证据的行为,以及一审法院违反公开审判、回避、审判组织制度的违法审判行为,法院都可以作出绝对无效之宣告。

而所谓相对无效,又称为"裁量性无效",是指对于那些一般的程序性违法行为,司法机关综合考虑违法行为的性质、侵害法益的情况以及所造成的后果等因素,来决定是否宣告无效的制度。与绝对无效相比,相对无效所针对的通常是一般的程序性违法行为,司法机关在是否宣告无效方面享有一定的自由裁量权。目前,我国刑事诉讼法对于侦查人员非法取得的物证、书证,要求司法机关只有在"严重影响司法公正"的情况下才作出"排除非法证据"的决定;对于一审法院违反法定诉讼程序,只有在达到"可能影响公正审判"的情况下,才可以作出"撤销原判"的裁定。这些都属于相对无效的情形。

5.4.3　不可补正的无效与可补正的无效

对于侵害法益较为严重的程序性违法行为,刑事诉讼法除确立了无效的后果以外,还设定了不可补正的附加条件。相反,对于那些违法情形并不严重、所造成的后果也不恶劣的一般程序性违法行为,刑事诉讼法则确立了可补正的无效制度。所谓"补正",是指对于特定的程序行为,司法机关在否定其合法性的前提下,责令程序违法者进行必要的程序补救或者给出解释或说明,以便消除原有诉讼行为的侵权因素,或者解释原有违反法定程序的行为并非出自恶意或故意,或者并未造成严重的后果。经过程序补正,司法人员认为达到上述效果的,就可以视为程序性违法行为的"治愈",从而不再作出宣告无效的决定。

所谓不可补正的无效,是指对那些适用绝对无效的程序性违法行为,司法机关不给予程序违法者进行程序补正的机会,而直接作出无效宣告的决定。我国刑事诉讼法针对刑讯逼供等非法获取言词证据的侦查行为,就确立了绝对排除的后果,不给予侦查人员进行程序补正的机会。

所谓可补正的无效,则是指对那些适用相对无效的程序性违法行为,司法机关给予程序违法者作出程序补救或者给出解释说明的机会,对于补正成功的,则不再作出宣告无效的决定。我国刑事诉讼法对于那些通过非法手段所获取的物证、书证,以及那些存在轻微违法情况的"瑕疵证据",通常都给予办案人员进行程序补正的机会,并根据这种程序补正的情况来作出是否予以排除的决定。与此同时,我国刑事诉讼法针对一审法院违反法定诉讼程序的行为,在确立了"撤销原判"之后果的同时,还要求二审法院一律作出发回原审法院重新审判的裁定。这里所说的"发回原审法院重新审判",其实就相当于给予原审法院进行程序补正的机会,要另行组成合议庭,对案件重新进行审理,重新作出裁判。

5.4.4 依职权宣告之无效与取决于抗辩之无效

任何一种诉讼程序,要得到有效的实施,都需要确立特定的程序启动方式。根据启动方式的不同,程序性制裁可分为依职权宣告之无效与取决于抗辩之无效。前者主要适用于那些情节严重的程序性违法行为,不论当事人、辩护人、诉讼代理人是否提出申请,司法人员都可依据职权作出宣告无效的决定。后者则适用于一般的程序性违法行为或者程序瑕疵,司法机关唯有在当事人、辩护人或者诉讼代理人提出申请的前提下,才会启动程序性裁判程序,并作出宣告无效的决定。

我国刑事诉讼法对于几乎所有程序性违法行为,都同时确立了上述两种启动方式。例如,对于侦查人员以非法手段所获取的证据,被告人及其辩护人可以提出排除非法证据的申请,法院对此申请进行初步审查,对侦查程序的合法性存在疑问的,就可以启动非法证据排除程序。与此同时,法院发现公诉方提交的某一证据属于非法取得的证据的,也可以依据职权主动进行初步审查,对于符合法定条件的情况,可以自行启动非法证据排除程序。又如,对于一审法院违反法定诉讼程序的行为,二审法院可以主动启动审查程序,对于符合法定情形的程序性违法行为,可以直接作出撤销原判、发回重审的裁定。当然,被告人及其辩护人也可以通过上诉程序,指出一审法院存在违反法定程序的行为,并要求二审法院作出撤销原判、发回重审的裁定。对此申请,二审法院通常会加以审查,并作出是否准许的决定。

在司法实践中,法院基于贯彻诉讼便利原则的考量,很少会主动启动程序性制裁程序。因此,这种依职权宣告之无效发生的几率并不是很高。而被告人及其辩护人则基于有效行使辩护权的考虑,经常会提出排除非法证据或者撤销原判的申请。可以说,绝大多数程序性制裁措施,都是通过被告人及其辩护人行使诉权的方式启动的,也都属于"取决于抗辩之无效"。

5.5 程序性制裁的实施程序

作为对程序性违法行为作出无效宣告的制裁方式,程序性制裁需要有特定的实施程序。从理论上看,法院可以依据职权主动对某一程序性违法行为作出无效之宣告。但在实践中,程序性制裁经常是由被告方提出申请来推动实施的。法院一旦受理这种诉讼请求,即会启动一种程序性裁判程序,检察机关也会从事一种程序性公诉活动,被告方所要进行的是一种程序性辩护活动,法院经过审理,对于有关的程序性争议问题要作出程序性裁决。对于一审法院所作的程序性裁决不服,或者对于一审法院本身违反法律程序的行为,当事人还可以提起程序性上诉,从而启动二审法院的程序性裁判活动。

5.5.1 程序性裁判

所谓"程序性裁判",是指法院为解决刑事诉讼中的程序争议而进行的司法裁判活动。广义上的"程序性裁判"可以是指所有为裁决诉讼程序问题所举行的裁判活动。但这里所说的却是一种狭义的"程序性裁判",也就是为审查警察、检察官和法官诉讼行为的合法性所举行的司法裁判活动。

与那些为确定被告人的刑事责任问题所举行的"实体性裁判"不同,"程序性裁判"所要解决的核心问题是侦查、公诉和审判行为的合法性问题。这种裁判活动的实质在于,在为解决被告人刑事责任问题而举行的刑事诉讼过程中,遇有对侦查、公诉和审判行为合法性存在明显争议的场合,法院就要对这些诉讼行为的合法性进行司法审查,并对那些违反法律程序的诉讼行为作出宣告无效的裁决。结果,与传统的实体性裁判活动不同,在程序性裁判活动中,那些作为"实体意义上的被告"的嫌疑人、被告人,充当着"程序意义上的原告",而那些原来行使着侦查权、公诉权和审判权的警察、检察官和法官,则摇身而变成"程序意义上的被告"。程序性裁判尽管发生在实体性裁判活动之过程中,属于实体性裁判的派生裁判形态,但它不仅具有独立的控辩双方,而且还具有独立的"诉讼客体",也就是侦查、公诉和审判行为的合法性问题。正因为如此,这种为审查官方诉讼行为的合法性和实施程序性制裁制度而建立的裁判机制,又被形象地称为"审判之中的审判",或者"诉中诉""案中案"。

与实体性裁判一样,程序性裁判也必须具有以下基本要素:(1)诉讼行为合法性的异议提起,也就是有利害关系的一方就某一侦查、公诉和审判行为而提出宣告其违法和无效的诉讼请求;(2)对诉讼行为合法性问题的受理,也就是法院将这种诉讼请求加以接受,并作为一个独立的诉讼案件加以审查和裁判;(3)对上述程序性请求的答辩,亦即另一方对于申请方所提出的宣告诉讼行为违法和无效的诉讼请求所作的反驳和辩护活动;(4) 有关诉讼程序合法性问题的庭审程序,亦即法院就申请方所提出的诉讼请求举行开庭审理活动,无论如何,这种程序合法性审查程序都应独立于实体性裁判问题而存在;(5) 独立的证据规则,包括有关证据的可采性以及证明责任的分配和证明标准的确定问题,这主要是指在举行司法听证的情况下,法院为确定程序合法性问题而适用的证据规则;(6) 程序性裁决,也就是法院通过对侦查、公诉或审判程序合法性所作的司法审查,最终要作出附理由的裁决结论;(7) 救济机制,亦即对于法院所作的程序性裁决结论不服的,控辩双方向上级法院所提出的上诉或抗诉活动,目的在于引起上级法院对有关程序性违法问题作出进一步的裁判活动。

5.5.2　程序性辩护

传统"实体性辩护"可以分为无罪辩护和有罪辩护两种,基本上属于一种从事实认定和实体法律适用方面所作的申辩。但是,很多辩护律师近年来开始从事另一种辩护活动,也就是通过申请法庭对侦查、公诉和审判行为的合法性加以司法审查,来说服其排除非法证据或者宣告相关诉讼行为无效。这种辩护被美国的德肖维茨教授称为"最好的辩护",实际就是一种独立于实体性辩护的"程序性辩护"。

从诉权行使的角度来看,程序性辩护又被称为"攻击性辩护"。被告人及其辩护人通过提出这种辩护请求,要追求双重效果:一是促使法院宣告某一侦查、公诉和审判行为违反法律程序,从而具有程序上的违法性;二是促使法院通过对诉讼程序的合法性进行司法审查,来作出侦查行为无效、证据无效、公诉无效或裁判无效之权威宣告。作为一种"为权利而斗争"的保障机制,程序性辩护实际是被告人行使诉权的一种方式,目的在于提出一种程序异议之诉,促使法院对侦查、公诉或审判行为的合法性进行司法审查,这是被告人权利赖以得到救济的中介和桥梁。

5.5.3　程序性裁决

通过程序性裁判活动,法院对于被告方提出的程序性争议,要作出是否采纳的裁决。假如这种裁决发生在第一审程序中,那么,法院会作出是否宣告无效的结论,但不会给出专门的裁定书,而是在裁判文书中将案件的实体问题和程序问题一并作出裁决。例如,针对被告方提出的有关排除非法证据的申请,一审法院无论是在庭前会议上作出决定,还是在庭审程序中得出结论,都会将这些决定和结论写入最后的判决书之中。这就意味着,对于一审法院就程序争议问题所作的裁决,被告方不服的,无法单独提起上诉,而只能在上诉期之内对实体问题和程序问题一并提起上诉。然后,二审法院再给予统一的重新审理。

那么,受理这种程序性申请的假如是主持二审程序的上级法院,或者是主持死刑复核程序的最高法院,究竟该如何作出裁决呢?原则上,二审法院和最高法院对于被告方提出的程序性争议,经过法庭审理,也要在二审裁判结论或者最高法院的裁定中作出裁决。假如给出的是原审法院违反法定诉讼程序的结论,那么,二审法院或者最高法院一般会作出撤销原判、发回重审的裁定。

5.5.4 程序性上诉

针对那些发生在第一审程序中的程序性违法行为,被告人及其辩护人通常会提出上诉。这种旨在推动上级法院对下级法院审判程序之合法性进行司法审查的上诉,可以被称为"程序性上诉"。这种上诉所针对的不是一审法院在认定事实和适用实体法方面所存在的错误,而是一审法院在以下两个方面所存在的程序错误:一是以积极的方式违反法定诉讼程序,限制或者剥夺了当事人的诉讼权利;二是以消极的方式放任侦查和公诉程序的违法性,既不宣告其诉讼行为的违法性,也不作出排除非法证据的裁决。

一般说来,被告人及其辩护人提出程序性上诉主要基于两个方面的理由:一是一审程序存在着特别严重的程序错误;二是存在一般的程序错误,可能影响了审判程序的公正性。前者一般被称为"绝对的程序性上诉理由",也就是这些程序错误本身就构成程序性上诉的独立理由;后者则被称为"相对的程序性上诉理由",亦即所存在的程序性错误本身不一定引起上级法院推翻原审判决的结果,关键要看这些程序错误是否严重影响审判程序的公正性。

5.6 非法证据排除规则

作为重要的程序性制裁制度,"非法证据排除规则"的基本要求是,对于侦查人员以非法手段所获取的证据,司法机关依法可以否定其证据能力,不得将其作为定案的根据。所谓"非法证据",是指侦查人员以违反法律程序的手段所获取的证据;所谓"排除",则是指司法机关将这些非法证据排除于法律程序之外,不得作为认定案件事实的根据。

非法证据排除规则可以发挥程序性制裁的作用。司法机关一旦适用这一制度,通常可以带来三个方面的法律后果:一是对侦查人员的某一调查取证行为作出违法之宣告;二是对该项调查取证行为的法律效力作出否定性评价;三是对该项违法侦查行为的结果,也就是侦查人员通过该项侦查行为所获取的证据,否定其证据能力,使其不能成为认定犯罪事实的根据。通过对这种侦查行为作出无效之宣告,司法机关可以对违反法律程序的侦查人员宣告不利的程序性后果。

在我国刑事诉讼理论上,根据适用对象的不同,非法证据排除规则可以分为三个基本类型:一是"强制性的排除",也就是法院将某种非法证据予以自动排除,而不拥有排除或者不排除的自由裁量权;二是"裁量性的排除",亦即法院对于某种非法证据,要考虑非法取证行为的严重性、损害的法益、采纳该非法证据对司法公正的影响等多种因素,并对诸多方面的利益进行一定的权衡,然后再作出是否排除非法证据的裁决;三是"瑕疵证据的补正",也就是法院对于侦查人员在取证过程中存在"程序瑕疵"的证据,给予公诉方程序补救的机会,对于那些拒绝补救或者无法给出合理解释和说明的瑕疵证据,保留排除的权利。

强制性的排除规则又被称为"绝对排除规则",通常具有三个方面的特征:首先,所针对的都是侦查人员严重违反法定程序所获取的非法证据,如通过刑讯逼供等非法手段所获取的被告人供述,通过暴力、威胁等非法方法所获取的证人证言等。其次,在适用强制性排除规则方面,法官不享有排除与不排除的自由裁量权。也就是说,只要认定某一言词证据或实物证据属于可以适用强制性排除规则的法定情形,法官就应无条件地将该证据排除于法庭之外。正因为如此,强制性的排除又被称为"自动的排除"或"绝对的排除"。再次,"强制性的排除"都是"不可补正的排除"。也就是说,法庭对那些严重的非法取证行为所作的都是自动排除的决定,而不会给公诉方作出程序补救的机会。

裁量性的排除规则又被称为"相对排除规则",也具有以下三个方面的特征。首先,这一排除规则所适用的对象是侦查人员非法所得的物证、书证;其次,法官在是否排除某一非法证据方面享有较大的自由裁量权,也就是享有排除与不排除的自由选择权,只有对那些"严重影响司法公正"的非法取证行为,法院才会作出排除证据的决定;再次,对于侦查人员非法收集的物证、书证,法官在考虑违法取证的情形以及所造成的法律后果的同时,还要给予公诉方进行程序补正的机会,并将该方能否补正以及补正的效果作为是否排除非法证据的重要依据。

所谓"瑕疵证据的补正",又被称为"可补正的排除规则",是指法院对于侦查人员通过轻微违法行为所获取的瑕疵证据,在宣告侦查人员存在程序瑕疵的前提下,责令公诉方进行必要的程序补救,对于那些成功获得补救的证据不再适用排除规则,而对那些无法补救的证据则予以排除。

5.7 撤销原判、发回重审制度

作为另一种程序性制裁制度,撤销原判、发回重审制度是上级法院在二审程序中对一审法院违反法定程序所作出的裁判宣告无效的制度。在我国第二审程序中,上级法院可以对两类案件作出撤销原判、发回重审的裁定:一是对于一审判决事实不清、证据不足的案件;二是一审法院违反法定诉讼程序的案件。其中,针对后一种案件所作的撤销原判、发回原审法院重新审判的制度,就具有程序性制裁的性质。

从制度构成的角度来看,撤销原判、发回重审制度之所以能发挥程序性制裁的功能,是因为这种制度一旦得到适用,可以带来四个方面的法律后果:一是对一审法院的审判行为作出违法之宣告,这本身就属于对一审法院审判活动的否定和谴责;二是认定一审法院审判行为不产生任何法律效力,也就是不会形成预期的法律效果,相当于这些审判行为没有发生过一样;三是认定一审法院通过违法审判活动所形成的裁决结果,不再发生法律效力;四是在否定一审法院审判行为和裁判结论的前提下,作出"恢复原状"的裁决,也就是回到违法审判行为发生前的状态,责令一审法院另行组成合议庭,对该案件进行重新审理,并作出新的裁判结论。

从所适用的程序性违法行为的性质来看,撤销原判、发回重审制度可以分为两种基本类型:一是绝对的撤销原判制度;二是相对的撤销原判制度。

所谓"绝对的撤销原判",是指二审法院遇有一审法院违反法律程序的特定情形,所作的无条件的撤销原判。这种撤销原判所针对的往往都是特别严重的程序性违法行为,这些行为要么破坏了法律所确立的基本准则,要么侵害了重要的利益,要么严重影响了案件的公正审判。二审法院在考虑是否撤销原判时,没有任何自由裁量权,而是自动地、无条件地一律作出撤销原判的裁定。

例如,根据我国刑事诉讼法,对于一审法院违反公开审判制度、违反回避制度或者审判组织的组成不合法的,二审法院不必考虑一审法院程序性违法的性质、危害程度及其严重后果,也不必考虑撤销原判所可能付出的代价,而要无条件地作出撤销原判、发回重审的裁定。这就是典型的"绝对的撤销原判"。

所谓"相对的撤销原判",是指对于一审法院的审判违反法定的诉讼程序,只有在达到严重的消极后果的前提下,上级法院才能作出撤销原判、发回重新审判的裁定。一般而言,对于相对的撤销原判事由,法律无须进行详尽的列举。对于一审法院在审判中违反了法定的诉讼程序,二审法院尽管可以将其视为程序性违法行为,但不一定会作出撤销原判的裁定。要作出撤销原判的裁定,二审法院必须对一审法院的程序性违法行为进行审查,只有确认这种程序性违法行为确实造成了严重的后果,才可以作出撤销原判的裁定。这样,二审法院的撤销原判就不是自动的,而是有条件的,二审法院事实上享有一定的自由裁量权。

根据我国刑事诉讼法,二审法院对于一审法院存在以下违反法律程序行为的,可以作出"相对的撤销原判":一是剥夺或者限制了当事人的法定诉讼权利,可能影响公正审判的;二是"其他违反法律规定的诉讼程序,可能影响公正审判的"。

在上述两种情形下,二审法院对于一审法院违反法定诉讼程序的行为,并不会自动作出撤销原判的裁定,而是要审查这种违反法定诉讼程序的行为,是否造成了"可能影响公正审判"的结果。所谓"公正审判",绝不等于"公正的裁判结果",而大体相当于"公正的审判程序"。自1996年修订的《刑事诉讼法》实施以后,二审法院就不再以一审法院违反法定程序的行为是否会影响"公正结果",作为是否作出撤销原判裁定的依据。二审法院只要认为一审法院违反法定程序的行为,严重侵犯了当事人的诉讼权利,导致当事人无法获得公正审判的机会,或者非法审判活动导致审判程序的公正性受到明显负面评价的,就可以认定属于"可能影响公正审判"的情况。

阅读案例材料之五

孙承贤案件①

2013年6月13日，山东省烟台市中级人民法院对孙承贤等涉嫌杀人一案作出一审判决，认定孙承贤故意杀人罪成立，判处死刑。被告人不服原判，提出上诉。案件随即进入二审开庭准备阶段。为孙承贤案进行辩护的两名律师，在提出被告人孙承贤仅仅构成故意伤害罪、而不成立故意杀人罪的辩护意见的同时，还向负责二审的山东省高级人民法院提出了排除非法证据的申请书。

辩护律师申请排除的是侦查机关"2012年7月22日至26日期间在烟台市公安局莱山分局刑侦大队地下室对被告人孙承贤所做的三次讯问笔录"。辩护律师提出了排除非法证据的三项理由：一是本案侦查机关对孙承贤刑事拘留后，在烟台市公安局莱山分局刑侦大队地下室进行讯问，违反刑事诉讼法有关刑事拘留后应当在看守所内进行讯问的规定，属于"讯问地点不合法"；二是侦查机关"在2012年7月22日至7月26日连续五日对被告人孙承贤采取间歇性电击方式进行讯问"，存在着严重的刑讯逼供行为；三是侦查机关对被告人孙承贤的第四次讯问系由一名侦查人员完成的，违反了刑事诉讼法有关"讯问的时候，侦查人员不得少于二人"的规定。在申请书中，辩护律师还列举了相关的"证据线索和材料"：一是"孙承贤在受到刑讯后留在脚踝处、屁股与大腿交接处的伤痕"；二是"与孙承贤同监室人员、看守所的医生及警官等多人均知道孙承贤的伤情，请法院依法调查并要求其出庭作证"；三是"2012年7月22日至7月26日孙承贤被羁押在莱山区公安局刑警大队期间的全部原始录音、录像资料"。

在提出排除非法证据的申请书之后，辩护律师向二审法院提出了多份申请书，申请调取相关物证，核实某一赵姓警官的身份，申请对被告人孙承贤受伤的部位和成因进行鉴定，申请对拘传证和第五次讯问笔录中的侦查人员签名作出

---

① 本案例的情况系笔者2014年在北京市英岛律师事务所调研室获悉的。感谢马维国律师、彭素芬律师的帮助。本案的二审判决书系山东省高级人民法院2014年6月17日所做的(2013)鲁刑四终字第165号刑事附带民事判决书。

鉴定，申请法院组织孙承贤对涉嫌刑讯人员的辨认，并申请对体检人员的身份和方法作出审查。

二审法院将辩护方的排除非法证据申请书副本送达了山东省高级人民检察院。该院公诉人员进行了相关证据调查，向本案侦查人员、看守所监管人员、医务人员以及同监室人员进行询问，获取了多份证言笔录。检察机关将上述证据材料提交给二审法院合议庭。

2013年11月28日，山东省高级人民法院对此举行了庭前会议。庭前会议由一名法官主持，山东省高级人民检察院两名公诉人和四名辩护律师出席了庭前会议。出席庭前会议的还有两名附带民事诉讼原告人。本案被告人孙承贤没有出席庭前会议。庭前会议所讨论的问题有四个：一是征求控辩双方对原审判决采信的证据有无意见；二是就非法证据排除问题了解情况；三是给予双方提交新证据的机会；四是就民事赔偿问题了解双方的意愿。在就非法证据排除问题听取意见时，法官请辩护律师逐一说明申请排除非法证据的理由，并解释了相关的证据线索和材料。辩护人还提出了以下诉讼请求：一是请求检察机关调取公安机关讯问孙承贤的全部录音录像；二是申请法院向看守所的其他在押人员和医务人员调查取证，以核实孙承贤受伤的情况。随后，检察官就申请理由和证据材料逐一作出了说明和答辩。检察官还向辩护方出示了他们所调查的书面证据材料。法官请辩护方在查阅公诉方证据材料后，一星期之内提供书面意见。在开庭审理之前，检察机关没有提交全部录音录像，而只提供了2012年7月25日的部分录音录像，录像长度仅有七个小时。辩护律师对此录像进行了查看。

2014年1月9日，山东省高级人民法院对此案进行二审开庭审理。庭审大体参照一审程序进行。在法庭调查阶段，审判长将调查的"重点内容"主要确定为两个方面：一是原审判决认定的孙承贤雇凶杀人的事实是否清楚，证据是否确实、充分，原审判决定性是否正确；二是侦查机关对上诉人孙承贤供述的取证方式是否合法。对于前一问题，法庭组织辩护人和公诉人相继对孙承贤、同案被告人王有喜进行了发问。提出的问题主要涉及原审判决认定的孙承贤雇佣王有喜实施杀人的事实经过。在对孙承贤发问过程中，审判长还就侦查人员讯问的过程进行核实，辩护律师结合讯问笔录和录音录像的内容，就侦查人员讯问的地点、持续的时间、讯问时有无使用电击手段等问题进行了发问和核实。随后，在两名被告人在场的情况下，法庭对原审判决采信的主要证据进行了核实，听取了控辩双方的意见。

在法庭调查的后一环节，审判长组织控辩双方针对侦查人员有无刑讯逼供问题进行了举证和质证活动。审判长首先询问辩护方有无证据出示,辩护方申请当庭调查孙承贤的一条裤子,并提交了一份"入所健康检查表"和一份"在押人员健康检查表"。公诉人认为无法证明侦查人员刑讯逼供的问题。然后,公诉人针对辩护方指出的侦查人员刑讯逼供的问题,进行了举证和说明。公诉人依次宣读了以下书面证言:一是监所医生王某和两位警官的书面证言,以证明孙承贤身上没有伤痕;二是四位看守所管教民警的证言,证明孙承贤身上有"硬币大小的伤",但这是坐铁椅子磨出来的伤;三是检察官所做的"工作说明",证明上述证言取得的过程和方式;四是侦查人员的传唤通知书以及勘验人员和见证人就签字问题的说明;五是孙承贤和王有喜的三份讯问笔录。被告人和辩护人在公诉人对每一证据宣读出示后,都相继发表了质证意见,质疑其真实性和合法性。公诉人和辩护律师还围绕着第四次讯问的录像内容发表了各自的意见。此份录像没有当庭播放,控辩双方在庭前已经查看过。

接下来,法庭询问辩护方有无新的证据,辩护律师进行举证,提供了孙承贤的裤子,证明孙受过伤并搽过药。检察官认为这条裤子并不能证明发生过刑讯逼供行为。

在控辩双方举证和质证程序结束之后,审判长出示了一审卷宗中的部分证据材料:一是证人王桂芬的证言;二是在押人员健康检查表,并听取了控辩双方的意见。然后,审判长就侦查人员讯问的过程再次向孙承贤提出了几个问题,孙作出了回答,并解释了当庭否认雇凶杀人的原因。辩护律师再次提出通知王云伟、朱恩志等四人出庭作证的请求。审判长没有明确回答是否准许。在法庭调查结束后,审判长宣布对庭审中调查过的证据的证据能力和证明力,"待合议庭评议后,将在裁判文书中予以确认"。

在法庭辩论阶段,被告人发表辩护意见,辩护律师发表辩护词,公诉人随后发表了出庭意见书。双方的辩论围绕着一审法院认定的犯罪事实和侦查人员讯问的合法性来全面展开。被告人、辩护律师和公诉人再次进行了辩论。辩护律师的辩护词全面论证了被告人孙承贤不构成故意伤人罪的理由,并就本案的定罪和量刑问题提出了有利于被告人的意见。与此同时,辩护律师还论证了公安机关在侦查阶段所做的"第一、二、三、四、五次讯问笔录是以非法的手段取得的,不得作为定案的根据"。法庭辩论结束后,被告人做了最后陈述。审判长宣布定期宣判。

2014年6月17日,山东省高级人民法院对此案作出二审判决,判决孙承贤犯故意杀人罪,改判死刑缓期两年执行。判决书认定,上诉人所提"到案后受到公安人员电击方式刑讯逼供"的理由,以及辩护律师所提"公安人员采取电击方式实施刑讯逼供,所取得的讯问笔录不得作为定案依据"的辩护意见,均不能成立。判决书陈述了上述判决的三个理由:一是被告人所做的供述"有同步录像且录像完整",孙承贤"核对笔录并在笔录上签名、捺印",其间孙"供述自然",被送交看守所羁押后"经体检并无异常",也未"反映其身上有伤";二是现有证据足以证实孙身上的伤"是坐在审讯椅上时间长了磨蹭造成的,并非电击方式所致",孙当庭所说的伤情系由于侦查人员连续五天间接性电击所造成的事实,与各项证据均不相符,而孙在侦查阶段所做的供述与其他证据相互印证,能够排除电击方式所致;三是关于辩护人所提的调取全部讯问录像的申请,本案公诉人已对公安机关保存录像的情况当庭作出说明,关于辩护人所提"调取孙承贤被讯问时所戴黑布头套""指认对其刑讯的侦查人员""鉴定孙承贤受伤部位可能成因"等方面的申请,二审法院认为,"鉴于二审开庭时当庭质证的证据已足以证实孙承贤在侦查阶段的供述并非刑讯逼供所致,上述申请事项并不能或必然得出相反结论",因此对这些申请均不予采纳。

【深入思考题】

1. 在我国司法实践中,法院对于很多非法证据排除的申请都拒绝采纳。但是,针对侦查人员存在违反法律程序的行为,法院都采取了从轻量刑的应对方式。你同意这种裁判逻辑吗?

2. 在法院不愿也不敢作出无罪判决的情况下,这种要求法院对非法侦查行为作出宣告无效的制度安排,究竟有多大的可行性呢?

第六章　刑事诉讼基本原则

> 刑事诉讼基本原则的设定,并不是立法者率性而为的工作。真正能够成为基本原则的,未必被明文写入法律,却承载着基本的法律理念,体现着刑事诉讼制度的变迁规律,规范着各种规则和制度,指引着刑事诉讼制度的未来方向。

6.1　刑事诉讼基本原则的性质和体系
6.2　国家追诉原则
6.3　控审分离原则
6.4　无罪推定原则
6.5　禁止强迫自证其罪原则
6.6　辩护原则
阅读案例材料之六　"德国牙医"案件

6.1 刑事诉讼基本原则的性质和体系

对法律的基本原则作出解释,这是我国法学教科书的一种传统。与刑法所确立的基本原则相比,刑事诉讼基本原则无论是在范围上还是在内涵上都存在着分歧和争议。一种观点认为,自1979年以来,我国刑事诉讼法凡是冠以"基本原则"的规定,都属于刑事诉讼的基本原则。另一种观点则认为,刑事诉讼法所确立的很多"基本原则",要么属于对宪法相关规范的重申,要么属于一种时效性较强的法律政策,要么属于较为具体的制度或规则,并不具有"基本原则"的属性。

其实,在任何一部法典中,基本原则不一定都被写在法律条文之中,而可以通过一系列具体制度和规则来体现其基本要求。例如,作为公认的刑事诉讼基本原则,"无罪推定原则"尽管没有被明文写入法律条文,却在检察机关承担证明责任、证明标准、疑罪从无等一系列法律规则中得到体现。相反,很多被称为"基本原则"的法律规定,却未必具有"基本原则"的性质和功能。例如,人民陪审员制度、两审终审制度等,尽管被确立在"基本原则"这一章的条款之中,却并不属于刑事诉讼基本原则。要界定我国刑事诉讼的基本原则,我们需要讨论一下刑事诉讼基本原则的性质和功能。

6.1.1 刑事诉讼基本原则的性质

在法律制度中,原则是一种基本的法律规范,它与规则和制度一起,构成了法律规范的基本构成要素。所谓规则,是指具有明确内容和具体要求的法律规范,一般可分为授权性规则、义务性规则和禁止性规则。规则通常具有明确的规范性要求,包括确立的权利内容(如辩护律师在审查起诉阶段可以查阅案卷)、义务要求(如证人有出庭作证的义务)以及被禁止的行为方式(如严禁刑讯逼供等非法取证行为)等。违反上述规则,一般要承担消极的法律后果。而所谓制度,则是指由若干个规则在某一原则的统摄下所形成的法律规范体系。这些具体规则可以具有相辅相成的关系,也可以提出相互对立的要求,但总体上要贯彻或实现某一原则的理念。例如,在审判公开原则指导下,刑事诉讼法确立了公开审判制度,包括开庭前告知审理时间和地点的规则、允许公众旁听和媒体报道的规则、法院应公开宣判的规则、法院应将裁判文书在网络上公布的规则,等等。但与此同时,作为公开审判原则的例外,对于涉及国家安全、个人隐私和未成年被告人的案件,法院不应公开审理,禁止公众旁听和媒体报道。

与规则和制度不同,原则是某一法律所确立的基本准则和原理,具有丰富的思想含量,对人们的行为具有重要的规范作用。但是,原则并不直接规定人们"可以做什么""应当做什么"或者"不得做什么",而一般是通过相关的规则和制度来发挥规范作用。刑事诉讼基本原则是刑事诉讼法所确立的基本法律准则,其内容和精神要在各种诉讼规则和诉讼制度中体现出来,从而对国家专门机关和当事人发挥行为规范作用。

那么,刑事诉讼基本原则究竟具有怎样的特征呢?

其一,刑事诉讼基本原则不等于刑事诉讼的目的或价值。无论是惩罚犯罪还是保障人权,都是刑事诉讼活动的理想目标,而不是规范刑事诉讼活动的法律准则。无论是保障实体正义、维护程序正义、提高诉讼效益,还是实现冲突的化解和矛盾的修复,确保对未成年人的关爱和诊疗,都是评价刑事诉讼程序的价值标准,而不是刑事诉讼基本原则。有研究者将程序公正、控辩双方平等对抗、诉讼及时、获得迅速审判等视为刑事诉讼基本原则,这就混淆了刑事诉讼价值与刑事诉讼基本原则的界限,其判断是不成立的。

其二,法律原则有基本原则与一般原则之分。在刑事诉讼程序的每一阶段,都有一些发挥指引作用的准则。例如,在公诉程序中有起诉法定原则和起诉裁量原则,在审判程序中有直接言词原则和审判集中原则,在上诉审程序中有全面审理原则和上诉不加刑原则,但这些原则都仅仅适用于特定诉讼环节,而不是刑事诉讼的基本原则。与此同时,在一些特殊案件的诉讼程序中也可能有一些发挥作用的基本准则,如在未成年人案件中有"教育为主、惩罚为辅"的原则,在刑事和解案件中有尊重被害方与被告方达成的诉讼合意的原则等。这些仅仅属于在特定诉讼活动中适用的特殊原则,也不属于刑事诉讼基本原则。

刑事诉讼基本原则一般是贯彻于刑事诉讼整个过程的基本准则,对刑事诉讼的整个过程,都可以起到规范作用。例如,国家追诉原则和控审分离原则就对侦查机关、检察机关和法院启动刑事诉讼程序的行为具有指引作用,无罪推定原则则是对嫌疑人、被告人的诉讼主体地位具有保护作用的基本原则。

其三,从形成过程来看,刑事诉讼基本原则都是在刑事诉讼制度进化过程中形成的,都是通过取代历史上某一不公正、不科学的制度而逐渐产生的,体现了特定刑事司法改革的重大成果。例如,无罪推定原则就是在否定中世纪司法制度中有罪推定制度的基础上确立的;国家追诉原则是在废除历史上的私人追诉制度的基础上形成的;控审分离原则则是在替代纠问式诉讼中的控审合一的制度后而得到确立的。

其四,刑事诉讼基本原则可以同时包含着两个以上相互矛盾的程序规则。通常而言,没有无例外的原则。例如,国家追诉原则要求对犯罪的追诉应由国家专门机关加以承担,公诉制度由此产生。但是,为尊重被害人及其法定代理人、近亲属在行使诉权方面的自由意志,刑事诉讼法还确立了自诉制度,允许在法定情形下被害方向法院提起自诉。这显然属于国家追诉原则的例外。一般来说,基本原则所包含的一般性规则体现的是维护实体正义、实现程序正义等主流的价值理念,而其例外规则则属于对诸如提高诉讼效率、维护司法和谐等价值的兼顾。

其五,刑事诉讼基本原则并不是一成不变的教条,它们会随着社会的发展和司法制度的改革而发生相应的变化。还是以国家追诉原则为例。按照这一原则,检察机关在提起公诉方面,应严格按照事实和法律来确定罪名和提出量刑建议,而不受被害人一方意志的左右和影响。但是,在一些被害方与加害方达成和解协议的案件中,加害人在自愿认罪悔罪的基础上,向被害方提供了高额经济赔偿,被害方也对其明确表示谅解,双方就案件宽大处理也达成了协议。在此情况下,检察机关就可以作出和解不起诉的决定,或者即使起诉,法院也可以作出较为宽大的刑事处理。这种刑事和解制度的出现,就属于对国家追诉原则的一种发展。

6.1.2 刑事诉讼法所确立的"基本原则"

如何认识和评价我国刑事诉讼"基本原则"呢?一般认为,很多法律准则尽管被明文规定在法律条文之中,却并不具有基本原则的属性和功能。它们大体可被分为三类:一是国家在特定时期的刑事司法政策;二是宪法条款的重申;三是刑事诉讼具体制度的强调。

6.1.2.1 国家在特定时期的刑事政策

自1979年以来,我国刑事诉讼法一直确立了"侦查权、检察权、审判权由专门机关依法行使","依靠群众","以事实为根据,以法律为准绳"等基本法律准则。考虑到1979年《刑事诉讼法》制定之时,正值"文化大革命"刚刚结束,国家开始了民主和法制建设,也存在着在法律上完成"拨乱反正"的社会需要,因此,这些准则体现了当时的法律政策,具有明显的时代烙印。如今,这一历史时期已经过去,确立这些法律准则的社会政治背景已经不复存在,本着"与时俱进"的原则,再将这些法律准则确立为"基本原则",就不合时宜了。

首先,刑事诉讼法所确立的"侦查权、检察权、审判权由专门机关依法行使的原则",强调这三项国家专门权力要由法律授权的机关专门分别行使,其他国家机关、单位和个人无权行使。这是对"文化大革命"时期"群众专政"运动的明确废弃,是在吸收历史教训的基础上所确立的基本国策,是恢复法制建设和法治秩序的基本保证。

其次,作为一项政治性较强的准则,"依靠群众"原则很难有较为准确的定义,也无法对其内涵和外延加以确定,更难以通过具体的制度和规则加以贯彻。而一些被视为该准则之传统要求的制度,也可以被其他原则所体现和吸收,有些制度甚至随着法律观念的更新和时代的进步,也有可能被取而代之了。例如,社会公众旁听法庭审判的制度,更多地属于审判公开原则的要求;社会公众充当人民陪审员参加审判,充当人民监督员监督检察机关的诉讼活动,这更多地属于司法民主的要求;在侦查过程中要吸收公众参与,鼓励公众充当证人,积极地"与犯罪行为作斗争",这已经成为对案件知情人提出的一项法律义务……又如,在侦查破案过程中,侦查人员既要遵守法律程序,又要注重对科学技术知识的运用,还要尽力获得专家的帮助和支持。这与传统上的"依靠群众"要求,已经相去甚远了。

最后,"以事实为根据,以法律为准绳"的原则,曾经被认为是对"文化大革命"时期司法教训的总结,是恢复法制建设的标志。这一法律准则是"实事求是"理念的法律体现,对于纠正那种违背事实定案、不以法律为标准处理案件的做法,当然是一种进步。但是,这一似是而非的法律原则,却没有较为明确的定义,也容易对刑事诉讼活动造成误导。这主要表现在,刑事诉讼正在进行之中,司法机关尚未查明案件事实,究竟以什么"事实"作为诉讼的依据呢?在案件事实不清、证据不足,或者根本没有发现"事实"的情况下,司法机关难道就不能作出诉讼决定了吗?

不仅如此,自2010年以后,随着我国刑事证据法的发展,"根据证据来认定案件事实"的理念已经深入人心,"证据裁判原则"才属于对刑事诉讼活动具有指导意义的基本原则。这在一定程度上属于对"以事实为根据,以法律为准绳"准则的发展。

6.1.2.2 宪法条款的重申

刑事诉讼法所确立的"基本原则",还有不少来自对宪法条款的重申。这些法律准则所体现的是一般的法律理念,对于刑事诉讼、民事诉讼、行政诉讼都具有一定的规范意义,而不属于对刑事诉讼活动具有普遍指导意义的基本原则。

我国《宪法》确立的法院、检察院、监察委员会依法独立行使职权的原则,就属于一项这样的"宪法原则"。通常认为,这一原则对于我国刑事司法体制的形成具有重要的影响。但它并不属于刑事诉讼的基本原则。

我国《宪法》还确立了公检法三机关"分工负责、互相配合、互相制约"的原则。这一原则也被刑事诉讼法所吸收。根据这一原则,公安机关、检察机关和法院要按照法定的职责分工,来行使国家专门权力;三个机关应当通力合作,相互提供支持和协助,保证刑事诉讼目的的实现;三个机关还应当依法履行职责,对于其他机关所实施的非法行为和所作出的违法决定,应当依法予以纠正,或者宣告无效,或者作出否定性的法律评价。这一原则作为支撑我国刑事司法体制之框架结构的基本理念,正在发生显著的变化。随着"以审判为中心的诉讼制度"改革的推进,法院审判的中心地位得到重视,庭审实质化改革得到强调和推行,这在一定程度上对三个机关"分工负责、互相配合、互相制约"的原则,构成了挑战和超越。

我国《宪法》确立了被告人"有权获得辩护"的条款,这一原则后来在刑事诉讼法中得到了强调和重申。通过这些条文表述,被告人依法可以享有辩护权,并行使辩护权。在"文化大革命"结束后不久的1979年,立法机关将这一原则写入刑事诉讼法之中,显然有着特殊的意义。1982年《宪法》将这一原则吸收进宪法条款之中,也彰显了这一原则的重要性。这一条款的确立,为我国刑事辩护制度的发展奠定了法律基础。

但是,随着刑事司法改革的推进和刑事辩护制度的发展,被告人"有权获得辩护"的原则已经落后于时代的需要,既不具有较为丰富的思想容量,也难以发挥法律准则的功能。毕竟,对于犯罪嫌疑人、被告人而言,仅仅依靠自身力量来"享有并行使辩护权",还是远远不够的。要真正行使各项辩护权利,他们不仅需要获得律师的帮助,而且还需要获得律师的有效帮助。在一定程度上,"获得律师帮助的权利"已经成为"被告人获得辩护"的代名词,而"获得律师有效辩护的权利"也已经可以与"被告人有效行使辩护权"画等号了。既然如此,再强调被告人"有权获得辩护"的原则,还有多大现实意义呢?

我国《宪法》确立了"对一切公民在适用法律上一律平等"的条款。从宪法的立法本意来看,这一表述主要强调"法律面前人人平等",禁止任何人享有超越法律之上的特权。这一条款对于刑事诉讼、民事诉讼、行政诉讼活动都是适用的,而且在实体法上也不失为一项基本法律准则。但是,对于任何公民,不分年龄、种族、性别、职业、经济地位等,在适用法律上一律平等,这对于刑事诉讼活动究竟具有多少特殊指导意义呢?

我国《宪法》确立了"使用本民族语言文字进行诉讼"的条款。其实,所谓"使用本民族语言文字进行诉讼",主要是指在少数民族聚居地区要使用当地通用语言文字进行诉讼活动,必要时为不通晓当地语言文字的人配备翻译,有关诉讼文书(特别是裁判文书)应当以汉语和当地通用语言文字发布。这是我国宪法所确立的"民族区域自治"的基本要求。这一宪法条款对于刑事诉讼、民事诉讼和行政诉讼活动都是适用的,但对于刑事诉讼活动并没有多少特殊的指导意义。

当然,我国《宪法》还确立了"审判公开"的条款,这被刑事诉讼法、民事诉讼法和行政诉讼法都确立为基本原则。所谓"审判公开",无非是指法院的审理和宣判活动要公开进行,既允许社会公众旁听法庭审理和宣判过程,也允许新闻媒体对审理过程和宣判结果作出报道。审判公开包括过程公开与结果公开这两个基本要求,其中,过程公开是有例外的,在被告人为未成年人、案件涉及国家秘密或者案件涉及个人隐私的情况下,法院应当进行不公开审理。但是,宣判则一律公开进行。近年来,随着司法改革的推进,公开宣判的形式已经发生重大变化。法院将裁判文书在互联网上进行公布,甚至对法庭审理的过程进行网上直播。这被视为审判公开的最大发展。

作为宪法原则,审判公开原则对刑事诉讼活动具有很大的规范和指导作用。但是,这一原则对刑事诉讼、民事诉讼和行政诉讼都提出了相同或相似的要求,并且主要对审判程序具有指导作用,因此,最多应被视为刑事审判的原则,而不属于"刑事诉讼基本原则"。

6.1.2.3 刑事诉讼具体制度的强调

我国刑事诉讼法还将一些诉讼制度确立为"基本原则"。这些制度都具有较为明确的法律要求,也都包含了特定的规则体系,却不具有基本原则的性质和效力。

首先,刑事诉讼法确立了认罪认罚从宽的诉讼制度。根据这一制度,嫌疑人、被告人在刑事诉讼中只要自愿供述被指控的犯罪事实,愿意接受刑事处罚的,司法机关就可以对其给予宽大的刑事处罚,并对其适用一种较为简便快捷的诉讼程序。认罪认罚从宽制度的推行,导致一种具有中国特色的量刑协商制度得到刑事诉讼法的确立,使得嫌疑人在辩护人或值班律师的帮助下,可以就量刑问题与检察官展开对话、协商和讨论,并最终达成某一量刑协议。检察机关根据这一量刑协议向法院提出量刑建议,法院一般会据此作出裁判。因此,在我国刑事诉讼中,被告人认罪认罚的案件可以适用一种特别的诉讼程序,而根据案件的不同类型,这种特别刑事诉讼程序又可以分为三种类型:一是被告人认罪认罚案件的普通程序;二是被告人认罪认罚案件的简易程序;三是刑事速裁程序。其中,刑事速裁程序适用于被告人可能被判处三年有期徒刑以下刑罚的案件。很显然,认罪认罚从宽并不具有基本原则的性质,而属于一种较为具体的刑事诉讼制度。

其次,刑事诉讼法确立了检察机关对刑事诉讼实行法律监督的制度。这一制度其实是对检察机关诉讼监督职能的一种强调。在刑事诉讼过程中,无论是对侦查机关的立案和侦查活动,还是对法院的审判活动以及执行机关的刑罚执行活动,检察机关都负有监督职责,发现上述诉讼活动存在违法情形的,可以提出纠正违法的意见或者建议。例如,对于公安机关应当立案而不立案的,或者被害人对公安机关的不立案决定不服向检察机关提出的,检察机关应当要求公安机关说明不立案的理由。检察机关认为不立案的理由不成立的,应当通知公安机关立案。公安机关接到通知后应当立案。又如,检察机关对于公安机关提请逮捕的案件,经过审查后认为不符合逮捕条件的,可以作出不批准逮捕的决定;对于公安机关的侦查活动,检察机关可以进行专门的侦查监督,发现存在违法侦查情形的,可以提出纠正违法的意见,或者作出排除非法证据的决定;在公安机关侦查终结之前,检察机关还可以对其侦查活动的合法性进行专门的"核查",核查过程要全程录音录像;等等。再如,对于法院的审判活动,检察机关发现判决确有错误的,可以提起抗诉;对于法院审判过程中存在违反法律程序情形的,检察机关还可以提出纠正违法的意见。最后,对于刑罚执行活动的合法性,检察机关可以在刑罚付诸实施与刑罚变更这两个环节上进行法律监督。尤其是对于执行机关申请或者建议减刑、假释、监外执行的,检察机关还可以进行"同步监督",也就是执行机关将有关申请或者建议报送给检察机关,检察机关应当进行同步核查,发现变更措施不当的,可以提出纠正意见,对于减刑、假释案件,法院应另行组成合议庭重新审理;而对于监外执行案件,作出监外执行决定的机关应当重新审查。对于这些诉讼监督的方式、方法和途径，刑事诉讼法作出了较为明确的规定。很显然，检察机关对立案、侦查、审判和执行活动的法律监督，属于一项较为具体的诉讼制度，而不具有基本原则的性质和功能。

再次，《刑事诉讼法》确立了"未经法院依法判决不得确定有罪"的条款。立法机关通过1996年的刑事司法改革，废除了检察机关的"免予起诉权"，取消了检察机关对嫌疑人加以定罪的权力，将定罪权收归法院统一行使。为了在立法上巩固这次改革的成果，因此确立了法院统一行使定罪权的这一法律规定。这就是该项法律条款确立的主要立法背景。作为我国20世纪50年代处理前日本战犯的一种经验，免予起诉制度被确立在1979年《刑事诉讼法》之中，成为检察机关对那些已经构成犯罪但情节轻微的案件作出宽大处理的一种手段。据此，检察机关经过审查起诉，可以作出起诉、不起诉和免予起诉的决定。其中，免予起诉的决定是一种有罪决定。由于检察机关通过免予起诉行使了定罪权，而这一定罪既没有经过被告人的辩护，也没有经过法庭审理过程，更没有赋予被告人上诉的机会，因此，社会各界一度对这一制度提出了普遍的批评。在社会各界的持续努力下，《刑事诉讼法》最终废除了免予起诉制度，并通过上述条款来确立法院的统一定罪权。

对于这一规范，一些研究者认为这是我国刑事诉讼法确立无罪推定原则的标志。笔者认为，这一规范充其量只是确立了法院统一行使定罪权的规范，对法院与检察机关的权力作出了划分。这一规范的主要立法意图在于排除法院以外的其他国家机关的定罪权，强调不经过法院依法审理和判决，任何人都不得被确定为犯罪人。应当说，这一条款体现了无罪推定的精神，但其本身并不等于无罪推定原则。

又次，我国刑事诉讼法确立了两审终审制度和人民陪审员制度。这两项制度都不是刑事诉讼的基本原则，而是我国审判制度的有机组成部分。根据两审终审制，任何案件在经过一审法院的审判后，经过当事人上诉或者检察机关抗诉，还可以接受上一级法院的重新审判，二审法院的判决或裁定属于生效的裁判结论。但是，一审判决宣告后，当事人不上诉、检察机关不抗诉的案件，以及最高人民法院判决的第一审案件，属于两审终审制的例外，可以实行一审终审。不仅如此，对于死刑立即执行的案件，经两级法院审理维持死刑判决之后，还要经过最高人民法院的核准程序，才能产生生效的裁判结论。

而根据人民陪审员制度，我国基层法院在由合议庭审理的案件中，可以吸收人民陪审员参加合议庭，与法官一起共同行使审判权。传统上，我国基层法院可以由一名法官和两名人民陪审员组成合议庭,也可以由两名法官与一名人民陪审员组成合议庭。随着司法改革的推进,人民陪审员与法官对事实认定问题享有平等的判决权,但对于法律适用问题,人民陪审员不再享有判决权。不仅如此,目前我国部分地区正在推行一种新的人民陪审员参加审判的方式,也就是由四名人民陪审员与三名法官组成大合议庭,全体合议庭成员对事实认定问题享有平等的表决权,人民陪审员不再参与对法律适用问题的表决。这样的改革有助于充分发挥人民陪审员在法庭审判中的作用,体现司法民主的精神。

最后,我国刑事诉讼法确立了"依照法定情形不追究刑事责任"的制度,也就是由侦查机关、检察机关和法院对于法定情形作出法律上无罪决定的制度。根据这一制度,遇有以下情形的嫌疑人、被告人,侦查机关可以作出不立案、撤销案件的决定,检察机关可以作出不起诉的决定,法院可以作出终止审理或者宣告无罪的裁决:一是情节显著轻微、危害不大,不认为是犯罪的;二是犯罪已过追诉时效的;三是经特赦令免除刑罚的;四是对于告诉才处理的案件,没有告诉或者撤回告诉的;五是嫌疑人、被告人死亡的;等等。遇有上述任一情形,侦查机关、检察机关和法院所作的上述决定,都属于法律上无罪的决定。这一制度其实是一种授权侦查机关、检察机关和法院在各个诉讼阶段作出"出罪处理"决定的制度,具有免除嫌疑人、被告人刑事责任以及终止刑事诉讼程序的双重法律效果。很显然,这也属于一种要求明确的诉讼制度,而不属于刑事诉讼的基本原则。

此外,我国刑事诉讼法还确立了追究外国人刑事责任适用我国刑事诉讼法的规定以及刑事司法协助制度。前一制度确立了我国刑事诉讼法的效力范围,是我国对外国人涉嫌犯罪的案件行使司法主权的依据。而根据后一制度,根据我国缔结或者参加的国际公约,或者按照互惠原则,我国司法机关与外国司法机关可以相互请求刑事司法协助。这两种诉讼制度,要求比较明确,内容也较为具体,不属于刑事诉讼基本原则。

6.1.3　刑事诉讼基本原则的体系

刑事诉讼基本原则是贯穿于刑事诉讼过程始终的基本法律准则。这些法律准则体现了刑事诉讼程序价值的理念,对法律规则、法律制度具有理论上的统摄作用。这些基本原则可以分为两大类:一是支撑刑事诉讼程序之框架结构的基本原则,包括国家追诉原则、控审分离原则;二是保障被追诉人诉讼主体地位的基本原则,包括无罪推定原则、禁止强迫自证其罪原则和辩护原则。

当然,还有些法律原则并不具有刑事诉讼基本原则的地位,而是在某一诉讼阶段或某一诉讼环节上,发挥着规范和指导刑事诉讼活动的作用,对刑事诉讼的进程具有重大的影响。这些诉讼原则可以分为五类:

一是规范强制措施和强制性调查行为的法律原则,包括法律保留原则、成比例原则和程序合法原则。

二是规范公诉活动的基本原则,包括起诉法定原则、起诉裁量原则、检察官客观义务原则以及检察一体原则。

三是规范证据法的基本原则,包括证据裁判原则、疑罪从无原则、实体真实原则,等等。

四是规范审判程序的基本原则,包括审判公开原则、审理集中原则、直接言词原则,等等。

五是规范二审程序的基本原则,包括全面审查原则和上诉不加刑原则。

对于这些在具体诉讼程序中发挥作用的诉讼原则,本书将在相关章节加以分析和讨论。在以下的讨论中,我们将重点分析那些对整个刑事诉讼程序具有指导作用的基本原则。

6.2 国家追诉原则

6.2.1 国家追诉原则的产生

所谓"国家追诉原则",是指对犯罪案件的刑事追诉必须由国家专门机关依据职权主动进行,这种追诉程序的启动和进行以维护国家利益和维护法制统一实施为目的,不受被害人或其他社会成员意志的左右和影响。国家追诉原则是刑事诉讼的基础性原则,是刑事诉讼区别于奉行私人追诉原则的民事诉讼的主要标志。

在人类历史上,对犯罪案件的追诉曾经历了复杂而曲折的演变过程。最初,曾出现过同态复仇或血亲复仇的实践,在严重侵权事件发生后,由被害方对加害方进行大体对等的复仇。这种"以牙还牙,以眼还眼"的复仇方式,一度在各个早期文明中都曾经实行过很长一段时间。至今,人们将这种诉诸被害方自行实施报复的方式,仍然称之为"私力救济"。在几乎所有社会,这种"私力救济"都被法律所禁止,实施这种救济的人,不论出于怎样的理由,都有可能受到法律制裁。

随着国家观念的逐渐强化，一种原始的民主诉讼制度逐渐建立起来。人类社会取代同态复仇或血亲复仇的第一次伟大尝试，是弹劾式诉讼制度的建立。根据这一制度，在加害行为发生之后，被害方被禁止直接向加害方寻求私力救济，而只能向司法机关提起诉讼，请求司法机关以国家名义认定事实和适用法律，并作出权威的裁决。在这一制度下，被害人以原告的身份提起诉讼，对所指控的事实承担举证责任，被告方则有辩解的权利。法院奉行原始的"不告不理"立场，保持很大的中立性，并将裁判范围局限在原告方起诉的范围之内。对于这种建立在国家裁判制度基础上的追诉理念，我们一般称之为"私人追诉原则"。当然，对于这种私人追诉原则及其司法实践，我们在肯定其取代私力救济的历史进步意义的同时，也要注意其历史的局限性。例如，法官在审查证据、认定事实存在疑问时，可以诉诸非理性的"神明裁判"方式。在历史上，诸如"宣示断案""水审""火审""司法决斗"等裁判方式，就属于这种非理性的司法证明机制的表现方式。

随着国家的日益强大，专制或集权的政治体制的建立，一种被称为"纠问式诉讼"的诉讼制度逐渐取代了弹劾式诉讼制度。这种诉讼制度建立的基础有二：一是犯罪从普通侵权行为中独立出来，被视为一种严重侵犯社会整体利益、危及专制者或集权者统治秩序的特殊违法行为，对犯罪的处理与对普通侵权行为的处理应当严格区分开来；二是国家被视为犯罪行为的受害者，犯罪属于"危害社会的违法行为"，而普通侵权行为则被视为具有私人侵权性质的"民事违法行为"，对于犯罪案件，不再由被害人或者其他社会成员自行进行追诉，而应一律交由国家专门机关启动并推进追诉行动。

在历史上，纠问式诉讼经常与集权或专制的政治体制结合在一起，加上这一制度下起诉与审判职能合二为一，法官同时行使追诉犯罪和司法裁判的权力，被告人也仅仅被视为诉讼的客体，既不具有当事人身份，也不享有辩护权，甚至其本身还成为酷刑的适用对象，因此，这种诉讼制度经常因为其非人道性和不公正性而受到批评乃至否定。不仅如此，在纠问式诉讼制度下，法官奉行形式证据制度或者法定证据制度，对不同证据的证明力大小强弱作出人为的划分，将被告人供述推崇为"证据之王"，也即是证明力最高的证据。这种证据制度被视为不科学和非理性的。

尽管如此，以国家追诉原则取代私人追诉原则，仍然属于人类处理犯罪问题的又一历史进步。这主要表现在以下两个方面：一是相对于追诉犯罪能力不足的被害人而言,国家专门机关可以借助国家力量来收集证据、查获嫌疑人、查明案件事实,这可以大大提高追诉犯罪的效率;二是相对于可能受到情感、意志等主观因素左右的被害人而言,国家追诉机关可以不受这些因素的影响,而根据证据和法律来统一地采取追诉行动,这可以有效地维护国家法律的统一实施。

纠问式诉讼制度尽管已经成为历史,但是,在这一制度中孕育出来的国家追诉原则,却经受了历史的检验,在历经数百年的司法改革之后,仍然具有强大的生命力,被奉为现代刑事诉讼的基本原则。

根据国家追诉原则,对犯罪案件的追诉,一律由国家专门机关依据职权主动进行;刑事追诉可以分为对犯罪事实的专门调查活动以及对犯罪事实的起诉活动,它们构成一个整体,都属于在查获嫌疑人、搜集犯罪证据和查明犯罪事实的基础上,推动法院作出有利于国家利益的司法裁判的活动;无论是刑事追诉程序的启动,还是刑事追诉程序的推进,国家专门机关依据其所认定的事实和对法律的理解采取统一的行动,不受被害人或其他社会成员的意志左右。

6.2.2 国家追诉原则在我国的确立

尽管我国刑事诉讼法并没有"国家追诉原则"的明文规定,但是,通过对一系列诉讼制度和法律规则的分析,我们可以认为,这部刑事诉讼法已经确立了国家追诉原则。

首先,我国法律确立了刑事公诉制度,对于绝大多数刑事案件,都交由国家专门机关进行立案、侦查和提起公诉。其中,侦查机关负责对那些符合法定条件的案件进行立案,并在作出立案决定后展开专门性的调查行为;在侦查机关移送起诉后,检察机关对案件进行全面审查,对于具备法定起诉条件的案件,向法院提起公诉;在法院作出一审裁判后,检察机关认为在事实认定或法律适用上确有错误的,可以提起抗诉……由此,在犯罪行为发生后,对于刑事案件的立案、侦查、审查起诉、提起公诉和提起抗诉,就形成一个统一的刑事追诉体系。有权决定启动刑事追诉行动和推动刑事追诉进程的,只能是代表国家行使追诉权的专门机关。

其次,在刑事公诉案件中,无论是立案、侦查、提起公诉,还是提起抗诉,侦查机关、检察机关都依据所认定的事实和对法律的适用来作出独立的决定,而不受被害人意志的左右。被害人无论是作为刑事案件的报案者和控告者,或者是公诉方的证人,其控告、举报和陈述最多构成刑事诉讼的材料来源,既不能自动引发侦查机关的立案程序,也不是法律意义上的"起诉"行为。我国刑事诉讼法将公诉案件中的被害人确立为"当事人",承认其具有"原告"的地位。但是,被害人对于侦查机关的立案或不立案的决定,没有绝对的控制力;被害人对于侦查机关的专门调查活动以及是否移送检察机关起诉的决定,没有主导作用;被害人对于检察机关是否提起公诉,只有提出建议的权利;被害人对于一审法院的未生效裁判,即使认为"确有错误",也只能向检察机关提出抗诉的申请,而没有独立的上诉权。无论是侦查机关还是检察机关,在作出立案决定、推动侦查进程、移送起诉、提起公诉以及提起抗诉等方面,都将维护国家利益和社会公共利益作为行动的出发点,将维护国家法制统一作为行动的指南。对于被害人的利益、主张和观点,侦查机关、检察机关会站在维护国家利益的角度加以考虑和关注,但不会将其作为决定性的制约因素。

再次,国家追诉原则的确立,带来了一种附带的法律后果:国家专门机关行使追诉犯罪的权力,被害人保留了提起民事赔偿之诉的权利。由此,一起完整的犯罪行为,被视为同时造成了两种后果:一是侵害了国家利益;二是侵害了被害人个人的利益。国家追诉原则所要求的只是对犯罪行为的刑事追诉,要交由国家追诉机关统一行使。但它并不禁止被害人针对同一犯罪行为提起民事赔偿请求,启动民事诉讼程序。其中,检察机关所提起的是刑事公诉,而被害人所提起的则是民事侵权之诉。

最后,根据刑事追诉活动的不同进程,那些受到刑事追诉的人具有不同的诉讼地位。在侦查机关作出立案决定后,被追诉者具有"犯罪嫌疑人"的地位。即便被害人提出了报案和控告,被追诉者也不具有"被告人"的地位。而只有在检察机关向法院提起公诉之后,犯罪嫌疑人才具有"被告人"的地位。这里所谓的"被告人",其实是指"受到国家控告的人"。而在法院作出生效的有罪裁判后,国家专门机关的刑事追诉活动已经结束,追诉取得了成功,"被告人"就转化成为"犯罪人",也就是要接受国家权威谴责和接受刑事处罚的严重违法者。

6.2.3 国家追诉原则的例外

我国法律尽管确立了国家追诉原则,但并没有将追诉犯罪的权力完全交由国家专门机关行使。在法定例外情形下,我国法律还承认被害人可以行使一定的追诉权,或者可以积极地参与刑事追诉活动,或者可以对刑事追诉活动施加积极的影响。这显示出,国家追诉原则存在着一些例外情形。之所以要确立这些例外情形,主要意图是尊重被害人对一些轻微刑事案件的追诉自主权,满足被害人与被追诉者进行协商的需要,或者赋予被害人对国家追诉活动的有效制约。

自诉制度是国家追诉原则的首要例外情形。所谓自诉,是指对于特定的轻微刑事案件,被害人及其法定代理人向法院亲自提起的诉讼。在自诉案件中,国家追诉让位于个人追诉,被害人成为刑事诉讼的发动者,国家公诉机关向其让渡了部分起诉权。这主要是考虑到一些轻微刑事案件,要么涉及婚姻、家庭、亲友内部发生的纠纷(重婚、非法侵占、暴力干涉婚姻自由),要么涉及个人的隐私(侮辱、诽谤),要么只涉及较为轻微的犯罪(轻伤害等),因此,国家采取不干涉原则,将刑事追诉的发动权交给被害人行使,允许双方和解、调解和撤诉,这更容易实现社会关系的修复和矛盾的化解。

在刑事公诉程序中,面对侦查机关、检察机关所作的不立案、撤销案件、不起诉决定,以及一审法院所作的无罪判决或者轻刑判决,被害人并不是消极无为的,而可以发挥一定的制约作用。被害人一旦发现不立案、撤销案件和不起诉决定确有错误,就可以向检察机关提出申诉,或者向法院直接提起诉讼,以促使法院将公诉案件转化为自诉案件,从而启动对该类案件的审判程序。被害人假如发现法院的一审判决确有错误,还可以申请检察机关提起抗诉。当然,检察机关是否接受申诉,是否同意提起抗诉,法院是否启动自诉程序,最终还是要由检察机关或法院自行作出决定。不过,被害人的这种申诉、申请确实对检察机关和法院具有很大的影响。

国家追诉原则还有一种例外情形,那就是刑事和解制度的确立。在公诉案件中,国家专门机关如果过分重视国家利益和社会公共利益,而忽视了被害人的利益和诉讼请求,通常会造成被害人在刑事诉讼程序中受到"第二次伤害"。传统刑事公诉制度忽略了被害人的需求,要么注重惩罚犯罪,要么倾向于保障被告人的人权,而忽视了被告方与被害方矛盾的化解和社会关系的修复。为满足被害人的多重需求,促使被害人与加害方进行对话、交流和协商,一些西方国家兴起了"恢复性司法运动"。而中国则出现了刑事和解运动。

2012年修订的《刑事诉讼法》对刑事和解制度的确立,意味着被害方可以在被追诉者认罪悔罪的前提下,接受其提供的经济赔偿,并作出减轻或者免除其刑事责任的承诺。这种和解协议一旦达成,还需要检察机关、法院进行司法审查,在确认其不违背法律的情况下,最终作为检察机关作出不起诉决定或者法院作出从轻、减轻或免除刑罚判决的依据。由此,被害人就可以通过与被追诉者的对话、沟通和协议,对专门机关的追诉以及法院的裁决施加积极有效的影响。相对于传统的建立在国家追诉原则基础上的追诉方式而言,这种刑事和解在法学理论上被视为一种"私力合作模式"。

6.3 控审分离原则

6.3.1 控审分离原则的产生

所谓控审分离,是指在刑事诉讼中,追诉犯罪的职能与司法裁判的职能应当分别由两个国家专门机关行使,既不能由同一国家机关集中行使,也不能相互替代或者相互混淆。马克思曾说过:"在刑事诉讼中,法官、原告和辩护人都集中到一个人身上,这种集中是和心理学的全部规律相矛盾的。"[1]拉德布鲁赫也说过,假如原告就是法官,那只有上帝才能充当辩护人。[2] 这两位经典作家说的其实就是控审分离的意思。

在现代刑事诉讼中,尽管有多个国家专门机关参与其中,但这些机关所行使的诉讼职能主要可分为刑事追诉职能与司法裁判职能两种。其中,刑事追诉职能主要由检察机关通过行使国家公诉权的方式加以承担,而侦查机关则作为检察机关的协助者,行使搜集证据和查获嫌疑人的职能。这两个国家机关分工协作,在查明嫌疑人犯罪事实的基础上,对其提起公诉,并促使司法裁判机关作出追究刑事责任的裁决。相比之下,法院则行使司法裁判职能,对追诉机关提起的公诉或其他诉讼请求加以审理,并作出权威的裁判。法院不得主动实施带有刑事追诉性质的诉讼活动,刑事追诉机关也不得实施具有司法裁判性质的诉讼活动。

从历史上看,控审分离原则是在废除纠问式诉讼制度的基础上,经过长期的政治改革和司法改革,在混合式诉讼制度建立之后,才最终得到确立的。法律史学的研究表明,几乎所有国家都经历过政治专制和集权时期,并确立了与之相适应的纠问式诉讼制度。纠问式诉讼制度确立了国家追诉原则,这

---

[1] 《马克思恩格斯全集》第一卷,人民出版社1956年版,第30页。
[2] 参见〔德〕拉德布鲁赫:《法学导论》,米健等译,中国大百科全书出版社2003年版,第121页。

是一种法律制度的重大进步。但是,这一制度将国家刑事追诉权与裁判权合二为一,使法院承担了刑事追诉职能,负有搜集犯罪证据、证明犯罪事实的责任,这带来了一系列消极的后果。例如,这种制度赋予法院太大的诉讼职权,既启动一项不利于嫌疑人的刑事诉讼程序,又对嫌疑人的刑事责任享有终局裁判权,容易造成审判权的滥用,甚至直接造成冤假错案。又如,在这种制度下,法院同时负有追诉犯罪和司法裁判的职权,无法充当中立的裁判者,被告人不可能享有辩护权,甚至容易成为刑事追诉的对象,成为诉讼客体,甚至成为刑讯逼供的对象。

经过由革命、战争等所引发的政治改革,各国先后完成了司法体制改革。法院成为独立的、权威的司法裁判机关,不再承担追诉犯罪的职能。检察机关作为国家公诉机关,专门行使刑事追诉的职能。警察机构作为负责社会治安和刑事侦查的部门,逐渐成为检察机关的辅助机关,协助其调查犯罪证据,查获犯罪嫌疑人。其中,欧洲经过18世纪的司法改革,逐渐废除了曾长期实行的纠问式诉讼制度,确立了一种混合式诉讼制度。根据这一制度,审判程序具有"弹劾式诉讼"的形态,而审判前程序仍保留纠问式诉讼制度的构造。经过这一改革,法院逐步放弃了追诉犯罪的权力,控辩双方平等对抗、法院中立裁判的格局逐渐出现。又经过长期的改革和演变,大陆法国家逐渐确立了职权主义的诉讼构造。这一构造尽管在审判阶段赋予法官较大的司法调查权,控辩双方处于协助和服从的地位,但就整体诉讼构造而言,刑事追诉职能与司法裁判职能实现了分离,这是公认的事实。

英美法国家在历史上没有实行过纠问式诉讼制度,不存在控审职能高度集中的历史包袱。经过长期发展,检察机关作为司法行政机关的组成部分,在行使国家行政权的同时,充当刑事追诉机关。而法院则作为国家司法权的行使者,专门行使司法裁判权。从行政权与司法权的制约与平衡的原理上看,既然行政权与司法权都要相互分离,互相制约,那么,作为行政权组成部分的追诉权与作为司法权组成部分的审判权,当然要实现权力的分离与制衡了。可以说,遵从国家权力的制约与平衡原理,英美法国家较早确立了控审分离原则。

我国曾长期实行封建专制的政治制度,在司法制度上实行行政官员兼理司法的制度,而在司法程序中则奉行控审合一的体制,由司法官员代行指控犯罪和调查犯罪的职能。直到随着"清末改制"的推行,引入近代西方的司法体制和诉讼制度,法院、检察机关和警察机关得到建立,追诉犯罪的职能与司法裁判的职能才得以实现分离。对于这种控审分离原则,民国期间的刑事诉讼法予以正式确立。1949年以后,新中国尽管废除了民国政府的"六法全书"和司法体制,却仍然确立了刑事追诉与司法裁判相互分离的司法体制。随着"文化大革命"的结束,国家重新建立了法律秩序,法院、检察机关和公安机关得到重新组建,三个国家专门机关分工负责,互相配合,互相制约,实现了追诉犯罪与司法裁判的分离。可以说,从1979年《刑事诉讼法》实施以来,经过1996年、2012年和2018年等历次《刑事诉讼法》的修订,控审分离原则在我国刑事诉讼中得到了确立和逐步的加强。

6.3.2 控审分离原则在我国的确立

在我国刑事诉讼中,追诉犯罪的职能由检察机关和侦查机关(调查机关)共同承担,司法裁判的职能则由法院承担,追诉与裁判在职能上实现了分离,这体现了控审分离原则的基本要求。那么,控审分离原则在我国刑事诉讼中究竟体现在哪些方面呢?

首先,刑事追诉权与司法裁判权相互分离的制度格局基本得到确立。在我国刑事诉讼中,检察机关作为国家法律监督机关,行使公诉职能,并通过审查起诉、提起公诉、支持公诉和提起抗诉等多种形式,来追求国家刑罚权的实现。而公安机关则通过行使侦查权,搜集犯罪证据,查获犯罪嫌疑人,对于检察机关行使公诉职能产生协助的效果。监察委员会作为国家监察机关,通过调查活动,对于那些涉嫌犯罪的被调查人,移交检察机关审查起诉,其调查活动也具有类似刑事侦查的功能。相比之下,法院作为司法裁判机关,不参与审判前的诉讼活动,也不行使公诉职能和刑事侦查职能,而只是在受理检察机关或自诉人提起的诉讼之后,对刑事案件作出权威的司法裁判。

其次,我国刑事诉讼法确立了法院统一行使审判权的制度。过去,我国检察机关在享有提起公诉、不起诉的权力以外,还曾享有免予起诉的权力。免予起诉是一种对嫌疑人定罪但不予起诉的决定,使得嫌疑人在没有经过审判的情况下被认定为有罪。检察机关对免予起诉权的行使,是代行了本应由法院行使的定罪权,违背了控审分离原则。1996年《刑事诉讼法》实施后,检察机关只能作出起诉和不起诉的决定,免予起诉制度得到废除,法院统一定罪原则得到确立。根据这一原则,未经法院依法审理和作出裁判,任何人都不得被确定为有罪。法院统一定罪原则的确立,标志着控审分离原则在我国得到了进一步的贯彻实施。

再次,我国刑事诉讼法确立了不告不理原则。所谓不告不理,是指未经检察机关提起公诉或者自诉人提起自诉,法院不得审理任何刑事案件。在公诉案件中,不告不理原则确定了法院司法裁判的被动性,并将法院司法裁判的对象限定在检察机关起诉的范围之内。因此,不告不理原则是控审分离原则的一项重要内容。

在我国刑事公诉程序中,只有在检察机关提起公诉后,法院才能对刑事案件进行审理,并作出裁判。检察机关的起诉是法院启动审判程序的前提和基础,法院不得对任何未经起诉的案件进行主动审理并作出裁判。可以说,我国刑事诉讼法确立了法院司法裁判的被动性。

在审理对象和范围方面,我国法院一般要围绕着检察机关指控的被告人和犯罪事实进行审理,既不能对未经起诉的被告人进行主动审理,也不能对未经起诉的犯罪事实作出裁判。但是,对于检察机关在起诉书中认定的罪名,法院经过审判认为不能成立的,可以依法作出变更。

当然,控审分离原则并不是绝对的,而有着一定的例外情形。这一原则主要限制的是国家专门机关在认定个人有罪方面的裁判权,但对于无罪处理的决定,任何国家专门机关都可以依法作出。例如,对于依法不构成犯罪的案件,侦查机关可依法作出不立案、撤销案件的决定,检察机关可以作出不起诉的决定,法院也可以作出终止审理或宣告无罪的裁判。可以说,在作出无罪决定方面,无论是侦查机关(调查机关)、检察机关还是法院,都可以行使一定的司法裁判权。

6.3.3 我国实施控审分离原则的主要课题

我国刑事诉讼法在一定程度上贯彻了控审分离原则的要求,但是,仍然存在着一些与这一原则不相适应的制度或惯例。这主要表现在两个方面:一是检察机关实际在行使一定的司法裁判权,并对法院的审判权造成消极的影响;二是法院具有追诉犯罪的倾向,并经常超越审判范围对那些未经起诉的被告人、犯罪事实乃至罪名进行审判,从而代行刑事追诉的职能。

作为国家法律监督机关,检察机关享有对刑事诉讼活动的合法性进行监督的职能。这种诉讼监督职能使得检察机关在审判程序中同时行使公诉权和诉讼监督权。而公诉权是一种以追究被告人刑事责任为目的的追诉权力,实现的是国家的刑罚权。诉讼监督权则属于一种以维护法律统一实施、纠正违法行为为目的的司法权力,实现的是具有司法裁判性质的权力。在行使诉讼监督权方面,检察机关当了"法官之上的法官",对于法官审判活动存在违法情况的,可以通过提出纠正违法通知、提出检察建议或者提出抗诉等方式,督促法院进行纠正或者予以改判。这一方面造成检察机关超越了刑事追诉职权,破坏了法院审判的独立性和权威性,另一方面也导致检察机关成为一种远远超越被告人之上的"超级原告",破坏了控辩双方"平等武装"的格局,使得控辩双方平等对抗无法得到落实。

法院作为审判机关,经常在未经起诉或未经控辩双方提出申请的情况下,对刑事案件进行法庭审理并作出裁判。例如,对于检察机关指控的罪名,法院经过审理后可以直接加以变更,不仅可以将重罪改为轻罪,还可以将轻罪改为重罪。这就导致对于那些新的罪名而言,法院将一个未经起诉的罪名强加给被告人,实际代行了指控犯罪的职能。又如,对于检察机关指控的涉及单位犯罪的案件,法院认为这种指控不当的,可以直接将单位犯罪改为自然人犯罪,或者将自然人犯罪改为单位犯罪。这种变更指控的犯罪主体的做法,显然属于"不告而理",实际行使了公诉职能。再如,在二审程序中,二审法院要进行"全面审理",而不受当事人上诉和检察机关抗诉范围的限制,这显然违背控审分离原则。还有,在审判监督程序中,法院对于当事人没有提出申诉、检察机关没有提出抗诉的生效裁判,竟然可以主动启动再审程序,既可以作出有利于被告人的改判,也可以作出不利于被告人的改判。这显然也属于法院行使刑事追诉权的表现,违背了控审分离原则。

6.4 无罪推定原则

从历史上看,无罪推定是在否定中世纪纠问式诉讼制度的基础上形成并发展起来的一项法律原则。它与刑法中的"罪刑法定"原则一起,构成了现代刑事法律的基石。我国刑事诉讼法吸收了无罪推定原则的基本要求,并在一系列具体制度和规则中体现出来。无罪推定已经被确立为我国刑事诉讼的基本原则。

6.4.1 无罪推定在证据法中的体现

无罪推定的基本要求是,在被依法证明有罪之前,任何人都应被推定为无罪的人。在证据法上,无罪推定首先属于一种"推定",也是一种可反驳的推定。只有从这一角度进行认识,我们才能揭示这一原则的真实含义。

在证据法上，认定某一事实存在的途径主要有两种：一是运用证据加以证明，二是根据法律作出推定。所谓"推定"，是指根据某一"基础事实"确定一项"推定事实"成立的事实认定方法。推定一般可分为两种：确定性的推定和可反驳的推定。"确定性的推定"又称为"不可反驳的推定"，是指根据某一基础事实所推断出来的推定事实是不可反驳和推翻的，具有确定的法律效力。"可反驳的推定"则是指根据充分的相反证据，某一推定事实能够被推翻或否定的推定。在刑事诉讼中，包括无罪推定在内的绝大多数推定均属于"可反驳的推定"。[1]

作为一项可反驳的推定，无罪推定是一种最稳固的推定，构成司法证明活动的逻辑前提，也构成被告人抵御国家追诉的法律屏障。公诉方要说服法院作出有罪裁判，就必须越过这道法律障碍，通过提出证据证明被告人构成犯罪，从而推翻无罪推定。

为了推翻无罪推定，公诉方就需要提出相反的证据，证明被告人构成某一犯罪。也就是说，推翻无罪推定、提出反证的责任必须由公诉方承担。为达成此目的，公诉方必须承担证明责任，并将被告人构成犯罪证明到最高的证明标准。在英美证据法中，这一证明标准被界定为"超越合理怀疑"；而在大陆法国家的证据法中，这一证明标准则被确定为"内心确信无疑"。在中国法中，这一证明标准则是"事实清楚，证据确实、充分"。公诉方只有将被告人构成犯罪这一点证明到最高的程度，使法官、陪审员形成内心的确信，才能推翻无罪的推定，并将无罪的推定转化为有罪的判定。相反，假如公诉方提不出任何证据，或者所提出的证据没有达到最高的证明程度，使得裁判者对被告人是否构成犯罪存在合理的疑问，那么，这就等于无罪推定没有被推翻，原来的无罪的推定也就只能转化为无罪的判定。法庭可以据此宣告被告人不构成犯罪。

那么，在公诉方承担证明责任的框架下，被告人是否承担证明责任呢？换言之，被告人需要提出证据证明自己无罪吗？答案是否定的。无罪推定作为一种司法证明的逻辑前提，等于赋予被告人一种带有保护性和特权性的假定：被告人在法律上是无罪的，法律上的推定已经免除了被告人进行证明的义务。公诉方所承担的证明被告人有罪的责任，是不可转移的。法庭只需要审查公诉方的证据是否足以证明被告人有罪，审查公诉方的证明活动是否具

---

[1] 参见陈瑞华：《刑事审判原理论》（第二版），北京大学出版社2003年版，第128页以下。

有说服力,就足够了。法庭不得责令被告人承担证明自己无罪的责任,更不得对那些无法证明自己无罪的被告人,直接作出不利的推论。从理论上讲,无论是保持沉默,还是积极地提供证据来证明自己的清白,都属于被告人的自由,而不是他所要承担的法律义务。法庭判定公诉方指控的罪名是否成立的唯一标准,不是被告人是否提出了无罪证据,或者能否证明自己无罪,而是公诉方能否令人信服地证明被告人有罪。

这样,无罪推定原则就确立了现代刑事诉讼中司法证明的基本框架,这一框架是由三个要素构成的:一是证明被告人有罪的责任由公诉方承担,这一责任是不可转移的;二是被告人不承担证明自己无罪的责任,但拥有进行积极的无罪辩护的权利,被告人是否提出无罪证据,能否证明自己无罪,这都不影响公诉方的证明责任;三是在公诉方提不出有罪证据,或者无法将被告人有罪这一事实证明到最高证明标准的情况下,法庭对被告人是否有罪形成合理的疑问,对此疑问只能作有利于被告人的解释,也就是在无罪推定无法被推翻的情况下,只能宣告被告人无罪。概括起来,上述三项要素也就是通常所说的司法证明的三大法则,它们分别可以被简要表述为"公诉方承担证明责任""被告人不承担证明责任"以及"疑罪从无"。

6.4.2 无罪推定在整个刑事诉讼中的体现

作为一项刑事诉讼基本原则,无罪推定的基本含义是,未经法院作出生效的有罪判决,任何人都应被推定为法律上无罪的人。要准确地理解这一原则的含义,我们需要从六个方面进行解释。

其一,作为一种旨在规范刑事诉讼过程的基本原则,无罪推定适用于刑事程序启动之后和法院作出生效判决之前的诉讼过程之中。在法院作出生效裁判之后,被告人要么被宣告为法律上有罪的人,要么被认定为法律上无罪的人,此时刑事诉讼过程已经结束,无罪推定也失去了发挥作用的空间。在刑事诉讼过程中,被告人所具有的"法律上无罪"的地位,并不是一种终局性的裁判结论,而只是法律为其所设定的诉讼地位。

其二,无罪推定为嫌疑人、被告人设定了"法律上无罪"的诉讼地位。无罪推定明确地将"事实上有罪"与"法律上有罪"作出了区分:它不是对被告人是否构成犯罪的事实状态的描述,而是对被告人所作的一种保护性假定。所谓"法律上无罪",是指法院并没有以权威的方式对被告人的行为作出定性和谴责,因此,不应该将被告人置于犯罪人的地位。反过来,法院要将被告人确定为法律上有罪的人,也必须经过法定的诉讼程序,并通过生效的裁判,作出被告人有罪之宣告。只有到此时,被告人才可以从一个"法律上无罪的人"转化为一个"法律上有罪的人"。

其三,无罪推定赋予嫌疑人、被告人一系列程序保障,使其能够与国家追诉机构展开诉讼对抗,并对法院的司法裁判施加积极的影响。在刑事诉讼中,被告人因为涉嫌犯罪而陷入讼累之中,可能受到包括拘留、逮捕、审讯、审查起诉、提起公诉等在内的一系列刑事追诉活动。但这只是说明他正在受到刑事追诉而已,而并不意味着他具有犯罪人的地位。为避免被告人受到无根据和不公正的定罪,法律对国家追诉机构的行动施加了诸多限制,同时也给予被告人从事辩护和防御的权利和能力。

其四,无罪推定要求确立一种"自由推定"的规则。既然嫌疑人、被告人在法律上处于无罪人的状态,那么,他们原则上应处于自由的状态。而对嫌疑人、被告人人身自由的限制应当属于一种例外,这种限制只有在具备法定羁押理由并经过正当程序的情况下才能实施。为此,未决羁押应当只具有程序保障目的,经过严格审查批准,严格控制最高羁押期限,并给予被羁押者进行抗辩和得到救济的机会。

其五,无罪推定要求确立一种"非赃物推定"的规则。既然嫌疑人、被告人在法律上属于无罪的人,那么,侦查机关所获取的涉案财物,包括涉嫌犯罪的工具、违禁品以及所获取的财产,就不应被视为"赃款赃物",而应被推定为"非犯罪所得"。具体说来,在整个刑事诉讼过程中,这些涉案财物的所有权不得转移,国家专门机关最多只能对其采取查封、冻结、扣押等财产保全措施,而不能动辄采取拍卖、上缴国库、退赔被害人等实体处置措施。在例外情形下,即便不得不处置这些财物,也必须具备正当的理由,如为了避免财物损失、紧急救助被害人等,而且还要做好财物返还无罪被告人的预案。对涉案财产应当随案移送,使其充分发挥证据的功能。唯有如此,对涉案财物的强制措施才是暂时的、程序性的和带有保全性质的,而不是终局的和不可逆的。

其六,在对嫌疑人、被告人的社会政治评价方面,未经法院生效判决,任何人都享有"被推定为无罪"的权利,不得被作为犯罪人来对待。一方面,对于任何一个尚未产生生效裁判的刑事案件,整个社会为尊重法院和司法程序的权威,都不应将案件视为"犯罪案件"。另一方面,对于任何一个未被法院生效判决确定为有罪的人,任何机关、团体和个人都不能将其作为犯罪人来看待,也不得对其地位、自由、财产、名誉作出实体上的限制或剥夺。

6.4.3 我国法律对无罪推定原则的吸收

我国《刑事诉讼法》吸收了无罪推定原则的部分内容。根据《刑事诉讼法》，"未经人民法院依法判决，对任何人都不得确定有罪"。一般认为，这一原则包含了法院统一行使定罪权、法院依照法律程序进行审理以及在法院依法判决之前不得认定被告人有罪等多方面的含义，因此，体现了无罪推定原则的精神。

与此同时，《刑事诉讼法》明确地区分"犯罪嫌疑人"与"被告人"的称谓，将被追诉者在检察机关提起公诉之前统称为"犯罪嫌疑人"，而对那些被提起公诉的人则统称为"被告人"，不再使用"犯罪人""人犯"等称呼。这显然也是与无罪推定的要求相符合的。

而且，根据《刑事诉讼法》，法院对于事实不清、证据不足的案件，应当作出证据不足、指控的犯罪不能成立的无罪判决。这一"疑罪从无"原则的确立，意味着对于检察机关或自诉人在证明被告人犯罪事实方面无法达到法定证明标准的情况，法院应作有利于被告人的解释，也就是将无罪的推定转换为无罪的判定。这种对"疑罪从无"规则的确立，是我国刑事诉讼法贯彻无罪推定原则的重要标志。

不仅如此，检察机关在公诉案件中对所指控的犯罪事实承担举证责任，自诉人在自诉案件中对所指控的犯罪事实承担举证责任。与此同时，为强化公诉方和自诉人的证明责任，《刑事诉讼法》还对证明被告人有罪的证明标准作出了修正，在原有的"事实清楚，证据确实、充分"的基础上，增加了"排除合理怀疑"的因素，使得证明被告人有罪具有了更为严格的标准。这是我国法律首次确立刑事诉讼中证明责任的分配规则，属于在吸收无罪推定原则方面取得的重大进展。

尽管我国《刑事诉讼法》吸收了无罪推定原则的不少内容，但是，这种法律规定所发挥的作用还是十分有限的。一些有悖于无罪推定原则的具体规定和实践还在大行其道。例如，对于那些事实不清、证据不足的案件，第二审法院不是直接宣告无罪，而是撤销原判、发回重审，造成那些未能达到法定证明标准的案件被再次审理。尽管刑事诉讼法对这种发回重审的情况作出了次数上的限制，但是，这种允许二审法院对事实不清的案件发回重审的制度本身，就显示出无罪推定原则在上诉审程序中没有得到真正的贯彻。

又如，对嫌疑人、被告人的未决羁押成为普遍适用的强制措施，而那些非羁押性强制措施却成为适用上的例外。刑事诉讼法对拘留和逮捕设置了过于宽松的适用条件,加上检察机关在绝大多数案件中拥有对逮捕的审查决定权,那种真正的"司法审查"机制并没有建立起来,因此造成了居高不下的拘留率和逮捕率。与此同时,刑事诉讼法对于逮捕后羁押期限的延长既没有设置严格的适用条件,也没有建立真正的司法审查机制,更没有最高羁押期限的设置,因此造成我国未决羁押的期限过长,嫌疑人、被告人要想成功地申请解除未决羁押措施,一般是极为困难的。可以说,过高的羁押率、过长的羁押期限以及极低的非羁押措施适用率,使得嫌疑人、被告人客观上受到像犯罪人一样的对待。

再如,对涉案财物的强制处分措施普遍被滥用。由于侦查机关拥有对涉案财物进行查封、扣押、冻结甚至自行处置的权力,这些机关基于维护本部门利益的考虑,经常滥用强制处分权,将本不确定的涉案财物视为赃款赃物,并在案件移送法院之前强制加以拍卖、变卖或者收缴国库。结果,法院基于涉案财物已经被处置完毕的现实,不得不对那些本来未达到定罪标准的案件作出有罪判决。

此外,在社会政治层面上,对嫌疑人、被告人也存在某些不当的做法。例如,侦查机关经常对刚刚侦查破案的案件发布新闻通稿,将涉案的嫌疑人予以"妖魔化"报道;侦查机关在将某一案件侦破完毕后,随即召开"公开逮捕大会",对逮捕嫌疑人的决定予以公布,并对被逮捕的嫌疑人进行示众;侦查机关在侦查破案后还召开"立功嘉奖大会",对破案有功的侦查人员进行公开嘉奖,要么晋升工资、晋升职务,要么给予立功奖励;案件刚刚侦破,一些侦查机关就自行处置了所谓的"犯罪所得",对"赃款赃物"进行了"追缴",造成对嫌疑人、被告人财产权予以剥夺的既定事实,从而对法院的审判施加了强大的压力,以便迫使其作出有罪裁判;侦查机关在将案件刚刚侦破完毕后,民政部门报请政府审批,对案件中被害的公务人员授予"烈士"称号;遇有外界施加较大压力的案件,法院即便发现案件事实不清、证据不足的,也不作无罪判决,而是作"留有余地"的裁判,也就是采取疑罪从有的裁判逻辑,但在量刑上作出一定的宽大处理……这些显然都属于"有罪推定"的做法,背离了无罪推定的精神。

6.4.4 无罪推定原则的例外

通过修改法律来进一步吸收无罪推定原则的理念,逐步废弃崇尚有罪推定的法律传统,是我国刑事司法改革的永恒主题。但也应看到,无罪推定并不是放诸四海而皆准的真理,其适用范围应受到一定的限制。这些范围之外的场合,就可能成为无罪推定适用的例外。

无罪推定原则的主要功能在于避免法院作出无根据和不公正的定罪,它主要适用于法院的定罪裁判环节。但在法院已经作出有罪裁判的场合,这一原则的适用就受到一些限制。正因为如此,无罪推定所包含的证明责任、证明标准、疑罪从无等方面的法则,对于量刑程序就不一定完全适用。量刑程序有必要重新构建一种有别于定罪程序的证据规则。

无罪推定为被告人从事诉讼防御活动提供了法律上的保障。但在被告人自愿认罪的案件中,被告人作为一种特殊的"控方证人",供述自己的犯罪事实,放弃了与公诉方的诉讼对抗,甚至放弃了无罪辩护的机会。在此类案件中,无罪推定所赖以发挥作用的前提不复存在。正因为如此,在那些建立在被告人自愿认罪基础上的简易程序中,无罪推定的适用就受到了较大限制。

无罪推定主要被用来规定公诉方一定的特殊义务,使被告人获得一系列的诉讼特权,以便纠正原本并不对等的控辩地位。但在控辩双方发生程序争议的场合下,法院为解决这类争议所举行的程序性裁判程序,可能更多地适用民事诉讼的基本原则,无罪推定的适用也就具有了较大的局限性。为解决包括申请回避、变更管辖、延期审理、证据展示、证人出庭等方面的程序争议,法院所举行的程序性裁判活动,可能不会遵循无罪推定的原则。即便在被告人申请排除非法证据的情况下,法院为解决侦查行为的合法性所举行的程序性裁判程序,也不完全适用无罪推定的理念。

6.5 禁止强迫自证其罪原则

禁止强迫自证其罪是西方国家刑事诉讼的基本原则,它通常被确立在西方国家宪法和国际人权公约之中。我国2012年修订的《刑事诉讼法》首次明文确立了这一原则,并通过一些具体的制度吸收了这一原则的内容,因此,这一原则也成为中国刑事诉讼法的基本原则。

6.5.1 禁止强迫自证其罪的含义

所谓"自证其罪",是指嫌疑人、被告人向侦查人员或法庭供述自己的犯罪事实,也就是提供不利于自己的有罪供述或自白。而这种有罪供述和自白可能被公诉方作为指控其构成犯罪的证据。需要注意的是,该原则只适用于嫌疑人、被告人的有罪供述,而不涉及他们提交实物证据、提供鉴定检材、接受侦查实验、被要求参加辨认或者接受搜查、扣押、查封、冻结、勘验或人身检查等收集证据的方法。侦查人员即便强迫嫌疑人提交了实物证据或者从事了上述任何一种配合侦查的行为,这种行为也不构成"强迫自证其罪"行为。

作为一项刑事诉讼基本原则,"禁止强迫自证其罪"原则并不禁止"自证其罪"的行为,所禁止的只是"强迫自证其罪"的行为。这一原则的核心是强调"禁止对被追诉者采取强迫行为"。从积极的方面看,这一原则要求司法机关保证嫌疑人、被告人在作出有罪供述方面的自愿性,自由地选择诉讼角色。从消极的方面看,这一原则要求司法机关在讯问嫌疑人、被告人的时候,不得采取暴力、威胁、引诱、欺骗等带有"强迫性"的取证手段。

这一原则的核心在于界定"强迫"行为的内涵和外延。所谓"强迫",通常有两种形式:一是自然意义上的强迫,包括酷刑、威胁、利诱、欺骗等剥夺被追诉者自愿性的取证手段;二是法律意义上的强迫,包括各种容易使被追诉者失去自由意志的取证行为,如长期羁押、剥夺律师帮助权、不告知诉讼权利、不在法定场所进行讯问、讯问时没有录音录像,等等。在中国刑事诉讼法中,诸如"刑讯逼供""威胁""引诱""欺骗"等非法取证行为,就都属于法定的"强迫"行为,也都是被视为"违背嫌疑人意愿"的非法讯问行为。当然,作为这一原则所禁止的对象,"强迫"行为的含义是开放的,可以随着法律制度的发展而发生相应的变化。例如,最初的"强迫",可能只限于那些使人肉体或精神产生痛苦的酷刑行为,但后来这一概念还可以被用来包含诸如长时间的羁押、剥夺律师帮助、未告知沉默权等一系列不当侦查行为。正因为如此,对于"非自愿性",也不能仅仅从社会心理学的角度来解释为"不同意"或"不情愿",而应对其作出法律意义上的解释。原则上,只有那些构成"强迫"的侦查行为,才属于法律上的"非自愿供述行为"。

那么,侦查人员的讯问行为一旦构成"强迫自证其罪"的行为,刑事诉讼法应确立怎样的法律后果呢?原则上,"强迫自证其罪"行为本身就属于法律所禁止的非法侦查行为。对此行为,法院可以根据被告方的申请,或者依据职权,将其宣告为非法行为,将由此所获取的被告人供述视为"非法证据",并将这一供述排除于法庭之外,否定其证据的法律资格。可以说,对"强迫自证其罪"行为的禁止,主要靠非法证据排除规则来完成。

6.5.2 禁止强迫自证其罪原则的基本要求

首先,根据禁止强迫自证其罪原则的要求,任何人面临一项刑事指控并受到强制性讯问时,都有保持沉默的权利。

按照通常的理解,"沉默权规则"也是由一系列法律规则所组成的规范体系。例如,侦查人员在讯问嫌疑人之前,应告知其享有保持沉默的权利;在讯问过程中,侦查人员遇有嫌疑人保持沉默的,应当中止讯问活动;在法庭审理过程中,遇有被告人选择保持沉默的,法庭应不再对其询问,也不再给予其发问和质证的权利,而由辩护律师代其行使诉讼权利;对于嫌疑人、被告人保持沉默的行为,法官、陪审员不得作出任何对其不利的推论;对于那些剥夺或限制沉默权的侦查行为,法庭有权将由此所得的有罪供述排除于法庭之外,等等。

其次,对于侦查人员采用酷刑、胁迫等强制性手段所获取的有罪供述以及其他证据,应当一律排除于法庭之外。这种非法证据排除规则是对禁止强迫自证其罪原则的重要体现。通过排除非法证据,司法机关可以"将侦查人员违法所得的利益予以剥夺",从而对侦查人员的酷刑、强迫等非法侦查行为产生遏制作用,避免被告人在被强迫的情况下作出不利于自己的有罪供述。

再次,确保被告人在刑事诉讼过程中获得律师的有效帮助,这是保证禁止强迫自证其罪原则得到实施的制度保障。唯有建立全方位的法律援助制度,确保每个被告人获得律师的法律帮助,才能使侦查人员的侦查行为受到有效的制衡。无论是受委托从事辩护的律师,还是被指定担任辩护人的律师,都应有机会参与侦查人员的讯问过程,到场为嫌疑人提供咨询和帮助。这是遏制酷刑以及其他强迫行为发生的有效制度保证。

又次,刑事诉讼法应确立被告人供述自愿性的制度保障。侦查人员在讯问之前应告知被告人有权保持沉默,有权获得律师的帮助,在没有委托辩护人时可以获得法律援助律师的免费法律帮助。在讯问嫌疑人过程中,嫌疑人有权要求律师参加讯问过程;讯问应在法定的场所,并在合理时间内进行,保证嫌疑人获得基本的休息时间;讯问过程应被全程同步录音或者录像。

最后,作为禁止强迫自证其罪原则的基本要求,任何人在接受任何调查的过程中,遇有可能"使自己陷入一项控罪之中"的问题,都享有拒绝回答的诉讼特权。这是证人作证义务的一项例外,也是任何人都应享有的一项作证豁免权。这意味着,在接受官方调查的过程中,任何人在进行服从和配合的同时,享有一项最低限度的权利保障:不得被强迫作出不利于自己的陈述。假如不得不作出这种陈述,被调查者必须出于真实的意愿,而不能受到外部的压力和强迫。

6.5.3 禁止强迫自证其罪在刑事诉讼法中的体现

2012年修订的《刑事诉讼法》明确提出了"不得强迫任何人证实自己有罪"的原则要求。对此立法表述,有人提出了异议,认为这种将此条款置于证据规则之中加以表述的方式,似乎削弱了这一原则的权威性。还有人担心这种带有宣示性的立法表述,难以产生有效的规范作用。尽管如此,《刑事诉讼法》对这一原则的明文确立,不仅对于将来的刑事司法改革将产生重要的指导作用,而且对于那些已经得到确立的程序规则也可以起到理念统率作用。那么,这一原则在我国刑事诉讼中究竟体现在哪些方面呢?

首先,我国刑事诉讼法对于侦查人员的预审讯问确立了明确的禁止性规范:禁止刑讯逼供和以威胁、引诱、欺骗以及其他非法手段获取证据。这一规则所禁止的就是侦查人员通过酷刑以及其他违法手段强迫获取被告人有罪供述的行为,所宣示的就是一种"禁止强迫被告人作出有罪供述"的理念。

其次,我国刑事诉讼法确立了非法证据排除规则,将侦查人员非法获取的被告人供述作为强制性排除的适用对象。这种强制性排除,又被称为绝对排除,是一种既不附加任何条件也不可补正的排除,意味着侦查人员只要实施了法律所明文禁止的非法取证手段,司法机关就可以将由此所获取的非法供述排除于定罪根据之外。迄今为止,强制性排除规则适用的对象主要包括侦查人员通过以下非法手段所获取的有罪供述:一是刑讯逼供;二是威胁;三是非法拘禁;四是重复性供述;五是在非法场所讯问;六是没有依法进行同步录音录像;七是检察机关没有依法对侦查程序的合法性进行核查。对以上非法手段所获取的非法证据加以排除,是禁止强迫自证其罪原则的重要体现。

最后,刑事诉讼法还确立了一些旨在预防刑讯逼供的制度机制。例如,逮捕、拘留后应尽快送交看守所羁押,至迟不得超过逮捕、拘留后的24小时;侦查人员将嫌疑人送交看守所以后,应当在看守所内进行讯问,禁止将嫌疑人带到看守所以外进行讯问;确立了对讯问过程同步录音录像的制度,要求对那些可能判处无期徒刑以上刑罚的重大案件,讯问时一律应当安排同步录音录像,而对其他案件,则可以进行录音录像。这些制度安排,既有助于减少刑讯逼供等非法取证情况的发生,也是对被告人供述自愿性的有效保证。

6.6 辩护原则

6.6.1 辩护原则的含义

根据无罪推定原则,在法院作出生效有罪裁判之前,嫌疑人、被告人在法律上处于"无罪者"的地位,并享有一系列诉讼程序上的保障。无罪推定确立的是被追诉人的诉讼主体地位。但是,要确保被追诉人诉讼主体地位的实现,还需要有两项基本原则的保障:一是禁止强迫自证其罪原则,二是辩护原则。前者是从消极的角度维护被追诉人的诉讼主体地位,后者则从积极的角度维护被追诉人的诉讼主体地位。

所谓辩护原则,是指在国家专门机关所实施的刑事追诉活动中,作为被追诉者的嫌疑人、被告人,可以针对追诉行为进行抗辩,并对有权作出裁决或决定的机关施加积极的影响。具体而言,只要国家专门机关采取可能限制或剥夺被追诉人利益的活动,如采取强制措施、实施强制性侦查行为、移送审查起诉、审查起诉、法庭审理等,被追诉人都应获得行使辩护权的机会。

作为一项刑事诉讼基本原则,辩护原则有三项基本要求:一是嫌疑人、被告人有权获得辩护,不仅享有辩护权,而且可以行使辩护权;二是嫌疑人、被告人在刑事诉讼的全过程应获得律师的法律帮助,从而增强行使辩护权的能力;三是嫌疑人、被告人应当获得律师的有效法律帮助,律师所进行的辩护活动应当是尽职尽责和富有成效的。

辩护原则是确保嫌疑人、被告人充分参与诉讼过程的制度保障。通过贯彻这一原则,嫌疑人、被告人可以积极地提出证据、事实和法律观点,并对追诉方的证据和事实提出质疑,对追诉方的法律观点进行挑战,从而对有权作出裁决的机关施加积极有效的影响,摆脱消极等待国家处理、被动承受国家追究的诉讼客体地位。与此同时,唯有确保被追诉人积极有效地进行诉讼抗辩,才能使有权作出裁决的机关听取双方的陈述,获取对被追诉人有利和不利的信息、事实和法律观点,兼听则明,避免作出片面的、武断的和任意的裁决,从而确保诉讼决定的公正性和合理性。

6.6.2 辩护原则的确立

首先,我国宪法和刑事诉讼法确立了"被告人有权获得辩护"的法律条款。一般认为,被告人有权获得辩护的法律条款,其实是确认了被告人进行诉讼抗辩的资格,属于辩护原则的具体体现。

但是,仅仅保障被告人获得辩护权的资格和权利,还是远远不够的。被告人通常不精通法律知识,缺乏诉讼技能,无法与作为法律人的法官、检察官进行平等、理性的对话和沟通;被告人通常身陷囹圄,失去人身自由,无法亲自调查取证,不具有基本的举证、质证和辩论能力;被告人作为案件的当事人,可能面临被追究刑事责任的可能,容易情绪激动,难以保持冷静、理性的态度,无法对司法官员进行耐心细致的说服工作。正因为如此,被告人仅仅依靠自身力量,既无法有效地行使辩护权,也难以通过辩护活动有效地说服司法机关作出有利于自己的裁判结论。

其次,为确保辩护原则的实现,我国刑事诉讼法确立了被告人获得辩护律师帮助的权利。在一定意义上,无论是犯罪嫌疑人,还是被告人,尽管"享有"辩护权,却在行使诉讼权利方面属于"无行为能力人"。没有律师的帮助,仅仅凭借一己之力,嫌疑人、被告人根本无法有效地"行使"辩护权。因此,司法机关必须为嫌疑人、被告人委托辩护律师创造条件,并确保辩护律师参与到刑事诉讼过程之中。

自1996年以来,我国《刑事诉讼法》每一次作出新的修改,都在不同程度上扩大了辩护人参与刑事诉讼程序的范围。根据2018年修订的《刑事诉讼法》的规定,自侦查机关采取强制措施或者进行第一次讯问之日起,嫌疑人就有权委托辩护人,符合法定条件的嫌疑人也可以被指定律师担任辩护人。辩护人可以会见在押的嫌疑人、被告人,可以查阅、摘抄、复制案卷材料,可以依法调查核实证据。在侦查终结之前,辩护人可以向侦查员发表辩护意见,也可以将书面辩护意见予以提交;在审查批准逮捕和审查起诉阶段,辩护人都可以向检察官发表辩护意见,也可以将书面辩护意见予以提交。在庭前会议阶段,辩护人可以向法院提出程序性申请,并参与法院对诸如回避、管辖、非法证据排除、延期审理等程序性异议的处理过程,发表辩护意见,对法官施加积极的影响。在审判阶段,由于证人、鉴定人出庭作证制度的落实,辩护人可以当庭对证人实施交叉询问。随着二审法院开庭审理的案件范围的扩大,辩护人有机会当庭参与举证、质证和辩论程序,当庭发表辩护意见。而在死刑复核程序中,最高人民法院允许辩护人向承办案件的法官提交书面辩护意见,也可以当面发表辩护意见。

辩护原则的实现,有赖于法律援助制度的改革和发展。对于那些因为经济原因而无力聘请律师的被告人,司法机关应尽可能为其指定法律援助律师提供法律帮助,并确保被指定的辩护律师尽快为被告人提供法律帮助。目前,我国法律已经确立了刑事值班律师制度,并确立了强制性指定辩护与值班律师这两种基本的法律援助形式。前者是指对于法律明确规定应当有律师辩护的案件,司法机关应当指定法律援助律师担任辩护人,为嫌疑人、被告人提供法律帮助。对于这类适用强制性指定辩护的案件,司法机关有义务为被追诉人指定辩护人,否则诉讼程序应被归于无效。目前,随着"辩护律师全覆盖"改革措施的推行,未来的强制性指定辩护将适用于所有刑事审判程序之中。而所谓值班律师制度,则是指在被追诉人认罪认罚案件以及申请排除非法证据的案件中,国家专门机关为其指派法律援助值班律师提供专门的法律帮助。例如在认罪认罚案件中,被指派的值班律师可以为嫌疑人、被告人提供法律咨询、代为申诉或控告、代为申请变更强制措施、向侦查人员和检察官就定罪、量刑等问题发表辩护意见,并且在被追诉人签署认罪认罚具结书时在场见证。

最后,辩护原则还包含一项重要的内容,那就是嫌疑人、被告人有获得律师有效法律帮助的权利。根据2012年修订的《刑事诉讼法》,辩护人自审查起诉之日起,在会见在押嫌疑人时,可以向其"核实有关证据"。这种核实证据权利的确立,意味着辩护人开始承担与委托人协调辩护立场的义务。而根据中华全国律师协会2017年通过的《律师办理刑事案件规范》,辩护律师应当忠诚于委托人的利益,不得违背委托人的意愿从事不利于委托人的辩护;辩护律师应当与委托人进行充分沟通和协商,无法形成一致意见的,可以解除委托关系,退出辩护活动。这些旨在加强辩护律师忠诚义务和沟通义务的规范,从不同方面体现了有效辩护的理念。

对于一审法院违反法定诉讼程序的审判行为,二审法院可以作出撤销原判、发回重审的裁定。其中,一审法院限制或者剥夺被告人诉讼权利,特别是侵犯辩护律师参与诉讼权利的行为,就被视为"违反法定诉讼程序,影响公正审判"的行为。我国刑事诉讼法对于这种侵犯辩护权的行为所实施的程序性制裁措施,其实也是对有效辩护理念的贯彻,属于加强辩护原则的重要标志。

阅读案例材料之六

"德国牙医"案件[①]

1999年11月29日,轰动江西全省的"德国牙医"章俊理非法行医、故意伤害案,在南昌市西湖区法院开庭审判。被告人章俊理为全国规模最大的私人牙科诊所业主,公诉机关为南昌市西湖区人民检察院,附带民事诉讼原告则为1154名经被告人诊所医治后出现不同程度后遗症的患者。江西朗秋律师事务所的全体律师充当了本案全体附带民事诉讼原告的诉讼代理人,要求被告人赔偿治疗费、鉴定费、精神赔偿费等共计3810万元的巨额费用。

章俊理等涉嫌非法行医和故意伤害一案,经江西省内外的新闻媒体广泛报道,至少在江西已经造成妇孺皆知的局面。有南昌市民曾形容说:"北有胡万林,南有章俊理"。南昌当地的一家媒体还刊载了一则民谣:"南昌警察了不起,捉到牙医章俊理……上千群众来诉苦,罪恶的章俊理被逮捕。"而在章俊理案发之后,在南昌有较大影响的《江南都市报》就以头版位置推出报道"章俊理是逃跑了还是被关押了,德国牙医神秘失踪",随后更是陆续推出"'牙医'章俊理渐露真面目"、"警方向本报记者证实:德国牙医已被刑拘"、"26名受害者昨向本报投诉:章俊理可把我们害苦了"等40余篇连续报道,由此"引发了一场江西新闻媒体围剿'德国牙医'章俊理的战役"。该报甚至在一审法院尚未作出判决的1999年12月11日,还引述江西当地一位法学教授的见解认为,章俊理除了犯有非法行医和故意伤害两项罪名以外,还犯有"诈骗罪",因为"罪犯章俊理从1988年起非法行医十多年,故意伤害一千多人,为什么能够得逞?关键问题是章俊理具有行医欺骗性,章俊理非法行医,获几千万财产,重伤40多人,贯穿一点是用欺骗手段进行的"。直至江西朗秋律师事务所在南昌某权威大报上登载有关对章俊理提出集团诉讼的公开"启事",新闻媒体对此案的渲染、报道也就达到了顶峰。甚至就连某些"中央级报纸"也参与到这种评论性

[①] 有关章俊理案件的全部情况,读者可参见李菁莹:《千人起诉"南方胡万林"》,载《中国青年报》1999年12月13日第7版;李菁莹:《钱列阳为"德国牙医"辩护》,载《中国青年报》1999年12月16日第2版。

报道中来。例如,有的报纸就明确将章俊理与另一个受到刑事追诉的非法行医者胡万林相提并论,并将章俊理的牙医疗法贬斥为"纳粹疗法",认为章俊理诊所"好牙坏牙全锯掉",揭露他"自称摆平黑白道"。

章俊理案发直接起源于顾德兴的投诉和上访。1998年8月,顾曾在章俊理诊所治疗过牙齿,并因为治疗效果和收费问题与章俊理发生过激烈的争执。顾因不满于章俊理专横跋扈的态度,就向省消协、省卫生厅、市消协、市司法局提出多项投诉。在经反复投诉终未获得满意答复之后,顾德兴遂愤而上书江西省省长舒圣佑。1998年11月5日,舒圣佑省长看了顾德兴的投诉信后,当即作出批示:此信若属实,说明邪恶势力太猖狂,难道我们就不能为受害者申冤吗?"黑白"两道都摆平!我们信马克思主义、毛泽东思想、邓小平理论之道,怎么来摆平呢?这就要看南昌市委书记的了!11月18日,南昌市委书记钟家明指示:坚决按舒省长指示办,请市政法委带头,市公安、工商、卫生、物价、税务协调动作,立即查清情况,严肃处理。随后,南昌市公安局以"非法行医、故意伤害、偷税漏税、虚假广告"等犯罪嫌疑,将章俊理刑事拘留。

章俊理案件案情较为复杂,单案卷就多达270余册,受害者来自数个省市,多达1154人,"其范围之广,受害人数之多",不仅为南昌市和江西省之最,而且就是在全国也极为罕见。加上案件在开庭审判之前就已被省内外媒体作出了评论性报道,而江西省和南昌市党政负责人就此案所作的批示或指示,更是直接推动了该案刑事程序的启动和进展。因此,被告人章俊理的辩护律师先后两次向南昌市西湖区法院提出了变更案件管辖的申请。按照辩护律师的主张,案件最好移出江西省,至少应当由南昌市以外的地方法院审理。在有关地区管辖的变更申请迟迟得不到答复的情况下,辩护律师又提出变更级别管辖的申请,也就是由南昌市中级人民法院作为该案的第一审法院,从而使被告人有向江西省高级人民法院提起上诉的机会。但是,对于辩护律师的变更管辖申请,南昌市西湖区法院并没有给出任何同意与否的决定,也就是以沉默的方式拒绝了辩护律师的申请。

2000年3月9日,南昌市西湖区人民法院以(1999)西刑初字第441号刑事附带民事判决书,判决章俊理犯非法行医罪和故意伤害罪,判处有期徒刑15年,并处罚金100万元,判决章俊理等四名被告人赔偿1091名附带民事诉讼原告的经济损失合计5246653元。

【深入思考题】

1. 对于一个尚处于侦查阶段的刑事案件,公安机关将新闻通稿发布到媒体上,披露了"案件侦破"的全过程和嫌疑人"犯罪事实"的细节,这是否违背无罪推定原则?

2. 在经过当地党政负责人亲自"批示过问"后,公安机关启动了立案侦查行动。在我国现行体制下,无论是检察机关的审查起诉,还是法院的审判,都可能受到程度不同的影响和干预。在案件裁判结果具有高度可预测性的情况下,刑事诉讼程序还有没有独立的价值?

第七章 刑事诉讼主体（Ⅰ）
——国家专门机关的性质与职能

> 如此叠床架屋地对国家机关设置监督机制，可能无法回答一个千古难题：谁来监督监督者？要走出这一思维怪圈，可行的出路是强化诉权制约机制，使得所有行使国家追诉权力的机构，都能受到来自被追诉者及其辩护人的有力制衡。与此同时，在被追诉者的权益受到侵犯或威胁之际，法院作为司法裁判权的行使者，能够提供及时有效的司法救济，这是实现司法正义的必由之路。

7.1 我国刑事司法体制的基本特征
7.2 法院
7.3 检察机关
7.4 公安机关
7.5 司法行政机关
7.6 监察委员会
阅读案例材料之七　陈亚男案件

7.1 我国刑事司法体制的基本特征

刑事司法体制是指参与刑事诉讼的国家专门机关的法律地位以及相互间的法律关系。我国参与刑事诉讼的国家专门机关大体分为三类：一是刑事追诉机关，也就是负责对犯罪案件进行立案、侦查（或调查）、提起公诉的国家机关，主要有公安机关、检察机关和监察委员会；二是审判机关，也就是依法行使审判权的法院；三是刑罚执行机关，主要是负责执行死刑立即执行、罚金刑和财产刑的法院，负责执行短期自由刑和其他附加刑的公安机关，以及负责执行死刑缓期两年执行、无期徒刑、有期徒刑和社区矫正的司法行政机关。

这些国家机关依据宪法和法律而设立，并依法行使各自的法律职能。随着社会的发展和司法体制改革的不断推进，这些国家专门机关的地位和法律关系也在不断发生变化，从而对我国刑事司法体制进行着重新塑造，并产生重大影响。大体上，我国的刑事司法体制具有以下四个方面的特征：一是我国实行"人民代表大会领导下的一府一委两院制"，这种政权组织形式对刑事司法体制产生重大影响；二是国家专门机关专门行使相关国家权力，并按照职能分工进行诉讼活动；三是从事侦查、起诉和审判的专门机关具有"流水作业"的法律关系，但随着"以审判为中心的诉讼制度改革"的推进，这种法律关系正在发生变化；四是法院、检察机关、监察委员会作为一个整体，依法分别独立行使审判权、检察权和监察权。

7.1.1 人民代表大会制度的影响

根据人民主权原则，我国实行人民当家做主的政治制度，人民行使国家权力的方式是通过人民代表大会及其常务委员会，对其他国家机关行使选举权、罢免权、监督权等国家权力。根据"人民代表大会领导下的一府一委两院制"，在人民代表大会之下，设置行使行政权的人民政府、行使国家监察权的监察委员会以及行使司法权的法院和检察院。人民代表大会选举产生政府、监察机关、法院、检察院的负责人，并由人民代表大会常务委员会任命政府组成人员、监察委员会的委员、法院的副院长、法官以及检察院的副检察长、检察官。政府、监察委员会、法院和检察院要向人民代表大会及其常委会负责，报告工作，并接受人民代表大会及其常委会的监督。

在人民代表大会制度的政体下，参与刑事诉讼的国家专门机关在接受人民代表大会及其常委会监督的前提下,各自行使法定的国家专门权力。其中,法院作为国家司法机关,行使审判权,负责对检察机关或自诉人起诉的刑事案件进行审理并作出裁判。检察院作为国家司法机关,行使法律监督权,维护国家法律的统一实施。其法律监督的对象主要是行使侦查、检察、审判和执行权力的行政机关和司法机关。监察委员会作为国家监察机关,对全体公职人员统一行使监察权,对那些涉嫌职务犯罪的公职人员,可通过行使调查职权,收集证据,将其移送检察机关审查起诉和提起公诉。

相对于法院、检察院、监察委员会而言,公安机关、司法行政机关作为政府的职能部门,分别代表政府行使侦查权和刑罚执行权,其专门权力具有行政权的性质。公安机关、司法行政机关并不直接向人民代表大会及其常委会负责并报告工作,其行使专门权力的活动要作为政府行政活动的重要内容,接受人民代表大会的监督。

7.1.2 国家专门机关的职能分工

自1979年以来,我国刑事诉讼法一直确立专门权力由专门机关行使的原则。随着司法体制改革的不断推进,这一原则的内容也在发生不断的变化。根据这一原则,侦查权、监察权、检察权和审判权应由国家专门机关加以行使,任何个人、团体、企业事业单位以及其他国家机关,都不得行使上述专门权力,否则,这种违法行使专门权力的行为一律应被归于无效。另一方面,以上国家专门权力应由不同国家机关专门负责行使。其中,公安机关依法行使普通刑事案件的侦查权,监察委员会行使对公职人员职务犯罪案件的调查权,检察机关机关统一行使公诉权和诉讼监督权,法院则统一行使审判权。公安机关、检察机关、监察委员会和法院在行使国家专门权力时应当遵守法律所确定的职权分工,而不得相互替代行使职权或者混淆职权范围。

7.1.3 公检法三机关的关系

我国宪法、法院组织法和刑事诉讼法确立了一种特殊的刑事司法体制,也就是"公检法三机关"分工负责、相互配合和相互制约的体制。就其字面意思来看,所谓"分工负责",是指公安机关、检察机关、法院按照法律设定的权力范围分别行使职权,不得相互取代或者混淆职权;所谓"互相配合",是指三个国家专门机关应当依法通力协作,互相支持,不给其他机关制造法律障碍,或者相互掣肘;所谓"相互制约",则是指这三个专门机关依法独立行使职权,对其他机关的行为和决定进行审查,发现存在没有事实根据或者不符合法律规定的情形的,应当及时加以纠正,或者直接加以撤销,宣告无效。按照立法者的立法意图,确立这一原则的根本目的在于确保任何刑事案件都要接受三个国家机关的反复审查,并经过三道法律程序的检验,以确保发现案件事实真相,防止无罪的人受到错误的和非法的追究。

在这一原则的影响下,我国刑事司法体制逐步形成了三个国家机关"流水作业"的诉讼构造。这种诉讼构造的特点主要有:一是公检法三机关各自负责侦查、审查起诉和审判活动,形成三个独立行事的"司法机关"。刑事诉讼法为这三个国家机关都建立了管辖、回避制度,并授权三个机关各自适用强制措施。二是公检法三机关建立了程序倒流的机制,使得案件可以从后一程序回到前一程序,以确保前一机关进行必要的程序补救,以防止事实认定和法律适用出现错误。三是在案件事实认定和强制措施的决定方面,形成了侦查中心主义的诉讼构造。侦查机关通过案卷移送的诉讼流程,以及针对嫌疑人所采取的强制措施和针对涉案财物所采取的强制性处分措施,来影响检察机关的审查起诉结论,影响法院的裁判结局。四是在法律实施方面,形成了检察监督为中心的诉讼构造。从立案、侦查、审判到执行,检察机关都拥有实施诉讼监督的权力,并可以通过提交纠正违法通知、不批准逮捕、退回补充侦查、抗诉等方式,来纠正其他机关的违法行为。在一定意义上,检察机关取代法院,成为法律程序的守护者。

2014年以来启动的司法体制改革,首次提出了建立"以审判为中心的诉讼制度"的理念。根据这一理念,司法改革要"尊重司法规律",确保庭审在保护诉权、认定证据、查明事实、公正裁判中发挥决定作用,实现"证据质证在法庭""案件事实查明在法庭""诉辩意见发表在法庭""裁判理由形成在法庭",从而促使侦查和审查起诉活动围绕着审判程序来进行。这项改革意义重大,可以加强审判程序的终局性和权威性,确保法院对侦查和公诉活动的审查和检验,并通过庭审倒逼侦查机关和检察机关遵守法律程序,提高办案质量。不仅如此,通过这种改革,法院可以当庭进行举证和质证活动,当庭形成裁判结论,避免庭审的形式化。

但是,由于缺乏必要的配套改革措施,我国的刑事司法体制并没有发生实质的改变,这一改革也没有从根本上触动公安机关、检察机关与法院的法律关系。例如,改革者没有建立以法院为中心的管辖制度、回避制度,没有在强制措施和强制性侦查的适用上确立司法审查机制,没有对案卷移送制度作出实质性的限制,没有削弱检察机关的"法律监督地位",没有建立公诉引导侦查的机制,法院在刑事诉讼程序中的中心地位并没有得到确立。

最高人民法院对"审判中心主义"改革理念作出了谨慎的解读,逐步在审判程序中推行"庭审实质化改革",并以此作为实现"以审判为中心的诉讼制度改革"的重要步骤。所谓庭审实质化,其实就是为解决法庭审理流于形式的问题所提出的改革方案,其基本含义是法院通过法庭审理活动,来确定案件的事实认定和法律适用问题,对案件作出实质性的裁判结论,避免法院在法庭审理之前或者在法庭之外形成裁判结论。这一改革理念大体包括以下要素:一是贯彻证据裁判原则;二是落实直接和言词原则,实施证人、鉴定人出庭作证制度;三是严格适用定罪的最高证明标准,贯彻疑罪从无原则;四是严格实行非法证据排除规则,进一步明确非法证据的范围和排除程序;五是强化人权司法保障机制,强化辩护制度,强化控辩双方平等对抗的理念,强化对强制措施和强制性侦查措施的司法监督;六是健全轻微刑事案件快速办理机制,完善刑事诉讼中"认罪认罚从宽制度",构建认罪案件与不认罪案件的分流机制。

7.1.4　审判权、检察权和监察权的独立行使

我国宪法确立了法院独立行使审判权、检察机关独立行使检察权、监察委员会独立行使监察权的原则。根据这一原则,法院、检察机关作为国家司法机关,监察委员会作为国家监察机关,要作为一个整体分别独立行使审判权、检察权和监察权,三个国家机关在行使专门权力时要排除三方面的阻力和干扰:一是行政机关;二是社会团体;三是有关个人。因此,我国宪法和刑事诉讼法所确立的其实主要是法院、检察院和监察委员会的整体独立,而不强调法官个人独立行使审判权,检察官个人独立行使检察权,更不强调监察官个人独立行使监察权。无论是在法院、检察院内部,还在监察委员会内部,都实行集体领导和多数裁决制度。

近年来,随着司法体制改革的推进,法院、检察机关在行使职权方面的独立性得到显著的加强。首先,为解决"司法部门化"的问题,铁路检察机关和铁路法院已经从铁路系统脱离出来,被纳入普通检察系统和法院系统之中。这使得铁路检察机关和铁路法院的整体独立性得到一定的保证。其次,为解决"司法地方化"的问题,逐步设立跨行政区法院,构建普通案件在行政区划法院受理,特殊类型案件在跨行政区划法院受理的诉讼格局。最高人民法院

目前已经在全国设立六个巡回法庭,负责审理跨行政区划的重大民商事和行政案件,受理部分案件的申诉,进行必要的再审审查工作。最后,自 2014 年以来,逐步推行"省级以下法院、检察院人财物收归省级统一管理"的改革,建立地方三级法院由省级财政部门统一进行财政拨款的制度,各省、直辖市、自治区建立了法官、检察官遴选委员会以及法官、检察官惩戒委员会,专门负责对法官、检察官的任免和惩戒工作。

在坚持法院、检察机关整体独立的前提下,法官、检察官在行使审判权和检察权方面的独立性也得到了加强和保障。首先,2014 年来推行的法官、检察官"员额制"改革,在确保法官、检察官走向精英化和专业化的同时,确保员额法官独立行使审判权,员额检察官独立行使检察权。其次,司法责任制的推行,强调"让审理者裁判,让裁判者负责",确保员额法官和合议庭对大部分案件代表法院独立行使裁判权,法院院长、庭长不再对合议庭和独任法官的裁判文书进行签署,同时严格限制审判委员会讨论和决定案件的范围,将其讨论和决定事项主要限制在法律适用问题上,而对合议庭和独任法官就事实认定所作的裁判意见,则不再进行改变。这显然说明,无论是独任法官还是合议庭,在行使审判权方面享有越来越大的独立性。

7.2 法院

7.2.1 法院的性质和职能

根据我国的行政区划,并与相应的政府机构相对应,我国共设立了四个级别的法院,分别是基层人民法院、中级人民法院、高级人民法院和最高人民法院。但是,在一些乡、镇以及街道办事处,基层法院会设置一些派出法庭。派出法庭并不是独立的审判机关,而是基层法院派出的工作机构,属于基层法院的组成部分。不仅如此,自 2014 年司法体制改革推行以来,最高人民法院在全国六个地区分别设置了巡回法庭,负责对跨省、直辖市、自治区的重大民事案件和行政案件进行审判,并负责受理部分申诉案件。这些巡回法庭属于最高人民法院派出的工作机构,要以最高人民法院的名义进行审判活动。

法院内部通常设院长一人,副院长若干人,院长和副院长是当然的审判委员会委员。除了设有相应的司法行政管理机构以外,法院还设有若干负责审判管理的审判庭,如常见的刑事审判庭、民事审判庭、行政审判庭、立案庭、审判监督庭,等等。这些审判庭的庭长和一些资深法官一般都是审判委员会委员。在每个审判庭之内,设有若干名员额法官,负责对案件的审判工作。

法院是国家审判机关,负责对民事案件、行政案件和刑事案件进行法庭审理,并作出权威的司法裁判。在刑事公诉案件中,法院不参与公诉案件的立案、侦查和审查起诉活动,而是在检察机关提起公诉之后,负责对检察机关提出的犯罪指控和量刑建议进行审理并作出裁决。而在刑事自诉案件中,在自诉人提起自诉后,法院负责对自诉人指控的犯罪事实和量刑意见进行审理并作出裁决。法院的终审裁判一旦发生法律效力,就具有可执行的法律效果。

7.2.2 审级制度

审级制度是对同一案件经过几级法院的审理才能产生终审裁决的制度。与审级制度相伴而生的是上诉和抗诉制度,也就是对于下级法院的未生效判决和裁定,当事人、检察机关申请上级法院重新审理的制度。在审级制度方面,一些大陆法国家实行三审终审制,将第二审设计成全面的复审程序,而将第三审确立为单纯的法律复审程序。英美法国家则一般不设置固定的审级制度,对于一审法院的判决,只要当事人提出上诉,那么上一级法院则会无条件地进行第二审程序。而在二审程序之外,则实行上诉审查批准制度,也就是当事人继续提出上诉的,更高层级的法院要经过审查,认为案件涉及普遍性的法律适用问题的,才会批准上诉,启动第三审乃至第四审程序。

与西方国家不同,我国法院审判实行两审终审制。之所以要实行两审终审制,主要是出于诉讼经济和便利当事人诉讼的考虑,避免因设置过多和过于复杂的审判层级,而给当事人行使诉讼权利带来不必要的负担和拖累。与此同时,二审法院经过全面审查,可以对一审法院的事实认定和法律适用问题进行重新审理,足以发挥上诉审的诉讼功能。

一般情况下,一个刑事案件最多经过两级法院的审判,才能形成生效裁判。在法院宣告一审判决后,在法定上诉期内,当事人提起上诉或者检察机关提起抗诉的,案件进入由上一级法院主持的二审程序,二审法院宣告的裁判属于生效裁判。但是,在法定上诉期内当事人不上诉,检察机关也不抗诉的,一审法院的裁判产生法律效力。

两审终审制是我国审级制度的一般原则。这一原则存在三种例外情形:一是最高人民法院对一审案件所作的裁判,一经宣告和送达,即产生法律效力。二是死刑案件的裁决要经过死刑复核程序,才能产生法律效力。具体说来,中级人民法院判处死刑立即执行的案件,还要由高级人民法院报送最高人民法院核准后,其判决才能产生法律效力。中级人民法院判处死刑缓期两年执行的案件,即便当事人不上诉、检察机关不抗诉,也要报送高级人民法院予以核准后,才能产生法律效力。三是对死刑案件以外的其他刑事案件,一审法院作出裁决后,在法定上诉期之内,当事人不上诉,检察机关也不提出抗诉的,该一审裁决即发生法律效力。

7.2.3 审判组织

法院的审判组织主要有独任庭和合议庭两种形式。对于重大、复杂、疑难案件,法院还会组织审判委员会经过讨论作出决定,审判委员会所作的决定,独任庭和合议庭都要执行,并以此作为裁判的依据。因此,审判委员会也是一种审判组织。

所谓独任庭,是由一名法官负责审理案件的审判组织。原则上,法官独任审判主要适用于基层法院受理的轻微刑事案件。随着我国司法体制改革的不断推进,法院对于被告人认罪认罚的案件要适用较为简略的审理方式。独任审判的形式逐渐被适用于基层法院适用简易程序和速裁程序的案件。

合议庭是由三名以上法官、陪审员组成的审判组织。合议庭负责审理的是除独任法官审理的案件以外的其他刑事案件。合议庭可以吸收人民陪审员参加。合议庭组成人员必须是奇数,采取民主集中的决策机制,遵循少数服从多数的表决原则。但合议庭成员都需要在裁判文书上签字。

合议庭的审理活动由审判长主持进行。合议庭成员享有平等的评议权和表决权。但是,其中一名具有法官身份的合议庭成员是承办法官,原则上担任审判长,对案件的审判负有更大的责任。

目前,无论是基层法院、中级法院还是高级法院,在审理第一审刑事案件时,都可以组成由三人至七人组成的合议庭。这种合议庭可以全部由法官组成,也可以由法官和人民陪审员共同组成。我国《人民陪审员法》允许刑事被告人申请法院组成由人民陪审员参加的合议庭审判案件。

审判委员会是法院内部设立的指导审判工作的审判组织,是由院长、副院长、主要业务庭庭长以及少数资深法官组成的审判决策机构。其职能是讨论和决定重大、复杂、疑难案件,总结审判工作经验,并决定其他工作中的重大问题。审判委员会是凌驾于合议庭和独任法官之上的审判组织。

审判委员会的讨论和决定程序完全是行政化的,通过听取承办法官的口头汇报来进行讨论并作出决定,审判委员会可以改变合议庭的评议结果,合议庭必须服从审判委员会的决定,但要以合议庭的名义下发裁判文书。

为提高审判委员会的专业化水平,各级法院已经在各个业务庭设立一些专业审判委员会,如刑事专业审判委员会、民事专业审判委员会、知识产权专业审判委员会等,由各业务庭内部的资深法官组成。目前,各业务庭还设有审判长联席会议或者主审法官会议,可以对重大、复杂、疑难案件进行讨论,但其决定对于合议庭不具有强制约束力。

近年来,随着我国司法体制改革的逐步推进,审判委员会制度发生了一系列变化。随着司法责任制的推行,独任法官和合议庭具有更大的独立审判权,审判委员会讨论决定案件的范围受到较大的压缩。除了无罪案件和死刑案件必须经过审判委员会讨论决定以外,其他案件必须达到"重大""复杂"或者"疑难"的程度才会被提交审判委员会讨论。与此同时,为避免审判委员会讨论和决定的事项过于宽泛,我国法律要求审判委员会只对案件的法律适用问题进行讨论和作出决定,而对案件的事实认定问题则一律尊重独任法官和合议庭的意见。这种改革措施,使得我国刑事诉讼制度中开始出现分离事实审与法律审的发展动向。

不仅如此,考虑到审判委员会讨论决定案件沿用的是一种行政化的方式,无法保障控辩双方参与讨论决定过程的机会,加上所获取的信息来源主要是承办法官的书面或口头汇报,因此,为维护程序正义,避免刑事误判,一些地方法院正在探索审判委员会讨论案件程序的诉讼化改革问题。有些法院在检察长列席审判委员会会议时,会邀请辩护律师到场,同时听取检察官和辩护律师的意见;有的法院对于有争议的重大案件,在合议庭开庭审理时,即安排审判委员会委员到法庭旁听庭审过程;有些法院甚至对那些需要由审判委员会讨论的案件,由审判委员会委员组成"超级合议庭",经过开庭审理,对案件的法律适用问题作出决定。

7.2.4 陪审制度

为体现司法民主的理念,确保民众参与行使审判权,我国法院建立了陪审制度。所谓陪审制度,是指法院通过法定程序遴选民众担任陪审员,与法官一起组成合议庭,对案件行使裁判权的诉讼制度。目前,英美法国家一般实行陪审团制度,大陆法国家实行参审制度,我国则实行人民陪审员制度。

英美法实行陪审团制度,由法律界以外的人士经过遴选成为陪审员,达到法定人数后组成陪审团。陪审团通常由12名陪审员组成,在法官主持下负责对案件的事实问题作出裁断(verdict),法官则在陪审团作出有罪裁断之后,主持量刑听证程序,对被告人的量刑问题作出判决(sentence)。当然,在陪审团庭审过程中,法官对有关案件的程序争议问题作出裁决。

与陪审团制度密切相关的是定罪与量刑程序分离的审判制度。法庭审判被分为两个独立的阶段:一是定罪裁断阶段,陪审团在法官主持下作出裁断;二是量刑听证程序,法官委派假释官员或调查官员提交量刑前报告,在听取控辩双方意见的基础上作出量刑裁决。

大陆法国家实行参审制度,也就是由职业法官与陪审员组成混合法庭,对案件的事实认定和法律适用问题进行平等的评议,并按照多数裁决原则作出裁判。德国有大陪审法庭(法官三人、陪审员二人)和小陪审法庭(法官一人、陪审员二人)的分类。法国重罪法庭审理一审刑事案件,原来由三名法官、九名陪审员组成合议庭,审理二审案件则由三名法官和十二名陪审员组成合议庭。违警罪法院和轻罪法院则由执业法官负责审理,没有陪审员参与。但自2012年以后,法国对陪审制度作出了改革,重罪法庭审理一审案件,由三名法官和六名陪审员组成合议庭;审理上诉案件,则由三名法官与九名陪审员组成合议庭。值得注意的是,在轻罪法院审理刑事案件时,也开始有陪审员的参与。

与参审制密切相关的是定罪与量刑程序一体化的审判制度。法庭通过连续不断的调查和辩论活动,既要解决被告人是否构成指控罪名的问题,也要对有罪被告人的量刑问题作出裁决。

我国实行的是人民陪审员制度,也就是由法官与人民陪审员共同组成合议庭,既解决被告人是否承担刑事责任的问题,又要确定有罪被告人的量刑问题。从人民陪审员与法官的职能分工来看,人民陪审员制度与参审制度颇为相似。

我国没有实行定罪与量刑在程序上完全分离的审判制度。2010年启动的"量刑规范化改革",确立了一种定罪与量刑在程序上相对分离的审判制度,将法庭调查分为定罪调查和量刑调查,将法庭辩论分为定罪辩论和量刑辩论,合议庭在裁判文书中分别对定罪问题和量刑问题说明裁判理由。但是,人民陪审员有权与法官一起评议和表决案件事实认定问题,而对案件的法律适用问题,则只有法官有权作出裁决,人民陪审员对此不再享有裁判权。

通常情况下,人民陪审员参与的是基层法院的一审审判活动。人民陪审员分为两类：一是普通陪审员；二是专家陪审员。法院一般组成由法官一人和陪审员二人组成的合议庭，审判长由法官担任，该法官也就是案件的承办法官。法官与陪审员共参与案件的全部审理活动，对案件事实认定问题享有平等的评议权和表决权，并平等地在裁判文书上签字。

司法实践中，人民陪审员制度存在的最大问题是陪审员参与审理流于形式，被剥夺了实质的裁判权。为发挥人民陪审员的作用，体现司法民主的原则，我国法律近年来对人民陪审员制度作出了一些重大改革。首先，为保证人民陪审员具有广泛的代表性，逐步拓宽陪审员的选任渠道和范围，增加选任程序的随机性，建立随机抽选机制。法院在当地选民名单中抽取超过法官员额数五倍的人作为人民陪审员候选人，制作陪审员候选人名册。

其次，有人民陪审员参加的合议庭，可以分为三人合议庭和七人合议庭两种组织形式。三人合议庭又称为小合议庭，由法官和人民陪审员共三人组成。一审法院在审理那些涉及群体利益或公共利益，社会广泛关注或社会影响较大，或者案情复杂的刑事案件时，可以组织小合议庭进行审理。而七人合议庭被称为大合议庭，由法官和人民陪审员共七人组成。通常情况下，参与大合议庭的法官为三人，人民陪审员为四人。对于那些可能判处10年以上有期徒刑、无期徒刑、死刑的案件，或者涉及征地拆迁、生态环境保护、食品药品安全等方面的案件，且社会影响重大的，一审法院可以组织七人合议庭开庭审理。

再次，我国法律首次确立了当事人申请合议庭审判的制度。根据2018年颁布实施的《人民陪审员法》的规定，第一审刑事案件被告人可以提出由人民陪审员参加合议庭审判的申请。对此申请，法院可以决定由法官和人民陪审员组成合议庭进行审判。由此，被告人既可以申请由人民陪审员和法官组成三人合议庭进行审判，也可以提出对刑事案件适用七人合议庭审判的诉讼请求。当然，是否组成由人民陪审员参加的合议庭，以及是否组成七人合议庭，仍然要由一审法院作出决定。

最后，人民陪审员参加七人合议庭审判案件，对于案件事实认定问题，与法官平等发表意见，行使表决权；对于法律适用问题，可以发表意见，但不行使表决权。但是，人民陪审员参加三人合议庭的，对于案件事实认定和法律适用问题，可以独立、平等地发表意见，行使表决权。这样，在由七人组成的大合议庭审判过程中，人民陪审员的裁判范围被限定为事实认定问题。这又是将事实审与法律审加以分离的一种改革尝试。

不仅如此,为充分发挥民众参与司法审判的积极性,一些地方法院曾探索实行"人民观审团"制度。由若干名经过遴选产生的人民观审员,坐在旁听席专门座位上参与案件的旁听。合议庭审判结束后,观审团与合议庭同时进行评议,形成对案件的裁决意见。合议庭听取观审团的意见,并与之进行讨论,说服其接受合议庭的裁判结论。观审团的意见对合议庭没有约束力,但合议庭有义务向观审员说明裁判的结论和理由。

7.2.5 事实问题与法律问题的区分

在审判制度中,事实问题与法律问题的分离是一个涉及司法裁判权划分的重要问题。在英美陪审团审判中,陪审团负责对事实问题的裁断,法官则负责对法律问题的裁决。而在大陆法国家的刑事审判制度中,存在着三审终审的审级制度,也就是将第三审设置为专门的"法律审",只对存在争议的法律问题作出裁判。不仅如此,在西方国家的司法制度中,最高法院通常只对那些具有普遍法律适用意义的上诉案件加以受理,而一般不再审理事实问题。

自2014年以来,随着我国司法体制改革的逐步推进,法院的审判组织和陪审制度都发生了较大的变化。一方面,审判委员会讨论决定案件的范围被限制在事实问题上;另一方面,在人民陪审员参加合议庭的案件中,人民陪审员只对案件的事实问题参加评议和表决,而对法律问题不再行使裁判权。由此,我国法律确立了事实问题与法律问题的区分制度。

那么,究竟如何区分事实问题和法律问题呢?原则上,对于所指控的犯罪是否存在以及被告人是否实施犯罪行为的问题,被视为典型的事实问题。对此问题,事实裁判者可以通过当庭审理情况,根据经过质证的证据,作出权威的裁决。不仅如此,对于所指控的行为是否达到入罪标准,是否符合加重法定刑的情形,以及是否存在不认为是犯罪的情节,法院也可以将其视为事实问题。

对于事实问题,事实裁判者应当根据当庭经过举证、质证的证据,来判断是否达到了事实清楚、证据确实、充分的程度,是否达到了排除合理怀疑的证明标准。在人民陪审员参加合议庭的案件中,人民陪审员要与法官一起,对事实问题进行评议,并作出表决,行使司法裁判权。

在刑事审判过程中,对于被告人构成何种犯罪、如何裁量刑罚的问题,也就是通常所说的认定罪名和适用刑事处罚的问题,应当视为法律问题。与此同时,控辩双方提出的程序性争议问题,如回避、管辖、非法证据排除、证人出庭作证等,也属于与诉讼程序的适用有关的法律问题。

在人民陪审员参加合议庭的案件中,人民陪审员对于上述法律问题,可以在评议时发表意见,但不能参加表决,因此不行使司法裁判权。

当然,上述有关事实问题与法律问题的区分,一直存在着一些争论,在司法实践中也存在着一些不明晰的领域。为有效地确定司法裁判的权限划分,我国法律确立了一项重要的处理原则,也就是在某一问题究竟属于事实问题还是法律问题难以确定的情况下,一律视为事实问题,交由法官和陪审员共同加以裁决。

7.3 检察机关

7.3.1 检察机关的性质与组织

检察机关是国家法律监督机关,对国家机关和国家机关工作人员实施法律的情况进行监督,维护国家法律的统一实施。在法学理论上,检察机关所行使的法律监督权,所针对的对象是国家机关和国家工作人员,带有督促其遵守法律,纠正其违法行为的含义。但是,经过长期的制度探索,也由于我国实行人民代表大会制度这一政权组织形式,人民代表大会及其常委会代表人民行使宪法监督权或一般监督权,可以对所有行政机关、司法机关、监察机关及其工作人员进行一般性的法律监督。而检察机关所行使的法律监督权,是在人民代表大会及其常委会授权和监督下,所行使的"专门性法律监督"。所谓专门性法律监督,是指检察机关主要对国家工作人员是否遵守刑法所进行的法律监督,以及对于国家专门机关是否遵守诉讼程序所进行的监督。前一种监督被称为"刑事法律监督",后一种监督则被称为"诉讼监督"。按照主流的法学理论,我国检察机关的法律监督也就等于这种"专门性法律监督",包含了刑事法律监督和诉讼监督这两个基本要素。

检察机关在行使专门性法律监督权之外,还行使一定的诉讼职能。这种诉讼职能又被称为"办案职能",是指检察机关作为国家公诉机关、审查逮捕机关和提出公益诉讼机关,以行使诉权的方式所行使的法律职能。这种诉讼职能主要有三个方面:一是代表国家提起公诉的职能,包括审查起诉、提起公诉、支持公诉和提起抗诉等四个要素;二是审查批准逮捕的职能,对于侦查机关提请逮捕的案件,以及监察委员会移送审查起诉的案件,检察机关经过审查作出是否逮捕的决定；三是对于法定的适用公益诉讼的案件，在有关单位、团体或机关没有提起公益诉讼的情况下，检察机关代表国家和社会整体利益，向法院提起民事公益诉讼或者行政公益诉讼的请求。

与法院相对应，我国检察机关也分为基层人民检察院、市级人民检察院、省级人民检察院以及最高人民检察院这四个级别。根据宪法和检察院组织法，上下级检察院之间是领导关系，带有一定的行政隶属性质。在检察机关上下级关系上，实行检察一体原则，下级检察机关服从上级检察机关的领导，全国地方检察机关服从最高人民检察院的领导。而在检察机关内部，则实行检察长负责制，检察长指挥和领导全院检察官的工作，对于一名检察官正在办理的案件，检察长有权更换承办检察官，这两名检察官所参与的诉讼活动都具有法律效力。

检察机关内部设置检察委员会，由检察长、副检察长、负有行政管理职责的检察官以及部分资深检察官组成，对重大、复杂、疑难案件进行讨论和作出决定。作为在检察机关内部实行集体领导的检察组织，检察委员会所作的决定，所有检察官都要执行。

为开拓民众参与检察工作的途径，检察机关设立了人民监督员制度，通过法定程序吸收民众担任人民监督员，对检察机关的各项工作进行监督，提出建议和意见。

7.3.2　检察机关的诉讼职能

检察机关作为国家利益和社会公共利益的维护者，主要通过提起公诉和提起公益诉讼的方式行使诉讼职能。此外，在刑事诉讼中，检察机关作为逮捕权的行使者，还行使一定的司法审查职能。这种司法审查职能可以被归入诉讼职能的范围。

对于涉嫌犯罪的被告人，检察机关代表国家提起公诉，这是维护国家利益和社会公共利益的主要方式。与公诉职能相关的是，检察机关要对侦查机关或刑事调查机关移送审查起诉的案件，要进行审查起工作；对于符合公诉条件的案件，要向法院提起公诉；在法庭审理中，检察机关要派员支持公诉，承担证明被告人有罪的责任；对于一审法院所作的裁决，认为在认定事实或者适用法律方面存在错误的，要提起抗诉。根据所提出的公诉请求的不同，检察机关提起的公诉可分为定罪之诉、量刑之诉和程序之诉三类。此外，对于国家利益、集体利益受到犯罪行为侵害的案件，在有关机关、单位或者公益组织不提起附带民事诉讼的情况下,检察机关可以代表国家提起刑事附带民事公益诉讼;对于被告人涉嫌犯罪所得的财产及其孳息,以及其他涉案财物,检察机关还可以提起涉案财物追缴之诉。

在刑事诉讼中,检察机关可以对犯罪嫌疑人采取包括逮捕、拘留、监视居住、取保候审、拘传在内的各种强制措施。对于公安机关和监察委员会提请逮捕的案件,检察机关享有审查批准逮捕的权力。作为一种强制措施,逮捕是一种在较长时间内剥夺嫌疑人、被告人人身自由的措施。检察机关的逮捕权可以分为两种:一是针对侦查机关和刑事调查机关提出申请的案件,检察机关批准逮捕;二是检察机关对嫌疑人自行决定采取逮捕措施。无论通过何种形式行使逮捕权,检察机关都要对嫌疑人是否具备逮捕的条件进行审查。

除了在刑事诉讼中行使公诉权和逮捕权以外,检察机关还可以作为国家利益和社会利益的代表,向法院提起公益诉讼。这种公益诉讼的适用对象主要是涉及食品和药品安全、环境保护、国土资源保护、防止国有资产流失等方面的案件。检察机关提起的公益诉讼可分为两大类:一是民事公益诉讼;二是行政公益诉讼。前者是检察机关代表国家和社会对负有侵权责任的单位或个人所提起的民事诉讼,后者则是检察机关代表国家和社会对实施违法行政行为或者存在行政不作为的行政机关所提起的行政诉讼。

在行政公益诉讼领域,检察机关可以通过提出检察建议、发出督促令和启动行政诉讼程序等方式,督促行政机关纠正其违法行政行为,或者纠正其行政不作为现象。这种针对行政机关违法行政行为的监督职能,意味着检察机关逐渐获得对行政机关进行法律监督的职权。对此职权,可以称为"行政监督"。

7.3.3 检察机关的刑事法律监督职能

随着"法律监督专门化"改革理念的出现,针对国家工作人员的法律监督职能,逐渐成为检察机关的专门职能。过去,检察机关的法律监督主要有刑事法律监督和诉讼监督这两种形式,前者是对国家工作人员利用职权实施的犯罪行为进行立案和侦查,以便对这些人员实施有效的法律监督;后者则是在诉讼过程中对侦查机关的立案和侦查活动,对法院的审判活动,以及对刑罚执行机关的执行活动进行法律监督,对违法诉讼活动加以纠正。但随着国家监察体制改革的完成,检察机关不再对国家公职人员行使立案侦查权。对国家公职人员实施的贪污、贿赂、滥用职权、玩忽职守等职务犯罪案件,一律交由监察委员会负责立案调查。检察机关只保留了少部分针对司法人员职务犯罪的立案侦查权,因此其刑事法律监督职能大为削弱。

我国《刑事诉讼法》确立了检察机关对司法人员实施的部分职务犯罪的立案侦查权。这些案件主要涉及从事侦查、检察、审判或刑罚执行职权的司法人员,在履行职务过程中实施的犯罪行为。大体说来,这些犯罪可分为两大类:一是司法人员利用职权实施的侵犯个人人身权利的犯罪,如刑讯逼供、非法拘禁、暴力取证等犯罪;二是司法人员利用职权实施的损害司法公正的犯罪,如枉法裁判、徇私舞弊等犯罪。

检察机关行使刑事法律监督的重要方式,是对涉嫌实施上述职务犯罪的司法工作人员进行立案、侦查,对于符合公诉条件的案件移送检察机关公诉部门审查起诉。通过这些监督活动,检察机关对于涉嫌犯罪行为的国家司法工作人员进行刑事追诉活动,使其受到司法机关的公诉和审判,并最终被追究刑事责任。这种监督方式是纠正司法工作人员违法犯罪行为,维护国家法律统一实施的重要保障。

7.3.4 检察机关的诉讼监督职能

对于侦查机关、审判机关、执行机关的诉讼活动进行法律监督,并对这些机关的违法诉讼行为加以纠正,这是检察机关行使诉讼监督权的主要体现。按照所监督的诉讼活动的不同,诉讼监督可分为民事诉讼监督、行政诉讼监督和刑事诉讼监督。

民事诉讼监督是检察机关对法院的民事审判和生效裁判执行活动所进行的监督。行政诉讼监督是检察机关对法院的行政审判和生效裁判执行活动所进行的监督。对于上述审判活动和执行活动,检察机关发现存在违法现象的,可以通过提交检察建议、提出纠正违法通知书等方式加以纠正。对于法院的生效民事裁判和行政裁判,检察机关发现在认定事实或适用法律上存在错误的,可以提起抗诉,以启动民事再审或行政再审程序。当然,在进行民事诉讼监督和行政诉讼监督过程中,检察机关发现审判人员、执行人员存在职务犯罪行为的,还可以通过启动立案侦查程序,来强化这些领域诉讼监督的效果。

刑事诉讼监督是检察机关对侦查机关、法院和刑罚执行机关的刑事诉讼活动所进行的法律监督。依据监督对象的不同,刑事诉讼监督可分为立案监督、侦查监督、审判监督和执行监督等四项重要内容。其中,立案监督是检察机关对于侦查机关应当立案而没有立案,或者不应当立案而违法行使立案权的行为,通过责令其说明理由、通知立案或不立案等方式,所实施的法律监督活动。侦查监督是检察机关对侦查机关所实施的专门调查活动和强制措施所进行的法律监督活动。发现侦查机关违法实施调查活动,或者违法采取强制措施的,检察机关有权责令其加以纠正,或者退回补充侦查,或者将非法证据予以排除。审判监督是检察机关对于法院的审判活动所进行的法律监督。对于法院违反法律程序进行审判活动,或者所作出的裁判存在事实认定或法律适用上的错误的,可以提出纠正违法的意见,也可以提起抗诉,从而启动上级法院的二审程序或者再审程序。而执行监督则是指检察机关对于监狱、看守所、社区矫正等部门的刑罚执行活动所进行的法律监督,对于这些部门违法适用减刑、假释、监外执行、社区矫正等刑罚执行措施的,可以通过法定途径加以纠正。

检察机关的诉讼监督主要通过提出纠正违法通知和检察建议的方式进行。这两种诉讼监督方式并不具有强制约束力,而带有"软性监督"的性质。当然,对于侦查机关的违法侦查行为,检察机关可以直接作出排除非法证据的决定;对于侦查的案件事实不清,证据不足,或者有遗漏的嫌疑人或者犯罪事实的,检察机关可以退回侦查机关补充侦查;对于法院违反法律程序或者违反刑法所作的裁判,检察机关可以提起抗诉;对于执行机关提出的减刑、假释和监外执行的申请或建议,检察机关可以进行同步监督,发现法院作出的减刑或假释决定不当,或者监狱管理机构作出的准予监外执行的决定不当的,检察机关可以提出书面纠正意见,由法院和监狱管理机构重新作出裁定或者决定。检察机关的这些诉讼监督方式,都带有"刚性监督"的效果。尤其是,对于侦查人员、审判人员、执行人员在刑事诉讼过程中涉嫌实施侵犯权益或者妨害司法公正等方面的犯罪行为的,检察机关可以直接进行立案、侦查和移送审查起诉。这种刑事法律监督本身就构成对检察机关诉讼监督的重要保障。

7.4 公安机关

7.4.1 公安机关的性质和职能

在我国各级人民政府中,公安机关是国家的"治安保卫机关",承担着维护社会治安和刑事侦查的双重使命。与法院、检察机关一样,公安机关可以分为基层公安(分)局、地市级公安局(处)、省级公安厅(局)和公安部等四级。与法院的派出法庭相似,在一些乡、镇和街道办事处等地,基层公安机关会设置派出所或者警署。派出所和警署并不是独立的公安机关,而是基层公安机关派出的工作机构,要以基层公安机关的名义开展工作。

公安机关名义上属于设置在各级政府之中的行政机关,却实际发挥着不同于一般行政机关的重大作用。在行政管理领域,公安机关属于治安行政机关,拥有强大的治安处罚权。公安机关享有治安管理、户籍管理、交通管理、网络安全管理等多方面的行政管理权,并可以对违反相关行政法律的相对人,直接作出行政处罚。而在刑事司法体制中,公安机关是大多数刑事案件的侦查机关,与检察机关、法院具有"分工负责,互相配合,互相制约"的关系。公安机关内部设有多种刑事侦查部门,主要有刑事侦查部门、经济案件侦查部门、网络犯罪案件侦查部门,等等。

公安机关是短期自由刑和附加刑的执行机关。对于法院判决生效的短期有期徒刑、拘役、剥夺政治权利、驱逐出境等刑事处罚,公安机关负责执行。

除此以外,我国几乎所有未决羁押机构都设置在各级公安机关。这些通常被称为"看守所"或"拘留所"的未决羁押机构,负责对犯罪嫌疑人、被告人以及受到行政拘留的违法者进行羁押管理。它们既是未决犯的羁押管理机构,同时又担负着一定的刑事侦查职责。

7.4.2 公安机关的行政管理职能

作为行政机关,公安机关可以对违反《治安管理处罚法》的行为处以行政处罚。我国现行《治安管理处罚法》将违反治安管理的行为分为四大类:一是扰乱公共秩序的行为;二是妨害公共安全的行为;三是侵犯人身权利、财产权利的行为;四是妨害社会管理的行为。上述四大类行政不法行为,大体对应于刑法有关危害公共安全、侵犯人身权利、侵犯财产权利以及妨害社会管理秩序等方面的犯罪行为。当然,我国刑法在这几类犯罪的"入罪"方面,都设置了"情节""数额"以及其他方面的构成要件要求。在"情节""数额"等方面没有达到刑事处罚要求的,这些行为可以被视为"行政不法行为",并被处以治安处罚措施。[①] 与此同时,《治安管理处罚法》还对公安机关的治安处罚设

[①] 参见陈瑞华:《问题与主义之间——刑事诉讼基本问题研究》(第二版),中国人民大学出版社2008年版,第415页以下。

置了程序要求和证据标准。公安机关对治安案件进行立案后,要进行专门调查工作,除了不能对相对人采取限制人身自由的强制措施以外,这些行政调查措施与刑事侦查措施具有相似的特征,属于刑事侦查的"微缩版"。在行政执法中,公安机关对于涉案财物、违反所得或者违法工具,可以进行查封、扣押、冻结和拍卖。同时,《治安管理处罚法》还确立了一些证据规则,对公安机关所获取的证据在法律资格上设立了一些原则性较强的要求。在一定程度上,《治安管理处罚法》已经成为约束公安机关治安处罚行为的总规范,涵盖了实体法、程序法和证据法等多方面的规则要求。

作为国家行政机关,公安机关可以直接对相对人行使行政处罚权。对于违反行政法律的人,公安机关除了可以采取警告措施以外,还可以实施剥夺或限制财产、资格乃至人身自由的行政处罚措施。其中,罚款、没收违法所得或非法财物,属于剥夺个人财产权的行政处罚;责令停产停业、暂扣或吊销许可证或者执照,属于限制企业生产经营资格的处罚;行政拘留则属于剥夺人身自由的行政处罚。这些行政处罚可以使企业失去经营资格,可以使自然人失去长达15日的人身自由。可以说,在限制或剥夺个人基本权益方面,这些行政处罚措施与刑事处罚具有相似的后果。

7.4.3 公安机关的刑事侦查职能

在刑事诉讼中,公安机关是行使侦查权的国家专门机关。所谓侦查,是指国家侦查机关为查获犯罪嫌疑人和收集犯罪证据,所实施的专门调查活动和有关的强制性措施。迄今为止,我国拥有侦查权的国家机关主要是检察机关、公安机关和其他侦查机关。其中,检察机关负责侦查的主要是司法人员利用职权所实施的侵犯公民人身权利和损害司法公正的犯罪案件。其他侦查机关主要包括国家安全机关、监狱、军队保卫部门和海关。国家安全机关负责侦查危害国家安全的案件;监狱负责对发生在监狱内部的刑事案件进行侦查;军队保卫机关负责对发生在军队内部的刑事案件进行侦查;海关负责对走私案件进行侦查。公安机关则对上述案件以外的其他刑事案件行使侦查权。

在上述侦查机关以外,监察委员会负责对国家公职人员利用职权实施的贪污、贿赂、滥用职权、玩忽职守等犯罪案件行使立案调查权。作为与中共纪律检查部门合署办公的国家机关,监察委员会不享有刑事侦查权,而可以对国家公职人员从事政务调查和刑事调查。对于具有中共党员资格的公职人员,监察委员会还可以纪律检查委员会的名义行使党纪调查权。其中,对于那些涉嫌构成职务犯罪的国家公职人员,监察委员会所进行的调查一般被称为"刑事调查",具有与刑事侦查相同的性质和法律效果。

相对于上述国家专门机关而言,公安机关是我国最主要的侦查机关。公安机关内部的专门刑事侦查部门可以分为刑事侦查、经济犯罪案件侦查、技术侦查等部门。而有些部门则同时拥有治安行政管理和刑事侦查职能,如网络安全保卫、巡逻警察、特警、禁毒、派出所等部门。

通常情况下,派出所、刑事警察部门、经济犯罪案件侦查部门主要负责刑事案件的初期侦查工作,预审部门则主要负责对侦查工作进行审查和检验,以补充搜集犯罪证据,核实已查明的犯罪事实,发现新的或有遗漏的犯罪嫌疑人或者犯罪事实。此外,在公安机关作出适用强制措施的决定或者移送检察机关审查起诉之前,案件还要经受法制部门的审核和检验。

公安机关在行使侦查权过程中,既可以自行决定实施除逮捕以外的强制措施,也可以自行决定采取包括搜查、扣押、查封、冻结、拍卖、变现等涉及剥夺个人财产权的强制处分措施,而无须经受检察机关或法院的司法审查。这种将侦查措施的决定权、审查权和执行权高度集中在公安机关的制度安排,会造成公安机关的侦查权不受制约甚至出现滥用的问题,使得嫌疑人及其辩护律师的权利得不到有效的保障,甚至使检察机关在受到公安机关强大压力的情况下提起公诉,法院为迁就公安机关的强制措施和强制处分而被迫作出有罪判决的情况。这种"侦查中心主义"的诉讼体制,已经对"以审判为中心的诉讼制度改革"造成了严重阻碍。

各级公安机关均设置了看守所,这是一种未决羁押机构,负责临时羁押那些被采取拘留、逮捕措施的犯罪嫌疑人和被告人。在法院作出生效有罪判决后,除了少数被判处短期自由刑的已决犯以外,其余被宣告有罪的被告人都将经过换押程序后,被移送监狱服刑。

作为公安机关的一种职能部门,看守所负责对未决犯进行羁押,这带来了刑事侦查权与未决羁押权集中行使的问题,容易导致公安机关权力的滥用。其中,突出的表现就是看守所任意剥夺或限制律师的会见权,对在押嫌疑人、被告人的诉讼权利无法保护,甚至纵容办案人员对嫌疑人、被告人实施暴力或者诱惑其作出有罪供述。不仅如此,看守所本来应当是对在押人员进行保护和防范的临时羁押机构,却承担了部分侦查破案职责,通过"深挖余罪"和获取情报来破获犯罪案件。这种体制上的缺陷一直受到法学界和法律实务界的批评。作为一种司法体制改革的建议,将看守所从公安机关剥离出来,转由司法行政机关加以管理,已经成为法学界和法律实务界的共识。

7.5 司法行政机关

7.5.1 司法行政机关的性质和职能

与公安机关一样,司法行政机关是我国各级人民政府的组成部分,可分为基层司法局、地市级司法局、省级司法厅(局)和司法部等四级。与公安机关的派出所相似,基层司法行政机关会在一些乡、镇、街道办事处等设置司法所,以作为一种派出机构,行使基层司法行政机关的部分工作职能。

笼统地说,司法行政机关属于我国政府内部负责司法行政管理的行政机关。但是,"司法行政管理"的名称容易使人产生歧义。在我国司法体制中,"司法行政管理"可分为两个层面:一是"专门性司法行政管理",二是"宏观性司法行政管理"。前者主要是法院、检察院、公安机关对本机关和本系统内部的行政事务所进行的管理工作,也就是通常所说的司法机关内部的"人财物管理事务",我们可以将此称为"专门性司法行政事务"。后者则是涉及法院、检察机关和公安机关共通性和交叉性的司法行政事务,也就是通常所说的"宏观性司法行政管理事务"。

我国司法行政机关就属于一种负责"宏观性司法行政管理事务"的行政机关。数十年来,这种宏观司法行政事务的范围一直随着国家司法体制改革的推进而发生相应的变化。1950年前后,我国一度确立了一种"大司法行政"的管理体制,赋予司法行政机关较大的司法行政管理权。但这一体制后来没有持续下去。20世纪80年代,随着司法行政机关的重建,受当时司法体制的影响,司法行政事务的范围从小到大,逐步得到发展和扩大。1982年以来,司法行政机关在原有的法制宣传、基层法律服务、律师公证管理、司法协助等职能的基础上,逐步获得对监狱、司法考试、司法鉴定、社区矫正等事务的管理权。2014年以后,随着一场全局性的司法体制改革的不断推进,司法行政体制改革也迎来了快速发展的时期。继劳动教养机构被取消之后,专门的强制戒毒机构归属于司法行政机关,行政法律编纂和备案审查、仲裁和政府法律顾问等政府法制工作,也逐步被纳入司法行政机关的职能范围之中。

迄今为止,我国司法行政机关所行使的"宏观司法行政管理"职能主要包括以下几个部分:一是政府法律事务管理职能;二是刑罚执行职能;三是公共法律服务管理职能;四是司法保障职能。

所谓政府法律事务管理,是指司法行政机关作为政府的法律顾问,担负着行政立法、司法协助和充当政府法律顾问的职能。首先,司法行政机关行使着"行政立法职能",包括对行政法律法规的起草,对行政法律法规草案的提交和修改,对各行政机关所提交的行政规章和部门规则的审核和修改,等等。其次,司法行政机关从事着与政府法律顾问有关的法律事务,包括司法行政机关为各级政府充当着法律顾问的角色,为其依法行政起到保障作用。再次,司法行政机关从事着与国际司法协助有关的对外法律事务,也就是在与外国政府发生的国际司法协助领域,基于互惠原则、双边司法协助条约或者根据共同参加的国际公约,司法行政机关代表中央政府与外国政府进行各种相互间的司法协助工作。

所谓刑罚执行职能,是指司法行政机关对于法院所作的生效刑事处罚,将其加以执行和实施的职能。目前,司法行政机关负责执行的刑事处罚主要是有期徒刑、无期徒刑、死刑缓期两年执行和社区矫正。

所谓公共法律服务管理,主要是指司法行政机关对于那些面向社会的法律服务机构所进行的行业管理职能。迄今为止,我国已经在律师、公证、法律援助、司法鉴定、人民调解、仲裁等领域初步形成了多元化的公共法律服务制度。在管理体制上,司法行政机关对这些法律服务业也从原来的行政控制向行业调控方向进行转变,与相关的行业协会一起,实行"两结合"的管理体制。

最后,在司法保障职能方面,司法行政机关还负责对法院、检察机关和公安机关的刑事诉讼活动提供必要的行政事务保障。传统的法制宣传职能、法律职业资格考试管理职能等,就属于这些司法保障职能的一部分。不仅如此,对人民陪审员和人民监督员的日常管理,也逐渐成为一些地方司法行政机关工作的一部分,这些管理工作也带有司法保障的性质。

7.5.2 司法行政机关的执行职能

在法院作出生效有罪判决之后,有四种国家专门机关负责刑罚的执行工作:一是监狱,负责对有期徒刑、无期徒刑、死刑缓期两年执行的执行工作;二是公安机关,负责对短期有期徒刑、拘役、剥夺政治权利、驱逐出境等刑罚的执行工作;三是法院,负责对死刑、罚金刑和没收财产刑进行执行;四是社区矫正部门,负责对被假释、监外执行、管制的罪犯,开展专门的社区矫正工作。其中,监狱和社区矫正部门都属于司法行政机关的重要职能部门。

作为主要的刑事执行部门,监狱是司法行政机关设置的职能部门。在我国四级司法行政机关中,拥有监狱管理权的主要是司法部和省级司法行政机关。如司法部设有燕城监狱,各省司法行政机关设有省级监狱。监狱负责对那些被判处无期徒刑、有期徒刑以及死刑缓期两年执行的罪犯,执行监禁刑罚,进行教育、改造和矫正工作。对于符合条件的罪犯,监狱可以提出适用减刑、假释的申请,交由中级法院加以裁决;提出适用监外执行的建议,提交司法行政机关的监狱管理部门作出决定。同时,对于在监狱服刑的罪犯,监狱还要组织其在监狱内部或相关企业进行必要的劳动。

社区矫正部门作为监督执行非监禁刑的部门,负责对那些被作出假释、监外执行、管制等裁决的罪犯,实施教育、改造和矫正的工作。负责承担社会矫正工作的一般都是设在基层司法行政机关的社区矫正办公室,对所在辖区内的相关罪犯,组织学习,安排劳动,要求其接受特定的心理、药物或戒除毒瘾等方面的治疗,以便督促其改掉不良习惯和嗜好,重新回归社会,消除犯罪出现的原因。

随着司法体制改革的不断推进,我国司法行政机关的职能得到逐渐的扩大和健全。按照法学界所形成的共识,建立统一的刑事执行体制,将法院和公安机关目前行使的刑罚执行权收归司法行政机关,这将是一项大势所趋的改革课题。与此同时,启动未决羁押管理体制改革,将目前由各级公安机关管理的看守所转由司法行政机关进行管理,可以有效地解决未决羁押权与刑事侦查权高度集中的问题,也可以加强在押未决犯基本权利的保障。这也是社会各界达成共识的改革课题。此外,在适用监外执行方面,应当将执行过程中批准监外执行的权力转交法院,由后者组成合议庭,通过开庭审理方式来作出裁决。这也是防止保外就医、监外执行出现滥用自由裁量权乃至腐败问题的改革之路。

7.6 监察委员会

2018年,全国人大通过《宪法修正案》,并通过《监察法》,这标志着我国监察体制改革终告完成。作为一项重大的政治体制改革,监察体制改革改变了我国的政体(政权组织形式),使之从原来的"人大领导下的一府两院制",改为"人大领导下的一府一委两院制"。原有的行政监察机构被各级监察委员会取而代之,成为在各级人民代表大会及其常委会领导下的国家机关,与政府、法院、检察机关一起,接受人民代表大会及其常委会的监督。与此同时,各级监察委员会与同级中共纪律检查部门合署办公,实现了对国家公职人员的"监察全覆盖"。《监察法》把原来检察机关对国家工作人员职务犯罪案件所行使的立案侦查权,整体转移给监察委员会,后者可以对所有国家公职人员的腐败行为行使党纪监察权、政务监察权和刑事调查权。监察委员会和党的纪律检查委员会针对全体公职人员行使监察权,相当于对各种反腐败资源和力量进行了有机整合,实现了对涉嫌腐败及其他违法行为的公职人员党纪调查权、政务调查权和刑事调查权的统一行使。在我国现有政权组织形式下,监察委员会既不是司法机关,也不是行政机关,而属于行使国家监察权的国家专门机关。

7.6.1 监察委员会的性质

《监察法》将我国反腐败的力量进行了重新整合,完成了从行政监察向国家监察的结构性转变,实现了对"所有行使公权力的公职人员"的监督,也就是所谓的"国家监察全覆盖",使得行政监察(监察部门)、刑事调查(检察机关反贪污贿赂机构)以及预防腐败(预防腐败部门)等职权被统一整合进监察委员会之中。与此同时,《监察法》的实施还结束了过去多年来党纪调查、政纪调查与刑事侦查分散进行的局面,赋予监察委员会通过统一的调查来认定三项违法犯罪事实的职能,实现了党纪调查、政务调查与刑事调查的有机衔接,避免了不同调查机关对同一案件调查活动的重复和拖延,提高了反腐败案件调查活动的效率。当然,通过后续的一些改革,检察机关也保留了一些对侦查人员、审判人员和执行人员在诉讼领域职务犯罪案件的侦查权。

由于监察委员会与各级党的纪律检查委员会合署办公,也即是通常所说的"一套人马,两块牌子",因此,对于监察委员会的职能定位,就需要从党内层面和国家层面加以理解。在中国共产党党内,纪律检查委员会属于党内的"反腐败工作机构",负责对党员干部实施党纪监察工作,行使对党员干部的监督、调查和处置权限。该委员会对被调查人展开党纪调查,查明其违反党纪的事实,并依据党内规范作出党纪处分。

而在国家层面上,监察机关则属于"国家监察机关",也就是对所有公务人员行使政务监察权和刑事监察权的国家机关。其中,所谓"政务监察权",是指对所有公权力的公职人员所行使的监督、调查和处置等方面的职权。监察机关对于公职人员履行职务、廉洁从政等方面的情况进行日常监督,对那些涉嫌实施贪污贿赂、滥用职权等职务违法的公职人员行使调查权,对于被认定存在职务违法行为的公职人员实施政务处置,根据情节轻重程度,从警告直至开除公职。这都是监察机关行使政务监察权的主要内容。而所谓"刑事监察权",则是指监察机关对于那些因实施贪污贿赂、玩忽职守、滥用职权、徇私舞弊等职务违法行为已经涉嫌犯罪的公职人员,通过调查取证,将其移送检察机关审查起诉的权力。在监察实践中,监察委员会通过统一的政务调查和刑事调查活动,收集相关的证据材料,如果在认定被调查人的犯罪事实方面达到法定的移送起诉标准,就可以交由检察机关予以审查起诉,并向法院提起公诉,从而启动刑事诉讼程序,使被调查的公职人员被追究刑事责任。

因此,在国家层面上,监察委员会属于在各级人民代表大会及其常委会下面设置的国家监察机关,统一行使对公职人员贪污贿赂、玩忽职守、滥用职权、徇私舞弊等职务违法和职务犯罪行为的监督、调查和处置等权力。在行使国家监察权方面,监察机关既不属于行政机关,也不属于司法机关,而属于专门的国家监察机关。

将各级监察委员会定位为"国家监察机关",其意义并不仅仅在于澄清其职能定位,而更在于对该机关依法行使职权提出明确的要求。既然被定位为国家机关,那么,监察委员会就要与行政机关和司法机关一样,在宪法和法律的框架下行使职权,需要遵循包括人民主权原则、法律保留原则、成比例原则、正当程序原则等在内的一系列公法原则,既不得在行使职权方面存在违法和越权行为,也不得在未经法律授权的情况下行使监督、调查和处置等方面的权力。与此同时,既然监察委员会属于行使政务监察权和刑事监察权的国家机关,那么,在调查和处置公职人员过程中,就应对惩治腐败与保障人权问题加以兼顾,对被调查的公职人员所采取的任何行动,都既应遵守法律规定,又应给予被调查人必要的权利保障和救济。

7.6.2 监察委员会的职能

在刑事诉讼中,监察委员会所行使的刑事调查权与侦查权具有同样的性质和效果。在监察委员会进行党纪调查和政务调查过程中,发现被调查人涉嫌刑事犯罪的,可以继续展开专门的调查核实证据的工作,这种调查可被称为"刑事调查"。经过这种调查,监察委员会所获取的相关证据材料和证据笔录,可以被移交检察机关。在接受监察委员会移交的证据材料和案卷材料之后,检察机关不再进行重新调查或侦查活动,而是依据监察委员会调查所得的证据材料来审查起诉,甚至直接提起公诉。当然,与对待其他侦查机关移交的案件一样,检察机关发现案件事实不清的,可以退回监察委员会补充调查,也可以自行补充侦查。但这种补充调查或补充侦查属于较为罕见的例外。与此同时,对于监察委员会移交的证据材料,无论是检察机关还是法院,都要按照刑事诉讼法的要求进行审查核实,对于调查人员非法所得的证据材料,可以适用非法证据排除规则;对于那些不真实、不相关的材料,检察机关和法院也可以不作为定案的根据;对于监察委员会移交的案件,存在事实不清、证据不足的,检察机关应作出不起诉的决定,法院也可以直接作出无罪判决。

经过监察体制改革,原有的存在重大争议的"双规"和"两指"措施不再保留,取而代之的是法制化水平较高的留置措施。监察委员会在符合法定条件的前提下,经过严格审批,可以对被调查人采取监察留置措施,一次最长 3 个月,对一个案件一般最多采取两次留置措施。监察委员会调查结束,将案件移交检察机关审查起诉的,留置立即结束,检察机关采取刑事拘留措施,并在 10 日内经过审查作出是否逮捕的决定。这使得监察委员会的留置措施与检察机关的强制措施实现了法律上的衔接。

与侦查机关一样,监察委员会可以对被调查人及其财产采取搜查、扣押、查封、冻结等强制性处分措施。这种针对个人隐私和财产权所实施的限制性措施,是监察委员会收集犯罪证据的重要手段。对于通过以上调查活动所形成的案卷笔录,监察委员会可以移送检察机关作为起诉的证据;对于通过上述强制性处分措施所暂时查扣的财产,监察委员会可以作为涉案财物随案移送检察机关,也可以依法自行加以临时性处置,并最终由法院通过裁判作出是否追缴的裁决。

作为国家专门机关,监察委员会要在遵守监察法的前提下行使调查权。但总体上看,与刑事诉讼法相比,监察法的法制化水平还是比较低的,对监察委员会权力的限制和被调查人权利的保护,都还存在着明显的不足之处。例如,在监察委员会调查期间,被调查人不能获得律师的法律帮助,辩护律师无法参与调查活动,更无法对监察委员会进行有效的制衡;监察委员会在采取留置措施时,完全自行审批、自己执行,而不受检察机关的司法审查;监察留置的场所在设置上较为随意,设置在看守所的情况尚属少数,而由监察委员会调查人员直接控制被调查人的情况则较为普遍;监察委员会尽管对其调查活动进行同步录音录像,却极少将录音录像随案移送检察机关,更无法在法庭审理中接受当庭质证；监察委员会经常自行处置所查扣的涉案财物，而不向检察机关随案移送；对于移送检察机关的案件，监察委员会利用其另一个身份——党的纪律检查委员会的较高政治地位，通过各种途径施加压力，限制检察机关的不批捕、不起诉权力，并进而限制法院宣告无罪的权力……

在一定程度上，监察委员会的设置对于加强对公职人员的监察监督，有效惩治公职人员的贪污贿赂犯罪问题，可能会取得较为积极的效果。但是，在加强对监察委员会的权力制约，确保被调查人的权利保护方面，我国监察制度还有进一步改革的较大空间。

阅读案例材料之七

陈亚男案件[①]

2001年7月3日,新疆克拉玛依市克拉玛依区检察院对被告人田明提起公诉,指控其犯有受贿罪。在侦查期间,检察机关收集了一系列证明田明犯罪的证据,其中包括检察官向田明所在医院的医生、护士贺某、林某、徐某等经过询问所作的询问笔录。上述三人均证明田明有收受陕西某医学仪器公司贿赂8.5万元的事实。7月4日,乌鲁木齐市同泽律师事务所律师陈亚男接受田明的委托,担任其辩护人。在随后几天里,陈亚南以辩护人的身份展开了调查工作,尤其是调查了曾经向检察机关提供过证言的贺某、林某和徐某等人。这三名证人都推翻了原来向检察机关所作的证明田明有受贿事实的证言,而证明田明作为医院心血管科主任,尽管收取了供货方8.5万元,但这属于医院为病人安装心脏起搏器之后,专门用于科内发工资、奖金和接待业务单位的"随访服务费"。陈亚男在调查上述证人时,都有当时被取保候审的被告人田明及其妻子在场参加。

7月15日,克拉玛依区法院开庭审理田明受贿案。克拉玛依区检察院检察官贾志英作为公诉人出庭支持公诉。公诉方在法庭上宣读了侦查人员向贺某、林某和徐某提取的证人证言笔录,以证明田明构成受贿罪。随后,辩护人陈亚男作了无罪辩护,并出示、宣读了她向贺某、林某和徐某调查的证人证言笔录。由于同样三个证人就同样的问题先后向检察机关和辩护人提供了截然相反的证言,法庭因此宣布休庭。

当晚,克拉玛依区检察院将证人贺某、林某和徐某找到检察院,了解他们改变证言的原因,并重新向他们制作询问笔录。上述三人再次推翻原来向辩护人提供过的证言,声称不知道有随访服务费一事,也没有分到过钱。三人还表示,由于辩护人陈亚男在向他们调查取证时,有被告人田明及其妻子在场,他们心里有压力,不敢讲对田明不利的话,因此就顺着陈亚男的意思作了证。

---

① 陆金宝:《律师为何走上被告席》,载《工人日报》2001年12月21日第6版。

7月20日,克拉玛依区法院再次开庭审理田明受贿一案。公诉方重新出示、宣读了贺某、林某和徐某提供的第三种证言笔录,证明田明确实构成受贿罪。7月25日,法院一审判决被告人田明犯受贿罪,判处有期徒刑6年。被告人不服,提出上诉。同年8月25日,克拉玛依市中级法院作出二审判决,认定被告人田明不构成受贿罪,但犯有贪污罪,判处有期徒刑6年。

8月5日,克拉玛依区检察院以妨害作证为由将陈亚男拘传,并随后予以羁押。在检察机关对陈亚男提讯时,陈提出妨害作证案件应依法由公安机关管辖,而不属于检察机关的自侦案件范围,检察机关侦查不符合诉讼程序。8月7日,克拉玛依区检察院批准对陈亚男的逮捕申请。8月8日,陈亚男妨害作证案被移送克拉玛依区检察院审查起诉。8月13日,克拉玛依区检察院向法院提起公诉,指控"作为专业律师的陈亚男,为达到无罪辩护之目的,无视实事求是、依法办案的原则,威胁、引诱证人违背事实改变证言,干扰了刑事诉讼活动的正常进行……"。克拉玛依区检察院出庭支持公诉的检察官仍然是原来田明受贿案中的公诉人贾志英。

乌鲁木齐同泽律师事务所将陈亚男受到立案侦查的情况报告给新疆律师协会。新疆律师协会在了解了有关情况之后,立即向自治区司法厅领导作了书面汇报,并向自治区人大、政法委、自治区检察院呈报,认为陈亚男案在新疆尚属首例,加上案件涉及律师在办理刑事案件过程中的取证方式问题,因此要求对此案慎重处理,同时还希望"有关方面"能根据陈亚男正在哺乳自己婴儿这一事实,批准对陈亚男取保候审。新疆律师协会还提出了本案公诉人贾志英回避的问题。经过自治区检察院"过问",克拉玛依区检察院同意受托律师会见陈亚男,但拒绝了有关取保候审和公诉人回避的申请。

随后,新疆律师协会又通过自治区司法厅向自治区人大、政法委呈送了《紧急报告》,提出陈亚男妨害作证一案系由其辩护的田明受贿案件所引发出来的,建议依法改变本案的法院管辖,也就是将该案移送克拉玛依市以外的地方法院审理。该建议曾一度引起自治区政法委的高度关注。8月31日,新疆自治区高级人民法院经过研究认为,鉴于此案为新疆首例,社会影响较大,并已经被领导机关、有关部门和新闻单位所关注,为消除有关方面的疑虑,给案件的公正审判创造一个良好的环境,决定改变此案的级别管辖,指令克拉玛依市中级法院管辖此案。但当地检察机关认为,将陈亚男案另外指定管辖没有法律依据,因而没有必要改变审级。最后,自治区有关方面又支持了检察机关的意见,自治区高级法院又撤销了改变审级的决定。

同年11月27日,克拉玛依区法院开庭审理陈亚男妨害作证一案。代表检察机关支持公诉的检察官被更换。在开庭前,辩护人向法院要求查阅、复制案件证据目录和证人名单,但遭到拒绝;辩护人要求法院告知案件承办人,也没有得到批准;辩护人要求在开庭前会见被告人,法院答复说会见必须经过法院院长亲自批准。法庭上,控辩双方围绕陈亚男在调查三个证人时是否明知他们已经向检察机关作出证言、是否故意安排田明夫妇在询问证人时在场以及陈亚男的行为在法律上是否构成妨害作证罪等问题展开了质证和辩论。辩护人尤其指出了该案在侦查、移送、审理、起诉等各个环节上存在的程序性违法现象,认为此案一直处于不客观、不公正的状态。当日下午,法庭经过评议,当庭判决陈亚男妨害作证罪名成立,辩护人提出的辩护意见不予采信,判处陈亚男有期徒刑6个月。

【深入思考题】

通过阅读这个案例材料,你对我国法律确立的公检法三机关分工负责、相互配合、相互制约的原则,可以作怎样的评价?

第八章 刑事诉讼主体（Ⅱ）
——管辖与回避

> 对于那些受刑事追诉的人来说，获得一个公正的裁决结果固然是非常重要的，但是，获得由中立无偏的裁判者进行审判的机会，也是不可或缺的。要做到这一点，嫌疑人、被告人除了可以挑战司法人员的法律资格以外，还可以对违法行使管辖权的司法机关，提出管辖异议。

8.1　管辖制度
8.2　回避制度
阅读案例材料之八　王庆军案件和吕西娟案件

8.1 管辖制度

8.1.1 管辖的概念

西方国家由于实行以审判为中心的诉讼制度,将管辖定位为法院审判权的划分问题。无论是大陆法国家,还是英美法国家,诉讼法意义上的管辖,是指法院在受理和审判一审案件方面的权力分配。通常说来,管辖分事务管辖、地区管辖、牵连管辖三类,分别解决审理一审案件的法院级别、同一级别的不同地区法院的审判权划分以及两个以上法院存在管辖争议时的处理等问题。

我国实行公安机关、检察机关和法院分工负责、互相配合、互相制约的刑事诉讼原则,确立了由多个国家专门机关共同参与的刑事司法体制。在这一体制中,审判只是刑事诉讼的一个阶段,而尚未形成以审判为中心的诉讼制度。因此,法院内部对一审案件审判权的分配,只是管辖制度所要解决的部分问题。考虑到在刑事诉讼的启动环节,存在着究竟由哪一机关负责对某一刑事案件进行立案和受理的问题,因此,我国刑事诉讼法中的管辖还应解决国家专门机关对刑事案件在初始立案和受理方面的权限划分问题。

在我国刑事诉讼中,管辖是指国家专门机关在受理刑事案件方面的权限分配。管辖有两种基本的类型:一是立案管辖;二是审判管辖。前者是指国家专门机关在对刑事案件进行最初立案或者受理方面的权限划分,既要解决公安机关、检察机关以及其他侦查机关在立案侦查方面的权限划分,也要解决监察委员会对国家公职人员立案调查的案件范围,还要解决法院直接加以受理的自诉案件的范围。既然将公安机关、检察机关、监察委员会和法院视为参与刑事诉讼的国家专门机关,那么,就存在刑事案件究竟由哪个机关负责最初受理的问题。这里所说的"最初受理",既包括法院对自诉案件的受理,也包括公安机关、检察机关、监察委员会对公诉案件的立案。所谓的"立案管辖",其实主要涉及两个问题:一是公诉案件与自诉案件的区分,由此决定法院所受理的自诉案件的范围;二是公诉案件在进入立案程序之后,在侦查或调查权限上的区分,由此解决究竟由哪个国家机关负责侦查或调查的问题。

而审判管辖则是指法院审判第一审案件的职权范围。审判管辖制度可分为四个部分:一是级别管辖,解决的是刑事案件应由哪一级法院负责第一审审判的问题;二是地区管辖,是在级别管辖问题确定之后,案件在不同地区的同级法院之间进行的审判权限划分;三是专门管辖,确定的是专门法院和普通法院审判权的区分;四是指定管辖,是在管辖不明或者管辖冲突的情况下,由上级法院指定下级法院或者自行行使审判权的制度。

8.1.2 立案管辖

立案管辖又被称为"职能管辖",是指国家专门机关在最初受理刑事案件方面的职能分工。在最初受理案件的职能区分方面,我国确立了两个方面的制度:一是公诉案件与自诉案件的区别,解决法院负责受理的自诉案件的范围;二是公诉案件立案侦查权的权限划分,解决侦查机关或调查机关对刑事案件立案侦查(调查)权的分工问题。

8.1.2.1 自诉案件的立案管辖

所谓自诉,是指由被害人及其法定代理人向法院直接提起诉讼请求,要求追究被告人刑事责任的诉讼活动。根据国家追诉原则,犯罪案件一旦发生,应当由国家专门机关负责实施专门调查,并向法院提起公诉。但考虑到少数刑事案件属于同一家庭内部成员之间互为加害者和受害者的案件,或者情节显著轻微,或者一旦诉诸司法程序会给被害人带来更大的损失,因此,出于尊重被害人的意志自由起见,国家专门机关将这些案件的刑事追诉权让与被害人行使,以期取得更好的社会效果,避免对被害人造成"第二次伤害"。但是,为避免被害人及其法定代理人滥用诉权,法律也要对这类案件的范围作出适度的限制,使其保持在合理的限度之内。

在我国刑事诉讼中,法院直接受理的自诉案件主要有三类:一是告诉才处理的案件;二是被害人有证据证明的轻微刑事案件;三是公诉转自诉的案件。

告诉才处理的案件,是指只有被害人及其法定代理人、近亲属提起诉讼,法院才予以受理并进行审判的刑事案件。告诉才处理的案件主要包括四种:一是侮辱、诽谤案;二是暴力干涉婚姻自由案;三是虐待案;四是侵占案。

被害人有证据证明的轻微刑事案件,是指犯罪情节较为轻微,可能被判处三年有期徒刑以下刑罚的刑事案件。与告诉才处理的案件不同,这类案件可以按照自诉程序审理,也可以按照公诉程序加以审理。这类案件主要包括故意伤害案(轻伤害)、非法侵入住宅案、侵犯通信自由案、生产销售伪劣商品案、侵犯知识产权案、遗弃案、重婚案,等等。

公诉转自诉的案件,是指在侦查机关不立案或撤销案件,或者检察机关作出不起诉决定的情况下,被害人及其法定代理人、近亲属向法院提出起诉申请,法院经过审查予以受理的案件。这类本来属于公诉案件的案件,因为被害方的申请而被法院加以审理。这是自诉案件的第三种类型。

8.1.2.2 公诉案件的立案管辖

而所谓公诉,则是指检察机关作为国家和社会利益的代表,向法院提起诉讼请求,要求法院追究被告人刑事责任的诉讼活动。除了法定的自诉案件以外,我国法律确立的刑事案件绝大多数都是公诉案件。在某一犯罪行为发生后,国家专门机关通过报案、举报、投案自首、坦白等各种途径,一旦确认犯罪行为已经发生,需要追究刑事责任的,就面临着行使立案侦查权的问题。那么,究竟由哪个国家专门机关负责对某一刑事案件进行立案或者受理呢?

8.1.2.2.1 检察机关的立案管辖范围

我国法律确立了由公安机关、检察机关和监察委员会负责对刑事案件进行立案受理的制度。原则上,检察机关立案管辖的案件主要是那些行使侦查、检察、审判、刑罚执行等职责的司法工作人员,利用职权实施的犯罪案件。这类案件可分为两大类:一是司法工作人员侵犯公民人身权利的犯罪案件,包括非法拘禁、非法搜查、刑讯逼供、暴力取证、虐待被监管人等犯罪案件;二是司法工作人员实施的损害司法公正的犯罪,包括滥用职权、玩忽职守、徇私枉法、枉法裁判、执行裁判失职、执行裁判滥用职权、私放在押人员、失职致使在押人员脱逃、徇私舞弊等犯罪案件。

8.1.2.2.2 监察委员会的立案管辖范围

监察委员会作为统一行使监察职能的国家专门机关,同时负有对国家公职人员进行党纪调查、政务调查和刑事调查的职责。在对那些涉嫌犯罪的公职人员行使刑事调查权方面,监察委员会与侦查机关并没有实质性的区别,其刑事调查权与侦查权具有相同的性质和法律效果。

根据我国法律规定,监察委员会负责立案管辖的刑事案件主要有以下六类:一是贪污贿赂犯罪案件,包括贪污罪、受贿罪、挪用公款罪等17个罪名;二是滥用职权犯罪案件,包括滥用职权罪,食品监管渎职罪,滥用管理公司、证券职权罪等15个罪名;三是玩忽职守犯罪案件,包括玩忽职守罪,环境监管失职罪,国有公司、企业、事业单位人员失职罪等11个罪名;四是徇私舞弊犯罪案件,包括徇私舞弊低价折股、出售国有资产罪,非由批准征收、征用、占用土地罪,枉法仲裁罪等15个罪名;五是重大责任事故犯罪案件,包括重大责任事故罪,工程重大安全事故罪,不报、谎报安全事故罪等11个罪名;六是公职人员实施的其他犯罪案件,包括破坏选举罪,背信损害上市公司利益罪,违法发放贷款罪等19个罪名。

8.1.2.2.3 公安机关的立案管辖范围

公安机关负责对大多数刑事案件的侦查工作。根据所行使的侦查职能的差异,公安机关可分为作为治安行政机关的公安机关和其他行使侦查职能的国家机关。具体说来,国家安全机关负责对危害国家安全的案件进行立案侦查;监狱对于发生在监狱内部的案件进行立案侦查;军事保卫部门对发生在军队内部的案件进行立案侦查;海关缉私部门对走私犯罪负责立案侦查。

至于作为治安行政机关的公安机关,则负责对其他所有刑事案件进行立案侦查。这些案件包括刑法所确立的危害公共安全、破坏市场秩序、侵犯公民人身权利、侵犯财产、妨害社会管理秩序等犯罪案件。

8.1.3 审判管辖

8.1.3.1 审判管辖的性质与原则

在民事诉讼和行政诉讼中,管辖就是"审判管辖"的代名词。而在刑事诉讼中,审判管辖只是与立案管辖相并列的一种管辖制度。尽管如此,刑事诉讼中的审判管辖仍然是非常重要的制度。立案管辖主要解决的是国家专门机关在最初受理刑事案件上的职权分工,而审判管辖则要解决案件究竟由哪一级法院和哪个地区的法院行使审判权的问题。审判管辖一旦确定,所影响的不仅是法院对一审案件的审判权限问题,而且还有某一刑事案件究竟由哪一级别和哪一地区的检察机关负责提起公诉的问题,甚至哪一级别和哪一地区的侦查机关有权行使立案侦查权的问题。

所谓审判管辖,是指法院对第一审刑事案件在行使审判权方面的职权划分。根据所要解决的权限划分的不同,审判管辖可分为级别管辖、地区管辖、专门管辖和指定管辖这四个方面。其中,专门管辖主要是指专门人民法院对特定刑事案件依法行使审判权的制度。目前,专门设置在军队内部的军事法院,对军队内部发生的刑事案件依法行使审判权。本章主要讨论的是级别管辖、地区管辖和指定管辖。那么,我国刑事诉讼法确定审判管辖的基本原则有哪些呢?

首先，审判管辖要遵循法律保留原则。

法律保留原则是宪法和公法领域的重要原则。其基本含义是国家机关和国家工作人员应当在法律授权的范围内行使国家权力，既不得越权行事，也不得实施违法行为，否则所采取的措施和所作出的决定一律应被归于无效。在刑事审判管辖方面，法律保留原则要求法院只能在法律明确授权的审判管辖范围内从事审判活动，既不得超越管辖权限进行审判，也不得拒绝审判那些其享有管辖权的刑事案件。在刑事诉讼中，一个法院一旦越级行使了审判管辖权，或者对本应由其他地区法院审判的案件违法行使了审判权，就都可能构成违反法律规定的诉讼程序，所进行的审判活动以及裁判结论都应被归于无效。遵循法律保留原则，在法律授权范围内行使审判权，既可以维护国家在审判权划分方面所设定的法律秩序，也有助于尊重司法诉讼的规律。

其次，审判管辖要遵循诉讼便利原则。

刑事诉讼活动要适度考虑诉讼便利的原则，以确保司法机关以最小的成本投入获得最大的收益，最大限度地提高诉讼效率。为此，在审判管辖的设定上，要将轻微刑事案件交由基层法院管辖，而将重大刑事案件交由中级法院或者更高级别的法院负责管辖。而在地区管辖的设定上，要考虑当事人、证人、鉴定人等参与刑事诉讼的便利，考虑法庭审判的社会效果，实行犯罪地法院和被告人居住地法院优先行使管辖权的原则。与此同时，在管辖不明或者存在管辖争议的案件中，应实行主要犯罪地管辖为主、最先受理法院管辖为辅的处理原则。

最后，审判管辖要遵循确保被告人获得公正审判的原则。

审判管辖不仅仅涉及不同法院之间审判权限的划分问题，还要兼顾当事人能否获得公正审判的问题。尤其是刑事被告人，假如由某一依法拥有管辖权的法院进行法庭审判，会导致其受到不公正的对待，或者难以有效行使辩护权，就有可能提出审判管辖的异议。在我国司法实践中，曾经出现过法院的法官、庭长甚至院长为本案当事人的情况，出现过案件被当地新闻媒体广为报道、被告人已经被"妖魔化"的情况，还出现过当地党政部门负责人对案件作出"批示"或"有倾向性的评论"的情况，甚至出现过某一法院经审判委员会讨论作出有罪判决而该案件又被发回该法院进行再审的情况……在以上情况下，假如案件仍然由该法院进行审判，那么，被告人就无法获得公正的审判，难以有效行使辩护权。唯有通过建立有效的管辖变更制度，使得那些与案件或当事人具有某种"利益冲突"或者对案件产生预断或对当事人形成偏见的法院,放弃对案件的刑事审判,而转由另外一家法院负责进行审判,才能实现公正审判。

8.1.3.2 级别管辖

级别管辖是指刑事案件应由哪一级别的法院担任第一审法院的制度。我国实行四级两审终审制,从最高人民法院、高级人民法院、中级人民法院到基层人民法院,都拥有对一审案件的审判权。在检察机关提起公诉或自诉人提起自诉时,案件究竟应由哪一级法院负责初审工作,这是审判管辖制度所要解决的首要问题。

一般而言,在确定级别管辖划分方面,我国法律主要考虑案件是否重大的问题。在民事诉讼中,案件是否重大主要取决于案件诉讼标的的大小。而在刑事诉讼中,案件是否重大的标志则主要是依法可能判处的刑罚种类和幅度。当然,也要兼顾案件的性质和社会影响。

据此,我国法律确立了以下行使级别管辖的基本准则:一是中级人民法院负责管辖的两类案件:(1)可能判处无期徒刑以上刑罚的刑事案件;(2)危害国家安全和恐怖犯罪案件。二是高级人民法院负责对具有全省性重大影响的刑事案件进行审判。三是最高人民法院负责对具有全国性重大影响的刑事案件的审判。至于基层法院,则负责对其他刑事案件进行审判。

在司法实践中,最高人民法院和高级人民法院极少受理一审刑事案件。中级人民法院和基层法院负责审理几乎所有一审刑事案件。

8.1.3.3 地区管辖

在地区管辖方面,我国法律确定了以犯罪地法院管辖为主、以被告人居住地管辖为补充的原则。根据这一原则,犯罪地法院一般拥有对刑事案件的地区管辖权,但由被告人居住地行使管辖权更为便利的,则可以交由被告人居住地法院负责管辖。

所谓犯罪地,可以包括犯罪行为的发生地和结果发生地。在有些特殊案件中,犯罪地并不是单一的,而经常是复合的。凡是与犯罪行为的实施和结果的发生有关联的地方,都可以被认定为犯罪地。例如,在那些针对或者利用计算机网络实施的犯罪案件中,犯罪地包括犯罪行为发生的网站服务器所在地,网络接入地,网站建立者、管理者所在地,被侵害的计算机信息系统及其管理者所在地,被告人、被害人使用的计算机信息系统所在地,以及被害人财产损失地。

所谓被告人居住地，通常是指被告人户籍所在地。但是，被告人经常居住地与户籍地不一致的，可以将经常居住地认定为居住地。所谓经常居住地，一般是指被告人被追诉前已经连续居住一年以上的地方。但是，被告人为单位的，居住地为该单位登记的住所地。主要营业地或者主要办事机构所在地与登记的住所地不一致的，主要营业地或者主要办事机构所在地为其居住地。

当然，司法实践中经常发生案件有若干个犯罪地的情况，甚至有的案件会有若干个犯罪行为地和若干个犯罪结果地。有些案件也会出现同一案件的多个被告人具有不同的住所地，或者同一被告人同时拥有多个住所地的情况。在此情况下，经常会发生若干个法院对同一案件都拥有管辖权的问题。这会导致不同法院在受理案件方面要么相互推诿，要么相互争抢，造成诉讼程序的混乱。

为解决这些问题，我国法律确立了解决管辖争议的基本原则：几个同级法院对同一案件都有管辖权时，由最初受理地法院管辖，或者移送主要犯罪地法院管辖。假如按照这一原则仍然无法解决管辖争议的，法律则确立了指定管辖制度，也就是由多个法院的共同上级法院指定某一法院行使管辖权。

8.1.3.4　指定管辖

指定管辖是指在发生管辖不明、管辖争议或者存在其他无法适用普遍管辖规则的情况下，由相关法院的共同上级法院指定某一法院统一行使审判管辖权的制度。所谓管辖不明，是指几个法院都声称自己不拥有对某一案件的管辖权，以至于造成相互推脱或者拒绝受理的情况。所谓管辖争议，是指若干个法院都认为自己对某一案件拥有管辖权，从而争相加以受理的情况。管辖不明和管辖争议既有可能发生在上级法院与下级法院之间，更有可能发生在同一级别的不同地区法院之间。

除了管辖不明和管辖异议的情况，我国司法实践中还出现了因特殊原因造成案件无法适用普遍管辖规则的情况。例如，被告人为曾经身居高位的官员，或者为高级官员的近亲属，案件交由一般的犯罪地法院或被告人居住地法院进行审判，难以确保公正审判。又如，被告人为法院的院长、副院长、司法行政官员或者法官的，本院尽管属于犯罪地法院或者被告人居住地法院，却不宜负责对本案的审判。

为解决管辖不明、管辖争议或者法院不方便行使审判权的问题，我国法律确立了指定管辖的基本准则。具体说来,法院遇到法定的管辖不明、管辖异议或者不方便行使审判权的情况,应按照以下三个方面来指定法院进行管辖:

一是对于管辖不明、管辖异议或者因特殊原因不便由本院行使管辖权的案件,应当由有关法院的共同上级法院,指定某一下级法院负责审判,或者自行进行管辖。

二是基层法院对于可能判处无期徒刑或者死刑的第一审刑事案件,应当移送中级法院管辖。对于重大、复杂、新类型的疑难案件,以及在法律适用上具有普遍指导意义的案件,基层法院可以移送中级法院进行审判。中级法院经过审查,同意移送的,应当下达同意移送决定书,将案件提到本院进行管辖。

三是有管辖权的法院遇到本院院长需要回避或者其他原因,不宜行使管辖权的,可以请求上一级法院管辖,上一级法院可以自行管辖,也可以指定与提出请求的法院同级的其他法院管辖。

在指定管辖问题上,我国部分地方法院存在着指定管辖权滥用的问题。越是社会影响重大或者敏感复杂的案件,法院越是大量适用指定管辖制度。很多刑事案件被指定到与案件无关的地方法院审理。而这些法院既不是犯罪地法院,也不是被告人居住地法院。这种任意指定审判管辖的做法,违反了法律有关级别管辖和地区管辖的基本规则,造成了审判管辖制度适用上的混乱和武断,对刑事诉讼法律秩序的维护带来消极的影响。

8.1.4 违反管辖制度的法律后果

在刑事诉讼中,侦查机关对某一案件违法行使立案管辖权,同级检察机关向同一法院提起公诉的,法院应当如何处理呢?在法庭审判过程中,法院认为对于某一案件本院没有管辖权的,究竟应如何处理呢?不仅如此,法院对于本院没有管辖权的案件进行审判的,上级法院应如何处理呢?

原则上,立案管辖是对公安机关、检察机关和法院在最初受理权限上的划分。任何一个国家专门机关,对于不享有立案管辖权的案件所进行的侦查活动和审判活动,都属于违反法律程序的行为,由此所作出的决定都应被归于无效。与此同时,审判管辖是法院对第一审案件在审判权限上的划分。任何法院对于不享有级别管辖权和地区管辖权的案件,所从事的审判活动,也都属于违反法律程序的行为,所作出的裁判也应被归于无效。不确立这样的程序性制裁后果,那么,刑事诉讼法有关立案管辖和审判管辖的规定,都将形同具文,无法得到有效的实施。

但迄今为止,我国刑事诉讼法对于公安机关、检察机关、法院违反法定的立案管辖和审判管辖规定的,都没有确立这种宣告无效的法律后果。对于公安机关、检察机关违反立案管辖所进行的侦查活动,被告人及其辩护人提出排除非法证据之申请的,法院一般都拒绝受理。对于法院违反审判管辖所进行的审判活动,被告人及其辩护人申请撤销原判、发回重审的,上级法院一般都予以驳回。

不过,按照我国的司法实践,法院对于没有管辖权的刑事案件,仍然可以作出退回检察机关的决定。具体而言,检察机关向法院提起公诉后,法院可以对案件进行一种形式审查。法院认为本院对案件没有管辖权的,可以作出将案件退回检察机关的决定。对于这种决定,检察机关无权提出抗诉。

另一方面,对于检察机关提起公诉的案件,法院作出立案决定后,或者在法庭审理过程中,认为本院没有审判管辖权的,可以建议检察机关撤回起诉。检察机关同意撤回起诉的,可以提出撤回起诉的申请,法院作出准许撤回起诉的裁定。但是,检察机关拒绝撤回起诉的,法院应当作出将案件退回检察机关的决定。

8.1.5 管辖异议

在诉讼过程中,当事人围绕着管辖问题会提出程序异议,并将该异议提交法院加以裁决。我国民事诉讼法和行政诉讼法都确立了管辖异议之诉制度,允许当事人就法院的审判管辖权问题提出异议,法院会按照两审终审制的原则,对管辖异议之诉进行审理,并允许当事人提出上诉。

但我国刑事诉讼法尚未确立管辖异议之诉。对于管辖不明或者管辖争议的案件,通常采取由上级法院指定下级法院管辖的处理方式。但是,遇有当事人对地区管辖或级别管辖提出异议的,法院尚未将其纳入司法裁判的对象,也不会对此作出专门的裁决。

在司法实践中,一些被告人及其辩护人经常会以法院无法做到公正审判为由,提出变更审判管辖的申请。例如,本院院长为案件当事人或者与案件存在利害关系的,被告人及其辩护人不仅提出回避申请,还提出变更审判管辖的要求;案件被告人为本院法官的,被告人及其辩护人也会提出移交异地法院管辖的申请;侦查机关违反立案管辖的规定,对本不享有立案管辖权的案件进行侦查的,被告人及其辩护人向法院提出侦查机关违反立案管辖规定,并要求排除所有非法证据的申请;侦查机关违反地区管辖的规定,对既不是犯罪地也不是被告人居住地的案件,违法行使立案侦查权,在检察机关向同级法院提起公诉后,被告人及其辩护人提出管辖异议……

2012年修订的《刑事诉讼法》确立了庭前会议制度。控辩双方可以向法院提出程序争议问题,被告人及其辩护人可以就管辖、回避、非法证据排除、证人出庭等问题提出异议或者诉讼请求,法院在听取双方意见和了解情况的前提下,可以就这些程序争议作出决定,以便及时有效地解决程序争议,为法庭审理做好充分的庭前准备。据此,被告人及其辩护人可以就法院的审判管辖问题提出异议,或者针对侦查机关、检察机关违反管辖制度的情况,提出排除非法证据的请求。对此类异议或者诉讼请求,我国法院通常会在庭前会议中,听取控辩双方的意见,并作出相应的决定。

由此看来,管辖异议问题属于刑事诉讼立法亟待解决的重要问题。对于管辖异议的处理方式,法学界提出了"管辖的可诉性"问题。很多学者认为,我国法院在审判管辖的设定上,更多地考虑了审判的便利、取证和举证的方便、案件的轻重、审判力量的均衡等因素,忽略了通过管辖制度来维护公正审判的价值,也忽略了对当事人诉权的有效保护。有不少学者主张仿效民事诉讼和行政诉讼中的管辖异议之诉制度,建立刑事管辖异议之诉制度,允许当事人就立案管辖和审判管辖问题提出"刑事管辖异议之诉",并将其纳入两审终审制的框架之中。与此同时,也有学者建议,一审法院违反管辖制度的,应被视为"违反法律规定的诉讼程序"的情形,二审法院应将其纳入程序性制裁的对象,作为撤销原判的依据,将案件发回与下一级法院同级的另一个法院审理。

8.2 回避制度

8.2.1 回避的含义与分类

回避是司法人员因为与案件存在法定利害关系或者其他关系,可能影响公正处理案件的,退出刑事诉讼程序的制度。回避是维护司法裁判者公正无偏私的制度保障,它原本应当仅仅适用于行使审判权的法官和陪审员。但是,在我国"公检法三机关"流水作业的诉讼模式下,侦查员、检察官和法官都被视为负有司法职能的国家工作人员,都被列为回避的适用对象。甚至就连公检法三机关内部的法官助理、检察官助理、书记员、翻译人员以及鉴定人，也都可以成为回避的对象。申请回避本来是检察官与当事人平等行使的诉讼权利。但在我国刑事诉讼中，出庭支持公诉的检察官不具有当事人的地位，不享有申请回避的权利，反而是当事人申请回避的适用对象。目前，申请回避属于当事人的诉讼权利。

按照启动方式的不同，回避可分为申请回避、自行回避与指令回避三种。其中，申请回避是当事人对那些具有法定回避事由的司法人员，申请司法机关责令其退出侦查、检察或审判活动的行为。自行回避是指具备法定回避事由的侦查员、检察官、法官等司法人员，主动退出侦查、检察或审判程序的行为。指令回避是指司法机关的负责人或有关组织，对于具备法定回避事由的侦查员、检察官、法官以及其他司法人员，依据职权责令其退出案件诉讼程序的行为。在司法实践中，绝大多数回避都属于申请回避。

申请回避是当事人的一项诉讼权利。根据申请回避是否需要提出回避事由，可以将回避分为有因回避和无因回避。有因回避是指唯有在具备法定回避事由时司法人员才能退出诉讼程序的回避行为。无因回避则是指即便不具有任何法定回避事由，只要当事人提出了回避申请，有关司法人员即自动退出诉讼程序的回避行为。例如，在美国陪审团制度中，法院为组织遴选陪审团，给予控辩双方先行使有因回避的权利，然后可以提出无因回避的申请。不过，根据案件的性质和可能判处刑罚的轻重，美国法对控辩双方申请无因回避设定了次数的限制。又如，法国重罪法庭由三名法官和六名陪审员组成，负责对可能判处10年以上有期徒刑案件进行一审审判。在组成这种合议庭过程中，检察官和被告人都可以提出有因回避和无因回避的申请。但在我国刑事诉讼法中，当事人只能提出有因回避的申请。

8.2.2 回避制度的正当性

为什么要建立回避制度？我们可以从诉讼过程、诉讼结果和社会公信力这三个方面来加以简要解释。

首先，回避制度是确保程序正义实现的程序保障。根据英国自然正义的法则，"任何人不得担任自己案件的法官"。任何司法人员只要与案件存在利害关系或者其他足以影响案件公正处理的社会关系的，都应退出侦查、公诉和审判程序，这有助于维护诉讼决定者和裁判者的中立性，使其在处理案件时不与案件具有利益的牵连，也不持有偏见和预断，从而保证当事人获得平等的对待,确保任何决定和裁判形成于诉讼过程之中,使得当事人充分有效地参与诉讼决定或裁判的形成过程,对诉讼结果施加积极的影响。

其次,回避制度是保证实体正义实现的制度安排。经验表明,司法人员只要与案件具有利益牵连或者具有偏见或者预断,就有可能偏袒或者歧视某一方当事人,或者因为对案件事实认定或法律适用产生先入为主的判断,以至于造成诉讼程序流于形式。回避制度的确立,可以确保司法人员不带偏见和预断地进行侦查、公诉或审判活动,无论是对证据的采纳、事实的认定,还是对法律的适用,都形成于诉讼过程之中,并提供充足的理由。这对于防止冤假错案、避免错误适用法律、防止自由裁量权的滥用,都具有积极的意义。

最后,回避制度的实施可以维护司法程序的社会公信力。"正义不仅要实现,而且要以人们看得见的方式实现"。侦查员、检察官或者法官只要与案件具有某种利害关系或者其他社会关系,就容易造成当事人乃至社会公众对案件诉讼程序的公正性产生合理的怀疑。而这种对诉讼程序的不信任,会带来对案件诉讼结果的不接受甚至各种抵触后果。无论这种诉讼结论在认定事实方面是否"正确"或者是否"合乎实体法",都会因为裁判者存有偏私、偏见或预断,而造成其公正性难以得到普遍的认可。正因为如此,司法人员遇有法定回避情形时,唯有退出诉讼程序,才能维护社会对诉讼过程和诉讼结果的尊重和信赖。

8.2.3　回避的法定事由

我国刑事诉讼法确立了有因回避制度,当事人申请司法人员回避,需要提供法定的回避事由,否则,该项回避申请不会得到准许。当事人在行使申请回避的诉讼权利时,承担一定的举证责任,提出证据,证明某一侦查员、检察官、法官或其他司法人员具备法定的回避事由。这种证明不需要达到排除合理怀疑的标准,而只需达到高度可能性就足够了。对于所提供的回避事由,当事人证明到这一标准的,司法机关就可以作出准许法官、陪审员、公诉人、侦查人员等回避的决定。

大体说来,我国刑事诉讼法确立了六个方面的回避事由:

一是司法人员是本案的当事人或者当事人的近亲属的。

二是司法人员本人或其近亲属与案件有利害关系的。

三是司法人员担任过本案的证人、鉴定人、辩护人、代理人的。

四是在案件被发回原审法院重新审判后,司法人员担任过本案的独任法官或者合议庭成员的。

五是司法人员曾经接受过当事人的利益输送或进行过不当接触的。

六是司法人员与当事人有其他关系,可能影响公正处理案件的。

对于上述第六种法定回避事由,法律并没有作出具体的解释。一般说来,无论是侦查员、检察官还是法官、陪审员,只要与当事人存在某种社会关系,并足以对案件的程序公正造成消极影响,或者存在着作出错误裁判或决定的现实可能性的,就都构成法定的回避事由。对这种回避事由的判断,需要司法机关行使一定的自由裁量权,本着对回避制度的善意理解,对于可能影响公正处理案件的司法人员,一律责令其退出案件的诉讼程序。

在我国司法实践中,经常有辩护律师以某一侦查机关、检察机关或法院与案件或当事人存在某种特定关系为由,提出所谓"公安机关回避""检察院回避"或者"法院回避"的请求。例如,案件的受害人或被告人本身就是一名侦查员、检察官或者法官,而负责案件侦查、公诉或审判的竟然是同一专门机关的司法人员。对于这种侦查员、检察官、法官办理其同事为被害人或被告人的案件,辩护律师会提出所谓的"专门机关回避"的请求。其实,回避制度是保证那些与案件存在不当关系的司法人员退出诉讼程序的制度,只存在司法人员"个人回避"的问题,而不存在"专门机关回避"的问题。假如侦查机关、检察机关或法院的所有司法人员,都与案件存在足以影响公正处理的特定关系,那么,被告人及其辩护律师只能提出所有司法人员都退出诉讼程序的请求。在此情况下,侦查机关、检察机关和法院就需要变更立案管辖或者变更审判管辖了。

8.2.4 申请回避的程序

由于申请回避是当事人的一项重要诉讼权利,因此,在所有诉讼过程中,侦查员、检察官、法官都应告知当事人享有回避申请权。在侦查、审查逮捕、审查起诉、法庭审理过程中,当事人可以对侦查人员、检察人员提出回避申请。而在庭前会议和法庭审理过程中,当事人还可以提出要求法官回避的申请。对于当事人提出的回避请求,侦查机关、检察机关和法院都采取了一种行政化的决策方式,而不允许控辩双方同时参与,从而听取控辩双方的意见。

具体而言,法官、陪审员的回避,一律由法院院长决定。法院院长的回避,一律由法院审判委员会讨论决定。但是,法院院长对于法官回避问题的决定,几乎采取了个人独断的决定方式。而审判委员会对于院长的回避问题,也是采取了一种行政化的决策方式。

至于侦查员、检察官的回避,也是一律由侦查机关和检察机关的负责人决定。侦查机关负责人和检察长的回避,一律由同级检察机关检察委员会讨论决定。这种决定也采取了一种秘密的、单方面的和行政化的决策方式。

8.2.5 回避决定的异议和救济

在行使回避申请权方面,当事人有两种救济方式:一是申请复议;二是申请二审法院作出程序性制裁的裁定。

首先,对于当事人所提出的回避申请,侦查机关、检察机关或法院予以驳回的,当事人可以申请复议。对此复议请求,侦查机关、检察机关或法院应当依照各自的审查权限,对回避问题重新审查,作出新的决定。

其次,对于一审法院违反回避制度的,当事人可以一审法院违反法律规定的诉讼程序为由,提出上诉。二审法院经过审理,确认一审法院违反回避制度,比如没有责令应当回避的法官、陪审员、书记员、鉴定人、翻译等退出审判程序的,应当撤销原判,发回原审法院重新审判。但是,对于侦查人员、检察人员应当回避而没有回避的情形,刑事诉讼法却没有为当事人确立有效的救济途径。

8.2.6 回避制度的完善

迄今为止,当事人在行使申请回避权方面,还面临着一些制度安排上的困难。在司法实践中,对于当事人提出的要求法官、人民陪审员、检察官回避的申请,法院、检察机关几乎都作出了予以驳回的决定。对此类决定,当事人也很难获得有效的司法救济。这主要表现在以下几个方面:

其一,司法机关在解释回避事由方面容易滥用自由裁量权。尤其是对法定回避事由的第六项,申请回避的当事人需要提出证据,证明司法人员与案件存在特定的关系,并要达到"可能影响案件正确处理"的程度。对此法定事由,当事人很难进行证明,司法机关极少会批准当事人的申请。

其二,回避与管辖很难发生转化。对于法官、检察官、侦查员为被害人或被告人的案件,当事人申请法院全体法官、检察机关全体检察官、侦查机关全体侦查员回避的,要不要建立法院、检察机关、侦查机关变更管辖的制度?要不要建立回避向管辖变更的转换机制?对此问题,法律没有明文规定,司法机关一般也拒绝作出回应。

其三,回避程序应进行诉讼化改造。目前,法官的回避由院长或者审判委员会作出决定,没有申请者的参与,没有抗辩,完全是秘密审查,且不作附带理由的决定。这会造成回避审查和决定程序的行政化,无法被纳入诉讼的轨道。

其四,回避的救济缺乏有效的途径。在司法实践中,申请复议程序几乎形同虚设。对于一审法院驳回回避申请的,二审法院极少因回避问题作出撤销原判、发回重审的裁定。

阅读案例材料之八

王庆军案件和吕西娟案件

王庆军案件[①]

被告人王庆军原系山东青州恒发公司法定代表人,周庆华原系青州恒发公司财务经理,路伟原系恒发公司出纳。2012年7月8日,王庆军与武汉凯森公司达成股权转让协议,将青州恒发公司全部股权转让给武汉凯森公司。同年7月27日,青州市工商局核准青州恒发公司股东变更为武汉凯森公司。后王庆军被任命为青州恒发公司的法定代表人、执行董事、总经理,负责青州恒发公司的经营管理。2015年1月,武汉凯森公司到山东青州市公安局报案,控告王庆军构成职务侵占罪、诈骗罪以及销毁公司账簿罪。青州市公安局认为王庆军不构成犯罪,于2015年3月向报案人出具不立案通知书。随后,武汉凯森公司向武汉市公安局报案。2015年7月,武汉市公安局以王庆军涉嫌挪用资金罪对王庆军等人立案侦查。2016年8月5日,武汉市东湖新技术开发区检察院向法院提起公诉,指控王庆军等人构成挪用资金罪。2016年8月12日,武汉市东湖新技术开发区法院发出《退案函》,认为"本案犯罪地、被告人居住地均在山东省淄博市和青州市","本院对该案没有管辖权",因此将被告人王庆军等人被控挪用资金一案退回武汉东湖新技术开发区检察院。同年8月17日,检察机关将案件退回武汉市公安局。武汉市公安局随后将王庆军等三名嫌疑人予以取保候审。

2016年9月21日,王庆军等聘请的律师向武汉市公安局提出书面辩护意见,认为武汉凯森公司负责人诈骗了王庆军的巨额财产和股权,王庆军才是真正的受害人;武汉凯森公司在山东青州立案没有成功,又在武汉通过隐瞒真相报假案得以立案;武汉市公安局对本案没有管辖权,这已经得到当地法院的支持;本案已经发生侦查管辖的重大错误,武汉市公安局违反管辖规定强行立案所取得的所有证据材料都是不合法的,应被排除于诉讼程序之外。律师认为,

---

[①] 参见欧叶、陈述贤:《湖北管了山东的案,最高检叫停》,载《南方周末》2018年10月11日。

本案已经没有由武汉公安机关继续办理的程序空间,继续侦查没有任何法律依据,该案要么应当撤销案件,要么向山东省有关管辖权的公安机关予以移送。但考虑到山东省公安机关早就对该案作出了不立案的决定,因此本案的唯一合法处理就是撤销案件。据此,律师向武汉市公安局明确提出了撤销案件的申请。

武汉市公安局认定其对该案拥有立案管辖权。理由主要是本案的犯罪结果地和嫌疑人工作单位均在武汉,湖北省公安厅曾与山东省公安厅就本案的管辖问题进行过充分的沟通,双方一致同意由武汉市公安局侦办。2016年11月10日,武汉市公安局经过补充侦查,以挪用资金罪、职务侵占罪以及隐匿财物账簿和会计凭证罪,移送武汉市检察院审查起诉。

2017年4月,辩护律师再次向武汉市公安局提交法律意见书,认为从实体上看王庆军不构成挪用资金罪,公安机关有以刑事侦查插手经济纠纷之嫌,从程序上看武汉既不是犯罪地,也不是嫌疑人居住地,法院也已经确认当地公安机关没有管辖权,因此要求武汉市公安局作出撤销案件的决定。

2017年,湖北省检察院就本案管辖问题向最高人民检察院进行请示,最高人民检察院以"高检公诉指辖批(2017)93号"回复称:"请将本案移送有管辖权的检察机关审查起诉"。2017年5月31日,湖北省检察院将此案移送山东省检察院公诉一处。

2017年7月10日,辩护律师向山东省检察院提交了书面律师意见,认为山东省检察院"不应在接受湖北省检察院案件材料后再次启动审查起诉程序";武汉市公安局在移送武汉市检察院审查起诉时增加了职务侵占罪、隐匿财物账簿和会计凭证罪等两个新的罪名,这既是于法无据的,也是一种恶意报复的行为;武汉市公安局在明知没有管辖权的情况下,因利益驱动而进行恶意管辖,所获取的证据材料应一律归于无效;王庆军与武汉凯森公司之间发生的是民事纠纷,不存在任何犯罪行为,不需要追究刑事责任。

吕西娟案件[①]

2000年9月18日,陕西省西安市人民检察院向西安市中级人民法院提起公诉,指控被告人吕西娟、杨清秀犯有故意杀人罪(未遂)。起诉书指控认为:"被告人吕西娟因其夫张发明遗产继承纠纷案一审判决不服","为寻求帮助,吕经人介绍认识了被告人杨清秀。该杨因在法院改革中不服从单位工作分

---

① 陈海、刘向晖、金凌云:《"法官谋杀院长案"调查》,载《南方周末》2003年9月11日A5版。

配,其无理要求没有得到满足,竟把矛头指向院长朱某某,采取诬告、威胁和长期不上班等手段发泄对朱某某的怨恨。在吕找杨后,杨以为有机可乘……多次煽动吕去找朱某某闹事……并对吕说:你这一闹,就会轰动西安市。在被告人杨清秀的唆使下,(2000年)3月8日上午8时20分左右,吕西娟来到西安市中级人民法院朱某某院长办公室,将办公室门反锁,指责、威胁朱某某。当朱某某提出要外出开会时,被告人吕西娟趁朱某某不备,将其打倒在地,并抓住朱某某的领带紧勒其脖颈,致朱某某出现脑缺血昏迷,后被及时赶到的法院干警解救脱险。被告人吕西娟被当场抓获。"

同年10月20日和31日,被告人杨清秀两次向西安市中级人民法院提出申请,以该案件被害人为西安市中级人民法院院长、案件由该法院管辖无法保证公正审判为由,要求西安市中级人民法院"整体回避"和合议庭组成人员回避,但该申请被西安市中级人民法院驳回。西安市中级人民法院给出的理由有四个:(1) 根据《刑事诉讼法》第24条之规定,刑事案件由犯罪地人民法院管辖,西安市中级人民法院恰恰就属于该案的"犯罪地法院";(2) 此案系西安市人民检察院向本院提起公诉的可能判处无期徒刑以上刑罚的案件,依照最高人民法院《关于执行〈中华人民共和国刑事诉讼法〉若干问题的解释》第4条,"中级人民法院受理后,认为不需要判处无期徒刑以上刑罚的,可以依法受理,不再交由基层人民法院审理",本院受理此案亦符合级别管辖之规定;(3) 本院院长、审判委员会委员朱某某,虽系本案被害人,与合议庭审判人员有行政隶属关系,但朱某某已依法向本院审判委员会提出自行回避的申请,不参与本案的有关研究、讨论、决定等审判活动。审判委员会对此也已作出决定,同意朱某某的回避申请,因此影响行使管辖权的情形已不存在,其亦不能对案件的处理施加任何干预和影响;(4)《刑事诉讼法》第28条第4款规定:"与本案当事人有其他关系,可能影响公正处理案件的",应当回避。本案除朱某某外,其余合议庭组成人员、审判委员会委员等与申请人杨清秀仅属同单位一般同事关系,虽相互认识,但不存在任何个人恩怨,均无利害关系,故不存在"可能影响公正处理案件"的情形。

在此之前,被告人吕西娟及其辩护律师"请求异地公开审理"的要求,也被西安市中级人民法院以同样的理由予以驳回。两名被告人都向西安市中级人民法院分别申请复议,但都又一次遭到驳回。

2000年12月25日,西安市中级人民法院对此案开庭审理。在开庭前,西安市中级人民法院通知公开审理此案,但开庭后却拒绝公众旁听和新闻媒体在场,而只允许被告人亲属一至两人参加。开庭不到5分钟,当吕西娟接受公诉人询问,讲到朱某某对其有不轨行为时,法庭以"涉及个人隐私"为由,宣布转入不公开开庭审理,并赶走所有被告人亲属。在审理程序结束后,西安市中级人民法院判决杨清秀、吕西娟犯有故意杀人罪(未遂),判处杨清秀有期徒刑15年,吕西娟有期徒刑13年。

案件进入二审程序后,吕西娟的辩护律师在上诉意见中提出西安市中级人民法院审理此案违反《刑事诉讼法》第28条第4款的规定,本应回避而未回避。陕西省高级人民法院并没有采纳这一辩护意见。该法院未经开庭审理,仅仅通过书面审查就作出了(2001)陕刑一终字第65号刑事裁定书。该裁定书认为:"我国刑事诉讼法律所规定的回避制度是指个人回避,并没有规定审判组织或审判机关回避。本案受害人朱某某是西安市中级人民法院院长,涉及本案的公正处理,但该案起诉到西安市中级人民法院后,朱某某已自动申请回避并经审判委员会决定同意朱某某回避。故吕西娟及其律师要求西安市中级人民法院回避本案审理的理由与意见不能成立。"最后,该终审裁定驳回被告人杨清秀、吕西娟的上诉,维持原判。

【深入思考题】

1. 王庆军案件的材料显示,尽管我国刑事诉讼法没有确立管辖异议之诉,但在司法实践中,被告人及其辩护人提出管辖异议的情况却是经常发生的。对此,有人认为应当仿效民事诉讼法的规定,确立刑事管辖异议之诉,允许法院对当事人提出的管辖异议进行专门审判,并将其纳入两审终审制的框架之内。你对此有何看法?

2. 在法院院长为一个案件的当事人的情况下,由本院负责对案件进行审判,是否违背回避制度?假如所有法官都具备回避事由,那么,回避问题是否可以转化为变更管辖问题?

第九章 刑事诉讼主体(Ⅲ)

——当事人的地位和权利

> 一个公正的刑事司法制度,最起码应该赋予那些利益受裁决直接影响的人以诉讼主体地位,与刑事追诉机关进行诉讼对抗或者合作,并对司法裁判者施加积极有效的影响。

9.1 当事人的概念
9.2 犯罪嫌疑人与被告人
9.3 被害人
9.4 自诉人
9.5 附带民事诉讼当事人
9.6 作为当事人的单位
阅读案例材料之九 杜保乾案件和潘儒岭案件

9.1 当事人的概念

9.1.1 当事人的基本特征

在刑事诉讼中处于原告或者被告的地位,行使重要诉讼权利,并对刑事诉讼进程具有重大影响的诉讼参与人,是当事人。在我国刑事诉讼中,以下四类诉讼参与人具有当事人的地位:一是犯罪嫌疑人、被告人;二是被害人;三是自诉人;四是附带民事诉讼当事人。一般说来,当事人具有三个方面的特征:

一是在实体上与案件具有直接的利害关系。无论在何种诉讼程序中,侦查机关、检察机关、法院的诉讼决定对当事人的利益具有重要的影响,其利益其实处于被裁判的地位。例如,被告人在刑事诉讼中属于刑事追诉的对象,法院通过审判程序要确定是否追究被告人的刑事责任,一旦作出有罪判决,就可能通过量刑来剥夺其自由、财产乃至生命。

二是在程序上处于原告或者被告的地位。作为原告方,当事人可以提起一项诉讼,推动法院启动一项诉讼程序;作为被告方,当事人则处于诉讼防御的地位,要对所发起的诉讼进行答辩或者辩护。例如,被害人作为当事人,既可以在公诉程序中充当控告方,协助公诉方行使控诉职能,也可以在自诉程序中充当自诉人,要求法院追究被告人的刑事责任,还可以在附带民事诉讼中充当民事原告,要求法院追究附带民事诉讼被告的民事责任。

三是在诉讼过程中享有重要权利,并对诉讼进程具有重大的影响。与一般诉讼参与人相比,当事人通常享有获得律师帮助的权利、申请回避的权利、提出本方证据并对对方证据加以质证的权利、参与法庭辩论的权利,等等。当事人的诉讼决定还对刑事诉讼进程具有重要影响,如被告人提出排除非法证据的申请,即可以启动庭前会议程序;自诉人既可以与被告人达成和解,也可以接受调解,这会导致案件以法院不追究被告人刑事责任而告终,自诉人还可以通过撤回,来引起自诉程序的终止;被告人一旦在法定上诉期内提起上诉,即导致一审判决失去法律效力,案件进入二审程序,等等。

9.1.2 公诉人不是当事人

在西方国家的法律理论中,出庭支持公诉的检察官具有当事人(party)的地位,他们与被告人处于平等对抗的地位。但在我国刑事诉讼中,公诉人作为代表检察机关出庭支持公诉的检察官,不具有当事人的地位。具体而言,公诉人作为检察机关的代表,所行使的公诉权带有"国家权力"的性质,属于与法官相似的司法官员。而被告人作为被提起刑事追诉的人,所行使的辩护权带有"个人权利"的性质,属于与被害人、自诉人处于同一层面上的当事人。

根据主流的诉讼理论,检察机关是国家的法律监督机关,可以对侦查活动、审判活动以及执行活动的合法性进行法律监督。一方面,公诉人作为检察机关的代表,在支持公诉过程中,还要对法庭审判活动的合法性进行法律监督。对于法院违反法律程序的行为,检察机关可以提出纠正违法的意见。这种法律监督职能的承担,决定了公诉人不同于一般意义上的"原告",不是当事人,而是可以对法院审判活动进行法律监督的司法人员。

另一方面,即便在行使公诉权方面,公诉人是代表国家指控犯罪的司法官员,他们维护的是国家利益,要遵守一种"客观义务",也就是全面客观地提出案件事实,督促法院维护国家法律的统一适用。公诉人不能为达到"胜诉"的目的而不择手段,而应当成为遵守法律的楷模。因此,公诉人与为维护个人利益而提起诉讼的民事原告,也是不可相提并论的。

我国刑事诉讼理论不承认公诉人的当事人地位,会对刑事诉讼程序的公正性带来一些消极的影响。例如,检察机关动辄以"法律监督机关"自居,充当"法官之上的法官",这会影响法院审判的独立性和权威性,并导致法院无法充当中立的裁判者,而不得不对检察机关的追诉活动进行配合和支持。又如,检察机关在行使公诉权方面享有一些诉讼特权,这就破坏了"平等武装"原则,导致控辩双方无法实现真正的平等对抗。对于一审法院的未生效判决,检察机关一旦提起抗诉,法院必须开庭审理,而当事人提起上诉的,二审法院却很少开庭审理;对于法院的生效判决,检察机关一旦提起抗诉,法院必须启动再审程序,而当事人提起申诉的,法院却极少启动再审程序。

9.2 犯罪嫌疑人与被告人

9.2.1 "犯罪嫌疑人"与"被告人"名称的区分

"犯罪嫌疑人"和"被告人"是对被追诉人的两种法定称谓。在1996年以前,我国刑事诉讼法对被追诉人的称谓使用存在着一些混乱情况,对其冠以"被告人""人犯""犯罪人"等各种称呼。1996年修订的《刑事诉讼法》实施以后,被追诉人在检察机关提起公诉之前,一律被称为"犯罪嫌疑人";而在检察机关提起公诉后,犯罪嫌疑人则被称为"被告人"。只有在法院生效判决产生后,那些被定罪的"被告人",才正式成为"犯罪人"或者"罪犯"。为什么要对被追诉人的称谓作如此区分呢？这里有三个方面的原因。

首先,在刑事诉讼中,将被追诉人从"无罪的人"转化为"法律上有罪的人"是有条件的。按照无罪推定原则的要求,任何人在被法院确定有罪之前,在法律上都是无罪的人。据此,被追诉人在刑事诉讼过程中,一律不得被称为"犯罪人"或者"人犯"。无论是"犯罪嫌疑人"还是"被告人",都属于诉讼法意义上的称谓,是对被追诉人诉讼地位的确定。他们在法律上尚未实现从"无罪的人"向"有罪的人"的转化。

其次,在诉讼过程中,将被追诉人称为"犯罪嫌疑人"是有条件的。被调查人被称为"犯罪嫌疑人",是案件进入刑事诉讼程序的标志。在公诉案件中,只有被追诉人符合立案的条件、侦查机关作出立案的决定,被追诉人才可以正式具有"犯罪嫌疑人"的身份。而在侦查机关作出立案决定之前,被追诉人充其量只是一种"被审查人",是侦查机关初步调查的配合者和被审查者。只有在立案决定作出后,案件才正式转化为刑事案件,刑事诉讼程序才正式启动,被审查者也才具有"犯罪嫌疑人"的身份。

再次,在刑事诉讼过程中,将被追诉人称为"被告人"也是有条件的。根据国家追诉原则,被害人或其他人无权对一个人提起刑事控告,而最多只能通过举报、控告等方式引起国家追诉机关的立案侦查活动,只有检察机关才能代表国家向法院提起公诉。在检察机关尚未提起公诉之前,被追诉人只能是因涉嫌犯罪而受到刑事追诉的当事人,还不具有"被告人"的身份。检察机关只有在经过审查起诉认为案件符合提起公诉的条件,并向法院提起公诉后,"犯罪嫌疑人"才能转化为"被告人"。这里的"被告人",也就是"受到国家正式起诉的人"。

最后,对被追诉人确立"犯罪嫌疑人"和"被告人"这两种称谓,具有很大的象征意义。一方面,在法院作出生效判决之前,任何人都不能被视为有罪的人。这既是对法院、司法程序和生效判决的一种尊重,也是对被追诉人基本权益的保护。另一方面,根据诉讼程序的进程将被追诉人分别称为"犯罪嫌疑人"和"被告人",也是刑事诉讼法得到有效实施的标志。在刑事诉讼程序中,任何诉讼角色和诉讼地位的设定,都是有条件的,也都是跟特定的诉讼程序密切相关的。只有在案件符合法定诉讼条件的情况下,被追诉人的诉讼身份才能发生变化,并由此推动刑事诉讼的进程。

9.2.2 犯罪嫌疑人、被告人的双重地位

在刑事诉讼过程中，犯罪嫌疑人、被告人具有双重诉讼地位：首先，作为刑事诉讼中的当事人，嫌疑人、被告人是享有辩护权的诉讼主体，享有并行使一系列诉讼权利，对于刑事诉讼的进程和结局具有重大的影响。其次，作为言词证据的提供者，嫌疑人、被告人所提供的供述和辩解，是一种独立的法定证据形式，可以被用来作为认定案件事实的根据。

9.2.2.1 作为当事人的嫌疑人、被告人

嫌疑人、被告人是享有辩护权的当事人，而且相对于辩护人而言，处于"第一顺序辩护者"的地位。辩护人是协助嫌疑人、被告人行使辩护权的诉讼参与人，他并不能独立行使辩护权，而要符合嫌疑人、被告人的意志，获得嫌疑人、被告人的授权或者同意；对于任何法定的诉讼权利，嫌疑人、被告人都拥有行使的优先权；只有在嫌疑人、被告人行使完毕或者放弃行使的情况下，辩护人才能行使诉讼权利。从行使辩护权的优先顺序来讲，辩护人其实是"第二顺序辩护者"。

9.2.2.2 作为言词证据提供者的嫌疑人、被告人

嫌疑人、被告人作为言词证据的提供者，他们提供的是"犯罪嫌疑人、被告人供述和辩解"。在证据法上，嫌疑人、被告人与证人相似，所提供的供述和辩解具有"目击证言"的性质，可以就案件事实的全部细节提供言词陈述。这种言词证据的特点是：嫌疑人在庭审前所作的供述和辩解笔录与被告人当庭所作的供述和辩解，都具有证据能力；嫌疑人、被告人所作的有罪供述与无罪辩解，也都可以作为定案的根据。当然，侦查人员假如采取刑讯逼供等非法手段强迫嫌疑人自证其罪的，所获取的有罪供述笔录将被视为非法证据，法院可以将其排除于法庭之外。

9.2.2.3 两种地位的关系

为协调嫌疑人、被告人的这种双重地位，两大法系国家既确立了相似的程序保障，也有不同的制度安排。例如，无论是在大陆法还是在英美法中，被告人在开庭过程中一旦选择保持沉默的，就既不再行使辩护权，也不再接受法庭的讯问和提供当庭陈述。被告人的辩护权将由其辩护律师全权代为行使。但在被告人放弃沉默权的情况下，英美法与大陆法却采取了各不相同的制度安排。

在英美法庭审理中,被告人放弃沉默权的,通常只能充当辩方证人,并在宣誓后出庭作证,接受控辩双方的交叉询问。作为证人,被告人必须如实陈述,而既不能作出虚假陈述,也不能拒绝回答问题。否则,被告人将有可能像证人一样承担不利的法律后果。

但在大陆法国家的法庭审理中,被告人放弃沉默权的,不具有证人的身份,而只能以被告人的身份接受法庭的讯问和控辩双方的盘问。从理论上讲,被告人有当庭说谎的权利,不承担诸如伪证罪之类的法律责任。

在中国刑事诉讼中,被告人的上述双重诉讼地位都得到了承认。但相比之下,被告人的"言词证据提供者"身份得到更多的强调,一旦与其"当事人"的身份发生冲突,法院通常更倾向于将被告人视为一个特殊证人。尤其是在被告人庭前作出有罪供述的情况下,法院更是倾向于将其视为一个"控方证人"。被告人假如当庭作出无罪辩解或者"当庭翻供",就有可能被视为"认罪态度不好",从而受到从重量刑。

在刑事诉讼中,嫌疑人、被告人的上述双重地位经常发生冲突,对这种诉讼角色的协调是刑事诉讼法所要解决的理论难题。

一是在嫌疑人、被告人作出无罪辩解的情况下,他们究竟是在行使辩护权,还是在做有关案件事实的陈述?在司法实践中,无论是侦查人员还是法官,都倾向于认为嫌疑人、被告人在行使无罪辩护权,在表达一种辩护意见,所作陈述不被视为言词证据。结果,嫌疑人、被告人的无罪辩解经常受到忽略,其所做的有罪供述则很容易被采纳为定案的根据。

二是在被告人当庭作出无罪辩解或者当庭"翻供"的情况下,法院如何认定自首、坦白和适用缓刑的问题。假如被告人对指控的"犯罪事实"予以否认,或者对案件的法律适用作出辩解,甚至主张自己不构成犯罪,法院就陷入一种两难境地:假如适用上述宽大政策,那么,就等于鼓励被告人不认罪甚至鼓励被告人翻供;而假如对被告人采取从重量刑措施,那么,被告人的辩护权就受到剥夺了。

三是在"尊重事实真相"的语境下,行使辩护权与充当目击证人经常发生直接的冲突。在行使辩护权方面,不存在"如实辩护"的命题,无论是那些有事实根据的辩护,还是没有事实基础的辩护,都是嫌疑人、被告人行使辩护权的表现。对于不如实的辩护意见,法院可以不予采纳,但不得因此对嫌疑人、被告人作出惩罚。但在充当目击证人方面,嫌疑人、被告人要承担"如实陈述"的义务,在禁止提供虚假言词陈述方面,法律对嫌疑人、被告人提出了与证人相似的要求。对于"无力狡辩"的嫌疑人、被告人,司法机关经常像对待作伪证的证人一样,对其作出程度不同的惩罚。

四是被告人保持沉默的行为,究竟是在行使一种消极的辩护权,还是属于违背"如实回答"的义务,这又是一个诉讼法上的难题。作为行使辩护权的当事人,被告人当然可以行使无罪辩护权,也可以保持沉默,拒绝回答任何问题,这其实也是在行使一种消极的辩护权。毕竟,根据权利行使的基本逻辑,"行使权利本身应当是不受惩罚的"。但是,被告人拒绝回答侦查人员的提问,或者拒绝回答审判人员的审问,这本身却有可能构成一种"认罪态度不好",或者"没有悔罪表现",并导致被告人受到从重量刑。结果,被告人经常因为行使消极辩护权而受到惩罚,以至陷入两难困境之中。

9.2.3 嫌疑人、被告人的诉讼权利

嫌疑人、被告人既是辩护权的享有者,也是辩护权的行使者。辩护权可以是一系列诉讼权利的总称,是一种相对于裁判权之外的"诉权"。嫌疑人、被告人所行使的这些诉讼权利可以分为三大类:

一是实体性权利,带有消极性权利的性质。也就是不受国家专门机关任意侵犯财产、隐私等实体性权利的权利,如不受非法搜查和扣押,不受非法逮捕和拘留,住宅秘密不受任意侵犯,通讯自由不受侵犯,不被强迫自证其罪,等等。这既是宪法所确立的公民基本权利,也是刑事诉讼法所要保障的被告人不受国家专门机关任意侵犯的权利。

二是抗辩性权利,也就是为对抗国家专门机关的追诉活动,而与其展开积极抗辩的权利,如获得律师帮助、申请回避、申请变更强制措施、申请证人和鉴定人出庭作证、申请召开庭前会议、对对方证据进行当庭质证、申请二审法院开庭审理,等等。

三是救济性权利,也就是在上述两类权利遭受无理侵犯时,诉诸其他国家机关给予重新审查和加以纠正的权利。救济性权利主要包括申请复议(对拒绝回避申请的决定)、申诉(针对错误的生效判决)、申请排除非法证据(针对非法侦查行为)、上诉(针对未生效的一审判决)等方面的权利。

9.2.4 犯罪嫌疑人、被告人的诉讼主体资格

在纠问式诉讼制度中,被告人处于诉讼客体的地位,不仅不享有包括辩护权在内的诉讼权利,而且也不享有作出陈述或者不陈述的自由,而承担着

被强迫自证其罪的义务。甚至在特定情形下，被告人还可以成为司法机关强迫取证的对象，司法机关可以合法地采取酷刑或者变相酷刑的取证手段，司法机关对由此所获取的有罪供述，可以直接采纳为定罪的根据。

而在现代刑事诉讼制度中，国家追诉犯罪的活动逐渐被纳入诉讼的轨道。刑事追诉权与司法裁判权发生了分离，刑事诉讼同时出现了中立的裁判者和可以平等对抗的控辩双方，被告人的诉讼地位发生了历史性的提升，成为刑事诉讼的"主体"。

所谓被告人的"诉讼主体"地位，是指被告人不是消极等待国家追诉、被动承受国家惩罚的诉讼对象，而是积极行使辩护权利，拥有自由自主地选择诉讼角色的当事人，可以对刑事追诉活动进行诉讼对抗，并对司法机关的裁决施加积极的影响。从根本上说，被告人在刑事诉讼中的诉讼主体地位，是与每个公民在政治生活中的民主权利一脉相承的。一个在政治体制中可以行使民主权利、有效参与政治生活的公民，在受到刑事追诉时，才能成为与国家追诉机关进行对抗并对司法机关进行制衡的诉讼主体。

那么，在刑事诉讼制度中，被告人的诉讼地位究竟要依靠哪些制度安排来得到保障呢？

一般说来，无罪推定原则的确立，为被告人的诉讼主体地位奠定了法律基础。无罪推定原则为被告人提供了一种保护性的法律假定，使其不再承担证明自己无罪的责任，而享有被推定无罪的诉讼特权；唯有检察机关、自诉人提出证据，将所指控的犯罪事实证明到排除合理怀疑的程度，才能推翻无罪的推定，说服法院作出法律上有罪的判决。

禁止强迫自证其罪原则的确立，为被告人自由自主地选择诉讼角色提供了法律保障。被告人不再被迫承担供述犯罪事实的义务，不必再戴上政治上服从、道德上自我否定的枷锁，而可以在行使辩护权和放弃辩护权之间进行自由选择。尤其是，被告人拒绝作出有罪供述的行为，包括保持沉默、行使无罪辩护权等，将不再受到司法机关的惩罚。

不仅如此，刑事辩护制度的确立和完善，可以确保被告人获得有效辩护的权利。在辩护人的帮助下，被告人在审判前阶段可以对刑事追诉机关展开积极的诉讼对抗，避免受到任意的逮捕、羁押、搜查、扣押、查封、冻结、窃听等强制性调查措施；在审判程序中可以充分地进行辩护准备工作，有效地进行举证、质证和辩论，对裁判者的裁决结果施加积极有效的影响。

9.2.5 被告人权利保障的基本课题

对于被告人的刑事诉讼主体地位,我国刑事诉讼法学基本上是予以承认的,被告人的辩护权也在刑事诉讼法中得到了越来越充分的保障。但是在司法实践中,也还存在着如下一些问题。

首先,按照我国刑事诉讼法,嫌疑人面对侦查人员的提问,仍然负有"如实回答"的义务。这种义务同时包括两项内容:一是回答提问的义务;二是如实陈述的义务。假如被告人拒绝回答侦查人员的提问,保持沉默,或者作出了无罪的陈述和辩解,就都可能被认定为违背这项法律义务,被视为"认罪态度不好",或者"无理狡辩",并因此受到从重处罚。这种制度安排,显然直接违背了禁止强迫自证其罪的原则,剥夺了嫌疑人、被告人自由选择诉讼角色的机会。同时,也使被告人陷入一种政治和道义上的困境,而无法与国家刑事追诉机关进行平等的抗辩。

其次,无罪推定原则尚未得到全面确立,使得嫌疑人、被告人在刑事诉讼过程中经常被作为犯罪人来对待,这使得他们在行使辩护权方面难以获得政治和道义上的支持。例如,对嫌疑人、被告人的未决羁押既没有严格的羁押理由,也没有实质上的最高羁押期限,造成羁押率居高不下和羁押期限无限延长;对嫌疑人、被告人的涉案财物,侦查机关动辄采取查封、扣押、冻结等强制性调查措施,甚至直接采取实质性的处置措施,造成其涉案财物被视为"赃款赃物"的既定事实;对于事实不清、证据不足的案件,法院不是宣告无罪,而是动辄作出"留有余地"的裁决,或者发回下级法院重新审理,使得"疑案从无"原则形同虚设;侦查机关在"侦查破案"后所采取的诸如召开立功嘉奖大会、公开逮捕大会、公开退赃大会、发布新闻通稿等措施,都属于有罪推定的做法,使得法院的审判程序被完全架空……

最后,嫌疑人、被告人在获得律师有效帮助方面还存在一些问题。在大量案件中,嫌疑人、被告人都没有委托律师辩护,而又无法获得法律援助律师的帮助;在侦查人员实施讯问、勘验、搜查、查封、扣押、辨认、鉴定、侦查实验等调查活动过程中,律师都没有机会参与进来,更难以对侦查活动形成有力的制衡;律师的会见、阅卷和调查权还没有得到彻底保障;在法庭上,现有的法庭布局,决定了辩护律师与被告人无法进行有效的协商和交流,被告人尚处于被孤立处置的状态;在法庭审理中,由于大多数证人、鉴定人、侦查人员、专家辅助人不出庭作证,法庭允许公诉人宣读事先制作的书面笔录或者书面材料,使得被告人及其辩护人的举证权和质证权无法得到保障;二审法院对于当事人上诉的案件,通常采取不开庭的审理方式,使得被告人无法得到有效辩护的机会;最高人民法院在死刑复核程序中,采取不开庭审理的方式,最多接受辩护人的书面辩护意见,或者由承办法官与辩护人进行简短的会谈,而无法充分地听取被告人及其辩护人的辩护意见……

9.3 被害人

9.3.1 被害人的概念

在刑法中,犯罪是一种具有社会危害性的严重违法行为。犯罪的本质属性之一是社会危害性。被害人是指那些人身权利或财产权利受到犯罪行为直接侵害的人。但是,并不是所有刑事案件都有被害人。在诸如杀人、伤害、抢劫、盗窃等案件中,存在着明确的刑事被害人;而在包括危害国家安全、危害公共安全、贪污受贿等案件中,则一般不存在明确的刑事被害人。

在刑事诉讼法中,被害人是指那些因为受到犯罪侵害而参加刑事诉讼活动的当事人。在没有被害人的刑事案件中,刑事诉讼活动没有被害人的诉讼角色。而在有被害人的刑事案件中,被害人是重要的诉讼参与人。我国刑事诉讼法将公诉案件的被害人确立为独立的当事人,将自诉案件的被害人确立为自诉人,使其也具有当事人的地位。不仅如此,我国刑事诉讼法还允许被害人提起刑事附带民事诉讼,成为附带民事诉讼原告人,这也是一种独立当事人的地位。

与被告人一样,被害人在刑事诉讼中也同时具有两种诉讼角色:一是作为当事人,行使一系列重要诉讼权利,对刑事诉讼的进程和结局产生重要的影响和推动作用。二是作为言词证据的提供者,具有证人的地位,对案件真实情况提供陈述或者证言。前一种地位意味着被害人享有当事人的诉讼权利,后一种地位则导致被害人承担如实作证的义务。在刑事诉讼中,被害人的这两种地位经常发生矛盾和冲突。对这两种地位的协调和梳理,经常成为刑事诉讼制度改革的重要课题。

在刑事诉讼制度中,被害人与被告人都是重要的当事人,但两者的诉讼地位具有实质性的差异。一般说来,加强被害人的权利保障,与强化对被告人的权利保障,都是刑事诉讼制度改革的重要课题。但是,被告人所面临的危险主要是国家专门机关滥用权力和不遵守正当程序的问题。对于被告人的权利保障,主要侧重于保障被告人在获得有效辩护的基础上,免受国家专门机关的任意侵犯,对刑事追诉行为进行有力的对抗,同时对司法裁判者的决定施加积极有效的影响。因此,对被告人权利的保障,属于刑事诉讼制度永恒的课题,也是保证每一个人不受国家专门机关任意侵犯的宪法课题。

相比之下,被害人在刑事诉讼中具有两个方面的需求:一是参与刑事追诉活动,协助刑事追诉机关完成对被告人定罪判刑的使命,由此获得刑罚的正义;二是提出民事赔偿请求,说服司法裁判者作出支持其民事诉讼请求的裁决。在很大程度上,被害人上述利益需求的实现,需要依靠刑事追诉机关的支持和帮助。只有在刑事追诉活动取得成功的情况下,被害人获得刑罚正义和获得民事赔偿的愿望,才能得到充分的实现。因此,被害人权利保障所面临的最大课题是,在刑事追诉机关不履行追诉职能,或者放弃刑事追诉活动的情况下,如何有效地确保被害人行使追诉犯罪的权利,并获得及时和足额的民事赔偿。

9.3.2 被害人诉讼地位的演变

在人类刑事诉讼制度发展史上,被害人的诉讼地位经历了非常复杂的历史演变。

在弹劾式诉讼中,犯罪与侵权没有区分,所有案件均实行私人追诉原则。被害人可以对侵权者提起诉讼,也可以选择撤回起诉,或者接受和解和调解。法院审判遵循不告不理的原则。当时的被害人就相当于现代民事诉讼中的原告。

而在纠问式诉讼中,犯罪与侵权发生了严格的区分,国家追诉原则产生,对于犯罪行为,国家专门机关负责受理案件,进行调查,启动刑事诉讼程序。被害人由原来的民事原告变成一个具有证人身份的诉讼参与人。国家取代被害人成为刑事诉讼的发动者和公诉的提起者。

在后来的"混合式诉讼"中,审判前阶段保留了纠问式诉讼的特征,而审判阶段则吸收了弹劾式诉讼的因素。随着控审分离原则的确立,刑事追诉权与司法裁判权分别由两个国家机关行使;随着被告人地位的历史性提升,被告人不再是诉讼的客体,而成为享有辩护权的当事人。但是,受国家追诉原则的影响,被害人的诉讼地位并没有发生实质性的改变。

随着社会的变迁和司法制度的演进,被害人在刑事诉讼中的地位发生了缓慢的变化,逐步形成了大陆法中的准当事人模式和英美法中的双重模式。

在大陆法国家,刑事诉讼中的被害人不是当事人,而是享有特殊程序保障的诉讼参与人。被害人假如提起了附带民事诉讼,就具有民事原告的地位,属于"民事当事人",可以行使包括对法院民事判决提起上诉在内的一系列诉讼权利。但在公诉程序中,被害人主要充当证人的角色。但对于检察机关所作的不起诉决定,被害人可以提起申诉,也可以向法院申请强行起诉。例如,根据德国的强行起诉制度,法院经过审查认为案件符合起诉条件的,就可以命令检察机关提起公诉,后者必须遵从法院的命令。但是,提起公诉的检察官假如认为案件不符合起诉条件的,就可以坚持原来的不起诉的立场。法院随即将一名律师任命为"附诉人",协助被害人行使起诉权。

而在英美法国家,被害人在定罪裁断和量刑听证程序中具有截然不同的地位。在定罪裁断阶段,被害人一般只具有证人的地位,有义务出庭作证以及提供真实可信的证言。但在量刑听证阶段,被害人具有当事人的地位。被害人可以提交一份专门的"被害人影响陈述",向法官表达自己受犯罪行为侵害的情况和后果,并提出对被告人适用刑罚的意见。与此同时,对于法庭调查官员所做的"量刑前报告",被害人可以获得事先查阅的机会,并在听证时发表意见。被害人与被告人、检察官一起,提出某一方面的量刑证据和量刑情节,也可以就量刑提出本方的意见。在此基础上,法官就有罪被告人的量刑作出最终的裁决。

在中国刑事诉讼中,被害人的诉讼地位经历了一个发展和演变过程。根据1979年《刑事诉讼法》,被害人在三种诉讼中具有不同的地位:在公诉程序中,被害人属于特殊的诉讼参与人;被害人提起自诉的,可以自诉人的身份参与诉讼活动,享有自诉人的权利;被害人提起的附带民事诉讼中,则以民事原告的身份参与诉讼活动,享有民事原告的权利。

被害人诉讼地位发生变化的标志,是1996年修订的《刑事诉讼法》确立了被害人的当事人地位。在公诉程序中,被害人可以委托诉讼代理人,行使申请回避权,还可以对侦查机关、检察机关所作的终止诉讼的决定,提出申诉,并就一审判决和裁定行使申请抗诉权。在自诉和附带民事诉讼中,被害人的诉讼权利也得到了一定的法律保障,但其诉讼地位并没有发生实质性的变化。

2012年修订的《刑事诉讼法》实施以后,刑事和解正式成为我国的法定诉讼程序。在被告人认罪和给予民事赔偿的前提下,被害方与被告方可以达成刑事和解协议,被害方可以建议对被告人给予较为宽大的处理,检察机关可以据此作出不起诉的决定,法院则可以对被告人予以从轻、减轻或者免除刑事处罚。由此,被害人在刑事和解程序中获得了更大的程序参与权。

9.3.3 公诉案件中的被害人

我国自1996年以来,被害人在公诉程序中获得当事人的地位,从而享有一系列当事人的诉讼权利。

被害人享有以下抗辩性诉讼权利:一是获得申请回避的权利,对于侦查人员、检察人员、审判人员存在法定的回避事由的,可以申请其退出案件的诉讼程序;二是委托诉讼代理人的权利,自公诉案件进入审查起诉程序后,被害人可以委托律师或其他有法定资格的人担任诉讼代理人;三是参加法庭调查和法庭辩论,提出本方证据并对公诉方、被告方的证据加以质证,对定罪和量刑问题发表独立辩论意见。

对于侦查机关、检察机关、法院所作的诉讼决定不服的,被害人还可以享有以下救济性权利:一是对于侦查机关所作的不立案决定,有权获知原因,并申请复议;被害人对公安机关不立案决定不服的,可以向检察机关提出异议,检察机关应当要求公安机关说明不立案的理由;检察机关认为该不立案的理由不能成立的,应当通知公安机关立案,公安机关接到通知后"应当立案";二是对于检察机关所作的不起诉决定,被害人可以向上一级检察机关提出申诉,请求提起公诉;对于上一级检察机关维持不起诉决定的,被害人还可以直接向法院起诉。法院经过审查同意受理的,公诉案件将转为自诉案件,检察机关应当将有关案卷材料移送法院;三是被害人有证据证明对被告人应当追究刑事责任,而侦查机关、检察机关不立案、撤销案件、不起诉或者不予受理的,被害人可以直接向法院提起自诉;四是对于法院所作的一审判决,被害人不服的,可以向检察机关提出建议抗诉的申请,检察机关对于是否提起抗诉拥有决定权。

在我国刑事公诉程序中,被害人尽管在书本法律中居于"当事人"的地位,但真正以"被害人"的身份参与法庭审理的案例还是较为少见的。尤其是在基层法院的法庭审理中,那些暴力犯罪案件的被害人往往以"附带民事诉讼原告"的身份参与附带民事诉讼部分的审理过程,而无法参与刑事部分的法庭审理。而那些涉及侵犯财产权的刑事案件的被害人,则通常不被允许参与法庭审理,而最多被视为一种控方证人,由公诉方宣读其在庭审前所作的书面被害人陈述笔录。由于被害人无法亲自参与公诉案件的法庭审理,无法参与法院刑事裁判的制作过程,因此,他们无法对刑事裁判的形成施加积极有效的影响,其"当事人"地位无法得到保障。

9.3.4 被害人对终止刑事追诉决定的制约

在刑事诉讼中,侦查机关、检察机关一旦作出立案、移送审查起诉或者提起公诉的决定,被害人的追诉权就大体上可以得到保障。相反,假如侦查机关作出不立案或者撤销案件的决定,检察机关作出不起诉的决定,那么,刑事追诉程序即告终止,被害人追诉犯罪的需求将得不到满足。这时候就存在一个如何为被害人提供有效救济的问题。

自1996年以来,我国刑事诉讼法确立了一种"公诉转自诉"的制度。根据这一制度,在侦查机关作出不立案、撤销案件决定或者检察机关作出不起诉决定后,被害人可以直接向法院起诉,法院经过审查认为起诉符合法定条件的,可以同意受理。这时候,原本属于公诉案件的刑事案件,就可以按照自诉程序来加以处理。检察机关不再提起公诉,但要将有关案卷材料移送法院;被害人变成了自诉人,审判将按照自诉程序来进行展开。当然,这种由公诉转化过来的自诉案件,在诉讼程序上仍然与一般的自诉程序存在一些差异。比如,法院不能对自诉人和被告人进行调解,被告人也不能对自诉人提起反诉。

之所以要确立这种"公诉转自诉"的制度,主要有三个方面的理由:一是国家刑事追诉机关与被害人在追诉犯罪方面具有相互独立的利益和立场,唯有赋予被害人对终止刑事追诉的决定进行救济的机会,才能保障被害人的独立利益和诉权;二是为有效解决司法实践中被害人"申诉难""救济难"的问题,避免被害人因为侦查机关、检察机关在刑事追诉上的不作为而陷入困境,刑事诉讼法才给予其诉诸法院司法审查的机会;三是控审分离原则决定了法院与检察机关分别行使裁判权和刑事追诉权,法院只能亲自受理被害人起诉的案件,而无法命令检察机关提起公诉。

这种公诉转自诉的制度安排,尽管对于保障被害人的诉权、防止检察机关滥用刑事追诉的自由裁量权具有一定的积极意义,但是,被害人真正说服法院启动自诉程序的案例还是极为少见的。这是因为,一方面,被害人并不具有强大的调查取证能力,又得不到侦查机关和检察机关的有力配合和支持,因此,要想提出较为充足的证据证明案件达到了启动自诉程序的条件,一般是较为困难的。另一方面,对于检察机关作出不起诉决定的案件,被害人一旦提起自诉,法院在审查上通常采取较为严格的标准,尽量不予以受理。这既可以减少额外的审判工作量,也可以避免挑战检察机关的权威。

9.3.5 被害人不享有上诉权

与其他当事人不同,公诉案件中的被害人对于一审法院的刑事判决,不享有上诉权,而可以向检察机关提出抗诉的申请。具体说来,在一审法院的判决宣告后,被害人无权提起上诉,但可以向检察机关提出提起抗诉的申请。检察机关应当对被害人的申请进行审查,但是否提起抗诉,还是要考虑一审判决是否在事实认定或适用法律方面确有错误,而不受被害人意志的约束。

刑事诉讼法之所以作出这种制度安排,主要是基于两个方面的考虑:一是保证控辩双方平等对抗,对诉讼构造作出平衡设计;二是基于贯彻上诉不加刑原则的考虑,赋予被告人一些特殊的程序保障。

在前一方面,在国家追诉原则的影响下,检察机关在侦查机关的帮助下,以国家名义对被告人发动了一场刑事追诉。这本来就是一场无法做到势均力敌的诉讼,控辩双方根本无法实现"平等武装",被告人处于明显的弱势地位。假如再赋予被害人对一审刑事判决的独立上诉权,那么,面对强大的公诉方和极力追求定罪结局的被害方,被告方将处于极为不利的境地。因此,刑事诉讼法不得不对被害人对刑事判决的救济作出限制。

另一方面,在只有被告方提起上诉的情况下,二审法院不得加重有罪被告人的刑事处罚。这种上诉不加刑原则的确立,目的在于保障被告人从容不迫地行使上诉权,维持两审终审制的基本格局。假如被害人拥有独立的上诉权,那么,在所有有被害人的案件中,被害人都可能行使上诉权。这很容易导致上诉不加刑原则失去效力,被告人所享有的这种"诉讼特权"不复存在,被告人的当事人地位将难以维持。

当然,司法实践的经验表明,这种被害人申请抗诉的制度,也是一种不成功的制度安排。在一审判决宣告后,被害人提出的抗诉申请,对检察机关并不具有约束力。而同级检察机关即便提出抗诉,还要经受上一级检察机关的审查批准。这种只有经由两级检察机关同意才能提起抗诉的制度安排,尽管有着慎用抗诉权的考虑,却也导致检察机关在批准被害人抗诉申请方面变得格外困难。

9.3.6 被害人诉讼地位的最新发展

一些地方法院、检察机关主要基于解决问题的现实考虑，对被害人权利保障问题展开了自生自发的积极探索。这些改革探索对于相关诉讼制度的完善是有利的，也可以成为刑事诉讼立法乃至刑事司法改革的灵感来源。

首先，刑事和解制度的确立，为被害人提供了参与刑事诉讼的新途径。

为解决被害人因为无法获得赔偿而走上申诉和信访道路的问题，一些基层法院、检察机关早在2000年就开始了刑事和解制度的探索。2012年修订的《刑事诉讼法》正式确立了刑事和解制度。根据这一制度，嫌疑人、被告人认罪悔罪，并与被害人就民事赔偿问题达成协议并履行赔偿义务的，检察机关可以对嫌疑人作出"和解不起诉"的决定；已起诉的，法院则可以对其作出宽大的刑事处罚。尽管刑事诉讼法将刑事和解的适用范围限定在轻微刑事案件之中，也对法院从轻处罚、减轻处罚和免除刑罚作出了一些限制，但是，通过刑事和解的适用，被害人在获得足额民事赔偿和获得嫌疑人、被告人认罪悔罪乃至真诚谢罪的前提下，与其达成刑事和解协议，而该项协议对检察机关和法院的刑事处理具有重要的影响，甚至直接决定着刑事诉讼的结局。这显示出被害人对刑事诉讼程序的参与度和控制力得到了较大的加强。

其次，司法救助制度的探索和确立，有助于解决被害人的补偿问题。

为帮助部分被害人走出困境，减少被害人申诉和信访的问题，部分法院积极探索对被害人的"司法救助"制度。这是一种中国式的"被害人国家补偿制度"的试验。目前，各级政府已经开始将被害人的司法救助经费进行专项拨付，与法律援助机构费一起，作为法院提供司法救助的经费来源。尤其是在嫌疑人、被告人没有赔偿能力，也缺乏达成刑事和解意愿的案件中，被害人通过申请司法救助，可以获得一定的经济补偿，缓解因遭受犯罪侵害而陷入困境的局面。

再次，在相对独立的量刑程序中，被害人可以对量刑裁决的形成施加积极影响。

自2010年以来，量刑规范化改革运动在全国推行，定罪与量刑的相对分离逐步得到实现。在量刑调查和量刑辩论程序中，被害人有机会提出本方的量刑证据和量刑意见，参与到法院的量刑裁决制作过程之中，施加积极有效的影响。这对于法院在量刑裁判方面有效吸收被害人的意见具有积极的意义。

又次,解决被害人的民事赔偿问题,是适用认罪认罚程序的前提条件之一。

2018年修订的《刑事诉讼法》确立了认罪认罚从宽制度,规定在被告人可能被判处3年有期徒刑以下刑罚的轻微案件中,被告人自愿供认犯罪事实并愿意接受刑事处罚的,检察机关可以出具认罪认罚具结书,在辩护律师或值班律师见证下,被告人可以签署该项具结书。检察机关向法院起诉时,可以将起诉书、量刑建议书和具结书一并提交法院,并申请法院适用刑事速裁程序。但是,法院对该类案件适用速裁程序的前提之一,是被告人解决了民事赔偿问题,或者与被害方达成了刑事和解协议。否则,法院有权拒绝适用速裁程序。因此,被害人对于法院适用速裁程序具有一定的影响力和控制力。

最后,在那些涉众型经济案件的审理程序中,多名被害人可以通过推选被害人代表的方式有效参与裁决过程。

涉众型经济案件主要是指那些有众多被害人的经济犯罪案件。如非法经营案件、组织或领导传销组织案件、非法吸收公众存款案件、集资诈骗案件等,动辄有数以千计或万计跨地域的被害人,涉案财物总额经常达到亿元以上。对于这类案件,法院为有效地保护被害人的经济利益,可以让全体被害人推选出被害人代表一至两人,通过委托诉讼代理人,参与刑事诉讼程序。在全体被害人无法推选出代表的情况下,法院可以依据职权指定被害人代表。被害人代表在诉讼代理人的帮助下,参与法庭调查和法庭辩论程序,协助公诉人证明被告人的犯罪事实,并就涉案财物追缴和刑事处罚问题发表意见。在法院裁判发生法律效力后,被害人代表还可以参与被追缴的涉案财物的分类和处理,确保全体被害人的合法投资和财产损失得到发还和补偿,尽量减少全体被害人的经济损失。

9.4 自诉人

根据国家追诉原则,对绝大多数刑事案件提起控告是国家专属的权力,包括被害人在内的其他个人无权提起刑事指控。但是,作为国家追诉原则的例外,我国刑事诉讼法确立了自诉制度,允许被害人对特定刑事案件直接向法院提起自诉。因此,自诉制度得到确立。

根据我国刑事诉讼法,自诉案件主要分为三种:一是告诉才处理的案件;二是被害人有证据证明的轻微刑事案件;三是公诉转自诉的案件。

在告诉才处理的案件中,被害人或其法定代理人只有亲自向法院提起自诉,法院才予以受理并进行审判。而在被害人有证据证明的轻微刑事案件中,侦查机关可以立案侦查,检察机关也可以提起公诉,被害人或其法定代理人也可以直接向法院提起自诉。

在侦查机关作出不立案、撤销案件的决定,或者检察机关作出不起诉决定的案件中,被害人或其法定代理人可以向检察机关提出申诉,也可以向法院提出起诉。法院依法将案件按照自诉程序加以受理的,被害人或其法定代理人就可以自诉人的身份,参加法庭审理,行使当事人的权利。

作为自诉人,被害人与民事原告享有大体相似的诉讼权利。自诉人起诉后,可以与被告人达成和解,可以撤诉,可以接受法院组织的调解,被告人也可以提起反诉。对于法院所作的判决和裁定,在上诉期内可以提起上诉。但是,在公诉转自诉的案件中,法院一般不适用调解制度和反诉制度。

9.5 附带民事诉讼当事人

刑事附带民事诉讼是一种旨在协调刑事公诉与民事侵权诉讼之关系的制度安排。这一诉讼是指被害人及其法定代理人在刑事追诉过程中提起的民事赔偿之诉。在实体上,被害人受到犯罪人的不法侵害,并因此造成了经济损失,这是提起民事赔偿之诉的基本起因。而在程序上,无论是国家提起公诉,还是自诉人提起自诉,都主要是为追究被告人的刑事责任而发动的诉讼。但是,在刑事诉讼过程中,被害人还可以提起民事赔偿之诉,使得司法机关通过一个完整的诉讼程序,在解决被告人刑事责任的同时,顺便解决被害人的经济赔偿问题。

原则上,被害人是附带民事诉讼的原告,刑事案件的被告人是附带民事诉讼的被告。但是,在法定例外情况下,对附带民事诉讼当事人要作出特殊的确认。

在被害人死亡或者失去行为能力的情况下,被害人的法定代理人、近亲属有权提起附带民事诉讼,成为附带民事诉讼的原告人。

在刑事诉讼中,国家财产、集体财产因受到犯罪侵犯而遭受物质损失的,在受害单位不提起附带民事诉讼的情况下,检察机关可以提起刑事附带民事诉讼,成为附带民事诉讼原告人。而在那些因涉及食品和药品安全、环境保护、国土资源保护、防止国有资产流失等问题所发生的刑事案件中,在有关公益组织没有提起公益诉讼的情况下,检察机关还可以提起刑事附带民事公益诉讼,以民事公益诉讼人的身份,参与诉讼活动。

附带民事诉讼的被告除了是刑事被告人以外,还有可能是以下五种人:一是未被追究刑事责任的其他共同侵害人;二是刑事被告人的监护人;三是死刑罪犯的遗产继承人;四是共同犯罪案件中,案件审结前死亡的被告人的遗产继承人;五是对被害人的物质损失依法承担赔偿责任的其他单位和个人。

目前,我国刑事附带民事诉讼制度已经陷入空前的危机之中。由于刑事被告人大都没有民事赔偿能力,加上法院在刑事诉讼中介入时间过于迟延,无法参与审判前的侦查和审查起诉程序,无法像在民事诉讼中那样及时采取财产保全和先予执行措施,结果造成附带民事诉讼判决执行方面的普遍困难。这一方面造成法院的附带民事诉讼判决失去权威性,判决因为难以执行而出现"打白条"或者"形成空判"的普遍现象。另一方面,基于部分刑事被告人无力赔偿的现实,立法机关仅仅将"物质损失"作为附带民事诉讼的赔偿范围,剥夺了被害人获得精神损害赔偿、死亡赔偿金乃至间接损失赔偿的机会。这显然违背了民事侵权法的基本归责原则,造成刑事被害人在赔偿方面受到极为不公正的对待。法院仅仅基于部分被告人无力赔偿的事实,就剥夺全部刑事被害人获得合理赔偿的机会,这显然是不公正、不合理的制度安排。

9.6 作为当事人的单位

在刑事诉讼中,当事人既可以是自然人,也可以是单位。在单位作为当事人的案件中,单位如何参与刑事诉讼活动,行使诉讼权利,这是需要解决的程序问题。其中,单位为被害人或者附带民事诉讼当事人的,都需要委派一名诉讼代表人参加诉讼活动。而单位为犯罪嫌疑人、被告人的,其参与刑事诉讼的方式,具有明显的特殊性。

9.6.1 单位被告人参与刑事诉讼的方式

单位犯罪是我国刑法所确立的一种特殊犯罪形态。与自然人犯罪相比,单位犯罪是企业、事业单位、机关、团体实施的依法应当承担刑事责任的危害社会行为。对于单位犯罪,刑法通常确立了双罚制,也就是"一个犯罪行为,两个犯罪主体",既要惩罚单位,对其通常适用罚金刑,又要惩罚单位内部"直接负责的主管人员"和"其他直接责任人员"。

作为一种具有拟制人格的法律主体,单位构成犯罪,要以刑法作出明文规定为前提。通常情况下,单位构成犯罪发生在两种情形之下:一是单位在存在整体单位意志或者存在单位过失的情况下,实施了刑法所禁止的危害社会行为;二是单位成员以单位的名义,为实现单位的利益,体现单位的整体意志,实施了刑法所禁止的危害社会行为。无论单位犯罪具有何种形态,在追究单位刑事责任时,都要查明单位是否具备整体的犯罪意图或者是否存在独立的过失。这是确定单位刑事责任的基础。

在刑事诉讼过程中,与刑法上对单位犯罪实行"双罚制"相对应,检察机关对于单位犯罪案件通常确立了双重被告人:一是单位被告人;二是自然人被告人。前者要由其"诉讼代表人"代表其参加诉讼活动,接受法庭审判,行使辩护权。后者则是那些被认定为"直接负责的主管人员"和"其他责任人员",以被告人的身份,行使各项诉讼权利,并与单位被告人一起接受法庭审判。

在单位犯罪中,被告单位与作为被告人的"主管人员"和"直接责任人员"存在着一定的利害关系。通常情况下,司法机关假如只对单位成员加以定罪,而不对单位追究刑事责任,那么,这些自然人被告人不仅入罪标准较低,而且所承受的刑事处罚也较为严厉。相比之下,司法机关假如认定单位构成犯罪,并对单位和相关成员同时追究刑事责任,那么,在单位被定罪并被判处罚金刑的情况下,无论是"主管人员"还是"其他责任人员",不仅入罪标准较高,而且在同等情况下要承受较为宽大的刑事处罚。正因为如此,司法机关认定单位是否构成犯罪,会直接影响单位内部主管人员和其他责任人员的刑事责任追究问题。

为避免利益冲突,确保单位和单位成员在同时受到刑事指控时都获得公正的审判,刑事诉讼法确立了单位"诉讼代表人"制度。所谓"诉讼代表人",是指在单位因涉嫌犯罪而被启动刑事诉讼程序的情况下,代表单位参加诉讼活动,行使诉讼权利的诉讼参与人。在刑事诉讼过程中,单位一旦委派了诉讼代表人,那么,该诉讼代表人就要以单位名义参加各项刑事诉讼活动。单位的诉讼代表人代表单位出庭,行使诉讼权利,具有当事人的地位。诉讼代表人行使被告人应当享有的辩护权,可以委托或者被指定律师担任辩护人,其所作的陈述应被视为单位的陈述,其所实施的诉讼行为,应被视为单位授权的行为,对于单位具有法律约束力。

原则上,为保证其了解单位的情况并具有较高的地位,刑事诉讼法要求诉讼代表人应当是单位的法定代表人或者主要负责人。但是,为避免利益冲突,防止出现诉讼角色的混乱,刑事诉讼法对诉讼代表人的人选作出以下三个方面的限制:一是单位的法定代表人或者主要负责人属于被指控为单位犯罪负责的主管人员,或者因客观原因无法出庭的,都不得担任诉讼代表人;二是被指控为单位犯罪的"其他责任人员"的单位成员,不得担任诉讼代表人;三是任何因了解案件情况而被要求作为证人承担作证义务的单位成员,不得担任诉讼代表人。

被告单位的诉讼代表人经依法通知拒不出庭的,刑事诉讼法确立了两种法律后果:一是诉讼代表人系被告单位的法定代表人或者主要负责人,无正当理由拒不出庭的,司法机关可以对其采取拘传措施,强制其出席法庭审理;因客观原因无法出庭或者下落不明的,检察机关应另行确定诉讼代表人;二是诉讼代表人系被告单位的其他人员的,检察机关应另行确定诉讼代表人。

9.6.2 单位犯罪案件审理中的主体变更

在对单位犯罪案件进行审理中,法院经常遇到需要变更审判对象的情况。经过审理,法院认为检察机关作为自然人犯罪案件起诉的案件,需要认定为单位犯罪案件的,应当建议检察机关对犯罪单位进行补充起诉。检察官经过补充起诉后,法院应当对案件进行重新开庭审理。

检察机关拒绝法院的建议,坚持以自然人犯罪案件提起公诉的,法院应当依法继续进行审理。经过审理,法院认定案件属于单位犯罪案件的,对于被起诉的自然人被告人,应当按照单位犯罪中的直接负责的主管人员或其他责任人员来追究其刑事责任,并援引刑法有关追究单位犯罪中直接负责的主管人员或其他责任人员刑事责任的条款。但是,未经检察机关变更起诉的,法院不得对未经起诉的单位,直接加以定罪量刑。

在法庭审理过程中,被告单位被撤销、注销、吊销营业执照或者宣告破产的,法院不应继续将单位作为被起诉的对象,但对于单位犯罪中直接负责的主管人员或其他责任人员,应当继续进行审理。

在审判期间,被告单位出现合并、分立等情况的,法院应当将原单位列为被告单位,由诉讼代表人代表其参加诉讼,并注明合并或分立情况。经过审理,法院认定被告单位构成犯罪的,仍然可以对该单位作出有罪判决,并科处罚金。但是,对被告单位判处的罚金以其在新单位中的财产或收益为限。

阅读案例材料之九

杜保乾案件和潘儒岭案件

杜保乾案件①

2002年9月24日,河南省渑池县人民法院开庭审理原卢氏县委书记杜保乾涉嫌受贿和报复陷害一案。庭审一开始,被告人杜保乾即申请三门峡市人民检察院和渑池县人民检察院,包括三门峡市人民检察院指定的公诉人回避,理由是"三门峡市检察院和渑池县检察院实行了骇人听闻的刑讯逼供,使用了暴力取证,已经影响了出庭公诉的重大利害关系"。法庭在听取了杜保乾的请求后,经过休庭评议,当庭驳回了杜保乾要求回避的请求。在公诉人宣读起诉书后,杜保乾对起诉书指控的犯罪事实全部予以否认,指出"起诉书属于假编、假造,自己从没有收受过同事、部下和其他任何人的任何钱财和物品,也从没有报复陷害过张文秀"。

在随后进行的公诉人讯问被告人程序中,杜保乾表示不会回答公诉人的任何问题,除了公诉人的问题他可以回答任何人的提问。对于杜保乾的这种行为,公诉人表示"这是一种藐视法庭、蔑视法律的行为,而且杜保乾不回答任何问题不仅丝毫减轻不了所犯的罪行,反而会将自己置于更不利的境地",并指出被告人"在法庭上的认罪态度直接决定法庭的量刑",并且一再提醒杜保乾三思而后行。随即公诉人向法庭出示了大量的证人证言、物证等证据,以证明杜保乾收受他人贿赂的事实。杜保乾对于公诉人举出的证据,全部予以否认,认为检察官指控的41起受贿行为都是不能成立的。

在法庭辩论阶段,公诉人认为杜保乾犯受贿罪、报复陷害罪事实清楚、证据确实充分。但被告人杜保乾"在大量事实和证据面前依然假装无辜,对自己的犯罪事实,没有任何的认罪态度,没有任何悔罪表现,并且认罪态度极为不好",请法庭根据本案的事实证据及有关法律规定,结合杜保乾的认罪态度,依

---

① 参见韩茹等:《一个原县委书记的自白》,来源于河南省卢氏县人民检察院网站,"工作快报"之"警示人生"栏目,2012年5月19日访问。

法予以惩处。随后杜保乾也为自己作了无罪辩护。对于杜保乾的辩护,公诉人认为只是一种"狡辩",指出"杜保乾一直说自己是冤假错案,可是从其家中扣押的价值不菲的物品就足以说明了一切"。

在最后陈述阶段,杜保乾仍一再表示自己没有收受他人钱财和物品,也没有打击报复张文秀,并且声称自己的"冤案"最终一定会得到平反。

2002年12月30日,渑池县人民法院再次开庭对杜保乾受贿、报复陷害一案进行宣判。法院认定其受贿罪和报复陷害罪成立。鉴于被告人杜保乾在被捕和审判期间,拒不供认自己的犯罪事实,应依法从重处罚。据此,法庭以受贿罪判处杜保乾有期徒刑14年,剥夺政治权利2年;以报复陷害罪判处其有期徒刑6个月,数罪并罚决定执行有期徒刑14年,剥夺政治权利2年。一审宣判后,杜保乾当庭表示不服判决,要求向三门峡市中级人民法院上诉。

三门峡市中级人民法院驳回了杜保乾的上诉,维持了一审判决。

潘儒岭案件①

被告人潘儒岭,男,45岁。2002年2月1日因涉嫌犯故意伤害罪被刑事拘留,同年2月23日被逮捕。2002年3月5日,陕西省咸阳市渭城区人民检察院以潘儒岭防卫过当致人重伤,但情节较轻,可免除刑罚为由,对潘儒岭作出不起诉决定。

自诉人潘堂华不服渭城区人民检察院的不起诉决定,以被告人潘儒岭故意侵犯其人身健康致其重伤,要求追究潘儒岭刑事责任并赔偿其经济损失为由,于2002年3月10日向陕西省咸阳市渭城区人民法院提交刑事附带民事自诉状。

渭城区人民法院经审查后决定受理。经庭审查明:被告人潘儒岭与自诉人潘堂华系叔侄关系。2000年12月23日中午,潘儒岭在潘堂华家门口与潘堂华之父因故发生纠纷并对骂,但很快被同村人劝开。身在现场的自诉人潘堂华对潘儒岭骂自己的父亲深感气愤,当潘儒岭骑上摩托车离开约七八米时,他从地上拾起一块砖头,朝潘儒岭方向砸去,砸中摩托车的前轮处。潘儒岭停下车,双方发生厮打,潘儒岭用一把锐器刺中潘堂华的右眼和背部,致潘堂华右眼内容物脱出,背部皮肤形成长约2厘米的斜形裂口。虽经手术及药物治疗,但终因损伤严重,仍造成潘堂华右眼球萎缩,视力无光感,且无法恢复。2001年4

---

① 参见罗国良:《潘儒岭故意伤害案——人民法院如何处理公诉转自诉案件》,载《刑事审判参考》2004年第5集,总第40集,法律出版社2004年版。

月9日,渭城公安分局刑事科学技术鉴定结论认为,潘堂华右眼损伤程度属重伤。

渭城区人民法院审理后认为:被告人潘儒岭在与自诉人潘堂华对殴中,致自诉人重伤,其行为不符合正当防卫的要件,构成故意伤害罪(重伤),依法应当追究其刑事责任,并赔偿自诉人相应的经济损失。鉴于自诉人对该事件的发生有明显过错,对被告人应酌情从轻处罚,并相应减轻其民事责任。依照《中华人民共和国刑法》第二百三十四条、《中华人民共和国民法通则》第一百一十九条的规定,拟以故意伤害罪判处潘儒岭有期徒刑5年,并判决潘儒岭赔偿潘堂华各项经济损失总和的70%。

就在人民法院公开宣判前,自诉人潘堂华与被告人潘儒岭私下和解。潘儒岭支付潘堂华医疗费等各项损失3万元,潘堂华向法院递交了撤回自诉的申请书,要求撤回对被告人潘儒岭的自诉。

渭城区人民法院经审查后认为,自诉人潘堂华在一审宣判前要求撤回自诉,确属自愿,遂予准许。

【深入思考题】

1. 被告人因为作出无罪辩护,就被认为"认罪态度不好",或者"无理狡辩",法院据此作出从重量刑。这是否意味着对行使辩护权的被告人进行了严厉处罚?一个被告人假如因为行使权利而遭受惩罚,那么,这种权利还能得到有效行使吗?

2. "公诉转自诉"的制度设计,从理论上显得非常合理。但在司法实践中,对于公安机关撤销案件、检察机关不起诉的案件,被害人向法院起诉的,法院真正受理案件的情形还是非常罕见的。你能解释一下其中的原因吗?

第十章 辩护

> 确保每个被追诉者在其利益受到威胁的时刻,都能获得律师的有效辩护,确保律师在被委托或者被指定担任辩护人之后,用尽一切合法合理的手段,穷尽所有司法救济途径,为委托人争取一个更好的诉讼结局,这是一种最低限度的司法正义要求。

10.1 辩护制度的基本内容
10.2 辩护人的诉讼权利
10.3 刑事辩护的基本形态
10.4 辩护律师的职业伦理
10.5 有效辩护
阅读案例材料之十　念斌案件和周姓律师无效辩护案件

10.1 辩护制度的基本内容

10.1.1 辩护的概念与分类

从一般意义上讲，辩护是受刑事追诉者为推翻或者削弱指控，从事实上和法律上提出申辩意见的诉讼活动。其中，推翻或者削弱刑事追诉是辩护的目的和归宿；而提出有利于被告人的事实和意见，则是刑事辩护的基本手段。

刑事追诉的发生，是辩护产生的逻辑前提。辩护的直接目的就是推翻或者削弱刑事追诉的主张。要达到推翻或者削弱刑事追诉主张的效果，辩护方就需要提出有利于被告人的事实或者意见。面对公诉方的指控，辩护方要么从事实认定的角度提出有利于被告人的证据和事实，要么从法律适用的角度提出有利于被告人的意见。例如，辩护方提出无罪辩护意见的，可以提出事实不清、证据不足的辩护意见，也可以从法律上提出指控罪名不能成立的辩护观点；辩护方提出量刑辩护意见的，可以从事实上论证从轻量刑情节、减轻处罚情节或者免除处罚情节的成立，也可以从法律上提出对被告人从轻、减轻或者免除刑事处罚的意见。

但是，在不同的诉讼形态中，刑事辩护的构成要素是不同的。例如，在刑事侦查阶段，无论是强制措施还是强制性侦查行为，一般都是由侦查机关自行决定、自行执行的。对于这些不利于被告人的诉讼行为，辩护方只能向侦查机关提出申辩、申请或者控告。又如，在法庭审判阶段，面对公诉方的刑事指控，辩护方则可以向合议庭或者独任法官提出被告人无罪或者罪轻的辩护意见。

很显然，刑事诉讼中是否有中立第三方的参与，直接影响着刑事辩护的形态和方式。那些没有第三方参与的诉讼活动，如侦查、审查起诉等，充其量只是一种由追诉者与被追诉者构成的行政治罪活动，而不具有基本的诉讼形态。辩护方所进行的辩护活动，只能是向刑事追诉机构提出简单的申辩而已。对于这种不是在中立第三方面前所进行的辩护活动，我们可以称其为"自然意义上的辩护"。

相反，那些有第三方裁判者参与的诉讼活动，如第一审程序、第二审程序、死刑复核程序等，则具备完整的诉讼形态，可以为两造对抗提供基本的诉讼条件。辩护方在此程序中所进行的辩护活动，就不仅仅是向指控方提出简单的申辩，而可以说服第三方接受本方的诉讼主张。对于这种在第三方面前所进行的辩护活动,我们通常称其为"法律意义上的辩护",也就是可以产生法律效果的辩护形态。

根据是否有辩护人参与刑事诉讼的标准,辩护可以分为"自行辩护"和"辩护人辩护"。前者是指嫌疑人、被告人不委托辩护人而自行行使辩护权的一种辩护方式。后者则是指嫌疑人、被告人在辩护人的协助下行使辩护权的一种辩护方式。

根据是否由律师充任辩护人的标准,辩护人辩护还可以分为"律师辩护"与"非律师辩护"。根据辩护人参与刑事诉讼的不同方式,辩护人辩护还可以分为"委托辩护"与"指定辩护"。其中,委托辩护是指嫌疑人、被告人通过委托律师或者其他人士担任辩护人,与其共同行使辩护权的辩护方式。指定辩护则是指那些符合法定条件的嫌疑人、被告人,通过接受国家专门机关指派的法律援助律师担任辩护人,与其共同行使辩护权的辩护方式。

根据国家专门机关是否承担指定辩护的义务,可以将指定辩护分为"强制性的指定辩护"与"任意性的指定辩护"。前者是指对于符合法定条件的嫌疑人、被告人,国家专门机关应当承担指定法律援助律师进行辩护的义务。例如对于被告人为未成年人,或者可能判处无期徒刑以上刑罚的案件,法院就有义务指定法律援助律师进行辩护。在这些法定情形下,专门机关不指定辩护的,整个诉讼活动就将被宣告为违法诉讼行为,由此所形成的决定或者裁判结果将被归于无效。

而所谓"任意性的指定辩护",则是指国家专门机关可以根据案件具体情况,决定为嫌疑人、被告人指定法律援助律师提供辩护的制度。这里的指定辩护不是专门机关的法律义务,专门机关在是否指定辩护方面享有一定的自由裁量权。即便不为嫌疑人、被告人指定辩护,刑事诉讼活动也不属于违法行为,更不会被归于无效。在司法实践中,针对那些社会影响较大的案件、外国人涉嫌犯罪的案件,等等,在嫌疑人、被告人没有委托辩护的情况下,司法机关通常都会指定法律援助律师进行辩护。与此同时,一些经济发达省份的司法机关,还根据本地的经济社会情况,将适用指定辩护的案件范围扩大到可能判处十年以上有期徒刑的案件。

根据辩护方是否提出新的事实和法律主张的标准,辩护可以分为"消极的辩护"与"积极的辩护"。前者是一种"以子之矛攻子之盾"的辩护方式,也就是通过论证公诉方提出的证据、事实或法律意见不能成立来达到辩护的效果。如提出事实不清、证据不足的无罪辩护,就属于一种典型的消极辩护。

后者则是一种"以己之矛攻子之盾"的辩护方式,是指通过提出新的事实和法律意见来推翻或者削弱指控主张的辩护方式。如通过论证被告人存在正当防卫或者紧急避险等主张,来证明被告人不构成犯罪的辩护,就属于典型的积极辩护。

根据辩护的目标和手段,我们还可以将辩护分为"无罪辩护""量刑辩护""罪轻辩护""程序性辩护"和"证据辩护"等五种类型。这是一种为律师界普遍接受的辩护分类方式。对此分类,下文将作专门的分析。

10.1.2 辩护律师参与刑事诉讼的意义

我国宪法和法律确立了被告人有权获得辩护的原则。但经验表明,被告人仅仅依靠自身的力量,是无法有效行使辩护权的。在法律上,无论是犯罪嫌疑人还是被告人,尽管是辩护权的享有者,却在辩护权的行使方面属于无行为能力人或者限制行为能力人。

为保障被告人辩护权的有效行使,我国法律确立了辩护人制度。所谓辩护人,是指接受嫌疑人、被告人的委托或者接受国家专门机关的指派,为嫌疑人、被告人提供法律帮助、协助其刑事辩护权的诉讼参与人。

律师是辩护人的主要来源。根据刑事诉讼法的规定,除了律师以外,以下两种人也可以成为辩护人:一是"人民团体或者嫌疑人、被告人所在单位推荐的人";二是"嫌疑人、被告人的监护人、亲友"。当然,无论是律师还是这两类人士,都不能是正在被执行刑罚或者被限制或剥夺人身自由的人。原则上,经过嫌疑人、被告人的委托,律师或上述具备法定资格的人士即可成为辩护人。但是,对于那些符合法律援助条件的嫌疑人、被告人,侦查机关、检察机关、法院只能指派律师担任辩护人,提供法律援助。

那么,辩护律师参加刑事诉讼活动究竟有哪些积极意义呢?首先,在担任辩护人、协助被告人行使辩护权方面,律师具有强大的专业优势。律师不仅受过系统的法律专业训练,具备担任辩护人所需要的法律知识和辩护技能,而且一般与案件没有直接利害关系,处于相对超脱的地位,能够与国家专门机关进行理性的沟通和交流。况且,法律所赋予辩护人的诸多诉讼权利,如会见权、阅卷权、调查权等,要么只能由律师亲自行使,要么由律师行使会产生更好的效果。因此,在司法实践中,绝大多数嫌疑人、被告人都是委托律师从事辩护活动的。"辩护律师"在一定程度上已经成为"辩护人"的代名词。

其次,从维护程序正义的角度来看,辩护律师参与刑事诉讼活动,是被告人有效行使辩护权的前提。作为法律执业人员,辩护律师可以将那些书面上的诉讼权利予以激活,使其转化为现实的诉讼利益;辩护律师可以增强嫌疑人、被告人的参与能力,确保其充分、有效地参与各种诉讼决定的形成过程,从而对案件的裁决结果施加积极有效的影响;对于专门机关所作的不利于委托人的决定,辩护律师可帮助其寻求有效的司法救济。

再次,从实现实体正义的角度看,辩护律师参与刑事诉讼活动,可以对公安机关、检察机关的追诉活动形成强有力的诉讼对抗,同时对法院的裁判活动形成有效的制约和平衡。这一方面可以督促这些专门机关遵守法律程序,避免和纠正程序违法行为,另一方面又可以督促其相互制约,发现和纠正那些错误的裁决,避免冤假错案的发生。尤其是对于法院而言,在辩护律师的有效参与下,可以同时听取检察官和辩护人的举证、质证和辩论,获取不同的甚至对立的事实信息和法律意见,做到"兼听则明",避免可能发生的错误判断和片面认识。

最后,从维护社会公信力的角度来看,辩护律师参与刑事诉讼活动,可以在强大的国家专门机关与弱小的个人之间,引入一种相对独立的"专业力量",既对国家专门机关的诉讼活动进行制约和平衡,也协助被告人"为权利而斗争",有效维护其合法权益。辩护律师以一种特有的方式维护刑事司法制度的形象和声誉,既可以减少嫌疑人、被告人对不利裁判结果的抵触情绪,也可以增强一般社会公众对诉讼过程和司法制度的尊重和信任。

10.1.3 委托辩护

在刑事诉讼的任何阶段,嫌疑人、被告人都可以委托律师或者其他人士担任辩护人。从起始时间上看,嫌疑人在侦查机关第一次讯问或者采取强制措施之日起,即可委托辩护人。在侦查阶段,嫌疑人只能委托律师担任辩护人。自审查起诉之日起,嫌疑人、被告人可以委托律师和其他符合法定条件的人担任辩护人。

为保证嫌疑人、被告人及时委托辩护人,侦查机关、检察机关和法院分别在侦查、审查起诉和审判程序的初始阶段,负有告知嫌疑人、被告人有权委托辩护人的义务。其中,在押嫌疑人、被告人明确提出委托辩护人请求的,侦查机关、检察机关和法院应当向其监护人或者近亲属转达这一要求。

在司法实践中,委托辩护通常有两种方式:一是由嫌疑人、被告人亲自委托律师或其他人士担任辩护人,并签署授权委托协议和委托书;二是由监护人或者近亲属代为委托辩护人,签署授权委托协议和委托书,但委托关系的最终成立,要由辩护律师会见时,跟在押嫌疑人、被告人协商确定,由后者在委托协议和委托书上签字确认。

授权委托协议是委托人与辩护律师之间签署的诉讼代理合同。授权委托书则是向国家专门机关证明辩护律师与委托人具有委托代理关系的授权证书。这种授权委托关系一旦成立,嫌疑人、被告人作为委托人,辩护律师作为被委托人,两者相互间成立一种民法上的代理关系。作为法律代理人的辩护律师,应当在委托人授权委托的权限范围内,本着最大限度维护委托人利益的精神,协助委托人从事辩护活动。

在刑事辩护过程中,遇有辩护人与委托人发生辩护观点冲突的情形,律师应与委托人进行充分协商、沟通和对话,尽力说服委托人接受自己的辩护观点,或者采纳委托人的诉讼主张。经协商无法达成一致意见的,辩护人可与委托人解除委托代理关系,退出辩护活动。但是,没有法定的正当理由,未经与委托人的沟通和协商,辩护人不得擅自拒绝辩护,或者自行退出辩护活动。否则,就属于违反律师职业行为准则的行为,可能受到执业纪律惩戒。

10.1.4 指定辩护

对于那些因为经济困难或其他原因而无力委托辩护人的嫌疑人、被告人,我国法律建立了法律援助制度,也就是由司法行政机关建立法律援助机构,为那些符合法定条件的当事人提供免费的法律帮助。而从律师的来源和如何支付律师费用的角度来看,法律援助律师为嫌疑人、被告人提供的是一种特殊的法律服务,也就是由国家支付费用的法律援助。

在刑事诉讼中,嫌疑人、被告人因经济困难或其他原因没有委托辩护人的,可通过两种方式获得法律援助律师的帮助:一是自行向法律援助机构提出申请,后者经过审核,对于那些符合法律援助条件的案件,应当指派律师为其提供辩护;二是由法院、检察机关、公安机关通知法律援助机构为嫌疑人、被告人指派律师提供辩护。

其中,国家专门机关为没有委托辩护人的嫌疑人、被告人,通知法律援助机构指派律师辩护的制度,被称为"指定辩护制度"。而根据司法机关在指定辩护方面是否承担强制性的义务,指定辩护可分为任意性的指定辩护与强制性的指定辩护。

10.1.4.1 任意性的指定辩护

所谓任意性的指定辩护,是指司法机关根据案件情况自由决定是否为嫌疑人、被告人指定律师辩护的制度。对于适用任意性指定辩护的案件,司法机关并不承担指定辩护的义务,即便不为嫌疑人、被告人指定辩护,所进行的诉讼活动照样具有法律效力。

那么,究竟哪些案件适用任意性的指定辩护呢?原则上,对于嫌疑人、被告人没有委托辩护人的,司法机关都可以为其指定律师辩护。但在司法实践中,司法机关对于以下案件可以适用任意性的指定辩护制度:一是共同犯罪案件中,其他被告人已经委托辩护人的;二是案件有重大社会影响的;三是检察机关提出抗诉的;四是被告人的行为可能不构成犯罪的;五是有必要指派律师辩护的其他情形。

10.1.4.2 强制性的指定辩护

所谓强制性的指定辩护,是指法院、检察机关、公安机关对于符合法定条件的嫌疑人、被告人,承担指定法律援助律师提供辩护义务的制度。在适用强制性的指定辩护的案件中,法院、检察机关和公安机关在各自主导的诉讼阶段,都承担指定律师辩护的义务。这些机关拒绝履行指定辩护义务的,所进行的刑事诉讼程序一律应被归于无效。

那么,究竟哪些案件适用强制性的指定辩护呢?从 1979 年以来,我国《刑事诉讼法》的每次修订,都会适度扩大强制性的指定辩护的适用范围。根据 2018 年修订的《刑事诉讼法》,强制性的指定辩护的适用范围主要限于以下五类案件:一是嫌疑人、被告人可能被判处无期徒刑以上刑罚的;二是嫌疑人、被告人是聋哑人、盲人的;三是嫌疑人、被告人是尚未完全丧失行为能力的精神病人的;四是嫌疑人、被告人为未成年人的;五是在适用缺席审判的案件中,被告人及其近亲属没有委托辩护人的。

对于上述第五种案件的被告人,强制性的指定辩护主要适用于审判阶段。而对于上述前四种案件的嫌疑人、被告人,强制性的指定辩护可以在整个刑事诉讼程序中适用。公安机关、检察机关、法院在侦查、审查逮捕、审查起诉、第一审、第二审、死刑复核等诉讼程序中,对于符合强制性的指定辩护条件的案件,都应及时通知法律援助机构指派律师提供辩护。

10.1.4.3 强制辩护

原则上,无论是委托辩护,还是指定辩护,嫌疑人、被告人在是否接受律师辩护方面,都应享有自由选择权。在我国司法实践中,嫌疑人、被告人拒绝法律援助机构指派的律师为其辩护,坚持自行辩护的,法院、检察机关、公安机关应当予以准许。但是,对于那些符合强制性的指定辩护适用条件的案件,嫌疑人、被告人拒绝法律援助律师提供辩护,而又没有委托辩护人的,法院、检察机关、公安机关应当强制嫌疑人、被告人接受一名法律援助律师的辩护。在此情况下,嫌疑人、被告人就承担接受法律援助律师辩护的义务,而不再享有拒绝指定辩护的权利。这就是通常所说的"强制辩护"制度。

所谓"强制辩护",是指对于那些符合法定条件的案件,司法机关既要承担为嫌疑人、被告人指定辩护的义务,也可以强制嫌疑人、被告人接受法律援助律师所提供的辩护服务。之所以要确立强制辩护制度,主要是基于以下三个方面的理由:一是对于一些特殊刑事案件,律师参与辩护不仅可以保障嫌疑人、被告人的权利,而且还是维护控辩地位平等、确保程序公正的制度保障;二是确保重大案件的嫌疑人、被告人获得律师辩护,可以使刑事追诉机关的指控受到有力制衡,避免这些机关滥用权力;三是在重大案件中确保辩护律师的参与,可以有效地参与法庭举证、质证和辩论活动,防止法院偏听偏信,避免出现冤假错案。

那么,对于适用强制性的指定辩护的案件,公安机关、检察机关和法院究竟如何适用强制辩护制度呢?原则上,嫌疑人、被告人只要具备正当的理由,在任何诉讼阶段都可以拒绝被指派的法律援助律师提供辩护,而自行委托辩护人。但是,嫌疑人、被告人没有委托辩护人的,公安机关、检察机关、法院应当通知法律援助机构另行指派律师提供辩护。对于法律援助机构再次指派的律师,嫌疑人、被告人即便拒绝接受其担任辩护人,国家专门机关也应确认该律师的辩护人地位,并允许其协助嫌疑人、被告人行使辩护权利。该指定辩护人的辩护活动以及由此所产生的法律后果,一律由嫌疑人、被告人承担。

10.1.4.4 法律援助律师的来源

从法律援助律师的来源来看,我国法律援助制度可分为以下几种模式:一是"专职法律援助模式",也就是在法律援助机构设置若干名法律援助律师,专门从事法律援助事务;二是"向律师事务所摊派模式",也就是由法律援助机构将法律援助工作分配到各个律师事务所,后者委派律师从事某一具体的法律援助事务;三是"名册登录模式",也就是由法律援助机构经过审查和考核,确定有资格从事法律援助工作的律师,制定专门的名录,然后根据名录的顺序,指派律师从事具体的法律援助事务。目前,在不少地方,法律援助机构在律师名册登录制度的基础上,开始推行所谓的"点援制",也就是法律援助机构在律师名录中介绍律师的业务、声望和专业特长,由接受法律援助服务的当事人从名录中选择一名律师,担任指定辩护人。

法律援助机构决定指派律师提供辩护的,应当发出法律援助公函。法律援助律师持有法律援助公函,可以会见在押嫌疑人、被告人,可以到检察机关、法院查阅、摘抄、复制案卷材料,可以进行调查取证工作,也可以从事其他方面的辩护工作。

被指派从事法律援助的律师尽管为嫌疑人、被告人提供的是无偿的法律帮助,只从法律援助机构领取微薄的办案补贴,但是,他们一旦成为辩护人,就与嫌疑人、被告人建立了诉讼代理关系。在这一方面,指定辩护与委托辩护并没有实质的区别。与接受委托担任辩护人的律师一样,法律援助律师同样要遵守辩护人的职业伦理,将嫌疑人、被告人视为"当事人"或者"客户",有义务为其提供尽职尽责的辩护。

10.1.4.5 "刑事辩护全覆盖"的改革

随着"以审判为中心的诉讼制度改革"的不断推进,原有的强制性指定辩护制度已经不能适应刑事诉讼制度的发展情况,需要在适用范围上作出相应的调整。自2017年以来,司法部和最高人民法院提出了"刑事辩护全覆盖"的改革思路,也就是在所有刑事案件的审判程序中,对于被告人没有委托辩护人的,一律实行强制性指定辩护制度,由法院通知法律援助机构委派律师从事辩护活动,为被告人提供免费的法律帮助。需要注意的是,这种"刑事辩护全覆盖"的改革思路,目前主要适用于刑事审判程序。未来,随着这一制度的逐渐成熟,被告人在刑事审判程序中没有委托辩护人的,法院一律负有指定法律援助律师进行辩护的义务。法院不指定律师辩护的,整个审判活动将被视为"违反法定程序,影响公正审判",二审法院可以据此作出撤销原判、发回重审的裁定。

10.1.5 法律援助值班律师制度

自2014年以来,随着认罪认罚从宽制度的推行,法律援助值班律师制度作为一种制度配套措施,在我国刑事诉讼中得以确立。所谓"法律援助值班律师制度",是指法律援助机构在法院、检察院、看守所派驻值班律师,为那些没有辩护人的犯罪嫌疑人、被告人提供必要的法律帮助。

法律援助值班律师的工作机构是值班律师办公室或者法律援助工作站。

这些办公室或工作站设在法院、检察机关和看守所。法律援助机构根据律师的政治素质、职业道德水准、业务能力、执业年限等确定法律援助值班律师人选，建立值班律师名册，或者组建法律援助值班律师库。法律援助机构在各个值班律师办公室或者法律援助工作站派驻值班律师。值班律师在轮值工作期间，为犯罪嫌疑人、被告人提供必要的法律帮助。

在我国刑事诉讼中，法律援助值班律师制度与指定辩护制度具有本质的区别。法律援助值班律师为嫌疑人、被告人提供法律帮助的前提条件是，后者没有委托辩护人，而案件本身又不符合指定辩护的条件。与此同时，法律援助值班律师也不具有辩护人的身份，并不提供出庭辩护服务。

法律援助值班律师为嫌疑人、被告人提供的是一种临时性和紧急性的法律帮助，是指定辩护制度的必要补充。在侦查、审查起诉和审判程序中，嫌疑人、被告人没有委托辩护人，法律援助机构没有指定律师辩护的，有关专门机关可以安排值班律师为其提供必要的法律帮助。看守所、检察机关、法院应当告知嫌疑人、被告人，有权约见值班律师，并为嫌疑人、被告人约见值班律师提供便利。

法律援助值班律师为嫌疑人、被告人提供的法律帮助主要有以下几项：一是提供法律咨询，为嫌疑人、被告人解答有关实体法律适用和程序法律适用的问题；二是帮助进行程序选择，为嫌疑人、被告人是否自愿认罪，是否接受检察机关提出的量刑建议，是否选择刑事速裁程序或者简易程序等，提供专门意见和建议；三是帮助嫌疑人、被告人申请变更强制措施，代为草拟相关诉讼文书；四是就案件的量刑问题向检察机关提出意见，与检察官就量刑幅度进行协商和讨论，达成协议；五是在嫌疑人、被告人签署认罪认罚具结书时，值班律师在场参加，并可以签字确认。

除了提供上述法律帮助外，法律援助值班律师还可以引导犯罪嫌疑人、被告人及其近亲属申请法律援助，转交相关申请材料，协助其及时获得法律援助律师的辩护。

10.2 辩护人的诉讼权利

10.2.1 辩护人的固有权利与传来权利

嫌疑人、被告人是辩护权的享有者，辩护人的诉讼权利来自嫌疑人、被告人的授权，带有协助嫌疑人、被告人行使辩护权的性质。原则上，所有由嫌疑人、被告人享有的诉讼权利,辩护人都可以代为行使。但是,有些诉讼权利尽管是为保障被告人辩护权而确立的,却只能由辩护人亲自行使。据此,我们可以将辩护人的权利分为固有权利与传来权利两大类。

固有权利是辩护人为维护嫌疑人、被告人的利益而独立享有的诉讼权利。嫌疑人、被告人尽管享有辩护权,但对这些固有权利却不能亲自行使,这些权利只能由辩护人独立行使。在那些没有辩护人的案件中,这些诉讼权利将是无法得到行使的。

辩护人的固有权利主要有:(1)会见权,也就是会见在押嫌疑人、被告人的权利;(2)阅卷权,也就是查阅、摘抄、复制公诉方案卷笔录的权利;(3)调查权,也就是向有关单位或个人进行调查取证的权利,包括调取有关物证、书证、视听资料、电子数据的权利,以及向有关个人了解案情、制作书面证言、传召其出庭作证的权利等;(4)向在押嫌疑人、被告人核实有关证据的权利,也就是自审查起诉之日起,在会见在押嫌疑人、被告人时,向其核实有关证据的证明力、证据能力的权利,等等。

传来权利则是指辩护人协助嫌疑人、被告人行使的诉讼权利。这些诉讼权利本来可以为嫌疑人、被告人亲自行使,但为保障其有效地行使这些诉讼权利,法律允许辩护人代为行使这些权利。通常情况下,嫌疑人、被告人是这些诉讼权利的行使者,而且还享有优先行使这些权利的机会,属于"第一顺序权利人"。只有在嫌疑人、被告人行使完毕或者放弃行使这些诉讼权利之后,辩护人才能行使这些权利。不仅如此,辩护人在行使这些权利时还应尊重嫌疑人、被告人的意愿。

辩护人的传来权利主要有:(1)申请回避权,也就是依法申请侦查人员、检察人员、审判人员回避的权利;(2)申请变更强制措施的权利,也就是向国家专门机关申请解除强制措施或者申请变更强制措施的权利;(3)在侦查、审查批捕和审查起诉环节发表辩护意见或者提交书面辩护意见的权利;(4)参见庭前会议的权利,也就是在开庭之前参加法院组织的庭前会议,就回避、管辖、非法证据排除、证人和鉴定人出庭作证等程序问题发表意见的权利;(5)申请排除非法证据的权利,也就是向法院或者检察机关提出侦查行为违反法律程序的问题,要求宣告侦查程序的非法性并排除非法证据的权利;(6)参加法庭审理的权利,包括提出本方证据、对对方证据进行质证、参加法庭辩论并发表辩护意见等方面的权利;(7)上诉权,也就是对一审法院宣告的未生效判决,申请二审法院重新审判的权利;等等。

10.2.2 会见权

会见权是辩护人享有的重要固有权利。通过会见在押嫌疑人、被告人,辩护人可以从以下方面行使辩护权:一是通过首次会见,确立在押嫌疑人、被告人与辩护人的诉讼代理关系;二是通过会见,了解案情,找到案件在事实认定和法律适用方面的争议点;三是通过会见,在行使每一项诉讼权利方面征求嫌疑人、被告人的意见,与其达成共识;四是通过会见,结合阅卷、调查等活动,逐步形成最终的辩护思路;五是通过会见,与被告人进行反复沟通和协商,取得被告人对其辩护思路的支持和配合;六是通过会见,将案件的有关证据情况向嫌疑人、被告人进行告知、核实和讨论,以便形成共同的质证方案。

在刑事诉讼的任何阶段,辩护律师都可以与在押嫌疑人、被告人进行会见和通信。辩护律师要求会见在押嫌疑人、被告人的,应当持三种材料向看守所提出要求:一是律师执业证书;二是律师事务所证明;三是委托书或者法律援助公函。看守所应及时安排会见,最迟不得超过48小时。

但是,在侦查阶段,辩护人要求会见在押嫌疑人的,要受到一些法定的限制。这主要是指在押嫌疑人涉嫌危害国家安全、恐怖活动的,会见要征得侦查机关的许可。侦查机关只要认为案件的侦查面临困难的,就可以拒绝辩护人的会见申请。

在会见过程中,辩护人可以向在押嫌疑人、被告人了解案件有关情况,提供法律咨询。辩护人与嫌疑人、被告人的会谈过程不受监听,办案人员、监管人员都不得在场,也不得对会谈过程进行录音录像。与此同时,自2012年以后,案件自审查起诉之日起,辩护人会见在押嫌疑人、被告人时,**可以向其核实有关证据**。这种核实证据权利的确立,被视为辩护人固有权利的重大立法突破。

但是,辩护人在行使"核实有关证据的权利"方面,面临着一些制度上的困难。一方面,辩护律师与检察机关对这一权利的理解存在着较大的分歧。在律师界看来,这一权利的确立意味着辩护律师可以携带案卷的复制件进入看守所,向在押嫌疑人、被告人出示全部证据材料,唯此才能保障嫌疑人、被告人了解指控罪名和理由的权利,使得被告人可以有效地行使质证权,也有助于辩护律师与被告人形成协调一致的辩护思路。而在一些检察官看来,假如允许辩护人携带案卷复制件进入看守所,并给予被告人查阅案卷的机会,会导致被告人翻供、串供的情形大量出现,这将对检察机关的公诉活动构成严重的妨碍。另一方面,辩护律师受到刑事追诉的情况时有发生,特别是《刑法》第 306 条确立了"妨碍作证罪",将辩护律师作为专门的犯罪主体,而一些地方检察机关可以辩护律师"唆使被告人翻供"为由,对辩护律师进行刑事追诉活动。这给辩护律师带来极大的法律风险。很多律师在会见时对"核实有关证据的权利"存在很多顾虑,这在一定程度上影响了这一权利的实现。

经过 2012 年《刑事诉讼法》的修改,辩护人会见在押嫌疑人、被告人的权利得到了很大的加强,1996 年以来存在的"会见难"问题在很大程度上得到了解决。但是,在法定的两类案件中,辩护人会见仍然要经过侦查机关的批准,而侦查机关也经常以"侦查面临困难"为由拒绝辩护人的会见申请,导致辩护人在这些案件的侦查阶段很难获得会见的机会。另一方面,辩护人要会见那些被羁押在监视居住场所的嫌疑人,几乎是不可能的。侦查机关经常以"侦查需要"为由对嫌疑人实施监视居住,而监视居住又几乎都是"指定居所的监视居住"。在此类监视居住期间,侦查机关通常不会将监视居住的地点告知近亲属,辩护人也无从得知这一地点,因此根本无法及时与嫌疑人会见。

10.2.3 阅卷权

我国刑事诉讼法确立了辩护人查阅、摘抄、复制公诉方案卷的权利。所谓公诉方案卷,是指那些记录侦查机关和检察机关刑事诉讼活动和相关证据情况的书面卷宗材料。这种案卷通常包括三方面的材料:一是有关的诉讼文书和审查材料;二是记录侦查行为过程的笔录材料;三是侦查机关收集的相关证据材料。通过了解公诉方案卷材料,辩护人可以了解公诉方指控的罪名和事实根据,掌握公诉方的证据体系,发现公诉方证据的破绽和漏洞,获悉一些可能对被告人有利的证据材料和案件事实,从而为形成辩护思路创造条件。

英美法国家为保证辩护人及时获悉指控的罪名和理由,确立了证据展示制度。所谓证据展示,又被称为"证据开示",是指控辩双方向对方披露和展示本方证据的制度。根据对抗式诉讼的基本理念,证据展示遵循互惠原则,控辩双方都可以依次向对方披露本方证据。但为了保障被告人的辩护权,检察机关负有向辩护律师展示本方证据的义务。

大陆法国家确立了辩护人行使阅卷权的制度。根据这一制度,在侦查活动终结之后,法官或检察官会将全部案卷材料提供给辩护人,辩护人可以获得一份完整的复制件。在有些国家,被告人没有辩护人的,检察官还要向其提供一份案卷的复制件。通过给予辩护人查阅案卷的机会，可以保障其进行充分的防御准备，为法庭上的有效辩护创造条件。

我国刑事诉讼法确立了辩护人享有"双重阅卷权"制度。根据这一制度，案件自进入审查起诉之日起，辩护人即可以向检察机关提出阅卷的申请，后者应当尽快安排阅卷。辩护人可以查阅、摘抄、复制公诉方掌握的全部案卷材料。在司法实践中，为方便辩护人尽快获得案卷的复制件，检察机关通常采取将全部案卷材料通过扫描制作光盘的做法，直接提供给辩护人一份记录案卷材料的光盘。这为辩护人的阅卷提供了较大的便利。

在检察机关提起公诉之后，辩护人还可以向法院提出阅卷的申请，法院也应当尽快安排辩护人查阅、摘抄、复制案卷材料。根据经验，辩护人如果是在这一阶段初次介入的，可以复制全部案卷材料；如果是参与过审查起诉阶段的辩护活动的，则主要是就检察机关补充收集的证据材料、诉讼文书进行查阅和复制。不仅如此，在案件进入二审程序之后，辩护人还可以向二审法院提出阅卷的申请，经后者许可后，可以查阅、摘抄、复制案件的全部案卷材料。

当然，在辩护人行使阅卷权的同时，辩护人对其所掌握的三种证据材料也应及时通知侦查机关和检察机关。这三种材料主要是有关嫌疑人不在犯罪现场、未达到法定刑事责任年龄、属于依法不负刑事责任的精神病人等方面的证据材料。之所以要确立这样的制度，主要是考虑到这三类证据都属于无罪证据，侦查机关、检察机关假如不事先了解这些证据材料，进行必要的调查核实工作，就无法进行必要的诉讼准备，在法庭上陷入被动的境地，甚至造成辩护方"突袭审判"的情形发生。

当然，律师阅卷制度也不是完美无缺的。迄今为止，对于那些侦查机关、检察机关不准备作为指控证据使用，也没有列入公诉案卷中的证据材料，辩护人难以获得查阅、摘抄、复制的机会。尤其是那些有利于被告人或者足以证明被告人无罪的证据材料，如被告人所作的无罪辩解笔录等，侦查机关经常不将其载入案卷之中。辩护人通过会见、阅卷了解到这些证据材料的线索后，尽管可以向法院或检察机关提出向侦查机关调取这些证据材料的申请，但这种申请真正得到法院、检察机关支持的情况还是比较少见的。因此，如何保障辩护人查阅那些对侦查和公诉机关"无用"却有利于被告人的证据材料，将是未来律师阅卷权制度改革的重要课题。

10.2.4 调查取证权

在刑事辩护过程中,辩护人经常需要对公诉方的证据进行核实,也需要收集一些新发现的证据材料,以便证明对被告人有利的案件事实。为此,辩护人需要行使调查取证的权利。

调查取证权一般有两种模式:一是自行调查模式,二是申请调查模式。所谓自行调查,是指辩护人向有关单位和个人收集与案件有关的证据材料。例如,辩护人可以向有关单位和个人调取有关物证、书证、视听资料或者电子数据,也可以请求有关单位出具证明材料,请求了解案情的个人出具书面证言或者出庭作证。与国家专门机关的调查取证不同,辩护人的调查取证不具有国家强制力。因此,这种自行调查需要取得被调查单位或者被调查人的同意。一旦被调查单位或个人拒绝接受调查或者拒绝提供证据材料,辩护人将无法顺利地完成调查取证活动。

申请调查是辩护人申请法院、检察机关协助收集、调取证据的一种调查方式。一般情况下,辩护人会优先选择自行调查方式,只有在这种调查取证遭到拒绝后,才会向法院、检察机关提出协助调查的申请。辩护人可以向法院、检察机关提出调取某一物证、书证、视听资料、电子数据的申请,也可以向法院提出通知某一证人出庭作证的申请。对于辩护人的这种申请,法院、检察机关应当进行审查,并作出是否批准的决定。

刑事诉讼法对辩护人的调查权作出了一些限制。这主要是在向被害人或者被害方提供的证人进行调查时,法律要求辩护人既要经过检察机关或法院的许可,又要征得被害人或被害方提供的证人本人的同意。换言之,没有经过检察机关或者法院的许可,或者没有征得被害人或被害方证人的同意,辩护人是不能向被害人或被害方证人进行调查取证的。否则,这种调查取证行为将被视为违法调查行为,不能得到法律的保护。

长期以来,辩护律师一直受到"调查难"的困扰。这主要表现在,律师向有关单位和个人进行调查取证,经常遭到拒绝。尤其是在向国家机关调查取证时,更是会遇到重重困难。而律师一旦向检察机关、法院提出协助调查取证的申请,通常都很难得到支持和许可。这一方面是因为检察机关从事刑事追诉工作,而很多法院都倾向于刑事追诉,与辩护律师的诉讼立场存在一定的冲突;另一方面也是因为检察机关或法院一旦准许了辩护律师的调查申请,就要由检察官或法官亲自协助被告方调查取证,这无疑会给检察机关和法院带来沉重的工作负担。不仅如此,辩护律师在自行调查或者申请调查遇到困难时,也无法获得有效的司法救济。迄今为止,辩护律师因为调查取证受阻而提起上诉的案件,二审法院极少会认定一审法院的审判违反法律程序,并发回重新审判。可以说,律师的调查权还面临着"难以救济"的问题。

10.2.5 审判前程序中的辩护人参与

按照刑事辩护的基本理论,凡是国家专门机关即将作出不利于嫌疑人、被告人的诉讼决定的场合,嫌疑人、被告人都面临着权益受到剥夺的危险,辩护律师在此场合的参与都是具有必要性的。因此,律师帮助的范围应当扩展到刑事诉讼的全部流程之中。

但是,受律师有限资源的限制,也基于对刑事诉讼效率因素的考虑,我国刑事诉讼法对于辩护律师参与刑事诉讼活动的范围作出了明确的法律限制。1979年《刑事诉讼法》曾将律师的辩护范围仅仅限制在法庭审理环节。1996年修订的《刑事诉讼法》允许嫌疑人自审查起诉之日起获得辩护人的帮助,而对律师在侦查阶段的活动则作出了严格的限制。2012年修订的《刑事诉讼法》则将律师辩护的范围扩展到审判前阶段,但只允许律师从事一些有限的辩护活动。

在检察机关提起公诉之前,辩护律师除了进行会见、阅卷、调查取证等辩护活动以外,还可以参与三个方面的诉讼活动,协助嫌疑人、被告人行使辩护权。

首先,在案件侦查终结之前,律师可以有两种向侦查人员发表辩护意见的方式:一是要求向侦查人员当面发表辩护意见,侦查人员应当听取;二是向侦查人员提交书面的辩护意见,侦查人员应当予以接受,并将其载入案卷之中。辩护律师既可以提出嫌疑人不构成犯罪的辩护意见,也可以就侦查机关违反法律程序的问题提出辩护意见。

其次,在审查批捕阶段,辩护律师可以参与检察机关的审查批捕程序。检察机关既可以主动听取辩护律师的意见,也可以应辩护律师的要求,听取其辩护意见。通常情况下,辩护律师会提出案件不符合逮捕的法定条件,案件没有逮捕的必要性,或者案件不构成犯罪,或者侦查机关存在违反法律程序的行为。

再次,在审查起诉阶段,听取辩护律师的意见是检察机关审查起诉的必经程序。检察官既有义务当面听取辩护律师的意见,也有义务接受辩护律师的书面辩护意见,并将其载入案卷之中。在这一阶段,辩护律师既可以提出嫌疑人不构成犯罪的辩护意见,也可以提出侦查机关存在违反法律程序的问题,并提出排除非法证据的辩护意见。

但是,除了上述辩护活动以外,在整个审判前阶段,辩护律师被禁止参与其他方面的诉讼活动。尤其是在侦查阶段,辩护律师无法参与侦查机关组织的搜查、扣押、勘验、检查、查封、冻结、辨认、侦查实验、鉴定等一系列侦查活动,对于侦查人员讯问嫌疑人的过程,辩护律师也被禁止参加和出席。这种对辩护律师参与范围的限制,造成嫌疑人无法对侦查机关的侦查活动进行有效的制衡,嫌疑人也无法有效地行使辩护权。

目前,法学界和律师界普遍主张确立辩护律师在侦查过程中的在场权,尤其是确立律师在讯问嫌疑人过程中的在场权。刑事诉讼法一旦允许律师扩大审判前阶段的参与范围,就有助于防止侦查人员实施刑讯逼供等违法取证行为,减少冤假错案,有效保护嫌疑人的合法权益。

10.2.6 审判程序的辩护人参与

1979年《刑事诉讼法》允许辩护人参与法庭审理过程,为委托人提供法律帮助。此后,随着我国刑事诉讼制度的发展和变革,也随着《刑事诉讼法》的不断修订,辩护人在法庭审理中的参与范围得到逐渐的扩大。

在检察机关提起公诉后,法院在庭前准备阶段就给予辩护人进行辩护准备的机会。对于被告人委托或者被指定辩护人的,法院应将起诉书副本送达给被告人及其辩护人;辩护人可以向法院申请查阅、摘抄、复制案卷材料;辩护人可以帮助被告人提出回避、管辖异议、排除非法证据、延期审理、公开审判等一系列程序性异议,也可以帮助被告人提出调取证据、延期审理、公开审理,以及传召证人、鉴定人、侦查人员、专家辅助人出庭作证等方面的诉讼请求。辩护人还可以帮助被告人提出召开庭前会议的申请。

在法院召开庭前会议的案件中,辩护人可以参加庭前会议,提出诉讼请求和发表本方意见,从三个方面维护被告人的诉讼权利:一是提出回避、变更管辖、非法证据排除等程序性异议,就此发表意见,要求法院作出支持本方诉讼请求的决定;二是与检察官进行证据展示,在全面阅卷的情况下,向法庭确定有争议和无争议的事项,以帮助法庭确立争议焦点和法庭调查重点问题;三是提出诉讼请求,督促法院做好庭前准备工作,如提出出庭作证的证人等名单,就案件是否适用简易程序和速裁程序发表意见;等等。

在一审程序中,辩护人代表被告人参加法庭审理过程,在法庭调查阶段参与举证和质证活动,提出本方证据,对对方证据进行质证,对被告人、被害人、证人、鉴定人、侦查人员、专家辅助人进行当庭发问。在法庭辩论阶段,辩护人代表被告人发表辩护意见。对于一审法院所作的裁判,被告人不服的,辩护人可以代表被告人提起上诉。

在案件进入二审程序之后,辩护人可以代表被告人提出开庭审理的申请。在二审法院开庭审理的情况下,辩护人可以代表被告人参加法庭调查和法庭辩论活动。在二审法院不开庭审理的情况下,辩护人可以代表被告人向二审法院提交书面辩护意见。

在最高人民法院组织的死刑复核程序中,辩护人可以查阅、摘抄、复制案卷材料,可以提交书面辩护意见,可以与承办法官进行会谈,当面提出辩护意见。最高人民法院就死刑复核案件作出裁决的,应将裁判文书送达辩护人。

10.3 刑事辩护的基本形态

在刑事辩护中,辩护人要根据案件具体情况,确立特定的辩护目标,也要围绕这一目标确定相应的辩护手段。根据辩护所要达到的目标和所使用的辩护手段,我们一般将刑事辩护划分为五种形态,也就是无罪辩护、量刑辩护、罪轻辩护、程序性辩护和证据辩护。在几乎每一个案件中,辩护人都会对这些辩护形态有所选择,从而确定有针对性的辩护策略和思路。

10.3.1 无罪辩护

无罪辩护是我国律师普遍重视的辩护形态。通过对公诉方的指控作出彻底的否定,说服法院作出无罪判决,这通常被视为律师辩护大获全胜的标志。无罪辩护经常被视为"刑事辩护皇冠上最亮丽的一颗明珠",也是体现律师最高专业水准的辩护形态。

从所要实现的诉讼目标来看,无罪辩护是以彻底推翻公诉方指控的罪名、说服法院作出无罪判决为目的的辩护形态。律师一旦提出无罪辩护意见,即与公诉方处于完全对立的状态,那种控辩双方平等对抗、法院中立裁判的格局也才真正出现。

根据律师所使用的辩护方法和手段,无罪辩护可分为实体上的无罪辩护与证据上的无罪辩护。前者是指被告方根据刑法犯罪构成要件或法定的无罪抗辩事由,论证被告人不构成指控罪名的辩护活动。例如,被告方根据刑法对特定罪名所设定的主体、主观方面、客观方面等要求,来说明被告人不构成特定罪名的辩护活动,就属于这类无罪辩护。又如,被告方根据刑法所确立的正当防卫、紧急避险或者"但书""豁免"等条款,来论证被告人不应承担刑事责任的辩护活动,也具有实体上的无罪辩护的性质。

与实体上的无罪辩护不同,证据上的无罪辩护是指被告方综合全案证据情况,论证公诉方没有达到法定证明标准的辩护活动。通过这种辩护活动,被告方说明公诉方的证据没有达到"事实清楚""证据确实、充分"的最高证明标准,裁判者对被告人实施犯罪行为存在合理的怀疑。在2014年福建省高级人民法院对念斌案件的审理中,辩护律师就在论证被告人供述笔录、证人证言笔录、鉴定意见等控方证据不具有证明力的基础上,认为公诉方证据相互之间存在重大矛盾、诸多证据无法得到其他证据的印证、间接证据无法形成完整的证明体系、综合全案证据来看无法排除合理怀疑,并成功地说服法院作出了"事实不清、证据不足"的无罪判决。

10.3.2 量刑辩护

在刑事辩护过程中,辩护律师通常会向法院提出多种量刑情节,论证被告人的行为没有造成较大的社会危害后果,认罪悔罪态度较好,有过较大的社会贡献,或者存在坦白、自首、立功等法定量刑情节,因此建议对被告人予以从轻、减轻或者免除刑罚,或者建议适用缓刑。这就属于一种量刑辩护活动。可以说,量刑辩护建立在对被告人构成犯罪不持异议的基础上,通过提出若干法定或酌定的量刑情节,来论证应对被告人作出从轻、减轻或者免除刑罚的裁判。

从所追求的目标来看,从事量刑辩护的律师并不试图推翻公诉方的有罪指控,而只是追求对被告人有利的量刑结果。在这类辩护活动中,被告方与公诉方并不处于完全对立的地位,而对指控的犯罪事实的成立存在某种诉讼合意。辩护律师所追求的只是对被告人的宽大量刑结果,如建议法院从轻处罚、减轻处罚或者免除刑罚。

而从所使用的辩护手段来看,辩护律师既可以进行积极的量刑辩护,也可以进行消极的量刑辩护。前者主要是通过提出并论证特定的量刑情节,来论证被告人具有可被宽大处理的量刑理由。例如,辩护人可以提出被告人具有坦白、自首、立功、刑事和解、认罪认罚等新的量刑情节,从而请求对其作出宽大的刑事处罚。而后者则是通过否定或证伪公诉方提出的某一从重量刑情节,来论证不应对被告人从重量刑的辩护意见。例如,辩护人可以指出,即使根据公诉提出的证据,也不足以证明被告人属于主犯或者累犯,更不能证明被告人属于"无理狡辩"。

当然,积极的量刑辩护是一种较为有效的量刑辩护方法。辩护人提出的量刑情节,既有"面向过去"的量刑事由,如主观恶性不深、社会危险性不大、有悔改表现、事出有因、对社会作出过较大贡献等,也有"面向未来"的量刑事由,如具有帮教条件、可以回归社会、具有矫正可能性等。通过论证被告人具备这些量刑事由,辩护律师可以在量刑情节与量刑辩护意见之间建立起合理的联系,并为说服法院作出宽大的量刑处理奠定基础。

2010年,最高人民法院曾推动了一场量刑规范化改革运动,强调通过量刑方法的数量化和量刑程序的诉讼化来约束法官的自由裁量权。辩护律师可以针对公诉方提出的量刑建议,提出一些新的量刑情节,在确定案件基准刑的基础上,来对这些量刑情节的调节比例作出评估,从而提出一种较为合理的量刑方案。这种对量刑情节作出数量化评估的辩护方法,也为量刑辩护确立了一种新的思路。

2012年修订的《刑事诉讼法》吸收了量刑规范化改革的成果,确立了相对独立的量刑程序。检察机关在提起公诉时分别提交起诉书和量刑建议书,法庭调查分为定罪调查和量刑调查,法庭辩论分为定罪辩论和量刑辩论,法院判决书要分别对定罪问题和量刑问题陈述裁判理由。这一改革无疑为律师从事量刑辩护提供了较大的制度空间。

2012年修订的《刑事诉讼法》对刑事和解程序的确立,第一次将刑事和解确立为法定量刑情节。2018年修订的《刑事诉讼法》对认罪认罚从宽制度的确立,又将被告人认罪认罚确立为一种独立的法定量刑情节。在这两类刑事案件中,辩护律师都可以将量刑辩护作为刑事辩护的重中之重,通过论证刑事和解和认罪认罚情节的成立,为委托人争取宽大的刑事处理。

10.3.3 罪轻辩护

所谓"罪轻辩护",是指在论证检察机关指控的罪名不能成立的前提下,论证被告人构成另一较轻罪名的辩护形态。这种辩护的基本手段是"先破后立",也就是推翻检察机关指控的罪名,但论证另一个罪名的成立。但罪轻辩护的最终目标,还是追求对被告人的宽大量刑。

罪轻辩护与无罪辩护、量刑辩护都有着密切的联系。首先,这一辩护形态建立在辩护律师认定公诉方指控罪名不成立的基础上,因此包含了对较重罪名的无罪辩护活动。其次,罪轻辩护包含着"先破后立"的论证过程,辩护律师需要论证被告人构成另一较轻的罪名。最后,这种罪轻辩护的目标并不是说服法院作出无罪的裁决,而是说服法院将重罪改为轻罪。相对于较重罪名而言,较轻的罪名本身在量刑幅度上就轻于较重罪名,甚至还有可能适用较为宽大的刑罚种类。因此,通过这种将重罪改为轻罪的辩护活动,辩护律师最终可以说服法院降低量刑的幅度,或者适用较为宽大的刑罚执行方式。

司法实践中还有两种类似的罪轻辩护:一是将公诉方指控的犯罪数额予以降低的辩护活动;二是将公诉方指控的多项罪名中的部分罪名加以推翻的辩护活动。前者的最典型例子是在贪污、贿赂、盗窃、走私等案件的辩护中,律师论证公诉方指控的部分犯罪数额不成立的辩护。例如,在对被告人适用刑罚至为重要的几个数额中,辩护人一旦证明被告人贪污、受贿数额没有达到20万元、300万元,就可以说服法院将量刑确定为3年有期徒刑以下或者10年有期徒刑以下。通过这种辩护,被告方试图达到否定部分犯罪事实、说服法院作出从轻处罚的效果。

而在后一种辩护活动中,辩护律师通过论证公诉方的部分指控罪名不成立,从而达到降低刑罚幅度的效果。例如,检察机关指控被告人构成贪污罪、受贿罪和挪用公款罪,辩护律师认为被告人不构成贪污罪,并从实体或证据角度进行了论证,最终说服法院判决认定被告人仅仅构成受贿罪和挪用公款罪。

在司法实践中,罪轻辩护体现了一种现实主义的辩护理念,是一种"两害相权取其轻"的辩护策略。考虑到我国法院极少作出无罪判决,律师要想取得无罪辩护的成功变得异常困难,因此律师有时不得不放弃无罪辩护的思路,而选择一种更容易为法院所接受的辩护策略。又因为我国法院不是仅仅对公诉方指控的罪名作出是否成立的裁判,而可以在对公诉方起诉事实加以认定的基础上,对公诉方指控的罪名作出变更,因此,律师在不同意公诉方指控罪名的情况下,建议法院选择另一较轻的罪名,这既容易取得法院的支持,也可以减少与公诉方的对立和冲突。司法实践的经验表明,律师要说服法院接受被告人无罪的观点,可能是非常困难的,但要说服法院将重罪改为轻罪,却是有很大可能性的。

当然,罪轻辩护有时也会引起一些争议。从外观上看,这种辩护容易给人产生律师"摇身变成公诉人"的印象,因为另一个较轻的罪名并不是检察官提出申请的,而是辩护律师建议法院判处的,律师确实是这个新罪名的倡导者。有时候,就连被告人或其近亲属本身,也可能对律师的这种辩护策略产生抵触情绪,甚至对辩护律师的忠诚度产生怀疑。但是,律师只要坚持两条职业底线,就可以对上述争议进行成功的化解。首先,律师必须在推翻原罪名的前提下提出一个较轻的新罪名,并且该罪名要与原有罪名具有内在的关联性。所谓"较轻的新罪名",必须是在法定量刑种类和量刑幅度上更为宽大的新罪名。最典型的例子是将贪污罪或受贿罪改为巨额财产来源不明罪,将抢劫罪改为抢夺罪,将制造、走私、贩卖、运输毒品罪改为非法持有毒品罪,等等。其次,律师的罪轻辩护思路要征得被告人及其近亲属的同意,为此需要履行告知、提醒、说服、协商、讨论的义务,取得后者的支持和理解。律师不得在不告知、不提醒、不说服、不协商、不讨论的情况下,擅自作出这种罪轻辩护。否则,就有可能损害委托人利益,以至于违反忠诚义务。

从说服法院作出宽大量刑的角度来说,罪轻辩护在死刑案件中可能具有更大的意义。在那些可能适用死刑的案件中,法院只要认定公诉方指控的罪名成立,即很可能对被告人判处死刑。要挽救被告人的生命,避免被告人受到死刑判决,律师唯有论证公诉方指控的罪名不能成立,说服法院改判另一法定最高刑不是死刑的轻缓罪名,才能达到预期的目的。通过说服法院作出将重罪改为轻罪的判决,律师最终可以达到与量刑辩护相似的辩护效果。甚至在有些案件中,相对于单纯的量刑辩护而言,这种罪轻辩护的成功可以使被告人获得更为宽大的刑事处罚。

10.3.4 程序性辩护

在刑事辩护的分类理论中,程序性辩护被视为一种独立于实体性辩护的辩护活动。具体而言,凡是以刑事诉讼程序为依据所提出的主张和申请,都可以被归入程序性辩护的范畴。根据所追求的辩护目标的不同,程序性辩护又有广义和狭义之分。广义的程序性辩护是指通过提出程序性申请来维护委托人诉讼利益的辩护活动。如申请回避、申请变更管辖、申请变更强制措施、申请法院召开庭前会议、申请证人出庭作证、申请法院调取证据材料、申请重新鉴定或者补充鉴定、申请二审法院开庭审理等,就都属于这种广义的程序性辩护活动。

狭义的程序性辩护则是一种"进攻性辩护"。这种辩护是指通过指控侦查机关、检察机关或者法院存在违反法律程序的行为,要求法院将某一诉讼行为或者诉讼决定宣告无效的辩护活动。在我国刑事诉讼制度中,进攻性辩护主要发生在两种情形之下:一是针对侦查人员实施的非法侦查行为,申请司法机关启动司法审查程序,并说服其作出排除非法证据的决定;二是针对一审法院违反法律程序、影响公正审判的行为,说服二审法院作出撤销原判、发回重新审判的裁决。

作为一种"反守为攻"的辩护,程序性辩护是通过"指控"侦查人员或审判人员违反法律程序,来说服司法机关作出宣告无效之决定的抗辩活动。[①] 要取得程序性辩护的成功,律师需要完成以下几项说服活动:一是说服法院接受本方的诉讼请求;二是说服法院启动正式法庭审理程序,从而将某一侦查行为或审判行为的合法性纳入司法审查的对象;三是举证证明侦查行为的非法性,或者审判行为违反法律程序,并对公诉方的举证活动加以有效的质证;四是说服法院宣告侦查行为或审判行为的非法性,并作出排除非法证据或者撤销原判的裁决。

10.3.5　证据辩护

所谓证据辩护,是指根据证据规则对单个证据能否转化为定案根据以及现有证据是否达到法定证明标准所作的辩护活动。从所追求的诉讼目标来看,证据辩护所要追求的无非是两方面的效果:一是控方证据不能转化为定案的根据,二是裁判者对于被告人的犯罪事实无法达到排除合理怀疑的确信程度。前者可以称为"针对单个证据的证据辩护",后者则可称为"针对证明标准的证据辩护"。

为论证公诉方的证据不能转化为定案的根据,律师可以从证明力和证据能力这两个角度展开抗辩活动。律师可以对控方证据的真实性和相关性发起挑战,以证明这些证据不具有证明力;律师也可以对控方证据的合法性提出质疑,以证明这些证据不具有证据能力。

为证明公诉方根据现有证据无法达到法定证明标准,律师可以证明现有证据存在着重大的矛盾,关键证据无法得到其他证据的印证,间接证据无法形成完整的证明体系,被告人供述无法得到其他证据的补强,或者根据全案证据无法排除其他可能性或者无法得出唯一的结论。据此,辩护律师就可以

---

① 参见陈瑞华:《程序性制裁理论》(第二版),中国法制出版社2010年版,第294页以下。

说明任何一个理性的人都无法对被告人构成犯罪这一点达到排除合理怀疑的程度。

当然,证据辩护与其他辩护形态存在着一定的交叉关系。在程序性辩护中,假如辩护人针对侦查人员违法取证的行为,提出了排除非法证据的申请,就意味着申请司法机关否定有关证据的证据能力。这既是一种带有"反守为攻"性质的程序性辩护,又属于一种旨在否定单个证据的证据能力的证据辩护。与此同时,辩护人假如指出公诉方指控被告人有罪的证据不足,没有达到排除合理怀疑的程度,这既是一种证据上的无罪辩护,也是一种从证明标准角度展开的证据辩护。

10.4　辩护律师的职业伦理

在现代社会中,任何职业都有其特殊的职业伦理规范。所谓职业伦理,是指从事某一职业、成为该职业行会会员的人士所要遵守的职业行为守则。与一般的社会公共道德不同,职业伦理不只是一些简单的宣言性规范要求,而有着一些特有的禁止性或义务性规范;违反职业伦理规范的人士,不像违反公共道德那样仅仅受到舆论谴责而已,而要承担相应的行业纪律责任,如警告、罚款、暂停执业、吊销从业资格等。当然,职业伦理规范的适用对象仅仅是从事特定行业的执业人员,它对从事某一职业以外的人士没有约束力,而属于某一行业或职业内部的行为守则。

所谓辩护律师的职业伦理,是指律师在从事辩护活动中所要遵守的执业行为准则。这些职业行为准则的适用对象既可以是接受委托从事辩护活动的律师,也可以是被司法机关指定担任辩护人的律师,还可以是临时被指派为嫌疑人、被告人提供法律帮助的值班律师。从内容上看,这些职业行为准则通常都表现为一些义务性规范和禁止性规则,为律师从事辩护活动划定了合法与违法的界限。律师在执业过程中违反这些行为准则的,应承担相应的职业伦理责任,受到司法行政机关或律师协会的纪律惩戒。

10.4.1　辩护人职业伦理的双中心理论

在我国的辩护律师职业伦理规范中,一直存在着将忠诚义务与公益义务加以兼顾的理论。根据这一理论,律师在辩护过程中,要按照有利于委托人的原则,注重维护委托人的权益,实现委托人利益的最大化,但同时也要注重尊重事实和法律,维护法律正确实施,维护社会公平和正义。律师所要维护的是委托人的"合法权益",而不能背离事实和法律来寻求委托人利益的最大化。由于律师在辩护中要同时遵守并兼顾忠诚义务和公益义务,而两者至少在法律层面上并没有高下之分,因此,我们可以将这种理论称为辩护律师职业伦理的"双中心理论"。

辩护律师在执业过程中应同时承担忠诚义务和公益义务,这两种义务不仅被融入律师执业的基本目标,而且对律师的辩护活动具有同等重要的规范作用。而在纪律惩戒方面,违反上述任何一项义务,都有可能构成律师违规行为,并受到某种纪律惩戒。辩护律师职业伦理的"双中心理论"其实是为律师的执业行为确立了两套职业伦理体系。其中,忠诚义务是以委托人利益的维护为中心的伦理规范,而公益义务则是以国家和社会利益为中心的伦理准则。在律师兼顾忠诚义务和公益义务这一现象的背后,其实存在着"委托人利益与国家和社会利益并重"的理念。

从我国法律改革和律师制度发展的角度来说,这种律师职业伦理的双中心模式的出现,与律师从"国家法律工作者"到"社会法律工作者",再到"法律服务工作者"的职业定位相适应,属于一种符合律师制度和辩护制度发展规律的职业伦理模式。这种模式纠正了过去过于偏重公益义务的立法和司法倾向,逐渐将忠诚义务与公益义务视为律师职业伦理的两个中心理念,将委托人利益与国家和社会利益予以同等对待,引导着律师制度和辩护制度进入正常的发展轨道。

10.4.2 辩护人的忠诚义务

10.4.2.1 忠诚义务的含义

所谓忠诚义务,是指辩护律师应将维护嫌疑人、被告人的利益作为辩护的目标,尽一切可能选择有利于实现这一目标的辩护手段和辩护方法。在如何对待委托人利益方面,忠诚义务可以有两个层面的含义:一是忠实于委托人利益的义务;二是尊重委托人意愿的义务。

所谓忠实于委托人利益的义务,是指辩护律师应诚实守信,以实现委托人利益的最大化作为自己辩护的目标。这一义务可以从积极和消极两个方面来实现。从积极的方面来看,律师要提供尽职尽责的法律帮助,尽最大努力追求有利于委托人的诉讼结局,最大限度地维护委托人的合法权益。而从消极的角度看,律师要恪守辩护行为的底线,不从事任何损害委托人利益的活动。

但是,即便是出于维护委托人权益的考虑,辩护律师仍然会实施不利于委托人的行为。这突出地体现在如何协调辩护律师与委托人辩护立场的问题上。而在这一问题上,忠诚义务则可以表现为适度尊重委托人意愿的义务。所谓尊重委托人意愿义务,是指律师在辩护过程中应当与委托人具有相同的辩护立场和辩护思路,成为协调一致的辩护方,共同追求最佳的辩护效果。从实现方式来看,这一义务也有积极和消极两个层面的内容。从积极层面来看,律师应当与委托人进行充分沟通、协商和讨论,保障委托人的知情权,充分听取委托人的意见,说服委托人接受自己的辩护观点,尽量达成协调一致的辩护立场和辩护思路。而从消极方面来看,律师应当保持执业底线,不与委托人发生辩护立场的对立和辩护观点的冲突,避免造成辩护人与被告人辩护效果的相互抵消。

10.4.2.2 忠实于委托人利益的义务

我国律师法和律师执业行为准则对辩护律师忠诚义务的确立,主要体现在强调忠实于委托人利益问题上。为履行积极的忠诚义务,律师应当遵循以下执业行为准则:一是"诚实守信,勤勉尽责,尽职尽责地维护委托人的合法权益";二是"敬业勤业,努力钻研业务,掌握执业所应具备的法律知识和服务技能,不断提高执业水平";三是"充分运用自己的专业知识和技能,尽心尽职地根据法律的规定完成委托事项,最大限度地维护委托人的合法权益";四是"严格按照法律规定的期限、时效以及与委托人约定的时间,及时办理委托的事务";五是"及时告知委托人有关代理工作的情况,对委托人了解委托事项情况的正当要求,应当尽快给予答复";六是"谨慎保管委托人提供的证据和其他法律文件,保证其不丢失或者损毁";等等。

而在消极忠诚义务的维护上,律师法则要求律师不得损害委托人的利益,不得实施那些使委托人陷入不利境地的行为。为确保律师不实施损害委托人利益的行为,律师法确立了以下基本行为准则:一是"不应接受自己不能办理的法律事务";二是"遵循诚实守信的原则,客观地告知委托人所委托事项可能出现的法律风险,不得故意对可能出现的风险做不恰当的表述或做虚假承诺";三是"不得在同一案件中为双方当事人担任代理人",也不得存在可能妨碍其履行忠诚义务的利益冲突;四是"不得超越委托人委托的代理权限,不得利用委托关系从事与委托代理的法律事务无关的活动";五是"接受委托后无正当理由不得拒绝为委托人代理";六是"接受委托后未经委托人同意,不得擅自转委托他人代理";七是"不得挪用或者侵占代委托人保管的财物";八是"不得从对方当事人处接受利益或向其要求或约定利益";九是对与委托事项有关的保密信息,"委托代理关系结束后仍有保密义务"……

10.4.2.3 尊重委托人意愿的义务

传统上,我国刑事诉讼法和律师法坚持一种"独立辩护人"的理论,要求律师独立从事辩护活动,不受委托人意志的左右。这一理论之所以产生,与我国律师法曾经将律师定位为"国家法律工作者"有着密切关系,也来源于律师界存在的一种普遍执业理念:委托人不是法律执业人员,不了解如何有效地维护自身权益,律师按照事实和法律进行独立辩护,违背委托人的意志,反而可以提供更好的辩护方案,更好地维护委托人的利益。

但在司法实践中,律师按照这一理论从事辩护活动,带来了越来越多的问题,引发了较大的理论争议。一方面,很多坚持独立辩护立场的律师,经常在法庭审理中与委托人发生辩护立场的冲突,甚至在委托人不认罪的情况下,独立提出有罪的辩护意见。另一方面,两个同时接受同一被告人委托担任辩护人的律师,因为坚持独立辩护,提出了相互矛盾的辩护观点,如一名辩护人提出了无罪辩护观点,另一名辩护人却承认被告人构成犯罪,提出了量刑辩护的主张。不仅如此,还有一些律师以"独立辩护"的名义,拒绝承担告知义务,也不与委托人进行充分的沟通、协商和讨论,造成委托人与辩护人委托代理关系的扭曲,也带来辩护人与委托人辩护观点的冲突,无法形成协调一致的辩护立场,也难以达到预期的辩护效果。

鉴于"独立辩护人"理论已经带来诸多消极的后果,也在法学界和律师界引发极大的争议,中华全国律师协会 2017 年通过了修订后的《律师办理刑事案件规范》,基本废弃了这一理论,确立了律师尊重委托人意愿的原则,并确立了解决辩护律师与委托人立场冲突的基本准则。

根据这一规范,律师在"依法独立履行辩护职责"的同时,应"在法律和事实的基础上尊重当事人意见,按照有利于当事人的原则开展工作,不得违背当事人的意愿提出不利于当事人的辩护意见"。与此同时,该规范还要求,律师与委托人就辩护方案产生严重分歧,不能达成一致的,可以"代表律师事务所与委托人协商解除委托关系"。[1] 该项规范首次确立了辩护律师尊重委托人意愿的义务,并将此作为辩护人忠诚义务的重要内容。这是辩护律师职业

---

[1] 参见中华全国律师协会 2017 年发布的《律师办理刑事案件规范》,第 5 条和第 12 条。

伦理的重大进步。

首先，按照通常的解释，律师独立履行辩护职责，主要是指在进行辩护活动时不受司法机关的控制和左右，而不是要独立于委托人从事辩护活动。我国律师界过去曾坚持"律师独立辩护，不受委托人意志的左右"。上述规范其实是对这种"独立辩护"观点的抛弃。

其次，律师按照"有利于委托人的原则"从事辩护活动，这就意味着律师要遵守忠实于委托人利益的义务。这是协调辩护律师与委托人辩护立场的出发点。

再次，律师要在法律和事实的基础上尊重委托人的意愿，不得在违背委托人意愿的情况下提出不利于委托人的辩护意见。这是我国律师规范中首次出现尊重委托人意愿的规则，并要求律师不得违背委托人意愿进行辩护。这种对尊重委托人意愿义务的强调，是律师职业伦理上的重大突破。

最后，律师应当与委托人进行充分协商，尽量消除辩护观点的分歧，实在不能达成一致的，律师可以与委托人协商解除委托关系。这一规范强调律师与委托人的协商和沟通义务，同时还强调律师与委托人无法形成一致意见的，应当解除委托代理关系，退出辩护。这既强调了辩护律师与委托人之间的委托代理关系，也从积极方面（积极地协商和沟通）和消极方面（退出辩护，避免辩护观点发生冲突），强化了尊重委托人意愿的义务。

10.4.2.4　辩护律师的三大行为规则

为维护委托人利益，尤其是不损害委托人的利益，律师法确立了三项极为重要的律师行为规则：一是禁止拒绝辩护规则；二是保守职业秘密规则；三是避免利益冲突规则。

首先，律师接受委托后，无正当理由的，不得拒绝辩护或者代理。

在一些西方国家，律师在执业过程中要遵守所谓的"出租车受雇规则"，也就是一旦接受委托担任辩护人，原则上不能中途退出辩护活动，否则，就属于一种违反职业伦理的行为。我国刑事诉讼法也确立了类似的规则，要求律师在接受委托成为辩护人后，没有法定的正当理由，不得中途退出辩护活动。之所以要确立这一规则，主要是考虑到律师中途拒绝辩护，会使委托人陷入极为不利的境地：一方面在突然失去律师帮助的情况下，难以有效地从事辩护活动；另一方面也无法及时地更换辩护人，更无法充分地进行必要的防御准备。因此，为避免委托人的利益受到损害，维护忠诚义务，律师除非有重大的不可抗力事由，并经过事先告知和做好补救工作，否则，一律不得中途拒绝为委托人提供辩护服务。

当然,禁止律师中途拒绝辩护的规则也不是绝对的,在具有法定重要事由的情况下,这种拒绝辩护也是合法的。例如,假如委托人提出了违法的委托事项,委托人利用律师提供的服务从事违法活动,或者委托人故意隐瞒与案件有关的重要事实的,律师就有权拒绝辩护,中途退出辩护服务。当然,律师在拒绝辩护之前,应当向委托人说明情况,并告知其准备委托其他辩护人。同时,律师还应向相关司法机关说明拒绝辩护的法定事由,在征得司法机关批准后,才能退出辩护活动。未经向委托人进行告知,未经征得司法机关的同意,律师不得擅自拒绝辩护。

其次,律师对在执业活动中知悉的委托人和其他人不愿泄露的情况和信息,应当予以保密。

这里所说的委托人"不愿泄露的情况和信息",就是通常所说的"职业秘密"。律师承担保守职业秘密的义务,意味着即便了解到委托人的违法犯罪事实,也不得加以泄露,更不得向侦查机关、检察机关和法院提供。之所以要确立这一规则,主要是考虑到律师一旦接受委托或者被司法机关指定,成为辩护人,就应遵守辩护律师的职业伦理,尤其是要承担忠诚义务,不得损害委托人的利益,即便不考虑事实真相和法律统一实施的问题,也要守住律师职业的底线。由此,律师职业本身相对于司法机关的独立性,才能得到委托人和社会各界的尊重和信任。

当然,保守职业秘密的规则并不是绝对的,而可以有一些适用上的例外。具体说来,律师要保密的对象主要是"已然之事",也就是委托人或者其他人已经实施过的违法犯罪事实。但是,对于"未然之事",也就是委托人或者其他人准备或者正在实施危害国家安全、公共安全以及其他严重危害他人人身、财产安全的犯罪事实和信息,律师则不负有保守秘密的义务。

最后,律师不得从事与本人或者其近亲属有利益冲突的辩护活动。

之所以要确立这种禁止利益冲突规则,主要是考虑到律师作为辩护人,一旦所从事的辩护活动与本人或者近亲属存在利害关系,就有可能处于进退维谷的两难境地,为维护本人或者其近亲属的利益,而有可能损害委托人的利益,其辩护活动的有效性可能受到消极的影响。因此,为履行忠诚义务,律师遇有存在利害冲突的场合,应当退出本案的辩护活动。

律师的利益冲突主要有哪些方面呢?根据我国刑事诉讼法和律师法,常见的利益冲突是律师在同一案件中为双方当事人担任辩护人或者代理人,如为被告人担任辩护人,并且同时为被害人或者自诉人担任代理人。在司法实践中,这类利益冲突还有很多表现形式,如律师同时或者先后为被指控从事受贿行为和行贿行为的嫌疑人、辩护人担任辩护人,律师同时或者先后为涉嫌共同犯罪案件的同案嫌疑人、被告人担任辩护人,律师同时或者先后为涉嫌同一犯罪行为的单位被告人和单位内部责任人员担任辩护人,等等。

10.4.3 辩护人的公益义务

我国律师法在要求律师维护当事人合法权益的同时,还确立了一些特殊的义务:"维护法律的正确实施","维护社会公平正义"。辩护律师在履行忠诚义务过程中,也不能为达目的而不择手段。辩护律师并不是被告人"雇来的枪",其辩护活动要受到法律的限制。律师不能违反法律明确设定的行为边界和范围,尤其不能违反法律确立的禁止性规则和义务性规则。

所谓公益义务,是指律师在辩护过程中要承担尊重事实真相、保障法律实施、维护社会正义的责任。为实现这一义务,律师法和律师执业规范确立了一系列律师行为准则。从执业目标来看,律师应当"忠于宪法和法律,坚持以事实为根据,以法律为准绳,严格依法执业";律师应当"忠于职守,坚持原则,维护国家法律与社会正义";律师应"珍视和维护律师执业声誉,模范遵守社会公德,注重陶冶品行和道德修养"。

在处理与委托人的关系方面,律师应按照维护公益义务的原则,遵守以下行为准则:一是"维护委托人的合法权益","有权根据法律的要求和道德的标准,选择完成或实现委托目的的方法";二是"恪守独立履行职责的原则,不因迎合委托人或满足委托人的不当要求,丧失客观、公正的立场,不得协助委托人实施非法的或具有欺诈性的行为";三是作为禁止拒绝辩护规则的例外,在"委托事项违法、委托人利用律师提供的服务从事违法活动或者委托人故意隐瞒与案件有关的重要事实的","有权告知委托人并要求其整改,有权拒绝辩护或者代理,或以其他方式终止委托";四是作为保守职业秘密原则的例外,律师对于在执业活动中知悉的"委托人或其他人准备或者正在实施危害国家安全、公共安全以及严重危害他人人身安全的犯罪事实和信息",不承担保密义务。

在从事辩护活动时,辩护律师应当承担消极的实现真实义务。所谓实现真实义务,有积极层面和消极角度之分。积极的实现真实义务,是指积极地收集证据,发现所有案件事实真相。消极的实现真实义务,则是指避免妨碍、阻挠、干扰发现事实真相的行为。辩护律师所从事的既不是刑事追诉职能，也不是司法裁判活动，因此并不承担积极地发现事实真相的义务。通过收集证据发现犯罪事实，当然不是辩护律师所应追求的目标。但是，为确保司法公正价值的实现，辩护律师也应有一条职业底线，那就是不应通过积极的行为来毁灭证据、伪造事实、误导司法人员作出错误的判断，也不能积极地阻止司法人员发现事实真相。为此，辩护律师不得从事以下行为：一是帮助委托人隐匿、毁灭、伪造证据或者串供；二是威胁、引诱证人作伪证；三是故意提供虚假证据，或者威胁、利诱他人提供虚假证据；四是妨碍对方当事人、侦查人员、公诉人或者审判人员合法取得证据。

在处理与司法人员的关系上，辩护律师要尊重司法人员和司法程序，不得实施妨碍司法公正或者扰乱法庭审理秩序的行为。这种尊重义务主要包括三个方面：一是不得干扰司法机关的诉讼活动，不得扰乱法庭秩序或者干扰诉讼活动正常进行；二是遵守法庭纪律，尊重法官，按时提交法律文件，按时出庭；三是"出庭时按规定着装，举止文明礼貌，不得使用侮辱、谩骂或诽谤性语言"；等等。

在尊重司法人员之外，律师还应维护司法人员职务上的廉洁性，不得进行任何利益输送或者拉拢腐蚀司法人员的行为。具体而言，律师不得实施以下不当行为：一是不得以影响案件的审理和裁决为目的，与本案审判人员、检察人员"在非办公场所接触，不得向上述人员馈赠钱物，也不得以许诺、回报或提供其他便利等与承办案件的执法人员进行交易"；二是不得"向委托人宣传自己与有管辖权的执法人员及其他人员有亲朋关系，不得利用这种关系招揽业务"；等等。

10.4.4　辩护人违反职业伦理的法律后果

通常而言，违反律师行为规范的律师，应当受到司法行政机关和律师协会的纪律惩戒。但对于同时存在违反委托代理协议行为的律师，委托人可以提起民事违约之诉，追究其民事责任。对于因严重违反律师执业行为规范而构成犯罪的律师，还要依法追究刑事责任。

目前，我国实行"两结合的律师管理体制"，也就是由司法行政机关和律师协会共同对律师行业进行管理。对于辩护律师违反职业伦理规范的行为，司法行政机关和律师协会可以进行纪律惩戒。对于违反职业伦理规范的辩护律师，司法行政部门可以分别情形处以罚款、没收违法所得、停止执业6个月以下、吊销律师执业证书等纪律处罚。而对于较为轻微的职业违纪行为，律师协会则可以自行对律师作出包括谴责、警告等在内的纪律处分。

对于律师在辩护过程中违反职业行为规范，并具有违约行为的，委托人可以向律师协会或者司法行政机关投诉，也可以向法院提起民事诉讼。律师协会可以进行调查，并组织律师与委托人进行调解。调解不成的，可建议委托人向法院提起民事诉讼。法院认定律师存在违约行为，可依法追究律师的民事责任。

对于严重违反职业伦理规范而构成犯罪的辩护律师，刑法还确立了两类罪名：一是律师"毁灭证据罪""伪造证据罪"和"妨害作证罪"；二是"扰乱法庭秩序罪"。

前一类罪名是主要将律师作为特殊犯罪主体的犯罪。根据《刑法》第306条之规定，辩护人、诉讼代理人毁灭、伪造证据，帮助当事人毁灭、伪造证据，威胁、引诱证人违背事实改变证言或者作伪证的，构成犯罪。据此，辩护律师可以被追究毁灭证据、伪造证据或者妨碍作证的刑事责任。

后一类罪名尽管适用于一般主体，但律师无疑是其中的主要犯罪主体。根据《刑法》第309条之规定，包括辩护人在内的任何人员，聚众哄闹、冲击法庭，侮辱、诽谤、威胁司法工作人员，不听法庭制止，情节严重的，可以构成扰乱法庭秩序罪。

这两类罪名的设立，在律师界和法学界引起了较大的争议。自1997年以来，《刑法》第306条所设立的三项罪名就一直受到非议和批评，一些全国人大代表和全国政协委员不断呼吁废除这一刑法条款。备受争议的问题主要有：一些地方检察机关出于"职业报复"的考虑，对正在履行辩护职务的律师启动刑事追诉程序；原来与辩护律师处于控辩双方地位的公诉人，直接担任律师涉嫌妨碍作证罪案件的公诉人，违反了回避制度；一些检察机关仅仅因为律师向证人、被害人进行过调查取证，而后者改变了证言或者陈述，就对律师追究刑事责任；检察机关对律师启动的刑事追诉大都以律师被宣告无罪或者被终止刑事追诉程序而告终，但律师却因此失去了执业资格……

而扰乱法庭秩序罪的设立，也引起了律师界的强烈反弹。律师们批评这一条款具有压制辩护律师的效果。因为辩护律师对于法院的不公正审判行为，经常提出各种形式的抗议，甚至采取在互联网上介绍案情或者提出异议的方式，而这种抗议方式都可能被视为"扰乱法庭秩序"的行为，并导致辩护律师被追究刑事责任。如果说《刑法》第306条为检察机关提供了任意追究律师刑事责任的依据的话,那么,《刑法》第309条则为法院滥用刑事追诉权提供了法律根据,并且会继续恶化原本就不容乐观的"辩审关系"。

为防止一些地方检察机关滥用《刑法》第306条,维护辩护律师的合法权益,2012年修订的《刑事诉讼法》对追究律师刑事责任的程序也作出了一些限制。例如,对于辩护律师涉嫌《刑法》第306条所确立的罪名的,应当由办理辩护人所承办案件的侦查机关以外的其他侦查机关负责立案侦查;对于律师启动刑事追诉程序的,还应及时通知律师所在的律师事务所或者所属的律师协会。

10.5 有效辩护

10.5.1 有效辩护理念的出现

有效辩护的理念最初出现在美国判例法中。后来,这一理念得到较为广泛的传播,并为我国法学界和律师界所接受。

根据美国联邦宪法第六修正案,在任何刑事诉讼中,被告人都享有获得律师的权利。按照美国联邦最高法院的解释,这一宪法权利既包括了被告人自行委托律师辩护的权利,也意味着那些无力委托律师的被告人,有权获得指定律师辩护的机会。从1932年到1963年,美国联邦最高法院通过一系列案件的判决,逐步为那些因为贫穷而无力聘请律师的被告人,确立了获得政府所指定的律师辩护的权利。但是,被告人仅仅获得律师帮助的权利还是不够的,法院有必要保障被告人获得有效辩护的权利。

在1932年的鲍威尔诉阿拉巴马州一案的判决中,美国联邦最高法院第一次承认被告人享有"获得律师有效帮助"的宪法权利。根据这一判决,最高法院认定,"如果提供的时间或其他情况使律师不能为案件的准备和审理提供有效帮助的话,则州政府的这一责任并不能认为已经完成"。[①] 在十年后对另一案件的判决中,最高法院再次指出,假如某一司法行为否认被告人获得律师有效帮助,那么该行为就背离了宪法第六修正案的规定。在1970年的一个判决中,最高法院认为,宪法第六修正案如果要实现它的目的,就不能将被告

---

① 参见〔美〕拉费弗等:《刑事诉讼法》(上册),卞建林等译,中国政法大学出版社2001年版,第660页以下。

人留给一个不称职的律师。① 1985年,最高法院再次重申,律师无论是被委托的还是被指定的,在初审或上诉程序中都应为其委托人提供有效的帮助。"对于一个无法获得律师有效帮助的被告人来说,其境况与根本没有律师帮助的当事人一样糟糕。"②

美国联邦最高法院尽管根据宪法第六修正案确立了"获得律师有效帮助"的宪法权利,却一直没有对何谓"有效律师帮助"作出解释。为保障被告人获得有效的律师帮助,一些联邦和州法院在判例中逐渐提出了"无效辩护"的概念,并将律师的无效辩护作为推翻原审判决的重要理由。但是,对于"无效辩护"的标准,这些法院却有着各不相同的理解。直到1984年,联邦最高法院在斯特里克兰诉华盛顿州案件(Strickland v. Washington)中,才对无效辩护的标准作出了权威的解释。③

该法院认为,"判断任何有效性主张的基本点必须是,律师的行为是否损害了对抗式诉讼的基本功能,以至于难以依赖审判得到一个公正的结果"。根据这一理念,被告人要申请法院宣告律师作出了无效辩护,就必须同时证明以下两项事实:一是律师辩护工作存在缺陷,也就是律师不是一个"合理称职的律师";二是律师的工作缺陷对辩护造成了不利的影响,也就是存在着一种合理的可能性,若不是律师的行为错误,案件的诉讼结果将是不同的。④

前述第一项有关辩护缺陷的标准又被称为"客观标准"或"行为标准",也就是律师的辩护行为存在着错误,而这种错误已经严重到"该律师并没有发挥第六修正案所保障的'律师'的作用",其具体衡量尺度是"该律师的辩护是否低于合理性的客观标准"。

除了要证明律师存在辩护行为的缺陷以外,被告人还需要证明这种缺陷对辩护产生了不利的影响。相对于律师的辩护缺陷而言,这属于无效辩护的"结果标准"。为满足这一标准,被告人必须证明,"要不是律师存在着辩护缺陷,那么案件产生不同的诉讼结果将是合理可能的"。

当然,根据斯特里克兰案件的判决,在一些特定情形下,被告人只要证明

---

① 参见〔美〕德雷斯勒等:《美国刑事诉讼法精解》(第一卷),吴宏耀译,北京大学出版社2009年版,第627页以下。
② 参见〔美〕拉费弗等:《刑事诉讼法》(上册),卞建林等译,中国政法大学出版社2001年版,第661页。
③ 参见〔美〕德雷斯勒等:《美国刑事诉讼法精解》(第一卷),吴宏耀译,北京大学出版社2009年版,第627页。
④ 参见〔美〕戴尔卡门:《美国刑事诉讼——法律和实践》,张鸿巍等译,武汉大学出版社2006年版,第516页以下。

律师存在较为严重的失职行为,法院就可以直接推定辩护缺陷对诉讼结果造成了不利影响。换言之,被告人在这些情形下就无须证明辩护缺陷对诉讼结果的不利影响。例如,被告人假如"事实上或者相当于事实上"被否定了律师的帮助,那么,法院就可以推定这种不利影响的存在。典型的例子是辩护律师在法庭上陷入漫不经心的状态,或者当庭昏睡。这就等于被告人实际无法获得律师的帮助。

又如,假如被告人获得律师帮助的权利受到法院或者控方阻碍的话,那么,这也可以被直接推定为无效辩护。

再如,假如同一律师或同一律师事务所的律师同时为多个被告人提供帮助,特别是为多个同案被告人进行辩护的,这种多重代理的情况就会使不同被告人之间产生利益冲突。这种直接导致利益冲突的辩护活动,会导致两名以上被告人的利益不可能同时得到维护,法院会以此为由作出无效辩护的宣告。

当然,无效辩护也并不都是由律师辩护存在缺陷所造成的。假如法院或检察机关通过积极的作为或者消极的不作为,剥夺了被告人的有效辩护权,这也构成一种无效辩护。例如,法院或检察机关拒绝律师与被告人进行正常的沟通和协商,推迟了被告人获得律师帮助的时间,就可以构成自动的无效辩护。这显然说明,无效辩护既可以是律师因为不尽职、不尽责所造成的,也可以是由于法院、检察机关阻挠律师行使辩护权而造成的。但无论是什么原因造成的,无效辩护都导致被告人无法获得有效的法律帮助。

对于无效辩护,美国联邦最高法院确立了撤销原判、发回重新审判的程序性法律后果。对于这一程序性后果,其他国家尚未普遍加以确立。我国刑事诉讼法也没有以律师提供无效辩护为由,确立撤销原判、发回重审的程序性后果。但是,在司法实践中,对于律师辩护被确认为无效辩护的,司法行政机关通常都会启动对辩护律师的纪律惩戒程序。

10.5.2 有效辩护的基本含义

在汉语中,"有效辩护"是一个容易引起歧义的概念。这里涉及刑事辩护"有效性"的定义问题。说一项活动是"有效"的,通常是指该项活动产生了"好的"或者"积极的"效果。于是,有律师指出"有效辩护"就是达到"积极效果的辩护",这里所说的"积极效果"可以是指说服法官接受了律师的辩护意见,要么作出了无罪判决,要么在量刑上作出了宽大的处理,要么将某一非法证据排除于法庭之外。当然,也有律师认为,"积极辩护效果"还可以是指刑事辩护达到了"令委托人满意"的效果。不论法院是否接受了律师的辩护意见,只要委托人对律师的表现给予积极正面的评价,那么,这种辩护就是"有效的",也就是"具有积极效果"的。

这种从辩护效果角度对有效辩护所作的界定显然存在严重的问题。在司法实践中,一个律师即便完全尽职尽责,进行了充分的辩护准备,形成了非常恰当的辩护思路,并运用适当的辩护策略和技巧,提出了十分中肯的辩护意见,但是,法院的判决最终没有采纳律师的辩护意见。对于这种辩护,我们假如将其界定为"无效辩护",并对律师加以谴责甚至惩戒,这显然是不公平的。不仅如此,一名律师假如忠实地履行辩护职责,最终也说服法官接受了部分辩护意见,使被告人受到了较为宽大的量刑处罚,但是,一心追求无罪判决结果的被告人,就是对律师的辩护不满意,认为律师根本没有达到委托人所期望的辩护效果。那么,我们究竟要不要根据被告人的评价来确定辩护的有效性呢?

其实,有效辩护是一个在刑事诉讼过程中使用的概念。其基本含义是律师接受委托或者被指定担任辩护人以后,忠实于委托人的合法权益,尽职尽责地行使各项诉讼权利,及时精准地提出各种有利于委托人的辩护意见,与有权作出裁决结论的专门机关进行了富有意义的协商、抗辩、说服等活动。简而言之,"有效辩护"就是尽职尽责的辩护,也就是在刑事辩护过程中忠诚地履行了辩护职责,完成了"委托协议"或"指定辩护文件"所约定的辩护义务。

有效辩护理念的提出,从私法意义上说,是辩护律师履行忠诚义务的法律保证;而从公法意义上说,也是维护程序正义的必要制度安排。按照委托人与辩护人的委托代理关系理论,辩护律师无论是接受委托人的委托,还是接受法院的指定,只要担任辩护人,就与作为委托人的嫌疑人、被告人具有了委托代理关系。委托人作为辩护权的享有者,经过委托,将各项辩护权利授权给辩护人行使。辩护人作为委托人诉讼权利的代为行使者,在享有各项法律权利(如收受辩护费用,收受法律援助费用等)的同时,还应承担全力维护委托人合法权益的义务。可以说,正是辩护律师与委托人之间的委托代理关系,才形成了辩护律师履行合约的基本义务,并创造了律师所要遵守的职业伦理规范。[①] 其中,忠实于委托人的利益,最大限度地维护委托人的合法权

---

① 参见陈瑞华:《论辩护律师的忠诚义务》,载《吉林大学社会科学学报》2016年第3期。

益,就属于律师所要遵守的首要执业行为准则。既然要遵守忠诚义务,维护委托人的合法权益,律师在接受委托或者指定后,就应尽职尽责,履行委托协议书所确定的各项义务。从一定程度上讲,所有"有效辩护",其实就是辩护律师履行合约义务的基本体现。

与此同时,对辩护律师提出"有效辩护"的要求,还可以促使其积极履行辩护职责,充分进行会见、阅卷、调查、形成辩护思路等防御准备工作,与委托人展开充分的协商和沟通,形成辩护合力,充分展开辩护活动,尽力说服裁判者接受本方的辩护观点。可以说,有效辩护可以保证被告人、辩护人充分有效地参与到裁判制作过程中来,对裁判者的结论产生有效的影响,确保被告人成为积极的协商者、对话者和说服者,从而成为能够掌控自己命运的诉讼主体。这种对被告人积极参与的保障无疑是程序正义实现的前提条件之一。因此,从公法角度来看,律师在辩护中越是尽职尽责,越是勇于为权利而斗争,就越有可能构成强大的辩护方,从而形成一种足以与公诉方进行抗衡的力量,促使裁判者兼听则明,居中裁判,作出公正合法的裁决。

通常说来,**有效辩护的理念可以在以下四个方面得到贯彻和体现:一是合格称职的辩护律师;二是为辩护所必需的防御准备;三是与委托人进行的有效沟通和交流;四是有理、有据、精准、及时的辩护活动。**

所谓"**合格称职的辩护律师**",是有效辩护的前提条件。这主要是指接受委托或指定从事辩护活动的辩护人,**不仅必须是一名律师,而且还要是一名熟悉刑事辩护业务的律师**。刑事诉讼法尽管允许那些不具有律师身份的特定人士可以接受委托担任辩护人,但从确保辩护质量的角度来说,非律师担任辩护人显然是不符合有效辩护理念的。迟早有一天,法律会将担任辩护人的条件限定为具有律师资格的执业人员。不仅如此,一名从来没有从事过刑事辩护业务的律师,被委托来担任辩护人,其辩护活动很难称得上"有效的辩护"。

所谓"**为辩护所必需的防御准备**",是指辩护人需要在开庭审理之前进行会见、阅卷、形成辩护思路、协商辩护意见、申请召开庭前会议、申请二审法院开庭审理等,以便为法庭上的辩护进行基本的防御准备。遇有发现新的事实和证据的案件,律师还应进行必要的调查取证工作。假如辩护人不从事这些为辩护所需要的防御准备工作,那么,其辩护就很难说得上是有效的辩护。

所谓"**与委托人进行的有效沟通和交流**",是指辩护人通过充分的会见、通讯等方式,与嫌疑人、被告人充分交流案情,将有关证据材料向其核实,将辩护思路向其告知,并向其征求意见,以取得其对辩护思路和辩护意见的认可和配合,从而在法庭上的辩护过程中形成辩护合力。那种将委托人弃置不顾,不与委托人进行沟通、协商,不了解委托人的诉讼立场,甚至与委托人发生辩护观点之冲突的辩护,显然不符合有效辩护的基本要求。

所谓"有理、有据、精准、及时的辩护活动",是指辩护人的辩护观点必须在法理上能够成立,必须有足够的证据加以支持,必须契合本案的具体情况,还不得存在明显的迟延。假如辩护人强词夺理,立论既没有证据支持,也没有法律依据,辩护观点脱离本案的实际情况,或者所作的辩护努力过于拖延,错过了最佳时机,那么,这些辩护活动就不符合有效辩护的基本准则。

10.5.3 无效辩护

相对于作为法律理念的有效辩护而言,无效辩护是一种较为具体的法律制度,它是指法律为那些被认定为"无效辩护"的律师辩护活动所设定的消极法律后果。在一些西方国家的制度中,这种消极法律后果既可以是上级法院撤销原判、发回重新审判的后果,也可以是律师协会对律师的惩戒后果。[①] 我国法律没有确立这方面的法律后果。但在司法实践中,我国法院已经开始将律师无效辩护行为列为一审法院"违反法定诉讼程序"的行为,并对此作出了撤销原判、发回重新审判的裁定,也就是将其纳入程序性制裁的体系之中。与此同时,对于律师的无效辩护行为,法院还可以向司法行政机关发出司法建议书,建议司法行政机关、律师协会、法律援助机构对律师的无效辩护行为进行调查,后者可以此为根据,对涉案律师进行相应的纪律惩戒。这显然说明,我国司法实践中已经产生了一种特有的无效辩护制度。下面依次对无效辩护的构成要素和无效辩护的后果作出简要分析。

10.5.3.1 无效辩护的构成要素

什么是无效辩护呢?表面上看,只要律师辩护没有达到有效辩护的标准,就构成了无效辩护。这其实是一种不正确的认识。由于有效辩护主要是一种法律理念,其本身就不存在完全明确的标准,因此,对于"违反有效辩护标准"的行为就无法进行准确的界定。可以说,无效辩护并不是违反有效辩护标准的必然结果,没有达到有效辩护的标准,并不必然导致无效辩护。

---

① 参见[美]拉费弗:《刑事诉讼法》(上册),卞建林等译,中国政法大学出版社2001年版,第661页。

完整意义上的"无效辩护"同时由三个要素构成：一是律师没有进行尽职尽责的辩护，或者在辩护过程中存在重大的过错或者瑕疵；二是司法机关没有采纳律师的辩护意见，或者对委托人作出了不利的裁决；三是律师辩护的过错或瑕疵与委托人受到的不利裁判之间存在因果关系。①

一般而言，无效辩护是由被告方提出的抗辩事由，也理应由被告方对无效辩护的成立承担证明责任。要证明律师从事了无效辩护，被告方需要提供证据证明以下三项事实：一是律师辩护存在缺陷或者瑕疵；二是案件招致对委托人不利的诉讼后果；三是律师怠于履行职责与委托人受到不利裁决结果之间存在因果关系。其中，对第二个条件的证明相对比较容易一些，被告方需要着力证明的是第一个和第三个成立条件。

为减轻被告方的证明责任，也为了对律师的辩护活动作出实质性的严格规范，有必要对律师辩护存在特别严重缺陷的情形作出概括性列举。只要律师辩护出现了这些具体情形之一，而下级法院又作出了不利于委托人的裁决，那么，法院和司法行政机关就应自动认定为律师辩护存在缺陷或者过错，也可以直接认定该项过错与不利裁决结果之间存在因果关系，从而免除被告方对第一和第三项条件的证明责任。

例如，律师辩护存在以下缺陷或者过错之一的，就可以直接认定为无效辩护，从而可以免除被告方对这些过错与不利裁决结果存在因果关系的证明责任：一是接受委托或者指定担任辩护人的律师，以前从来没有从事过刑事辩护业务的；二是律师法庭审理之前没有会见过在押嫌疑人、被告人的；三是律师在开庭前没有进行过查阅、摘抄、复制案卷材料的；四是案件出现了法定的无罪辩护事由，律师没有进行过调查取证的；五是律师没有与委托人进行沟通和协商，当庭与委托人发生辩护观点冲突的；六是两名律师同时担任同一委托人的辩护人，没有与委托人进行协商和沟通，当庭提出不一致的辩护意见的；七是接受委托或者指定担任辩护人的律师，没有亲自出庭辩护，未经委托人同意或者法律援助部门许可，委派另一名律师出庭辩护的；八是律师没有完整参加法庭审理过程，中途退出法庭的，等等。

10.5.3.2 无效辩护的后果

我国刑事诉讼法并没有确立无效辩护制度。但在司法实践中，律师在刑

---

① 参见〔美〕德雷斯勒等：《美国刑事诉讼法精解》（第一卷），吴宏耀译，北京大学出版社2009年版，第627页。

事辩护过程中没有恪尽职守,或者存在重大缺陷或者过错的情况,通常被归入律师违反职业伦理的情形。对于构成无效辩护的律师,要么追究律师的违约责任,要么对其进行纪律惩戒。委托人针对律师的失职或不当行为向律师协会提出投诉的,律师协会一般通过召开听证会等方式,启动对律师的纪律惩戒程序,对涉案律师作出相应的纪律处分。

当然,也有法院将律师无效辩护的行为归入"一审法院违反法定诉讼程序,影响公正审判"的情形,并据此作出撤销原判、发回重审的裁定。这说明,**上级法院为一审法院确立了一种无过错责任**。这种归责理论着眼于一审法院的无过错责任,也就是只要在一审程序中,律师没有恪尽职守,导致委托人遭受到不利的诉讼结果,从而构成无效辩护的话,那么,上级法院就可以推定一审法院违反了法定的诉讼程序,并对其实施宣告无效的制裁后果。

之所以要为无效辩护确立一审法院的无过错责任,可以从以下几个角度作出正当性解释:一是在刑事诉讼中,被告人相对强大的公诉机关而言,明显属于弱势一方,只有为其确立一定的"诉讼特权",才能维护控辩双方的平等对抗。律师无效辩护被推定为法院违反法定程序,就属于赋予被告人诉讼特权的一种形式。二是无论一审法院作出怎样的解释,面对律师不履行辩护职责的行为,法官竟然不闻不问,不作任何形式的纠正和督促行为,这本身就可能构成一种失职。对于这种失职,完全可以从律师无效辩护本身作出推定,而不需要被告方承担证明责任。三是无论是一审法院通过作为或者不作为剥夺了被告人的辩护权,还是因为律师不履行辩护职责而导致无效辩护,这都意味着一审法院在没有保证被告人有效行使辩护权的情况下,对其作出了定罪量刑。上级法院要切实保证被告人的辩护权,纠正那些侵犯被告人辩护权的行为,唯有将原审判决予以撤销,为被告人提供重新审判的机会,也就是一种程序补救的机会,才能确保被告人在有效行使辩护权的情况下,接受法庭审理,并接受有罪裁决。这是程序正义的最低要求。

阅读案例材料之十

念斌案件和周姓律师无效辩护案件

念斌案件[①]

2014年8月22日,福建省高级人民法院对念斌涉嫌投放危险物质一案作出了无罪判决。从2006年7月本案案发,2008年2月1日福州市中级人民法院判处念斌构成投放危险物质罪、判处死刑立即执行以来,本案历经福州市中级人民法院三次死刑判决、福建省高级人民法院两次发回重审裁定和一次维持死刑判决、最高人民法院不予核准死刑裁定,最终以福建省高级人民法院改判无罪而结案。福建省高级人民法院于2013年7月4日至7日、2014年6月25日至26日,分两次对本案开庭审理,先后传召鉴定人7人次、侦查人员13人次、证人2人次、"有专门知识的人"9人次出庭作证。福建省高级人民法院认为,"二被害人系中毒死亡,但原判认定致死原因为氟乙酸盐鼠药中毒依据不足,认定的投毒方式依据不确实,毒物来源依据不充分,与上诉人的有罪供述不能相互印证,相关证据矛盾和疑点无法合理解释、排除,全案证据达不到确实、充分的证明标准,不能得出上诉人念斌作案的唯一结论",故而认定公诉机关指控的罪名不能成立。本案的无罪改判一度引起较大的争议。福建警方在案件判决生效后仍然将念斌列为本案的犯罪嫌疑人,并拒绝为其办理出境证件。而念斌案辩护团队则因为在念斌案辩护中的杰出表现,被中央电视台评选为央视年度法治人物。本案的二审审理和判决被思想开明的最高人民法院沈德咏大法官奉为"庭审实质化的标杆"。

根据公诉方的指控,2006年7月27日凌晨1时许,被告人念斌到其与丁云虾等人共同租用的厨房,将半包鼠药倒进矿泉水瓶掺水后倒入丁云虾放置在厨房烧水的铝壶中。当日下午,陈某用铝壶中的水帮助丁云虾煮鱿鱼,傍晚丁云虾用铝壶中的水煮稀饭。当晚,被害人俞攀、俞悦、丁云虾等五人食用了稀饭和鱿鱼后,相继中毒。其中,俞攀、俞悦经抢救无效后死亡。检察机关据以指控念

[①] 参见福建省高级人民法院(2012)闽刑终字第10号刑事附带民事判决书。

斌犯罪的证据除了有被告人的有罪供述、被害人陈述笔录、证人证言笔录、勘验检查笔录等以外,还有福州市公安局出具的理化检验报告和法医学鉴定。根据后两份证据材料,俞攀、俞悦的心血和尿液中检出氟乙酸盐鼠药,系氟乙酸盐鼠药中毒死亡;丁云虾铝壶中的水、高压锅残留物以及铁锅残留物均检出氟乙酸盐成分。而证人杨某承认向念斌出售了氟乙酸盐鼠药;念斌在公安机关所作的多份供述也证明其将氟乙酸盐鼠药投入丁云虾铝壶中的作案过程。

被告人念斌在法庭审理中否认了使用氟乙酸盐鼠药投毒的事实,并指称侦查人员对其采取了刑讯逼供行为。一审辩护人最初的辩护意见是念斌不具有投毒犯罪的动机;本案从买鼠药到投放鼠药的全过程事实不清,证据不足。但福州中院没有采纳这些辩护意见。自2008年开始,北京大禹律师事务所的张燕生律师开始参与此案的辩护工作。张律师通过研究公诉方的理化检验报告和法医学鉴定,产生了一些疑问:对于门把手上是否留有氟乙酸盐的成分,报告的结论是"倾向于认为"含有这种成分,这种结论怎么能作为定案的依据呢?既然法医鉴定认定两名被害人死于氟乙酸盐中毒,那么,为什么同样吃过稀粥的丁云虾体内却没有氟乙酸盐呢?为了解决自己的困惑,张燕生律师向一些毒物鉴定领域的专家进行了请教。在专家的支持下,张燕生律师在福建省高级人民法院进行了二审辩护。福建省高级人民法院将案件撤销原判、发回重审。

2009年,福建省高级人民法院对此案再次进行了二审开庭审理。张燕生律师的主要辩护意见是:对于毒源是否来源于铝壶中的水的问题,存在着相互矛盾的证据,难以认定;理化检验报告关于铝壶水有毒的结论与案件事实不符;本案不排除侦查人员采取非法手段获取了物证和被告人供述。为佐证本方的辩护观点,辩护人申请法庭传召两名专家出庭作证:一是原公安部物证鉴定中心毒物麻醉药品鉴定处处长张继宗;二是原北京市公安局法医中心毒物检验室高工潘冠民。这两位专家旁听了庭审过程,并与此案鉴定人就毒物性质、中毒情形、毒物检测等问题进行了讨论。但由于鉴定人没有出庭等方面的原因,法庭最终没有准许两位毒物专家出庭作证。令人不解的是,在法庭审理结束后,本案合议庭成员听取了两位专家的意见,在判决书中给出了"二位专家亦同意福州市公安局该意见"的结论。这次审理以维持原审判决而告终。

2010年,最高人民法院作出了不核准念斌死刑的裁定,为此案带来了重大的转机。在福州市中级人民法院第三次作出认定念斌有罪并判处死刑的判决后,案件第三次被上诉至福建省高级人民法院。

2013年7月4日,福建省高级人民法院对此案进行第三次开庭审理。在开庭前,经法院再次调取,公诉方终于向法庭提交了警方用作鉴定依据的原始质谱图。所谓质谱图,是指毒物检验过程中检测物的离子被分离后,被检测仪器检测并记录下来、经计算机处理后所形成的图。质谱图通常被用来作为分析检测物是否为毒物、为何种毒物的依据。此前,在长达数年的时间里,辩护方一直向法院申请调取公安机关掌握的质谱图,都没有成功。在这次二审开庭之前,辩护律师会同专家团队,对 26 张质谱图进行了认真研究,认为公诉方的检验报告和鉴定存在以下问题:检测日期与报告记录不符;报告没有按规定操作;质谱图中样品存在污染;所得结论与事实不符。

与此同时,辩护方申请法院传召本方专家作为专家辅助人出庭作证,法庭最终准许辩护方的两位专家出庭,他们是肖宏展,北京微量化学研究所分析中心研究员;胡志强,北京市华夏物证鉴定中心法医室主任。与此同时,公诉方也聘请了两位专家辅助人出庭作证。检察机关聘请有专门知识的人就鉴定意见说明情况,这未必属于第一次,却肯定属于极其罕见的一次。在法庭审理中,在鉴定人出庭之后,辩护方的专家辅助人当庭就鉴定意见和检验报告存在的问题发表了意见,接受了控辩双方的询问。紧接着,公诉方的专家辅助人就鉴定意见发表了意见,对辩护方专家辅助人的意见给予了反驳。法庭审理持续了四天,法庭宣布休庭。7 月 8 日,张燕生又组织召开了一次专家研讨会,专家们认为,质谱图表明,在死者肝脏和胃中没有检出氟乙酸盐,可是在心血和尿液中却有。这简直是"神检验"。这次研讨会得出的结论是"死者不可能死于氟乙酸盐中毒"。

2013 年 7 月 26 日,在福建省高级人民法院休庭期间,经过辩护律师的积极努力,六位毒物鉴定领域的专家出具了《关于念斌投毒案理化检验报告及法医学鉴定书的专家意见书》。六位专家除了张继宗、肖宏展、胡志强以外,又包括了宋朝锦(北京通达首城司法鉴定所法医毒物室主任)、麻永昌(原公安部物证鉴定中心主任法医师)和王鹏(司法部司法鉴定科学技术研究所研究人员)。六位专家认为,本案是一起急性食源性中毒案件,胃组织及胃内容物应当是毒物含量最高的检材。如果在刷洗干净的炒菜铁锅中检验出氟乙酸盐,如果在死者心血和尿液中检出了氟乙酸盐,而在中毒死者的胃、肝组织中检验不出氟乙酸盐,只能说明其检验结果是错误的。"本案认定系氟乙酸盐中毒缺少实验室有关毒物检验的实证依据。由于一系列检材提取、送检、检验程序以及检验性质认定上的明显错误,所有检验结果都是不科学、不真实、不可信的。导致本起中毒事件的毒物目前仍然没有查清。"同时,"从这些检材中检出氟乙酸盐鼠药的结论是不规范、不科学、不可靠的,因为不能排除检测过程中的污染和残留对检材的干扰"。辩护律师随即将该专家意见送交福建高院。

2014年2月,在休庭期间,张燕生律师与被告人的姐姐念建兰经过认真研究,了解到"香港有亚洲最好的毒物鉴定专家",几经周折,找到了香港政府化验所前任负责人莫景权,把福建公安机关制作的全部检验鉴定结论和全部质谱图交给了他,委托他以独立专家的身份对这些鉴定结论和图谱重新进行检验。莫曾经是澳大利亚化学学会的院士及特许化验师,曾受聘担任澳大利亚新南威尔士政府化验所高级分析员,后来又到香港担任了10年的香港政府化验所高级化学师,主管该化验室毒理学组。他在毒理学界有着非常高的声望。

据张燕生律师回忆,拿到莫的审查报告后,又与莫进行了交流。莫非常坦诚地认为,念斌案辩方律师委托的国内专家出具的专家意见写得非常好,非常精彩,对其中的观点他是赞同的。他非常震惊地发现,当"详细检查参考资料(检验报告)包括质谱图后,发现以下的图谱出现非常严重的矛盾"。这句话,莫在报告中使用了红色的字迹。这些"非常严重的矛盾"是指:1. 分别被标示为"俞攀的心血"以及"呕吐物"的样本,两者质谱检测显示为同一个样本。2. 分别标示"俞悦尿液"和"标样"的两张质谱图,"皆源自同一样本,只是在不同的滞留时间做取样而已"。换句话说,福建公安机关竟然使用实验室测试用的标准的氟乙酸盐样品冒充死者的尿液。

从这两张质谱图上,同样可以清晰地看到分别写着"俞悦尿液"和"标样"字迹的两张图谱上,检验的时间分秒不差,都是2006年7月29日10点55分,检测的时间长度都是8.99分钟,唯一不同的是"俞悦的尿液"是在仪器检测行进至7.521分钟时截取的图谱,"标样"是在仪器检测行进至7.536分钟时截取的。

"这两张图的检材肯定是同一个东西",莫先生非常肯定地说。"他们把检测物打进机器,机器开始自动检测,然后他们在机器检测的不同时间段截取了两张图",莫先生进一步解释。"氟乙酸盐峰值上的变化,是随着机器检验时间的推移而发生的变化,这并不影响它们就是同一物质"。

莫景权的结论是:"基于整体分析的结果,由于现场(如粉末、黄色液体,以及用以煮食的水等等)以及呕吐物中皆未有发现氟乙酸盐,本案件并没有任何证据支持氟乙酸盐曾被使用过。"

取得莫景权的报告后,张燕生律师如梦初醒,找到了反驳公诉方理化检验报告的有力依据。在后来庭审中发表的辩护意见中,张燕生以莫景权报告的内容为依据,当庭指出:鉴定机构把标样当作了被害人俞攀的尿液检材,被害人俞悦的心血与呕吐物检材的检验数据出现错误;鉴定机构对检材的处理操作不规范,缺乏唯一性标识,把同一个质谱图标记为不同的检材,把标样当作检材,严重影响检材的准确性,上述物证的检验结果均不符合相关判定标准,检验结论不可信。

2014年6月25日至26日,福建省高级人民法院再次开庭审理此案,辩护方和公诉方分别聘请了新的专家辅助人,这些专家辅助人再一次围绕着理化检验报告和鉴定意见发表了专业意见,接受了控辩双方的询问。在法庭辩论阶段,张燕生律师以及其他律师发表了辩护意见。最终,法庭对辩护方专家辅助人的观点予以认可,采纳了辩护律师的辩护意见。

根据福建省高级人民法院的无罪判决书,原判认定两名被害人系氟乙酸盐中毒死亡,主要依据是在被害人的心血、尿液和呕吐物中检出了氟乙酸盐成分,与其中毒症状相符。法院认为,控辩双方出示的证据能够证实两名被害人系中毒死亡,但原判认定系氟乙酸盐中毒,证据不确实、不充分。原因在于,标注为被害人尿液和标注为标样的两份质谱图相同,有悖常理;分别标注为被害人心血、呕吐物的两份质谱图也相同,同样有悖常理;根据被害人心血、尿液检材的检验数据,能否判定检出氟乙酸盐成分,双方聘请的专业人员存在意见分歧,因此从上述检材中检出氟乙酸盐成分的检验结论可靠性存疑,认定二被害人中毒原因的理化检验报告不足以采信。

由于成功地推翻了公诉方理化检验报告所认定的二被害人死于氟乙酸盐鼠药中毒的事实,本案的关键证据链条也就全部中断。辩护律师通过运用专家的经验和智慧,历经艰辛和波折,最终取得了无罪辩护的成功。

周姓律师无效辩护案件①

2012年4月5日,北京某中级人民法院受理了检察机关提起公诉的被告人谢某强奸、抢劫案以及被告人李某故意伤害案,对于这两起可能判处死刑的案件,当地法律援助中心指派某律师事务所周姓律师担任谢某案件的指定辩护人,指派该周姓律师与其助理陈律师担任李某案件的指定辩护人。在谢某案件的开庭审理中,周律师的辩护意见是,被告人系主动投案且认罪态度较好,此次犯罪系初犯、偶犯,请求法院对其从轻处罚。而在李某案件的庭审中,辩护人的辩护意见是,被告人系初犯、偶犯,建议法院从轻处罚。一审法院分别对两起案件作出判决,判处被告人谢某死刑;判处被告人李某死刑,缓期两年执行。第一份判决书认为被告人谢某"这种随机选择作案目标并施以暴力侵害的行为,足以证明谢某的人身危险性和主观恶性极大","社会影响极为恶劣","对被害人

---

① 转引自陈瑞华:《刑事辩护的艺术》,北京大学出版社2018年版,第327页以下。

身体的暴力行为极其残忍",因此"对于辩护人提出的请求对谢某从轻处罚的辩护意见,本院不予采纳"。而在第二份判决书中,一审法院"对于辩护人所提主要辩护意见,本院酌予采纳"。

两被告人上诉后,二审法院经过不开庭审理,均认为"本案在原审人民法院的审判过程中存在违反法律规定的诉讼程序的情形,可能影响到公正审判",因此作出撤销原判、发回重审的裁定。

一审法院经过核实,认为上述两起案件被发回重审的直接原因都是辩护律师在开庭前没有按照规定会见被告人,而在李某案件的辩护中,出席庭审的陈姓律师庭后提交的辩护意见不是其当庭发表的辩护意见,而是由未出庭的周律师早先写好的书面辩护意见。一审法院认为,由于两位律师在上述两起案件的审理过程中,没有按照规定在开庭前会见被告人,"一方面致使该两起可能判处死刑案件被告人的合法权益,特别是辩护权,没有得到充分保障,导致律师的辩护工作流于形式,可能影响案件的公正审判",另一方面,"律师接受法律援助中心指派后,未在开庭前征得被告人同意认可其担任指定辩护人,致使律师此后进行的一切辩护工作及其参与的审判工作,均归于无效,严重地浪费了司法资源"。

据此,北京某中级人民法院提出司法建议书,建议相关部门采取措施,进一步加强对律师刑事辩护执业行为的监督规范。司法建议书提出的有关措施包括:一是涉案律师所在的律师事务所应"反思你所对所属律师在管理培训工作方面的不足",建立健全规章制度,避免类似情况再次发生;二是建议法律援助中心对指定辩护律师加大监督力度,探索创新管理考核机制,对于严重不负责任造成严重后果的律师,"应逐步建立淘汰退出机制";三是建议律师协会加大对于律师在职业道德、执业纪律以及专业知识方面的教育培训力度,使律师自觉规范自身执业行为,同时建立与司法机关的信息沟通机制,"推广优秀刑辩律师成功经验","总结律师辩护工作的不足及失误",形成律师行业的激励与惩戒机制;四是建议司法行政机关强化监督管理力度,指导制定完善规章制度,落实对于律师的依法管理。

当地法律援助中心经过调查核实,确认了法院司法建议书提出的基本事实,认定周姓律师在未会见被告人谢某的情况下,直接于2012年4月24日和2012年5月18日出庭辩护,"仅在开庭前与受援人进行了简单的交流",在案件宣判后,该律师"在案卷中编写了一份会见笔录,隐瞒了未会见被告人的事实"。而在办理李某案件过程中,律师事务所在接到法律援助中心分配的指定辩护任务后,安排周律师主办该案件,陈律师协助办理。在办理过程中,周律师不仅没有会见被告人,还在开庭时以生病为由将案件交予陈律师单独出庭。据此,法律援助中心做出了对司法建议书的复函,并采取了以下措施:一是鉴于周律师积极检讨,承认错误,主动退回谢某案的补贴,放弃李某案的补贴,中心决定不再发放上述案件的补贴,责令周律师退出中心志愿律师队伍,不再向其指派法律援助案件;二是中心将进一步加大和规范对志愿律师和律所的管理力度;三是建议司法局与高级人民法院建立法律援助工作协商机制,并希望与北京某中级人民法院率先建立和恢复合作机制。

【深入思考题】

1. 在念斌案件的审判过程中,辩护律师究竟采取了哪些辩护策略,最终说服法院作出了无罪判决?

2. 在北京市高级法院发回重审的两个案件中,周姓律师究竟存在哪些不尽职不尽责的行为?这些行为为什么属于无效辩护行为?

第十一章　强制措施

> 强制措施设置的基本原理在于,在绝对的剥夺自由(未决羁押)与绝对的释放(不采取任何强制措施)之间,应确立尽可能多的"中间状态",也就是层次不同的限制人身自由的强制措施,使其发挥替代羁押措施、降低羁押适用比率的作用,并针对羁押措施建立专门的司法控制体系。

11.1　强制措施的性质
11.2　强制措施的适用原则
11.3　西方国家强制措施制度的基本特征
11.4　非羁押性强制措施
11.5　羁押性强制措施(Ⅰ)——刑事拘留
11.6　羁押性强制措施(Ⅱ)——逮捕
11.7　强制措施的监督和救济
阅读案例材料之十一　王玉雷案件

11.1 强制措施的性质

强制措施是公安机关、检察机关、法院为保证刑事诉讼活动的顺利进行，对嫌疑人、被告人以及其他诉讼参与人所采取的暂时限制或者剥夺人身自由的强制性处分措施。强制措施具有以下六个方面的特征。

一是强制措施是国家专门机关依法采取的限制或者剥夺个人人身自由的措施，具有国家权力行使的专属性。根据我国《宪法》和《刑事诉讼法》，采取强制措施的权力应归由公安机关、检察机关和法院依法行使。这就意味着上述国家专门机关才是强制措施的专门适用者，其他国家机关无权采取强制措施，也不得以其他名义限制或者剥夺公民的人身自由。与此同时，即便是公安机关、检察机关和法院，也不能任意采取强制措施，而应在法律授权的范围内，分别对各项强制措施行使批准权、决定权或者执行权。

不仅如此，任何个人未经法律授权，都不得采取旨在限制或者剥夺人身自由的强制措施。公民个人发现嫌疑人正在实施犯罪或者犯罪后逃跑的，可以将其扭送国家专门机关。但是，这种扭送应在法定的必要限度内行使。否则，任何人对嫌疑人过度使用暴力，或者长时间采取剥夺人身自由的行为的，就可能构成非法拘禁行为，可能为此要承担相应的法律责任。

二是强制措施主要适用于犯罪嫌疑人、被告人，但在例外情况下也适用于证人、单位的诉讼代表人以及涉嫌实施危害社会行为的精神病人。在我国刑事诉讼中，法院在发出要求证人出庭作证的通知后，证人无正当理由拒不出庭的，可以对其采取强制到案的措施。这里所说的"强制到案"，也即是拘传措施。可见，我国的强制措施可以适用于证人。与此同时，在单位涉嫌犯罪的刑事案件中，单位委派的诉讼代表人，负有到案接受讯问和审讯的义务。对于应当到案而没有到案或拒绝到案的诉讼代表人，国家专门机关可以采取拘传等强制措施。此外，在精神病人强制医疗程序中，国家专门机关也可以根据案件情况，对处于受审查地位的精神病人采取保护性约束措施。这种保护性约束措施也属于带有限制或者剥夺人身自由性质的强制措施。

三是强制措施属于剥夺或者限制人身自由的强制性手段。按照对人身自由的实际影响，强制措施可以分为限制人身自由的强制措施与剥夺人身自由的强制措施。其中，拘传、取保候审、监视居住属于限制嫌疑人、被告人人身自由的强制措施，而刑事拘留、逮捕则属于剥夺嫌疑人、被告人人身自由的强制措施。对于前者,我们通常称之为非羁押性强制措施;而对于后者,我们则称之为羁押性强制措施。

四是对人身自由的限制和剥夺具有暂时性,不是终局的结论。与嫌疑人、被告人的诉讼角色相适应,国家专门机关所采取的强制措施是一种暂时性的强制性处分措施,主要适用于侦查机关立案以后和法院作出生效裁判之前的诉讼阶段。随着刑事诉讼的进程,任何专门机关只要发现嫌疑人、被告人不具备适用强制措施条件的,都应当及时解除强制措施,或者变更为更为轻缓的强制措施,如将刑事拘留、逮捕转为监视居住或者取保候审。

五是强制措施具有程序保障性。强制措施实施的目的在于保障嫌疑人、被告人及时到案,接受调查、起诉和审判,保障刑事诉讼的顺利进行。一方面,强制措施可以发挥强制嫌疑人、被告人到案的作用,以确保刑事诉讼活动的顺利进行,避免刑事诉讼程序的中断或者终止。另一方面,嫌疑人、被告人可能具有程度不同的人身危险性,如可能自杀、逃跑或者再犯新罪,也可能会实施妨碍刑事诉讼进行的行为,如威胁、恐吓证人,毁灭、伪造证据,或者发生串供等情况。为避免这些人身危险和妨碍诉讼行为的发生,有必要对嫌疑人、被告人采取一些限制或者剥夺人身自由的强制措施。

六是强制措施具有可补偿性和预支性。强制措施不具有惩罚性和终局性,国家专门机关无论是作出无罪决定,还是作出定罪判刑的裁决,都应当对被适用强制措施的人进行必要的经济补偿或者刑期折抵。例如,法院一旦作出生效的无罪判决,或者侦查机关、检察机关作出撤销案件、不起诉的决定,那些受到刑事拘留或者逮捕的人,可以申请国家赔偿。又如,假如法院对被告人作出生效的有罪判决,并判处了拘役、有期徒刑或者无期徒刑,那么,国家专门机关先期对被告人进行的刑事拘留、逮捕和未决羁押期限,可以折抵刑期,即一日未决羁押期间折抵监禁刑期一日;监视居住的期限,也可以折抵刑期,但两日监视居住期间,可以折抵监禁刑罚一日。不仅如此,在有些案件中,尽管法院作出了生效的有罪判决,但假如未决羁押的时间持续过长,甚至超过了生效判决所确定的刑期,那么,法院仍然应对折抵刑期后多出来的羁押期间,向被羁押人进行国家赔偿。

11.2 强制措施的适用原则

11.2.1 法律保留原则

法律保留原则是一项重要的法治准则,要求对于限制或者剥夺个人权益的国家行为,必须基于法律的明确授权;未经法律明确授权和允许,任何旨在剥夺、限制公民权益的官方行为都应当被禁止实施;即使实施,也应作出违法之宣告。根据这一原则,在刑事处罚、行政处罚等领域,都应奉行"法无明文规定不处罚"的基本理念,由此产生了"罪刑法定""行政处罚法定"等派生性原则。在刑事诉讼中,这一原则有两个派生原则:一是强制措施法定原则,二是强制性侦查措施法定原则。

根据强制措施法定原则,国家专门机关对个人人身自由所进行的限制或者剥夺,应当以法律明文授权为前提;未经法律授权,任何国家机关都不得实施旨在剥夺、限制公民人身自由的行为;超出法律明文的授权,任何限制、剥夺公民人身自由的行为都是违法的,也都是无效的。

11.2.2 成比例原则

所谓"比例性原则"(principle of proportionality,德语 Grundsatz der Verhältnismäßigkeit),又称为"成比例原则"或"相适应原则"。该原则不仅是一项旨在限制强制措施适用的诉讼原则,还是整个公法领域中的一项基本法律准则。根据德国《基本法》的规定,任何旨在限制公民基本权利的法律都必须寻求符合基本法的目标,并使用适当的、必要的手段,以便使对公民权利的干预被控制在尽可能小的范围之内。这一旨在对政府限制公民权利和自由的行为加以控制的"比例性原则",被视为现代公法学中的"帝王条款",其地位可与"诚实信用原则"在民法学中的地位相比拟。

就对未决羁押的实体限制而言,比例性原则的基本含义是未决羁押的适用及其期限应当与被指控的犯罪行为的严重性和可能科处的刑罚相适应,或者具有正比例关系。完整意义上的比例性原则还包含了三个层面的含义:一是妥当性原则,也就是未决羁押的实施必须以达到法定目的为限度,而离开了法定的目的,未决羁押就可能受到滥用。二是必要性原则,也就是在所有能够达到法定目的的强制手段中,必须选择其中会使人的权利、自由受到最少侵害的方法,从而使未决羁押成为不得已而适用的最后手段。如果说妥当性原则所追求的主要是合目的性的话,那么必要性原则则强调对羁押与非羁押措施进行取舍时,应以羁押为例外。三是狭义上的"成比例原则",要求未决羁押的适用幅度与其所要达到的法定目的处于平衡状态。换言之,确保未决羁押这一强制手段与强制的目的之间形成对称关系。

11.2.3 自由推定原则

根据无罪推定原则,嫌疑人、被告人在法院作出生效判决之前应被推定为无罪的人。据此,在强制措施的适用方面,应奉行自由推定原则,也就是嫌疑人、被告人的人身自由是天赋人权,应当推定嫌疑人、被告人享有人身自由。国家追诉机关要剥夺或者限制其人身自由,需要承担举证责任,证明唯有采取某种强制措施才能防止嫌疑人、被告人实施妨碍刑事诉讼的行为,并且要将这一点证明到法定的证明标准。

根据自由推定原则,对嫌疑人、被告人不适用强制措施应成为一般情况,对其人身自由的限制或者剥夺则应成为例外。对嫌疑人、被告人采取强制措施应当具备法定的理由。在法定理由消失后,对其人身自由的限制或者剥夺应当立即解除,使其恢复原来的自由状态。

这是因为,根据现代法治原则,无论刑事诉讼所涉及的公共利益有多么重要,都不能将那些受到刑事追诉的公民仅仅视为国家惩治犯罪的工具和手段。尽管对于那些涉嫌犯罪的公民,国家不得不采取一些必要的强制措施,使其人身自由、财产权利受到暂时的限制,但这些措施的采取不应出于惩罚的目的,而应服务于保障刑事诉讼顺利进行的需要。为此,就要将刑事诉讼中的强制措施定位于程序保障方面,使得羁押被限制在最必要的限度内。

11.2.4 司法审查原则

司法审查又称为"令状主义",是指只有经过司法机关发布的司法许可令状,刑事追诉机关才能采取那些旨在剥夺或者限制公民人身自由的行动。根据这一原则,强制措施的决定权与执行权应当由两个不同专门机关分别行使,对于被采取强制措施的人应建立基本的司法救济机制。

在我国,司法审查原则在检察机关的审查逮捕制度中得到一定程度的体现。未经检察机关的审查和批准,侦查机关无权决定采取逮捕措施。自1996年以来,检察机关批准逮捕程序发生了一些变化,刑事诉讼法强化了检察机关对逮捕的司法审查。例如,辩护律师也介入审查批捕程序之中,向检察官发表辩护意见;一些地方开始试验"逮捕听证制度",由检察官主持,侦查人员和辩护律师到场,就逮捕的合法性和必要性听取意见。

当然,检察机关作为国家公诉机关,在审查逮捕方面并不具有中立性,这种针对逮捕的司法审查机制仍然是有局限性的。而在其他强制措施的授权实施方面,我国刑事诉讼法就连形式上的司法审查原则都没有确立。无论是公安机关还是检察机关,都可以对嫌疑人自行决定采取拘传、取保候审、监视居住和刑事拘留等强制措施。而对于被羁押的嫌疑人、被告人,刑事诉讼法尽管确立了羁押必要性的审查程序,但这种审查仍然要由检察机关主持进行。不仅如此,嫌疑人、被告人申请解除强制措施,或者申请变更强制措施的,无法获得一种由中立司法机关主持的司法救济。可以说,在强制措施适用司法审查和司法救济方面,我国刑事诉讼制度具有进一步改革的必要。

11.3 西方国家强制措施制度的基本特征

11.3.1 强制措施的体系

在西方国家,刑事强制措施通常是一种由羁押措施与非羁押措施组合而成的法律体系。其中,英美法系国家确立了一种较为简单的"羁押—保释体系",大陆法系国家则确立了多元化的强制措施体系。

11.3.1.1 英美法中的羁押—保释体系

在英国,强制措施制度通常是由逮捕、羁押和保释所构成的体系。在警察实施逮捕后,嫌疑人应被送交中立司法机关面前,后者举行司法审查,作出是否采取羁押措施或者取保释放的决定。原则上,羁押属于强制措施适用的例外。通过适当放宽保释的适用范围,严格羁押的条件,完善申请保释的程序,使得未决羁押被严格限制在那些涉嫌实施严重犯罪、曾经有脱保行为以及具有严重人身危险性的嫌疑人。

在美国,获得保释是被告人的一项基本权利。根据对抗式诉讼的理念,被告人应拥有与国家追诉机构进行平等抗争的机会,而只有获得人身自由,被告人才可以充分地进行防御准备。同时,根据无罪推定的要求,被告人在法院作出终审裁判之前一律被推定为无罪的公民,因此不仅不能像罪犯那样遭受长期羁押,而且应享有与国家追诉机构进行对抗的权利。

原则上,一个被告人被指控的犯罪只要没有达到适用死刑的程度,就可以在逮捕后直至终审裁判宣告之前,向法院申请保释。保释不仅适用于逮捕后和法庭审判之前,而且适用于定罪后的申请司法令状阶段。对于那些具备保释条件的被告人,法院要确定一个适当的保证金数额。为防止过度收缴保证金,美国联邦最高法院曾通过判例确立了这样一个理念:适用保释的目的在于确保被告人按时出庭应诉,并在法庭定罪后按时服刑。如果保证金的数额明显高于这一目的所要求的金额,保释就应被视为"过度的"(excessive)。

这样,通过适用保释和其他审前释放程序,未决羁押就被限制在必要的范围内。一般而言,在被警察起诉到法院的案件中,大约四分之三的嫌疑人(轻微的交通肇事者除外)受到逮捕,其余的嫌疑人都是以传票的形式出庭应诉的。这些被捕的嫌疑人中的大多数在警察局、第一次出庭时或者随后的阶段被以保释或附条件(recognizance)的方式予以释放。只有大约10%的嫌疑人在逮捕后一直被关押到法院生效裁判产生之时。当然,在那些严重犯罪案件中,被捕后一直处于羁押状态的被告人的比例是比较高的。

11.3.1.2　大陆法中的多元化强制措施体系

大陆法国家除了将逮捕和羁押设立为强制措施以外,还确立了多种非羁押性强制措施。这些非羁押性强制措施程度不同地限制了嫌疑人、被告人的人身自由,但又没有达到完全剥夺人身自由的程度。之所以要设置如此多的非羁押性强制措施,主要意图是在完全剥夺自由与完全释放之间,设置尽可能多的中间状态,使得司法官员可以在各种非羁押性强制措施之间有较大的选择余地,从而尽量减少未决羁押措施的适用。因此,这些非羁押性强制措施具有替代羁押的程序功能。

在意大利,对于包括未决羁押在内的所有强制措施,司法机关只能对那些可能被判处3年有期徒刑以上刑罚的被告人适用。除未决羁押以外,意大利法律还确立了其他针对人身自由的强制措施,包括禁止出国、向司法机关报到、居住禁止、住地逮捕、羁押以及在治疗场所的羁押等。法官在将这些强制措施与未决羁押进行选择适用时,必须考虑两个因素:一是需要满足的预防要求;二是强制措施本身的性质和强制程度。同时,应当贯彻以未决羁押为例外的原则,也就是只有在其他强制措施无法发挥效力或不宜采用时,才能实施未决羁押。根据这一原则,对于一些法定的特殊嫌疑人,除了存在严重的防范需要以外,一般不得适用未决羁押。另外,在未决羁押采取一段时间后,法官发现没有必要继续采取,或者羁押的法定期限已经临近的,可以将未决羁押变更为其他非羁押性强制措施。

法国的强制措施分为未决羁押和司法管制两大类型。建立司法管制制度的主要目的,在于保证嫌疑人获得"与查明事实真相以及维护公共秩序之要求相适应的最大限度的自由"。因为,接受司法管制的人并没有受到羁押,而"仅仅是在行动与社会生活方面受到某些限制,并且法院要审查其是否真正遵守了强制规定其履行的义务"。

法国的司法管制可分为以下七类措施:(1)限制行动自由的措施,如禁止离开指定的区域,不得离开指定的住所,不得前往某些处所或者只能前往某些指定的处所等;(2)要求嫌疑人向指定的机构进行定期报到;(3)限制嫌疑人的某些法律资格,如收缴其合法的证件,禁止其驾驶机动车,禁止其从事某项职业活动或社会活动,禁止其签发支票,禁止其保存或携带武器等;(4)禁止嫌疑人与指定的某些人进行交往、联系、会见;(5)要求提交保证金,以作为释放的附加条件;(6)要求嫌疑人服从某些医疗检验、治疗,尤其是戒毒治疗;(7)要求提供经济上的预付费用,以便使被害人的经济利益得到及时补偿。需要指出的是,财产保释作为司法管制的一种,可以与其他司法管制措施共同适用。对于保证金的数额和保证的持续期限,预审法官可以根据嫌疑人的收入情况和案件的严重程度自行加以确定。保证金除了确保嫌疑人随时出席诉讼活动并履行与司法管制相关的义务以外,还有助于在法院定罪裁判生效后,确保犯罪人支付罚金,并赔偿民事当事人的经济损失。预审法官强制嫌疑人交纳保证金的裁定还要具体说明分别用于这两部分保证的款项数额。

11.3.2 逮捕与羁押的程序分离

在西方国家,逮捕和羁押是两种独立的强制措施。原则上,逮捕不过是一种强制嫌疑人到案的强制措施,它只会带来较短时间的人身自由剥夺。逮捕既可以由司法官员授权实施,也可以由司法警察、检察官自行决定采取。甚至在法定情形下,对那些正在实施犯罪行为的现行犯,普通公民将其强行押送警察机构的行为也被视为"逮捕"。但是,不论逮捕的实际授权者是谁,在逮捕所带来的短暂羁押期限结束后,警察或检察官必须毫不迟延地将嫌疑人送交司法官员面前,后者对羁押理由进行审查,并作出是否羁押的决定。这样,除了那些由法官未经逮捕而直接授权实施羁押的情况以外,逮捕与羁押通常构成两个相互独立的程序。

11.3.2.1 逮捕前置主义

尽管逮捕通常只会带来较短时间的人身监禁,但西方各国还是对其实施了一定的控制。例如在英国、美国,逮捕分有证逮捕(arrest with a warrant)与无证逮捕(arrest without warrant)两种。前者要由法官经审查后加以授权实施,后者则由警察或普通民众直接实施。在德国,逮捕分为法官授权实施的逮捕与检察官、警察实施的"暂时逮捕"两种,前者实际是在法官发布羁押命令之后进行的逮捕,后者则是由检察官和警察自行采取的逮捕。在意大利,司法警察拥有对现行犯的直接逮捕权,检察官则对现行犯以外的其他嫌疑人拥有逮捕决定权。在日本,逮捕分"通常逮捕""紧急逮捕"和"现行犯的逮捕"三种。其中前一种逮捕要由警察、检察官提出申请,法官经审查后作出是否批准的决定。

大体上看,西方各国只对那些较为正式的逮捕才适用司法审查模式,而在大量情况紧急下(如对现行犯),则广泛地采取无证逮捕的模式。当然,警察、检察官在自行决定并实施逮捕后,必须尽快将被捕者提交司法官员进行审查。但这种审查是在逮捕后实施的,所要解决的则是羁押的合法性与必要性的问题。当然,在几乎所有大陆法国家,警察逮捕后应尽快(一般在48小时以内)将嫌疑人提交给检察官。后者对逮捕的合法性要进行事后审查,然后尽快(一般在48或24小时以内)将那些符合羁押条件的嫌疑人移交法官审查。

西方国家针对逮捕实施的司法审查属于一种事前审查。也就是由法官对警察、检察官提出的逮捕申请进行合法性和必要性方面的审查,对于合乎逮捕条件的,签发逮捕的许可令状;对于不符合逮捕条件的,则不批准逮捕。这一点无论是在英国、美国的"有证逮捕",还是在日本的"通常逮捕"上都有所体现。但是,德国的正式逮捕是一个例外。因为这种所谓的"法官授权实施的逮捕",不过是警察、检察官对法官羁押命令的执行活动而已,这里直接存在着未决羁押的审查活动,而没有专门针对逮捕的司法审查。而在意大利法律中,针对逮捕的司法审查并不存在,几乎所有逮捕都是由警察、检察官自行决定、自行实施的。

11.3.2.2 正式羁押的司法审查

在西方国家,逮捕后的正式羁押需要经过司法机构的审查和授权,才具有正当性和合法性。尽管各国的制度设计不尽相同,但大体上都确立了以下典型模式:警察、检察官实施逮捕之后,必须在尽可能短的时间内将嫌疑人提交给司法官员;后者经过听证或者讯问,听取被逮捕人、辩护人、警察、检察官等的意见,就羁押的理由和必要性进行审查,然后就是否羁押以及羁押的期限作出明确的裁决。

根据英国法律,警察将嫌疑人逮捕后自行决定的羁押期限不得超过36小时。羁押满36小时后,警察如果认为还有必要对嫌疑人继续进行羁押的,必须向治安法院申请签发"进一步羁押的令状"(a warrant of further detention)。

对此申请,治安法院一般要举行专门的听证程序。这种听审由两名以上治安法官主持,并采取秘密的方式。届时,警察与嫌疑人作为控辩双方参与听审的过程,并发表意见,进行辩论。为保证嫌疑人享有充分的辩护权,嫌疑人有权获得治安法院指定的事务律师的免费法律帮助。在听取警察、嫌疑人及其辩护律师的意见和辩论后,治安法官作出批准或者不批准延长羁押期限的裁决。在此期间,警察可以反复提出类似的申请,治安法院应对此作出审查,并决定需要延长的羁押期限。但在警察提出起诉之前,羁押期限最长不得超过 96 小时。

在美国,警察对于被逮捕的嫌疑人,必须立即将其解送到最近的联邦治安法官或者州地方法官处。届时警察将提出起诉,并说明构成逮捕所必需的"合理根据"。联邦治安法官或者州地方法官将传嫌疑人出庭。这种出庭由于是嫌疑人第一次与法官进行的接触,因此通常被称为"第一次出庭"(the first appearance)。在听审过程中,法官将告知被告人被起诉的罪名,告知其所享有的诉讼权利,同时要作出是否将被告人保释的决定。对于轻罪案件,被告人在法庭上将被要求作出有罪答辩或者无罪答辩;对于重罪案件,初次出庭结束后,法官要在尽可能短的时间内安排预审。一般情况下,被告人委托或被指定的辩护律师须参与听审,警察方也有代表出席,双方可以就是否羁押、应否保释等问题进行辩论。

与英国、美国不同,德国法中有一种法官先行签发羁押命令的制度。对那些具备法定羁押理由的嫌疑人,经检察官申请,侦查法官可以不经过逮捕程序而直接签发书面的羁押命令。但在通常情况下,警察在执行逮捕后,必须毫不迟延地将被捕的嫌疑人提交给法官。这种提交嫌疑人的行为最迟不得超过逮捕后的第二天结束之时。由于客观原因无法向逮捕地的法官提交的,警察也可以向最近的地方法院法官提交嫌疑人,最迟不得超过逮捕后的第二天。对于被提交的嫌疑人,法官应当毫不迟延地进行讯问,至迟不得超过提交后的第二天。讯问时,法官须告知嫌疑人有关的诉讼权利,给予嫌疑人提出辩解的机会,并且就是否继续羁押问题作出决定。一般说来,法官经过审查,发现羁押的理由仍然存在的,会继续维持羁押命令,但要告知嫌疑人提起抗告或其他法律救济的权利。相反,如果发现羁押无正当理由或者羁押的理由已经变得不复存在的,法官会立即撤销羁押命令,将嫌疑人予以释放。

根据意大利法律的要求,警察逮捕嫌疑人后必须尽快将其提交给检察官。检察官对嫌疑人经过讯问和审查,认为符合逮捕条件的,要在逮捕后的

24 小时以内,将嫌疑人提交给有管辖权的预审法官。后者在随后的 48 小时以内,必须以裁定的形式决定是否认可逮捕,或者将其释放。为确定是否需要采取强制措施,预审法官必须通过听审的方式进行审查。届时,检察官与嫌疑人及其辩护人有权到场;检察官须说明逮捕的理由,并就限制嫌疑人的人身自由问题提出要求。然后,预审法官必须听取嫌疑人及其辩护人的意见。对于合法的逮捕,法官要以裁定的方式加以认可;对于符合法定条件的嫌疑人,可以采取包括未决羁押在内的强制措施;对于不符合采取强制措施条件的嫌疑人,则立即予以释放。

11.3.2.3 独立的羁押理由

为避免未决羁押的滥用,西方国家对法官适用羁押的理由限定为两个方面:一是为提供程序保障所必要,二是为防止发生新的危害社会行为所必需。无论是在初次适用羁押措施,还是在延长羁押措施方面,法官都要根据案件是否具备上述两项理由,来作出是否羁押或者延长羁押的决定。

一般情况下,未决羁押的适用应当具有程序保障的目的。具体来说,这种目的可以体现在三个方面:一是确保被告人及时到场或到庭;二是保证侦查机构顺利地收集犯罪证据,调查事实真相,从而为起诉做准备;三是为将来可能进行的刑罚执行活动提供必要的保证。为达到这些程序上的目的,西方各国在法律中对羁押的理由作出了明确的限定。

预防社会危险性是另一项独立的羁押理由。构成这一羁押理由的根据,通常在于被告人有可能再犯新罪,继续危害证人、被害人,或者对整个社会具有极为严重的危险性。对于这一理由的正当性,西方各国法律界都产生过激烈的争论。赞成者主要基于实用的考虑,强调这一羁押理由对于"防卫社会""维护公共利益"甚至"保障公共安全"的重要意义。而反对者则站在法治国的角度,认为这种预防性措施实质上是对那些尚未被证明有罪的嫌疑人预先进行自由之剥夺,带有一定的"预期惩罚"的意义,因而违背了法治国的基本原则,也不符合无罪推定的基本精神。尽管存在这样的一些争论,这种羁押理由还是在各国司法实践中大行其道。当然,一些国家也通过立法或司法判例,对这类羁押理由的适用作出了一些限制,使其在所有羁押理由中所占的比重大大降低。

11.3.3 羁押期限与办案期限的分离

为避免羁押期限完全服从于刑事追诉活动的需要,西方各国一般将羁押期限与诉讼期限严格地加以分离。一般情况下,西方国家很少对刑事诉讼期限作出明确的法律限制,但大都对未决羁押的期限作出了严格限定。在这一方面,英美法国家主要是通过司法审查机制来限制羁押期限,大陆法国家则通过设立最高羁押期限来实现对羁押期限的控制。

11.3.3.1 英美法国家的羁押期限

在美国,法官对刑事被告人作出羁押命令后,对于羁押期限可以根据正当程序原则加以自由裁量。不过,由于保释措施的适用率较高,未决羁押率相对较低,而未决羁押又主要适用于一些重案犯(如可能被判处死刑的被告人)、有过脱保记录的人以及有严重社会危险性的人等,因此未决羁押期限的延长并没有成为严重的法律问题。一般情况下,相对于被告人获得保释的案件而言,被告人在押案件的结案周期要快一些。

而在英国,羁押期限可分为警察起诉前的羁押期限和起诉后的羁押期限两种情况。一般情况下,嫌疑人被逮捕后羁押期限超过24小时的,警察必须将其释放,或者向治安法院提出起诉。但是,如果嫌疑人涉嫌犯有至少一项"严重的可捕罪"的,警察局长还可以决定将羁押期限延长12小时。警察羁押满36小时后,如果认为还有必要对嫌疑人继续进行羁押的,必须向治安法院申请签发"进一步羁押的令状"。对此申请,治安法院一般要举行专门的听证程序,在听取警察、嫌疑人及其辩护律师的意见和辩论后,作出批准或者不批准延长羁押期限的裁决。在此期间,警察可以反复提出类似的申请。但是,嫌疑人在起诉前被警察羁押的最长时间为96小时。

在警察提出起诉后,治安法院举行第一次听审,大多数被告人都有机会获得保释。但是,对于那些不符合保释条件的被告人,法院也会作出继续羁押的裁决,并确定羁押的期限。例如,从在治安法院第一次出庭到移送起诉程序为止,羁押期限为70日;从第一次出庭到简易审判时为止,羁押期限为70日;从移送起诉到刑事法院审判时为止,羁押期限为112日。上述有关羁押期限的规定一旦被违反,被告人将立即获得保释。

11.3.3.2 大陆法国家的最高羁押期限制度

根据德国法律,刑事诉讼中的未决羁押一般不得超过6个月。在此期限届满之后,如果法院认为有必要或者检察机构申请继续羁押的,有关延长羁押期限的问题应提交州高等法院裁决。州高等法院必须听取被告人、辩护人的意见,一般还要就此举行专门的言辞听审程序,允许被告人、辩护人与检察官进行辩论。从实体方面来看,州高等法院要作出延长羁押期限的裁决,还必须满足特殊的理由,如案件存在特别的侦查困难,侦查具有特殊性或者由于其他重要的原因,使得判决无法作出,而对被告人继续羁押对于解决这些问题是必需的。如果州高等法院决定对被告人延长羁押期限,那么必须至迟在3个月内就羁押的合法性重复举行司法复审。对于那些以"再犯之虞"为由而实施的羁押,德国法明确将羁押的期限限定为1年。但对于以其他理由实施的羁押,德国法并没有确定最高的羁押期限。不过,一旦羁押期限超过1年,羁押期限的延长必须由州高等法院甚至德国联邦最高法院通过言辞听审的方式作出裁决。从近年来的发展趋势来看,羁押期限延长到1年以上的案件越来越少。

意大利法律对羁押期限确定了另一种法律控制模式。首先,意大利法律也对各个诉讼阶段的最高羁押期限作出了明确限定。例如,在预审法官作出移送审判决定,或者按照简易程序作出判决之前,对被告人的最高羁押期限为1年;在一审法院受理后和判决前,最高羁押期限为1年;在一审判决后和上诉审判决宣告之前,最高羁押期限为1年;在上诉审判决后和终审有罪判决宣告之前,最高羁押期限为1年。其次,意大利法律根据被告人可能被判处的刑罚的不同,分别确定了不同的最高羁押期限。例如,在预审法官移送审判之前,被告人可能被判处6年以下有期徒刑的,最高羁押期限为3个月;可能被判处20年以下有期徒刑的,最高羁押期限为6个月;可能判处无期徒刑或者20年以上有期徒刑的,最高羁押期限为1年。在其他诉讼阶段,被告人可能被判处6年有期徒刑的,最高羁押期限都是6个月;可能被判处无期徒刑或者6年以上有期徒刑的,最高羁押期限都是1年。再次,对于"最高羁押期限"的延长,意大利法律也作出了明确的限定。一般情况下,延长"最高羁押期限",必须存在法定的正当理由,并由检察官向法官提出延长的申请,法官必须举行由控辩双方同时参加的听审,才能作出决定。对"最高羁押期限"的延长幅度,意大利法律作出了两项限制:一是延长的羁押期限最长不得超过一个案件最高羁押期限的一半;二是终审判决作出之前的羁押期限,不得超过刑法为有关犯罪确定的最高刑期的2/3。如果最高刑期为无期徒刑的,这一最高刑期相当于刑法确定的最高有期徒刑的刑期。

法国法律对预审阶段的羁押期限,按照指控罪行的轻重程度,分别确定了不同的幅度。在轻罪案件中,羁押一般不得超过4个月。预审法官可以附理由的命令,将此期限予以延长,但延长不得超过4个月。但如果被告人涉嫌犯有较为重大的犯罪,并符合法定的条件的,羁押期限可以延长到1年。预审法官在期限届满时,还可以附理由的命令,宣布不超过4个月的延长,且这种延长还可以反复进行。不过,如果被告人可能被判处5年以下有期徒刑的,羁押期限最长为2年。而在重罪案件中,被告人的羁押期限不得超过1年。预审法官可以在期限届满时将其延长,但延长的期限不得超过1年。

11.3.4 强制措施的司法救济

无救济则无权利。在嫌疑人、被告人受到非法的、无理的或不必要的未决羁押时,究竟应获得怎样的司法救济?对此,英美法国家确立了两种司法救济方式:一是申请保释;二是申请人身保护令。大陆法国家则主要通过司法复审方式来实施司法救济。当然,这种司法复审的实施有两种途径:一是被羁押者提出申请,法院对申请进行审查;二是法院依据职权主动进行审查。

11.3.4.1 英美法中的司法救济

英美法为被羁押者提供的第一种司法救济是申请保释。例如在英国,保释是指将被羁押者附条件地释放的制度。原则上,被告人自治安法院第一次听审开始,直到法院对被告人作出判决时为止,都有申请保释的权利。非有法定事由,法院不得拒绝被告人的保释申请。一般而言,被告人如果可能被判处监禁刑以外的轻微刑罚的,法院一般不会拒绝其保释申请。相反,如果被告人可能被判处监禁刑的,法院只有在法定情况下才能拒绝保释申请。一般的听审程序是:法官询问辩护人是否申请保释,检控方是否反对保释。然后,由控辩双方就应否批准保释问题进行相互辩论。在听取了控辩双方的意见后,治安法官会宣布是否同意保释的裁决。法院如果拒绝保释申请,必须陈述理由,还要将这些理由载入书面案卷之中。

对于法院所作的拒绝保释申请的裁决,被羁押者还可以向上级法院提出上诉。负责受理上诉的法院一般要举行专门的听审,就被羁押者是否具备保释的理由,听取控辩双方的陈述和辩论,然后作出是否批准保释的裁决。例如在美国,对于法院拒绝保释、收缴过度保证金或者为审前释放附加其他条件的决定,被告人都可以向州上诉法院或者联邦上诉法院提出上诉。在英国,如果治安法院拒绝了有关保释的申请,或者附加了不适当的保释条件,被告人可以直接向高等法院或刑事法院提出上诉。一般说来,刑事法院受理的上诉只局限于那些被治安法院拒绝的保释申请,而高等法院则可以对治安法院附加的保释条件作出改变。

英美法为被羁押者提供的第二种司法救济方式是申请人身保护令(writ of *habeas corpus*)。这种制度最早产生于英国,被用来确保那些被监狱、医院甚至私人监禁机构非法羁押的人及时获得自由。拉丁文 *habeas corpus* 的意思是"你必须(将被羁押者)全身带来"(You must have the body)。作为一种司法令状,人身保护令是向那些非法羁押他人者发出的命令,也就是必须在规定的时间将被羁押者带到法庭面前。这一令状早期曾由英国国王亲自签发,但后来签发权逐渐成为法院的权力。1679年,英国议会颁布了《人身保护法》(the *Habeas Corpus* Act 1679),允许那些因受到刑事指控而被长期羁押的人直接向法官申请人身保护令,从而获得保释。根据这一法律,那些依人身保护令而被释放者不得被以同一理由再次予以逮捕或者羁押。

英国目前只有高等法院王座庭有权发布人身保护令。作为特别救济手段,申请人身保护令并不是一种上诉,而只是一种获得司法审查的手段。从其最初目的来看,人身保护令旨在强制执法机构将被羁押者带到法官面前,并向法官说明剥夺该人人身自由的理由。如果法官发现羁押是不适当的,就可以发布人身保护令,命令释放被羁押者。对于这一司法令状的要求,任何警察机构、行政机构或者下级法院,都必须服从,被羁押者应立即获得释放。由此,申请人身保护令实际成为嫌疑人、被告人甚至罪犯获得人身自由的最后、也最为重要的权利救济途径之一。

在美国,获得"人身保护令"的权利被视为"最重要的人权",是"对个人自由的最好的和充分的保障"。[①] 建立"人身保护令"制度的目的在于,为那些被非法剥夺人身自由的人提供一种获得快捷的司法审查的机会,从而在最大程度上防止被告人的人身自由受到非法的剥夺。根据美国的司法实践,任何受到羁押的人如能证明这一羁押违反宪法,都可以向法院申请发布"人身保护令";获得这一司法令状的人应立即释放,即使检控方对这一令状的发布提出了上诉。

"人身保护令"既适用于对未决羁押的审查,也可以被用来解除那些被定罪者的羁押状态。不过,在联邦司法系统,"人身保护令"只能用来审查那些拒绝保释的裁决,而一般不被用来审查保证金过度与否的问题。这类问题的救济方式通常是由申请人直接向联邦上诉法院提出上诉,以便使保释的条件受到司法审查。相反,在各州司法系统,"人身保护令"则既适用于法院拒绝

[①] See Christopher Osakwe, "The Bill of Rights for the Criminal Defendant in American Law", in *Human Rights in Criminal Procedure*, edited by Andrews, J. A., Martinus Nijhoff Publishers, 1982, p.293.

保释的决定,也适用于收缴过度保证金的裁决。① 需要注意的是,对于"人身保护令"的申请,任何成文法都不得从时效等方面施加限制。

11.3.4.2 大陆法中的司法救济

大陆法为被羁押者提供的司法救济主要是申请司法复审制度。通常情况下,被羁押者及其辩护人可以在刑事诉讼中向原作出羁押决定的法官提出复查的申请。如果羁押决定仍然被维持,被羁押者还可以向上级法院提出上诉。这一上诉甚至可以向最高法院提出。法院针对被羁押者的申请和上诉,一旦启动庭审活动,其他审判程序一律中止进行。

在法国,被羁押的嫌疑人、被告人在审判前阶段有权请求预审法官予以释放。对于预审法官在法定期限内拒绝作出决定,或者作出羁押或者延长羁押期限的决定的,被告人有权直接向上诉法院提起上诉。

而在案件进入法庭审判程序后,任何受到轻罪或重罪指控的被告人,仍有权提出释放的请求。负责审判的法院有权决定是否解除羁押措施。但在重罪法院受理案件之后,以及针对重罪法院判决的上诉提出后,羁押问题一律由上诉法院作出决定。

在意大利,被羁押者对法官作出的羁押决定,有权要求法院对该决定的合法性进行复查。负责复查的法院应在控辩双方参与下举行不公开的听审,在听取各方意见后作出裁决。被羁押者还可以向决定羁押法院的上一级法院提出"普通上诉"。对于法院经过复查和上诉审查后所作的裁决,被羁押者及其辩护人还可以向意大利最高法院提出"特别上诉"。最高法院将就羁押中的法律适用问题举行由控辩双方同时参加的不公开听审。当然,被羁押者及其辩护人也可以不经过复查和普通上诉,而直接向最高法院提出这种"特别上诉"。

在德国,被羁押者可以通过两种途径申请司法救济:一是提出抗告;二是申请司法复审。对于侦查法官所作的羁押决定,被羁押者可以向法院提出专门的抗告。一般情况下,受理羁押抗告申请的是州法院刑事审判庭。如果羁押命令是由州高等法院的侦查法官签发的,抗告法院则为州高等法院。不服州法院、州高等法院对抗告的裁决,被羁押者还可以分别向州高等法院、联邦最高法院提出再抗告。受理抗告申请的法院一般不举行言辞审理,而是在听

---

① See Christopher Osakwe, "The Bill of Rights for the Criminal Defendant in American Law", in *Human Rights in Criminal Procedure*, edited by Andrews, J. A., Martinus Nijhoff Publishers, 1982, p.272.

取公诉方意见的基础上作出裁决。但依据被羁押者的申请或者依据法院的职权,抗告审查也可以采取言辞复审的形式。

德国法律为被羁押者提供的更为重要的救济方式是司法复审制度。根据这一制度,被羁押者在诉讼中有权随时申请法院撤销羁押命令,或者申请延期执行羁押命令。起诉前的司法复审由作出羁押命令的法官负责进行,起诉后的司法复审则由负责审理案件的法院负责进行。对于司法复审的申请,法院一般有两种审查方式:一为书面复审,二为言辞复审。进行言辞复审时,法院必须通知检察官、被羁押者和辩护人同时到庭。被羁押者没有辩护人的,法院必须为其指定一名律师,充任辩护人。对于羁押的合法性问题,法院必须听取控辩双方的意见,必要时还可以传唤证人,调查证据。言辞听审结束时必须宣布裁判结论。不能当庭宣判的,必须在听审后7天之内作出裁判。

对于法院通过司法复审所作的裁决,被羁押者不服的,可以申请州高等法院举行进一步的司法复审。当然,被羁押者如果能证明羁押违反了德国《基本法》,还可以将案件提交联邦宪法法院,后者将从合宪性的角度对羁押的合法性作出专门的司法听审。

司法复审除了可以由被羁押者通过申请而发动以外,还可以由法院依据职权主动发动,这明显地体现了大陆诉讼程序的职权主义特点。下面以德国为例,对此作一简要分析。

根据德国法律,嫌疑人、被告人在被连续羁押满3个月以后,如果既没有就羁押问题提出抗告,也没有提出司法复审申请,并且没有辩护人帮助的,法院必须依职权就羁押的合法性进行一次司法复审。而对那些被连续羁押满6个月以上的嫌疑人、被告人,如果法院认为有必要继续羁押,或者检察机构要求继续羁押的,那么,管辖该案件的法院应通过检察机构将案卷移送州高等法院作出决定。州高等法院在作出是否继续羁押的决定之前,必须以言辞听审的方式,就羁押的合法性举行特别复审。另外,对于州高等法院决定继续羁押的被告人,在管辖该案件的法院作出判决以前,有关的司法复审均由州高等法院负责进行,而且这种进一步的司法复审必须每隔3个月自动进行一次。

11.3.5　辩护律师在强制措施适用中的作用

在英国,嫌疑人被逮捕后,驻守警察局羁押场所的羁押官要以书面的方式告知其诉讼权利:在任何时间与一名事务律师进行秘密的会晤,以便获得后者的法律帮助；嫌疑人如果无力聘请律师，可以接受由政府提供的法律援助。目前，英国已经建立了一种由事务律师24小时值班的"当值律师计划"，贫穷的嫌疑人只要不放弃获得律师法律帮助的权利，就可以获得政府提供的事务律师的免费辩护。具体而言，警察机构在嫌疑人被捕后24小时以内，必须为其提供一名事务律师，并安排他们进行秘密会面或者联络。即使在特殊情况下，这一时间也不得超过36小时。

律师接受委托或者被指定为辩护人后，一般会尽快会见嫌疑人，查阅羁押官员制作的羁押记录；在警察进行讯问时，羁押官员有权随时到场。在嫌疑人处于被羁押的状态下，包括申请保释、参加治安法官听审、对保释问题提起上诉，甚至向高等法院申请"人身保护令"，都是由辩护律师代为进行的。辩护律师还要参与所有与未决羁押有关的庭审活动。

当然，在上诉法院、高等法院甚至最高法院就羁押所涉及的法律问题举行听审时，被羁押者通常不能亲自参与，而需要由其委托的辩护律师代其进行陈述和作出辩论。如果被羁押者无力委托辩护律师，有关法院将为其指定出庭律师。不过，英国的法律援助不适用于向高等法院申请保释这一程序环节。

在美国，被逮捕的嫌疑人有权随时委任辩护律师。根据美国联邦最高法院于20世纪60年代确立的"米兰达规则"，警察在逮捕嫌疑人时必须向他发出"警告"，其中就包括告知被捕者拥有沉默权，有权委托律师，并在无力委托律师时有权获得政府提供的免费的律师帮助。这些诉讼权利在警察每次讯问或者法官举行的"初次聆讯"中还要再次告知。目前，几乎所有受到重罪指控或者受到轻罪指控但可能被判处监禁刑的嫌疑人，如果无力委托辩护人，都可以获得政府提供的法律援助。通常，法官会在初次聆讯阶段为那些没有律师帮助的嫌疑人指定一名辩护律师。

辩护律师有权参与一系列与未决羁押有关的诉讼活动。他们有权与在押的嫌疑人进行秘密的会面和通讯；嫌疑人要求会见律师的，警察只能在律师到场后才能进行讯问；在警察讯问过程中，律师有权始终到场参与；在法官主持的初次聆讯中，律师有权与嫌疑人一起参与，并向法官申请保释；对于法官作出的拒绝保释或者收缴保证金的决定，辩护律师还可以代嫌疑人、被告人进行上诉，甚至向上级法院提起人身保护令的申请。

根据德国法律，嫌疑人、被告人在诉讼的任何阶段均可以委托辩护人。无论是警察、检察官还是法官，在对嫌疑人作第一次讯问之前，必须告知其有权委托辩护人。在第一次讯问前后,嫌疑人有权与其委托的辩护人进行商议。在整个诉讼过程中,辩护人都可以参与一些与未决羁押有关的诉讼活动。辩护人还可以就羁押决定向法院提出抗告,为那些受到羁押或者被延长羁押期限的嫌疑人申请司法复审;直接参与法院就羁押问题举行的言辞听审,向法庭发表意见;等等。

德国法律对审判阶段的指定辩护作出了较为充分的保障,但对于审判前阶段的法律援助则作出了限制。一般情况下,这一阶段的法律援助主要在两种场合下适用:一是嫌疑人被羁押满 3 个月,并且没有辩护人帮助的,经检察官、嫌疑人或其法定代理人提出申请,法院必须为他指定一名律师,充当未决羁押期间的辩护人。二是在法院就羁押问题举行言辞复审时,如果被告人因法定事由无法亲自前往法院参与听审程序,复审中必须有辩护人到场参与。如果被告人没有委托辩护人,法院应当指定一名律师为其提供法律帮助。

11.4 非羁押性强制措施

11.4.1 非羁押性强制措施的性质和功能

我国刑事诉讼法确立了五种法定的强制措施,按照对人身自由的影响程度从低到高的顺序,可分为拘传、取保候审、监视居住、拘留和逮捕。其中,拘留和逮捕属于羁押性强制措施,也就是完全剥夺嫌疑人、被告人人身自由的强制措施。刑事拘留是公安机关、检察机关在紧急情况下针对现行犯、危险犯等所采取的临时性剥夺人身自由的强制措施。逮捕则是针对那些有证据证明有犯罪事实、可能判处有期徒刑以上刑罚并且有法定逮捕必要的嫌疑人、被告人所采取的剥夺人身自由的强制措施。在我国刑事司法实践中,侦查机关通常对犯罪嫌疑人先采取刑事拘留措施,在刑事拘留期限届满后,侦查机关再向检察机关提出批准逮捕的申请,检察机关作出批准逮捕决定后,侦查机关再对嫌疑人执行逮捕,将其羁押在看守所。因此,刑事拘留一般被视为逮捕的前置性强制措施,逮捕则属于正式的未决羁押措施。

而包括拘传、取保候审、监视居住在内的强制措施,则属于非羁押性强制措施,也就是对嫌疑人、被告人人身自由施加特定限制的强制措施。根据强制措施制度的基本原理,法律要在完全羁押与完全释放之间设置尽可能多的"中间状态",也就是设立多元化的非羁押性强制措施,以确保司法机关在适用强制措施时具有较大的选择余地。例如,英国和美国的保释,法国的司法管制,意大利的驻地逮捕,德国的责令嫌疑人按时报到等,就都属于这种非羁押性强制措施。确立非羁押性强制措施的主要目的,一方面是为了贯彻比例性原则,使得所采取的强制措施与案件性质、涉嫌犯罪的严重程度、嫌疑人妨碍诉讼的可能性大体相适应,避免强制措施的滥用。另一方面也是为了给司法官员更大的选择空间,减少羁押措施的适用比率,尽可能适用足以达到程序保障效果的替代羁押的强制措施。

在我国刑事诉讼中,拘传是公安机关、检察机关、法院对那些需要接受调查和讯问的嫌疑人、被告人所采取的强制到案措施。取保候审则是公安机关、检察机关和法院对那些尚未达到逮捕条件或者虽已达到逮捕条件却不适宜采取羁押措施的嫌疑人、被告人,责令其提交保证人或者交纳保证金,保证自己随传随到、不逃避侦查、起诉和审判的强制措施。而监视居住则是指公安机关、检察机关和法院对那些已经达到逮捕条件但具有法定不予羁押情形的嫌疑人、被告人,责令其不离开住所或者指定居所,并对其行为加以监视和控制的强制措施。

取保候审与监视居住是两种相互独立的强制措施,两者对嫌疑人、被告人人身自由的限制程度有着明显的差异,也有着不同的适用条件和适用对象。原则上,取保候审适用于那些尚未达到逮捕条件的轻微犯罪嫌疑人和被告人,监视居住则适用于那些已经达到逮捕条件却不适宜羁押的嫌疑人和被告人。但是,对于那些虽然已经达到逮捕条件却不适宜羁押的嫌疑人、被告人,国家专门机关可以根据案件情况在这两种强制措施之间作出选择,享有一定的自由裁量权。不仅如此,对于那些已经超过法定羁押期限但尚未办结的案件,国家专门机关还可以将原有的羁押性强制措施变更为监视居住或者取保候审。

11.4.2 拘传

拘传是公安机关、检察机关、法院为讯问嫌疑人、被告人,或者为了调查案件情况,将嫌疑人、被告人强制到案的强制措施。从形式上,拘传与传唤具有一定的相似性。但从性质上看,传唤是国家专门机关所采取的通知诉讼参与人到案的措施,不具有强制措施的性质。而拘传则是一种对嫌疑人、被告人限制人身自由的强制措施。拘传主要适用于那些经依法传唤拒不接受传讯或者拒不到庭的嫌疑人、被告人,以及在法院通知出庭后拒不出庭作证的证人。国家专门机关对拘传的嫌疑人、被告人、证人可以使用戒具,可以采取暴力制服、押送、暂时限制人身自由等强制到案措施。

我国刑事诉讼法对拘传的适用程序作出了法律限制。原则上,拘传一次持续时间不得超过12小时。在那些需要采取刑事拘留或者逮捕措施的案件中,拘传的时间可以延长到24小时。原则上,对于嫌疑人、被告人两次拘传间隔的时间,不得少于12小时。任何专门机关都不得对嫌疑人、被告人实施连续拘传或者变相羁押,同时还要保证被拘传人的饮食和休息。

为保证证人出庭作证制度的有效实施,法院对于经依法通知拒不出庭的证人,也可以采取强制到案措施。这种针对证人的强制到案措施,适用刑事诉讼法有关拘传的程序规定。

11.4.3 取保候审

取保候审是公安机关、检察机关、法院责令嫌疑人、被告人提供保证人或者保证金,对其人身自由作出一定的限制,保证其随传随到、不逃避侦查和审判的强制措施。与监视居住不同,取保候审具有独立的适用对象、自由限制方式和适用程序。

11.4.3.1 取保候审的适用对象

取保候审的适用对象主要是那些可能被判处有期徒刑以下刑罚的嫌疑人、被告人。这些嫌疑人、被告人尚未完全达到法定的逮捕条件。根据比例性原则,强制措施对人身自由的限制程度要与嫌疑人、被告人所涉嫌的犯罪危害程度相适应。由于取保候审对嫌疑人、被告人人身自由所作的限制相对较轻,因此,它只能适用于轻微刑事案件之中。这是一般原则。但是,作为一种例外,对于那些可能判处有期徒刑以上刑罚,但采取取保候审不至于发生社会危险性的被追诉者,如未成年人,或者患有严重疾病、生活不能自理或者正在怀孕、哺乳婴儿的妇女等,也可以适用取保候审措施。另外,对于嫌疑人、被告人羁押期限届满而案件尚未办结的,国家专门机关也可以将强制措施变更为取保候审。

11.4.3.2 保证人取保与保证金取保

根据嫌疑人、被告人交付保证的方式不同,取保候审分为两种:一是保证人取保,二是保证金取保。对嫌疑人、被告人决定采取取保候审,不得同时使用保证人取保与保证金取保。

保证人取保是嫌疑人、被告人提交保证人,保证其不逃避侦查和审判的取保候审方式。一般情况下,被取保候审人具备以下三种情况的,公安机关、检察机关、法院可以优先适用保证人取保:一是无力缴纳保证金的;二是未成年或者已满75周岁的人;三是不宜收取保证金的其他被告人。

根据刑事诉讼法的规定,保证人需要具备以下法定资格条件:一是与本案没有牵连;二是有能力履行保证义务;三是享有政治权利,人身自由没有受到限制;四是有固定的住处和收入。保证人有义务向国家专门机关出具保证书,负责监督被保证人履行法定的义务和限制性规定,发现被保证人可能发生或者已经发生违反法定义务或限制性规定情形的,应当向执行机关报告。

保证金取保是嫌疑人、被告人向国家专门机关缴纳一定数额的保证金,保证其不逃避刑事诉讼活动的取保候审方式。公安机关、检察机关、法院可以根据嫌疑人、被告人的社会危险性,案件的性质、情节和危害后果,可能判处的刑罚的轻重,以及嫌疑人、被告人的经济状况等因素,责令嫌疑人、被告人缴纳适度数额的保证金。这种保证金,具有风险抵押金的性质。嫌疑人、被告人没有违反保证义务的,在案件的诉讼程序终止后,保证金将会如数退还被取保候审人。嫌疑人、被告人逃避侦查或者审判的,或者违反保证义务的,将构成"脱保"行为,保证金应被没收,公安机关、检察机关、法院可以对嫌疑人、被告人变更为刑事拘留或者逮捕措施。

法院、检察机关和公安机关在各自主导的刑事诉讼阶段,都可以对符合法定条件的嫌疑人、被告人适用取保候审措施。但是,取保候审无论是采取保证人取保还是采取保证金取保的形式,都要由公安机关负责执行和实施。

11.4.3.3 对被取保候审人人身自由的限制

根据我国刑事诉讼法,那些被采取取保候审的嫌疑人、被告人,可能受到两个方面的人身自由限制:一是统一的限制,二是有选择的限制。

所谓统一的限制,是指所有被采取取保候审的嫌疑人、被告人必须同时遵守以下义务或者受到以下统一限制:一是未经执行机关批准不得离开所居住的市、县;二是嫌疑人、被告人住址、工作单位和联系方式发生变动的,应在24小时内向执行机关报告;三是在传讯的时候及时到案;四是不得以任何方式干扰证人作证;五是不得毁灭、伪造证据或者串供。

所谓有选择的限制,是指公安机关、检察机关、法院在对被采取取保候审的嫌疑人、被告人采取上述统一限制措施以外,还可以有选择地采取一些限制其人身自由的措施。这些措施不一定在每个案件中都要采取,国家专门机关可以根据案件情况,有选择地适用其中一项或者若干项限制性措施:一是不得进入特定场所;二是不与特定人员通信或者会见;三是不得从事特定活动;四是将护照、驾驶执照等证件交执行机关保存。

被采取取保候审的嫌疑人、被告人,存在违反上述取保候审规定的行为的,公安机关可以对其采取刑事拘留措施,并申请检察机关批准逮捕。检察机关也可以直接作出逮捕决定。法院可以决定采取逮捕措施。对于那些已经缴纳保证金的嫌疑人、被告人,公安机关应直接没收保证金,或者检察机关、法院书面通知公安机关没收保证金。被没收的保证金,应当依法被收缴国库。

取保候审有法定适用期限的限制。在侦查、审查起诉和审判阶段,取保候审的适用都不得超过1年。取保候审期限届满的,公安机关、检察机关、法院应当作出解除或者撤销取保候审的决定。嫌疑人、被告人及其法定代理人、近亲属或者辩护人认为取保候审期限届满的,可以向公安机关、检察机关、法院提出解除取保候审的请求,这些机关应当进行审查,并作出是否解除取保候审的决定。

11.4.4 监视居住

所谓监视居住,是指公安机关、检察机关、法院责令嫌疑人、被告人不得离开其住所或者指定居所,对其活动加以监视和控制的强制措施。监视居住由公安机关、检察机关、法院在各自主导的诉讼阶段作出决定,一律交由公安机关负责执行。与取保候审不同,监视居住对嫌疑人、被告人的人身自由作出的限制更为严厉,所适用的条件和程序也更为严格。

11.4.4.1 监视居住的适用对象

监视居住的适用对象是那些嫌疑人、被告人已经达到逮捕的条件,但存在法定不宜剥夺人身自由情况的案件。相对于取保候审而言,监视居住对嫌疑人、被告人人身自由所作的限制更为严厉,主要适用于那些可能判处有期徒刑以上刑罚的刑事案件。原则上,这些案件已经符合适用逮捕的条件。但由于案件或者嫌疑人、被告人存在一些法定的例外情形,本着人道主义或者办案需要的考虑,国家专门机关将监视居住作为未决羁押的一种替代性措施,来发挥其保证刑事诉讼顺利进行的作用。当然,与取保候审一样,监视居住还可以被用来限制那些羁押期限届满而案件尚未办理终结的嫌疑人、被告人。对于这些嫌疑人、被告人,国家专门机关既可以选择适用监视居住,也可以适用取保候审。

具体而言，公安机关、检察机关、法院对于嫌疑人、被告人已经符合逮捕条件，但具有以下情况之一的，可以适用监视居住措施：一是患有严重疾病、生活不能自理的；二是怀孕或者正在哺乳婴儿的妇女；三是本人系生活不能自理的人的唯一抚养人；四是羁押期限届满而案件尚未办结的；五是符合取保候审条件但无法提供保证人或者提交保证金的；六是其他因为办案需要而采取监视居住的。

11.4.4.2　监视居住对人身自由的限制

嫌疑人、被告人被采取监视居住的，其人身自由受到诸多方面的限制，违背执行机关所设定的限制性措施的，应当承担相应的法律后果。

具体说来，被监视居住的人应当遵守以下规定：一是未经执行机关批准，不得离开执行监视居住的处所；二是未经执行机关批准，不得会见他人或者通信；三是在传讯的时候及时到案；四是不得以任何形式干扰证人作证；五是不得毁灭、伪造证据或者串供；六是将护照等出入境证件、身份证件、驾驶证件交执行机关保存。

执行监视居住的公安机关可以对嫌疑人、被告人，采取电子监控、不定期检查等监视方法，对其遵守监视居住规定的情况进行监督。在侦查期间，执行机关可以对被监视居住的嫌疑人的通信情况进行监控。

被监视居住的嫌疑人、被告人违反上述规定，情节严重的，检察机关可以直接予以逮捕，公安机关可以先行拘留，然后提请检察机关批准逮捕。

11.4.4.3　住所地监视居住与指定居所监视居住

根据嫌疑人、被告人被限制人身自由的场所的不同，监视居住可分为住所地监视居住和指定居所监视居住。其中，住所地监视居住是指公安机关、检察机关、法院责令嫌疑人、被告人，未经批准不得离开住所地的监视居住措施。嫌疑人、被告人要离开住所，需要事先取得监视居住执行机关的批准。

指定居所监视居住主要适用于那些没有固定住处或者涉嫌犯有法定严重罪行的嫌疑人、被告人。其中，对于没有固定住处的嫌疑人、被告人，公安机关、检察机关、法院可以为其指定居所实施监视居住，责令其未经批准不得离开被指定的居所。除此以外，对于以下两类特殊案件的嫌疑人、被告人，公安机关、检察机关、法院经上一级机关批准，一律采取指定居所监视居住的措施：一是涉嫌实施危害国家安全犯罪的案件，二是涉嫌实施恐怖活动犯罪的案件。

刑事诉讼法对指定的居所并没有作出明确的规定。为防止指定居所监视居住的权力遭到滥用,刑事诉讼法对监视居住的适用作出了一些限制。例如,侦查机关不得在羁押场所或者办案场所进行监视居住;嫌疑人可以与辩护律师会见或者通信;在监视居住24小时后通知近亲属;等等。但是,由于国家专门机关经常随意指定监视居住的场所,被采取监视居住的嫌疑人、被告人,往往无法与辩护律师会面和通信,其近亲属更是无从得知监视居住的具体场所。这导致指定居所监视居住措施在实践中经常遭到滥用。

监视居住在侦查、审查起诉和审判阶段的适用都有时间限制,都不得超过6个月。国家专门机关适用监视居住超过6个月的,将构成变相的非法拘禁行为,应依法受到相应的程序性制裁。

此外,与其他非羁押性强制措施不同的是,监视居住可依法折抵刑期。考虑到监视居住只是对嫌疑人、被告人的人身自由作出了限制,而没有像刑事拘留和逮捕那样,对其人身自由进行完全剥夺,因此,在折抵刑期方面应与刑事拘留和逮捕区别对待。据此,法院作出生效有罪判决后,判处管制的,监视居住1日,折抵刑期1日;判处拘役、有期徒刑的,监视居住2日,折抵刑期1日。

11.5 羁押性强制措施(Ⅰ)——刑事拘留

在我国法律制度中,"拘留"一共有三类:一是刑事拘留;二是司法拘留;三是行政拘留。其中,司法拘留是法院在诉讼过程中对那些扰乱法庭秩序、拒不执行法院裁判的行为人所采取的短暂剥夺人身自由的强制处分措施。法院在刑事诉讼、民事诉讼和行政诉讼中,对于符合法定条件的人都可以采取司法拘留。行政拘留又被称为治安拘留,是公安机关对那些违反治安管理处罚法的行为人所采取的行政处罚措施。与上述两种拘留不同,刑事拘留则是公安机关、检察机关在刑事诉讼过程中对法定的现行犯、危险犯、重大犯罪嫌疑人所采取的紧急剥夺人身自由的强制措施。

刑事拘留的适用对象主要有三类:一是现行犯,二是危险犯,三是重大犯罪嫌疑人。所谓"现行犯",是指那些正在预备犯罪、实行犯罪或者犯罪后即时被发觉的人、被害人、证人指认其犯罪的人,或者在其身边和住处发现犯罪证据的人。所谓"危险犯",是指嫌疑人犯罪后企图自杀、逃跑,有毁灭、伪造证据或者串供可能,不讲真实姓名、住址,身份不明的。所谓"重大犯罪嫌疑人",则是指那些"有流窜作案、多次作案、结伙作案重大嫌疑"的人。

根据我国刑事诉讼法,公安机关、检察机关都可以批准实施刑事拘留。但刑事拘留一般由公安机关负责执行,检察机关内部的侦查人员可以协助公安机关执行刑事拘留。实施刑事拘留时,执行机关需要出示拘留证。拘留后,应当立即将嫌疑人送交看守所进行羁押,至迟不得超过24小时;拘留后24小时内,应当将拘留的理由和拘留地点通知近亲属。但嫌疑人涉嫌危害国家安全或者恐怖活动犯罪的除外。侦查机关对被拘留人应当在24小时之内进行讯问,讯问地点应当设在羁押场所之内。

通常情况下,侦查机关认为需要逮捕的,要在刑事拘留后3日内提请检察机关批准逮捕,这一提请审查批捕时间最多可以延长4日。检察机关接受侦查机关审查批捕的申请后,应当在7日内作出是否批准逮捕的决定。由此,对于普通刑事案件的嫌疑人,公安机关、检察机关所采取的刑事拘留措施最长可以持续到14日。

但是,依据刑事诉讼法的规定,对于那些法定的重大犯罪案件的嫌疑人,也就是"有流窜作案、多次作案、结伙作案重大嫌疑"的人,侦查机关提请审查批捕的时间可以延长到30日。再加上检察机关审查批准逮捕的7日时间,这样,对于这种重大犯罪嫌疑人的刑事拘留可以持续到37日。

在司法实践中,公安机关对于一般犯罪嫌疑人的拘留期限,经常突破刑事诉讼法所限定的14日期限,而像对"重大犯罪嫌疑人"的拘留那样,延长到37日。不仅如此,公安机关在司法实践中还可以对那些不讲真实姓名、身份或住址不明的嫌疑人,不计算拘留期限,直至查明其身份、住址之日时为止。由此,公安机关在实践中经常自行决定延长刑事拘留的期限,导致刑事拘留措施的滥用。

11.6 羁押性强制措施(Ⅱ)——逮捕

逮捕是国家专门机关为防止嫌疑人、被告人逃避侦查、起诉和审判,实施妨碍刑事诉讼的行为,或者避免其发生社会危险性,而依法剥夺其人身自由的强制措施。逮捕是我国刑事诉讼中最为严厉的强制措施。逮捕一旦实施,即可能给嫌疑人、被告人带来较长时间的未决羁押。为防止逮捕措施的滥用,我国刑事诉讼法对逮捕设置了较为严格的适用条件,也确立了较为严密的适用程序。

与其他强制措施不同,逮捕的适用贯彻了司法审查原则。原则上,逮捕由检察机关或法院作出决定,公安机关负责执行。通常情况下,公安机关在刑事侦查过程中对于符合逮捕条件的嫌疑人,可以先行采取刑事拘留,然后提请检察机关批准逮捕。检察机关经过审查,可以作出批准逮捕或者不批准逮捕的决定。检察机关作出批准逮捕决定后,公安机关负责执行逮捕。

11.6.1 逮捕的条件

刑事诉讼法确立了逮捕的三个基本条件:一是证据条件,也就是有证据证明有犯罪事实;二是实体条件,也就是可能判处有期徒刑以上刑罚;三是逮捕必要性条件,也就是对嫌疑人、被告人采取非羁押性强制措施不足以防止发生社会危险性。

所谓"有证据证明有犯罪事实",是一种司法机关作出逮捕决定所需要满足的证明标准。这一证明标准包含着三个方面的含义:一是有证据证明发生了犯罪事实;二是有证据证明犯罪是由嫌疑人实施的;三是证明嫌疑人实施犯罪行为的证据已有查证属实的。此外,假如嫌疑人涉嫌犯有数罪,只要有一个犯罪事实有证据证明,检察机关即可对其实施逮捕。

所谓"可能判处有期徒刑以上刑罚",是适用逮捕的实体条件。这一条件的基本含义是,根据嫌疑人、被告人涉嫌实施的犯罪行为,法院依照刑法可能判处有期徒刑以上的刑罚。这里的"可能判处"有期徒刑以上刑罚,是从两个方面作出判断的:一是根据刑法所确立的法定刑,嫌疑人的犯罪行为一旦成立,有可能被判处有期徒刑以上刑罚;二是根据行为人涉嫌犯罪的情况和有关量刑情节,对嫌疑人不可能适用有期徒刑以下的刑罚。

所谓"逮捕必要性",是指嫌疑人具有刑事诉讼法所规定的可能危害社会的情形。这些社会危险行为大体可分为两大类:一是嫌疑人的人身危险性,二是嫌疑人妨碍刑事诉讼的可能性。

其中,嫌疑人的人身危险性包括三种情形:一是可能实施新的犯罪;二是有危害国家安全、公共安全或者社会秩序的现实危险;三是企图自杀或者逃跑。而嫌疑人妨碍刑事诉讼的可能性则主要有两种情形:一是可能毁灭、伪造证据,干扰证人作证或者串供;二是可能对被害人、举报人、控告人实施打击报复。

通常情况下,检察机关在批准或者决定逮捕之前,需要对逮捕必要性进行审查。但是,在下面三种情况下,只要案件符合了逮捕的证据条件和实体条件,检察机关就可以直接认定为"有逮捕必要":一是嫌疑人可能被判处十年有期徒刑以上刑罚的;二是嫌疑人实施过其他故意犯罪行为的;三是嫌疑人身份不明的。

对于嫌疑人符合法定逮捕条件,提请批准逮捕的侦查机关需要承担举证责任,向检察机关逐一证明嫌疑人符合上述三项逮捕条件。检察机关对侦查机关的申请要加以审查。对于不符合逮捕条件的嫌疑人,可以作出不批准逮捕的决定。对此决定,公安机关可以向检察机关申请复议,还可以向上一级检察机关申请复核。

11.6.2 逮捕的审查和执行程序

为确保逮捕适用的准确性和合法性,检察机关要经过法定的审查批准程序。对于公安机关负责侦查的案件,检察机关与案件的逮捕不存在直接利害关系,因此审查逮捕程序具有一定的司法审查性质。

首先,检察机关审查逮捕,通常采取行政化的工作方式。负责审查批准逮捕的检察官要全面查阅案卷材料,提讯在押的嫌疑人、被告人。根据案件的具体情况,负责审查批捕的检察官还可以进行询问证人等调查核实证据的活动。

其次,自2012年以后,我国刑事诉讼法要求审查批捕的检察官听取辩护人的辩护意见。检察官在审查批准逮捕过程中,可以听取辩护人的意见。辩护人提出要求的,检察机关应当听取其辩护意见。对于辩护律师所提出的辩护意见,或者所提交的书面辩护意见,检察官可以作为是否批准逮捕的根据,并将其载入案卷笔录,随案移送。

最后,为加强审查逮捕程序的对抗性和透明度,一些地方检察机关启动了"审查逮捕诉讼化"的改革试验。在这一试验中,负责审查逮捕的检察官主持听证会,侦查人员、嫌疑人和辩护人同时到场参与,各方围绕着案件是否具备逮捕条件、有无逮捕必要性等问题,提出证据材料,发表意见,相互辩论。检察官在听取各方的意见的基础上,作出是否批准逮捕的决定。这种逮捕听证制度的试验,对于提高审查逮捕工作质量,限制检察官的自由裁量权,避免引发被害方对不批准逮捕决定的过激反应等,都具有一定的积极意义。

与刑事拘留一样,逮捕的执行也要履行法定的诉讼程序:一是由公安机关出示逮捕证;二是逮捕后应尽快送交看守所进行羁押,至迟不得超过24小时;三是逮捕后24小时之内,侦查机关应当在羁押场所进行讯问,并应将逮捕的理由和羁押地点通知嫌疑人的近亲属。

11.6.3 逮捕后的羁押期限

我国刑事诉讼法没有确立最高羁押期限,逮捕后的羁押期限与侦查机关的办案期限基本上是合二为一的。该法也没有设立较为严格的"延长羁押理由"。在检察机关批准逮捕后,侦查机关只要认为存在"侦查困难","期限届满无法办理终结"的,就可以申请检察机关延长羁押期限。具体说来,逮捕后的羁押期限和羁押期限的延长,要遵守以下法律规则。

其一,逮捕后的自动羁押期限为两个月。这就意味着,只要检察机关作出了批准逮捕的决定,嫌疑人、被告人就可以被羁押两个月。这种羁押期限是逮捕决定所带来的必然结果。

其二,上一级检察机关可以延长一个月羁押期限。对于"案情复杂,期限届满不能终结"的案件,经侦查机关申请,上一级检察机关可以批准延长一个月羁押期限。

其三,省级检察机关可以进行第一次延长羁押期限。省级检察机关对于那些期限届满不能办理终结的案件,具备以下情形之一的,可以延长两个月:一是交通不便的边远山区的重大复杂案件;二是重大的犯罪集团案件;三是流窜作案的重大复杂案件;四是犯罪涉及面广、取证困难的重大复杂案件。侦查机关遇有上述任何一种情形的,都可以申请省级检察机关延长两个月的羁押期限。

其四,省级检察机关可以进行第二次延长羁押期限。对于那些可能判处10年有期徒刑以上刑罚的重大案件,经省级检察机关第一次延长两个月羁押期仍不能办理终结的,省级检察机关可以批准再次延长两个月。

其五,侦查机关在法定情形下可以重新计算或者终止计算羁押期限。在侦查期间,侦查机关发现嫌疑人另有重要罪行的,自发现之日起重新计算羁押期限。同时,在侦查过程中,侦查机关对于嫌疑人不讲真实姓名、住址,身份不明的,可以从查清其真实身份之日起计算羁押期限。这就意味着侦查机关有权对这些嫌疑人中断羁押期限的计算,直至查明其身份之日起才开始计算逮捕后的羁押期限。

此外,对于特别重大复杂、在较长时间内不宜交付审判的刑事案件,经最高人民检察院报请全国人大常委会批准,可以延期审理。这种情形发生的几率极小。但一旦发生,即意味着这类特殊案件的羁押期限可以获得特殊审批。

以上属于侦查阶段逮捕羁押期限的延长和适用情况。那么,在审查起诉和审判阶段,对嫌疑人、被告人的羁押期限究竟如何确定呢？原则上,自审查起诉之日起,对嫌疑人、被告人的羁押期限与办案期限完全合二为一,审查起诉和审判需要持续多长时间,检察机关和法院就可以自动地对嫌疑人、被告人延长羁押多长时间;在案件出现程序倒流的情况下,如检察机关退回补充侦查、检察机关撤回起诉或者二审法院发回重审的,对嫌疑人、被告人的羁押期限将会自动延长。这种将羁押期限与诉讼期限完全合二为一的制度安排,往往导致刑事诉讼中"超期羁押"现象的普遍存在。

11.7 强制措施的监督和救济

在强制措施适用不当或者强制措施适用期限届满、案件尚未办理终结的情况下,究竟如何提供有效的救济措施呢？我国刑事诉讼法确立了三种监督和救济方式。

11.7.1 检察机关的法律监督

作为法律监督机关,检察机关可以对侦查机关、审判机关和执行机关诉讼活动的合法性进行法律监督,对于违法诉讼行为可以提出纠正意见。对于强制措施的法律监督,检察机关主要通过以下两种方式进行:

一是对于违法采取强制措施的行为,可以加以纠正,必要时可以追究违法侦查人员的法律责任。尤其是对于公安机关违法采取的强制措施,如通过拘传变相羁押,违法收取保证金,拒绝退还保证金,违法采取指定居所的监视居住,在检察机关作出不批准逮捕决定后超期羁押嫌疑人,等等,检察机关都可以提出纠正意见。对于因为违法采取强制措施造成严重后果的侦查人员,还可以启动刑事追诉程序。

二是进行羁押必要性的审查工作。检察机关应当依据职权对于逮捕后的羁押必要性进行持续不断的审查。对于原来所采取的逮捕措施显属不当,或者对于那些逮捕后羁押的法定理由不复存在的嫌疑人,应当建议解除羁押措施,或者变更强制措施。

根据我国现行的检察体制,检察机关内设的执行检察部门负有持续审查羁押合法性的责任。对于检察机关其他部门原来所作的批准逮捕决定,执行检察部门可以在逮捕后进行持续的审查,发现嫌疑人、被告人不符合逮捕条件的,可以作出撤销羁押或者变更强制措施的决定。

当然，执行检察部门在审查羁押必要性时，更多地是从羁押理由是否存在的角度来展开的。对于原本符合逮捕条件的嫌疑人、被告人，因为案件发生了一些新的变化，导致继续羁押变得没有必要的，执行检察部门可以作出解除羁押或者变更强制措施的决定。例如，嫌疑人、被告人身患重病，生活不能自理；根据新的证据证明嫌疑人、被告人可能被判处3年有期徒刑以下刑罚；嫌疑人、被告人有自首、坦白、刑事和解、重大立功等量刑情节，需要对其大幅度减轻处罚的，等等。遇有这些情形，检察机关都可以认定案件没有继续羁押的必要性，作出撤销或者变更强制措施的决定。

11.7.2 职权救济

根据公检法三机关分工负责、互相配合、互相制约的原则，公安机关、检察机关、法院认为强制措施显属违法或者不当的，可以作出撤销或者变更强制措施的决定。对于嫌疑人、被告人而言，这种主动审查并纠正违法或不当强制措施的行为，带有主动救济的效果。具体而言，这种职权救济可以有两种方式：

一是公安机关、检察机关和法院发现强制措施属于不当适用或者违法适用的，应当及时加以撤销，或者将羁押性强制措施变更为监视居住或者取保候审。

二是对于强制措施法定期限届满的嫌疑人、被告人，公安机关、检察机关和法院应当予以释放、解除强制措施或者变更为其他强制措施。其中，对于那些被刑事拘留或逮捕的嫌疑人，在法定羁押期限届满后案件仍然尚未办理终结的，可以变更为取保候审或者监视居住。

11.7.3 申请救济

对于公安机关、检察机关和法院所采取的强制措施，嫌疑人、被告人及其辩护人有权申请加以解除或者予以变更。原则上，在侦查、审查起诉和审判阶段，嫌疑人、被告人及其辩护人都可以寻求这方面的司法救济。

首先，嫌疑人、被告人及其辩护人认为公检法三机关所采取的强制措施法定期限届满的，可以提出解除强制措施的申请。公安机关、检察机关和法院对于各自所采取的强制措施，可以进行审查，认为法定期限届满的，应当决定解除或者依法变更强制措施。

其次，嫌疑人、被告人及其辩护人认为公检法三机关所采取的强制措施，或者属于违法适用,或者属于过度适用的,可以提出变更强制措施的申请。尤其是对刑事拘留、逮捕以及逮捕后的羁押措施,嫌疑人、被告人及其辩护人可以申请变更为监视居住或者取保候审。对此申请,公检法三机关进行审查,并作出是否变更强制措施的决定。

但是,嫌疑人、被告人及其辩护人提出申请后,这些国家专门机关究竟能否受理,并进行认真负责的审查,这还是不确定的。通常说来,公安机关、检察机关都承担着一定的刑事追诉职能,但它们可能会以诸如"侦查困难""办案需要"为由,拒绝嫌疑人、被告人的救济申请。而法院既不参加审判前阶段的诉讼活动,也可能会忽视被告人及其辩护人有关解除或者变更强制措施的申请,这就可能造成嫌疑人无法寻求有效的司法救济。

阅读案例材料之十一

王玉雷案件①

  王玉雷,男,1968年3月生,河北省顺平县人。2014年2月18日22时许,河北省顺平县公安局接王玉雷报案称:当日22时许,在回家路上发现一名男子躺在地上,旁边有血迹。次日,顺平县公安局对此案立案侦查。经排查,顺平县公安局认为报案人王玉雷有重大嫌疑,遂于2014年3月8日以涉嫌故意杀人罪对王玉雷刑事拘留。

  2014年3月15日,顺平县公安局提请顺平县人民检察院批准逮捕王玉雷。顺平县人民检察院办案人员在审查案件时,发现该案事实证据存在许多疑点和矛盾。在提讯过程中,王玉雷推翻了在公安机关所作的全部有罪供述,称有罪供述系被公安机关采取非法取证手段后作出。顺平县人民检察院认为,该案事实不清,证据不足,不符合批准逮捕条件。鉴于案情重大,顺平县人民检察院向保定市人民检察院进行了汇报。保定市人民检察院同意顺平县人民检察院的意见。2014年3月22日,顺平县人民检察院对王玉雷作出不批准逮捕的决定。

  顺平县人民检察院在审查公安机关的报捕材料和证据后认为:

  一、该案主要证据之间存在矛盾,案件存在的疑点不能合理排除。公安机关认为王玉雷涉嫌故意杀人罪,但除王玉雷的有罪供述外,没有其他证据证实王玉雷实施了杀人行为,且有罪供述与其他证据相互矛盾。王玉雷先后九次接受侦查机关询问、讯问,其中前五次为无罪供述,后四次为有罪供述,前后供述存在矛盾;在有罪供述中,对作案工具有斧子、锤子、刨锛三种不同说法,但去向均未查明;供述的作案工具与尸体照片显示的创口形状不能同一认定。

  二、影响定案的相关事实和部分重要证据未依法查证,关键物证未收集在案。侦查机关在办案过程中,对以下事实和证据未能依法查证属实:被害人尸检报告没有判断出被害人死亡的具体时间,公安机关认定王玉雷的作案时间不

---

① 参见《王玉雷不批准逮捕案》,最高人民检察院第七批指导性案例,正义网2020年3月19日发布,最后访问时间2020年10月5日。

足信；王玉雷作案的动机不明；现场提取的手套没有进行 DNA 鉴定；王玉雷供述的三种凶器均未收集在案。

三、犯罪嫌疑人有罪供述属非法言词证据，应当依法予以排除。2014 年 3 月 18 日，顺平县人民检察院办案人员首次提审王玉雷时发现，其右臂被石膏固定、活动吃力，在询问该伤情原因时，其极力回避，虽然对杀人行为予以供认，但供述内容无法排除案件存在的疑点。在顺平县人民检察院驻所检察室人员发现王玉雷胳膊打了绷带并进行询问时，王玉雷自称是骨折旧伤复发。监所检察部门认为公安机关可能存在违法提讯情况，遂通报顺平县人民检察院侦查监督部门，提示在批捕过程中予以关注。鉴于王玉雷伤情可疑，顺平县人民检察院办案人员向检察长进行了汇报，检察长在阅卷后，亲自到看守所提审犯罪嫌疑人，并对讯问过程进行全程录音录像。经过耐心细致的思想疏导，王玉雷消除顾虑，推翻了在公安机关所作的全部有罪供述，称被害人王某被杀不是其所为，其有罪供述系被公安机关采取非法取证手段后作出。

2014 年 3 月 22 日，顺平县人民检察院检察委员会研究认为，王玉雷有罪供述系采用非法手段取得，属于非法言词证据，依法应当予以排除。在排除王玉雷有罪供述后，其他在案证据不能证实王玉雷实施了犯罪行为，因此不应对其作出批准逮捕决定。

同日，顺平县人民检察院对王玉雷作出不批准逮捕决定。后公安机关依法解除王玉雷强制措施，予以释放。

顺平县人民检察院对此案进行跟踪监督，依法引导公安机关调查取证并抓获犯罪嫌疑人王斌。2014 年 7 月 14 日，顺平县人民检察院以涉嫌故意杀人罪对王斌批准逮捕。2015 年 1 月 17 日，保定市中级人民法院以故意杀人罪判处被告人王斌死刑，缓期二年执行，剥夺政治权利终身。被告人王斌未上诉，一审判决生效。

【深入思考题】

1. 有律师认为，检察机关批准逮捕前的刑事拘留环节，属于刑事辩护的"黄金救援期"。你对此有何评价？

2. 在检察机关实行"捕诉合一"的体制下，审查批准逮捕与审查起诉、支持公诉都由同一检察官或者同一检察官团队来负责完成。这种体制对于检察官审查批捕程序以及对逮捕条件的把握会带来哪些影响？

第十二章　认罪认罚从宽制度

> 认罪认罚从宽制度的核心,是量刑协商机制的确立。这种协商机制的理念吸收了私法领域中的"契约自由"和"意思自治"原则,给予被告人与检察官进行平等对话、自主协商、自愿认罪、自愿反悔的机会,最大限度地保障了被告人在过程控制和结果控制方面的自主权。

12.1　认罪认罚从宽制度的确立
12.2　认罪认罚从宽的双重后果
12.3　比较法视野下的控辩协商机制
12.4　我国的量刑协商机制
12.5　认罪认罚程序中的基本理念
12.6　值班律师制度
12.7　被害人在认罪认罚程序中的地位
12.8　程序转换
阅读案例材料之十二　认罪认罚程序中的协商筹码

12.1 认罪认罚从宽制度的确立

从 1996 年以来,我国刑事诉讼法开始确立简易审判程序,试图使那些被告人认罪的轻微刑事案件得到快速审理。但是,这种简易审判程序经历多次改革和完善,却始终没有从根本上解决司法资源合理配置的难题。在 2014 年启动的司法体制改革中,无论是司法责任制、员额制的推行,还是"以审判为中心的诉讼制度"的确立,都会带来刑事诉讼成本投入的问题,并使得原来就存在的"案多人少""案件积压严重""法官办案负担过重"等问题,变得更为严重。要走出这一困境,就必须贯彻"让繁者更繁,让简者更简"的诉讼理念,使得那些没有争议的刑事案件得到更加简便快速的处理。因此,在推动审判中心主义改革的同时,改革决策者将建立"认罪认罚从宽制度"纳入刑事司法改革的框架之中。

最初,推行"认罪认罚从宽制度"的改革构想,主要体现在刑事速裁程序的确立方面。2014 年 6 月 27 日,全国人大常委会授权最高人民法院和最高人民检察院在全国 18 个城市开展刑事案件速裁程序的试点工作。这一试点一开始主要适用于那些被告人可能被判处 1 年有期徒刑以下刑罚的轻微刑事案件中。

2016 年,在刑事速裁程序试点工作结束之后,全国人大常委会再次授权最高人民法院、最高人民检察院在同样的 18 个城市进行为期两年的"认罪认罚从宽制度"的试点工作。值得关注的是,这一轮制度试点的适用范围得到了一定的扩展,被确定为那些可能判处 3 年有期徒刑以下刑罚的刑事案件。

从理论上说,"认罪认罚从宽"属于一种兼具实体和程序内容的改革措施,其实体部分属于传统的"宽严相济"刑事政策的表现,而其程序部分则是一种特殊的简易程序,也就是通常所说的"刑事速裁程序"。准确地说,2016 年开始试点的"认罪认罚从宽制度"并没有取代 2014 年开始试点的"刑事速裁程序",而是将刑事速裁程序纳入认罪认罚制度的框架之内。只不过,在这一制度框架内,刑事速裁程序被扩展适用到可能判处 3 年有期徒刑以下刑罚的案件。

2018 年,立法机关通过修订《刑事诉讼法》,吸收了认罪认罚从宽制度改革试点的成果,将"认罪认罚从宽"确立为一项刑事诉讼基本原则,并将认罪认罚从宽程序确立为一种特别刑事诉讼程序。根据这部法律,嫌疑人、被告人自愿如实供述自己的罪行,承认指控的犯罪事实并愿意接受刑事处罚的,司法机关可以依法从宽处理,并适用一种特别的"认罪认罚程序"。

12.2 认罪认罚从宽的双重后果

认罪认罚从宽程序并不是一种新的简易审判程序,而是适用于刑事诉讼全流程的特别诉讼程序。自侦查程序开始,经过审查起诉和第一审程序,直至第二审程序,侦查机关、公诉机关和法院在各自的诉讼阶段,都可以告知嫌疑人、被告人认罪认罚从宽的政策,以及对认罪认罚案件适用特别程序的规定。一旦嫌疑人自愿认罪认罚,而案件又符合适用认罪认罚从宽程序条件的,案件即可被转入一种特别快速程序通道。

作为一项刑事诉讼基本原则,认罪认罚从宽是指嫌疑人、被告人自愿如实供述自己的罪行,承认指控的犯罪事实,愿意接受处罚的,可以依法从宽处理。

所谓"认罪",是指嫌疑人、被告人自愿如实供述犯罪事实,对指控的犯罪事实没有异议。承认主要犯罪事实,仅仅对个别事实提出异议,或者对行为性质提出辩解,但表示接受司法机关认定意见的,不影响"认罪"的认定。

所谓"认罚",是指嫌疑人、被告人真诚悔罪,愿意接受处罚。"认罚"在侦查阶段表现为愿意接受处罚;在审查起诉阶段表现为接受检察机关拟作出的起诉或不起诉决定,认可检察机关的量刑建议,签署认罪认罚具结书;在审判阶段表现为当庭确认自愿签署的具结书,愿意接受刑事处罚。

所谓"从宽",是指对于认罪认罚的嫌疑人、被告人,司法机关依法给予较为宽大的刑事处理。"从宽"可以分为"实体上的从宽处罚"和"程序上从宽从简"。

在实体上,对于认罪认罚的案件,司法机关应将"认罪认罚"列为独立于自首、坦白的法定量刑情节。原则上,除非案件存在其他法定的减轻处罚、免除刑事处罚的情节,对于"认罪认罚"的嫌疑人、被告人,应当在法定幅度内进行量刑,也就是将其视为一种"从轻处罚情节"。但在从轻量刑的幅度上,应当对认罪认罚的嫌疑人、被告人,采取比那些仅仅作出坦白或者认罪的嫌疑人、被告人更为宽大的刑事处罚。不过,在嫌疑人、被告人同时成立自首、坦白和认罪认罚的案件中,对于认罪认罚情节,在适用刑事处罚时不作重复性评价,司法机关可以选取其中一个最有利于被告人的情节进行宽大处理。

在对实体上从宽处理的把握上,司法机关对于认罪认罚的嫌疑人、被告人,要根据犯罪的事实、性质、情节和社会危害程度,结合法定情节和酌定情节,来作出是否从宽和如何从宽的决定。认罪认罚本身并不必然带来从宽处理的后果。在选择从宽幅度方面,司法机关还要区别认罪认罚的不同诉讼阶段,对查明案件事实的意义,是否确有悔罪表现,以及罪行严重程度等因素,来确定从宽处罚的限度和幅度。原则上,对于认罪认罚的嫌疑人、被告人,要按照主动认罪优于被动认罪、早认罪优于晚认罪、彻底认罪优于不彻底认罪、稳定认罪优于不稳定认罪的原则,来确定宽大处理的幅度。

在程序上,对于认罪认罚的嫌疑人、被告人,要给予一系列特殊的程序保障,体现"程序上从简"的精神。嫌疑人、被告人自愿认罪认罚的,司法机关要确保其获得辩护的权利。对于没有委托辩护人,也不符合指定辩护条件的,司法机关要通知值班律师为其提供法律帮助。在适用强制措施方面,司法机关应将嫌疑人、被告人认罪认罚作为是否具有社会危害性的重要考虑因素。原则上,对于认罪认罚的嫌疑人、被告人,如果经过评估认为没有羁押必要性的,可依法不适用羁押性强制措施。与此同时,从侦查阶段开始,经过审查起诉,直至审判阶段,对于认罪认罚的嫌疑人、被告人,司法机关都要给予其特殊的程序保障,确保其认罪认罚的自愿性,维护其诉讼权利,使其尽快获得宽大的刑事处理。

不仅如此,对于认罪认罚案件,侦查机关一般将其纳入快速诉讼轨道,检察机关会与嫌疑人、辩护人或值班律师就量刑问题展开协商,在就量刑方案达成协议后,由嫌疑人、辩护人或值班律师在认罪认罚具结书上签字确认,检察机关随即向法院提起公诉。这显示出相对于普通案件而言,认罪认罚案件的审判前程序要更为简化。此外,对于认罪认罚案件的审理程序,也采取简化处理的方式。认罪认罚案件无论是适用普通程序还是简易程序,法庭调查和法庭辩论都被简化处理,法庭审理的重点将是认罪认罚的自愿性以及量刑建议的适当性。而适用速裁程序进行审理的认罪认罚案件,则直接省略了法庭调查和法庭辩论程序,通过听取被告人及其辩护人意见,对量刑建议加以确认的,法庭可以进行当庭宣判。

12.3 比较法视野下的控辩协商机制

12.3.1 美国的辩诉交易制度

毫无疑问,美国辩诉交易制度确立了最为典型的协商型司法模式。在很大程度上,无论是大陆法国家的控辩协商机制,还是中国的量刑协商机制,都是通过借鉴美国辩诉交易制度而逐步确立起来的。

美国的辩诉交易制度与有罪答辩制度具有密切的联系。多年以来,美国联邦和各州对绝大多数刑事案件都是通过被告人作出有罪答辩(pleas of guilty)的方式得以处理的。有罪答辩通常发生在法庭审判前的"罪状答辩程序"(arraignment)中。被告人选择了有罪答辩,就意味着他放弃获得陪审团审判的权利,承认犯有检察官指控的某一罪行。法院可据此直接对被告人作出定罪裁断,而不再举行复杂的对抗式审判程序。有罪答辩一般采取两种方式:一是无争议的答辩(no-dispute pleas),即被告人自动供认有罪,并希望通过答辩有罪而获得较轻的处刑。这种方式只在极少数案件中采用。二是通过交易和协商而作出的答辩(bargained pleas),即检察官和被告方在答辩前私下进行对话和协商,最后达成协议:被告人答辩有罪,检察官则相应地减少控罪数量,或者将原来的重罪改为轻罪,或者向法院提出对被告人减轻刑罚的建议。检察官与被告方(通常由辩护律师代表)这种就被告人的控罪和量刑问题所进行的协商和交易,也就是人们通常所说的"辩诉交易"。目前在美国,被告人作出的有罪答辩绝大部分是通过辩诉交易方式来完成的。

在美国,辩诉交易主要有两种方式:(1)关于控罪方面的交易(charge bargain),即检察官减少或降低起诉书中所载的罪状,以换取被告人的有罪答辩。例如,检察官可以撤销起诉书中记载的多项罪状中的一项或几项,以促使被告人对其余各项罪状答辩有罪。同时,检察官也可以将较为严重的罪状撤销,以换取被告人对一较轻罪状的有罪答辩。而后一种罪状既可以是已载明的罪状,也可以是重新提出的新罪状。在辩诉交易实务中,检察官将指控的重罪降为轻罪的现象极为普遍,被告人答辩的罪行有时甚至与检察官原来起诉的罪状没有任何关系。(2)关于判刑方面的交易(sentence bargain)。在这种交易中,检察官可以向法官提出关于对被告人适用幅度较小的刑罚的具体建议,并希望法官能够采纳这一建议。但是,为吸引被告人作出有罪答辩,检察官建议的刑罚往往与被告人的实际罪行不相适应。许多实际有罪的被告人往往被判处极轻的刑罚,甚至被免除刑罚。当然,在司法实务中,上述两种辩诉交易往往在同一案件中得到了交叉适用。

辩诉交易的进行是十分自由的。首先,检察官和辩护律师可以在审判前的任何时间里进行这种交易。其次,法律和判例对可适用这一程序的案件范围没有作任何限制。最后,为促使被告人作出有罪答辩,检察官可以自由地处分自己的指控,而不会受到严格有效的司法审查。法官对控辩双方达成的协议一般都会予以采纳,并将协议的内容作为判决的根据。但法官一般被禁止参与辩诉交易。

美国《联邦刑事诉讼规则》第 11 条要求法官在接受被告人作出的有罪答辩时,必须审查被告人的选择是否是"自愿和理智的",并须审查这一答辩"是否具备事实上的基础"。为满足"自愿和理智"的条件,被告人必须理解检察官提出的指控的性质,答辩可能带来的直接后果,尤其是答辩所带来的被告人宪法权利的丧失。同时,被告人不得受到任何身体上的伤害或威胁以及违背其意愿的心理强制,而且还必须获得律师的有效协助,并拥有权衡自己选择的能力。为了确定有罪答辩是否具备"事实上的基础",法院应当对控辩双方达成协议的情况进行审查。但是,"规则"并没有明确规定"事实上的基础"对于一个实际案件而言必须具备哪些要求。在实践中,法官通常将其审查局限在询问被告人上,即要求被告人作出一项宣誓陈述。事实上,这种审查往往流于形式。

法律和判例对有效的有罪答辩的条件作出规定,其目的在于确保辩诉交易的公正进行,防止这一制度遭到滥用。然而,由于辩诉交易制度先天所具有的一些缺陷,这种滥用几乎是不可避免的。

在举行辩诉交易的案件中,法官一般很少采取有效措施以确保答辩的自愿性和理智性,也很少审查答辩是如何取得的以及答辩的实质是什么。这样,检察官为促使被告人作出有罪答辩,就有可能在交易过程中有意提出一项或几项与事实明显不符乃至加重了的控罪,而为了达成协议则随后撤销一些指控或减轻控诉罪行的严重程度。同时,检察官在辩诉交易中几乎不受任何外部因素的制约,他在审判之前为实现其个人利益,往往尽可能地促使大多数案件中的被告人作出有罪答辩。

不仅如此,被告人的辩护律师在辩诉交易案件中通常也拥有个人的利益,而且这种利益并不能代表被告人的利益。例如,辩护律师可能希望在处理案件方面不花费任何时间,而仍然能获得同样的律师费用。尤其那些被法院指定来为贫穷被告人服务的公设辩护人(public defenders),常常不为被告人提供有效的法律服务,他们更愿意与检察官合作,使案件尽可能通过有罪答辩的方式得到处理。目前在美国,"公设辩护人与检察官更愿意达成一种'一揽子交易'(a package deal),通过这种交易,被告人答辩有罪并自愿承受刑罚,这是案件积压的结果,而不是因为他被法院正式认定有罪"①。

美国检察官拥有的这种不受约束的自由裁量权经常侵犯被告人的权益。由于检察官通常在辩诉交易中处于支配的地位,被告人往往面临着十分艰难的处境:他要么放弃其应得的获得法庭审判的宪法权利,选择一项有罪答辩,要么甘冒在审判中被判处重刑的危险。根据一些美国学者的实证研究,在被控罪行大体相同的情况下,作出无罪答辩的被告人一旦被法庭定罪,就会受到比那些作出了有罪答辩的被告人重一倍的刑罚处罚。一位美国法官对此不无讥讽地说:"选择有罪答辩的被告人得到的是宽容,而经过法庭审判后被判决有罪的被告人得到的则是'正义'。"这种量刑上的重大差异,以及司法实务中广泛存在着的检察官有意加重指控罪行或故意提出多项与事实不符的控罪的情况,使得被告人很难有自由的选择。

12.3.2 大陆法国家的控辩协商机制

尽管辩诉交易制度在美国存在着极大的争议,但是,一些大陆法国家为解决日趋严重的诉讼拖延的问题,也为了有效处理那些存在取证困难的疑难案件,先后通过刑事司法改革,引入了源自美国的控辩双方协商机制。当然,在引入这一协商型司法制度时,几乎所有大陆法国家都没有完全采纳美国式的辩诉交易制度,而是程度不同地进行了制度改造,确立了新型的控辩协商机制。

最先引入控辩双方协商机制的大陆法国家是意大利。随后,德国、法国相继在各自的刑事诉讼法典中确立了带有控辩协商成分的特别诉讼程序。

12.3.2.1 意大利的两种控辩协商程序

意大利 1988 年《刑事诉讼法典》确立了两种带有控辩协商成分的特别程序:一是简易程序(意 *giudizio abrreviato*),二是辩诉交易程序(意 *applicazione della pena su richiesta delle parti*)。这两种程序均在不同程度上吸收了美国辩诉交易制度的部分因素,使检察官和被告方通过协商和妥协来处理刑事案件。这被认为在很大程度上背离了大陆法系的法律传统。

简易程序一般由预审法官主持进行。在这一程序中,预审法官不再举行公开的对抗式审判程序,而仅通过审查检察官呈送的卷宗材料即对案件作出

---

① Jeffrey J. Miller, Plea Bargaining and Its Analogues Under the New Italian Criminal Procedure Code and in the Unites States, 22 *N. Y. U. J. Lnt'L L. &Pol.* 215(1990).

迅速判决。如果被告人选择简易审判程序,法官可对检察官呈送的卷宗材料进行书面审查,并直接对被告人作出判决。如果法官判决被告人有罪,可根据被告人的罪行所应判处的刑罚,减少1/3的幅度。但对于那些应被判处无期监禁的被告人,法官只能将其刑罚减至30年监禁。

举行简易程序一般要由被告方亲自提出要求,但须取得检察官的同意。是否举行这一程序,须由法官审查决定。如果法官认为卷宗中的证据不能证明被告人有罪,他有权拒绝举行简易审判程序。一旦法官接受了举行简易审判的要求,他就应当对控诉方的卷宗材料进行全面的审查,而不再举行公开的法庭审判。但在必要时,法官可对被告人进行询问。这样,法官对案件所作的判决就几乎完全建立在控方卷宗材料的基础上。

与美国的辩诉交易程序相同,意大利的简易程序为检察官和被告人提供了一个协商和交易的机会。对于被告人而言,选择了简易审判程序意味着他放弃了获得正式的法庭审判的机会。从实质上看,这种选择意味着诉讼以被告人被判决有罪而告终。因为在简易审判过程中,法官通常只是以检察官的卷宗为根据进行书面的、秘密的审查,证人和鉴定人均不出庭,法官通过审查所得出的结论往往与检察官相同。这样,选择了简易审判程序的被告人实际上就等于选择了"有罪答辩"。

但与美国的辩诉交易不同的是,意大利的简易程序至少在形式上保留了法庭审判程序的特征:首先,即使检察官和被告人都同意进行简易审判程序,预审法官仍有权对其申请进行审查,在必要时对他认为不符合条件的案件给予拒绝;其次,被告人有罪与否,仍然需要由法官通过书面审查作出正式的判决。这样,简易审判的举行和案件的结局均要由预审法官最终作出决定。

在简易程序以外,意大利1988年《刑事诉讼法典》还确立了一种"辩诉交易"程序。这是意大利学者对该法典所确立的另一种特别程序的简称,其全称为"基于当事人的请求而适用刑罚的程序"。与简易程序相比,它与美国的辩诉交易程序更为接近,因为控辩双方有权就被告人实际所应受的刑罚达成协议,法官所要审查的只是双方协议的内容是否合法和适当,而不再进行任何形式的法庭审判。

适用辩诉交易程序的案件主要包括以下两种:(1)可能对被告人判处罚金刑的案件;(2)考虑到案件中的减刑情节、控辩双方的协商情况以及对被告人所受的法定刑罚可降低1/3幅度等因素,被告人实际所受刑罚最终不超过两年监禁的案件。因此,选择辩诉交易程序的被告人就像在简易审判中一样可获得较大幅度的减刑。同时,该《刑事诉讼法典》还规定,如果被告人在5年之内未因犯有相似罪行而被定罪,他还有权要求有关部门将其原犯罪记录予以撤销。

检察官和辩护方可以在审判前的任何时间里进行协商和交易,并向法官提出接受其协议的要求。与简易程序不同,被告方在"辩诉交易程序"中可单独向预审法官提出直接适用刑罚的请求,而不管检察官是否同意。在此情况下,预审法官应当对被告人的要求进行全面审查。他可以根据检察官的卷宗材料以及双方当事人陈述的情况,确定被告人的答辩是否出于自愿,并且要确定控辩双方协议的刑罚幅度是否适当。另外,法官还要确保被告人被判处的罪名与其犯罪事实相符。如果检察官拒绝对被告人直接适用刑罚,那么法官还可要求检察官陈述其拒绝的理由。在预审程序中,如果法官接受了检察官和被告人达成的协议,他应当以此协议的内容作为判决的结果,并应立即宣布。如果法官在检察官不同意举行辩诉交易程序的情况下,接受了被告人的要求,并直接作出了与被告人要求的刑罚大体相当的判决,检察官有权对这一判决提出上诉;但在其他任何情况下,控辩双方均无权对法官在辩诉交易程序中作出的判决上诉。

然而,由于受多方面因素的影响,意大利1988年《刑事诉讼法典》在很大程度上对辩诉交易的适用进行了限制,这些限制显示了意大利立法者在移植美国辩诉交易制度方面的独创性:(1)该法禁止检察官和辩护律师将被告人所犯罪行的性质问题作为交易和协商的对象。如果检察官原来对被告人指控的罪名与案件事实是相符的,那么他就不能为了降低被告人的刑罚幅度而将其改变为较轻的罪名。(2)该法将辩诉交易程序的适用范围严格限制在轻微案件中,同时对被告人可获得的减刑幅度作出了明确规定,这样就对检察官的自由裁量权作出了很大的限制。(3)法官以检察官卷宗材料为基础,对控辩双方协商和交易的情况进行审查和监督,以确保定罪判刑的正确性和适当性。(4)即使检察官不同意举行辩诉交易程序,法官也可直接接受被告方提出的适用刑罚的要求。这种情况实际已变成法官越过检察官而直接和被告人达成协议。这样,法官就可以牢牢控制辩诉交易程序,检察官和辩护方在辩诉交易中的处分权受到了比在简易审判程序中更大的限制。

12.3.2.2 德国的量刑协商制度

德国的控辩协商机制是在司法实践中逐渐产生并发展起来的。最初,德国《刑事诉讼法典》只确立了两种带有协商性司法特征的程序:一是程序停止

(德 Einsteiiung)制度,二是处罚令(德 Strafbefehl)制度。这两种程序尽管都有通过被告人认罪来换取宽大刑事处理的因素,但因为主要适用于较为轻微的刑事案件,因此,并没有产生较大的影响力。20世纪60年代以来,在德国刑事司法实践中,逐渐出现了一种适用于重大经济犯罪案件的量刑协商制度。在被告人自愿认罪的前提下,法院可以与控辩双方就量刑问题展开协商,并判处一种较为宽大的刑事处罚。这种做法有效解决了部分经济犯罪案件审判周期太长、效率低下的问题,既吸引了众多被告人选择这种程序,也使得检察机关和法院获得了切实的收益,因此,在实践中越来越盛行起来。德国联邦宪法法院曾于1987年、1997年和2005年针对这一程序的适用问题作出过判例,试图对其作出程序上的规范和控制。2009年,德国立法机关修改了《刑事诉讼法典》,将量刑协商制度正式确立在刑事诉讼法之中。这标志着量刑协商制度正式成为德国刑事诉讼中的重要制度。

在德国,所谓量刑协商(德 Verstandigung),是指在被告人自愿认罪的前提下,由法院主持,在控辩双方参与下就诉讼程序的进程和结果展开协商的诉讼制度。德国《刑事诉讼法典》要求法院根据案件"适当情形",在查阅案卷后决定是否适用这一程序。在司法实践中,量刑协商主要适用于那些证据复杂、争议较大的严重刑事案件。其中,白领犯罪案件、经济犯罪案件和毒品犯罪案件,通常为这一程序的主要适用对象。之所以将量刑协商适用于这些重大犯罪案件,是因为这些案件的犯罪事实非常复杂,证明起来难度较大,而适用量刑协商程序,则可以节约诉讼成本,提高诉讼效率,达到快速定罪的效果。

德国的量刑协商程序遵循罪刑相适应、实质真实、程序公开以及不限制法律救济等基本原则。首先,德国《刑事诉讼法典》对于协商的内容和结果作出了严格控制,以防止出现犯罪与刑罚不相称的情况出现。其次,量刑协商必须建立在法院全面查明案件事实的基础上,所有量刑协议都要以案件事实为根据,而不能使判决的基础完全建立在各方达成协议的基础上。即使被告人作出了有罪供述,法院也必须对供述的真实性和可信性进行审查核实。再次,尽可能保证被告人、辩护人、被害人、检察官等同时参与法庭上的协商过程,协商即便是在审判前阶段进行的,法院也应将协商的过程和结果公开告知各方诉讼参与人。量刑协商的内容和过程也必须全面记录在庭审笔录之中,以备上诉法院和再审法院审查。最后,为保障被告人和附属起诉人的上诉权,对于各方达成量刑协议后,法院所作的判决,被告人和附属起诉人仍然保留提起上诉的权利。对此上诉权利,法律不作任何限制。

在协商的主体上,德国《刑事诉讼法典》允许所有诉讼参与人参与量刑协商过程。一般而言,参与的各方主要是法官、检察官、被告人、辩护人、附属起诉人(通常为在检察官不起诉后提出告诉的被害人)。法官在协商程序中提出协商方案,检察官、被告人、辩护人、附属起诉人都可以提出本方的意见。通常情况下,检察官不直接参与协商过程,只是发挥监督作用,表达是否认可的意见。被告人可以参与协商过程,但通常由辩护律师提出实质性的意见。附属起诉人也可以发表本方意见。因此,德国的量刑协商带有明显的"辩审协商"的色彩。最终的协商方案只有在得到各方同意的情况下才能成立。

在协商阶段,检察官在审判前程序中可以与被告人、辩护人讨论是否适用量刑协商程序,讨论内容应被载入案卷笔录。而在中间程序和主审程序中,法官都可以启动量刑协商程序。但是,只有主审程序中的量刑协商才会产生法律效力。在主审程序中,量刑协商大体可以分为谅解性的对谈与正式的协商两个环节。前者是为正式协商所进行的准备工作,是对协商可能性的讨论。检察官在宣读起诉书后,法官可以询问被告人是否愿意接受协商,告知其可能在哪些方面获得宽大处理。在各方都有达成协议的意向后,法官主持进行正式的协商程序。通常由法官提出协商的方案,听取其他各方的意见。

对于量刑协商的内容,法官和其他各方都可以发表意见,并进行必要的调整。法官提出的量刑协商方案通常包括两个部分:一是被告人供述被指控的犯罪事实,这是适用这一程序的前提条件;二是法官就判决结果和程序性措施提出一些优惠方案,如提出一定的量刑减让条件,或者建议适用更有利于被告人的刑罚执行方式,建议适用一些非羁押性强制措施。当然,法官有时根据案件的情况,也可以将各方主体的诉讼行为纳入协商的对象,如检察官作出不起诉的决定,被告人同意赔偿损失,被害人放弃展开进一步调查的申请,或者免除检察机关的举证责任。比如在一起性犯罪案件中,被告人认罪后,法官将不再通知被害人出庭作证。

为防止量刑协商背离德国刑事法律的基本原则,法院将以下事项排除于协商范围之外:一是是否有罪的法律定性;二是构成犯罪时适用的法律条文;三是司法机关法定职权的事项,如是否将被告人安置在精神病院,对另一案件中被告人近亲属是否减轻处罚,等等。

在协商结果的效力方面,量刑协商体现了一定的契约精神,但也受到诸多方面的限制。例如,法院必须在查明案件事实的基础上,依据罪刑相适应的原则,提出可供协商的量刑及其执行方式。经其他各方同意后,协商方案即可成立。只有所承诺的量刑方案属于与被告人犯罪行为和罪责相适应的结果,这一方案才对法院具有法律拘束力。又如,对于协商不成功的后果,德国法律也作出了规定。原则上,被告人在达成量刑协议后,违背承诺推翻有罪供述的,法院可以不再遵守原来的量刑协商方案。但是,法院应及时告知被告人,对被告人之前所作的有罪供述不作法律评价,以确保被告人拥有反悔的自由。

量刑协商制度在德国引起了较大的争议。为避免这一制度在司法实践中受到滥用,维护被告人的程序自主性,德国联邦宪法法院和联邦最高法院通过一些司法判例,对量刑协商制度的适用作出了一些程序限制。在2013年3月19日的一项判例中,联邦宪法法院确认了量刑协商制度的合宪性,但强调了程序透明和记录义务的保障作用。而在2015年所作的一项判例中,该法院再次强调了在协商过程中程序透明和记录义务的重要性,认为如果在庭审之外所进行的商讨可以达成刑事协议,那么,法官应在庭审中公布该项商讨的重要内容,并向各方当事人进行告知。所谓重要内容,包括协商提案以及其他诉讼参与人对该项提案的声明。此外,此类商讨的整体内容和过程应当记录在庭审记录之中。

在2018年1月所作的一项判例中,联邦最高法院要求法院对适用缓刑的案件应告知具体的缓刑义务。该法院认为,在缓刑适用成为协商对象时,包括公益劳动和金钱给付在内的附加缓刑义务,作为对不法行为的补偿和缓期执行刑罚的前提条件,属于预期法律后果的重要部分,应被纳入告知义务的范围。

在2018年11月所作的一项判例中,联邦最高法院对法院履行特定告知义务的时间划定了标准,认为法院必须在各方达成协议之前告知其不受协商内容的拘束,而在各方达成量刑协议之后,法院再向各方告知不受协商内容的约束,就构成了对告知义务的违反。

12.3.2.3　法国的认罪答辩制度

2014年3月9日,法国立法机关通过修改《刑事诉讼法典》,确立了一种庭前认罪答辩制度(法 Comparution sur Reconnaissance Prealable de Culpabilite, CRPC),允许被告人在轻罪案件中与检察官就量刑问题展开协商,达成协议,法院经过审查,根据这一协商结果作出判决。这被称为"法国式的辩诉交易"。当然,与意大利和德国一样,法国立法机关对于这一带有协商性司法性质的制度,在适用范围和实施程序上作出了一些限制,使之契合法国刑事诉讼的基本理念和诉讼原则。

在刑事司法体制方面,法国的法院分为违警罪法院、轻罪法院和重罪法院,其中轻罪法院负责受理可能判处10年以下监禁和重大罚金刑的案件。为提高诉讼效率,确保被告人更好地接受量刑,法国借鉴美国的辩诉交易制度,在其刑事诉讼中引入了合作和协商的因素,一方面使得认罪的被告人获得宽大的刑事处罚,另一方面也有助于被告人在自主选择的前提下坦承过错,勇于承担相应的刑事责任。早在1995年,法国就创设了刑事强制令制度,试图允许检察官对被告人直接施以刑事处罚,后这一制度被法国宪法委员会撤销;1999年,法国立法机关修订《刑事诉讼法典》,创设了刑事调解制度,允许那些承认特定犯罪事实的被告人接受某种替代公诉的惩罚性措施。2014年确立的认罪答辩制度,被认为是法国在引入协商型司法制度方面取得的最大突破。

法国的认罪答辩制度的适用对象,主要是主刑为罚金刑或者可能判处5年以下监禁刑的案件。这基本上属于轻罪法院负责受理的案件范围。当然,对于未成年人案件、虚假新闻案件、过失杀人案件、案情过于简单的案件等,认罪答辩程序并不适用。

法国的庭前认罪答辩程序大体分为四个环节:一是被告人认罪;二是检察官提出量刑建议;三是被告人接受或者拒绝量刑建议;四是法官进行司法审查。

首先,被告人承认被指控的犯罪事实,属于庭前认罪答辩程序启动的前提条件。被告人可以当面向检察官认罪,但需要辩护律师在场参与。但在直接传唤或者司法传唤程序中,被告人可以亲自或者通过律师向检察官寄送挂号信,声明承认被指控的犯罪事实,并要求适用庭前认罪答辩程序。

其次,检察官根据被告人认罪以及案件的其他情况,可以提出量刑建议。检察官可以建议适用一个或者数个主刑或者附加刑。但是,这种量刑建议应符合刑罚个别化的原则,充分考虑犯罪情节、被告人人格、收入和负担等情况;检察官所建议适用的监禁刑,刑期应不超过1年,也不得超过应处监禁刑刑期的一半;检察官所建议适用的罚金刑,罚金数额不得超过法定的最高罚金数额。

再次,在检察官提出量刑建议后,被告人有10天考虑期限,以决定是否接受该量刑建议。期满后,被告人需要作出是否接受量刑建议的答复。被告人接受量刑建议的,检察官应向法官提出举行司法审查的申请,案件进入法官审核阶段。被告人拒绝接受检察官量刑建议的,检察官可以按照公诉程序向轻罪法院提起公诉,或者要求预审法官启动预审程序——也就是正式的侦查程序。被告人在检察官面前认罪答辩的相关案卷和材料不再具有证据效力。

最后,在被告人接受检察官量刑建议的情况下,法院组织专门的审核程序,通过公开的庭审,听取被告人及其辩护人的陈述,并作出最终的裁决。法国法律要求法官在审核过程中,应确保犯罪事实的真实性、检察官量刑建议的适当性,以及庭前认罪答辩合乎公正程序的要求。假如法官审核批准了检察官的量刑建议,就会立即作出裁决。假如法官拒绝接受检察官的量刑建议,那么,检察官应通过一般公诉程序向轻罪法院提起公诉,或者要求启动预审程序。之前在认罪答辩程序中获取的案卷和材料一律不得提交轻罪法院,也不得移交预审法官。

为确保被告人认罪的自愿性,以及被告人在接受量刑建议方面的明智性,法国法律建立了强制辩护制度。根据这一制度,被告人在庭前认罪答辩程序中不得放弃律师帮助权。辩护律师应在认罪答辩程序的各个环节为被告人提供咨询和帮助,律师可以查阅案卷,并与被告人进行秘密交谈。

12.4 我国的量刑协商机制

由于我国司法改革决策者一开始就将定罪、罪名、罪数等问题排除在控辩双方协商的范围之外,而 2018 年修订的《刑事诉讼法》又进一步将控辩双方协商的范围界定为量刑方面,因此,我国的协商性司法机制基本上就是一种接近于大陆法国家的量刑协商模式。

12.4.1 我国量刑协商机制的确立

英美刑事诉讼程序与民事诉讼程序较为相似,实行当事人处分原则,赋予检察机关较大的自由裁量权,允许检察机关为获得有罪的结论,而放弃对部分犯罪事实的起诉。同时,英美法奉行实用主义的哲学理念,实行形式真实原则,检察机关对于那些证据不足、没有达到排除合理怀疑的案件,可以通过降低刑罚幅度的方式来换取被告人作出有罪答辩。

大陆法国家则遵从责任主义和实质真实的理念,对于被告人已经构成犯罪的案件，无论控辩双方是否达成协议，法院都不能作出无罪裁决，也不能违背刑法无限降低刑罚的幅度。同时，对于那些已经达到法定证明标准的犯罪案件，控辩双方即使达成一致意见，法院也不能作出无罪判决。这种在司法理念上存在的重大差异，是大陆法国家没有全盘采纳美国辩诉交易制度的主要原因。

我国受大陆法理论的影响，也遵奉罪刑法定、罪责刑相适应的刑法原则，接受了无罪推定的刑事诉讼原则。因此，对于美国辩诉交易制度中允许检察官与辩护律师动辄就罪名、罪数进行妥协的做法，采取了拒绝接受的态度。首先，基于罪刑法定和罪责刑相适应的原则，控辩双方不能就指控的罪名进行协商或达成协议，更不能为了达成妥协而人为地将重罪改为轻罪，或者人为地减少指控罪名的数量。这种较为严格的定罪量刑机制，在很大程度上限制了检察机关在指控上的自由裁量权，也为控辩双方的认罪协商设置了外部限制。

其次，基于实质真实的原则，控辩双方不能将那些事实不清、证据不足的案件，纳入认罪协商的对象中。但根据我国刑事证据制度，只有被告人供述，没有其他证据的案件，不能对被告人定罪处罚；没有被告人供述，其他证据确实、充分的案件，可以对被告人定罪处罚。据此，无论被告人是否作出了有罪供述，法院都需要审查检察机关指控犯罪的证据是否达到了事实清楚、证据确实、充分的程度。对于那些尚未达到这一证明标准的案件，即便被告人作出了自愿认罪，公诉方也接受了被告人的认罪，法院也不能接受这种认罪协议。

12.4.2 我国量刑协商机制的特点

我国法律将量刑协商塑造成一种检察官主导下的控辩协商机制。在司法实践中，嫌疑人大多会选择在侦查或者审查起诉阶段进行"认罪认罚"。但无论认罪认罚发生在哪个阶段，量刑协商大都由检察官在审查起诉阶段组织进行。当然，被告人也有可能在法庭审理环节才作出认罪认罚。在此情况下，仍然要由检察官与被告人进行协商，并提交变更后的量刑建议。

12.4.2.1 检察官与被告方进行协商的方式

检察官在审查起诉阶段应就犯罪事实、定罪、法律适用、从宽处罚以及程序适用等问题听取嫌疑人、辩护人或值班律师的意见。检察官通过吸收嫌疑人、辩护人或值班律师的意见，形成最终的量刑建议。由此，量刑协商的因素自然就包含其中了。检察官主要通过三种方式来主导量刑协商程序：一是在审查起诉环节听取嫌疑人、辩护人或值班律师的意见，与嫌疑人、辩护人或值班律师进行量刑协商，达成量刑协议；二是根据与辩护方所达成的量刑协议，在辩护人或值班律师的见证下，责令嫌疑人签署"认罪认罚具结书"；三是在提起公诉时将认罪认罚具结书与量刑建议一并提交法院，检察官要当庭加以说明，并说服法院予以采纳。

与美国辩诉交易不同的是，我国量刑协商主要发生在检察官与嫌疑人之间，而没有被设计成检察官与辩护律师之间的控辩协商程序。在嫌疑人具有接受认罪认罚的意愿后，检察官随即将其涉嫌犯罪的情况、基准刑以及量刑优惠的幅度一并告知嫌疑人。在嫌疑人愿意接受检察官给予的量刑优惠幅度后，检察官随即安排签署认罪认罚具结书的程序。在没有辩护人参加的案件中，检察官将这些工作全都完成后，才会通知值班律师到场见证认罪认罚具结书的签署过程。①

与此同时，与大陆法国家也不同的是，我国量刑协商排除了法官参与协商过程的可能性。这种量刑协商主要发生在审查起诉阶段，检察官主导了协商的整个过程，达成协议的标志在于嫌疑人签署认罪认罚具结书，检察官只要遵循诚实信用原则，将双方达成的协议写入量刑建议之中，其量刑协商工作即告完成。而法官只是在法庭上对检察官起诉的犯罪事实、罪名、量刑建议进行形式审查，原则上都会予以采纳。因此，法官就不具有参与量刑协商的制度空间，而处于司法审查者的地位。

12.4.2.2 阶梯式从宽量刑机制

在量刑协商过程中，检察官既然主要就量刑问题听取嫌疑人、辩护人或值班律师的意见，就需要确定一个量刑优惠的大体幅度。换言之，在嫌疑人自愿认罪认罚的情况下，检察官需要给予其多大程度的量刑减让，才能促使其接受检察官的量刑建议，而不会在法庭审理中出现"反悔"的情况，这可能是量刑协商中需要解决的关键问题。为解决这一问题，我国刑事诉讼法在吸收司法改革经验的基础上，确立了一种"阶梯式从宽量刑机制"，试图为检察官的量刑减让确定可操作的幅度。

所谓"阶梯式从宽量刑机制"，是指改革试点法院根据嫌疑人、被告人认

---

① 参见北京市海淀区人民法院课题组："关于北京海淀全流程刑事案件速裁程序试点的调研——以认罪认罚为基础的资源配置模式"，载《法律适用》2016年第4期。

罪认罚的诉讼阶段,按照鼓励尽早尽快认罪认罚的原则,确定程度不同的量刑优惠比例。原则上,嫌疑人在侦查阶段认罪认罚的,检察官可给予最大比例的量刑优惠;嫌疑人在审查起诉阶段选择认罪认罚的,检察官所给予的量刑减让比例会有所降低;被告人在法庭审理中认罪认罚的,检察官所承诺的量刑优惠幅度最低。这种阶梯式从宽量刑机制的确立,主要目的在于吸引嫌疑人、被告人自愿认罪,尽早认罪,以尽可能地节省司法资源。

例如,福建省厦门市集美区法院就创立了"321"阶梯式从宽量刑机制,贯彻"认罪阶段不同,减少的刑罚量不同;认罪越早,从宽幅度越大"的量刑指导思想。① 又如,山东省济南市在认罪认罚从宽制度改革试点过程中,也推出了"阶梯式从宽量刑机制"。嫌疑人在侦查阶段认罪认罚的,法院最多可以减少基准刑的35%;审查起诉阶段认罪的,法院最多可以减少基准刑的25%;在审判阶段认罪认罚的,法院的减刑幅度最高可达15%。②

12.4.2.3 认罪认罚具结书的性质

在认罪认罚程序中,嫌疑人自愿认罪,同意量刑建议和程序适用的,应当在辩护人或值班律师在场的情况下,签署检察机关出具的"认罪认罚具结书"。检察机关在提起公诉时,要将这份认罪认罚具结书连同起诉书、量刑建议书一起,提交法院,并作为证明被告人自愿认罪认罚的重要依据。那么,对于认罪认罚具结书的性质究竟如何理解呢?

顾名思义,所谓"具结书",带有"悔过书"的性质,属于嫌疑人对其行为进行认罪悔罪的意思表示。认罪认罚具结书包括了嫌疑人如实供述犯罪事实的内容,这意味着嫌疑人不仅承认犯罪事实,而且对该项罪行的危害后果产生了主观认识,并表达了悔过或悔改之意。因此,认罪认罚具结书属于嫌疑人"自愿认罪"的行为。这是其一。

其二,认罪认罚具结书具有"量刑协议"的性质。在嫌疑人表达了认罪认罚的意愿,或者接受检察官所建议的认罪认罚方案后,检察官要在确保定罪事实清楚、适用罪名正确的前提下,就案件量刑问题听取嫌疑人的意见,也要听取辩护人或者值班律师的意见,这种听取意见的活动其实也就是控辩双方展开量刑协商的过程。检察官考虑到嫌疑人认罪认罚的情况以及其他量刑

---

① 参见安海涛、李松荣:《找准撬动改革的支点——福建省厦门市集美区认罪认罚从宽制度改革调查》,载《人民法院报》2019年3月29日。

② 参见祁云奎、袁鹏:《探索开展认罪认罚从宽制度试点工作新做法》,载《人民法院报》2018年11月28日。

情节,在法定的基准刑的基础上,进行适当的量刑减让,提出一种量刑方案,嫌疑人、辩护人或值班律师对此量刑方案提出意见,或者提出进一步降低刑罚幅度的意见。在检察官与嫌疑人、辩护人或值班律师对某一量刑方案都能达成一致意见后,该量刑方案就被写入认罪认罚具结书之中。因此,认罪认罚具结书体现了控辩双方量刑协商的结果,记录了控辩双方就量刑所达成的协议。

其三,认罪认罚具结书是确定检察机关量刑建议书的依据。对于控辩双方达成量刑协议的案件,检察机关向法院所提交的量刑建议书,直接根据认罪认罚具结书所记录的量刑方案而形成,体现了检察官与被告人在量刑方面所达成的合意和妥协。法院一旦接受了量刑建议,就等于认可了认罪认罚具结书的合法性,同时也表达了对控辩双方量刑协议的尊重。

12.4.2.4　法院对量刑建议的审查和采纳

在控辩双方达成量刑协议的情况下,法院对于检察机关提交的量刑建议究竟如何加以审查和采纳呢?原则上,法院尽管享有独立、权威的裁判权,但对于认罪认罚具结书,法院只需要进行形式审查。但在例外情形下,法院对于检察机关提交的量刑建议,也可以进行实质审查。

所谓形式审查,是指法院要审查被告人认罪认罚的自愿性,审查认罪认罚具结书内容的真实性和合法性。具体而言,法院要审查以下内容:一是被告人是否自愿认罪认罚,有无受到暴力、威胁、引诱而违背意愿认罪认罚;二是被告人认罪认罚时的认知能力和精神状态是否正常;三是被告人是否理解认罪认罚的性质和可能导致的法律后果;四是公安机关、检察机关是否履行了告知义务并听取意见;五是辩护人或者值班律师是否与检察官进行沟通,提供了有效法律帮助,并在场见证认罪认罚具结书的签署过程。

经过形式审查,法院对于检察机关提交的量刑建议,一般都要予以采纳。这既体现了对控辩双方量刑协议的尊重,也显示出对被告人认罪认罚行为的一种接受和激励。

当然,作为享有独立审判权的司法机关,法院并不是对所有记载着控辩双方量刑协议的量刑建议都加以无条件的采纳,而负有一定的实质审查权。作为采纳量刑建议的前提条件,法院必须确信案件事实清楚,证据确实、充分,指控的罪名准确,量刑建议适当。

因此,在以下五种法定情况下,法院有权作出不采纳量刑建议的决定:一是被告人的行为不构成犯罪或者不应当追究刑事责任的;二是被告人违背意愿认罪认罚的;三是被告人否认指控的犯罪事实的;四是起诉指控的罪名与审理所认定的罪名不一致的;五是其他可能影响公正审判的情形。

在上述五种法定情形下,法院对检察机关量刑建议的不采纳,意味着对被告人所签署的认罪认罚具结书的拒绝接受,也意味着对控辩双方量刑协议法律效力的否定。法院可以不受控辩双方量刑协议的约束,独立地作出更重或者更轻的刑事处罚。

12.5 认罪认罚程序中的基本理念

12.5.1 司法资源的合理配置

2014年以来,我国推行了审判中心主义的改革措施,使得刑事诉讼程序朝着公正化、正当化的目标发展。但是,在国家司法资源投入保持大体不变的情况下,在普通程序中推进以审判为中心的诉讼制度改革,必然会打破原有的脆弱平衡,使得有限的司法资源难以支撑越来越繁琐、正规的刑事诉讼程序。毕竟,诸如证据裁判原则的贯彻,直接和言词原则的实施,证人、鉴定人出庭作证制度的推行,非法证据排除规则的贯彻,以及排除合理怀疑标准的严格实行,必然会造成单个案件诉讼效率下降、结案周期延长以及案件严重积压等问题。更何况,随着法官、检察官员额制的推行,有资格办理案件的法官、检察官人数出现明显下降。这在刑事案件量不降反升的大背景下,也会带来法院、检察院办案压力的增加。在此情况下,对被告人认罪案件的程序简化和快速办理,就成为关系到刑事司法制度生死存亡的战略问题。

随着2018年修订的《刑事诉讼法》的实施,"认罪认罚从宽"制度改革得以完成,量刑协商机制被引入到刑事诉讼程序之中。"被告人认罪认罚"第一次成为一种独立的法定从宽量刑情节。检察官通过与被告方进行量刑协商,对于认罪认罚的被告人承诺给予较大幅度的量刑优惠,并将双方达成的量刑协议写入正式的量刑建议之中,而该量刑建议对于法院的裁判具有法定的约束力。这种量刑协商机制的确立,使得被告人可以通过选择认罪认罚和接受简易快速程序,换取较大幅度的量刑优惠或量刑减让。由此,一种针对嫌疑人、被告人的量刑激励机制在我国刑事诉讼中得以建立起来,并从两个方面发挥积极的作用:一是吸引本案的嫌疑人、被告人尽早认罪认罚,接受快速简易的诉讼程序,并尽可能不再推翻供述,或者改变已作出的程序选择;二是吸引大量的其他嫌疑人、被告人尽早选择认罪认罚程序,通过签署认罪认罚具结书来换取较为宽大的刑事处理。这种量刑激励机制的确立，确实是量刑协商制度所带来的最大效果，也对司法资源的合理配置发挥着有效的调节作用。

12.5.2 利益兼得的功利主义原理

任何一种改革要取得成功，前提都在于各方的利益都能得到满足或兼顾，或者至少可以避免受到更大的损失。随着认罪认罚从宽制度的推行，量刑协商机制被引入到我国刑事诉讼之中，无论是检察机关、被告人及其辩护人，还是法院，都可以从这一制度的实施中获得切实的诉讼收益。这符合诉讼各方的利益，是这一机制赖以存在的现实基础。

通过参与量刑协商过程，检察官可以获得多方面的收益：一是避免了被告人作出无罪辩解的可能性，将被告人变为事实上的"控方证人"；二是避免了被告人提出程序争议的可能性，至于申请排除非法证据，则更是得到避免；三是避免了案件被作出无罪处理的可能性，除了法院不会作出无罪判决以外，案件也不会因为证据体系的瑕疵或缺陷而被责令撤回起诉，法院对起诉罪名的接纳成为定局；四是避免了量刑建议被法院拒绝的可能性，尽管在理论上检察官的量刑建议对法院并没有必然的约束力，但这种通过控辩双方充分协商而形成的量刑方案，一般都会得到法院的采纳，这几乎成为一种司法惯例，使得检察官的起诉可以获得完全成功。不仅如此，在被告人认罪认罚案件中，法院一旦宣布定罪量刑的结论，被告人极少会提起上诉，案件一般都会形成"一审终审"的结局，避免了因为被告人上诉而被二审法院撤销原判的可能性。

在量刑协商过程中，被告人的利益也得到了适度的满足。最多可达到30%的量刑优惠，是促使被告人选择认罪认罚的主要动力。对于大多数事实上构成犯罪的被告人而言，通过放弃无罪辩护权利，放弃适用普通程序的机会，来获得上述量刑优惠，这具有较大的吸引力。被告人在这一协商过程中大都属于一种"经济上的理性人"，他们以追求利益最大化为目标，将自己的诉讼权利和程序保障视为一种可放弃的"砝码"甚至"筹码"。尤其是在那些涉及危险驾驶、伤害、盗窃、寻衅滋事等轻微刑事案件中，被告人假如可以获得30%左右的量刑优惠，就有可能在法院判决后尽快刑满释放，或者至少不再被投入监狱，而在看守所内服完剩余的刑期。

在这场量刑协商过程中，法官也是既得利益的获取者。通过一种"流于形式"的法庭审理,法官获得了解放,释放了办案压力,可以在单位时间内最大限度地处理最大数量的刑事案件。不仅如此,完成如此惊人工作量的法官,还不会受到被告人上诉的困扰,避免了案件被上级法院发回重审或者改判的可能性。这既可以帮助法官提高审判的工作效率,也使得法官避免了受到不利考核或者被追究司法责任的危险。

不仅如此,在适用量刑协商机制过程中,被害人的利益也得到了适度的兼顾。至少在适用刑事速裁程序过程中,司法机关要将解决被害人的赔偿问题作为适用这一程序的前提条件。由此,被害人尽管没有机会参与量刑协商的过程,也无从对检察官所承诺的量刑优惠幅度发表意见,但至少可以对这种量刑协商的适用行使"否决权"。通过对被害方利益的适度关注,在解决被害人赔偿问题的前提下适用认罪认罚从宽制度,可以最大限度地减少被害方对法院从宽处理结果的抵触和反感,化解被害方与被告方的敌意和冲突。这可以为量刑协商机制的顺利实施提供一种良好的外部环境。

12.5.3 "协商性程序正义"的实现

传统的程序正义理念建立在对抗性司法的基础上。而认罪认罚从宽制度的推行,所体现的则是一种协商性程序正义的理念。这一理念吸收了私法领域的"契约自由"和"意思自治"原则,给予被告人与检察官进行平等对话、自主协商、自愿认罪、自愿反悔的机会,最大限度地保障了被告人在处置自己诉讼权利方面的自主权。其实,诉权的本质既包括充分行使对抗性权利,也包括自主地放弃对抗性权利,自由地选择协商、对话和妥协,这本身就是对被告人诉讼主体地位的尊重。

不仅如此,在量刑协商过程中,被告人充分参与的诉讼程序可以对案件裁判结果产生直接的推动和塑造作用。作为最低限度程序正义的要求,法律要求确保被告人认罪的自愿性,保证被告人签署具结书的真实性和合法性,并确保被告人及其辩护人、值班律师充分参与量刑协商的过程。只要被告人接受了检察官所建议的量刑方案,而该方案被法院予以采纳,那么,被告人就可以对案件裁判结论的形成具有重大的推动和塑造作用。被告人通过行使程序选择权,可以影响乃至左右案件的裁判结局,这显然是对被告人诉讼主体地位的更大尊重。

可以说,量刑协商机制的运行,给予被告人进行自由选择的机会,使其通过放弃普通程序的适用,放弃无罪辩护权,甚至放弃各种诉讼权利,却换取了案件的简便快速的审理程序,获得了较大幅度的量刑优惠。被告人通过行使诉讼选择权,不仅可以选择诉讼程序的适用,还可以对案件的量刑裁判结果施加积极的影响,甚至起到决定性的塑造作用。这种对被告人诉权的高度尊重,使得被告人拥有自行选择诉讼结局的机会,这显然维护了被告人的诉讼主体地位,使其自由意志得到了高度的尊重。

12.6 值班律师制度

原则上,对于嫌疑人、被告人认罪认罚的,侦查机关、公诉机关和法院都应保障其获得有效的法律帮助,确保其了解认罪认罚的性质和后果,保障认罪认罚的自愿性。嫌疑人、被告人认罪认罚,委托辩护人,或者符合指定辩护条件的,应由被委托或者被指定的辩护人,为其进行辩护。但是,嫌疑人、被告人没有委托辩护人,也不符合指定辩护条件的,公安机关、检察机关和法院应当在各自的诉讼阶段,通知值班律师为其提供法律帮助。

所谓值班律师,是法律援助机构派驻看守所、检察机关和法院,为认罪认罚的嫌疑人、被告人提供法律帮助的法律援助律师。在我国法律援助制度中,指定辩护和派驻值班律师,都是为嫌疑人、被告人提供刑事法律援助的法定方式。但相对于指定辩护人而言,值班律师并不具有辩护人的地位,所从事的活动也不是刑事辩护活动,而属于一种临时性、紧急性的法律帮助。作为法律帮助人,值班律师通过定期值班、轮流值班或者网络值班等方式,为认罪认罚的嫌疑人、被告人提供法律帮助,维护其合法权益。在认罪认罚案件中,值班律师的主要使命在于,确保嫌疑人、被告人在充分了解认罪认罚性质和法律后果的情况下,自愿认罪认罚。

具体说来,值班律师可以为认罪认罚的嫌疑人、被告人提供以下法律帮助:一是提供法律咨询,包括告知涉嫌或指控的罪名、法律规定,认罪认罚的性质和法律后果;二是提供程序适用的建议;三是帮助变更强制措施;四是对检察机关认定的罪名和提出的量刑建议提出意见;五是就案件处理,向法院、检察机关、公安机关提出意见;六是在检察机关与嫌疑人签署认罪认罚具结书时,在场参加,并签字确认;七是引导、帮助嫌疑人、被告人申请法律援助,获得指定辩护人的帮助。

为确保值班律师为嫌疑人、被告人提供有效的法律帮助,公安机关、检察机关和法院应当保障值班律师的会见权和阅卷权。自公安机关、检察机关和法院通知值班律师提供法律帮助之日起,值班律师有权会见在押的嫌疑人、被告人,看守所应为值班律师会见提供便利。除在危害国家安全案件、恐怖活动案件中,值班律师在侦查阶段会见需要取得侦查机关的许可以外,值班律师会见不需要取得任何机关的批准。与此同时,自审查起诉之日起,值班律师可以前往检察机关查阅案卷材料,了解案件情况。在审判阶段,值班律师可以前往法院查阅案卷材料,继续了解案件情况。

在嫌疑人、被告人认罪认罚的情况下,值班律师主要集中在侦查阶段和审查起诉阶段为其提供法律帮助。嫌疑人自愿认罪认罚,并签署检察机关出具的认罪认罚具结书的,值班律师应在场见证并签字确认。随后,其法律帮助工作即告终结。被告人在审判阶段才选择认罪认罚,没有委托辩护人的,法院也要为其安排值班律师提供法律帮助。检察机关在听取被告人、值班律师意见的基础上,提出认罪认罚具结书,在值班律师在场见证下,被告人签署该项具结书之后,值班律师的法律帮助始告完成。

在法庭审理过程中,认罪认罚的被告人委托辩护人的,将由辩护人为其进行辩护。被告人没有委托辩护人的,法院通常会为其指定法律援助律师担任辩护人。在认罪认罚从宽程序的适用过程中,一些地方法院为保证值班律师法律帮助工作的前后衔接,不仅安排曾经提供法律帮助的同一值班律师,在开庭前为被告人继续提供法律帮助,而且在法庭审理中,在征得被告人同意的前提下,继续指定其担任辩护人,为被告人从事辩护工作。这种由同一值班律师先后为认罪认罚的嫌疑人、被告人提供法律帮助,并继续从事辩护活动的做法,可以产生积极的法律效果。

当然,嫌疑人、被告人自愿认罪认罚,没有委托辩护人,不符合指定辩护条件,也拒绝值班律师帮助的,司法机关应当予以准许,将此记录在案。但是,在审查起诉阶段签署认罪认罚具结书时,检察机关应当通知值班律师到场。即便嫌疑人拒绝值班律师的帮助,检察机关也应安排一位值班律师,在认罪认罚具结书签署时到场见证,并签字确认。

12.7　被害人在认罪认罚程序中的地位

被害人作为公诉案件的独立当事人,有权参与认罪认罚从宽程序,并就定罪、量刑等问题发表本方的意见。在办理认罪认罚案件时,公安机关、检察机关应当听取被害人及其法定代理人的意见,并将听取意见的情况记录在案。与此同时,对于案件适用认罪认罚程序的进展情况,特别是被告人签署认罪认罚具结书以及有关量刑建议的情况,检察机关应当及时告知被害人或者其法定代理人。

在嫌疑人、被告人认罪认罚的案件中,公安机关、检察机关、法院应积极促进被害方与被告方达成刑事和解。对于不符合刑事和解适用条件的案件,公安机关、检察机关和法院可以促进嫌疑人、被告人通过向被害方赔偿损失、赔礼道歉等方式达成谅解,被害方所出具的谅解意见,应当随案移送。公安机关、检察机关、法院在促进被害方与嫌疑人、被告人和解或谅解的过程中,应当向被害人释明认罪认罚从宽、刑事和解适用程序等方面的法律规定,充分听取被害人的意见。

原则上,被害人及其法定代理人不同意对认罪认罚的嫌疑人、被告人从宽处理的,不影响认罪认罚从宽制度的适用。认罪认罚的嫌疑人、被告人,没有退赃退赔、赔偿损失,也没有与被害方达成和解协议的,司法机关在宽大处理时,应当与那些与被害方达成和解协议或者提供赔偿的嫌疑人、被告人区别对待。嫌疑人、被告人自愿认罪并愿意积极赔偿损失,但由于被害方赔偿请求明显不合理,因此未能达成和解协议的,一般不影响对被告人的从宽处理。

但是,法院在适用速裁程序时,要将被害人是否获得赔偿问题作为需要考虑的重要事项。作为一项法定要求,被告人与被害人或者其法定代理人没有就附带民事诉讼赔偿等事项达成调解或和解协议的,法院一律不得适用速裁程序办理案件。这就意味着,被害人或者其法定代理人与被告人达成民事调解或者和解协议,属于速裁程序的前提条件之一。对于认罪认罚的被告人而言,要获得"从宽"处理,除了自愿"认罪"和"认罚"以外,还必须与被害方达成"认赔"的民事调解或和解协议。

12.8 程序转换

认罪认罚从宽程序是一种特殊的刑事诉讼程序,适用这一程序要受到诸多方面条件的限制。一旦适用这一特殊程序的条件和情形发生了变化,那么,就需要将认罪认罚程序转换为其他诉讼程序。大体上看,这种程序转换可分为两种情况:一是法院发现案件不宜继续适用认罪认罚从宽程序的,需要作出程序转换的决定;二是原来认罪认罚的嫌疑人、被告人,出现了程序反悔的情况,需要进行必要的程序转换。

12.8.1　程序转换

对于被告人认罪认罚的案件,法院应对其是否符合适用条件进行审查。经过审查,法院发现被告人不符合适用认罪认罚程序的条件,或者被告人当庭自愿认罪认罚的,可以进行必要的程序转换。

首先,法院在适用速裁程序审理案件过程中,发现案件存在被告人的行为不构成犯罪或者不应追究刑事责任,被告人违背意愿认罪认罚,或者被告人否认指控的犯罪事实等情形的,应当转换为普通程序进行重新审理。发现其他不适用速裁程序但符合简易程序适用条件的,应当转为简易程序重新审理。当然,案件确实不宜适用简易程序进行审理的,法院应当转换为普通程序进行审理。

其次,被告人在侦查和审查起诉阶段没有认罪认罚,但在法庭审理过程中当庭认罪,愿意接受处罚的,法院应当根据审理查明的事实,直接就定罪和量刑问题听取控辩双方意见,依法作出裁判。

再次,被告人在第一审程序中没有认罪认罚,但在第二审程序中认罪认罚的,审判程序依照第二审程序进行。第二审法院应当根据其认罪认罚的意义、作用来决定是否宽大处理,并依法作出裁判。

12.8.2　反悔与撤回

嫌疑人、被告人自愿地认罪认罚,是适用认罪认罚从宽程序的前提条件。无论是检察机关还是法院,都应对认罪认罚的自愿性、真实性和合法性进行审查。在刑事诉讼的任何阶段,嫌疑人、被告人在认罪认罚后,都享有反悔的权利。对于嫌疑人、被告人提出反悔的,司法机关应当予以尊重,根据案件所处的不同诉讼阶段,进行必要的程序转换。

在审查起诉阶段,检察机关对原本认罪认罚的嫌疑人作出相对不起诉决定后,嫌疑人否认指控的犯罪事实,或者不积极履行赔礼道歉、退赃退赔、赔偿损失等义务的,检察机关应当进行审查,根据情况作出以下处理:一是发现嫌疑人没有犯罪事实,或者依法可以不追究刑事责任的,应当撤销原来的相对不起诉决定,改作绝对不起诉;二是认为嫌疑人犯罪情节轻微,依照刑法不需要判处刑罚或者可以免除刑罚的,维持原不起诉决定;三是排除了认罪认罚因素后,案件符合起诉条件的,应撤销原不起诉决定,依法提起公诉。

原本认罪认罚并签署认罪认罚具结书的嫌疑人,在检察机关提起公诉前反悔的,该具结书应被宣布为失去法律效力,检察机关在全面审查的基础上,依法提起公诉。

在法庭审理过程中,被告人因为反悔不再认罪认罚的,法院应根据审理查明的事实,依法作出裁判。符合转换程序条件的,应转换为普通程序或者简易程序进行审理。

阅读案例材料之十二

认罪认罚程序中的协商筹码[①]

根据广东省某基层检察院的指控,张某与李某合谋从事毒品买卖活动。张某负责联系毒品买家和毒品货源,李某负责将毒品通过快递方式邮寄给买家。根据公安机关提取的证据,包括微信记录、转账记录、快递记录、快递店员工指认、买家指认以及毒品扣押笔录,李某被认定前后两次给买家王某邮寄毒品,在第三次来到快递店时被民警当场抓获。警察从其身上搜出甲基苯丙胺3.29克。李某供述说准备将这些毒品邮寄给云南的一个买家。

律师接受李某委托担任辩护人后,初步确立了两个辩护思路:一是论证李某为贩卖毒品的从犯;二是争取否定其中一次贩卖事实,避免被认定为"多次贩卖"。

案件进入审查起诉环节后,辩护律师经过阅卷、会见等活动,发现侦查机关在取证程序上存在多个程序瑕疵,也发现认定李某涉嫌贩卖毒品的事实存在证据锁链上的缺陷。例如,侦查人员制作的毒品扣押清单与后来的称量记录,对于毒品的编号和包数的记录并不一致;侦查人员没有在法定期限内对毒品进行鉴定;侦查人员对从李某身上搜出的两包毒品,进行混合后称量和检验;对侦查人员称量过程进行见证的人,属于职业见证人;李某第三次贩卖毒品的事实,并没有毒品买家的证言和其他证据加以印证;等等。

在辩护律师向检察官提出侦查人员存在诸多证据瑕疵后,检察官将案件退回补充侦查。公安机关重新移送后,以情况说明和讯问笔录进行了程序补正和解释。辩护律师经过综合考虑案件情况,认为"证据虽存在瑕疵,但不至于动摇其真实性,难以攻破证据锁链,故向检察官示好,提议做认罪认罚,检察官的态度极好,答应做认罪认罚",并表态认同李某的从犯情节,对量刑问题再进行具体协商。

为了准备量刑协商,辩护律师对珠海地区类似案件进行了"大数据检索",形成了检索报告,以此作为"协商量刑的筹码"。同时,辩护律师根据广东省高级人民法院量刑细则,计算出本案李某的基准刑,并根据相关的量刑情节,初步

[①] 参见翁均涛:《可能判3年以上的贩毒案,只判9个月?》,来源于"同道刑辩"微信公众号,2019年12月16日访问。

确定量刑区间在 15 至 20 个月之间。

在检察官听取辩护人意见时，律师与检察官进行了专门的"刑期协商"。辩护律师详细描述了这一协商过程："检察官问你们认为量刑多久，我们矜持地说：您先说。检察官说 8 至 10 个月如何，罚金 2000 元。当时我们又惊又喜，立即答应，并开始怀疑自己的量刑计算方法，检察官的量刑是不是有点低了，如果按照多次贩卖，法定刑是 3 年以上，即便以从犯减轻 30%，再加上认罪、初犯等，难以突破 15 个月。如果只按照毒品的数量，2 克以上，量刑起点 1 年，每增加 1 克增加 3 个月，即 12 个月加 9 个月，减半也要 10 个半月。这个想法也得到被告人的共鸣，她说不是很相信，仓里的人贩卖一两克都判 8—9 个月，我们的怀疑直到开庭得到了验证。"

在开庭前，法官与检察官、被告人及其辩护人就量刑建议有一段交涉过程。辩护律师记录了这一过程："法官皱着眉头对检察官说：这个量刑低了吧？检察官不语，气氛有点尴尬。法官思考了一下说：罚金加 1000 吧，按 3000 起诉。检察官：可以，等一下开庭当庭变更量刑建议。法官：被告人和辩护人有没有意见？被告人和辩护人：没有。"

开庭后，辩护律师预测法官可能按照认罪认罚具结书确定的量刑建议，顶格判处 10 个月。但判决书最终判处 9 个月。

通过办理几个认罪认罚案件，律师认为，认罪认罚"并不是检察院给予的恩赐，而是一场谈判，需要我们辩护律师手里有过硬的谈判筹码，才能平等地和检察官谈量刑建议"。

【深入思考题】

1. 认罪认罚从宽制度的核心是控辩协商机制的确立。但是，在嫌疑人无法委托辩护人的案件中，他们只能得到法律援助值班律师的有限帮助。而无论是嫌疑人还是值班律师，都无法做到与检察官的平等对话和理性协商，而不得不被动地接受检察官给出的量刑方案。对此，有人认为我国的控辩协商机制还处于"冰冻状态"，并没有得到激活。那么，你认为究竟如何激活我国法律确立的控辩协商机制呢？

2. 在嫌疑人认罪认罚的案件中，律师作为接受嫌疑人委托的辩护人，究竟如何与检察官展开量刑协商呢？在本案中，律师提出了非常重要的"协商筹码"的概念，认为唯有提出足以动摇或者削弱检察官指控的证据、事实和法律意见，才能有效地促使检察官降低量刑的幅度，挤干量刑建议中的"水分"，使委托人获得实实在在的"量刑优惠"。你对此怎么看？

第二部分 一般程序

第十三章　立案

第十四章　侦查

第十五章　审查起诉

第十六章　第一审程序

第十七章　第二审程序

第十八章　死刑复核程序

第十九章　刑事再审程序

第二十章　刑事执行程序中的

　　　　　诉讼问题

第十三章　立案

> 对于受刑事追诉者而言，逮捕前的拘留期可被视为刑事辩护的"黄金救援期"。但是，立案决定前的初步审查环节，则可被称为刑事辩护的"白金救援期"。成功地将案件阻止在立案的大门之外，是律师辩护发挥作用的标志。

13.1　立案的性质
13.2　立案前的初步调查
13.3　立案的条件
13.4　对立案的救济和监督
13.5　被调查人的法律帮助问题
13.6　立案程序的争议问题
阅读案例材料之十三　陈恩瑞案件

13.1 立案的性质

立案是我国刑事诉讼的必经程序,是指公安机关、检察机关和法院对于报案、控告、举报、自首、自诉人起诉等材料,依法进行审查后,认为有犯罪事实发生并且需要追究刑事责任的,决定启动侦查程序或审判程序的一种诉讼活动。广义上的立案,既适用于公诉案件,也适用于自诉案件。

但狭义上的立案,一般是指侦查机关对于那些符合立案条件的公诉案件,将其确立为刑事案件,并正式启动刑事侦查程序的诉讼活动。如果没有特别指出,本书所称的立案程序,一般就是指侦查机关对公诉案件启动刑事侦查程序的诉讼活动。

在公诉案件中,立案既是侦查机关启动侦查程序的诉讼活动,也是整个刑事诉讼程序开始的标志。严格说来,刑事诉讼程序开始于侦查机关作出立案决定之后,终结于法院作出生效裁判之时。在这一时空范围内,同时存在着两条程序脉络:一是被追诉者从"犯罪嫌疑人"变为"被告人",再变为"犯罪人"或者"无罪的人"的程序过程;二是刑事追诉机关发动"侦查""审查起诉""提起公诉""提起抗诉"等刑事追诉活动的过程。正因为如此,立案作为整个刑事诉讼程序启动的标志,要受到一系列诉讼程序的限制。

首先,立案是国家专门机关在法律授权范围内实施的诉讼活动。未经刑事诉讼法的明确授权,不依法享有立案管辖权,任何国家机关都不得采取立案活动。否则,所进行的立案活动不具有法律效力。与此同时,立案也是侦查机关办理公诉案件的必经程序。未经立案程序,侦查机关所从事的侦查活动,以及所实施的强制措施,都不具有法律效力。

其次,立案的材料来源主要有报案、控告、举报、自首等材料。任何单位和个人发现犯罪事实或者犯罪嫌疑人的,都可以向公安机关、检察机关或其他侦查机关进行报案或者举报。被害人对于犯罪事实和犯罪嫌疑人,可以向这些国家专门机关进行报案或者控告。犯罪嫌疑人本人可以向上述国家专门机关进行投案和自首。对于上述举报、报案、控告、自首或其他材料,公安机关、检察机关和其他侦查机关都应当接受。对于不属于自己管辖的案件,应当移送有管辖权的主管机关处理,必要时可以先行采取强制措施。对于属于自己管辖的案件,应当进行立案审查。侦查机关也可以依据职权,自行发现犯罪的信息和线索,主动启动立案审查活动。

再次,侦查机关在了解犯罪线索之后,可以对案件进行一定的初步调查。这种被简称为"初查"的调查活动,还不是正式的刑事侦查活动,而最多只是侦查机关的立案审查活动。在这种初步调查中,侦查机关可以采取勘验、检查、查询、询问证人等调查活动,所获取的调查笔录也可以作为破案的信息或线索。而只有立案决定作出后,侦查机关所进行的调查收集证据的活动,才具有了刑事侦查的性质,侦查机关所获取的全部证据材料和调查笔录,都具有"刑事证据"的法律效力。

又次,侦查机关作出立案的决定,要同时符合两个基本条件:一是有犯罪事实发生;二是需要追究刑事责任。对于不符合上述条件的案件,侦查机关应作出不立案的决定,这标志着侦查机关不再启动刑事诉讼程序。而对于符合这两个条件的案件,侦查机关则作出立案的决定,从而正式启动刑事侦查程序。

最后,立案是刑事诉讼程序启动的标志,也是侦查机关实施刑事侦查活动的法律依据。立案决定的作出,通常会带来四个方面的法律后果:一是被调查的案件正式成为"刑事案件";二是被调查的行为人成为"犯罪嫌疑人";三是侦查机关可以对犯罪嫌疑人采取强制措施;四是侦查机关可以实施刑事诉讼法所授权的侦查行为,通过立案后的侦查活动所获取的证据材料,可以被作为刑事证据使用。

13.2 立案前的初步调查

公安机关、检察机关接受报案、举报、控告、自首等立案材料后,认为有犯罪事实的,可以对案件进行初步的调查或审查活动。对于这种初步调查或审查活动,可以简称为"初查"活动。

在司法实践中,有些立案线索是侦查机关从行政处罚案件中获悉的,这些案件面临着从行政处罚案件向刑事案件的转化问题,也牵扯到行政程序与刑事诉讼程序的衔接问题。例如,市场监管部门、食品药品监督管理部门、税务机关、海关、公安机关治安和交通管理部门在处理行政案件中,发现行为人可能存在犯罪事实的,就可能将案件移交有立案管辖权的侦查机关,后者可能启动初查程序。甚至有些案件的初查程序与行政处罚程序还可能发生交叉。侦查机关有可能在行政机关的行政处罚程序中,提前介入案件,从事初查活动。

初查经侦查机关负责人批准,由侦查部门负责进行。原则上,初查应当秘密进行,侦查人员不得接触作为初查对象的行为人。但在案情重大复杂的情况下,经过侦查机关负责人批准,侦查部门也可以采取公开的初查活动。

在"初查"活动中,由于侦查机关尚未作出立案的决定,案件尚未被视为"刑事案件",侦查机关既不能采取强制措施,也不能采取强制性侦查行为。具体而言,在初查过程中,侦查人员的调查活动要受到两个方面的限制:一是只能采取询问、查询、勘验、检查、鉴定、调取证据材料等不限制人身权利、财产权利的调查措施,禁止采取搜查、辨认、侦查实验以及技术侦查等强制性调查措施,禁止对初查对象的财产采取查封、扣押、冻结等措施;二是不得对初查对象采取强制措施,无论是拘传、取保候审、监视居住还是刑事拘留、逮捕,在此阶段都不得实施。

那么,侦查机关通过初查活动所获取的证据材料,可否作为检察机关指控犯罪的证据使用呢?原则上,侦查机关进行初步调查活动,主要目的在于审查案件是否具备立案的条件,因此通过初查所获取的证据材料只能作为作出立案决定的根据。初查不具有刑事侦查的性质,也不具有刑事侦查的法律效力,所获取的证据材料不能作为检察机关指控犯罪的根据。

13.3 立案的条件

我国刑事诉讼法确立了三种诉讼决定的证据条件:一是立案条件;二是逮捕条件;三是侦查终结、提起公诉和定罪的条件。相对而言,立案条件处于最低的层次。侦查机关要对某一案件作出立案的决定,需要同时符合两项条件:一是有犯罪事实发生,二是需要追究刑事责任。

要审查案件是否具备立案条件,首先要根据侦查机关初查中所搜集的证据材料,来确定案件是否属于犯罪事件,是否发生了犯罪行为。侦查机关只要确信发生了"犯罪事件",那么,无论行为人是否已经被发现或者被抓获归案,侦查机关都可以作出立案决定。相反,假如经过初步调查,侦查机关发现案件属于意外事故或者不可抗力事件,案件属于民事违约或民事侵权案件,案件属于尚未构成犯罪的行政违法案件,就都应认定"犯罪行为没有发生",案件也就不符合立案的条件。

与此同时,公安机关、检察机关还需要审查案件是否属于需要追究刑事责任的情况。也就是说,案件尽管属于犯罪案件,但是,假如根据刑事诉讼法的规定不需要追究刑事责任的,如犯罪情节显著轻微、不需要追究刑事责任的,犯罪已过追诉时效的,行为人死亡或者逃匿的,案件属于告诉才处理的案件、被害人没有告诉或者撤回告诉的,那么,案件就不符合"需要追究刑事责任"的条件。

经过审查,案件同时符合上述两个立案条件的,公安机关、检察机关就可以作出立案的决定,案件由此正式进入侦查程序。相反,假如案件不能同时符合上述条件的,上述国家机关就可以作出不立案的决定,本案的刑事诉讼程序不再启动。

13.4 对立案的救济和监督

由于立案的决定意味着刑事诉讼程序的正式启动,而不立案的决定则导致刑事诉讼程序的终止,因此,对于这两种决定,嫌疑人和被害人可能会表示不服,从而提出相应的救济申请。与此同时,对于公安机关"应当立案而不予立案"或者"不应当立案而任意立案"的行为,检察机关也负有实施法律监督、纠正违法决定的职责。为避免公安机关违法作出立案或者不立案的决定,刑事诉讼法确立了相应的救济和监督机制。

首先,检察机关认为公安机关应当立案侦查而没有立案侦查的,或者被害人认为公安机关对应当立案侦查的案件而不立案侦查,向检察机关提出的,检察机关应当要求公安机关说明不立案的理由。检察机关认为理由不成立的,应当通知公安机关立案。对于检察机关所发出的"通知立案书",公安机关接到后应当立案。

其次,对于有证据证明公安机关可能存在违法动用刑事手段插手民事、经济纠纷,或者利用立案实施报复陷害、敲诈勒索以及谋取其他非法利益等违法情形的,检察机关可以要求公安机关书面提供立案理由。对于公安机关出具的立案理由,检察机关经过审查认为不能成立的,应当通知公安机关撤销案件,发出"通知撤销案件书"。

再次,检察机关通知公安机关立案或者撤销案件的,有权对执行情况进行进一步监督。对于收到通知书后不予立案或者不撤销案件的,检察机关应当发出"纠正违法通知书"予以纠正。公安机关仍不纠正的,报请上一级检察机关协商同级公安机关处理。

最后,对于公安机关应当立案而没有立案,被害人向检察机关提出后,检察机关拒绝通知立案,或者检察机关通知立案后,公安机关仍然拒不加以纠正的,被害人可以向法院提出起诉。法院经过审查,认为符合起诉条件的,可以按照自诉程序进行法庭审理,并作出判决。经过审查,认为不符合起诉条件的,法院可以驳回被害人的申请。

13.5　被调查人的法律帮助问题

原则上,在侦查机关作出立案决定之前,被调查人尽管无权委托辩护人,却可以获得律师的法律帮助。在立案前的初步审查(初查)期间,律师可以与侦查机关进行交涉,向其提交法律意见,证明被调查人不构成特定的犯罪,或者案件不符合立案的条件。可以说,将案件阻止在立案的大门之外,是律师在这一环节进行法律帮助工作的重点。

而在那些由民事纠纷转化为刑事案件,或者由行政处罚案件转化为刑事案件的情况下,律师本来就可能担任被调查人的诉讼代理人,参与民事纠纷的处理,或者为其从事行政案件的法律代理工作。为阻止这类案件向刑事案件的转化,律师可以协助被调查人从事诉讼应对工作,尽力与利害关系人达成和解,或者积极配合行政监管部门的执法工作,通过缴纳行政罚款或者达成行政和解,来避免案件进入刑事立案程序。

立案作为刑事公诉案件所要经历的第一道程序,是刑事侦查程序启动的标志,也是刑事侦查机关发动刑事追诉行动的开始。考虑到有不少案件根本不属于犯罪案件,也不具备立案的条件,因此,被调查人在此阶段获得律师的及时帮助,从而说服侦查机关作出不立案的决定,就具有非常重要的意义。

13.6　立案程序的争议问题

在司法实践中,侦查机关对于立案程序没有给予足够的重视,经常存在"不破不立"的现象,并且模糊初查与侦查的界限,在没有作出正式的立案决定的情况下,就启动刑事侦查程序。结果,侦查机关所实施的强制措施、所采取的调查程序以及所收集的证据材料,就经常在合法性方面出现一些争议。例如,侦查机关在没有作出立案决定之前,可否采取强制措施?所搜集的证据材料可否作为指控犯罪的证据?未经立案程序,侦查机关所从事的侦查活动是否具有法律效力?对于这些问题,究竟应如何处理呢?

原则上，未经在侦查机关作出正式的立案决定，被调查人不得被采取强制措施，尤其是不得被采取刑事拘留和逮捕措施。尤其是在立案前的初查阶段，侦查机关假如对被调查人员采取了强制措施的，应当被视为违反法律程序的行为，所采取的强制措施应被归于无效。这是其一。

其二，在立案前的初查阶段，侦查机关可以对案件进行初步的调查核实证据活动。但是，这些调查核实证据的活动主要被用来确定案件是否具备立案的条件，而不能被作为指控犯罪的证据。侦查机关在初查中所搜集的证据材料，只能作为作出立案决定的根据。在立案决定作出后，侦查机关需要重新搜集证据，制作侦查案卷笔录。只有在立案决定形成后所搜集的证据材料，才可以被作为指控犯罪的证据。

其三，侦查机关对于公诉案件没有作出立案决定，而直接启动刑事侦查程序的，所进行的侦查活动属于违反法定程序的侦查活动。在司法实践中，在案件进入审查起诉或者审判程序之后，辩护方因为侦查机关没有履行立案程序所进行的侦查活动，因而提出侦查机关所搜集的证据全都属于非法证据，并进而提出排除这些非法证据的申请。对此申请，检察机关或者法院应当进行审查，责令侦查机关作出程序补正，或者给出合理的解释或者说明。对于拒绝补正或者不作出任何解释或者说明的，检察机关或者法院可以作出排除非法证据的决定。

阅读案例材料之十三

陈恩瑞案件①

正义网福建2012年6月4日电（通讯员高达源　郑智伟）　福建省龙海市检察院侦监部门积极履行立案监督工作职能，既监督公安机关有案不立行为，也监督公安机关错误立案行为。近日，该院成功督促公安机关撤销一起久拖未决案件，有力维护了法律尊严，保障了无罪的人不受法律追究。

据了解，该院侦监部门接到本院案管中心通报，称有一起已经法院判决认定犯罪嫌疑人陈恩瑞未涉及该信用卡诈骗案，但公安机关经2年多时间仍未撤案的案件。该院侦监部门立即派员向公安机关调阅卷宗。经审查，发现该案系犯罪嫌疑人陈恩瑞的儿子冒用其身份证明办理信用卡后向银行借款长期拖欠不还，但犯罪嫌疑人陈恩瑞对此并不知情，而公安机关对犯罪嫌疑人陈恩瑞予以立案侦查。该院认为此案属于不应当立案而立案的案件，遂向公安机关发出《要求说明立案理由通知书》，公安机关却答复称该案符合立案条件。该院侦监部门经集体研究并经检察长决定后，认为犯罪嫌疑人陈恩瑞并无共同犯意，法院判决也已确认陈恩瑞未参与该案，公安机关答复的理由不能成立，于是向公安机关发出《通知撤销案件书》。但公安机关不复议、复核，仍以多种理由推脱拒不撤案，该院立即严格依照《人民检察院刑事诉讼规则》和最高人民检察院、公安部《关于刑事立案监督有关问题的规定（试行）》的相关规定，向公安机关发出《纠正违法通知书》，对公安机关拒不撤案的违法行为进行纠正。公安机关接获《纠正违法通知书》才重视此案，经重新研究后也意识到在处理该案时的错误，遂撤销该案。

据悉，该起案件是新刑诉法实施以来，该院综合利用新《人民检察院刑事诉讼规则》及立案监督有关规定对公安机关执法行为进行法律监督，也是该院侦监部门与案管部门加强内部协调，拓展立案监督渠道的一次成功合作。两部

---

① 参见高达源、郑智伟：《福建龙海检察院监督一起公安机关错误立案案件》，http://www.mzyfz.com/cms/yifaxingzheng/xingzhengzhifa/zhifajiandu/html/1464/2013-06-05/content-773487.html，正义网2013年6月2日发布。最后访问时间2020年10月5日。

门的协作关系有利于在立案监督工作中形成监督合力,强化监督力度,确保监督实现。

【深入思考题】

1. 从理论上说,立案决定作出后,侦查机关才能从事侦查行为,也才能对嫌疑人适用强制措施。但是,在很多案件中,侦查机关并没有作出立案的决定,就启动了侦查程序。对此,很多辩护律师都认为,侦查机关没有作出立案决定就启动侦查程序,属于违法侦查行为,侦查人员所收集的证据一律应被归于无效。对此你怎么看?

2. 尽管刑事诉讼法确立了立案的两个条件,但在司法实践中仍然存在被害方"报案难""立案难"的问题。检察机关对于公安机关随意不立案的问题,也缺乏强有力的监督措施。那么,对于公安机关动辄作出拒不立案的决定,应当建立怎样的监督和制约机制?

第十四章 侦查

> 从技术的角度看,刑事侦查无非是侦查机关收集犯罪证据、查获犯罪嫌疑人、查明犯罪事实的活动;侦查成功的标志就是"破案"。但从诉讼的角度看,刑事侦查则是为协助检察机关履行公诉职能所进行的诉讼准备活动;侦查成功的标志则是检察机关说服法院作出有罪裁决。

14.1 侦查的性质
14.2 侦查程序的原则
14.3 侦查程序的构造
14.4 侦查行为
14.5 侦查终结
14.6 补充侦查
14.7 认罪认罚案件的处理方式
阅读案例材料之十四　黄志坚案件

14.1 侦查的性质

14.1.1 侦查的含义

侦查是国家专门机关根据法定的职能管辖分工,为搜集犯罪证据、查明犯罪事实和查获犯罪嫌疑人所进行的专门调查活动。按照国家追诉原则,对犯罪行为的追诉活动要由专门的国家机关负责调查,而刑事追诉活动既包括搜集犯罪证据,查获犯罪嫌疑人,查明犯罪事实真相的活动,也包括提起刑事指控并支持公诉的活动。其中,搜集证据、发现事实真相并查获犯罪嫌疑人的活动,就是刑事侦查活动。与此同时,根据控审分离原则,对犯罪行为的刑事追诉与司法裁判应当由两个独立专门机关负责实施,其中提起公诉的职能由检察机关承担。而侦查机关搜集证据、发现事实和查获嫌疑人的主要目的,就在于为检察机关的公诉活动提供必要的诉讼准备和程序保障。

在刑事侦查过程中,侦查人员为搜集证据、查明事实和查获嫌疑人,经常会采取一些会限制或者剥夺人身自由、财产权以及其他权益的侦查行为,因此,为避免侦查权力的滥用,避免相关个人的权益受到不当的侵害,刑事诉讼法建立了侦查程序,对侦查活动作出一系列的程序限制。例如,刑事诉讼法会对侦查行为的审查、授权和决定权作出严格限定,要求侦查人员在采取特定侦查行为时要持有事先发布的令状,以防止出现侦查权过于集中行使的现象;刑事诉讼法也会对侦查措施的时间、地点、适用条件、约束程度等作出明确规定,以避免侦查人员在不必要和无节制的情况下任意适用侦查措施;刑事诉讼法还有可能对违法侦查行为的救济机制加以确立,从而为侦查权力滥用的受害者提供必要的救济措施和矫正机制。

那么,刑事侦查究竟具有哪些基本特征呢?

首先,侦查是国家专门机关专属的一项国家权力。按照我国的刑事立案管辖制度,公安机关是大多数刑事案件的侦查机关,检察机关、国家安全机关、监狱、海关缉私部门、军队保卫部门等,依照法定管辖范围对部分案件行使侦查权。在上述国家专门机关以外,其他任何国家机关或者个人,都无权采取侦查措施。否则,所采取的专门性调查活动就属于非法活动,不能产生任何法律效力。

其次,侦查是公诉案件的必经诉讼程序。通常,自诉案件不需要经过侦查程序,自诉人可以直接向法院提起自诉,法院受理后,案件即进入审判程序。但对于公诉案件,侦查机关在作出立案决定后,即对案件展开全面的侦查活动。未经侦查程序,公诉案件不得直接进入审查起诉程序,更不得直接由法院进行审判。

再次,侦查活动的目的有三:一是查获犯罪嫌疑人,二是搜集犯罪证据,三是查明犯罪事实。其中,查获犯罪嫌疑人是进行刑事诉讼程序的重要保障;搜集犯罪证据是支持检察机关提起公诉的必要条件;查明犯罪事实是检察机关取得公诉成功的前提。

最后,刑事侦查的内容包括两个部分:一是专门性调查活动,二是有关的强制性措施。所谓"专门性调查活动",是指侦查机关为搜集与犯罪有关的证据材料、查明犯罪事实所进行的调查收集证据活动。而"有关的强制性措施",则是指为查获犯罪嫌疑人、保障刑事诉讼顺利进行所采取的限制或者剥夺人身自由的措施。

14.1.2 侦查的双重意义

侦查有技术意义上的侦查与诉讼意义上的侦查之分。从技术的角度来看,侦查可以被视为侦查机构为收集犯罪证据、查明犯罪事实而进行的一系列调查活动。对于这些活动,侦查机构必须按照一定的程式、步骤和顺序进行,并履行一些形式上的手续。但从诉讼意义上看,侦查作为侦查机构代表国家针对个人进行的追诉活动,既有可能限制和剥夺公民基本权益,也存在着滥用国家权力的危险。因此,如何构建一种旨在约束追诉机构权力的诉讼程序,确保那些处于被追诉地位的人拥有一些基本的防御权,就成为现代侦查制度的主要课题。

14.1.2.1 作为刑事追诉活动的侦查

作为一种刑事追诉活动,侦查是侦查机关在启动刑事诉讼程序后所进行的专门调查活动。侦查活动的主要目的有三个:一是查获犯罪嫌疑人,也就是将涉嫌犯罪的人抓获归案,对其采取限制人身自由的强制措施;二是搜集犯罪证据,通过各种调查活动将可以证明嫌疑人有罪的证据加以收集、提取,并制作相关的证据笔录;三是查明犯罪事实,在收集证据的基础上,对嫌疑人的犯罪事实证明到事实清楚,证据确实、充分的程度,以满足提起公诉的证明要求。

作为公诉案件的必经程序,侦查属于检察机关公诉程序的前置程序。不经历成功的侦查过程,检察机关的公诉将没有足够的证据加以支持,所提起的公诉也难以取得成功。因此,侦查与公诉一样,都属于国家刑事追诉活动的有机组成部分。

14.1.2.2　作为公诉预备活动的侦查

检察机关提起公诉,是国家正式对被告人提起刑事诉讼的标志。而在此之前所进行的侦查活动,主要是为公诉进行必要准备的活动。侦查机关一般从三个方面为公诉活动进行准备:一是抓获犯罪嫌疑人;二是搜集犯罪证据;三是查明犯罪事实。

但是,对于侦查机关所进行的这些公诉准备活动,检察机关并不会当然地加以接受和采纳。在司法实践中,我国公安机关经常有所谓"侦查破案"的说法,是指对那些已经查获犯罪嫌疑人、获取嫌疑人有罪供述的案件,宣告案件侦查成功的行为。从技术意义上讲,这种侦查破案的说法有一定的根据。但从诉讼角度看,所谓"侦查破案",只不过是侦查机关完成了技术意义上的侦查行为,但对于案件是否达到提起公诉的条件,应否提起公诉,检察机关仍然要进行独立的审查起诉活动。

检察机关经过审查起诉,既可以接受侦查机关所搜集的证据,接受侦查机关所得出的结论,也可以拒绝接受侦查机关所移送的证据和所得出的结论。对于侦查机关所认定的犯罪事实不成立,或者所移送的案件不具备犯罪构成要件的,检察机关可以直接作出不起诉的决定,从而否定侦查机关的结论,终止刑事诉讼程序。不仅如此,检察机关经过审查起诉,认为案件事实不清,证据不足,或者具有遗漏犯罪事实或犯罪人的情形的,还可以自行补充侦查,或者将案件退回侦查机关补充侦查。

14.1.2.3　作为公诉辅助活动的侦查

从理论上看,检察机关作为国家公诉机关,承担着主要的刑事追诉责任。检察机关刑事追诉取得成功的标志,在于说服法院以生效裁决确定被告人的刑事责任。正因为如此,侦查机关就不仅要为检察机关的公诉活动进行必要的预备活动,而且在检察机关提起公诉之后,还要继续提供必要的公诉辅助活动,充当检察机关的助手。只要检察机关没有完成公诉活动,侦查机关就应始终承担这种协助公诉的责任。

在检察机关提起公诉之后,侦查机关从事公诉辅助活动的方式主要有三种:一是侦查人员提供证言;二是对案件进行补充侦查;三是将调查获取的证据及时提交检察机关。

通常情况下，在检察机关提起申请，法院发出传召要求的情况下，侦查人员应当出庭作证，就其所了解的案件事实提供证言。侦查人员作为控方证人，具有不可取代的价值，可以对在履行侦查职责过程中所了解的犯罪事实、量刑事实和程序事实提供证人证言。在我国司法实践中，侦查人员可以通过两种方式提供证言：一是提供书面证词；二是出席法庭审理，当庭提供口头证言。但无论通过何种方式提供证言，侦查人员都对检察机关的公诉提供了重要支持，对于检察官证明被告人的犯罪事实，具有不可替代的诉讼效果。

检察机关提起公诉后，发现案件事实不清，证据不足，或者遗漏主要犯罪事实或者犯罪人的，可以向法院提出撤回起诉的请求，也可以申请延期审理。在此情况下，检察机关既可以自行展开补充侦查活动，也可以将案件退回侦查机关进行补充侦查活动。侦查机关补充收集证据，这本身就是协助公诉工作的重要形式。

不仅如此，检察机关在支持公诉过程中，需要侦查机关提供证据加以支持的，可以向侦查机关调取相关证据材料。法院在审理过程中，也可以向侦查机关调取相关物证、书证、视听资料、电子数据以及相关证据笔录。侦查机关协助上述调取证据的活动，也属于对公诉工作的重要支持和辅助。

14.2 侦查程序的原则

14.2.1 法律保留原则

在公法领域中，所有由国家机关所采取的限制或剥夺个人权益的行为，都应以法律明确授权为前提，并在法律授权范围内加以实施。这一要求就是法律保留原则。在刑事诉讼中，无论是那些旨在限制或剥夺人身自由的强制措施，还是那些可能损害财产权、个人隐私、人格尊严等权益的强制性侦查行为，也都要遵循法律保留原则，侦查人员要以法律明文授权为前提，并在法律明确授权范围内实施。具体而言，侦查人员在采取搜查、扣押、通缉、查封、冻结、技术侦查措施等行为时，要遵循法律保留原则。未经法律的明确授权，公安机关、检察机关不得采取任何限制或者剥夺个人合法权益的侦查措施。超越法律明确的授权范围，侦查机关所实施的任何侦查行为，即属于非法侦查行为，并被归于无效。

14.2.2 成比例原则

在刑事诉讼中,侦查措施的采取经常会侵犯个人的合法权益,如搜查会侵犯个人的隐私,扣押会侵犯个人的财产权,通缉会侵犯个人的人身自由和安宁,查封会限制个人的财产权,技术侦查措施则会侵犯个人隐私和人格尊严,等等。为防止侦查机关滥用侦查措施,避免个人因侦查机关滥用权力而被任意剥夺合法权益,侦查活动应当遵循成比例原则。

所谓成比例原则,包括两个方面的要求:一是必要性原则,也就是强制性侦查措施只有在为搜集犯罪证据、查明犯罪事实而确属必要的情况下,才能由侦查机关依法采取;二是狭义的成比例原则,也就是侦查机关在采取侦查措施时对个人权益的限制或剥夺程度,应当与案件的重大复杂程度、调查取证的难度等相适应。

14.2.3 检察监督原则

检察监督原则贯彻于刑事诉讼的全部过程。与立案活动一样,侦查活动也要接受检察机关的法律监督。对于侦查机关违法实施侦查行为的,检察机关有权进行法律监督,提出纠正违法的意见。在司法实践中,检察机关通常通过以下方式对侦查行为的合法性进行法律监督:

一是提出纠正违法的意见,或者提出相关的检察建议;

二是对于侦查机关所提出的不合法逮捕申请,或者没有逮捕必要性的,依法作出不批准逮捕的决定;

三是对于侦查机关所提出的延长逮捕后羁押期限的申请,依法进行审查,对于不符合法定条件的申请不予批准;

四是在审查起诉过程中发现案件事实不清、证据不足或者存在遗漏犯罪嫌疑人或遗漏犯罪行为的,作出退回补充侦查的决定;

五是在侦查终结之前,检察机关要对侦查人员是否存在刑讯逼供等非法取证行为进行专门的"核查"程序,核查采取讯问犯罪嫌疑人的方式,听取其有关侦查行为合法性的意见,全部核查过程都要全程录音录像;

六是在审查批捕和审查起诉时发现侦查机关存在违反法律程序的情形,也可以作出排除非法证据的决定;

七是检察机关在侦查过程中可以对被逮捕的犯罪嫌疑人,进行羁押必要性审查,对于原来错误或者违法采取羁押措施,或者因为案件情况的变化,使得继续羁押没有必要的,可以依法解除羁押措施,变更为监视居住或者取保候审等非羁押性强制措施。

14.2.4 侦查不公开原则

我国法律确立了审判公开原则,要求法庭审判原则上应当公开进行。但是,侦查活动则遵循不公开进行的原则。根据这一原则,侦查机关无论是采取强制性措施,还是进行专门调查活动,都应当秘密进行,既不能允许社会公众在场参加,也一般不得向新闻媒体披露案情和侦查进展情况。

之所以要确立侦查不公开原则,主要是基于两个方面的理由:一是避免侦查的进展情况为社会所知悉,防止犯罪嫌疑人翻供、串供或者建立攻守同盟,防止嫌疑人毁灭、伪造证据或者威胁证人、被害人等妨碍侦查情况的发生。二是避免将犯罪嫌疑人接受专门调查的情况向社会披露,贯彻无罪推定原则,防止社会公众和新闻媒体对犯罪嫌疑人作出先入为主的判断,以至于侵害犯罪嫌疑人的名誉权。

14.3 侦查程序的构造

从诉讼构造的角度来看,刑事侦查大体上可分为"诉讼构造"与"行政构造"这两种构造模式。所谓"诉讼构造",是指在刑事侦查程序中设有司法裁判、指控和辩护这三种基本的诉讼职能,凡是涉及剥夺或者限制人身自由、财产权利的事项,如拘留、逮捕等强制措施,搜查、扣押、查封、冻结、窃听等强制性侦查行为,都要由侦查人员或检察官提出申请,提交裁判者进行司法审查、司法授权和司法决定。而在裁判者主持的听证会上,检察官和嫌疑人及其辩护律师都可以到场参与,并提交证据和发表本方观点,说服裁判者作出有利于本方的决定。

而所谓"行政构造",则是指在刑事侦查过程中,没有中立的司法机关参与其中,无论是对于强制措施,还是对于强制性侦查行为,都要由侦查机关自行审查、自行授权、自行决定并自行执行。这种侦查程序其实与行政机关的行政监管或行政调查活动并没有实质性的区别,没有建立"控审分离"的机制,侦查人员既是侦查行为的决定者,也是实施者。至于嫌疑人及其辩护人,尽管也被允许参与一些侦查活动,但由于没有向第三方发表辩护意见的机会,因此最多只能在有限的场合下向侦查人员提出一些难以发挥积极效果的申辩意见。

14.3.1 两种侦查构造观

在侦查的构造问题上，日本学者平野龙一曾提出过"两种侦查构造观"的理论。在他看来，在侦查程序的构造上，基于对控制犯罪和保障人权的不同价值取向，存在着两种侦查观念：一是"纠问式侦查观"，二是"弹劾式侦查观"。

所谓"纠问式侦查观"，是指将侦查视为国家侦查机关单方面发动的强制性调查行为，犯罪嫌疑人只是调查的客体和侦讯的对象，负有服从侦查和配合讯问的义务。按照这一观念，所有强制性侦查行为均应由侦查机关自行授权、自行执行，而不必经受司法机关的授权；对犯罪嫌疑人应尽量采取羁押性强制措施，防止其采取各种妨碍侦查的行为；犯罪嫌疑人不应享有沉默权，而负有作出有罪供述的义务；辩护律师即便参与诉讼过程，也应尽量不影响侦查活动的顺利进行。

而"弹劾式侦查观"，则是将侦查视为侦查机关为移送检察机关提起公诉所进行的诉讼准备行为。无论是对犯罪嫌疑人人身自由的限制，还是对个人财产性利益的剥夺，都是为保障诉讼进行和保全证据的需要而采取的，且需要经司法机关的事先授权才可行使。至于犯罪嫌疑人，则不属于侦查讯问的客体，而是享有诉讼防御权的诉讼主体。根据这一侦查观念，犯罪嫌疑人享有保持沉默的权利，而没有配合侦查的义务；享有获得律师辩护的权利，且律师在每一关键阶段都应参与侦查过程，为其提供必要的程序保障。与此同时，犯罪嫌疑人在律师的帮助下，可以与侦查机关进行平行的调查活动，以便为法庭上的抗辩做好充分的准备。为此，应当尽量减少不必要的未决羁押，尽量保证嫌疑人的人身自由，以保证其与律师更为有效地进行防御准备工作。

平野龙一所提出的两种"侦查构造观"，既包含着对侦查诉讼功能的分析，也包含着对侦查程序构造问题的讨论。所谓"纠问式侦查观"，其实主要是将侦查视为一种侦查机关单方面的行政调查活动，强调其调查取证、发现犯罪事实和查获犯罪嫌疑人的功能，因此，这种侦查具有行政化的构造。而所谓"弹劾式侦查观"，则将刑事侦查视为国家公诉的准备活动，将侦查纳入刑事诉讼程序的轨道，强调侦查的公诉预备和公诉服务功能，因此，这种侦查程序具有诉讼化的构造。

14.3.2 侦查程序的诉讼构造

在西方国家,侦查本身包含着两种行为过程:一是侦查机关查获嫌疑人、搜集犯罪证据的调查活动;二是司法官员对于侦查机关的强制性侦查行为加以审查和批准的司法裁判活动。前一种活动与行政机关的调查活动并没有本质的区别,带有行政活动的性质。而后一种活动则属于一种诉讼活动,具有控诉、辩护和裁判三方参与的诉讼构造。我们通常所说的侦查程序的诉讼构造,主要是指在侦查行为的审查和授权方面所确立的司法审查构造。

这种司法审查程序并不适用于一切侦查活动,而主要适用于侦查机关所采取的强制措施和强制性侦查行为。根据所要审查的对象不同,侦查程序中的司法审查又可以分为三种类型:一是强制措施的司法授权;二是强制性侦查行为的司法授权;三是对被调查人申请救济事项的司法审查。

在强制措施的司法审查方面,西方国家普遍确立了"令状主义"的诉讼制度。原则上,侦查人员逮捕嫌疑人,要事先向法官申请签发逮捕令。在逮捕后法定时间内侦查人员要将被逮捕的嫌疑人提交法官面前,举行初次庭审或者羁押听证会,在侦查人员、检察官、嫌疑人、辩护律师在场的情况下,由法官经过庭审,审查控方是否有证据证明案件具有羁押的理由。经过庭审,法官会作出羁押命令,或者将没有羁押必要性的嫌疑人予以保释,或者对嫌疑人采取其他非羁押性强制措施。

在强制性侦查行为的司法授权方面,西方国家也确立了司法审查的机制。一般情况下,侦查人员只要采取搜查、扣押、窃听、查封、冻结等限制个人财产、隐私等基本权益的侦查行为,都要向法官申请签发许可令状。一般情况下,法官可以书面方式作出是否发布许可令状的决定。

在侦查过程中,假如嫌疑人对于侦查人员采取的某一强制措施或者强制性侦查行为的合法性和必要性提出异议时,法院也可以举行专门的听证会,当庭听取检察官、嫌疑人、辩护律师的陈述和辩论,作出是否继续羁押或者是否采取保释措施的决定,或者作出是否改变或者撤销某一种强制性侦查行为的决定。

当然,也有少数大陆法国家,在侦查阶段允许司法官员直接领导警察的侦查活动,对重大侦查行为适用控辩双方参与的诉讼方式,或者对于那些因不可抗力原因可能灭失的重要证据,直接由法官主持实施一种特殊的证据保全程序,在控辩双方参与并发表意见的情况下,对有关证据的证明力作出是否采信的决定。前一种由法官主持的侦查活动,最为典型的代表是法国的预审法官预审(正式调查)活动;后一种由法官主持的侦查活动,则以意大利预审法官主持的证据保全程序为典型例证。

正因为西方国家对侦查行为的授权采取了司法审查的方式,因此,这些国家的侦查程序具有基本的诉讼构造。迄今为止,主持侦查阶段司法审查的司法官员,在法国、意大利是预审法官,在英国是治安法官,在德国是侦查法官,而在美国则可以是普通法官。

14.3.3 侦查程序的行政化构造

我国的刑事侦查程序不具有基本的诉讼形态,而具有典型的"行政构造"。在这一程序中,侦查基本被设计成公安机关、检察机关为搜集犯罪证据、查明犯罪事实所进行的单方面调查活动。在这一过程中,不存在犯罪嫌疑人为搜集证据所进行的调查活动。犯罪嫌疑人大都被采取了羁押性强制措施,失去了人身自由,也失去了调查核实证据的机会;无论是辩护律师还是犯罪嫌疑人,都不享有阅卷权,无法及时了解侦查机关所获取的证据情况;刑事诉讼法对于犯罪嫌疑人及其辩护律师的调查权,也不提供程序上的保障。

在强制措施和强制性侦查行为的采取上,法律没有确立司法审查和司法授权的机制。法律既不允许法官参与侦查活动,也没有建立司法审查和令状主义的机制。结果,无论是强制措施还是强制性侦查行为,都是由侦查机关自行授权、自行实施的,其目的主要是保障犯罪嫌疑人有效地配合侦查工作,确保所谓与犯罪事实有关的实物证据都受到有效的控制和保全。当然,在逮捕的批准以及逮捕后羁押期限的延长方面,中国法律确立了一种准司法审查机制,由检察机关对逮捕的条件和羁押的必要性进行审查。这在那些由公安机关负责侦查的案件中,确实具有一定的司法审查和司法授权的意味。但在检察机关自行侦查的案件中,这又变成检察机关自我授权和自我审查的机制,不具有基本的中立性和超然性。

在侦查过程中,犯罪嫌疑人基本上处于诉讼客体的地位。嫌疑人不享有保持沉默的权利,而负有"如实回答"的义务;嫌疑人一般都被采取了强制措施,失去了人身自由,只能成为侦查机关调查核实证据的工具,而无法向侦查人员发表辩护意见。

在侦查终结之前,辩护律师可以向侦查人员发表辩护意见,也可以提交书面的辩护意见。侦查人员应当将听取辩护意见的记录,以及辩护律师的书面辩护意见,载入侦查案卷笔录,随案移送。

法律尽管允许律师向侦查人员发表辩护意见,但又对律师的辩护作出了多方面的限制。首先,在对嫌疑人权益影响最为关键的讯问过程中,律师不被允许在场,而其他强制性侦查行为的采取过程,如搜查、扣押、辨认、鉴定、侦查实验等,也剥夺了律师的参与机会。其次,律师尽管被允许会见在押嫌疑人,却仍然受到层层限制,尤其是在嫌疑人涉嫌实施危害国家安全、恐怖活动犯罪等案件中,律师会见在押嫌疑人,仍然要经过侦查机关的批准,且在侦查机关任意拒绝会见后,无法获得有效救济的机会。最后,律师尽管在侦查终结前可以向侦查人员发表辩护意见,但这种辩护极难以发挥作用。侦查人员是否作出侦查终结的结论,是否将案件移送审查起诉,都不太会考虑辩护律师的意见。

14.4 侦查行为

我国刑事诉讼法对各种侦查行为的实施程序作出了规定。大体说来,根据侦查机关是否侵害个人权益以及对个人权益的侵害程度,可以将侦查行为分为非强制性侦查行为、强制性侦查行为与技术性侦查行为三种。

14.4.1 非强制性侦查行为

非强制性侦查是侦查机关所实施的不限制或剥夺人身自由或其他权益的专门性调查活动。非强制性侦查可以有询问证人(被害人)、查询、勘验、检查、调取、鉴定、侦查实验等侦查活动。

通常情况下,非强制性侦查行为要由侦查机关负责人加以审查批准,由侦查人员主持进行。进行侦查活动时,侦查人员需要持有证明文件。侦查情况要写成笔录或者清单,由侦查人员和参加侦查活动的人员、见证人等签字或者盖章。通过侦查,侦查人员所获取的询问笔录、勘验和检查笔录、侦查实验笔录、提取证据笔录、鉴定意见等,一律作为控方证据载入侦查案卷,随案件移送检察机关和法院。

询问证人(被害人)是侦查人员就有关案件情况向证人(被害人)进行调查核实的一种侦查活动。这种询问的地点比较灵活,既可以在犯罪现场、所在单位、住处或其他地点进行,也可以通知证人、被害人到侦查机关提供证言。但询问证人一律采取个别进行的方式。通常情况下,侦查人员会采取商谈的方式,请证人、被害人配合调查,提供证言。通过询问,侦查人员要制作证人证言(被害人陈述)笔录,使其成为重要的控方证据材料。

查询是侦查机关根据侦查犯罪的需要,依法向银行或其他金融机构就犯罪嫌疑人的存款、汇款、债券、基金份额等财产所进行的调查问询活动。查询本身并不是一种强制性侦查行为,但查询后的冻结则会带来对个人财产的暂时封存。

勘验、检查是指侦查人员对与犯罪有关的场所、物品、人身、尸体等进行勘查、检验、检查的侦查活动。通常情况下,勘验是对有关场所的勘查和检验,而检查则是侦查人员为确定人身、尸体的某些特征、伤害情况或者生理状态,所进行的提取指纹信息、采集血液等生物样本的侦查活动。勘验、检查的情况一律写成笔录,由参加勘验、检查的人和见证人签字或者盖章。

侦查实验是侦查人员按照某种特定条件对某一犯罪事件或者相关事实进行重演或者试验的侦查活动。进行侦查实验,要禁止一切足以造成危险、侮辱人格或者有伤风化的行为。侦查实验的情况应当写成侦查实验笔录,载入侦查卷宗之中。

调取是侦查人员为查明有关案件事实向有关单位或者个人获取有关证据材料的侦查活动。通常情况下,调取证据的行为取得了被调查单位或者个人的同意,调取过程不需要采取任何强制性侦查措施。侦查人员对调取证据的过程要写成调取证据笔录,并载入侦查卷宗之中。

鉴定是侦查人员委托或者聘请具有鉴定资格的鉴定机构或者鉴定人员,就案件中的专门科学技术问题所做的专业鉴别活动。鉴定人进行鉴定后,要写出鉴定意见,并进行签名或者盖章。仅有鉴定机构的盖章,而没有鉴定人的签字或者盖章,鉴定意见是不完整的。目前,我国的鉴定机构主要由两部分组成:一是公安机关、检察机关内设的鉴定机构,可以为侦查机关提供鉴定,但不能面向社会提供鉴定服务;二是在高等院校、科研机构等设置的经过合法认证的司法鉴定机构,经过侦查机关的依法委托,可以提供鉴定意见。侦查机关所提供的鉴定意见,属于重要的控方证据。

14.4.2 强制性侦查行为

强制性侦查是侦查机关通过限制或剥夺人身自由、财产权或其他合法权益的方式所采取的专门调查活动。强制性侦查可以有讯问嫌疑人、搜查、扣押、查封、冻结、辨认、通缉等侦查活动。侦查机关在特定案件中所采取的技术侦查措施，也具有强制性侦查的性质，但这些行为所侵犯的主要是个人的隐私权，且采取一种秘密和高科技的特殊方式，因此我们将其列为相对独立的一种侦查措施。

我国的刑事审判前程序没有确立司法审查的机制，法官不对强制性侦查行为进行授权。通常情况下，实施强制性侦查措施需要获得侦查机关负责人批准，签发搜查证等相关令状。在实施侦查行为时，要出示相关令状。与此同时，侦查人员实施侦查措施时，要有见证人在场见证。对于侦查情况要写成笔录，或者制作相关清单，由侦查人员、侦查对象、见证人签字或者盖章。因此，与非强制性侦查行为相比，强制性侦查行为的实施要受到相对严格的程序控制。

讯问犯罪嫌疑人是一种强制性侦查行为。通常而言，这种讯问带有强制性，犯罪嫌疑人有义务接受侦查人员的讯问。刑事诉讼法对于侦查人员的讯问作出了以下几个方面的限制：一是逮捕、拘留后应当在羁押场所进行讯问；二是可能判处无期徒刑以上刑罚的重大刑事案件，侦查人员对讯问过程应当制作同步全程录音录像，对于其他案件，侦查人员则可以制作录音录像；三是禁止对犯罪嫌疑人采取拷打、违法使用戒具等刑讯逼供行为，也不得采取冻、烤、晒、饿以及疲劳审讯等强迫取证行为。但是，嫌疑人对于侦查人员的提问，负有如实回答的义务；辩护律师被禁止到场参与讯问的全过程；侦查人员的讯问时间不受有效的限制，可以任意选择开始时间，讯问持续时间也不受限制。这些制度安排导致侦查人员在讯问嫌疑人过程中容易出现侵犯人权的行为，使得犯罪嫌疑人的有罪供述难以保证自愿性。

搜查、扣押是两种密切相关的侦查行为。搜查是侦查人员为搜集犯罪证据、查获犯罪嫌疑人，对犯罪嫌疑人及其他人员的身体、物品、住处和其他有关场所进行的搜索行为。扣押则是侦查人员在发现与犯罪有关的物件、物品或其他实物证据后，依法将其予以扣留和保全的侦查行为。通常情况下，侦查人员对犯罪嫌疑人和其他人采取搜查措施后，随即会采取扣押措施。搜查、扣押一律由侦查机关负责人作出决定，侦查人员持搜查证进行。搜查要制作搜查笔录，扣押则要制作扣押清单，一律由侦查人员、被搜查人、被扣押人以及其他见证人签名或者盖章。

查封、冻结是针对犯罪嫌疑人涉案财物所采取的两种强制性侦查措施。对于那些可用以证明犯罪嫌疑人有罪或者无罪的财物、文件，侦查人员可以采取暂时封存的措施。而对于那些保存在银行或其他金融机构的存款、汇款、有价证券等财产,侦查人员则可以采取暂时冻结的侦查措施。无论是查封还是冻结,都要由侦查人员实施,开列相关清单,由侦查人员、见证人和持有人签名或者盖章。

辨认是侦查人员为了查明案情,组织被害人、证人和犯罪嫌疑人对与犯罪有关的物品、文件、尸体或场所进行辨别确认的侦查活动。根据我国刑事诉讼法的要求,辨认应当由侦查机关负责人批准,由侦查人员主持进行,主持辨认的侦查人员不得少于两人。在辨认前,侦查人员应当详细询问被辨认对象的特征,避免辨认人见到被辨认对象;几名辨认人对同一辨认对象进行辨认时,应当由每名辨认人单独辨认,必要时要有见证人在场;辨认时应将辨认对象混杂在其他对象之中,不得给辨认人任何暗示;辨认犯罪嫌疑人、被害人时,被辨认的人数为五到十人,辨认物品或照片时,辨认对象不得少于五件或五张。对于辨认的情况,侦查人员应当制作辨认笔录,由侦查人员、辨认人、见证人签字,必要时对辨认过程进行录音录像。

通缉是侦查机关为查获在逃的犯罪嫌疑人,依法采取的强制缉拿归案的侦查行为。通缉的依据一般是刑事拘留和逮捕。县级以上公安机关经过严格审批,可以发布通缉令,在本辖区追捕犯罪嫌疑人。超出本辖区的,要由上级公安机关发布通缉令,全国各地公安机关都有义务配合将被通缉的嫌疑人缉拿归案。

14.4.3 技术性侦查行为

技术性侦查行为是侦查机关在法定的特殊案件中,通过高科技侦查手段并以侵犯个人隐私的方式,所从事的特殊侦查活动。根据这种侦查行为的实施方式,技术性侦查行为可分为一般技术侦查措施、隐匿身份侦查(诱惑侦查措施)以及控制下交付措施。

刑事诉讼法对技术性侦查的适用案件范围主要限定为涉嫌危害国家安全、恐怖活动、黑社会性质组织、重大毒品犯罪或其他严重危害社会的犯罪案件。在司法实践中,公安机关适用技术性侦查的案件范围主要有:危害国家安全犯罪、恐怖活动犯罪、黑社会性质组织犯罪、重大毒品犯罪案件;故意杀人、故意伤害致人重伤或者死亡、爆炸、放火、投放危险物质等严重暴力犯罪案件;集团性、系列性、跨地域性重大犯罪案件;利用电信、计算机网络、寄递渠道等实施的重大犯罪案件,以及针对计算机网络实施的重大犯罪案件;等等。对于正在被追捕或者被通缉的犯罪嫌疑人、被告人,侦查机关也可以使用技术性侦查手段。

一般技术性侦查措施通常是指公安机关针对上述重大犯罪案件的嫌疑人、被告人以及与犯罪直接关联的人员，所实施的记录监控、行踪监控、通信监控、场所监控等措施。采取一般技术性侦查措施，要经过设区的市一级以上公安机关负责人加以审批。对技术性侦查措施的审批，每次限制在 3 个月以内，根据案件需要可以延长适用期限，但每次延长不得超过 3 个月。

对于一般技术性侦查措施，法律一般确立了以下限制性措施：一是在有效期之内，对于不需要继续采取技术性侦查措施的案件，或者有效期届满的案件，公安机关应当立即解除技术性侦查措施；二是公安机关通过技术性侦查措施所获取的材料，可以作为证据使用，但不得用于其他用途；三是采取技术性侦查措施收集的与案件无关的材料，应当及时销毁，并制作销毁记录；四是侦查人员对于在技术性侦查过程中所获悉的国家秘密、商业秘密、个人隐私，应当保密。

除了一般侦查措施以外，公安机关还可以采取隐匿身份侦查以及控制下交付措施。采取隐匿身份侦查的，要经由县级以上公安机关负责人决定，由侦查人员或者公安机关指派的其他人员负责实施。在隐匿身份实施侦查过程中，侦查人员不得使用促使他人产生犯罪意图的方法诱使他人犯罪，也不得采用可能危害公共安全或者发生重大人身危险的方法。根据相关法律规定，侦查人员不得通过"犯意引诱""数量引诱"以及"双套引诱"的方式，实施隐匿身份侦查措施。对于侦查人员采用上述"违法手段"实施侦查行为的，可以采取纪律处分措施，法院对被告人不得判处死刑。

而在侦查那些涉及给付毒品以及其他违禁品的犯罪案件过程中，经县级以上公安机关负责人批准，可以实施"控制下交付"的侦查措施。在实施"控制下交付"过程中，侦查人员也不得采取威胁、引诱、欺骗等非法取证方法，不得采取促使他人产生犯意的方法诱使其实施犯罪行为。

14.5 侦查终结

侦查终结是指侦查机关依法经过侦查程序之后，对于那些符合移送起诉条件的案件终止侦查程序、移送检察机关审查起诉的诉讼活动。侦查终结只适用于那些符合移送起诉条件的刑事案件。对此类案件，侦查机关除了要正式结束侦查程序以外，还要作出将案件移送检察机关审查起诉的决定。

经过侦查程序,侦查机关可以作出两种决定:一是侦查终结的决定,二是撤销案件的决定。其中,撤销案件是指侦查机关对于没有达到移送起诉条件的案件,依法终止刑事诉讼程序的决定。通常情况下,侦查机关认为案件不符合移送起诉条件的,如案件事实不清,证据不足;犯罪嫌疑人所实施的行为社会危害程度较轻,依法可以不追究刑事责任;犯罪嫌疑人死亡;犯罪行为已过犯罪追诉时效,等等,都可以作出撤销案件的决定。这种撤销案件决定可以在侦查程序的任何阶段作出。而对于案件符合移送起诉条件的,侦查机关则要作出侦查终结的决定。

侦查机关作出侦查终结的决定,要同时符合以下基本条件:一是案件事实清楚、证据确实充分,达到了移送检察机关审查起诉的证据条件;二是案件定性准确、适用罪名正确;三是法律手续完备,不存在违反法律程序的情形;四是依照法律规定,应当对犯罪嫌疑人追究刑事责任,不存在刑事诉讼法所规定的不追究刑事责任的任何一种情形。

在侦查终结之前,对于犯罪嫌疑人及其辩护律师提出要求的,侦查人员应当当面听取辩护律师的辩护意见,接受辩护律师的书面辩护意见或者相关材料,对于听取辩护意见的情况要进行记录,并将听取意见笔录连同书面辩护意见载入案卷,在侦查终结后随案移送检察机关。

对于符合上述条件的案件,侦查机关作出侦查终结的决定后,应同时履行以下诉讼程序:一是将全部证据材料和诉讼文书装订成卷,整理成案卷材料,随案移送检察机关;二是对查封、扣押、冻结的涉案财物,准备作为证据使用的,制作移送清单,随案移送检察机关;三是对于侦查终结的案件,应当制作《起诉意见书》,将全部案卷材料、证据以及辩护律师提出的辩护意见,一并移送检察机关,同时将案件移送情况告知犯罪嫌疑人及其辩护律师;四是对于被害人提出附带民事诉讼请求的案件,侦查人员应记录在案,将有关诉讼请求载入案卷,并在《起诉意见书》中加以注明。

《起诉意见书》是侦查机关作出侦查终结决定后提交给检察机关的诉讼文书。从法律后果上看,《起诉意见书》具有启动检察机关审查起诉程序的效力。但是,《起诉意见书》对于检察机关的起诉没有预定的约束力。检察机关经过审查起诉,对于不符合起诉条件的案件可以作出不起诉的决定。对于符合起诉条件的案件,在起诉对象和适用法律条文上不受《起诉意见书》的限制和约束。

14.6 补充侦查

按照我国刑事诉讼程序的基本流程,侦查机关作出侦查终结决定后,案件正式进入检察机关审查起诉程序,而在检察机关提起公诉后,案件则进入审判程序。但是,在审查起诉和审判阶段,对于那些事实不清、证据不足、遗漏犯罪行为或者遗漏同案犯罪嫌疑人的案件,检察机关还可以进行一些补充性的侦查活动。对于发生在审查起诉和审判阶段的补充性侦查活动,我们一般称之为"补充侦查"。

补充侦查通常发生在审查起诉阶段。检察机关在对侦查机关移送起诉的案件进行全面审查后,发现案件事实不清、证据不足或者遗漏犯罪事实或犯罪嫌疑人的,可以进行补充侦查的活动。但除了审查起诉阶段以外,检察机关提起公诉后,在法庭辩论结束之前,检察机关发现案件存在事实不清、证据不足或者遗漏犯罪事实或被告人的,可以提出延期审理的申请,在法院批准延期审理后,检察机关也可以展开补充侦查的活动。

补充侦查具有两种法定方式:一是自行补充侦查,二是退回侦查机关补充侦查。所谓自行补充侦查,是指检察机关自行补充收集证据或者对证据进行调查核实的侦查活动。在审查起诉阶段,自行补充仍然属于检察机关的审查起诉活动,案件仍处于审查起诉程序。而在审判阶段,自行补充侦查也属于检察机关在延期审理期间所从事的程序补正或公诉准备活动。

所谓退回侦查机关补充侦查,则是指检察机关将需要补充侦查的案件退回公安机关或者其他侦查机关,要求后者进行补充收集证据或者对证据调查核实的诉讼活动。在审查起诉阶段,检察机关一旦作出退回补充侦查的决定,案件即从审查起诉程序退回到侦查程序,这也就是通常所说的"程序倒流"。侦查机关在补充侦查完毕后,还要重新履行侦查终结的各项手续,包括重新制定案卷,重新提交起诉意见书,重新将案件移交检察机关审查起诉。而在审判阶段,法院作出延期审理决定后,检察机关一旦作出退回补充侦查的决定,侦查机关即便对案件进行必要的补充收集证据或者其他程序补正工作,案件仍然处于审判程序的"中止"状态,并没有完全退回到侦查阶段。

在1996年以前,一些地方检察机关经常滥用补充侦查程序,导致案件出现诸如"诉讼程序反复倒流""久押不决"等诸多方面的问题。为解决这些问题,1996年修订的《刑事诉讼法》对补充侦查程序作出了一些程序限制,要求检察机关无论是在审查起诉阶段还是在审判阶段,都最多只能作出两次退回补充侦查的决定;侦查机关的补充侦查,应当在1个月之内完成。

补充侦查是我国特有的一项刑事诉讼制度。检察机关通过适度作出补充侦查决定,特别是通过适用退回补充侦查制度,一方面可以对侦查机关的侦查活动进行必要的检察监督,要求侦查机关进行必要的程序补正,责令其纠正程序违法行为;另一方面也可以起到程序把关作用,责令侦查机关补充收集证据,减少案件被作出不起诉或者被宣告无罪的情况,防止犯罪人逃脱法网。

但无论是在诉讼理论上还是在实施效果上,补充侦查制度都面临着一些批评和非议。首先,补充侦查制度由于将案件直接退回侦查阶段,带来了明显的"程序倒流"问题,违背了刑事诉讼程序向前运行、不可倒流的规律,导致审查起诉程序迁就侦查程序、审判程序让步于刑事追诉程序,违背控审分离原则,使得司法裁判机关承担了协助刑事追诉的职能。其次,对于事实不清、证据不足的案件,检察机关不是作出不起诉的决定,法院不是直接宣告无罪,而是允许检察机关退回补充侦查,这显然违背无罪推定原则。再次,检察机关在审查起诉和审判阶段进行补充侦查活动,在导致程序倒流的同时,也会造成案件超期羁押,久拖不决,嫌疑人、被告人因同一行为而遭受重复性的刑事追诉活动。最后,无论是在审查起诉阶段,还是在审判阶段,辩护律师提出无罪辩护意见的,检察机关一旦退回补充侦查,即意味着对律师辩护效果的否定,对嫌疑人、被告人的辩护权造成不公正的损害。

14.7 认罪认罚案件的处理方式

认罪认罚从宽是一种适用于刑事诉讼全流程的诉讼制度。对于认罪认罚的案件,司法机关要适用一种特殊的刑事诉讼程序,体现全流程简化诉讼程序的理念。通常情况下,侦查和审查起诉是适用认罪认罚从宽程序的关键阶段。

在侦查阶段,公安机关应贯彻认罪认罚从宽的诉讼理念,对于嫌疑人自愿认罪认罚的案件适用一些特殊的程序。首先,公安机关应告知嫌疑人认罪认罚从宽的规定和政策,必要时对嫌疑人进行认罪认罚教育工作,促使其选择认罪认罚程序。当然,在侦查过程中,侦查人员应保证嫌疑人认罪认罚的自愿性,不得强迫嫌疑人认罪认罚,也不得作出具体的量刑从宽承诺。

其次,公安机关对于认罪认罚的嫌疑人,应当记录在案,并随案移送检察机关。对于移送审查起诉的案件,公安机关应当在《起诉意见书》中写明嫌疑人自愿认罪认罚的情况。对于可能符合速裁程序的案件,公安机关应当在《起诉意见书》中建议检察机关适用速裁程序办理,并简要说明理由。

最后,对于可能适用速裁程序的案件,公安机关在侦查程序中应加快办理,对未被羁押的嫌疑人,可以将若干个案件集中移送审查起诉。

阅读案例材料之十四

黄志坚案件[①]

江西省南昌市人民检察院指控被告人黄志坚犯贩卖、运输毒品罪，被告人卢寒文、陈乐犯贩卖毒品罪，向南昌市中级人民法院提起公诉。

在法院开庭审理过程中，三名被告人及其辩护人均提出认罪供述系刑讯逼供所得，申请排除非法证据，并提供了身体存在损伤、办案人员非法取证的相关线索，一审法院对证据收集的合法性进行了审查，公诉机关提交了讯问录音录像、入所健康检查登记表和办案机关情况说明等证据材料。

南昌市中级人民法院认为，讯问录音录像并非讯问时制作，不能证明取证过程的合法性，但办案单位情况说明和入所健康检查登记表证明对被告人卢寒文、陈乐的讯问合法；被告人黄志坚入所时虽然身体有伤，但办案单位情况说明及刘某某的证言等证明对黄志坚的讯问合法，最终采信了三名被告人的有罪供述，进而结合其他证据认定三名被告人有罪。被告人黄志坚及其辩护人提出，黄志坚在侦查机关所作的有罪供述系刑讯逼供所得，起诉书指控贩卖、运输毒品的证据不足。

南昌市中级人民法院判决被告人黄志坚构成贩卖、运输毒品罪。被告人卢寒文、陈乐均已构成贩卖毒品罪，判处黄志坚死刑，剥夺政治权利终身，并处没收个人全部财产；判处卢寒文死刑，缓期两年执行，剥夺政治权利终身，并处没收个人全部财产；判处被告人陈乐有期徒刑10年，并处罚金人民币5万元。

一审宣判后，被告人黄志坚、卢寒文、陈乐均不服，提出上诉。

被告人黄志坚上诉提出：第一，原判认定其参与贩卖、运输毒品的事实不清，证据不足。第二，一审审判程序违法。一是其多次申请对其被刑讯逼供的事实进行调查，并排除其因刑讯逼供所作的有罪供述，但一审法院未依法启动证据收集合法性调查程序；二是其进入看守所时曾向体检医生刘某某反映其伤是刑讯逼供所致，但一审法院未依法通知刘某某出庭作证。综上，请求二审法

---

① 参见刘静坤、温小洁：《黄志坚等贩卖、运输毒品案》，载《刑事审判参考》第108集，法律出版社2017年版，第7—11页。

院查明事实,撤销一审判决,改判其无罪。被告人黄志坚的辩护人提出:第一,黄志坚的有罪供述系侦查机关刑讯逼供所得,属非法证据,不得作为定案根据。第二,手机通话记录、手机短信、银行卡存取款记录与本案无关,不能据此认定黄志坚与卢寒文、陈乐共同贩卖毒品。第三,原判对证人张某某证明黄志坚有罪证言的认定违反法律规定。第四,储藏间查获的9000余克毒品与黄志坚无关。综上,请求二审法院改判上诉人黄志坚无罪。

被告人卢寒文上诉提出:第一,原判认定其伙同他人贩卖麻古的证据不足。第二,原判认定在储藏间查获的冰毒及麻古系其伙同他人贩卖的证据不足。第三,在其住处查获的麻古应认定非法持有毒品,该毒品是其自购自吸,与被告人黄志坚、陈乐无关。第四,陈乐受黄志坚直接指使和安排,其主要是帮助黄志坚贩卖毒品,其和陈乐同由黄志坚控制与指挥,不能认定其具有利用未成年人贩毒的情节。第五,其认罪供述系刑讯逼供所得,请求二审法院启动证据收集合法性调查程序。综上,请求撤销原判,以非法持有毒品罪对其定罪量刑。被告人卢寒文的辩护人另提出:第一,没有证据证实卢寒文与黄志坚共同贩卖毒品。第二,卢寒文在一审庭审时反映其被侦查人员逼供,侦查人员取来黄志坚的材料,让卢寒文照着黄志坚的材料供述。第三,办案机关违反法律规定,对卢寒文羁押超过48小时。对侦查人员违反法定程序取得的供述,依法应予排除。第四,卢寒文持有的毒品没有流入社会造成危害。综上,卢寒文构成非法持有毒品罪,且应减轻处罚。

被告人陈乐上诉提出:其在侦查机关所作的认罪供述是被逼作出的虚假供述。侦查人员对其讯问期间曾将其带到讯问被告人黄志坚的讯问室,黄志坚请求其指控给了黄志坚4.2万粒麻古。被告人陈乐的辩护人提出:第一,陈乐是受黄志坚指使藏匿毒品,其不参与分配贩毒所得,系从犯。第二,三名被告人是在藏匿毒品途中被抓获,贩卖毒品的行为尚未完成,系犯罪未遂。第三,陈乐系未成年人,没有前科。综上,请求二审法院再予减轻处罚。

江西省高级人民法院经审理认为,在本案的侦查过程中,侦查人员的调查取证活动存在以下问题:

一是关于讯问录音录像的制作问题。办案单位先后出具了多份说明材料,但办案单位有关讯问录音录像的制作说明与讯问笔录的记载内容以及光盘制作时间不一致,不具有真实可靠性。被告人黄志坚在二审庭审中辩称,讯问录音录像系作假,讯问过程没有同步录音录像。经查,黄志坚的讯问录音录像时长10分43秒,黄志坚的12次讯问笔录中只有第二次是认罪供述,但第二次讯问笔录记载的讯问时长为1小时22分,与讯问录音录像的时长不一致,且录音录像内容与第二次讯问笔录差异极大。被告人卢寒文在二审庭审中辩称,办案单位对其讯问过程没有录像,录像是其被送交看守所收押前按侦查人员的要求做的,录像时没有做笔录。经查,卢寒文的讯问录音录像时长为 21 分 8 秒,而其当日讯问笔录记载的讯问时长为 2 小时 4 分,与讯问录音录像的时长不一致,且该次讯问笔录记载的内容与讯问录音录像完全不符。被告人陈乐在二审庭审中辩称,对其讯问过程的同步录音录像系作假,录像时侦查人员让其按照做好的笔录照着念。经查,陈乐的讯问录音录像时长 21 分 43 秒,而讯问笔录记载的讯问时长 1 小时,与讯问录音录像的时长不一致,且讯问录音录像的内容与各次讯问笔录差异极大;讯问录音录像中可明显看到陈乐手中持有一叠材料,回答问题非常书面化,陈述作案过程或内容较多时有低头动作,头部、眼睛反复从左至右来回移动,陈述完即抬头看着讯问人员,大段内容一气呵成,顺畅、完整,回答简单问题时始终抬头看着讯问人员,回答时常不顺畅、不连续。综上,办案单位提交的三名被告人**讯问过程录音录像并非是对实际讯问过程的录音录像,不排除系事后补录,不能作为证明讯问程序合法的证据**。

　　二是关于被告人黄志坚身体损伤的成因问题。在押人员入所健康检查登记表及伤情照片显示,黄志坚入所时头脸、手、脚有擦伤,左、右上臂外侧有多条长条形伤痕,头额、下唇、右前肩胛区有多处伤痕。黄志坚入监时的亲笔字条写明:"有些是打的,头部、手、脚,有些是摔的,左脚膝盖、右脚膝盖",押送民警熊某、朱某某在该字条上签字并附警号。二审庭审中,黄志坚辩称损伤是在刑侦队审讯室讯问过程中被讯问人员殴打造成的,摔伤是其在被告人卢寒文租住处被抓时摔倒造成的。对此,办案单位出具情况说明称黄志坚的身体损伤系其脱逃被抓捕时扭打造成的。经查,看守所医生刘某某的证言证明黄志坚的伤是擦伤,"是很轻微的体表伤",但刘某某并未出庭作证;而黄志坚同监室的胡某、李某的证言则证明,"看到黄志坚手、脚都肿了";看守所协防员汪某、李某的证言证明黄志坚在讯问中脱逃,在被抓捕过程中受伤,但办案单位并未提供该时段的监控录像,因此,证明黄志坚的身体损伤系脱逃被抓捕时扭打所形成的相关证据关联性、真实性均存疑。

　　综上,对于三名被告人提出的排除非法证据申请,检察机关并未提供有效的证据证明取证合法性,二审法院经审查认为,现有证据材料不能排除刑讯逼供的可能性。根据法律规定,对于不能排除采用刑讯逼供等非法方法收集情形的,有关证据应当依法予以排除。

　　此外,被告人陈乐系未成年人,办案单位对其讯问时未通知法定代理人或其他成年亲属到场,讯问程序违反法律规定,尽管这并不属于法律规定的采用刑讯逼供等非法方法收集证据的情形,但上述违反法定程序取得的供述因客观真实性无法保障,亦不能作为定案的根据。

最终,南昌市中级人民法院将有关证据予以排除,根据其余证据,无法达到事实清楚,证据确实充分的程度,因此作出撤销原判,发回原审法院重新审理的裁定。

【深入思考题】

为防止侦查机关违反法定的诉讼程序,滥用侦查权力,我国刑事诉讼法建立了检察机关的诉讼监督机制和法院的司法审查机制。但是,在"捕诉合一"的体制下,检察机关的侦查监督受到很大程度的削弱;法院对侦查行为合法性的司法审查,又只能局限在审判阶段,通过非法证据排除规则的适用,才能发挥作用。那么,在侦查过程中,究竟应如何加强对侦查行为的司法控制呢?

第十五章 审查起诉

> 审查起诉前承刑事侦查,后接法庭审判,属于刑事公诉程序的中间环节。通过审查起诉,检察机关可以过滤那些不符合起诉条件的案件,对案件进行必要的程序分流,对认罪认罚的案件直接适用量刑协商程序。

15.1 审查起诉的性质
15.2 审查公诉的原则
15.3 审查起诉程序的诉讼构造
15.4 不起诉
15.5 提起公诉
15.6 起诉书对审判的制约(Ⅰ)——变更起诉事实问题
15.7 起诉书对审判的制约(Ⅱ)——变更罪名问题
15.8 撤回起诉
15.9 认罪认罚案件的审查起诉
阅读案例材料之十五　赵宇故意伤害案

15.1 审查起诉的性质

作为一道独立的刑事诉讼程序,审查起诉介于侦查程序与审判程序之间,由检察机关主持进行,负责对侦查终结的案件是否具备法定的公诉条件进行全面的审查。经过审查起诉,检察机关认为案件符合公诉条件的,就可以制作起诉书,将起诉书连同案卷材料一起,向法院提起公诉。案件由此正式进入审判程序。但是,检察机关经过审查起诉,认为案件没有达到法定公诉条件的,就可以作出不起诉的决定,对犯罪嫌疑人的刑事追诉活动就此终止,犯罪嫌疑人在法律上成为无罪的人。

第一,审查起诉是检察机关主持进行的公诉审查程序。

在一些西方国家,在侦查程序与审判程序之间确立了法院主持下的审查公诉程序,如预审法官的审查公诉程序、大陪审团审查公诉程序等,使得法院可以对检察机关公诉的合法性和必要性进行专门的司法审查,以避免嫌疑人受到无根据和不合法的刑事起诉。

但在中国法中,法院并不参与审判前的诉讼活动,也不存在对公诉案件的司法审查程序。对于侦查机关移送起诉的案件,检察机关负有审查责任,也就是对其是否具备提起公诉的条件进行审查。检察机关通过阅卷、讯问嫌疑人、询问被害人、听取辩护人的意见等方式进行审查,大体上采取了书面审查与职权调查相结合的审查方式,不具有司法审查的性质。

第二,审查起诉是检察机关提起公诉前的必经程序。

在一些大陆法国家的刑事诉讼制度中,检察机关主导着审判前的刑事追诉程序,侦查与审查起诉并不存在明显的程序区分,检察机关既可以参与组织和指导侦查的过程,也可以随时审查案件是否达到了提起公诉的条件。检察机关的审查起诉并不是独立的诉讼程序。

但在中国法中,对于侦查机关侦查终结的案件,检察机关都要进行审查起诉活动。如果说侦查程序属于公诉案件要经历的"第一道工序"的话,那么,审查起诉则是公诉案件必须经历的"第二道工序"。相对于侦查活动而言,审查起诉具有独立的诉讼主体、独立的诉讼阶段、独立的诉讼期限、独立的审查对象、独立的诉讼决定。审查起诉属于侦查和审判之间的独立诉讼程序。

第三,审查起诉的主要功能是审查侦查机关移送的案件是否具备提起公诉的条件。

公诉案件在移送检察机关之后,检察机关要指派公诉部门的检察官对案件进行全面的审查。为审查案件是否具备提起公诉的条件,检察机关需要确定案件事实是否清楚,证据是否确实和充分,侦查是否存在违法行为,暂时查封、扣押、冻结的涉案财物是否随案移送,等等。只有在案件具备提起公诉的基本条件后,检察机关才会作出提起公诉的决定。

第四,审查起诉是检察机关主持的一种诉讼过滤机制。

对于不符合起诉条件的案件,检察机关有权作出不起诉的决定。迄今为止,针对不同的案件情况,检察机关可以作出绝对不起诉、相对不起诉或者存疑不起诉的决定。而对于未成年人涉嫌犯罪的案件,检察机关还可以作出附条件不起诉的决定。通过对不符合条件的案件作出不起诉的决定,审查起诉就起到诉讼过滤的功能,一方面避免那些没有"胜诉"可能的案件进入审判程序,另一方面也防止嫌疑人受到不合法和无根据的起诉,防止检察机关公诉权的滥用。

第五,审查起诉属于一种程序分流机制。

检察机关通过审查起诉,发现案件符合提起公诉条件的,可以根据情况将案件分流到不同的诉讼程序之中。对于符合提起公诉条件的案件,检察机关可以直接向法院提起公诉;对于本院没有管辖权的案件,检察机关可以将案件移送有管辖权的检察机关提起公诉;对于符合适用简易程序条件的案件,可以按照法定的要求提起公诉;对于符合刑事速裁程序条件的案件,检察机关还要将案件纳入刑事速裁程序的轨道。

第六,审查起诉是检察机关的公诉准备程序。

在审查起诉阶段,检察机关进行的审查、补充侦查和起草起诉书等活动,具有公诉准备活动的性质。一方面,对于那些事实不清、证据不足或者遗漏主要犯罪行为或犯罪嫌疑人的案件,检察机关可以退回侦查机关补充侦查,也可以自行补充侦查。另一方面,对于符合起诉条件的案件,检察机关还要起草起诉书和量刑意见书,连同案卷一起提交法院,从而正式提起公诉。

15.2 审查公诉的原则

15.2.1 检察官的客观义务原则

检察官作为代表国家行使公诉权的工作人员,不是民事诉讼意义上的原告,不能为达到公诉成功的目的而不择手段,而应尊重事实真相,尊重法律,既要发现和搜集不利于被告人的证据、事实和法律意见,也要调查和核实有利于被告人的证据、事实和法律意见。

在审查起诉过程中,检察机关对于符合法定起诉条件的案件,应当提起公诉;而对于不符合法定起诉条件的案件,如被告人的行为依法不构成犯罪,不需要追究刑事责任,案件事实不清,证据不足,或者嫌疑人犯罪情节显著轻微,依法可以不判处刑罚或者可以免除刑事处罚的,可以作出不起诉的决定。对于侦查人员违反法律程序的行为,应作出排除非法证据的决定。在提起公诉过程中,应对不利于被告人和有利于被告人的量刑情节一视同仁。对于法院作出的裁决,发现在事实认定或适用法律方面确有错误的,既可以提起不利于被告人的抗诉,也可以提起有利于被告人的抗诉。

15.2.2 检察一体原则

按照这一原则,检察机关作为一个整体,可以按照行政机关的组织体系,统一地进行审查起诉工作,统一地行使公诉权。在组织上,检察机关尽管具有司法机关的地位,但所行使的国家权力却带有行政权的性质。检察机关上下级之间也具有领导与被领导的关系。在检察机关内部,检察长领导全检察院的审查起诉和提起公诉工作,可以随时撤除或者更换负责审查起诉的检察官。

检察机关作为一个整体,可以统一行使国家公诉权。上级检察机关可以命令下级检察机关对某一案件提起公诉;最高人民检察院也可以将某一案件指派给某一检察机关提起公诉。与此同时,在每一个检察机关内部,则实行检察长负责制,检察长可以指挥全体检察官从事公诉工作,也可以对检察官的工作进行必要的调配和调整。

15.2.3 起诉法定与起诉裁量相结合的原则

起诉法定主义是检察机关审查起诉所要奉行的基本准则。这一准则与刑法中的罪刑法定、罪责刑相适应具有密切的联系。根据这一准则,检察官对于那些其行为构成某一罪名的被告人,应当无一例外地提起公诉,以保障国家刑罚权的实现,维护刑事实体法的统一实施。

但是,绝对地坚持起诉法定原则也会带来一些负面的影响。在刑事诉讼中,检察机关既要考虑特定时期的刑事政策,也要考虑保护特定的诉讼利益,可以对那些已经构成犯罪的被告人采取灵活的处置措施,也就是在是否提起公诉方面享有必要的自由裁量权。例如,对于已经构成犯罪的未成年被告人,在其犯罪情节不严重、已经认罪且具有帮教条件的情况下,可以作出不起诉或者附条件不起诉的决定。又如,对于怀孕或者哺乳婴儿的妇女,或者年满75岁的老年人,因其涉嫌犯罪的情节不严重,且基于基本的人道主义考虑,可以作出不起诉的决定。再如,对于那些已经构成犯罪的被告人,考虑到罪行不是十分严重,且真诚认罪并与被害方达成赔偿与和解协议,也可以作出和解不起诉的决定。

所谓起诉裁量原则,又被称为"起诉便宜主义",是指检察机关对那些依据刑法已经构成犯罪的案件,为更好地维护国家利益和社会公共利益,为达到更好的社会效果,可以通过行使自由裁量权,作出不起诉的决定。根据起诉裁量原则,检察机关对于那些已经构成犯罪但情节轻微的嫌疑人,可以作出不起诉的决定。这种不起诉一般被称为"相对不起诉"或者"裁量不起诉"。

起诉法定与起诉裁量相结合的原则,要求检察机关在审查起诉中既要注意维护刑事实体法的统一实施,又要注意案件和被告人的具体情况,贯彻宽严相济的刑事政策,维护被告人的特殊利益。即便对于被告人依照刑法已经构成犯罪的案件,也可以根据具体情况作出不起诉的决定。当然,对于检察机关在起诉方面的自由裁量权,法律也有必要施加一定的限制,以防止其滥用。刑事诉讼法针对检察机关不起诉所确立的监督和制约机制,就具有这一方面的诉讼功能。

15.3 审查起诉程序的诉讼构造

在一些西方国家,由于实行由中立司法机关主持的预审程序或审查公诉程序,因此,审查起诉具有诉讼程序的基本构造。无论是预审法官主持的预审程序,还是大陪审团审查公诉程序,都要以开庭审理的方式,听取控辩双方的举证、质证和辩论,来当庭作出是否批准起诉的裁决。

我国的审查起诉程序是由检察机关主持和主导下的行政程序。在这一程序中,检察机关是主持审查起诉并作出是否提起公诉决定的唯一司法机关。那种由法官主持、控辩双方同时参与的开庭审理程序,在我国审查起诉程序中并不存在。在审查起诉过程中,检察官审查起诉的方式主要是查阅和研读案卷材料,同时还要讯问嫌疑人,询问被害人,听取辩护人、诉讼代理人的意见。在审查起诉过程中,检察官可以进行必要的调查核实证据工作,如进行鉴定、补充勘验检查、调取证据材料、审查实物证据、审查言词证据、审查各类笔录材料等,也可以通过讯问嫌疑人、询问证人和被害人,来对案件事实进行必要的核实工作。这些调查核实证据的活动,基本上属于检察官的单方面调查活动。可以说,这种审查起诉采取了书面审查与调查讯问(询问)相结合的审查方式。

检察机关在审查起诉过程中,除了进行单方面调查核实证据的活动以外,还可以听取辩护人、诉讼代理人的意见。尤其是在辩护律师提出要求的,检察官一般应当面听取其辩护意见,并接受其提交的书面辩护意见。对于听取辩护人意见的情况以及书面辩护意见,检察官都要载入案卷,随案移送。但是,检察官对辩护人意见的听取与对犯罪嫌疑人的讯问,一般都是单独进行的,而没有在犯罪嫌疑人和辩护人同时到场的情况下,听取其辩护意见。这就使得犯罪嫌疑人的辩护效果受到一定的影响。

当然,在审查起诉过程中,检察机关发现案件事实不清、证据不足,或者有遗漏犯罪事实或犯罪嫌疑人情况的案件,既可以自行补充侦查,也可以退回侦查机关补充侦查。这显示出审查起诉对于侦查活动具有拾遗补漏的作用,它基本属于侦查机关刑事追诉活动的继续,而不带有司法审查的属性。

15.4 不起诉

不起诉是检察机关经过审查起诉活动,对于那些不符合起诉条件的案件所作的终止刑事诉讼程序的决定。与侦查机关的不立案、撤销案件一样,检察机关所作的不起诉决定也是一种法律上宣告嫌疑人无罪、终止刑事诉讼进程的决定。不起诉的决定一旦作出,即带来两个方面的后果:一是案件不再具有刑事案件的性质,有关的刑事诉讼程序立即终止;二是嫌疑人在法律上被确定为无罪的人,其人身自由立即得到恢复,其被查封、扣押、冻结的涉案财物立即恢复原状。

15.4.1 不起诉的三种类型

根据检察机关作出不起诉决定的理由,不起诉可以分为三种类型:绝对不起诉、相对不起诉和存疑不起诉。

绝对不起诉是指嫌疑人因为其行为依照刑法不构成犯罪,或者具备刑事诉讼法所确立的不追究刑事责任的情形之一,而由检察机关作出不起诉的决定。由于刑事诉讼法明确确立了终止追究刑事责任的情形,因此这种不起诉又被称为"法定不起诉"。

根据这种不起诉制度,嫌疑人依据刑法不构成犯罪、在审查起诉阶段死亡、犯罪已过追诉时效、经特赦令免除刑罚等情况一旦发生,检察机关就可以作出绝对不起诉的决定。

相对不起诉是指嫌疑人依照刑法已经构成犯罪,但是犯罪情节显著轻微,依照刑法不需要判处刑罚或者可以免除刑罚的,检察机关基于其自由裁量权所作出的不起诉决定。这种不起诉制度是起诉裁量原则的产物,意味着检察机关在是否提起公诉方面享有一定的自由裁量权,因此也被称为"裁量不起诉"。

相对不起诉适用的情形较多,主要适用于嫌疑人依照刑法可以免除刑罚的各种情形,如嫌疑人具有聋哑人、犯罪预备、中止犯罪、从犯、被胁迫、自首、立功等法定的免除刑罚情形。

存疑不起诉是指检察机关经过对侦查机关移送的案件进行审查,认为案件事实不清、证据不足,且经过补充侦查活动,仍然无法使案件达到提起公诉的证据条件的,可以作出不起诉的决定。这种不起诉的理由主要是案件尚未达到提起公诉的证据条件,因为又被称为"证据不足不起诉"。

鉴于提起公诉的证据条件是事实清楚,证据确实充分,因此,案件事实不清、证据不足,尚未达到法定证据标准的,检察机关才可以作出存疑不起诉的决定。但是,要作出这种不起诉决定,检察机关通常需要退回侦查机关补充侦查,或者自行补充侦查。经过补充侦查仍未达到法定证据条件的,检察机关可以作出存疑不起诉的决定。但是,对于证据不足的案件,检察机关并不必然要经过补充侦查程序,而可以直接作出不起诉的决定。

15.4.2 相对不起诉制度的形成

在1996年以前,我国刑事诉讼法曾确立了"免予起诉"制度,根据这一制度,检察机关对于嫌疑人已经构成犯罪但依照刑法不需要判处刑罚或者可以免除刑罚的轻微案件,可以认定有罪,但不再提起公诉。这种由检察机关认定有罪但不再提起公诉的制度,曾引起长期而广泛的争议。反对者批评这种制度赋予检察机关对嫌疑人的定罪权,使得嫌疑人未经法院的公正审判就被确定为有罪,这违背无罪推定的原则。而这一制度的实施情况也表明,一些地方检察机关滥用了免予起诉权,使得一些因证据不足而应被确定无罪的嫌疑人,都被作出了免予起诉的决定。在社会各界的努力推动下,全国人大在1996年《刑事诉讼法》修订中最终废除了免予起诉制度。自1997年以后,检察机关对于侦查机关移送的案件只能作出提起公诉或者不起诉的决定。

对于嫌疑人已经构成犯罪但依照刑法不需要判处刑罚或者可以免除刑罚的轻微刑事案件,检察机关从原来作出免予起诉的决定,改为作出相对不起诉的决定。对于这类不起诉决定,一些地方检察机关仍然将其视为"对嫌疑人作出有罪宣告的决定",并对被不起诉人采取各种歧视性对待措施。对于嫌疑人后来再次犯罪的,原来的相对不起诉决定竟然成为其构成"前科劣迹"的证据。在国家赔偿制度中,在检察机关作出相对不起诉决定后,嫌疑人无权申请国家赔偿。甚至在一些地方的社会管理机制中,被作出相对不起诉的人仍然像"刑满释放的罪犯"一样,被作为"重点人口监控"的对象。这显然说明,被作出相对不起诉的人并没有真正被视为法律上无罪的人。

尽管如此,相对不起诉制度具有极大的制度弹性,可以成为检察机关发挥社会治理功能的一个制度载体。检察机关所推行的诸多不起诉制度,几乎都被纳入相对不起诉的制度框架之中。例如,对于嫌疑人与被害方达成刑事和解的轻微刑事案件,检察机关所作的"和解不起诉"决定,通常就属于一种相对不起诉决定;对于那些犯罪情节显著轻微的未成年嫌疑人,检察机关通常都会作出相对不起诉的决定;而对于那些被采取"附条件不起诉"的未成年嫌疑人,检察机关在考验期结束后作出的不起诉决定,也属于一种相对不起诉决定。

15.4.3 对不起诉决定的监督与救济

检察机关一旦作出不起诉的决定,应当将不起诉决定书送达侦查机关、被不起诉人、被害人。对于检察机关所作的不起诉决定,法律规定了三种监督和救济途径。

首先,对于检察机关所作的不起诉决定,侦查机关认为可能在事实认定或适用法律上存在错误的,可以向原作出不起诉决定的检察机关申请复议。复议不被接受的,还可以向上一级检察机关申请复核。

其次,对于检察机关所作相对不起诉的决定,被不起诉人可以提出申诉,申请检察机关撤销这种相对不起诉决定。考虑到相对不起诉是检察机关宣告嫌疑人"依据刑法已经构成犯罪",只是因为犯罪情节显著轻微才作出的终止诉讼程序的决定,会给嫌疑人带来一些不利的社会政治评价,因此,刑事诉讼法为嫌疑人确立了这种救济途径。检察机关受理申诉后,认为原来的相对不起诉决定不当的,可以撤销这一不起诉决定;认为申诉理由不成立的,则应予以驳回。

最后,对于不起诉决定,被害人不服的,可以向上一级检察机关提出申诉,在申诉不被接受后,可以向同级法院起诉。被害人也可以不经过申诉而直接向法院起诉。对于被害人的起诉,法院经过审查一旦受理,案件就由公诉案件转为自诉案件,被害人将以自诉人的身份,参与法院按照自诉程序所进行的法庭审理活动。法院经过审查认为起诉不成立的,可以直接驳回起诉,从而终止刑事诉讼程序。

15.5 提起公诉

提起公诉是检察机关经过审查起诉活动,将那些符合起诉条件的公诉案件移送法院,要求法院通过审判追究被告人刑事责任的诉讼活动。检察机关决定提起公诉的,应当将起诉书、量刑建议书连同全部案卷材料一并移送法院。提起公诉后,案件由审查起诉程序正式进入审判程序,犯罪嫌疑人开始具有"被告人"的身份,所有被查封、扣押、冻结的涉案财物,凡是被作为证据使用的,都要随案移送法院,不被作为证据使用的,也要被采取妥善保全措施,等待法院作出生效裁判后,才能被作出最终的处置措施。

刑事诉讼法确立了提起公诉的法定条件。首先,案件需要达到事实清楚、证据确实、充分的程度。这是提起公诉的证据条件。其次,根据现有证据,需要追究被告人的刑事责任。也就是说,案件不具备刑事诉讼法所规定的不追究刑事责任的任何一种情形。最后,法院对案件具有审判管辖权,检察机关才能向其提起公诉。

检察机关提起公诉,通常会向法院提出两项诉讼请求:一是通过提交《起诉书》来行使定罪请求权;二是通过提交《量刑建议书》来行使量刑申请权或者"求刑权"。

《起诉书》是检察机关提起公诉的正式法律文书,是检察机关提起公诉的标志。起诉书的内容一般包含四个要素:一是被告人的基本情况;二是案由和案件来源;三是案件事实,包括犯罪的时间、地点、经过、手段、动机、目的、危害后果等与定罪量刑有关的事实要素;四是起诉的根据和理由,包括被告人触犯的刑法条款、认定的罪名、处罚条款、法定量刑情节等。

根据控审分离的原则,提起公诉是法院审判的前提,起诉书所记载的上述四个要素,构成法院审判的对象,也界定了法院审判的范围。原则上,法院实行不告不理原则,只能对起诉书载明的被告人和起诉事实进行审判。但是,对于起诉书载明的刑法条文和建议的罪名,法院有权作出变更。

《量刑建议书》是法院推行相对独立量刑程序的产物。与《起诉书》不同,《量刑建议书》不是检察机关必须提交的诉讼文书。通常情况下,检察机关既可以提交一份独立的《量刑建议书》,也可以在法庭审理过程中以口头方式提出量刑建议。《量刑建议书》通常包含以下几个构成要素:被告人的犯罪事实;认定的量刑情节;建议的刑事处罚种类、幅度以及刑罚执行方式;提出量刑建议的依据和理由。一般情况下,检察机关的量刑建议既可以是具体的量刑要求,也可以是具有一定幅度的量刑意见。当然,量刑建议只是检察机关对于法院适用刑罚的一种建议,对于法院的量刑裁判不具有约束力。在检察机关提出量刑建议之后,被害方和被告方还可以向法院提出本方的"量刑意见"。对于检察机关的量刑建议以及其他各方的量刑意见,法院都要一视同仁,综合考虑案件的各项量刑情节和量刑事实,作出最终的量刑裁决。

检察机关在提起公诉时,除了提交《起诉书》和《量刑建议书》以外,还要将全部案卷材料一并移送法院。按照检察官客观义务原则,检察官除了将所有旨在证明被告人犯罪事实和从重量刑事实的证据材料移送法院以外,还要将所有可以证明被告人无罪、罪轻的证据材料一并移送法院。例如,对于被告人推翻原有罪供述所形成的辩解笔录材料,或者证人改变原有证言后所形成的证明被告人无罪的材料,以及其他对被告人有利的证据材料,检察机关都要将其载入案卷,一并向法院移送。

在提起公诉方面,我国实行的是"案卷移送制度",而没有采纳所谓的"起诉书一本主义"的起诉方式。检察机关将全部案卷材料移送法院,法院在全面查阅和研读案件证据材料和诉讼文书的基础上,进行审判前的公诉审查和庭前准备活动。这种起诉方式,使得法院通过查阅和研读检察机关的案卷材料,对侦查机关和公诉机关认定的案件事实形成清晰的印象,有利于及时有效地展开庭前准备活动,确保法庭审理的高效进行。但是,由于法官在开庭前全面查阅检察机关的案卷材料,也容易对被告人构成犯罪形成先入为主的预断和偏见,难以保持不偏不倚的地位,也难以接受被告人及其辩护人的辩护意见。

15.6 起诉书对审判的制约（Ⅰ）——变更起诉事实问题

法院依法独立行使审判权,可以对检察机关提起公诉的案件作出独立的裁决。但是,法院的独立审判并不是绝对的,而要受到检察机关起诉书的制约。根据控审分离原则,刑事追诉职能与司法裁判职能应当由不同的国家专门机关行使,法院不得从事带有刑事追诉性质的活动。因此,对于检察机关起诉书所指控的犯罪主体和犯罪事实,法院经过法庭审理,不得擅自加以变更。法院发现检察机关起诉书指控的犯罪主体或犯罪事实,存在认定错误或者存在遗漏等情形的,可以交由检察机关变更起诉或者追加起诉,然后法院再进行重新审判。检察机关拒绝变更起诉或者追加起诉的,法院可以针对原来的指控作出裁决。

我国刑事诉讼法允许检察机关提出变更起诉的诉讼请求,也允许法院向检察机关提出变更起诉的建议。这种变更起诉可以分为三种类型:一是补充新的犯罪事实;二是追加新的被告人或者犯罪事实;三是将原来起诉的被告人、犯罪事实加以变更。

原则上,对于法院提出上述任何一种变更起诉建议的,检察机关应当审查法院所提供的理由,并作出是否同意法院建议的决定。检察机关认为法院所提出的补充、追加或者改变起诉的建议没有法律依据的,可以要求法院直接作出裁判,也就是对检察机关原来指控的被告人、犯罪事实和罪名是否成立作出裁判。

相反,假如检察机关自行提出补充起诉、追加起诉或者变更起诉的申请的,法院在法庭辩论结束之前,都应当予以接受,并及时休庭,给予检察机关重新提交起诉书的准备时间,同时给予被告人及其辩护人对新的起诉进行防御准备的时间和机会。当然,在法庭审理结束后,检察机关又提出补充、追加或者变更起诉申请的,法院可以作出不受理的决定,建议检察机关另行提起公诉。

15.7 起诉书对审判的制约（Ⅱ）——变更罪名问题

在检察机关提出变更起诉申请的情况下,法院可以针对新的指控进行重新审判。但是,在检察机关拒绝变更起诉罪名的情况下,法院可否自行改变起诉书认定的罪名呢？对于这一问题，英美法和大陆法确立了不同的程序，我国刑事诉讼法也有相应的制度安排。

15.7.1 英美法中的诉因制度

英美法实行严格的诉因（counts）制度，起诉书必须将指控的罪名与相关法律条文进行联系，而不得记载那种不受法律条文限定的"犯罪事实"。在法庭审理中，控方的责任在于提出证据，对起诉书记载的各项诉因进行证明；经过审判，控方能够证明某一诉因成立的，法庭就可以宣告被告人有罪。因此，负责对事实问题进行裁断的无论是陪审团还是法官，都只能针对起诉书指控的诉因进行裁判活动，而一般无权变更或者追加未经起诉的新的罪名。

但是，这种禁止变更起诉罪名的做法也存在着一些例外。对于两个罪名存在包容关系的，法院可以将其中较重的罪名变更为较轻的罪名。英国、美国的刑法确立了很多带有包容性的罪名。比较典型的例证是，谋杀罪（murder）包含着过失杀人罪（manslaughter），夜盗罪（burglary）包含着盗窃罪（theft），故意伤害罪（wounding with intent）包含着非法伤害罪（unlawful wounding），等等。因此，如果起诉书指控被告人犯有谋杀罪，而陪审团认定控方的证据不足以证明被告人的行为构成这些罪名，那么，法官可以指示他们对被告人定以过失杀人罪。当然，这样做的前提必须是过失杀人罪能够得到证实。

这种针对包容性罪名所建立的变更起诉罪名制度，主要目的在于严密法网，对于某一类违法行为确立相互联系的多重罪名，避免行为人轻易逃脱法网。无论是在陪审团审判过程中，还是在适用辩诉交易时，法官发现检察官指控的罪名不成立，而现有证据足以证明某一被包含其中的较轻罪名成立的，就可以直接认定被告人构成较轻罪名。考虑到这一较轻罪名的认定，已经历过法庭审理，也给予了辩护方进行防御的机会，因此，法官可以直接改变罪名，而不需要经过变更起诉程序。

15.7.2 大陆法中的变更罪名制度

与英美法不同，大陆法中有一个基本的理念：法院在判决中有权对被告人的行为作出独立的法律评价，而不受检察机关所援引的刑法条文的限制。因此，对于起诉书指控的罪名，法院经过开庭审理，认为在刑法上不能成立的，可以判定被告人构成新的罪名。

但是,为避免被告人的辩护权受到侵害,维护法院的中立地位,大陆法国家对于法院变更罪名也作出了一些限制。例如,德国法一方面建立了"追加起诉"制度。根据这一制度,检察机关对于法院在审判中新发现的独立的犯罪行为,应当重新提起公诉。但为防止被告人因受到重新起诉而招致过长的诉讼拖累,这种追加起诉通常采取较为简易的方式进行。也就是由检察官在审判过程中以口头方式对被告人的其他犯罪行为补充起诉,但前提是被告人必须表示同意接受,并且取得法院的书面许可。同时,被告人有权要求中断审判程序,以便有较为充分的时间实施防御的准备工作。另一方面,德国法尽管允许法院自由地对被告人的行为作出法律评价,从而变更起诉书记载的法律条文,但是,法院应当就法律判断和处罚条文的变更问题,及时向被告人及其辩护人告知,并且给予辩护方以足够的防御机会。

15.7.3 中国法中的变更罪名制度

在我国刑事诉讼中,法院审判突破起诉书的范围,将那些未经起诉的"犯罪主体"或者"犯罪事实"直接纳入审判对象,并作出定罪量刑的情况,是极为罕见的。但是,对于检察机关起诉书认定的罪名,法院在认定其不成立的情况下,直接对被告人判处另一个罪名,这却是一种较为普遍的现象。对于这种法院变更起诉罪名的做法,尽管在法学界和司法界存在较大的分歧和争论,最高人民法院却在司法解释中承认了其合法性和正当性。

自1998年以来,最高人民法院通过对刑事诉讼法的适用作出司法解释,确立了一项重要规则,即:"起诉指控的事实清楚,证据确实、充分,指控的罪名与人民法院审理认定的罪名不一致的,应当作出有罪判决。"据此,法院有权将检察机关指控的罪名加以变更。在对检察机关指控的"犯罪事实"加以确认的前提下,法院既可以将起诉的甲罪变更为乙罪,也可以在检察机关起诉的罪名的基础上,增加新的罪名,还可以将检察机关起诉的若干个罪名加以合并,判处被告人构成新的罪名。

一般说来,这种变更起诉罪名的情况通常发生在法庭审理结束之后。这种做法严重剥夺了被告人的辩护机会。这是因为,被告人及其辩护人是围绕起诉书指控的罪名来进行防御准备的;而法庭审理中的防御活动,则更是以推翻或者削弱起诉书指控的罪名为目标而进行的。考虑到任何一项指控的罪名都有其独立的犯罪构成要件,因此,辩护方要推翻或者削弱起诉书指控的罪名,就必然会围绕着该罪名的主体、主观方面、行为、行为与结果之间的因果关系等构成要件,来进行反驳和辩护。法院在没有给予辩护方对新的指控罪名以任何防御机会的情况下,就强加给被告人一项新的未经起诉、也未经辩护的罪名。这种对起诉罪名的单方面变更,事实上剥夺了被告人的辩护权,并使得原来针对起诉书指控的罪名所作的辩护活动丧失了实质意义。

法院对起诉罪名的单方面变更,还破坏了裁判者本应具备的中立性和超然性。无论这种变更所导致的新罪名的认定本身"正确与否",由于变更既没有取得检察机关的同意,更不是在检察机关主动提出相关要求的情况下进行变更的,因此,这种新罪名都属于未经检察机关起诉而认定的罪名。在法院主动变更起诉罪名的背后,存在着法院超越司法裁判权,代行刑事追诉之权的事实。无论如何,这种做法都违背了控审分离原则,使得法院在裁判活动中的中立性、超然性不复存在。

法院对起诉罪名的变更,归根结底属于起诉书在多大程度上对法院的裁判具有约束力的问题。作为检察机关提起公诉依据的起诉书,不仅仅是法院开始法庭审判活动的基础,而且还应是明确界定法院审判范围和被告人防御范围的法律文书。原则上,法院通过法庭审判,只能回答起诉书指控的犯罪事实和罪名是否成立。而对于未经起诉的犯罪主体、犯罪事实和罪名,未经法庭审理,也未经被告人及其辩护人的有效抗辩,法院不得自行加以变更。

15.7.4 对法院变更罪名问题的立场

一般情况下,法院经过法庭审判,不得对起诉书指控的罪名自行加以变更或者追加。如果发现起诉书指控的罪名不成立,而被告人的行为可能构成其他一项或多项新的罪名,法院必须要求检察机关变更起诉罪名,然后重新提起公诉。原则上,法院变更起诉罪名,应在实体上和程序上受到限制。

法院经过审判,认为检察机关起诉书指控的罪名不能成立的,可以变更为较轻的罪名。但前提是较轻的罪名被包含在指控罪名之中,属于后者的"必经步骤"。例如,法院认定检察机关指控的抢劫罪不成立,可以改为抢夺罪;法院认定指控的贪污罪或受贿罪不能成立,可以改为巨额财产来源不明罪;法院认定指控的犯罪既遂不成立,可以改为犯罪未遂,等等。无论如何,法院认为检察机关指控的罪名不成立的,未经变更起诉,不得变更为更重的罪名,更不能追加新的罪名。

在程序上,法院认为检察机关起诉书指控的罪名不能成立,需要改变罪名的,应当告知检察机关、被告人及其辩护人。对于从轻罪改为重罪,或者需要追加新的罪名的,检察机关都需要重新起诉,提交新的起诉书。法院在保证被告人及其辩护人有时间和机会作出防御准备的情况下,重新进行法庭审理。对于从重罪改为轻罪的,法院可以允许检察机关变更起诉书,也可以直接作出判决。但即便如此,法院也应给予被告人及其辩护人进行防御准备和提出辩护意见的机会。

15.8 撤回起诉

撤回起诉是指检察机关在一审程序中,遇有法定的不应当追究刑事责任的情形,向法院申请撤销公诉的诉讼活动。如果说提起公诉是检察机关代表国家行使公诉权的标志的话,那么,撤回起诉则是检察机关对提起公诉的案件终止诉讼程序的行为。当然,由于提起公诉的案件已经进入第一审程序,检察机关无权擅自将案件予以撤回,而只能向法院提出撤回起诉的申请。法院经过审查,会作出是否准许撤回起诉的裁定。

在司法实践中,检察机关在以下情形下可以提出撤回起诉的申请:一是案件不存在犯罪事实的;二是犯罪事实并非为被告人所为的;三是案件情节显著轻微、危害不大,不认为是犯罪的;四是证据不足或证据发生变化,不符合起诉条件的;五是被告人因未达到刑事责任年龄,不负刑事责任的;六是因法律发生变化而导致不应当追究被告人刑事责任的;七是其他不应当追究被告人刑事责任的情形。很显然,上述情形要么属于检察机关对不符合起诉条件的案件错误地提起公诉,要么属于因案件证据、事实或者法律发生变化,出现了不应追究被告人刑事责任的情形。

在第一审程序中,对于上述不应追究刑事责任的案件,为什么要允许检察机关向法院申请撤回起诉呢?为什么不将案件交由法院直接作出无罪判决呢?一般认为,确立撤回起诉制度的目的主要有三个方面:一是出于实现诉讼经济原则的考虑,检察机关及时撤回起诉,避免法院继续耗时费力地进行审判活动,可以节约司法资源,提高诉讼效率;二是出于保障人权的考虑,既然提起公诉的案件已经不再具备法定的起诉条件,就应尽快撤回案件,避免被告人受到不合理的和无根据的起诉;三是出于检察机关自身内部考核制度的考虑,对于上述不具备起诉条件的案件,假如继续支持起诉的话,那么,很有可能被法院作出无罪判决,而无罪判决结果显然对公诉人和公诉机关都会带来不利的考核结果。

对于检察机关申请撤回起诉的案件，法院经过审查，作出准许撤回起诉的裁定的，检察机关应当在撤回起诉后30日内作出不起诉决定。对于案件仍然具有继续侦查条件的，检察机关可以将案件退回公安机关补充侦查、补充调查，或者撤回监察委员会补充调查。经过补充侦查、补充调查，检察机关掌握了新的事实和新的证据，并且案件符合提起公诉条件的，可以重新向法院提起公诉。经过补充侦查，检察机关没有新的证据或新的事实的，不得自行起诉。否则，法院将作出不予受理的决定。这里所说的"新的证据"，是指在撤回起诉后收集、调取的足以证明原指控犯罪事实成立的证据。所谓"新的事实"，则是指原起诉书中没有指控的犯罪事实，该犯罪事实既可以是与原指控罪名相同的罪名，也可以是其他罪名。

应当承认，一些地方检察机关在司法实践中有时会滥用撤回起诉的权力。而一些地方法院有时也会违背法律，不仅轻率地准许撤回起诉的申请，而且还无原则地受理检察机关对同一案件重新提起的公诉。一方面，在法庭审理已经结束后，法院本来应当作出判决的案件，却准许了检察机关所提出的撤回起诉的申请，导致被告人无法获得无罪的裁判结论。另一方面，在撤回起诉后，检察机关一般都不甘心直接作出不起诉的决定，而是继续收集、调取新的证据，对被告人重新提起公诉。这种针对同一案件重新提起的公诉，既没有时间和次数的限制，也可以任意反复变更罪名，导致被告人因为同一行为而受到多次重复的刑事起诉，其前途和命运始终处于不确定的状态。有些法律研究者认为，这种不受限制的撤回起诉行为，背离了撤回起诉本来的"出罪功能"，成为一些地方检察机关滥用国家公诉权的方式。撤回起诉与退回补充侦查、发回重审一起，造成刑事诉讼中的"程序倒流"现象，既不符合一事不再理的原则，也违背禁止双重危险的理念。

15.9 认罪认罚案件的审查起诉

审查起诉程序在认罪认罚从宽制度中具有极为重要的意义。在一定程度上，侦查程序主要是启动认罪认罚从宽程序的阶段，而审判程序则是对认罪认罚的被告与检察官所达成的量刑协议的审查确认程序。而只有审查起诉程序，才是控辩双方进行量刑协商并形成量刑协议的关键阶段。检察机关作为主导审判前阶段认罪认罚程序的司法机关，既属于参与量刑协商的一方，也属于对适用认罪认罚程序发挥审查作用的决定者。

15.9.1 权利告知与自愿性审查

在审查起诉阶段,权利告知和自愿性审查是检察机关审查两类案件是否适用认罪认罚从宽程序的方式。其中,对于嫌疑人尚未决定认罪认罚的案件,检察机关要履行权利告知的义务。而对于嫌疑人在侦查阶段已经认罪认罚的案件,检察机关则要对其认罪认罚的自愿性进行审查。

对于嫌疑人尚未决定认罪认罚的案件,检察机关应告知嫌疑人所享有的诉讼权利和认罪认罚从宽的法律规定,保障嫌疑人的程序选择权。告知权利应采取书面方式,并向嫌疑人进行充分解释。进行这种权利告知的目的,一方面是吸引嫌疑人尽量选择认罪认罚从宽程序,使案件尽量通过简化的诉讼程序加以解决,另一方面,也是确保嫌疑人慎重行使程序选择权的制度保障。

对于在侦查阶段已经选择认罪认罚程序的嫌疑人,检察机关要对认罪认罚的自愿性和合法性进行审查,审查的内容主要包括以下几个方面:嫌疑人是否自愿认罪认罚,有无受到暴力、威胁、引诱并因此违背意愿认罪认罚;嫌疑人认罪认罚时认知能力和精神状态是否正常;嫌疑人是否理解认罪认罚的性质和可能导致的法律后果;侦查人员是否告知嫌疑人所享有的诉讼权利,以及认罪认罚从宽的法律规定;起诉意见书是否写明嫌疑人的认罪认罚情况;嫌疑人是否真诚悔罪,是否向被害人赔礼道歉;等等。经过审查,检察机关发现嫌疑人违背意愿认罪认罚的,可以重新展开认罪认罚工作。

15.9.2 量刑协商

经过审查,检察机关发现案件具备适用认罪认罚从宽程序的法定条件的,应与嫌疑人、辩护人或者值班律师展开量刑协商。通常情况下,量刑协商可以有检察官职权主导和诉权参与这两种程序方式。前者是检察官依据职权讯问嫌疑人和听取辩护人或值班律师意见的一种协商活动;后者则是嫌疑人在辩护人或值班律师帮助下,与检察机关就量刑问题展开平等对话、协商和达成协议的过程。这两种协商过程几乎存在于每一个认罪认罚案件。只不过,在有些案件中,由于辩护人没有参与,而值班律师的参与力度较弱,检察机关职权主导的特征就显得更为突出。而在那些嫌疑人获得辩护人有效帮助的案件中,辩护人提出了强有力的协商筹码,进行了卓有成效的协商活动,诉权参与的色彩就更为明显一些。

15.9.2.1 职权主导型协商

检察官可以就本案的定罪量刑问题听取嫌疑人、辩护人或者值班律师的意见。由于嫌疑人已经作出了认罪认罚的选择,因此,所谓听取意见,主要是检察官依据刑法和量刑指南,结合本案的犯罪事实和量刑情节,提出较为宽大的量刑意见,然后再将此意见交由嫌疑人、辩护人或值班律师发表意见。

在司法实践中,检察机关可以根据犯罪的事实、性质,在基准刑的基础上,根据本案包括嫌疑人认罪认罚情况内的所有量刑情节,通过按照比例进行减让调节,提出确定性量刑建议。与此同时,对于嫌疑人在侦查阶段、审查起诉阶段和审判阶段分别认罪认罚的,司法机关都可以给出程度不同的量刑宽大幅度。例如,对于在侦查阶段认罪认罚的嫌疑人,主刑从宽的幅度可以在前述从宽的基础上,进一步适当放宽;对于在审判阶段认罪认罚的被告人,可以在前述宽大的基础上,适度压缩量刑幅度。由于在司法解释和量刑指南上有较为明确的量刑减让标准,因此,检察官能够提出的宽大量刑意见,其实并没有太大的自由裁量权。

职权主导型协商的实质,是检察官根据刑法和量刑指导意见,结合本案犯罪事实和嫌疑人认罪认罚等量刑情节,给出一个带有一定幅度的量刑意见,或者给出一个较为具体的量刑建议。嫌疑人、辩护人或者值班律师,对此可以接受,也可以要求进一步降低量刑幅度。双方达成一致意见的,量刑协商即告完成。

15.9.2.2 诉权参与型协商

在嫌疑人获得律师有效帮助的案件中,辩护人、值班律师有时可以提出一些强有力的辩护意见。对于检察官所提出的宽大量刑意见,辩护人、值班律师除了提出不同意见,要求降低量刑幅度以外,还可以提出一些新的协商筹码。所谓协商筹码,是指那些足以证明应对嫌疑人作出更为宽大刑事处理的证据、事实和法律适用意见。在司法实践中,辩护人、值班律师提出本案事实不清、证据不足,根本没有达到法定证明标准的,就属于一种强有力的司法证明协商筹码;辩护人、值班律师提出本案依据刑法,根本不构成检察机关指控的罪名的,就属于一种实体协商筹码;辩护人、值班律师提出本案关键证据属于侦查人员通过违法手段所获取的证据,提出了排除非法证据的申请,这就属于一种证据协商筹码;辩护人、值班律师还可以提出一种新的量刑情节,或者提出根据类似指导性案例,应该进一步降低量刑幅度,这也属于一种量刑协商筹码,等等。

15.9.3　认罪认罚具结书的签署

检察机关经过与嫌疑人、辩护人或者值班律师进行量刑协商,就量刑达成一致意见的,应当在辩护人或值班律师在场的情况下签署认罪认罚具结书。具结书应当包括嫌疑人如实供述罪行、同意量刑建议、程序适用等内容,由嫌疑人、辩护人或者值班律师签名确认。

认罪认罚具结书是记载控辩双方量刑协议内容的诉讼文书,具有控辩双方协议书或和解书的性质。检察官根据这份具结书的内容,向法院提交量刑建议书。但是,在法院判决之前,检察官可以根据案件情况,提出新的量刑建议;被告人也可以反悔,放弃认罪认罚程序,或者拒绝接受检察官的量刑建议。在司法实践中,辩护律师根据案件程序的变化,也可以提出新的辩护意见。法院对于检察官的量刑建议,既可以予以接受,也可以作出独立的裁决。

对于一些特殊的嫌疑人和特殊的案件,嫌疑人不需要签署认罪认罚具结书。这主要包括:嫌疑人是盲、聋、哑人或者限制行为能力的精神病人的;未成年嫌疑人的法定代理人、辩护人对认罪认罚存有异议的;等等。在上述情况下,嫌疑人不签署认罪认罚具结书的,不影响认罪认罚从宽程序的适用。

15.9.4　起诉书和量刑建议的提出

在提起公诉时,检察机关应在起诉书中写明被告人认罪认罚的情况,提出量刑建议书,并连同认罪认罚具结书一并移送法院。

原则上,量刑建议书可以单独制作,也可以在起诉书中予以写明。但量刑建议书无论以何种方式提交,都要以认罪认罚具结书为根据来确定所建议的量刑种类和量刑幅度,体现控辩双方就量刑问题所达成的协议内容。

在与辩护方达成协商一致的情况下,检察机关的量刑建议书,应当就主刑、附加刑以及是否适用缓刑等问题提出建议,一般应提出确定的量刑建议。但是,对于新类型或不常见的刑事案件,以及对于量刑情节较为复杂的重罪案件,检察机关也可以提出幅度刑量刑建议。

阅读案例材料之十五

赵宇故意伤害案[①]

2019年3月1日，检察机关对福建省福州市晋安区人民检察院就赵宇见义勇为一案的处理作出纠正，将原来所作的相对不起诉的决定予以撤销，认定赵宇的行为属于正当防卫，依法不负刑事责任，作出了绝对不起诉的决定。

李华与邹某(女,27岁)是相识但不太熟的朋友。2018年12月26日23时许，二人一同吃饭后，一起乘出租车到达邹某的暂住处福州市晋安区某公寓楼，二人在室内发生争吵，随后李华被邹某关在门外。李华强行踹门而入，殴打谩骂邹某，引来邻居围观。暂住在楼上的被不起诉人赵宇闻声下楼查看，见李华把邹某摁在墙上并殴打其头部，即上前制止并从背后拉拽李华，致李华倒地。李华起身后欲殴打赵宇，威胁要叫人"弄死你们"，赵宇随即将李华推倒在地，朝李华腹部踩一脚，又拿起凳子欲砸李华，被邹某劝阻，后赵宇离开现场。经法医鉴定，李华腹部横结肠破裂，伤情属重伤二级；邹某面部软组织挫伤，属轻微伤。

2018年12月27日，福州市公安局晋安分局对赵宇涉嫌故意伤害一案进行立案侦查。12月29日，该公安分局对赵宇刑事拘留。2019年1月4日，福州市公安局晋安分局以涉嫌故意伤害罪向福州市晋安区人民检察院提请批准逮捕。2019年1月10日，福州市晋安区人民检察院因案件"被害人"李华正在医院手术治疗，伤情不确定，以事实不清、证据不足作出不批准逮捕决定，同日公安机关对赵宇取保候审。2月20日，公安机关以赵宇涉嫌过失致人重伤罪向福州市晋安区人民检察院移送审查起诉。晋安区人民检察院于2月21日以防卫过当对赵宇作出相对不起诉决定，引起社会舆论高度关注。

在最高人民检察院指导下，福建省人民检察院指令福州市人民检察院对该案进行了审查。福州市人民检察院经审查认为，原不起诉决定存在适用法律错误，遂指令晋安区人民检察院撤销原不起诉决定，于3月1日以正当防卫对赵宇作出无罪的不起诉决定。

[①] 参见《最高人民检察院就"赵宇正当防卫案"作出回应》，新华网2019年3月1日发布，http://www.xinhuanet.com/2019-03/01/c_1124182940.htm，最后访问时间2020年10月5日。

最高人民检察院的检察官认为,福州市晋安区人民检察院以防卫过当对赵宇作出相对不起诉决定存在适用法律错误。晋安区人民检察院首次对赵宇不起诉,属于一种相对不起诉。这种决定虽然在结论上是不追究其刑事责任,但仍然认定其有犯罪事实存在,只是因防卫过当,情节轻微,而不再追究刑事责任。检察机关经重新审查本案的事实证据和具体情况,进行认真分析和研究后认为,赵宇的行为属正当防卫,没有明显超过必要限度,应当依照刑事诉讼法的规定,以"犯罪嫌疑人没有犯罪事实"作出不起诉决定。这次对赵宇作出的是无罪的不起诉决定,也就是通常所说的法定不起诉。

最高人民检察院的检察官认为,赵宇的行为符合正当防卫的要件。本案中,李华强行踹门进入他人住宅,将邹某摁在墙上并用手机击打邹头部,其行为属于"正在对他人的人身进行不法侵害"的情形。赵宇在这种情况下,上前制止李华殴打他人,其目的是为了阻止李华继续殴打邹某,其行为具有正当性、防卫性,属于"为了使他人的人身免受正在进行的不法侵害"的情形。

与此同时,赵宇的防卫行为没有明显超过必要限度。首先,从防卫行为上看,赵宇在制止李华正在进行的不法侵害行为过程中始终是赤手空拳与李华扭打,其实施的具体行为仅是阻止、拉拽李华致李华倒地,情急之下踩了李华一脚,虽然造成了李华重伤二级的后果,但是,从赵宇防卫的手段、打击李华的身体部位、在李华言语威胁下踩一脚等具体情节来看,不应认定为"明显超过必要限度"。其次,从行为目的上看,赵宇在制止李华殴打他人的过程中,与李华发生扭打是一个完整、连续的过程,整个过程均以制止不法侵害为目的。李华倒地后仍然用言语威胁,邹某仍然面临再次遭李华殴打的现实危险,赵宇在当时环境下踩李华一脚的行为,应当认定为在"必要的限度"内。

【深入思考题】

1. 检察机关的相对不起诉,被公认为诸多司法改革的"制度载体"。对于加害方与被害方达成刑事和解协议的案件,以及嫌疑人认罪认罚的轻微刑事案件,检察机关都可以作出相对不起诉的决定。但是,在检察机关推行极有争议的"捕诉合一"改革措施之后,相对不起诉的适用比率明显呈现下降的趋势。你认为究竟应如何提高相对不起诉的适用率?

2. 在嫌疑人认罪认罚的案件中,检察机关责令嫌疑人签署的认罪认罚具结书,是否具有"量刑协议书"的性质?对此具结书,被告人当庭反悔,或者在法院作出判决后提出上诉的,检察机关应否提出要求对其采取从重量刑的公诉意见?

第十六章　第一审程序

> 传统意义上的刑事审判是法院解决被告人刑事责任的诉讼活动。但假如法庭审理是流于形式的,那么,被告人、辩护人的参与和辩护将是毫无意义的。唯有通过庭审实质化的改革,促使法院通过法庭审理过程来形成裁判结论,才能使法庭审理的功能得到激活,被告人才能真正获得听审的权利(right to be heard),辩护律师也才可以获得与公诉方进行实质抗辩的机会。

16.1　第一审程序的性质和流程
16.2　第一审程序的原则
16.3　庭前会议
16.4　法庭调查程序
16.5　相对独立的量刑程序
16.6　简易程序
16.7　认罪认罚案件的审判程序
16.8　自诉案件审理程序
阅读案例材料之十六　庭审实质化改革的成都实践

16.1 第一审程序的性质和流程

16.1.1 第一审程序的性质和类型

第一审程序又称为初审程序,是法院对案件进行初次审判的诉讼活动。我国实行两审终审制,绝大部分刑事案件的第一审程序都由基层法院和中级法院负责进行。在刑事诉讼中,检察机关提起公诉的,基层法院或者中级法院根据级别管辖的规定,对本法院具有管辖权的案件进行初次审理。第一审法院经过法庭审理所作的裁判,属于第一审裁判。

第一审程序主要是围绕着检察机关的起诉书和量刑意见书来展开的,其审判对象是检察机关指控的罪名是否成立,检察机关提出的量刑建议是否成立。为确定被告人应否承担刑事责任,一审法院需要通过开庭审理,对控辩双方提交的证据进行全面审查,查明案件的事实真相,在听取控辩双方辩论意见的基础上适用法律,对案件事实认定和法律适用问题作出权威的裁判。

根据不同的分类标准,我们可以对第一审程序作出不同的区分。首先,根据刑事案件类型的不同,第一审程序可分为公诉案件第一审程序与自诉案件第一审程序。其中,公诉案件第一审程序是法院对公诉案件进行初次审理所要遵循的诉讼程序。而自诉案件第一审程序,则是指法院对被害人及其法定代理人提起的刑事指控所进行的初次审判程序。

其次,按照法庭审理的对象不同,公诉案件第一审程序可分为定罪裁判程序、量刑裁判程序与程序性裁判程序三种。其中,定罪裁判程序是法院针对检察机关提交的起诉书,对检察机关指控的罪名是否成立所进行的审判活动。量刑裁判程序是指法院针对检察机关提交的量刑建议书,对检察机关提出的量刑建议是否成立所进行的审判程序。而程序性裁判程序则是指法院对控辩双方所发生的程序性争议所进行的法庭审判活动。

再次,根据程序简化程度的不同,第一审程序可分为普通程序与简易程序两大类。其中,普通程序是指法院按照庭审实质化的要求,所组织的正式的法庭审判活动。而简易程序则是法院对那些符合法定条件的案件,按照相对简化的诉讼程序进行法庭审判的活动。

最后,根据被告人是否选择认罪认罚程序,可以将第一审程序分为被告人不认罪认罚的审判程序与被告人认罪认罚的审判程序。前者就是一般的普通程序和简易程序。后者则是指在被告人认罪认罚的前提下,法院所适用的特别审判程序。这种特别审判程序又可以进一步分为认罪认罚案件的普通程序、认罪认罚案件的简易程序以及速裁程序。其中,认罪认罚案件的普通程序是指中级法院以及其他更高审级的法院,对于被告人认罪认罚的案件,按照相对简化的诉讼程序所进行的法庭审判活动。认罪认罚案件的简易程序是指基层法院对于那些被告人可能被判处3年有期徒刑以上刑罚的案件,在被告人认罪认罚的情况下,按照相对简化的诉讼程序所进行的法庭审判活动。而速裁程序则是指基层法院对于那些被告人可能被判处3年有期徒刑以下刑罚的轻微刑事案件,在被告人认罪认罚的前提下,按照快速简易的程序所进行的法庭审判活动。

16.1.2 第一审程序的流程

对于检察机关提起公诉的案件,法院的第一审程序大体分为庭前准备与法庭审理两大环节。其中,庭前准备可以包括公诉案件的审查、庭前会议、传唤与公告等程序环节;法庭审判则可以包括开庭、法庭调查、法庭辩论、最后陈述、评议和表决以及宣判等程序阶段。

16.1.2.1 公诉案件的审查

检察机关提起公诉,会将起诉书、量刑建议书连同全部案卷材料移送法院。法院收到上述诉讼文书和案卷材料以后,应当对案件是否具备开庭审理的条件进行审查。

在1996年以前,我国曾经实行法院对公诉案件的"实质审查"制度,也就是通过阅卷、庭外调查等活动,对案件是否事实清楚、证据是否充分进行开庭前的审查,只有在认定案件事实清楚、证据充分的情况下,才会启动开庭审理程序。这种实质审查制度造成法官一旦决定开庭审理,即会对案件的事实认定形成先入为主的预断,并导致法庭审理流于形式。

1996年修订的《刑事诉讼法》实施后,上述实质审查制度遭到废除,取而代之的是一种"形式审查"制度。在后来的刑事诉讼法中,这一形式审查制度得到了保留。根据这一制度,法院经过阅卷认为"起诉书有明确的指控犯罪事实的",应当决定开庭审理。也就是说,只要检察机关提交的起诉书明确记载了指控的犯罪事实,从而符合起诉书的形式要件,法院就应当开庭审理。

当然,在司法实践中,法院除了要审查起诉书是否符合形式要件以外,还要审查案件是否符合刑事诉讼法规定的不追究刑事责任的情形,以及法院是否具有审判管辖权。一般情况下,法院经过这种形式审查,可以作出以下

决定:

一是对于检察机关违反管辖制度的案件,法院应退回检察机关。其中,对于告诉才处理的案件,法院应退回检察机关,并告知被害人有权提起自诉;对于不属于本院管辖的案件,法院应退回检察机关。

二是对于被告人没有到案的案件,法院应退回检察机关。当然,对于符合适用缺席审判程序条件的案件,法院应告知检察机关按照缺席审判程序提起公诉。

三是法院作出证据不足、指控的犯罪不能成立的无罪判决后,检察机关根据新的事实、证据重新起诉的,法院应当受理。

四是法院裁定准许撤回起诉的案件,检察机关没有新的事实、证据,重新提起公诉的,法院应当退回检察机关。

五是对于依法不追究刑事责任的案件,法院应当裁定终止审理,或者退回检察机关。

16.1.2.2 庭前准备(Ⅰ)——职权主导程序

法院作出开庭审理决定后,即可以进行开庭前的准备活动。这些庭前准备活动大体包括以下方面:首先,法院需要指派法官担任承办人,并组成合议庭。承办法官应当进行全面阅卷。其次,法院需要将起诉书副本送达当事人、辩护人和诉讼代理人。在将起诉书副本送达被羁押的被告人时,法院要向被告人告知诉讼权利。再次,法院需要确定开庭时间和地点,对于公开审判的案件要向社会进行公告。最后,法院需要将开庭时间和地点通知当事人、辩护人、诉讼代理人以及相关诉讼参与人。

一般说来,法院进行上述庭前准备活动,会采取职权主导的进行方式,也就是由法院依据职权主动实施庭前准备活动,而没有纳入诉权启动和当事人参与的因素。但自2012年以后,为解决控辩双方可能发生的程序性争议,刑事诉讼法建立了庭前会议制度,在庭前准备方面引入了一定的诉讼机制。

16.1.2.3 庭前准备(Ⅱ)——庭前会议程序

庭前会议是法院为解决控辩双方程序性争议、归纳双方争议焦点并进行庭前准备的重要程序。但是,并不是每个案件都要召开庭前会议。一般情况下,案件具备以下情况的,法院应当召开庭前会议:一是当事人提出排除非法证据申请的;二是证据材料较多、案情重大复杂的;三是案件具有重大社会影响的;四是法院认为有必要召开庭前会议的。在司法实践中,被告人及其辩护人经常会提出召开庭前会议的申请,并提供相关的事实和理由。但是否召开庭前会议,最终还是要由法院作出决定。

庭前会议采取开庭审理的方式。庭前会议由本案承办法官主持进行,公诉人和辩护律师通常都会参加。重大案件的庭前会议要由合议庭全体成员出席,公诉人、被告人、辩护人等都被通知到场参加。庭前会议的地点通常是法院,可以在法庭上进行,也可以在法院会议室举行。但根据案件的情况,法院也可以在看守所召集庭前会议。必要时还可以通过视频连线方式举行。庭前会议采取非正式的方式。法官会听取控辩双方的意见,了解案件的相关情况。

原则上,法院举行庭前会议的案件,控辩双方应尽量在此期间提出有关的程序性申请。控辩双方在庭前会议上不提出有关程序性申请的,除非具有正当的事实和理由,否则,法院在庭审中一般不再受理有关申请。

16.1.2.4 宣布开庭

宣布开庭是法庭审理的开始,是审判长代表合议庭所进行的审查当事人身份、宣布案件来源和告知诉讼权利的诉讼活动。

宣布开庭后,审判长要在各方参与下从事以下诉讼活动:一是查明被告人的基本情况,包括被告人身份情况、是否受到过法律处分、是否被采取强制措施、收到起诉书副本的时间,等等。二是宣布案件来源、起诉案由,宣布合议庭组成人员、公诉人、辩护人以及其他诉讼参与人的名单。三是向当事人及其法定代理人、辩护人、诉讼代理人告知诉讼权利,主要包括申请回避、提出证据、申请证人出庭、调取新证据、申请重新鉴定、勘验或者检查、自行辩护、最后陈述等诉讼权利。

16.1.2.5 法庭调查

法庭调查是在法庭审理过程中,合议庭或独任法官在控辩双方同时参与下,通过控辩双方的举证、质证活动,对公诉方指控的犯罪事实是否成立所进行的调查活动。

一般而言,法庭调查可以包括公诉人宣读起诉书、公诉人讯问被告人、公诉方举证、辩护方举证以及法官庭外调查核实证据等五个程序环节。其中,在法庭主持下,公诉人要当庭宣读起诉书,这是启动法庭调查程序的必经程序。根据案件情况,法庭可以安排公诉人在宣读起诉书后,立即宣读量刑建议书,也可以在定罪事实调查完毕后,再安排公诉人宣读量刑建议书,从而启动量刑事实调查活动。

在公诉人宣读起诉书后,法庭会询问被告人对起诉书指控的犯罪事实有无异议,并听取其供述和辩解。在核实被告人是否认罪后,公诉人可以就起诉书指控的犯罪事实讯问被告人,被害人及其诉讼代理人、辩护人可以依次向被告人发问。合议庭成员或独任法官根据案件情况,可以向被告人进行讯问。当然,这种讯问带有补充和澄清的性质。

法庭调查的核心环节是公诉人举证程序。在此程序中,公诉人要将作为指控根据的证据逐一进行举证。对于本方的物证、书证、视听资料、电子证据,公诉人要逐一加以出示、宣读、播放,对于本方的证人、被害人、鉴定人,公诉人要逐一进行主询问,对于依法可以不出庭作证的证人、被害人、鉴定人等,公诉人可逐一宣读其书面证言笔录或书面意见。在公诉人对每一证据举证完毕后,被告人及其辩护人都可以进行质证。对于公诉方的物证、书证、视听资料、电子证据以及不出庭作证的证人等所提交的笔录、材料,被告人及其辩护人可以当庭进行质疑,或者发表其他质证意见;对于公诉方询问过的证人、被害人、鉴定人等,被告人及其辩护人可以进行反询问,围绕着证言的可信性和证人等的可靠性提出反驳性和质疑性问题。当然,法官可以随时作出补充性发问,或者进行其他核实证据的活动。

在公诉方举证完毕后,被告人及其辩护人向法庭提交证据的,可以进行举证。被告人及其辩护人的举证,遵循与公诉方举证相同或相似的规则。被告人及其辩护人逐一将本方证据进行当庭出示、宣读、播放,或者当庭向证人进行主询问。公诉人在被告人及其辩护人对每一项证据进行举证后,进行逐一质证,要么发表质证意见,要么对证人等进行反询问。法官在必要时也可以进行补充性发问,或者进行其他核实证据活动。

在法庭调查过程中,法庭对证据存有疑问,或者发现控辩双方没有提出的新证据的,可以宣布休庭,对证据进行调查核实。在司法实践中,这种庭外调查核实证据的活动并不常见,也并不是法庭调查的必经程序。但遇有当庭无法对证据进行查证,或者发现了控辩双方没有提出但与案件事实有关的重要证据的,法庭也会组织庭外调查核实证据的活动。在庭外调查核实证据过程中,承办法官或者独任法官可以通知公诉人、辩护人同时到场,对于所收集的新证据,也可以在恢复法庭审理后,将其纳入法庭调查的范围,给予控辩双方进行当庭举证、质证的机会。但是,法庭不得将其单方面收集的新证据,未经法庭调查程序而直接作为定罪的根据。

16.1.2.6　法庭辩论

法庭辩论是在法庭审理过程中,在合议庭或独任法官的主持下,公诉人、被害人、被告人、辩护人、诉讼代理人围绕着公诉人指控的犯罪事实、认定的罪名以及所提出的量刑建议,所展开的集中辩论活动。

法庭辩论是控辩双方针对证据采纳、事实认定以及法律适用问题所进行的全方位辩论过程。对于公诉人而言,通过发表公诉意见,可以获得论证犯罪构成要件事实、论证指控罪名以及论证量刑建议成立的机会。而对于被告人及其辩护人而言,通过发表辩护意见,可以获得论证犯罪构成事实不成立、起诉罪名不成立或者有关量刑建议不成立的机会。控辩双方通过正面表达本方意见,并对对方意见进行反驳和质疑,尽量说服法庭作出有利于本方的裁判结论。

一般情况下,法庭辩论可以分为公诉方发表公诉意见、被害方发表意见以及辩护方发表辩护意见等三个环节。其中,公诉方的公诉意见要围绕着当庭调查过的证据和事实,论证所指控的犯罪事实成立,论证所适用的罪名和量刑方案成立。被害人及其诉讼代理人也可以就此发表本方的意见,可以提出与公诉方不一致的罪名,也可以提出不同于公诉方的量刑意见。然后,被告人及其辩护人可以围绕着证据采纳、事实认定和法律适用问题发表辩护意见。根据案件情况,上述各方还可以进行若干轮辩论,一方面继续强化本方的意见,另一方面对其他各方的意见进行评论或者作出反驳。

16.1.2.7　最后陈述

所谓最后陈述,是指在法庭审理过程中,被告人对案件事实和法律适用问题向法庭所作的最后发言。这一制度的设计本意,主要是给被告人最后一次向法庭施加影响的机会,说服法官形成对被告人有利的内心确信。根据被告人诉讼立场的不同,最后陈述可分为两种模式:一是通过最后的呼吁来进行无罪辩护;二是通过最后的"忏悔"来请求获得宽大的刑事处罚。

16.1.2.8　评议和表决

被告人作出最后陈述后,法庭审理程序即告结束。法庭随即休庭。在法院组成合议庭进行审理的案件中,合议庭成员要对案件进行评议和表决。所谓评议,是指合议庭成员在法庭审理基础上,对案件的证据采纳、事实认定和法律适用所进行的讨论活动。在评议中,合议庭成员要针对控辩双方发生争议的焦点问题,根据当庭调查和辩论过的证据,来发表对事实认定、罪名确认和量刑安排的意见。在评议的基础上,合议庭成员在审判长主持下,对公诉方指控的罪名是否成立进行投票表决。在多数意见认为被告人构成犯罪的情况下,合议庭成员再对公诉方提出的量刑方案进行表决,从而形成最终的裁判结论。

整个评议和表决过程遵循平等表决和多数裁决的原则。无论是法官还是人民陪审员,无论是审判长还是普通法官,都拥有平等发表评议意见的权利,也享有一人一票的投票机会。按照少数服从多数的原则,法庭最终根据多数意见形成裁判意见,并将其作为判决的内容。

16.1.2.9 宣判

宣判是法院根据合议庭多数意见形成裁判结论后,对案件所作的宣告判决的活动。根据宣判时间的不同,宣判可分为当庭宣判和定期宣判两种形式。其中,当庭宣判是在法庭审理结束后,法庭不间断地根据其表决结果当庭宣告判决的方式。

而定期宣判,则是在法庭审理结束后,合议庭宣布休庭,在间隔一段时间后,再对案件进行评议和表决;在形成裁判意见后,合议庭重新恢复法庭审理,将判决结果予以宣布。与当庭宣判相比,定期宣判通过将法庭审理与宣告判决间隔开来,使得庭审过程保持了间断进行的方式。

16.1.2.10 三种裁判结论

在我国刑事诉讼中,法院的裁判结论一般有三种:判决、裁定和决定。其中,判决是法院对刑事案件的实体问题和程序问题一并作出的权威裁决结论,其载体通常是法院的"判决书"。对于一审判决书,刑事诉讼法所设定的上诉期为10日。

裁定是法院对案件的重大程序问题所作的裁判结论。其载体通常是法院的"裁定书"。对于一审裁定书,刑事诉讼法所设定的上诉期为5日。

决定是法院对案件的一般程序问题所作的裁判结论。对于决定,法院既可以书面方式作出,也可以口头方式当庭加以宣布。通常情况下,法院的决定不能成为当事人上诉或者检察机关抗诉的对象。但是,法院对一些程序争议问题所作的决定,一旦将其列入判决书或裁定书之中,当事人也可以对其提出上诉,检察机关也可以提出抗诉。不仅如此,在法定的例外情形下,当事人对于部分决定,可以申请复议。

16.2 第一审程序的原则

16.2.1 审判公开原则

作为一项刑事审判原则,审判公开是指法院在进行法庭审理和宣告判决时,应当向社会予以公开,允许社会公众参加旁听,允许新闻媒体公开报道案件审理和判决情况。

审判公开原则有两个基本要求:一是法庭审理过程公开;二是判决结果公开。前者是指由法庭主持进行的全部审理过程,应当向社会予以公开,公众可以参加旁听,新闻媒体可以进行报道。判决结果公开则是指法庭对任何案件的判决结果均应予以宣告或者公布,这种公开宣判既可以采取开庭宣判的方式,也可以采取通过媒体或者互联网公布裁判结果的方式。

为保障审判公开原则的落实,我国法律建立了一系列相应的制度保障。例如,对于准备进行公开审判的案件,法院要将案由、合议庭组成人员以及开庭时间和地点予以公告;在开庭时前,任何人只要遵守法庭秩序,没有危害社会公共安全,都可以前来开庭地点,旁听案件的审理和宣判过程;对于案件审理情况和判决结果,新闻媒体在不妨碍法院独立审判的前提下,都可以进行报道;对于违反公开审判制度的一审程序,二审法院可以违反法定诉讼程序为由,作出撤销原判、发回重新审判的裁定;等等。近年来,为强化审判公开原则,最高人民法院逐步推行裁判文书在网络上全文公布的制度,甚至对一些具有较大社会影响的案件,试行网络直播庭审过程的做法,取得了一定的积极效果。

审判公开不仅是刑事审判的基本原则,也是我国宪法确立的一项重要司法原则。之所以要确立这一原则,主要是基于三个方面的理由:一是从维护实体正义的角度来看,实行公开审判,可以确保社会公众和新闻媒体对法院的审判过程进行监督,督促法官、人民陪审员依法履行审判职责,防止其滥用自由裁量权,甚至出现徇私枉法、权钱交易等行为,避免出现刑事误判现象。二是从维护程序正义的角度看,落实公开审判原则,可以使法院审判接受社会各界的监督,促使法官尊重被害人、被告人、辩护人、诉讼代理人的合法权利,遵守中立立场,遵循司法理性原则,避免先入为主地形成预断。三是从维护司法公信力的角度来看,公开审判原则的贯彻,可以使社会公众了解案件审理的过程和判决形成的根据,观察"正义得到实现"的过程,目睹有罪者受到严惩的结果,亲自获悉无罪者不受追究的情况,既可以从中获得一种主体意识,也可以对司法裁判的公正性产生尊重和信赖。

当然,审判公开原则也有其法定的适用范围。为防止其他法律价值受到损害,刑事诉讼法也为其适用设定了例外情形。例如,对于被告人为未成年人,或者涉及国家秘密、个人隐私的案件,法院一律不公开审理。而对于涉及商业秘密的案件,当事人申请不公开审理的,法院也可以不公开审理。这显然体现了对未成年人利益的特殊保护原则,也体现了保守国家秘密、个人隐私和商业秘密的精神。

但是,即便对于不公开审理的案件,法院也要进行公开宣判,并将裁判结果予以公布。不过,在对这类不公开审理的案件公布裁判文书时,法院可以将有关被告人和有关案件事实的信息作出适度保密处理。

审判公开原则在我国刑事诉讼中已经得到了强调和落实,但仍然存在着一些有待解决的问题。例如,一些法院通过发放"旁听证"和"采访证",人为地限制旁听人员的范围,限制采访人员的范围;一些法院对于外国人乃至海外人士的旁听,设置了诸如外事部门审批等复杂的手续;法院对在网站上公布裁判文书的案例,设置了内部控制标准,使得很多无罪判决书、不核准死刑的裁定书等无法公之于众。对于这些问题,应当在未来的法律改革中逐步加以解决。

16.2.2 直接和言词原则

作为刑事审判的基本原则,直接和言词原则又被称为"直接言词原则",是由两项审判原则组合而成的:一是直接审理原则,二是言词审理原则。

直接审理原则有两方面的含义:一是**"在场原则"**,即法庭开庭审理时,被告人、检察官以及其他诉讼参与人必须亲自到庭出席审判,而且在精神上和体力上均有参与审判活动的能力;二是**"直接采证原则"**,即从事法庭审判的法官必须亲自直接主持法庭调查和采纳证据,亲自接触和审查证据;证据只有经过法官以直接采证方式获得才能作为定案的根据。

言词审理原则又称为**"言词辩论原则"**,也有两个方面的含义:一是参加审判的各方应以言词陈述的方式从事审理、攻击、防御等各种诉讼行为,任何没有在法庭审理中以言词方式进行的诉讼行为,均应视同没有发生,或不存在,而不具有程序上的效力;二是在法庭上提出任何证据材料均应以言词陈述的方式进行,诉讼各方对证据的调查应以口头方式进行,如以口头方式询问证人、鉴定人、被害人等,以口头方式对实物证据发表意见,任何未经在法庭上以言词方式提出和调查的证据均不得作为法庭裁判的根据。

直接审理原则和言词审理原则均要求诉讼各方亲自到庭出席审判,法官的裁决须建立在法庭调查和辩论的基础上,而严禁以控诉方提交的书面卷宗材料作为法庭裁判的根据,因此这两项原则有着共同的含义和功能,在理论上往往被综合在一起,称为"直接和言词原则"。①

在大陆法系国家,直接和言词原则是经过对中世纪纠问式制度的改革而确立下来的。根据纠问式诉讼制度,法院一般直接以调查官员所作的书面笔录为根据制作最终的裁决,而不再对证据和事实进行实质上的法庭审理。这种书面笔录记载着调查官员所收集的证据记录。根据当时的法律,证人和被告人对调查官员所陈述的事项如果不被记载于书面笔录之中,即被视为没作过这种陈述(拉丁 Quod non est in actis, non est in mundo)。相反,对于调查官员所作出的书面笔录上所记载的事项,即使证人和被告人没有作出这种陈述,也应视为有这种陈述(拉丁 Quod est in actis, est in mundo)。由于法院的裁判直接建立在调查官员书面笔录的基础上,因此纠问式审理又被称为**间接审理主义和书面审理主义**。

随着人类理性的发达和正义观念的发展,这种建立在间接和书面原则基础上的纠问式制度的不合理和不公正性逐渐地为人们所认识。19世纪,一种被称为"**革新的纠问式诉讼**"的制度在大陆法系各国建立起来。在这一制度下,法庭审判作为法院判决的唯一基础,一般要按照公开、口头和直接的方式进行。**审判庭应该根据审问被告人和审查全部证据所得的直接印象作出裁判,而完全不是根据现成的案卷作出裁判**。这样,在大陆法系国家的刑事审判制度中,直接和言词原则就通过取代间接和书面原则而得到确立。

英美法尽管没有确立直接和言词原则,却设有与之相关的"传闻证据规则"(hearsay rule)。根据这一规则,某一证人(原证人)在法庭外就案件事实所作的陈述内容被他人以书面方式提交给法庭,或者被另一证人(出庭证人,其证言来源于原证人)向法庭转述或复述出来,这种书面证言和"转述证言"均为"传闻证据"(hearsay evidence)。这种"传闻证据"既不能在法庭上提出,也不能成为法庭据以对被告人定罪的根据。按照英美法系学者的观点,排除传闻证据"不是因为它不相关",而是因为它不可靠和不可信;同时"在许多审

---

① 参见〔德〕罗科信:《刑事诉讼法》,吴丽琪译,法律出版社2003年版,第429页以下。

判中,采纳传闻证据容易拖延诉讼过程"。"由于传播过程中的错误以及人为的欺骗,传闻证据很容易被歪曲:它来源于不在场的证人,该证人既不能对其证言起誓,也不会受到质证,因而其可信程度得不到检验"。① 而且,本来可以通过有效的交叉询问来揭露证人过去的不诚实行为,从而为鉴别其证言的真伪提供参考,由于证人不出庭,这种机会就失去了。由此可见,传闻证据规则的宗旨在于确保控辩双方与提供证言的原证人进行直接接触,获得对其当庭发问、进行交叉询问的机会。

按照我国主流的刑事诉讼理论,直接和言词原则属于我国刑事审判的基本原则。过去,在我国刑事审判中,公诉方移送的案卷笔录对于法院认定案件事实具有重要的影响。证人、被害人、鉴定人、侦查人员很少出庭作证,无论是对证人证言、被害人陈述,还是对鉴定意见、侦查人员的说明材料,法庭几乎都是通过宣读笔录或书面材料的方式进行法庭调查的。在理论上,这种法庭调查方式一般被称为书面和间接审理方式。自 2010 年以来,随着一些刑事证据规则的颁布实施,证人出庭作证制度逐步得到建立。2012 年修订的《刑事诉讼法》通过以后,证人、鉴定人出庭作证制度更是被确立在基本法律之中。该法确立了证人、鉴定人、侦查人员出庭作证的法定情形,规定了证人、鉴定人不出庭作证的法律后果,甚至还建立了侦查人员和专家辅助人出庭作证的制度。多数学者据此认为,我国刑事证据法开始吸收了直接和言词原则的内容。

自 2014 年以来,为推进"以审判为中心的诉讼制度改革",最高人民法院逐步推行"庭审实质化"的改革措施,以直接和言词原则为依据,强化证人、鉴定人、侦查人员、专家辅助人等出庭作证的制度,以解决法庭审判流于形式的问题。根据最高人民法院的相关规范,法院除了要从制度上确定证人、鉴定人出庭作证的条件,强调对拒不出庭的证人、鉴定人追究法律责任以外,还要逐步确立"传闻证据规则"。具体而言,对于证人出庭作证的案件,除了符合法定例外情形以外,法庭原则上不得将该证人的庭外证言笔录作为定案的根据。这些法定例外情形大体包括为唤醒证人的记忆,对当庭证言与庭外证言不一致的情况进行核实,庭外证言笔录得到控辩双方的认可,等等。假如这些规则得到刑事诉讼法的确立,那么,直接和言词原则将会得到更为充分的贯彻落实。

---

① 参见〔英〕特纳:《肯尼刑法原理》,王国庆等译,华夏出版社 1989 年版,第 530 页。

直接和言词原则尽管已经成为我国刑事审判的基本原则,但这一原则要在我国刑事审判中得到全面的贯彻实施,还面临着一些困难和挑战。首先,在2012年以后,我国刑事诉讼法恢复了案卷移送制度,使得法官在开庭前可以全面接触公诉方移交的案卷笔录。令人担心的是,法官只要事先全面接触了公诉方的案卷材料,就可能不再传召证人、被害人、鉴定人出庭作证,而直接将书面证言和陈述作为认定案件事实的根据。这对于直接和言词原则的贯彻构成实质性的挑战。

其次,我国刑事审判具有一种案卷笔录中心主义的程序模式。在对证据进行书面和间接审理的情况下,法庭只满足于对案件事实进行形式化的审查和确认,而难以展开实质性的全面审理。法庭一般不责令公诉方通过举证来重现案件事实的全部过程,而是简单地接受公诉方业已认定的案件事实结论。

最后,2012年修订的《刑事诉讼法》尽管已经确立了证人、鉴定人甚至侦查人员出庭作证的规则,但是,假如法院对于公诉方提交的书面证言、陈述和说明材料,仍然不加区别地一律采纳为定案的根据,甚至以书面证言或陈述材料来否定当庭证言或陈述的证明力,那么,证人、鉴定人、侦查人员出庭作证的制度设计,势必失去实质的意义。

16.2.3 审判集中原则

所谓审判集中原则,是指对于任何案件的审判应当由同一审判人员或者同一审判组织连续不断地进行,并在不间断的情况下形成裁判结论。审判集中原则有两个基本要求:一是审判人员不更换原则,二是法庭审理不间断原则。

审判人员不更换原则,是指所有参加法庭审判的法官、陪审员,在法庭审理开始后,应当全程参与案件的法庭审理和判决过程,既不得中途退出,也不得随意更换。贯彻审判人员不更换原则,可以确保法官、陪审员全程参与审判的全过程,完整地听取诉讼各方的举证、陈述、质证和辩论,并通过当庭审理形成对案件事实的内心确信。而假如在审判过程中更换审判人员,那么后来参加庭审的法官对已进行完毕的审判活动就无法充分地了解,对已调查完毕的证据也无法产生直观的印象。为确保法官自始至终地参加法庭审判,许多国家都规定法官一般不得中途退出法庭审判。

例如,德国《刑事诉讼法典》规定:"进行审判的时候,负责审判的审判官及检察官和法院书记处的书记官应当始终出席,不得中途退庭。"日本《刑事诉讼法》也规定:"在开庭后更易审判官时,应当更新公审程序。"为防止因更换法官而导致审判程序的重新开始和重复进行,有些国家还专门设有"候补法官",他们在法庭审判开始后就参加旁听庭审,一旦有主持审判的法官因病或其他情况而不得不退出法庭审判,"候补法官"可接替该法官的工作,以确保法庭审判持续不断而又顺利地进行。

所谓审判不间断原则,是指法庭审判一旦开始,就必须按照法定的程序持续而不间断地进行,直至法庭作出裁判为止。因为法庭审判一旦中断,法官在法庭上对各项证据所产生的直观和鲜明的印象就会日渐减弱甚至消失,法官与证据之间的直接联系就会遭到割裂或中断。因此各国法律均要求审判除因特殊情况必须中断之外,必须持续不断地进行。即使法庭因故中断,也必须在较短的时间内迅速恢复进行。如德国《刑事诉讼法典》规定:"中断审判期间总计不超过十日的,可以恢复审判的进行;中断期间超过十日的,法庭应重新开始审判程序。"

我国刑事审判制度体现了审判集中原则的精神。特别是随着庭审实质化改革的推行,审判不间断原则得到了越来越充分的贯彻。首先,庭前会议制度的确立,可以最大限度地发挥解决程序性争议的功能,使得包括回避、管辖、非法证据排除、延期审理、公开审理等程序性问题,尽量在开庭前得到解决,避免法庭审理的中断,保障庭审过程的不间断进行。

其次,法庭通过庭前会议,及时进行争议焦点问题的整理,并在庭审中将控辩双方存有争议的证据、事实和法律问题作为法庭审理的主要对象,按照正式程序加以审理,而对于没有争议的问题则进行相对简易的法庭审理。这种根据控辩双方是否存有争议来确定法庭审理重点对象的做法,有助于保证法庭审理的不间断进行。

最后,法院扩大当庭宣判的适用范围,避免法庭审理与宣告判决之间出现较长的时间间隔。随着司法体制改革的推进,基层法院对于被告人自愿认罪的案件,按照简易程序进行审理,尽量采取当庭宣判的方式。而随着认罪认罚程序的确立,法院对于被告人签署认罪认罚具结书的案件,除非遇到法定的例外情形,原则上应当庭确认检察机关提出的量刑建议。在此情况下,法庭基本上都会采取当庭宣判的方式。相对于定期宣判而言,当庭宣判更有利于减少法庭休庭的时间,实现法庭审判的不间断进行。

16.3 庭前会议

在我国刑事审判中,庭前会议是一种非常重要的庭前准备程序。通过组织庭前会议,法院可以给予检察官、被告人及其辩护人同时参与庭前准备活动的机会,提出各自的诉讼请求并发表辩论意见,使法院在庭前准备中获得更多的信息,审慎稳妥地做好庭前准备活动,避免法庭审理的不必要中断和不合理延长。由于庭前会议是在控辩双方同时参与下进行的诉讼活动,因此,这一程序需要解决一些重要的诉讼问题。

16.3.1 庭前会议的功能

通常情况下,庭前会议可以发挥三个方面的功能:一是解决程序性争议问题;二是整理控辩双方存在争议的焦点问题;三是在控辩双方参与下进行必要的庭审准备活动。

庭前会议又被称为"程序争议程序",法官主要对控辩双方提出的以下程序争议问题听取双方的意见:一是是否对案件管辖存有异议;二是是否申请法官、检察官回避;三是是否申请调取公安机关、检察机关收集但未随案移送的证明被告人无罪或者罪轻的证据材料;四是是否提供新的证据;五是是否对出庭证人、鉴定人、有专门知识的人的名单存有异议;六是是否申请排除非法证据;七是是否申请不公开审理;等等。

庭前会议有时被称为"争议焦点确定程序"。在庭前会议过程中,法官可以询问控辩双方对证据材料、指控事实或者法律适用问题是否存有异议,以便确定法庭审理的重点。对于控辩双方存有异议的证据,法官应在庭审时进行重点调查。而对于无异议的证据,举证、质证程序可以适度简化。但是,庭前会议不能替代法庭审理,对证据进行实质性的举证、质证活动。在法庭审理中,即便对于控辩双方在庭前会议中不持异议的证据,法官也应听取控辩双方的举证、质证和辩论意见。

庭前会议又被称为"预备程序"。在听取控辩双方意见的基础上,法官在庭前会议上可以确定一些庭前准备事宜。例如,在听取控辩双方意见之后,确定拟通知出庭作证的证人、鉴定人、侦查人员、专家辅助人的名单,确定是否启动重新鉴定或者补充鉴定程序,确定是否向侦查机关、检察机关或其他有关单位、个人收集调取证据材料。又如,对于被害方或者检察机关提出的附带民事诉讼请求,法官在庭前会议中可以组织调解,促使各方形成调解协议。再如,被告人提出排除非法证据申请,没有委托辩护人的,法官对于符合指定辩护条件的案件,应当通知法律援助机构指派律师为其进行辩护,对于其他案件则应当安排值班律师提供法律帮助。最后,通过听取控辩双方的意见,法官在庭前会议上应当确定所适用的审判程序,如对被告人不认罪的案件,适用普通程序;对被告人认罪认罚的案件,可以依据不同情况,分别适用简易程序、速裁程序,或者适用普通程序简化审理。

16.3.2 庭前会议的诉讼构造

庭前会议通过非正式开庭审理的方式进行。庭前会议采取不公开的方式,举行地点可以是审判法庭,也可以是法院内部或者看守所内部的会议场所。对于争议不大的案件,法官也可以通过视频会议的方式组织庭前会议。但无论是在何处并以何种方式举行,庭前会议原则上由承办案件的法官主持进行,重大案件可以由合议庭全体成员参加。法官应通知检察官、辩护人参加庭前会议。对于被告人提出参加庭前会议申请的,法官应当同意,并听取被告人的意见。

对于控辩双方存有争议的程序事项,如回避、管辖、非法证据排除、公开审理,申请重新或者补充鉴定,申请证人、鉴定人、侦查人员、专家辅助人出庭作证等程序性争议事项,法官为避免庭审中断的情况发生,应当在庭前会议上听取控辩双方的意见,并作出处理决定。

对于控辩双方决定在庭审中出示的证据,法官可以组织控辩双方相互展示证据,听取控辩双方的意见,归纳总结存在争议的证据。在这种组织展示证据的活动中,法官一般应当通知被告人参加,听取被告人的意见。通过梳理存在争议的证据,法庭归纳争议的焦点,并将争议焦点写入庭前会议报告。在法庭审理中,法庭对于存在争议的证据,应当单独举证和质证;对于没有争议的证据,可以简化举证和质证程序。

对于被害方提出附带民事诉讼请求的案件,法官在庭前会议中可以进行调解,组织被害人及其法定代理人、诉讼代理人与被告人及其辩护人同时参加,尽量促使双方达成调解协议。

在庭前会议中,法官通过组织证据展示和听取双方意见,可以告知被告人选择认罪认罚程序,或者对检察机关提交的被告人庭前选择认罪认罚程序的情况进行审查。被告人愿意选择认罪认罚程序的,基层法院可以决定适用简易程序或者速裁程序，其他法院可以决定适用普通程序简化审理。对于被告人认罪认罚的，法院还要核实报告人认罪认罚的自愿性和真实性。

庭前会议还可以发挥程序分流和过滤不符合开庭条件案件的作用。在庭前会议中，法院听取控辩双方意见后，认为案件事实不清、证据不足的，可以建议检察机关撤回起诉。

16.3.3　庭前会议的效力

庭前会议尽管属于法院组织的庭前准备程序，但经过这一程序，法院所作的处理决定，仍然具有多方面的法律效力。

首先，法院对于控辩双方提出的程序性争议事项，如申请回避、提出管辖异议、对出庭证人等名单提出异议、申请排除非法证据等，在开庭前作出决定的，控辩双方没有新的理由，在庭审中再次提出同一申请或者异议的，法院应当依法予以驳回。

其次，在庭前会议中，控辩双方可以就相关问题进行协商并达成合意决定。控辩双方不仅可以提出申请，发表意见，而且可以通过积极协商来解决争议问题。例如，对于被告方提出的排除非法证据的申请，控辩双方经过协商达成一致意见的，被告人及其辩护人可以撤回有关申请，检察机关也可以选择不再将该证据作为指控犯罪的根据。对于这种合意决定，法院应当予以尊重。又如，控辩双方可以通过协商确定事实和证据的争议焦点，明确有争议的证据和没有争议的证据，法官可以据此确定法庭调查的重点问题。

最后，庭前会议处理结果对于法庭审理具有直接约束力。一般情况下，法官在庭前会议结束后，应当制作庭前会议报告，说明庭前会议的基本情况、有关问题的处理结果、控辩双方争议的焦点问题以及所达成的一致意见。在法庭审理过程中，法庭在检察官宣读起诉书后，应当宣布庭前会议报告的主要内容。对于庭前会议中达成一致意见的事项，法庭向控辩双方核实后当庭予以确认。对于控辩双方没有达成一致意见的事项，法庭可以归纳控辩双方的争议焦点，听取控辩双方意见，将此作为法庭调查的重点问题。对于庭前会议达成一致意见，控辩双方在庭审中又反悔的事项，除非存在正当的理由，否则法庭一般不再对有关事项作出处理。

16.4　法庭调查程序

随着庭审实质化改革的逐步推进，我国刑事审判程序发生了较大变化。

其中,在法庭调查过程中,为贯彻审判集中原则与直接和言词原则,法院将法庭调查的重点放在控辩双方存在争议的证据和事实方面,并强化证人、鉴定人、侦查人员、专家辅助人出庭作证的制度保障,确保审判人员尽量通过听取控辩双方的举证、质证和辩论来形成裁判结论。

16.4.1 法庭调查的重点问题

在适用简易程序和速裁程序审判过程中,法院固然要采取较为简化的法庭调查程序。但即便是在普通程序中,法院也要根据控辩双方是否存在争议的标准,按照繁简分流的理念,对不同案件的法庭调查作出不同的制度安排。

对于召开过庭前会议的案件,在公诉人宣读起诉书后,法庭应当宣布庭前会议报告的主要内容。有多起犯罪事实的案件,法庭可以在有关犯罪事实的法庭调查开始前,分别宣布庭前会议报告的相关内容。

对于庭前会议中达成一致的事项,法庭可以向控辩双方进行核实,并当庭加以确认。对于控辩双方没有达成一致意见的事项,法庭可以在庭审中归纳争议焦点问题,听取控辩双方的意见,然后组织法庭调查程序。

原则上,法庭对于存在争议的证据和事实,应当按照正式的法庭调查程序,单独组织举证和质证。对于控辩双方没有争议的证据,可以简要地进行出示和宣读,省略对证人、鉴定人等的交叉询问程序。对于控辩双方没有争议的指控事实,法庭也可以简化举证和质证程序。

而对于那些没有举行过庭前会议的案件,法庭在开庭后也应当听取控辩双方的意见,根据双方是否存在争议的标准,将有争议的事实和证据作为法庭调查的重点,而对没有争议的事实和证据,采取简略的法庭调查程序。

16.4.2 证人、鉴定人、侦查人员、专家辅助人出庭作证

如何确保证人、鉴定人、侦查人员和专家辅助人出庭作证,一直是困扰我国刑事审判制度的难题,也是"庭审实质化改革"的重要课题。原则上,我国刑事诉讼法确定了证人、鉴定人、侦查人员、专家辅助人出庭作证的条件,也强化了证人等出庭作证的程序保障机制。

首先,我国刑事诉讼法确立了证人等出庭作证的条件。原则上,对于控辩双方存有异议的言词证据,法院只有在认为该证据对定罪量刑有重大影响或者认为有必要时,才会发出出庭作证的通知。可以说,在证人、鉴定人、侦查人员、专家辅助人等是否出庭作证问题上,法院仍然享有较大的自由裁

量权。

对于证人证言、被害人陈述,控辩双方存有异议的,可以申请证人、被害人出庭作证。法院经过审查认为证人证言、被害人陈述对于案件的定罪量刑有重大影响的,应当通知证人、被害人出庭作证。

对于鉴定意见,控辩双方存有异议的,可以申请鉴定人或者专家辅助人出庭作证,法院经过审查认为有必要的,应当通知鉴定人、专家辅助人出庭作证。

对于侦查人员提交的侦破报告、证据来源、证据真实性或者证据收集合法性等问题存有异议的,控辩双方可以申请侦查人员或有关人员出庭作证,法院经过审查认为有必要的,应当通知侦查人员或者有关人员出庭作证。这里所说的有关人员,可以是侦查机关内部参与搜查、扣押、勘验、检查、侦查实验、辨认等侦查活动的工作人员。

当然,应当出庭作证的证人、鉴定人、侦查人员、专家辅助人,在庭审期间因为身患严重疾病等不可抗力原因而无法出庭作证的,法院可以安排通过视频连线等方式作证,并接受控辩双方的交叉询问和法庭的发问。

其次,我国刑事诉讼法确立了强制证人出庭作证的制度和例外。

在法院通知出庭作证的情况下,证人无正当理由拒不出庭的,法院可以对其采取强制措施,强制其出庭作证。自2012年以来,我国刑事诉讼法首次将强制措施扩大适用于拒不出庭的证人。当然,我国刑事诉讼法也借鉴了西方国家法律中"近亲属作证豁免制度"的一些因素,确立了被告人近亲属出庭作证的例外情形。根据这一制度,被告人的配偶、父母和子女了解案件情况的,应承担作证的义务。但是,对于被告人的配偶、父母或子女拒不出庭的,法院不得对其采取强制出庭的措施。可见,我国刑事诉讼法所豁免的不是被告人近亲属作证的义务,而是出庭的义务。

最后,我国刑事诉讼法确立了证人保护和作证补偿措施。

为保护出庭作证的证人、被害人、鉴定人的人身安全,法院可以采取三种保护措施:一是不公开姓名、住址和工作单位等个人信息,或者不暴露外貌或真实声音。二是对证人、鉴定人、被害人如实作证的保证书不予公开,在裁判文书中使用化名。三是对证人、鉴定人、被害人采取必要的人身保护措施,或者安排公安机关采取专门保护措施。

对于证人、鉴定人和专家辅助人出庭作证所支出的交通、住宿等方面的合理费用,可以列入出庭作证补助经费,在出庭作证后予以发放。

16.4.3 交叉询问程序

法院通知证人、被害人、鉴定人、侦查人员、专家辅助人出庭作证的,应当通过交叉询问程序来对其证言、陈述进行当庭调查核实。自 1996 年以来,我国刑事诉讼法大体上确立了针对证人的交叉询问机制。原则上,这种交叉询问机制也可以适用于对被害人、鉴定人、侦查人员、专家辅助人的发问。

任何出庭作证的证人,一律先向法庭陈述证言,然后由举证方发问,另一方再进行发问。举证方的发问带有主询问的色彩,目的在于引导证人将所了解的案件事实完整地作出陈述。另一方的发问带有反询问的性质,目的在于对证人提出反驳性或质疑性的问题,以便说明证人的不可靠和证人证言的不可信。

一般情况下,控辩双方所申请出庭作证的证人,都是提供对本方有利证言的人。但是,也有可能存在例外情况。在我国刑事审判中,无论是对提供不利于被告人的证言的证人,还是对作出有利于被告人的证言的证人,控辩双方都可以申请法庭通知其出庭作证。在此情况下,申请证人出庭作证的一方可以进行首次发问,另一方则进行反驳性发问。

在控辩双方发问完毕后,审判人员可以询问证人。这种询问带有补充性询问的性质,目的在于对于证人证言中的关键部分和有争议部分,进行必要的核实或者澄清。与此同时,法庭依据职权主动通知证人出庭作证的,审判人员应当主导对证人的询问程序。在审判长准许的情况下,控辩双方可依次向证人发问。

在对证人发问方式上,我国刑事诉讼法对于主询问和反询问并不作明显的区分。原则上,任何一方向证人的发问,都要遵守以下规则:一是发问内容应与案件事实有关;二是不得采用诱导方式发问;三是不得威胁或者误导证人;四是不得损害证人人格尊严;五是不得泄露证人个人隐私。

控辩双方都可以就对方的发问方式向法庭提出异议。对于该类异议,审判长应当庭作出支持或者驳回的决定。对于任何一方发问不当,发问与案件事实无关,或者发问违反规则的,审判长可以当庭加以制止。在法庭调查过程中,审判长认为证人当庭陈述的内容与案件事实无关或者明显重复的,也可以进行必要的提示。

案件有多名证人出庭作证的,控辩双方应当分别向证人进行反问。法庭应安排证人依次在法庭上出庭作证,对其他证人采取必要的隔离措施,避免其旁听案件的审理过程。与此同时,证人相互间提供了不一致或者相互矛盾的证言的,法庭可以传唤有关证人到庭对质。审判长还可以分别询问证人,就证言之间的差异进行调查核实,控辩双方可也可以向证人发问。必要时,审判中可以准许证人相互发问。

16.4.4 专家辅助人的诉讼角色

2012 年修订的《刑事诉讼法》首次确立了"有专门知识的人"出庭作证的制度。所谓"有专门知识的人",就是通常所说的专家辅助人。专家辅助人并不对案件专门问题提供新的鉴定意见,而主要是通过出庭,对鉴定意见发表专家意见。

在刑事诉讼中,控辩双方可以申请法庭通知专家辅助人出庭。经法庭准许后,专家辅助人可以出庭,对鉴定意见发表专家意见。对于那些涉及较为复杂的专业问题并且存在较大争议的案件,法庭也可以自行聘请有专门知识的人,担任专家辅助人。无论是哪一方提交的专家辅助人,在法庭调查过程中都可以担负两种诉讼角色:

一是协助质证者的角色。也就是说,经法庭准许,专家辅助人可以与鉴定人同时出庭,并在鉴定人作证后向鉴定人发问。专家辅助人可以与鉴定人进行当庭辩论。

二是专家证人的角色。专家辅助人像证人一样,可以就鉴定意见的可靠性和科学性提供当庭陈述,接受控辩双方的发问和法庭的询问。

专家辅助人当庭对鉴定意见提出质疑,鉴定人能够作出合理解释,并与相关证据相互印证的,应当采信鉴定意见。不能作出合理解释,无法确认鉴定意见可靠性的,有关鉴定意见不能作为定案的根据。

16.4.5 言词证据的法律效力

在法庭审理之前,侦查机关通常已经获取了证人证言笔录、被害人陈述笔录、鉴定意见,并有可能就某一侦查程序的真实性和合法性问题,向检察机关出具了书面说明材料。而假如对鉴定意见存在争议,被告人及其辩护人有可能向法庭出具了专家辅助人的书面专家意见,检察官也有可能为支持鉴定意见,委托专家辅助人出具了书面专家意见。那么,在证人、鉴定人、侦查人员拒绝出庭作证的情况下,上述书面笔录和意见还具有法律效力吗?不仅如此,在证人、鉴定人、侦查人员、专家辅助人出庭作证的情况下,他们原来所提供的书面笔录和意见,还可以成为法院定案的根据吗?

16.4.5.1 证人拒绝出庭时言词证据的效力

为有效地确保证人、鉴定人、侦查人员、专家辅助人出庭作证,在法院通知他们出庭作证的情况下,他们拒绝出庭的,所提供的书面证言、陈述和意见,有可能被否定证据效力,不得作为法院定案的根据。但对于不同的言词证据,法院采取了区别对待的处理方式。

原则上,在法院依法通知证人出庭的情况下,证人拒绝出庭作证的,法院并不必然否定其证据效力。一般而言,只有在证人庭前证言的真实性无法确认的情况下,法院才会将该书面证言排除于定案根据之外。这说明,证人拒绝出庭作证并不会导致其证言效力的丧失,只有证言的证明力无法得到确认的,法院才会不将其作为定案根据。

与证人不同,鉴定人经法院通知,拒绝出庭作证的,法院一律不得将鉴定意见作为定案的根据。这是与证人拒绝出庭完全不同的法律后果。鉴定人拒绝出庭的,法院所否定的不是鉴定意见的证明力,而是证据能力。

控辩双方对侦查人员提供的书面情况说明存有异议,侦查人员经法院通知,拒绝出庭作证的,该项情况说明材料不得作为定案的根据。这里所否定的是侦查人员情况说明材料的证据能力。

16.4.5.2 证人出庭时言词证据的效力

在证人、被害人、鉴定人、侦查人员出庭作证的情况下,假如他们当庭所作的口头证言或者陈述与侦查人员所提供的书面笔录或者意见不一致的,法院究竟应如何采信这种证据呢?

原则上,证人出庭作证的,其庭前证言无论是向侦查人员所作的笔录,还是自行提供的书面证言,都一般不得出示或者宣读,也就是不具有证据能力。这种对证人庭前证言法律效力的否定,是直接和言词原则的重要体现。

但是,为避免对庭前证言的证据效力作出过于严格的限制,以至于造成无法查明事实真相,法律也确定了两种例外情况:一是证人出庭时遗忘或者遗漏庭前证言的关键内容,需要向证人作出必要提示的;二是证人的当庭证言与庭前证言存在矛盾,需要证人作出合理解释的。前者可以被称为"唤醒记忆的例外",后者则可以称为"解释不一致证言的例外"。在这两种情况下,法庭都应允许举证方出示或者宣读证人庭前所作的书面证言。

不仅如此,为核实证据来源,审查证据的真实性,或者帮助证人回忆,经法庭准许,控辩双方可以在询问证人时向其出示物证、书证等证据。

16.5　相对独立的量刑程序

刑事审判是以解决被告人刑事责任为目的的诉讼活动。而被告人的刑事责任之确定分为定罪和量刑两个环节。在定罪与量刑的程序关系上,英美法实行的是定罪与量刑的分立模式,也就是将定罪裁判与量刑裁判分为两个独立的程序,分别解决被告人的定罪和量刑问题。而大陆法国家则实行定罪与量刑的一体化程序模式,通过一场连续进行的法庭审理,既解决被告人的定罪问题,也对有罪被告人的量刑问题作出裁决。

自1979年以来,我国刑事诉讼法曾仿效大陆法系的审判模式,确立了定罪与量刑一体化的程序模式。这一程序模式对于提高诉讼效率、保证法庭审理的不间断进行,的确发挥了积极作用。但是,由于法院通过一场法庭审理活动,要同时解决定罪和量刑两个方面的问题,因此必然造成"重定罪、轻量刑"的问题,使得量刑事实的调查受到忽略,使得量刑问题的辩论得不到应有的重视。结果,在司法实践中,控辩双方难以对法院的量刑裁决施加积极的影响,法院通过庭审所获取的量刑事实信息极为有限,法官在量刑方面享有较大的自由裁量权,甚至出现自由裁量权的滥用情况。

为回应社会各界对法院量刑问题的关切和批评,司法改革决策部门一度将"量刑规范化改革"作为刑事司法改革的重要课题。自2010年以来,我国最高人民法院领导了一场"量刑规范化"的改革试验。根据这一改革,法院在实体上要确立较为细化的量刑规范,确立了量刑基准和根据量刑情节对量刑幅度进行数量化调节的制度。而在程序上,法院则推行"相对独立的量刑程序",也就是"定罪与量刑相对分离"的诉讼程序。2012年修订的《刑事诉讼法》施行后,这种相对独立的量刑程序被吸收进刑事诉讼法之中,成为我国重要的刑事审判制度。

量刑程序的相对独立,主要发挥三个方面的诉讼功能:一是实现量刑过程的公开化、透明化和对抗化,使法庭对量刑情节的采纳、量刑事实的认定和量刑裁决的形成,具有相对独立的程序保障;二是约束法官在量刑环节上的自由裁量权,防止法官在量刑方面滥用权力,实现量刑的均衡,做到同案同判,维持量刑幅度的大体平衡;三是赋予公诉人、被告人、被害人参与量刑裁判过程的机会,充分发表量刑意见,提交量刑证据,对法院的量刑裁决施加积极有效的影响,维护程序的正义。

量刑程序的相对独立主要体现在以下几个方面:一是起诉书与量刑建议书的独立。起诉书作为定罪申请书,启动的是法院的定罪裁判程序。而量刑建议书作为量刑申请书,启动的则是法院的量刑裁判程序。通过将起诉书和量刑建议书加以分离,刑事诉讼法成功地将法庭审判的对象设定为定罪申请和量刑建议这两个相对独立的要素,并要求法院通过两个相对独立的裁判程序加以解决。

二是法庭调查分为定罪事实调查和量刑事实调查。作为法庭审理核心环节的法庭调查,根据调查对象的不同,被区分为定罪事实调查程序和量刑事实调查程序。前者主要围绕着公诉方提交的犯罪构成要件事实来展开法庭调查程序,辩护方提交的无罪证据也被纳入这一法庭调查程序之中。后者则围绕着公诉方和辩护方提交的量刑事实和量刑情节,按照交叉询问的顺序,由法庭组织举证、质证活动。

三是法庭辩论分为定罪辩论和量刑辩论。在定罪辩论阶段,公诉人、被告人及其辩护人主要围绕着公诉方指控的犯罪事实和所认定的罪名来展开辩论,发表意见。而在量刑辩论阶段,公诉人、被告人及其辩护人围绕着公诉方量刑建议书所提出的量刑方案来展开辩论,就双方提出的量刑事实和量刑情节是否成立发表意见。

四是判决书分为定罪部分的裁判与量刑部分的裁判。在裁判文书中,法院首先要对检察机关指控的罪名是否成立作出裁决,并陈述这种裁决的事实根据和法律根据。在认定被告人有罪的案件中,判决书还要对所认定的量刑事实和量刑情节作出说明,并对量刑方案及其理由和依据进行解释。

当然,上述定罪程序与量刑程序的相对分离模式,在普通程序中可以得到较为充分的体现。但在适用简易程序的案件中,被告人已经作出了自愿认罪,不再对公诉方提交的犯罪构成要件事实提出质疑和挑战,这种案件的定罪事实调查和定罪辩论将变得较为简易,甚至流于形式。在此情况下,所谓的法庭审理也就主要变成量刑裁判过程了,法庭将围绕着量刑问题展开法庭调查和法庭辩论。

在认罪认罚程序中,被告人一旦作出了认罪认罚,并签署了认罪认罚具结书,认可了检察机关的量刑建议,那么,法庭对于定罪问题将不再进行实质性的审理,对于量刑问题的审理也将变得较为简化。在这种程序中,法庭审理的对象主要是被告人认罪认罚的自愿性,而不再是定罪问题和量刑问题。

16.6 简易程序

刑事审判程序根据其复杂程度和简化情况,可分为普通程序和简易程序。普通程序是法院按照刑事审判的一般原则和流程进行审判的通常程序。简易程序是指法院根据较为简化的诉讼程序对案件进行快速审理的特殊程序。

自1996年以后,我国刑事诉讼法开始确立了普通程序与简易程序并存的审判体制。2012年修订的《刑事诉讼法》对简易程序的适用对象和程序模式作出了进一步的完善。2018年修订的《刑事诉讼法》确立了认罪认罚从宽制度,但同时保留了简易程序的设置。

目前,简易程序主要适用于基层法院审理的第一审案件。具体适用条件有:一是案件事实清楚、证据充分;二是被告人对指控的犯罪事实没有异议;三是被告人对适用简易程序没有异议。

之所以要建立简易程序,主要是考虑到以下几个因素:一是提高诉讼效率,降低诉讼成本,对司法资源进行较为合理的配置;二是适当吸收民事诉讼法中的当事人处分原则,确立实质真实原则的例外,对那些被告人自愿认罪的案件,在尊重被告人真实意愿的情况下作出裁判;三是贯彻一种协商性司法的理念,通过为被告人确立一种自愿认罪的激励机制,使其获得较为宽大的刑事处理,来换得诉讼程序的简化和诉讼效率的提高。

相对于普通程序而言,简易程序具有以下几个方面的特点:

一是审判组织的简化。对于那些可能判处3年有期徒刑以下刑罚的案件,由法官一人独任审判;对于其他适用简易程序的案件,则要组成合议庭进行审判。但检察机关一律要派员出庭支持公诉。

二是审理程序的简化。在开庭审理过程中,法官要审查被告人是否自愿认罪,是否自愿选择简易程序;在确认被告人选择简易程序的自愿性后,法庭不再像普通程序那样组织法庭调查,对于控辩双方没有异议的证据,一律进行形式审查,当庭加以确认,但要听取控辩双方的辩论意见。

三是适用证据规则的简化。原则上,简易程序不要适用严格证明机制,而主要适用自由证明机制。简易程序不仅不再适用非法证据排除规则,而且也不再奉行较为严格的证明责任和证明标准。

四是审判期限的缩短。法院按照普通程序进行的审判活动,通常不超过

3个月。但按照简易程序审理案件则要在20日以内审结,最长不得超过一个半月。

16.7 认罪认罚案件的审判程序

按照前面的分析,我国原有的刑事审判程序大体分为普通程序和简易程序两种。但自2018年修订的《刑事诉讼法》确立认罪认罚从宽制度以来,我国的刑事审判程序又可分为一般案件的审判程序和认罪认罚案件的审判程序。其中,一般案件的审判程序可分为普通程序和简易程序,认罪认罚案件的审判程序则可分为三种类型:一是认罪认罚案件的普通程序;二是认罪认罚案件的简易程序;三是速裁程序。这三种程序都是不同于传统普通程序和简易程序的特殊审判程序。

16.7.1 法庭审理的对象

对于被告人认罪认罚的案件,法院不再将定罪问题作为法庭审理的主要对象。法庭审理的重点是认罪认罚的自愿性和合法性,同时对于检察机关提出的量刑建议也要进行全面审理。

在审判阶段,法院应当告知被告人享有的诉讼权利和认罪认罚的规定,听取被告人及其辩护人或者值班律师的意见。庭审中应对认罪认罚的自愿性、具结书内容的真实性和合法性进行审查核实。为此,法院应当重点审查以下内容:被告人是否自愿认罪认罚,有无受到暴力、威胁、引诱而违背意愿认罪认罚;被告人认罪认罚时的认知能力和精神状态是否正常;被告人是否理解认罪认罚的性质和法律后果;检察机关和公安机关是否履行了告知义务并听取意见;值班律师或者辩护人是否与检察机关进行沟通,提供了有效法律帮助,并在场见证认罪认罚具结书的签署。

对于检察机关提出的量刑建议,法院应当进行审查,对于事实清楚,证据确实充分,指控的罪名准确,量刑建议适当的,法院应当予以采纳。但是,对于被告人不构成犯罪,或者不应当追究刑事责任,被告人违背意愿认罪认罚,被告人否认指控犯罪事实,起诉指控的罪名与审理认定的罪名不一致的,法院可以不采纳检察机关的量刑建议。与此同时,法院经过审理,认为检察机关的量刑建议不当,或者被告人、辩护人对量刑建议提出有理有据的异议,可以建议检察机关调整量刑建议。检察机关不调整量刑建议,或者调整后仍然不当的,法院应当依法作出判决。

16.7.2 认罪认罚案件的普通程序

原则上,对于中级人民法院、高级人民法院和最高人民法院负责受理的第一审案件,都适用普通审判程序。对于基层人民法院受理的被告人不认罪的一审案件,也适用普通审判程序。但在被告人自愿认罪认罚的情况下,这些普通程序具有一些不同于一般普通程序的特征。大体上,我们可以根据被告人是否认罪认罚的标准,将普通程序分为被告人不认罪认罚的普通程序和被告人认罪认罚的普通程序。

在被告人认罪认罚案件的普通程序中,案件除了要适用认罪认罚从宽制度的一般规定以外,还要对法庭调查和法庭辩论等审理程序作出适度简化。首先,在公诉人宣读起诉书之后,合议庭当庭询问被告人对指控的犯罪事实、证据和量刑建议的意见,核实认罪认罚具结书的自愿性、真实性和合法性。其次,公诉人、辩护人、审判人员对被告人的讯问和发问可以简化。对于控辩双方没有异议的证据,可以就证据名称和证明内容进行说明;对于控辩双方有异议,或者法庭认为有必要调查核实的证据,应当出示并进行质证。再次,法庭辩论应围绕着有争议的问题进行展开。最后,裁判文书可以适当简化。

16.7.3 认罪认罚案件的简易程序

基层法院受理的刑事案件,被告人认罪认罚的,对于案件事实清楚,证据充分,被告人对适用简易程序没有异议的,可以适用简易程序。

适用简易程序审理认罪认罚案件,法院除了遵循刑事诉讼法有关简易程序的一般规定以外,还可以根据认罪认罚案件的特点,确立一些特殊的审判程序。首先,公诉人可以简要宣读起诉书。其次,审判人员当庭询问被告人对指控的犯罪事实、证据、量刑建议以及适用简易程序的意见,核实认罪认罚具结书的自愿性、真实性和合法性。再次,法庭调查可以简化,但对有争议的事实和证据应当进行调查和质证。法庭辩论可以仅仅围绕有争议的问题进行。最后,裁判文书可以简化。

16.7.4 速裁程序

所谓速裁程序,是指基层法院对那些可能判处 3 年有期徒刑以下刑罚的轻微刑事案件,在案件事实清楚、证据确实、充分,被告人认罪认罚并同意适用的前提下,通过大幅度简化庭审环节来进行的特殊审判程序。

原则上,只有对于那些可能被判处3年有期徒刑以下刑罚的轻微刑事案件,基层法院才可以适用速裁程序。除此以外,速裁程序的适用还应符合以下基本条件:一是案件事实清楚,证据确实、充分,也就是达到了法定的证明被告人有罪的标准。二是被告人自愿认罪认罚,并同意适用速裁程序审理案件的。三是对于有被害人的案件,被告人与被害人或其法定代理人就附带民事诉讼赔偿等事项达成和解协议的。

为避免速裁程序的滥用,2018年修订的《刑事诉讼法》明确规定了不得适用速裁程序的情形:一是被告人是盲聋哑人或者是限制行为能力的精神病人的;二是被告人是未成年人的;三是案件具有重大社会影响的;四是共同犯罪案件中部分被告人对指控的犯罪事实、罪名、量刑建议或者适用速裁程序存有异议的;五是被告人与被害方没有就附带民事诉讼赔偿等事项达成调解或和解协议的,等等。

与简易程序不同的是,法院适用速裁程序审理案件,一般不再进行法庭调查和法庭辩论。但是,法官在判决宣告前,要听取辩护人的意见,并听取被告人的最后陈述意见。与此同时,为提高诉讼效率,法院对适用速裁程序的案件,一律实行当庭宣判。适用速裁程序的审理期限,一般为10日。但法院可能判处一年以上有期徒刑的,应当在15日内审结。

法院在适用速裁程序审理案件时,可以采取"集中开庭,逐案审理"的做法。具体而言,检察机关可以指派公诉人对若干适用速裁程序的案件,集中出庭支持公诉。在公诉人简要宣读起诉书后,审判人员当庭询问被告人对指控事实、证据、量刑意见以及适用速裁程序的意见,核实认罪认罚具结书签署的自愿性、真实性和合法性,并核实附带民事诉讼赔偿等情况。同时,适用速裁程序审理案件,应当当庭宣判。在集中审理的情况下,法院可以集中当庭宣判。裁判文书可以简化。

不仅如此,适用速裁程序的案件,当事人提出上诉,或者检察机关提出抗诉的,二审法院可以通过不开庭的方式进行审理。对于被告人以事实不清、证据不足为由提出上诉的,应当撤销原判,发回原审法院适用普通程序重新审判,不再按认罪认罚案件从宽处罚。而对于被告人以量刑不当为由提出上诉的,二审法院认为量刑适当的,应当裁定驳回上诉,维持原判。但对于原判量刑不当的,二审法院经审理后依法改判。

16.8 自诉案件审理程序

自诉是被害人或者其法定代理人、近亲属,向法院所提出的要求追究被告人刑事责任的诉讼请求。与公诉案件不同,自诉案件的审理要适用一些特殊的诉讼程序。

16.8.1 自诉案件的庭前审查程序

原则上,对于自诉人提出起诉的案件,法院要进行庭前审查。根据刑事诉讼法的规定,自诉人向法院提起自诉,要符合法定的条件。这些条件主要包括:一是案件属于法定的自诉案件范围;二是案件符合法定的审判管辖条件;三是被害人提出告诉;四是有明确的被告人、具体的诉讼请求和证明被告人犯罪事实的证据。

自诉人向法院提起自诉,应当提交诉状。从形式要件看,自诉状应包括以下内容:一是自诉人和被告人的基本情况;二是被告人的犯罪事实;三是具体的诉讼请求;四是负责受理的法院和起诉时间;五是证据名称和来源;六是证人姓名、住址和联系方式。

对于自诉人提出的自诉,法院应当对起诉条件和起诉形式要件进行审查。经过审查,自诉符合受理条件的,应决定立案。

法院对于以下不符合受理条件的案件,应当说服自诉人撤回起诉,或者作出"不予受理的裁定":一是不属于法定自诉案件范围的;二是缺乏犯罪证据的;三是犯罪已过追诉时效的;四是被告人死亡的;五是被告人下落不明的;六是自诉人撤诉后,就同一事实又进行告诉的;七是经法院调解结案后,自诉人反悔,就同一事实再行告诉的。

对于已经立案,法院经审查发现缺乏犯罪证据的自诉案件,自诉人提不出补充证据的,法院可以说服其撤回起诉,或者作出"驳回起诉的裁定"。自诉人撤回起诉或者被驳回起诉后,又提出了新的足以证明被告人有罪的证据,再次提起自诉的,法院应当受理案件。

自诉人对于法院所作的"不予受理的裁定"和"驳回起诉的裁定",都可以提起上诉。二审法院经过审理查明第一审法院所作的不予受理的裁定或驳回起诉的裁定确有错误的,应当撤销原裁定,指令第一审法院进行审理。

16.8.2 自诉案件的审理程序

对于犯罪事实清楚,有足够证据的自诉案件,法院应当开庭审理。对于被告人自愿认罪,愿意接受简易程序的案件,法院可以按照简易程序审理自诉案件。对于不符合简易程序的自诉案件,法院应参照公诉案件第一审普通程序审理自诉案件。

在自诉案件的审理过程中,法院根据自愿、合法的原则进行调解。调解达成协议的,法院制作刑事调解书,经双方当事人签收后,刑事调解书即具有法律效力。

在自诉案件审理过程中,当事人双方可以自行和解,自诉人撤回起诉。法院经过审查,确认当事人和解和自诉人撤回起诉确属自愿的,应当作出"准许撤回自诉的裁定"。法院认为上述和解和撤回起诉并非出于自愿的,应当作出"不准许撤回自诉的裁定"。

自诉人经两次合法传唤,无正当理由拒不出庭,或者未经法院准许中途退庭的,法院应裁定按撤回起诉处理。被告人在自诉案件审理期间下落不明的,法院应当作出"中止审理的裁定"。在被告人到案后,法院应恢复法庭审理,并对被告人采取强制措施。

在告诉才处理和被害人有证据证明的轻微刑事案件,被告人或者其法定代理人在自诉程序中,可以对自诉人提起反诉。但反诉需要同时具备以下条件:一是反诉的对象必须是本案自诉人;二是反诉的内容必须是与本案有关的行为;三是反诉的条件必须是告诉才处理的案件或者被害人有证据证明的轻微刑事案件。与此同时,反诉案件适用自诉案件的规定,应当与自诉案件一并审理。自诉人撤诉的,不影响反诉案件的继续审理。

阅读案例材料之十六

庭审实质化改革的成都实践[①]

庭前会议不走过场,在法庭调查前先启动非法证据排除程序,办案民警到庭作证接受交叉询问,控辩双方平等对抗,法官当庭宣判并详述判决理由……3月30日,四川省成都市温江区人民法院敲响了探索庭审实质化改革的第一槌,激起"以审判为中心"刑事诉讼制度改革的层层涟漪。

一次与以往不同的庭审

"作为本案证人,我保证向法庭如实提供证言,如有违反,愿承担法律责任。"3月30日下午,成都市温江区柳城派出所民警吴某第一次以证人的身份站到法庭上,当庭接受公诉人和辩护人的询问。

除民警出庭作证接受控辩双方交叉询问外,该起案件庭审过程中,法官当庭宣读庭前会议报告、证人宣读保证书、法官少发问控辩双方多"过招"、裁判理由法官当庭详细说理等"新看点",说明这是一次"与以往不同的庭审"。

看点一:庭前会议"不走过场"

"在3月15日,由承办法官主持召集公诉人、被告人、辩护人参加的庭前会议,明确了案件的争议焦点……"在庭审开始时,审判长当庭宣布了庭前会议报告。从报告中不难听出,这次庭前会议"没走过场"。

在以往的案件审理中,相当一部分案件并没有召开庭前会议,一旦庭审中出现申请新的证人到庭作证等新情况,法庭不得不频繁休庭。这不仅造成庭审效率低下,也不利于查清案情。有的案件虽然召开了庭前会议,但纯属"走过场",涉及的问题在庭审中仍然需要再次处理。

而此次余某贩卖毒品案开庭审理前,合议庭指派专人召开会议,明确了案件焦点,交换了证据目录,提交了申请出庭的证人名单,提交了非法证据排除申请,在此基础上形成庭前会议报告,并在法庭调查前增设庭前准备和庭前会议报告程序。庭前会议"不走过场"为正式开庭扫清了障碍,为"对抗式"庭审变

[①] 参见王鑫等:《庭审实质化改革的成都实践》,载《人民法院报》2015年4月20日。

得有效提供了保障。

看点二：质证前先启动排除非法证据程序

针对辩护人提出的非法证据排除申请，法庭在庭审中结合案件的实际情况，当庭启动了非法证据调查程序，并对该组证据的合法性进行当庭调查和辩论。通过办案民警出庭作证、接受控辩双方交叉询问等形式，法庭在查明事实的基础上合议后当庭宣布合议结果，确保法庭调查、辩论的证据效力。

看点三：办案民警出庭作证

在庭审中，被告人余某称遭疲劳审讯，三名民警先后出庭作证，接受控辩双方交叉询问。

"查获的冰毒为什么没有现场称重？""有没有对被告人实施疲劳审讯？""审讯期间被告人有没有休息？"……控辩双方对出庭作证的民警进行了交叉询问，民警逐一详细予以回答。

庭审中，法官减少了主动发问，引导控辩双方针对案件焦点问题充分对抗，保障了被告人的合法权利，实现了诉辩意见发表在法庭上。

看点四：当庭合议，当庭详述判决理由

对于非法证据排除问题，审判长当庭宣读了合议结果："被告人被抓获后，侦查人员及时对其进行讯问是合法的。在对被告人讯问期间也保证了其必要的休息时间，并且讯问笔录、辨认笔录均由其本人签字确认，无刑讯逼供以及不文明审讯的情形。因此，认定被告人在侦查阶段所作有罪供述取得程序和方式合法，上述证据可以在法庭审理中出示并质证。"

被告人发表最后陈述意见。合议庭休庭15分钟之后，审判长当庭宣判："被告人因违反国家对毒品的管制秩序，明知是毒品而多次予以贩卖，情节严重，其行为已构成贩卖毒品罪……"

对于判决理由，审判长逐一详述。

庭审功能得到最大发挥

由于历史及文化传统等因素，我国历来强调惩罚犯罪、有罪必罚和实体真实，往往忽视被告人的权利保障，轻视程序自身独立的价值。

2012年修订的《刑事诉讼法》在强调惩罚犯罪的同时，强化了刑事诉讼过程中对公民权利的保障，包括保障犯罪嫌疑人、被告人的合法权利。

过去，有些法庭可能更重视庭前和庭后，而相对忽略庭审过程，刑事诉讼在诉讼环节上以侦查活动为中心，在审理方式上以庭外阅卷为中心，在证据出示上以书面言词为中心，这种现象造成部分案件庭审形式化。

在传统的以侦查为中心的"审问式"审判模式下，庭审有时往往只强调实体正确即可。

成都法院通过刑事审判庭审实质化改革,确立了以审判为中心的"对抗式"审判模式,将案件事实的认定、证据材料的认定、控辩意见的发表,以及审判理由的形成都交由庭审,使庭审更加充实、实在,庭审功能得到最大的发挥,力争实现庭审的实质化、中心化,杜绝冤假错案。在强调惩罚犯罪的同时,也强调了被告人权利的保障,在注重实体真实的同时,也强调程序合法的重要。

当然,在"以审判为中心"的"对抗式"审判中,更加注重侦查人员以及其他证人的出庭。

然而现实的情况则是,大多数证人难以出庭作证。如果证人不出庭作证,法庭如何实现"对抗式"审判?包括侦查人员在内的证人出庭作证后,如何有效地保护其人身安全?这些问题都是"以审判为中心"这项制度改革需要思考和完善的问题。

【深入思考题】

在成都法院的庭审实质化改革中,庭前会议发挥了集中争议焦点的功能,法庭审理围绕着控辩双方争议焦点问题组织庭审调查,证人出庭作证得到了部分保障,非法取证排除规则得到了实施。但有人认为,这种改革仍然没有解决法院独立审判问题。对此你怎么看?

第十七章 第二审程序

> 为什么要设置上诉审程序？原因无非有四：一是给予当事人获得重新审判的机会；二是使得下级法院的裁决结论接受上级法院的全面审查；三是确保上级法院对下级法院遵守法律程序的情况进行监督；四是确保上级法院在本司法管辖区内维护法律适用的统一性。

17.1　第二审程序的性质
17.2　第二审程序的诉讼功能
17.3　第二审程序的原则
17.4　第二审程序的启动
17.5　第二审法院的审理方式
17.6　第二审法院的裁判方式
阅读案例材料之十七　刘文远案件和董伟案件

17.1 第二审程序的性质

第二审程序是指对于未生效的一审判决、裁定,当事人提出上诉,检察机关提出抗诉的,原一审法院的上一级法院,对案件进行重新审判的程序。我国实行两审终审制,刑事案件最多经过两级法院的审判,才能形成生效的裁判。相对于第一审法院的初次审判而言,二审程序是一种复审程序,也就是对案件进行的重新审判程序。

首先,负责第二审程序的法院是作出原一审裁判的上一级法院。通常说来,检察机关经过审查起诉,按照法定的审判管辖制度,向法院提起公诉,受理这类案件的法院被称为"第一审法院"。而第一审法院经过法庭审理,对案件作出判决或裁定后,负责组织第二审程序的法院,则是原一审法院的上一级法院。

其次,第二审程序的启动方式是当事人提起上诉,或者检察机关提起抗诉。作为一种诉讼程序,第二审程序的启动方式体现"不告不理"的原则。二审法院不能依据职权主动启动二审程序,而必须在控辩双方提出司法救济申请的情况下,才能进行重新审判活动。这种司法救济申请主要有两种方式:一是当事人提出上诉,二是检察机关提出抗诉。当事人只要对一审判决、裁定表示不服,即可以提起上诉;检察机关只要认为一审判决或者裁定在认定事实或适用法律上"确有错误",即可以提起抗诉。对于上诉和抗诉,二审法院都无需进行实质审查,而应自动受理,并启动第二审程序。

再次,第二审法院审判的对象是一审法院所作的未生效判决或裁定。所谓未生效判决或裁定,是指送达后尚未超过上诉期的一审判决、裁定。无论是当事人提起上诉,还是检察机关提起抗诉,都只有在法定上诉期内提起,才具有启动第二审程序的效果。超出法定的上诉期,当事人无权提起上诉,检察机关也无权提起抗诉,原一审法院的判决、裁定自动发生法律效力。

最后,第二审程序是二审法院对案件所进行的重新审判程序。一审程序是初审法院针对检察机关提起的起诉书和量刑建议所进行的审判活动。相比之下,二审法院的审判对象则是一审判决或裁定,要对一审裁判的事实认定和法律适用情况进行全面审查,重新作出裁判。经过重新审判,二审法院对案件作出的判决或者裁定,将取代一审裁判,成为具有法律效力的终审裁判。

17.2 第二审程序的诉讼功能

对于同一刑事案件,第一审法院经过法定的诉讼程序,明明已经作出了判决和裁定,为什么上一级法院还要进行重新审判呢?刑事诉讼法确立第二审程序,究竟要发挥怎样的诉讼功能呢?

一般说来,第二审法院经过重新审判,可以从以下四个方面发挥司法复审的功能。首先,上级法院通过启动第二审程序,为控辩双方提供司法救济的机会。在一定程度上,我国之所以将第二审程序视为一种"司法救济程序",原因就在于这一程序可以发挥司法救济的功能。无论是联合国国际人权公约,还是一些西方国家的宪法,都将获得上诉的权利视为受刑事控告人获得"公正审判"权利的重要标志。我国宪法和刑事诉讼法也保障被告人获得辩护的权利。而通过提起上诉来促使上级法院启动二审程序,恰恰是保障被告人有效行使辩护权,并进而获得公正审判的制度保证。与此同时,对于检察机关而言,只要认为一审判决的事实认定或法律适用"确有错误",就可以通过提起抗诉来促使上级法院启动二审程序,这既给了检察机关继续行使公诉权的机会,也使其获得在二审程序中纠正原一审判决错误的机会。对于检察机关而言,这种复审程序既是延伸公诉职能的标志,也是行使法律监督权的一种方式。

其次,上级法院通过重新审判,可以对一审法院认定的事实进行全面审查,防止出现刑事误判。受多方面因素的影响,一审法院对案件事实的认定有可能出现错误。例如,一审法官庭前阅卷,对案件事实产生了先入为主的预断;侦查人员违反法律程序实施侦查行为,造成对案件事实认定的错误;检察机关在审查起诉中把关不严,纵容了重大事实认定错误的发生;一审法官对公诉方的指控偏听偏信,拒绝接受被告人及其辩护人的辩护意见,导致法庭审理流于形式,等等。唯有建立二审程序,给予上级法院对案件事实进行全面重新审查的机会,并听取检察官、被告人及其辩护人就案件事实认定的不同意见,二审法院才能避免一审法院可能出现的错误判断,兼听则明,对一审判决可能存在的事实认定错误加以纠正。在很大程度上,二审法院的重新审判,可以发挥重要的事实纠错功能。

再次,上级法院通过第二审程序可以对下级法院的审判活动进行全方位的法律监督,对下级法院违反法律的情况加以纠正。我国宪法和法院组织法将上下级法院的关系定位为"监督关系"。上级法院通过审级制度的安排,对下级法院所作的判决、裁定以及所从事的审判活动,进行法律监督。通过第二审程序,上级法院发现一审判决在适用刑法方面存在错误的,及时加以改判;对于下级法院的审判活动存在违反法定诉讼程序的情形,甚至影响公正审判的,也及时地加以撤销。由此,二审程序就可以发挥发现和纠正下级法院法律适用错误的功能,起到了上级监督下级并纠正违法行为的作用。

最后,上级法院通过对上诉、抗诉案件进行重新审判,可以有效限制下级法院在适用法律上的自由裁量权,维护法律的统一适用。在同一司法管辖区内,同一级别的不同法院对于法律适用的幅度和标准,经常存在理解不一致、掌握不均衡的情况。假如任由不同法院对同一法律问题进行个案解释,就有可能造成"同案不同判"、法律适用不统一的问题,以至于破坏了司法裁判的"形式正义"。而通过二审程序,上级法院对于控辩双方提出上诉或抗诉的案件,可以在确认案件事实的前提下,对其中的实体法适用和程序法适用保持大体一致的标准,维护法律的统一实施。例如,通过二审程序,上级法院可以在同一司法管辖区实现认定罪名的均衡,使得同一案件事实被认定为相同的罪名;上级法院可以保持量刑幅度和量刑标准的统一性,避免对类似案件作出畸轻或畸重的量刑;上级法院可以保持程序适用的均衡,对于同样违反法律程序的侦查行为、审判行为,作出相同的宣告无效的裁决。

17.3 第二审程序的原则

17.3.1 两审终审原则

我国法院实行四级两审终审制,对于一个刑事案件,最多要经过两级法院的审理,才能产生生效的判决或者裁定。换言之,对于绝大多数刑事案件,在一审法院作出裁判之后,经过当事人提出上诉,检察机关提出抗诉,案件经二审法院审理并作出裁判后,即形成终审判决或者裁定。该项裁判既具有终结刑事诉讼程序的效力,也具有一种执行力,可以成为执行的对象。

当然,两审终审只是一般的原则,在适用中也存在着例外。首先,一审法院判处死刑的案件,即便经过二审法院审理并维持死刑判决,仍然要经过高级人民法院或者最高人民法院的死刑复核程序,经过核准死刑裁判后,才能发生法律效力。其次,对于任何一项一审判决或者裁定,在上诉期内,当事人不上诉,检察机关也不抗诉的,该一审判决或者裁定就不再经过第二审程序,直接发生法律效力。最后,对于最高人民法院作为一审法院进行审理的特别重大案件,该项一审裁判一经宣告和送达,立即发生法律效力,而不再适用两审终审原则。

17.3.2　全面审查原则

第二审法院审判上诉或者抗诉案件,遵循全面审查的原则,也就是对一审法院裁判中的事实认定和法律适用问题,进行全面审理,不受当事人上诉、检察机关抗诉范围的限制。

在司法实践中,第二审法院审查的内容主要有:第一审判决认定的事实是否清楚,证据是否确实、充分;第一审判决适用法律是否正确,量刑是否适当;侦查、审查起诉和第一审程序是否有违反法定诉讼程序的情形;上诉、抗诉是否提出新的事实和证据;被告人供述和辩解情况;被告人辩护意见的采纳情况;附带民事部分的判决、裁定是否合法、适当;第一审法院合议庭、审判委员会讨论的意见;等等。

根据全面审查原则,对于共同犯罪案件,只有部分被告人上诉,或者自诉人只对部分被告人的判决提出上诉,或者检察机关只对部分被告人的判决提出抗诉的案件,第二审法院应对全案进行审查,一并处理。与此同时,刑事附带民事诉讼案件,只有附带民事诉讼当事人上诉的,第二审法院应当对全案进行审查,经审查,第一审判决的刑事部分并无不当的,二审法院只需就附带民事部分作出处理。

当然,全面审查原则并不要求二审法院对所有事实认定和法律适用问题一视同仁,平均分配司法资源。在二审审理过程中,二审法院在全面审查的基础上,应当重点围绕对第一审判决、裁定有争议的问题或者有疑问的部分进行审理;法庭调查应重点围绕对第一审判决提出异议的事实、证据以及被提交的新证据进行,对于没有异议的事实、证据和情节,可以直接确认;被告人犯有数罪的案件,对其中事实清楚且无异议的犯罪,可以不在庭审时进行审理。

17.3.3　上诉不加刑原则

所谓"上诉不加刑"原则,又被称为"禁止不利变更"原则,是指对于只有被告人提出上诉,或者只有为被告人利益而提起上诉的案件,二审法院经过审理,即便认为一审判决在量刑上确有错误,也不得加重被告人的刑事处罚,不得作出对被告人不利的刑罚变更。

实行上诉不加刑原则的主要目的,在于确保被告人充分行使诉权,不对其行使上诉权的行为作出惩罚,使其从容不迫地行使上诉权,而不必担心受到"二审加刑"的不利后果。这一方面有利于"平等武装"原则的实现,维护控辩双方的实质对等地位,确保被告人获得特殊的权利保障;另一方面,通过确保被告人充分行使上诉权,维持两审终审制的正常运行,使刑事案件受到两级法院的审查,从而尽量消除一审判决事实认定和法律适用的错误,防止冤假错案。

根据上诉不加刑原则,对于被告人或者他的法定代理人、辩护人、近亲属提出上诉的案件,二审法院不得加重被告人的刑罚。与此同时,第二审法院即便发现一审判决量刑存在畸轻问题的,也不得通过撤销原判、发回重新审判的方式加刑改判,而只能维持原判。不仅如此,第二审法院作出撤销原判、发回重新审判的裁定后,除非有新的犯罪事实,检察机关补充起诉的,否则,原审法院也不得加重被告人的刑事处罚。

在司法实践中,对于上诉不加刑的适用问题,存在着不少争议和疑难问题。对于这一原则,有些西方国家称之为"禁止作不利于被告人的刑罚变更"。我国刑事诉讼法在禁止二审法院对只有被告人上诉的案件加重刑事处罚的同时,也规定了禁止对提出上诉的被告人作出不利刑罚变更的规则。具体而言,对于只有被告人上诉的案件,二审法院即使发现一审判决存在量刑畸轻的问题,也不得作出不利于被告人的刑罚变更,如将原来的缓刑改判为有期徒刑,将原来的监外执行改为收监执行,将原来的死刑缓期两年执行,改为死刑立即执行,等等。

与此同时,上诉不加刑原则的适用前提是否只限于被告人提出上诉的案件呢?假如对于一审判决,被告人提出上诉,检察机关也认为判刑太重,或者判处的有期徒刑或者死刑立即执行不当,而提出抗诉,要求改判较轻的刑事处罚,或者作出有利于被告人的刑罚变更的话,那么,二审法院可否对被告人判处更重的刑事处罚,或者作出不利于被告人的刑罚变更呢?对于这一问题,通常的观点认为,上诉不加刑原则适用的前提是只有被告人提出上诉,在检察机关提出抗诉的情况下,这一原则不再适用,二审法院当然可以作不利于被告人的刑罚变更。但也有人认为,上诉不加刑原则的适用对象既包括只有被告人提出上诉的案件,也应包括只有为被告人利益而提出上诉或者抗诉的情况。无论是哪一方提出上诉或者抗诉,都属于认为一审法院判决的量刑太重,或者这种偏重的判决确有错误,也都属于为被告人的利益而提出的司法救济。对于这些为被告人的利益而提出的上诉或者抗诉,二审法院都不能加重被告人的刑事处罚,也不能作出不利于被告人的刑罚变更。这才是上诉不加刑原则的精髓。

但是,"上诉不加刑"原则从根本上是用来保障被告人行使上诉权的制度设置。这一原则只适用于被告人或其法定代理人、辩护人提出上诉的案件之中。检察机关一旦提出抗诉,不论抗诉的理由是什么,二审法院将不再受上诉不加刑原则的限制。

17.4 第二审程序的启动

第一审程序的启动方式主要是检察机关提起公诉和自诉人提起自诉。相比之下,第二审程序的启动方式则有两种:一是当事人提起上诉,二是检察机关提起抗诉。这两种启动方式在性质、功能以及法律后果上,既具有一些相似性,也具有实质的区别。

17.4.1 上诉

所谓上诉,是指当事人对于一审判决、裁定不服,申请上一级法院对案件进行重新审判的诉讼活动。上诉既是启动二审程序的重要方式,也是当事人的重要诉讼权利。在公诉案件中,上诉权是被告人及其法定代理人所享有的诉讼权利,但其辩护人、近亲属,在征得被告人授权或者同意的情况下,也可以行使上诉权。而在自诉案件中,无论是被告人还是自诉人,都可以直接行使上诉权。被告人、自诉人的辩护人、诉讼代理人、近亲属,经被告人、自诉人同意,也可以行使上诉权。附带民事诉讼的当事人及其法定代理人,对于一审判决中的民事部分,可以行使上诉权。

为保证当事人有效行使上诉权,同时又避免当事人滥用诉权,我国刑事诉讼法确立了一些重要的诉讼制度:一是上诉要受到上诉期的限制。所谓上诉期,是指当事人提起上诉的有效期限。在上诉期之内,当事人提起上诉的,上一级法院自动启动二审程序。与上诉一样,检察机关提起抗诉,也要受到上诉期的限制。根据我国刑事诉讼法,一审法院所作的判决,上诉期为10天;一审法院所作的裁定,上诉期为5天。超过上述上诉期,当事人不上诉,检察机关也不提出抗诉的,一审判决、裁定自动产生法律效力。

二是上诉不需要提供上诉理由。我国刑事诉讼法为充分保障当事人行使上诉权,确立了一种无条件上诉的制度。也就是说,当事人对未生效一审判决提起上诉,不需要提供任何上诉理由,只要表达对一审判决、裁定不服,并提出上诉的要求,上一级法院即可启动二审程序。与当事人不需要提供上诉理由相对应的是,二审法院也不对当事人的上诉请求进行任何实质审查,这类上诉请求也不需要经过二审法院的审查和批准。

三是上诉既可以书面方式提出,也可以口头方式提出。为保障当事人顺利地行使上诉权,我国刑事诉讼法确立了书面上诉和口头上诉这两种上诉形式。在一审法院合议庭宣告一审判决、裁定后,当事人可以当庭提出口头上诉请求,该项上诉即告成立,案件即可自动提交上一级法院举行第二审程序。与此同时,当事人也可以在上诉期之内,以书面形式提出上诉请求。收到书面上诉意见后,二审法院即可启动二审程序。

四是上诉既可以向原一审法院提出,也可以直接向上一级法院提出。当事人向一审法院提出上诉请求的,一审法院需要将当事人口头提出的上诉请求或者书面上诉意见,连同全部案卷材料一起,提交上一级法院。后者即可启动二审程序。当事人也可以直接向上一级法院提出上诉请求。后者收到上诉状后,即刻通知原一审法院提交案卷材料。

17.4.2 抗诉

在很多西方国家,检察机关与被告人一样,对一审法院所作的判决、裁定不服,都享有提起上诉(appeal)的权利。但与西方国家不同的是,我国检察机关认为一审判决、裁定在认定事实或者适用法律方面"确有错误"的,享有提起抗诉的权利。

在我国,检察机关作为国家法律监督机关,享有对法院审判进行法律监督的权力。抗诉是检察机关对法院审判进行法律监督的一种方式,是检察机关对于那些在事实认定或者法律适用方面确有错误的法院裁判,申请上一级法院重新进行审理的诉讼活动。抗诉分为两种:一是二审抗诉,二是再审抗诉。前者是针对一审法院所作的未生效裁判所提起的抗诉,后者则是针对法院已生效裁判所提起的抗诉。

与此同时,我国检察机关不是"当事人",也不享有当事人所享有的上诉权。检察机关如果认为一审判决、裁定在事实认定或者法律适用上确有错误,可以通过提起抗诉的方式,来继续行使国家公诉权。在一定程度上,检察机关提起二审抗诉,既是对法院审判活动行使诉讼监督权的重要表现,也是对国家公诉权的一种延伸行使方式。

检察机关对一审判决、裁定是否存在事实错误或者法律错误,既可以自行作出判断,也可以通过接受被害人的申请来作出判断。在我国刑事公诉案件中,被害人尽管具有当事人的地位,却不享有上诉权。被害人对一审判决、裁定不服的,只能向检察机关提出抗诉申请。检察机关经过对被害人的申请进行审查后,可以作出提起抗诉的决定,也可以拒绝被害人的抗诉申请。可以说,在检察机关是否提起抗诉方面,被害人只是享有申请权,而没有决定权。对于检察机关拒绝提起抗诉的,被害人也没有进一步的救济途径。

与当事人的上诉权一样,检察机关的抗诉也是启动第二审程序的法定形式,也都要在法定上诉期之内提起。同时,与对待上诉的方式一样,上一级法院也不需要对抗诉进行任何实质审查,而是在收到检察机关的抗诉书后,自动启动二审程序。尽管如此,检察机关抗诉与当事人上诉也具有一些实质性的区别。

首先,抗诉与上诉具有不同的法律性质。上诉是当事人的一种诉讼权利,被告人通过提起上诉来行使辩护权。而抗诉则属于检察机关纠正一审裁判的事实认定错误或法律适用错误的一种方式,同时具有延伸公诉和诉讼监督的性质。

其次,抗诉与上诉提起的程序不同。当事人的上诉既可以向一审法院提交,也可以直接向二审法院提交。但只要在上诉期之内,上诉一旦提起,上一级法院立即启动二审程序。但是,检察机关要提起抗诉,需要首先提交上一级检察机关进行审查,只有在后者审查批准后,才能提起抗诉。并且,检察机关对同级法院所作的一审判决、裁定提起抗诉,只能通过原审法院提交抗诉书。后者将抗诉书连同案卷材料一并移送上一级法院。

再次,与当事人提出上诉不需要提供任何理由不同,检察机关提起抗诉的前提条件,是一审判决、裁定在认定事实或适用法律上"确有错误"。作为行使国家公诉权和诉讼监督权的重要方式,检察机关提起抗诉是一件较为严肃的事情,需要提供旨在证明一审判决、裁定在事实认定或者法律适用方面存在错误的证据或者依据。对此证据或者依据,上一级检察机关也会进行事先审查,并作出是否批准提起抗诉的决定。当然,只要检察机关正式提起了二审抗诉,上一级法院仍然会自动启动二审程序,而无需对抗诉进行实质性审查。

最后，抗诉与上诉所引起的程序后果不同。当事人提起上诉后，二审法院除了对死刑案件以及那些控辩双方对一审判决认定的事实和证据存有异议、可能影响定罪量刑的案件，必须举行开庭审理外，对于其他上诉案件，可通过不开庭的方式进行审理。可见，二审法院对于当事人提起上诉的案件，只有在符合法定条件的情况下，才可以举行开庭审理。但是，对检察机关提起抗诉的案件，刑事诉讼法则设置了强制开庭审理的制度。具体而言，检察机关一旦对一审判决、裁定提起抗诉，二审法院一律都要举行开庭审理。通过开庭方式审理检察机关提出抗诉的案件，显示出二审法院对于检察机关诉讼监督地位和公诉权行使方式的充分尊重。当然，这也体现出检察机关与被告人无法保持平等对抗的诉讼地位。

17.5 第二审法院的审理方式

我国刑事诉讼法确立了二审法院的两种审判方式：一是开庭审理方式，二是调查讯问方式。相比之下，开庭审理方式在发挥上诉审程序功能方面具有一些显而易见的优势。而所谓"调查讯问方式"，则使得二审法官既难以全面获悉案件事实信息，也无法充分了解控辩双方的法律争议点，因此，一直颇受非议。历次刑事诉讼法的修订，都试图解决这一问题。尤其是2012年修订的《刑事诉讼法》还对二审法院适用开庭审理方式的条件作出了界定。但迄今为止，除了对一些法律明文规定必须适用开庭审理方式的案件以外，二审法院对于大多数上诉案件，仍然普遍适用调查讯问方式。

17.5.1 开庭审理方式

所谓开庭审理方式，是指二审法院对于上诉案件或抗诉案件，通过组织开庭审理，当庭听取控辩双方的举证、质证和辩论，来形成二审裁判结论的审理方式。在当事人提出上诉的案件中，二审法院要召集上诉人、辩护人、检察人员出庭参加诉讼。而在检察机关提起抗诉的案件中，二审法院则要召集检察人员、被告人、辩护人出庭参加诉讼。在上述控辩双方同时参与下，法庭参照一审程序来组织二审庭审程序，经过开庭、法庭调查、法庭辩论、最后陈述等程序，对案件作出最终的裁决。

自2012年以来，我国刑事诉讼法对二审法院开庭审理的条件作出了界定。二审法院对于两类案件，无条件地适用开庭审理方式：一是检察机关提出抗诉的案件;二是被告人被判处死刑立即执行的上诉案件。除此以外,二审法院对于当事人提出上诉的其他案件,需要在同时具备以下两个条件的情况下,才会开庭审理:一是当事人及其法定代理人对第一审判决认定的事实、证据提出异议;二是可能影响定罪量刑。

相对于不开庭审理方式而言,二审法院开庭审理方式具有明显的制度优势。首先,开庭审理方式是对被告人辩护权的有效保障。在这种审理方式下,被告人及其辩护人可以当庭发表辩护意见,对一审判决认定的证据、事实和法律观点提出质疑,发表被告人无罪、罪轻以及其他有利于被告人的辩护意见。这一方面可以对检察机关构成程度不同的制衡作用,另一方面也可以对二审法院合议庭施加一定的压力和影响,说服其作出有利于被告人的裁判。

其次,通过开庭审理,二审法院也可以当庭听取检察人员的公诉意见,这既可以使检察人员进一步就证据采纳、事实认定和法律适用问题发表观点,也可以使其有机会当庭对被告人及其辩护人的观点加以质疑和反驳,还可以使其对二审法院审判活动的合法性进行有效监督。

最后,唯有通过开庭审理,二审法官才可以亲自听取检察人员、被告人及其辩护人就事实认定和法律适用所发表的观点,了解双方对一审判决所提出的质疑和分歧,从而获取一些仅仅通过阅卷所无法了解的事实信息和法律争议点。由此,二审法官就可以摆脱对案卷材料以及一审判决逻辑的依赖,形成对案件的独立判断,从而有效实现二审程序的诉讼功能。

17.5.2 调查讯问方式

所谓"调查讯问方式",是指二审法院对于不开庭审理的案件,通过全面查阅案卷材料,讯问被告人,听取其他当事人、辩护人、诉讼代理人的意见,从而形成二审裁判结论的审理方式。这种审理方式又被称为"不开庭审理方式",具有书面审理和间接审理的特征。二审法院组成合议庭之后,不再召集检察人员、被告人、辩护人同时到庭参加诉讼活动,而是通过私下阅卷,单方面讯问被告人和听取各方意见的方式,形成对案件的最终裁决方案。

根据刑事诉讼法,除了检察机关提出抗诉的案件、被告人被判处死刑立即执行的上诉案件以外,二审法院对于当事人提出上诉的其他案件,认为当事人及其法定代理人对一审判决认定的事实和证据没有提出异议,或者所提出的异议不会影响定罪量刑的,就不再举行开庭审理,而采取这种调查讯问的审理方式。

二审法院适用调查讯问的审理方式,固然可以提高诉讼效率,加快二审程序的进程,但也具有一些显而易见的局限性:一是二审法官无法听取被告人及其辩护人的辩护意见,难以保障被告人的辩护权;二是二审法官无法听取检察人员的公诉意见,对于检察机关的公诉权和诉讼监督权都无法给予足够的尊重;三是二审法官无法通过当庭听取控辩双方的意见,了解双方的主要争议焦点,难以获得超越案卷材料所包含的信息,无法对一审判决存在的问题作出有针对性的解决。

17.6　第二审法院的裁判方式

二审法院经过对上诉或抗诉案件进行审理,可以作出三种裁判:一是裁定驳回上诉或者抗诉,维持原判;二是撤销原判,依法改判;三是裁定撤销原判,发回重审。对于这三种裁判,刑事诉讼法分别确立了各不相同的适用情形和裁判理由,并使其发挥不同的诉讼功能。

17.6.1　驳回上诉或抗诉,维持原判

原则上,对于一审判决认定事实清楚,证据确实、充分,适用法律正确的,二审法院应以裁定的方式,驳回上诉或者抗诉,维持原判。这种裁判方式既适用于上诉案件,也适用于抗诉案件。但适用的前提条件是,二审法院经过审理,认定一审判决认定的事实没有错误,也达到了事实清楚,证据确实、充分的证明标准。与此同时,二审法院还认为一审判决在适用法律上没有错误,既不存在认定罪名的错误,在量刑上也不存在畸轻畸重的情形,同时也严格遵守了法定的诉讼程序,不存在违反法律程序的情形。一言以蔽之,二审法院认为一审判决在认定事实和适用法律方面都不存在任何错误,也不存在程序性违法的情形,于是对上诉或抗诉请求予以驳回,确认了一审判决的法律效力。

二审法院作出驳回上诉或者抗诉,维持原判的裁定,并经宣告和送达后,原一审判决自动产生法律效力,刑事诉讼程序就此终止,一审判决具有可执行的效力。

17.6.2 撤销原判、依法改判

二审法院在两种情况下可以作出撤销原判、依法改判的裁判方式：一是原判决事实不清、证据不足的；二是原判决适用法律有错误，或者量刑不当的。

其中，原判事实不清、证据不足的情况，也就是原判认定的事实没有达到法定的证明标准，法官存在合理怀疑的情形。根据无罪推定的原则，对于事实不清、证据不足的案件，一审法院本应按照"疑罪从无"的规则，作出证据不足、指控的犯罪不能成立的无罪判决。但在一审法院作出有罪判决的情况下，二审法院经过审理，发现案件属于事实不清、证据不足的，应当认定一审判决存在事实认定上的错误，并加以纠正。这种撤销原判、依法改判就属于对一审判决事实认定错误的纠正。当然，对于一审判决事实不清、证据不足的，二审法院通常会先撤销原判，发回原审法院重新审理。只有经过发回重新审理，下级法院继续作出有罪判决的，二审法院经过对上诉或者抗诉案件重新进行审理，才可以撤销原判、依法改判。可见，二审法院对于事实不清、证据不足的上诉或抗诉案件，既可以撤销原判、依法改判，也可以撤销原判，发回原审法院重新审理。

而对于一审判决存在适用法律上的错误，或者存在量刑不当情形的，二审法院也可以撤销原判、依法改判。所谓适用法律上的错误，主要是指一审判决在认定罪名、适用刑法条文方面存在错误，造成将无罪案件认定为有罪案件，将有罪案件认定成无罪案件，或者将此罪认定成彼罪，等等。所谓量刑不当，则是指一审判决在适用刑事处罚方面存在着畸轻畸重、同案不同判或者量刑不均衡等方面的情形。对于上述适用法律错误或者量刑不当的情况，二审法院唯有通过撤销原判、依法改判，才能发挥纠正下级法院裁判错误、对下级法院进行有效法律监督的诉讼功能，维护刑法在本司法管辖区域内的统一适用。

17.6.3 撤销原判、发回重审

二审法院的第三种裁判方式是撤销原判、发回原审法院重新审理，可以被简称为"发回重审"。所谓发回重审，是指二审法院对一审判决事实不清、证据不足，或者一审存在违反法定诉讼程序，影响公正审判的案件，宣告一审判决无效，并责令原一审法院另行组成合议庭，进行重新审理和重新判

决的诉讼活动。

从适用对象上看,发回重审主要适用于两种案件:一是一审判决事实不清、证据不足的案件;二是一审违反法定诉讼程序、影响公正审判的案件。前一种发回重审又被称为"实体补救型发回重审",后一种发回重审则被称为"程序补救型发回重审"。

实体补救型发回重审主要是二审法院在宣告一审判决无效的前提下,责令原审法院对原有事实认定错误进行实体补救的一种方式。所谓实体补救,是指二审法院责令原审法院重新启动审判程序,对原审判决存在的事实认定上的错误加以纠正,对于证据采纳上存在的失误加以弥补,通过重新查明案件事实,来重新作出判决。

实体补救型发回重审带有重新发现事实真相,避免有罪的人逃脱法网的功能。实质上,这种发回重审使得二审法院发挥着协助追诉犯罪的作用。这种发回重审会造成实际上的"程序倒流",使得刑事案件因为无法达到定罪的标准,而不得不从二审程序退回到一审程序。这种程序倒流与检察机关退回补充侦查一样,经常造成被告人受到超期羁押,案件久拖不决,被告人因同一行为而受到多次重复的刑事追诉。因此,为避免这种发回重审的滥用,刑事诉讼法对其作出了程序上的限制:原则上,对于事实不清、证据不足的上诉或抗诉案件,二审法院作出裁定撤销原判、发回重审的次数,只限为一次;原一审法院重新审判后,当事人提出上诉,或者检察机关提出抗诉,二审法院再次进行二审程序的,要么维持原判,要么依法改判,而不得再次发回重审。

而所谓"程序补救型发回重审",则是二审法院在宣告一审判决无效的前提下,责令原审法院对原有程序性违法行为进行程序补救的一种方式。所谓程序补救,是指二审法院责令原审法院重新启动审判程序,对于原审过程中出现的违反法定诉讼程序的情形予以纠正,在严格遵守法定诉讼程序、维护公正审判的前提下,对案件进行重新审理,并重新作出判决。

与前一种发回重审不同,程序补救型发回重审主要发挥程序性制裁的作用,也就是二审法院对于一审存在程序性违法行为,影响公正审判的情形,首先作出宣告无效的裁定。所谓宣告无效,是指二审法院既要宣告一审程序违法以及一审程序无效,也要宣告一审判决结果不具有法律效力。当然,这种宣告无效并不是一种"绝对的无效",而属于一种"可补救的无效"。二审法院在宣告一审判决无效后,并不是直接作出终止诉讼程序的决定,而是恢复原状,回到违法行为发生前的状态,责令原审法院另行组成合议庭,重新对案件进行开庭审理,重新对案件作出判决。经过程序补救,原审法院遵循法定诉讼程序,仍然可以作出新的有罪判决。正因为这种发回重审带有程序性制裁的功能,我国刑事诉讼法对这种发回重审没有作出次数上的限制。

17.6.4 程序补救型发回重审

原则上,对于一审法院的审理违反法定规定的诉讼程序的,二审法院应当作出撤销原判、发回重新审理的裁定。但是,一审法院违反法定诉讼程序存在多方面的情形,存在较大的差异,那么,二审法院究竟在什么情况下才会作出撤销原判、发回重审的裁定呢?

原则上,根据一审法院违反法定程序的行为是否需要造成严重的后果,我国将"程序补救型发回重审"分为"绝对的宣告无效"与"相对的宣告无效"两大类。所谓"绝对的宣告无效",又被称为"无条件的宣告无效",是指二审法院对于一审法院的审理严重违反法定诉讼程序的行为,不附加任何条件,而可以直接作出撤销原判、发回重审的裁定。而所谓"相对的宣告无效",又被称为"附条件的宣告无效",则是指二审法院对于一审法院的审理存在一般性的违反法定诉讼程序的行为,需要达到"可能影响公正审判"的程度,才会作出撤销原判、发回重审的裁定。

17.6.4.1 绝对的宣告无效

为限制程序补救性发回重审的适用范围,刑事诉讼法要求只有在法律明文规定的情况下才适用"绝对的宣告无效"。这些法定情形主要有三种:一是违反公开审判规定的;二是违反回避制度的;三是审判组织的组成不合法的。这主要是考虑到上述违反法定程序的行为,要么严重破坏了法治原则,要么严重侵犯了当事人的诉讼权利,因此,二审法院可以无条件地作出撤销原判的裁定,而无需考虑程序性违法行为的性质和后果。

那么,对于一审法院实施的这三种违反法律程序行为,究竟应如何理解呢?一般而言,所谓"违反公开审判规定",是指一审法院对依法应该公开审判的案件没有公开审判,或者在这种案件的审理中剥夺了公众旁听案件的机会,或剥夺了新闻媒体报道的机会。一审法院的审判只要违反了刑事诉讼法有关公开审判的制度安排或程序保障,就都属于这种违反公开审判规定的情形。

所谓"违反回避制度",是指一审法院对于应该回避的人员没有依法作出回避的决定,或者剥夺当事人申请回避的诉讼权利的情况。在司法实践中,典型的违反回避制度的情形包括：当事人申请法官回避，法官本人当庭拒绝回避的；当事人申请出庭支持公诉的检察官回避，检察官本人当庭拒绝回避的；对于上级法院发回重审的案件，一审法院没有另行组成合议庭的；等等。

所谓"审判组织的组成不合法"，是指一审法院所组成的审判组织违背刑事诉讼法的规定。在司法实践中，因为审判组织不合法而被上级法院撤销原判、发回重审的情况，主要有以下情形：一是应该组成合议庭进行审判，一审法院却指派一名法官独任审判的；二是合议庭由三名法官或人民陪审员组成，法庭审理却只有两人或者一人负责审理的；三是合议庭成员并不都是员额法官，包含了至少一名法官助理的；四是死刑案件应当经过审判委员会讨论决定，一审法院却没有提交审判委员会讨论就作出死刑判决的。

在司法实践中，有关案件是否组成七人合议庭的问题，经常引起被告人及其辩护人的异议。根据我国《人民陪审员法》，对于可能判处 10 年以上有期徒刑的案件，被告人有权申请法院组成七人合议庭进行审理。所谓七人合议庭，是指由三名法官和四名人民陪审员组成的大合议庭。对于这一问题，我国《刑事诉讼法》尚未确立明确的规定。地方法院在处理这一问题时，存在不同的做法。有些地方法院认为，一审法院没有依法组成七人合议庭，这本身属于"审判组织的组成不合法"的情况，二审法院应当撤销原判、发回重审。但也有地方法院认为，关于七人合议庭的适用问题目前只是《人民陪审员法》的规定，《刑事诉讼法》并没有作出强制性规定，因此，二审法院应当优先适用《刑事诉讼法》，不宜对这种情况作出撤销原判、发回重审的裁定。

17.6.4.2 相对的宣告无效

那么，对于"相对的宣告无效"，究竟应如何理解呢？对于这种宣告无效，刑事诉讼法列举了两种情形：一是"剥夺或者限制了当事人的法定诉讼权利"的；二是一审法院存在其他违反法律规定的诉讼程序的情形的。前者是刑事诉讼法明文确立的相对无效情形，后者则是在适用"绝对的宣告无效"和上述情形之外，一审法院存在违反法定诉讼程序的情形。

对于上述"相对的宣告无效"所适用的情形，二审法院并不会自动作出撤销原判、发回重审的裁定。一审法院的这些行为只有达到较为严重的程度，也就是"可能影响公正审判"的，二审法院才会作出撤销原判的裁定。

所谓"可能影响公正审判"，并不是指"可能影响案件的正确裁判结果"，而是指二审法院违反法定程序的行为，已经达到损害程序公正的程度。

在 1979 年《刑事诉讼法》中，二审法院对于一审法院违反法定诉讼程序的行为,只有达到"可能影响正确处理"的程度,才会作出撤销原判、发回重审的裁定。1996年修订的《刑事诉讼法》实施后,将这种限制性条件改为"可能影响公正审判"。根据公认的解释,这意味着二审法院对于一审法院违反法定诉讼程序的行为,不需要达到影响裁判结论正确的程度,而只需要达到影响程序公正的程度,就可以作出撤销原判、发回重审的裁定。要准确地理解这一制度的立法原意,必须坚持程序中心主义的思维,不去关注其是否影响案件实体结论的正确性,而是要考虑当事人的诉讼权利是否受到限制或者剥夺,二审法院的审判是否有违程序正义的基本准则。

具体而言,只要一审法院违反法定诉讼程序的行为,严重剥夺或者限制了当事人的诉讼权利,或者明显损害程序正义的,二审法院就都应当将其视为"可能影响公正审判"的情形。在司法实践中,法院通常将以下违反法定诉讼程序的行为解释为"可能影响公正审判"的情形:一是被告人为未成年人、被判处死刑或者其他符合强制性指定辩护条件的,一审法院没有指定辩护人,就进行了法庭审理,并作出了有罪判决;二是证人、被害人作出自相矛盾的证言或者陈述,申请证人出庭作证,一审法院无正当理由,直接加以拒绝的;三是被告人及其辩护人提出排除非法证据的申请,一审法院无正当理由,拒绝加以审查,也不作出任何决定的;等等。

刘文远案件和董伟案件

刘文远案件[①]

2003年2月27日,北京市朝阳区检察院向朝阳区法院提起公诉,指控被告人刘文远犯有受贿罪。2003年8月19日,法院作出一审判决书,判决被告人刘文远受贿罪名成立,判处有期徒刑13年。被告人不服,提出上诉,北京市第二中级人民法院作为二审法院,公开开庭审理了此案。在审理过程中,辩护人通过查阅一审检察机关移送给法院的案卷材料,发现了两份十分重要的能够证明被告人没有实施受贿行为的证据:一是平安保险公司与东河海公司签订的《代理保险业务协议》;二是证人徐斌于2003年7月23日就本案事实亲笔所写的一份"情况说明"。而对这两份重要的证据,公诉机关在一审审判前后既没有向一审法院移送,也没有在一审审理过程中当庭出示,一审法庭也没有对这些证据进行当庭质证。但是,在一审法院开庭结束后,检察机关却将这些证据连同案卷全都移送给法院。不仅如此,在一审法院所作的判决书中,法院还将上述第一份证据引用在判决书中,并将其作为据以认定被告人刘文远犯有受贿罪的重要证据。根据(2003)朝刑初字第648号刑事判决书,法院认定"在平安保险公司营业部(甲方)与北京东河海船务服务有限公司(乙方)签订的虚假的'代理保险业务协议'中,双方约定,乙方为甲方代理各类财产保险业务"。北京市第二中级人民法院经过审理,作出终审裁定:"撤销北京市朝阳区人民法院(2003)朝刑初字第648号刑事判决","发回北京市朝阳区人民法院重新审判"。该二审法院的裁定理由是:"原判决引述了未经当庭质证的证据作为定案的根据,违反了法定程序,可能影响到对本案的公正审理,依法应发回原审法院重新审理"。

[①] 有关本案材料的来源,参见北京市朝阳区人民法院(2003)朝刑初字第648号刑事判决书、北京市第二中级人民法院(2003)二中刑终字第1753号刑事裁定书。

董伟案件①

2001年11月13日,陕西省延安市人民检察院向延安市中级人民法院提起公诉,指控被告人董伟犯有故意杀人罪。同年12月21日,延安市中级人民法院经过一审审判,判决董伟犯故意杀人罪,判处死刑,剥夺政治权利终身。宣判后,被告人董伟对判决不服,向陕西省高级人民法院提出上诉。该法院"依法组成合议庭,经过阅卷,讯问被告人,询问有关证人,听取辩护人的意见,认为事实清楚,决定不开庭审理",于2002年4月作出终审裁定:"驳回上诉,维持原判",同时"核准以故意杀人罪判处被告人董伟死刑,剥夺政治权利终身的刑事裁定"。该裁定书注明的合议庭成员为韩均升、张聪利和刘仲屹三名法官。

终审裁定生效后,董伟的辩护人朱占平律师向最高人民法院提交了一份题为"刀下留人"的"紧急申诉",认为"董伟被判死刑实属冤枉","请求最高人民法院指令陕西方面暂缓执行,同时派员重新复核此案"。2002年4月27日,朱占平律师在死刑判决执行在即、"人命关天"的紧要关头,"星夜兼程,赴京申诉",找到最高人民法院刑事审判第一庭的某副庭长。4月29日,该副庭长在延安市中级人民法院对董伟执行死刑前不到10分钟的时间里,打通了负责临场指挥执行的延安市中级人民法院刑庭庭长的移动电话,责令其暂停对董伟执行死刑。数日后,最高人民法院正式下达了暂缓执行死刑的命令,并指令陕西省高级人民法院另行组成合议庭,重新审查全案。至此,这起由最高人民法院直接干预的"枪下留人"案件引起国内外众多新闻媒体的广泛关注。

陕西省高级人民法院"根据最高人民法院的指示",另行组成了合议庭,对董伟故意杀人案进行重新审查。新的合议庭由五位法官组成:审判长为张宽祥,审判员为韩均升、田伟、张聪利以及代理审判员刘仲屹。其中,韩均升、张聪利和刘仲屹为原第二审合议庭的成员,已经参加过该案的审理,并对该案作出了维持原死刑判决的终审裁定。新合议庭只有张宽祥、田伟两位法官为新加入的成员。2002年8月上旬,被告人董伟的亲属向最高人民法院发出了一份电报,"强烈要求张聪利回避此案。最好指令异地法院审理"。但这一要求并没有得到采纳。

---

① 有关董伟故意杀人案的全部细节,参见曾民:《"枪下留人"案再调查》,载《南方周末》2002年9月19日第1版。另外,笔者还参考了朱占平律师提供的"陕西省延安市人民检察院延检刑诉字(2001)63号起诉书""陕西省延安市中级人民法院(2001)延刑一初字第71号刑事附带民事判决书""陕西省高级人民法院(2002)陕刑一终字第34号刑事裁定书"以及他向法院提交的二审辩护词和向最高人民法院提交的"紧急申诉"等材料。

由上述五位法官组成的合议庭"经过阅卷,讯问被告人,询问有关证人,听取辩护人的意见",认为董伟故意杀人案"事实清楚",决定"不开庭审理"。2002年8月26日,陕西省高级人民法院作出了(2002)陕刑一终字第34号刑事裁定书,裁定"驳回上诉,维持原判",并确认该裁定为"核准以故意杀人罪判处被告人董伟死刑,剥夺政治权利终身的刑事裁定"。同年9月5日上午,延安市中级人民法院对董伟执行了死刑。

【深入思考题】

1. 在刘文远案件中,一审法院将两项未经当庭举证和质证的证据作为定罪的根据。二审法院据此认为,一审法院违反了法定的诉讼程序,影响了案件的公正审判。但有人认为,即便将案件发回重新审判,一审法院仍然会走走过场,得出与原判决一致的裁判结论,这种发回重审并没有实质的意义。对此你有何评论?

2. 在董伟案件中,二审法院的死刑判决已经经过了审判委员会的讨论和决定,在上级法院发回重新审判的情况下,二审法院无论是由原合议庭成员进行审理,还是另行组成合议庭审理案件,仍然要报请审判委员会讨论。有人认为,原合议庭成员退出案件的重新审理,没有太大必要。你同意这种观点吗?

第十八章　死刑复核程序

> 起源于中华法系的司法制度，根植于慎用死刑的儒家传统，死刑复核程序为最高人民法院提供了对最严重犯罪案件的终局裁决机会。但是，不听取控辩双方的举证、质证和辩论，仅靠书面审查和间接核实，最高人民法院的死刑复核总让人"捏一把汗"。

18.1　死刑复核程序的性质

18.2　死刑复核程序的诉讼构造

18.3　辩护律师对死刑复核程序的参与

18.4　裁判方式

阅读案例材料之十八　最高人民法院法官听取辩护意见案件暨不核准死刑案件

18.1　死刑复核程序的性质

死刑复核程序是最高人民法院或者高级人民法院对于二审法院判处死刑或者一审法院判处死刑但在法定上诉期内当事人没有上诉、检察机关没有提起抗诉的案件，依法对其事实认定或者法律问题进行全面审查并加以核准的诉讼活动。

根据死刑复核程序的适用对象，这一程序可以分为死刑缓期两年执行案件的复核程序与死刑立即执行案件的复核程序。在我国刑事诉讼中，死刑缓期两年执行案件的复核程序，由各高级人民法院负责组织进行。对于中级人民法院判处死刑缓期两年执行的案件，当事人不上诉，检察机关不抗诉的，高级人民法院要组织专门的复核程序。而对于中级人民法院判处死刑缓期两年执行的案件，当事人上诉或者检察机关抗诉的，高级人民法院的二审程序与死刑复核程序将会出现"合二为一"的状态，其二审裁判文书也就等于核准或者不核准死刑缓期两年执行裁决的裁判文书。

死刑立即执行案件的复核程序一律由最高人民法院负责组织进行。对于中级人民法院判处死刑立即执行的案件，当事人不上诉，检察机关不抗诉的，要首先经过高级人民法院的核准，才能被提交最高人民法院进行复核。而对于中级人民法院判处死刑立即执行的案件，当事人提出上诉，或者检察机关提出抗诉，高级人民法院维持原判的，则要直接提交最高人民法院进行死刑复核活动。如果没有特别指明，本章所说的死刑复核程序主要就是最高人民法院针对死刑立即执行案件所组织的复核程序。

与第二审程序相似的是，死刑复核程序也是一种普通救济程序，也就是针对法院所作的未生效裁判所展开的司法救济程序。但与二审程序不同的是，死刑复核程序既不构成独立的审级，也不具有完整的诉讼形态，而具有最高人民法院专门针对死刑立即执行案件所实施的行政报核程序的性质。

首先，死刑复核程序是由最高人民法院主持进行的审判活动。根据法院组织法和刑事诉讼法的规定，最高人民法院对死刑立即执行案件享有核准权，未经该法院的核准，任何死刑立即执行案件的裁判不得发生法律效力。

其次，死刑复核程序不是一个独立的审级，死刑复核程序是由最高法依据职权主动启动的诉讼程序，不以当事人上诉或者检察机关抗诉为前提。这一程序采取下级法院主动报请核准、上级法院依据职权自行复核的运行模式，带有行政程序的性质。

再次，死刑复核程序采取不开庭审理的方式。最高人民法院组成合议庭，合议庭成员在复核过程中主要通过阅卷、提讯被告人、庭外调查核实证据等方式进行审查和复核。法院不举行任何形式的开庭审理，也不举行听证会，不会同时听取检察机关、被告人及其辩护律师的意见。无论是最高人民检察院的检察官，还是辩护律师，只能单独地向法官提交书面公诉意见和书面辩护意见。当然，在受到严格限制的情形下，最高人民法院合议庭成员，也可以当面听取检察官、辩护律师的意见，并将其意见载入案卷笔录。但是，最高人民法院对于检察机关的公诉意见和辩护律师的辩护意见，在裁判文书中不做任何评价，也不会作出采纳或者不采纳的说明。

最后，法院经过死刑复核程序，只能作出核准或者不核准死刑判决的裁定，一般不得作出改判的裁决。除了在法定的少数情形下会直接作出改判以外，最高人民法院一般只能作出核准死刑裁判或者不核准死刑裁判的裁定。而对于不核准死刑裁判的案件，最高人民法院通常会将案件发回原审二审法院或者原审一审法院，后者应另行组成合议庭，分别按照二审程序或者一审程序进行重新审判。

18.2 死刑复核程序的诉讼构造

从性质上看，死刑复核程序属于一种审判程序，下级法院所作的死刑立即执行裁判，只有经过最高人民法院的核准，才能产生法律效力。而从功能上看，最高人民法院通过死刑复核程序，要对下级法院所作的死刑裁决，进行全面审查，避免事实认定或法律适用上出现错误，防止死刑的任意或不均衡适用，适度限制法院在死刑裁判上的自由裁量权。

尽管如此，死刑复核程序并不具有完整的诉讼构造，而属于一种行政报核程序。这主要从以下几个方面体现出来：

首先，死刑复核程序的启动方式不具有诉权启动的形态。最高人民法院启动死刑复核程序的根据，既不是当事人提出的上诉，也不是检察机关提出的抗诉，而是下级法院直接采取的报送复核。这种启动方式带有明显的"职权启动"特征，而具有行政报核构造。

其次，最高人民法院复核死刑案件，要由三名法官组成合议庭，承办法官对于阅卷、提讯被告人、听取检察官和辩护人的意见，起到主导性作用。

最后，死刑复核不采取开庭审理的方式，而是由最高人民法院的法官通过书面审查和间接审查的方式进行审理。在司法实践中，最高人民法院复核死刑案件，主要通过全面阅卷、提讯被告人、听取检察官和辩护律师意见的方式来进行，必要时有可能亲赴原一审法院所在地进行一些庭外调查核实证据的活动。这种复核方式与那些不开庭审理的二审程序颇为相似，具有"调查讯问方式"的特征。由于不举行开庭审理，最高人民法院的法官无法组织任何法庭调查、法庭辩论等法庭审理活动，无法在复核过程中贯彻直接和言词审理的原则，而只能通过书面审查和间接审理的方式，对案件的事实认定和法律适用进行重新审查。这显然表明，最高人民法院对于死刑复核活动具有完全的程序控制和结果控制，而没有给予控辩双方施加积极影响的机会和空间。

在司法实践中，最高人民法院合议庭提讯被告人，主要通过视频提讯的方式，向其了解有关案件事实，核实有关证据，听取其辩护意见。合议庭成员可以当面听取最高人民检察院检察官的意见，也可以接受其书面意见。在辩护人提出要求的情况下，合议庭成员应当听取辩护人意见，接受其书面辩护意见。只有在案情特别重大，或者存在重大疑问的情况下，最高人民法院合议庭成员才会进行庭外调查核实活动。

对于死刑复核程序的诉讼构造，法学界一直存在一些改革的声音。很多研究者认为，最高人民法院的死刑复核程序没有被纳入诉讼的轨道，也不是真正意义上的"诉讼程序"，这既不利于有效保护被告人的辩护权，影响辩护律师的有效参与，也不利于最高人民法院法官获取多方面的证据材料、事实信息和法律意见，影响其裁判结果的准确性。最为理想的改革方案是构建有条件的"三审终审制"，将死刑复核程序改造成一种特殊的"第三审程序"。最高人民法院启动这一程序，要以当事人提出上诉或者检察机关提出抗诉为前提，并采取开庭审理的方式，给予最高人民检察院检察官、被告人以及辩护律师参加庭审的机会，在这一程序中引入法庭调查、法庭辩论等诉讼因素，确保最高人民法院法官获得当庭听取控辩双方举证、质证和辩论意见的机会。

18.3 辩护律师对死刑复核程序的参与

根据 2012 年以后的刑事诉讼法，最高人民法院复核死刑案件，除了要提讯被告人以外，对于辩护律师提出要求的，还应当听取辩护律师的意见。随着司法改革的逐步推进,最高人民法院通过制定司法解释和规范性文件,逐步扩大了辩护律师在死刑复核程序中的参与范围。

在刑事案件进入死刑复核程序之后,辩护律师可以到最高人民法院立案部门查询立案信息,立案部门应当向其告知案件是否已经立案,对于已经立案的死刑复核案件,要告知承办案件的审判庭。

律师接受被告人或其近亲属的委托或者法律援助机构的指派,担任被告人辩护人的,应当向最高人民法院相关审判庭提交委托辩护或指定辩护的手续。辩护律师可以向相关审判庭提交书面辩护意见和相关证据材料。辩护律师可以经高级人民法院代收并随案移送相关手续、辩护意见和证据材料,也可以直接寄送最高人民法院。

辩护律师可以到最高人民法院办公场所查阅、摘抄、复制案卷材料。

辩护律师要求当面提出辩护意见的,最高人民法院合议庭承办法官应当安排与其举行会面。会面时,承办法官与书记员应当面听取律师的辩护意见。必要时,最高人民法院合议庭全体成员可以一起听取辩护律师的意见。对于当面听取律师辩护意见的过程,最高人民法院承办人应制作笔录,由辩护律师签名后载入案卷。对于当面听取辩护律师意见的过程,最高人民法院可以进行全程录音录像。

最高人民法院作出核准或者不核准死刑立即执行判决的裁定后,受委托进行宣判的法院应当在宣判后五日内,将最高人民法院的裁判文书送达辩护律师。

18.4 裁判方式

最高人民法院经过死刑复核程序,可以作出三种裁定或者判决:一是核准原审裁判的裁定;二是不予核准,撤销原判、发回重新审判的裁定;三是撤销原审裁判,依法予以改判。

对于原审裁判认定事实和适用法律正确,量刑适当,诉讼程序合法的,最高人民法院可以作出核准死刑立即执行的裁定。原判认定的某一具体事实或者引用的法律条款存在瑕疵,但判处被告人死刑并无不当的,最高人民法院可以在对上述瑕疵加以纠正后,作出核准死刑的裁判。

对于以下几种情况下的复死刑核案件,最高人民法院可以作出不予核准,撤销原判、发回重新审判的裁定:一是原判事实不清,证据不足的;二是死刑复核期间出现新的影响定罪量刑的事实、证据的;三是原判认定事实正确,但依法不应当判处死刑的;四是原判违反法定诉讼程序,可能影响公正审判的。

最高人民法院裁定不予核准死刑的案件,可以发回原二审法院重新审判,也可以直接发回原一审法院重新审判。一审法院重新审判的,应当开庭审理;二审法院重新审判的,可以直接改判,也可以通过开庭审理的方式进行审判。

原则上,最高人民法院一般不作出撤销原判、依法改判的裁决。但在两种例外情形下,最高人民法院也可以作出依法改判:一是对于一人犯有两罪以上被判处死刑的案件,最高人民法院认为其中部分犯罪的死刑裁判,事实不清、证据不足的,应当对全案不予核准。但认为其中部分犯罪的死刑裁判,认定事实清楚、证据充分,但依法不应当判处死刑的,可以依法改判,并对其他应被判处死刑的犯罪作出核准死刑的判决。

二是对于有两名以上被告人被判处死刑的案件,最高人民法院认为其中部分被告人的死刑裁判,事实不清、证据不足的,应当对全案不予核准。但认为其中部分被告人的死刑裁判,认定事实正确,但依法不应当判处死刑的,可以改判,并对其他应被判处死刑的被告人核准死刑判决。

阅读案例材料之十八

最高人民法院法官听取辩护意见案件暨不核准死刑案件

最高人民法院法官听取辩护意见案件①

(2007年)2月14日,孙中伟带着当事人的委托代理书来到最高人民法院,并从立案庭得到证实,最高人民法院已经收到了这起案件的卷宗。很快,他与承办此案的死刑核准法官取得了联系。给孙中伟的印象是电话里的法官说话"严谨""和气","比一、二审法官态度好多啦。"法官简单向他交待了一下合议庭的组成,还问他要不要看案卷。由于这起案件的一审、二审都是孙中伟代理的,因而他手上有案件的全部材料,就跟法官说省去这一环节。法官告诉他,下次带来书面辩护意见。

3月1日,孙中伟再次来到最高人民法院,将数千字的辩护意见通过法院工作人员转交给承办法官。这次他提出希望法官当面听取他的辩护意见,这一要求也得到许可。据孙中伟分析,法官提审被告人之后,会安排时间与律师见面,当面听取律师的辩护意见。他的主要辩护意见还将围绕本案证据不足、有些合理怀疑未能排除等问题,提出本案不应当被核准死刑判决的辩护意见。

最高人民法院不核准死刑的案件②

被告人何邓平,男,1982年12月16日出生,农民。因涉嫌犯抢劫罪于2006年7月18日被逮捕。

湖南省湘潭市人民检察院以被告人何邓平犯抢劫罪,向湘潭市中级人民法院提起公诉。被告人何邓平对公诉机关指控的事实及罪名无异议。

湘潭市中级人民法院经公开审理查明:2005年4月20日及2006年3月

---

① 参见陈虹伟:《一个律师亲历的死刑复核程序》,载《法制日报》2007年3月18日。
② 参见管应时、曲晶晶:《何邓平抢劫案——已经原审庭审质证,但在重审阶段未重新举证、质证的证据,能否作为定案证据》,载《刑事审判参考》2011年第2集,法律出版社2011年版,第49—54页。

17日至同年6月19日期间,被告人何邓平伙同王金星、唐继桃、马博、彭玲、唐思等人在湖南省株洲市、湘潭市境内实施抢劫6次,抢得财物共计价值人民币(以下币种均为人民币)31969元。其中,2006年4月29日凌晨2时许,何邓平、王金星、唐继桃、彭玲、唐思租车行至湘潭市岳塘区长潭高速公路连接线板塘乡西塘村时,见被害人周国良独自沿马路行走,何邓平持随身携带的弹簧跳刀、王金星持鲨鱼刀下车拦住周国良,强行向其索要钱财,王金星持鲨鱼刀砍伤周国良的左臂和背部,何邓平持弹簧跳刀捅刺周国良左右大腿各一刀,致周死亡。

湘潭市中级人民法院认为,被告人何邓平采取暴力手段多次劫取他人财物,数额巨大,致一人死亡,其行为构成抢劫罪,判处被告人何邓平死刑,剥夺政治权利终身,并处没收个人全部财产。

宣判后,被告人何邓平未上诉,同案被告人彭玲向湖南省高级人民法院提出上诉。湖南省高级人民法院经审理认为,同案被告人王金星、唐继桃被举报有新的犯罪事实,需要进一步查实,依照《中华人民共和国刑事诉讼法》第一百八十九条第一款第三项之规定,裁定撤销原判,发回重审。

湘潭市中级人民法院重审开庭时,公诉机关补充起诉同案被告人王金星、唐继桃的一起抢劫事实,一审法院另行组成合议庭,并为何邓平重新指定了辩护人。庭审时,公诉人宣读了起诉书,何邓平对指控的事实没有异议。在举证、质证阶段,公诉人称,本案原指控事实的证据均已经过原审开庭质证,故仅就新补充的涉及两名同案被告人的一起抢劫事实举证。对此,被告人、辩护人未提出异议,合议庭也予以准许。因此,何邓平被指控犯有抢劫罪的所有证据在重审时都没有再进行举证、质证,被新组成的合议庭采纳为定案依据,并以抢劫罪判处何邓平死刑,剥夺政治权利终身,并处没收个人全部财产。

宣判后,同案被告人彭玲提出上诉。湖南省高级人民法院经审理认为,全案事实清楚,证据确实、充分,定罪准确,量刑适当,审判程序合法,裁定驳回上诉,维持原判,并就被告人何邓平的死刑裁定依法报请最高人民法院核准。

最高人民法院经复核认为,湖南省湘潭市中级人民法院和湖南省高级人民法院认定被告人何邓平犯罪事实的证据在重审时均未经庭审质证,违反法定诉讼程序,可能影响案件公正审判。依照《中华人民共和国刑事诉讼法》第一百九十九条和《最高人民法院关于复核死刑案件若干问题的规定》第五条之规定作出裁定:不核准湖南省高级人民法院(2009)湘高法刑终字第404号维持第一审以抢劫罪判处被告人何邓平死刑,剥夺政治权利终身,并处没收个人全部财产的刑事裁定;将案件发回湖南省湘潭市中级人民法院重新审判。

【深入思考题】

1. 在死刑复核程序中,孙中伟律师向最高人民法院法官当面提出了辩护意见,并提交了书面辩护意见。但仍然有人认为,最高人民法院复核死刑案件没有采取开庭审理方式,没有听取检察官和辩护律师的举证、质证和辩论,无论是否核准死刑裁决,都有失慎重和公正。对此你怎么看?

2. 在何邓平案件中,最高人民法院以本案关键定罪证据在重新审理时没有经过当庭质证为由,认定一审和二审法院都违反法定诉讼程序,可能影响公正审判,并作出了不核准死刑的裁定。有人认为,最高人民法院维护了程序正义。也有人认为,最高人民法院的死刑复核应围绕着下级法院的死刑判决是否有事实基础和法律依据,而不宜对案件诉讼程序作出裁决。你同意哪一种观点?

第十九章　刑事再审程序

在两审终审制的框架下,在上级法院与下级法院具有事实上的行政隶属关系的体制下,再审属于十分重要的"非常救济程序",是纠正冤假错案的最后一道关口。但是,相对于再审程序本身而言,这一程序的启动才是至为关键的制度设计。

19.1　刑事再审程序的性质
19.2　刑事再审程序的基本理念
19.3　刑事再审的法定事由
19.4　刑事再审程序的启动方式
19.5　申诉案件的审查程序
19.6　再审审判程序
19.7　再审程序的争议问题
阅读案例材料之十九　聂树斌案件刑事再审决定书

19.1 刑事再审程序的性质

刑事再审程序是法院对于那些已经发生法律效力的判决或者裁定,发现在认定事实或者适用法律上确有错误,经过法定启动程序,对案件进行的重新审判活动。作为一种非常救济程序,再审程序不是每个刑事案件都必经的诉讼程序,而属于一种较为罕见的例外情形。只有具备法定的再审事由,并经过严格的再审审查程序,法院才会针对生效裁判进行再审。

与第二审程序相比,再审程序具有几个鲜明的特征。首先,再审的适用对象是已经发生法律效力的判决或者裁定,而二审程序则适用于那些尚未发生法律效力的一审判决或者裁定。作为再审适用对象的刑事案件,必须已经过法院终审判决或者裁定,发生了法律效力。至于该判决或者裁定是否执行完毕,并不影响再审程序的启动。在司法实践中,不少进入再审程序的案件要么处于被执行的过程之中,要么已经被执行完毕。

其次,再审主要由法院或者检察机关以法定程序加以启动,并要具有法定的再审事由。二审程序则通过上诉和抗诉两种方式来加以启动。在法定上诉期之内,当事人一旦提出上诉,二审法院即应启动二审程序,而不需要审查上诉理由。但相比之下,再审程序则由法院和检察机关直接启动,当事人的申诉不是启动再审的法定方式,而最多是法院或检察机关启动立案审查程序的材料来源。法院和检察机关启动再审,还需要具备法定的再审事由,这些再审事由的核心通常是原审判决或者裁定在认定事实或者适用法律上确有错误。不具备这些法定事由的,法院对当事人提起的申诉,将拒绝启动再审程序。当然,法院对于检察机关依法提起抗诉的案件,都应启动再审程序,而无需对抗诉理由进行审查。

再次,对于已经发生法律效力的判决或者裁定,法院和检察机关在启动再审程序之前,都要进行严格的立案审查,以便确定生效裁判是否在事实认定或者法律适用上存在重大错误,是否符合法定的再审事由。其中,上级检察机关认为下级法院的生效裁判确有错误的,或者最高人民检察院认为全国各级法院的生效裁判确有错误的,可以提起抗诉,从而启动再审程序。这种审查带有检察机关对法院裁判实施法律监督的性质。而各级法院院长认为本院生效裁判确有错误的,或者上级法院认为下级法院生效裁判确有错误的,或者最高人民法院认为各级法院生效裁判确有错误的,可以通过直接启动、提审或者指令再审的方式,对案件启动重新审判程序。这也带有上级法院对下级法院的审判活动进行审级监督的性质。正因为再审程序在启动上包含有检察机关和上级法院对法院审判活动的监督机制,因此,再审程序通常又被称为"审判监督程序"。

最后,再审程序一旦启动,法院要根据原生效裁判的审级来确定审判方式,对于原生效裁判由一审法院作出的,要按照一审程序进行审理,所作裁判还可以被提起上诉或者抗诉;对于原生效裁判是由二审法院作出的,则要按照二审程序进行审理,所作裁判通常是生效裁判。相比之下,二审程序一旦启动,二审法院所作的裁判通常是终审裁判。

19.2 刑事再审程序的基本理念

19.2.1 大陆法中的一事不再理原则

作为一项十分古老的诉讼原则,一事不再理(拉丁 non bis in idem)起源于罗马法,是指法院对任何一个案件(一事)不得作两次以上的审判。按照古罗马时代的法学理论,法院的判决一旦生效,就产生了一种已决的法律效力,也就是"既判力"(拉丁 res judicata est)。一般情况下,既判的事实应当视为真实,任何法院或法官都不能将其推翻。否则,如果对一项已决的案件又重新作出了裁判,那么,法院第二次所作的裁判应被归于无效。

现代大陆法在继承罗马法中的一事不再理原则的基础上,发展出一套较为完整的既判力理论。这一理论与法院裁判的法律效力理论有着极为密切的联系。

在大陆法理论中,法院的裁判可以分为两种:形式裁判(或程序裁判)和实体裁判。前者是法院就诉讼程序方面的事项所作的裁判结论,如免诉裁判、不受理裁判、管辖错误之裁判等。后者则是法院根据刑事实体法的规定,确定被告人有无刑事责任以及应否对其科处刑罚的裁判,大体包括有罪裁判(又可细分为科刑裁判和免刑裁判两种)和无罪裁判两大类。无论是形式裁判还是实体裁判,它们都将随着裁判的确定而发生裁判效力,这种裁判效力也就是确定力。这种裁判的确定力按其法律效果来看,又有形式的法律确定力与实质的法律确定力之分。其中,形式的法律确定力是指一裁判在同一诉讼程序中不再成为上诉的对象,也就是案件随着裁判的确定在程序中已经没有争议,诉讼关系随之而消灭。这在德国法中又被称为"终结力"(德文

Beendigungswirkung）。这种形式的确定力无论在形式裁判还是实体裁判中都存在。相反，实质的确定力则只存在于实体裁判之中，是指一项实体裁判的内容确定力，也就是"使已确定判决之案件不得再为另一诉讼程序之标的"的法律效力。它的内部效力是执行力，也就是使法律裁判付诸实现的效力；而它的外部效力则表现为既判力。既判力与实质的确定力关系如此密切，以至于不少大陆法学者都将既判力直接视为实质的确定力，而一事不再理原则在裁判确定力上的表现就是既判力。

既判力产生的前提是法院的裁判已经发生法律效力。首先，这种法律效力之所以产生，要么是因为控辩双方的上诉权利已经用尽，要么是因为各方在法定期限内放弃了上诉权。也就是说，只有法院所作的那些"终审裁判"才具有既判力。其次，既判力具有否定后来的审理和裁判活动的效果，要求对同一被告人的同一行为，在法院已经作出生效裁判之后，不得进行新的审理和裁判。从这一意义上说，既判力也就是前一诉讼的确定裁判对后来诉讼的拘束力。最后，从拘束效果来看，既判力对法院和控辩双方都会产生某种形式的约束。对于法院而言，凡是已有生效裁判加以确定的案件，都不得再行受理和审判，更不得作出新的第二次裁判。对于公诉方来说，只要被告人的某一行为已经被提起公诉，并有生效的裁判加以确定，就不能再重新进行追诉。

当然，对于既判力的意义，不同的大陆法国家在不同的时期会有不同的解释。传统的大陆法理论较为强调既判力对法院实体裁判的确定力的保证作用，认为只要案件的生效裁判业已形成，法院就不得对该案件再进行实体的裁判。这里所强调的其实是国家司法裁判权的自我节制和法院裁判的权威效果。换句话说，就是防止因为对同一行为再度审理而作出与前次裁判相矛盾的新的裁判，从而维护国家司法权的威信，保证法秩序的安定性。但是，在第二次世界大战结束以后，大陆法各国相继进行了宪政改革和司法改革，诸如"一事不再理"甚至"免受双重危险"之类的原则被确立为宪法原则，既判力理论在价值取向上也就发生了较大的变化。

以德国为例。在1949年颁布的现行宪法——德国《基本法》中，一事不再理原则以一种新的面目被确立了下来："根据普通刑事法律，任何人不得因为同一行为而受到一次以上的惩罚"。在德国学者罗科信看来，基本法不仅禁止就同一犯罪行为进行两次审判程序，而且也禁止对同一被告人就同一犯罪行为发布两次羁押命令。同时，传统的一事不再理原则经由基本法规定而具有宪法层次的地位,"虽其条文规定范围非常狭小,仅为禁止对一犯罪行为处罚两次,然其实际上也在保证该已被处罚过的,或者法律判决效力已确定之被判无罪的犯罪'行为人不再因同一行为受到第二次的诉追或刑罚'"。显然,既判力作为法院裁判的实质确定力,其目的就在于保护被告人。同时,它还具有一定的惩戒作用:"为了避免因案件的审判不够充分而必需后来又为补充性的侦查,因此犯罪追诉机关对事实之调查要仔细谨慎,并对犯罪行为为正确的法律评价"。①

总体上,既判力强调的是法院所作的已生效判决对同一案件诉讼行为的法律约束力。某一判决一旦具有既判力,就意味着同一被告人的同一行为不得再受到起诉和审判,从而产生所谓的"一事不再理"的消极效果。这一效果的实现,一方面有助于维护国家司法权的威信,通过防止法院就同一事实作出前后相矛盾的判决,以维护法的安定性,另一方面也避免就同一事实进行多次重复的起诉和审判活动,有利于实现诉讼经济原则。尽管在一些学者的著述中,既判力在一定程度上被赋予了保障人权的含义,也就是防止被告人因同一行为而受到双重追诉的意义,但是,既判力在维护司法威信、保证诉讼经济、维护法的安定性等方面的作用,仍然得到主流理论的强调。

作为一事不再理原则的例外,大陆法国家的刑事再审基本上被设计成旨在纠正原审判决错误的重新审判程序。原审生效判决在事实认定和法律适用上发生错误,被视为判决既判力的法定中断理由。其中,法国的再审只能为被判刑人的利益而发动,而德国的再审则既可以是有利于被定罪者的重新审判,也可以是不利于被定罪者的重新审判。而后一种再审所导致的,很可能是原来被判决无罪的被告人受到有罪判决,或者原来被判决罪轻的被告人被科处较重的刑罚。当然,在那些保留有不利于被定罪者的再审制度的国家,这种再审要比那种有利于被定罪者的再审受到更加严格的法律限制。

19.2.2 英美法中的禁止双重危险原则

在英美法中,任何人不得因同一行为而受到两次以上的刑事追诉。这通常被称为禁止双重危险(prohibition against double jeopardy)原则。这一原则的理论基础存在于英美法律哲学之中,也就是国家不得运用其资源和权力,对一个公民的一项犯罪行为实施反复多次的刑事追诉,从而达到定罪的结

---

① 〔德〕Claus Roxin:《德国刑事诉讼法》,吴丽琪译,台湾三民书局1998年版,第544页。

果。如果没有这一限制,被告人就会身处尴尬境地,承担大量费用,经受痛苦考验,并将被迫生活在焦虑和不安全的状态之中,而且那些本来无罪的被告人受到定罪的可能性也会大大地增加。①

免受双重危险原则的起源,可以追溯到古希腊和古罗马时期,并在英国普通法中得到确立。与普通法中的其他许多制度一样,该原则曾受到过库克(Coke)和布莱克斯通(Blackstone)理论的影响。根据布莱克斯通的观点,"有关(在同一案件上)先前已经开释(拉丁 autrefois acquit)的抗辩,建立在英国普通法中的这一普遍法则的基础上,那就是任何人都不得因为同一罪行而遭受两次以上的生命危险。"②

美国独立以后,这一原则曾被一些州通过的人权法案或宣言所承认,并最终确立于美国联邦宪法第五修正案之中,成为著名的"权利法案"的一部分。然而,作为一项重要的宪法原则,免受双重危险原则当时只在联邦司法程序中得到适用。直到 1969 年,美国联邦最高法院在 Benton v. Maryland 一案的判决中,才通过联邦宪法第十四修正案规定的"正当法律程序"条款,正式将这一原则适用到各州的司法程序。在这一判决中,最高法院断言免受双重危险原则"代表着我们宪法传统中的一个基本理想",并与获得陪审团审判的权利一起,构成了"美国司法制度的基础"。③

那么,究竟什么是双重危险?禁止双重危险原则有哪些具体的法律要求?对于这一点,美国联邦宪法仅作出了简要而又十分含混的规定。原则上,任何人都不得因为同一罪行而受到两次起诉和两次刑罚;按照罪行包容(offence included)理论,法院对于某一包容在更严重罪行之中的较为轻缓的罪行,作出无罪判决或者未被撤销的有罪判决之后,不得再对该重罪进行审判;如果被告人被法院判决无罪,那么,公诉方原则上不得提起任何形式的上诉……

一般说来,英美法的禁止双重危险原则与大陆法中的一事不再理原则都来源于罗马法,因而具有相当密切的联系④,但是,该原则却是以防止被告人

---

① Carl J. Franklin, *Constitutional Law for the Criminal Justice professional*, CRC Press LLC, 1999, p. 163.
② Ronald L. Carlson, *Criminal Justice Procedure*, Anderson Publishing Co., 1991, pp. 317-318.
③ Ronald L. Carlson, *Criminal Justice Procedure*, p. 318.
④ 例如,根据日本学者田口守一的观点,大陆法的一事不再理原则和英美法的双重危险原则都来源于罗马法,因此"从学说发展史来看,一事不再理效力以双重危险说为根据是很自然的"。参见〔日〕田口守一:《刑事诉讼法》,张凌等译,中国政法大学出版社 2010 年版,第 303 页。

受到多次重复追诉这一观念作为理论基础的。事实上，在美国联邦宪法中，不因同一行为而受到双重危险，这既是被告人的一项宪法性权利，也是所谓"程序性正当程序"的有机组成部分。与其他正当法律程序条款一样，免受双重危险原则旨在对拥有强大追诉力量的政府与处于受追诉地位的弱小个人加以平衡，使两者有可能进行理性的、平等的抗争，防止政府利用其超强势地位，对个人进行任意的追诉，从而维护刑事诉讼中的"公平游戏"法则。

首先，从适用范围上看，英美法强调的是被告人不得因同一行为而受到"双重危险"，也就是不得受到重复的起诉和审判。因此，检控方不仅不能通过发动再审，促使法院对一个已决案件重新审判，而且对一个已经进入第一审程序的案件，也不能随意地重新起诉。以美国为例，检察官不仅对一审法院所作的无罪判决不得提起上诉，而且在一审程序进入陪审团宣誓（联邦）或者第一个证据出示（各州）之后，也无权申请法院对该案件重新审判。可以说，英美法所禁止的是检控方对被告人的重复追诉，主张的是绝对的"一事不再理"，也就是任何一个已经受过审判的被告人不再受到第二次起诉和审判；而大陆法则反对在判决确定之后再行追诉和审判，主张的是相对的"一事不再理"，也就是不得对已决案件重新审判。

其次，英美法对检控方的上诉却作出了极为严格的限制。原则上，对一审判决的上诉属于被告人的一项基本诉讼权利。检控方对一审法院所作的无罪判决一般是不得提起上诉的。检控方即便在极为例外的情况下对无罪判决提起上诉，也只能针对一审法院审判中的法律错误，并且不会导致无罪判决的撤销，被告人也因此不会被"改判"为有罪判决。

再次，在英美法中，被定罪者一方通过申请非常救济而导致已决案件受到重新审判，这属于禁止双重危险原则的例外。但除此以外，被告人通过提起上诉或者申请法院宣告某一审判属于法律上的"误审"，从而引发同一案件的重新审判程序，这也属于该原则的例外。当然，陪审团经过评议无法形成法定多数或者一致裁断意见的，法官宣告撤销该陪审团，并且另行组成陪审团，对同一案件重新审判。这也属于免受双重危险原则的重要例外。可见，与既判力和一事不再理原则不同的是，免受双重危险原则的例外主要体现在检控方对未决案件的重新起诉以及法院对未决案件的重新审判等方面。但是，上级法院撤销原判、发回下级法院重新审判的理由，绝不是案件事实和证据问题，而只能是法律适用问题。这与大陆法国家的传统做法也形成了鲜明的对比。

最后，无论是英国还是美国，都没有建立那种旨在纠正原审判决错误的再审制度。原则上，法院的判决一旦生效，就不允许控辩双方提出任何重新审判的要求。在美国，被判刑人基于原审判决法律适用错误的理由，可以申请法院发布"人身保护令"，从而引发法院的非常救济程序。而在英国，被判刑人基于原来证据调查和法庭辩论中从未提出过的理由，向"刑事案件审查委员会"提出重新审判申请的，该委员会应当将案件提交上诉法院或者刑事法院加以审判，从而达到纠正误判的目的。可以说，无论是美国的"人身保护令"程序，还是英国的"纠正误判"的特别程序，尽管都导致被告人的同一行为受到重新起诉和审判，但这是为了纠正原审判决中的错误，防止被告人受到不公正的定罪、科刑，而提供的一种非常救济措施。表面看来，被告人因为非常救济程序的发动，而面临重新追诉和审判，但这几乎不会使其生命、财产和自由面临"新的危险"，因为非常救济程序无论由哪一方发动，永远不会导致被告人受到更加不利的对待。这一程序的结果要么是将原来的有罪判决改为无罪判决，将原来的罪重判决改为罪轻判决，要么将原来的生效判决加以维持。

19.2.3　中国法中的有错必纠原则

按照我国传统的诉讼理论，刑事诉讼活动应不使任何犯罪人逃脱法网，也不使任何一个无罪的人受到刑事追究。这也就是所谓的"不漏不错""不枉不纵"。但是，刑事司法实践的现实表明，要百分之百地做到不漏不错是不可能的，因此现实的选择是尽量少错少漏，而且坚持"有错必纠"的方针。

发现事实真相，追求客观真实是从积极的方面对刑事诉讼目的的概括，而"有错必纠"则是从消极的角度对此问题所作的另一种表述。既然承认人的认识是有限的，"公检法三机关"在刑事诉讼中也会发生认识上的错误，那么，在这种错误发生之后，基于实事求是的原则，及时有效地加以纠正就属于唯一的选择。

为贯彻有错必纠原则，就需要建立刑事再审制度，以便对那些确有错误的生效判决加以纠正。在我国刑事诉讼中，刑事再审的启动途径有两个：一是法院自行提起"审判监督程序"，二是检察机关提起再审抗诉。其中，法院提起再审的情况又有三种：任何一级法院的院长将本院的已决案件"提交审判委员会处理"；最高人民法院对各级法院的已决案件提审或者指令再审；上级法院对下级法院的已决案件提审或者指令再审。与此同时，最高人民检察院对各级法院的已决案件都可以提起抗诉,上级检察机关对下级法院的已决案件也可以提起抗诉。这种再审抗诉一经提起,法院就必须开始再审程序。

需要注意的是,无论是法院自行提起的再审,还是检察机关以抗诉方式引发的再审,都要以原审判决存在错误为基本条件。但是,究竟何谓"在认定事实或者在适用法律上确有错误"?刑事诉讼法对此作出了一些列举式规定。但在司法实践中,无论是法院还是检察机关,对于原审裁判确有错误的判断,仍然带有较大的任意性和随机性,这使得刑事审判程序的启动经常受制于外部的压力和影响。与此同时,再审没有以对被告人利益的影响来进行划分,法院和检察机关既可以发动有利于被告人的再审,也可以发动不利于被告人的再审。法院、检察机关通过"审判监督程序"发动不利于被告人的再审,客观上使被告人受到重复的刑事追诉。很显然,司法机关为了贯彻"有错必纠"原则,也为了纠正原审判决在事实认定或者法律适用上的"错误",既有可能牺牲法院判决的稳定性和终局性,也有可能使被告人因同一行为承受两次以上的追诉危险。

19.3　刑事再审的法定事由

无论是法院还是检察机关,启动刑事再审程序的前提条件,必须是原生效裁判在认定事实或适用法律上"确有错误"。那么,究竟什么是"确有错误"呢?

刑事诉讼法对于当事人的申诉确立了启动再审的具体法定情形。这些足以引发再审程序启动的法定情形,其实也就是刑事再审的法定事由。具体说来,这些法定事由大体分为五类:

一是有新的证据证明原判决、裁定认定的事实确有错误,可能影响定罪量刑的。

这是判定生效裁判在认定事实上"确有错误"的重要法定事由。在司法实践中,诸如命案中的"亡者归来"或者"真凶再现"等情形,出现了已经认定死亡的被害人还活着的证据,或者出现了证明案件另有其他凶手的证据,就符合这一条件,显示原裁判认定的事实"确有错误"。

最高人民法院对于何谓"新的证据"有过权威的解释。通常说来,这主要是指以下四种情形:一是原裁判生效后发现了新的证据;二是原裁判生效前发现了新证据,但尚未被收集起来;三是原裁判生效前已经被收集起来,但尚未被纳入质证对象;四是原裁判所依据的鉴定意见、勘验检查笔录等证据,发生了改变或者被依法否定。

二是据以定罪的证据不确实、不充分,依法应当予以排除,或者证明案件事实的主要证据之间存在矛盾的。

这是我国法院启动再审的另一项主要法定事由,通常被称为"证据不足"模式。其基本含义是,尽管没有发现新的足以证明原生效裁判认定事实确有错误的证据,但是,根据终审法院所作的裁判本身,就足以显示原来认定被告人有罪的证据相互间存在重大的矛盾,没有达到"事实清楚,证据确实、充分"的程度,存在着重大的合理怀疑。这种仅仅根据原审法院的生效裁判无法得到原有证据的支持,来认定原生效裁判认定事实"确有错误"的再审事由,在近年来的司法实践中逐渐被法院、检察机关所接受,并成为一些著名刑事案件启动再审的根据。

三是原判决、裁定适用法律确有错误的。

这里所说的"适用法律确有错误",并不是一般意义上的法律错误,而主要是指那种足以对定罪量刑产生重大影响的刑法适用方面的错误。司法实践中,这种法律适用错误主要是指原生效裁判认定罪名不能成立,量刑明显不当,或者违反法律关于溯及力规定的,等等。

四是原审法院违反法律规定的诉讼程序,可能影响公正审判的。

原审法院的审判存在严重违反法律程序的情形,足以影响公正审判的,也可以成为法院启动再审的法定事由。这里所说的"违反法定程序",主要是指作出生效裁判的原审法院存在违反法定程序的情形。但是,假如原生效裁判经过两审终审的,原一审法院存在严重违反法定程序的情形,原二审法院没有加以纠正的,也可以被视为违反法定程序的情形。

那么,原审法院违反法定程序,究竟是指哪些情形呢?这些情形究竟要达到怎样的程度,才能被视为"可能影响公正审判"的情形呢?原则上,原审法院违反法定程序的情形主要是指,违反公开审判制度,违反回避制度,审判组织的组成不合法,无正当理由拒绝受理被告方有关排除非法证据的申请,等等。这些情形只要存在,法院无需审查其是否达到"可能影响公正审判"的程度,即可以构成再审法定事由。除此以外,对于原审法院限制或者剥夺诉讼参与人诉讼权利的情形,再审法院要加以审查,只有对那些限制或者剥夺诉讼权利情节严重,或者造成严重后果的情形,才将其视为法定的再审事由。例如,原审法院应当指定辩护人而没有指定辩护人;在证言前后自相矛盾的情况下,应当通知证人出庭作证而拒绝通知;在鉴定意见面临严重分歧的情况下,应当允许专家辅助人出庭作证而予以拒绝……这些都可以被视为达到"可能影响公正审判"的违反法定程序的情形,从而构成再审法定事由。

五是审判人员在审理该案件的时候,有贪污受贿、徇私舞弊、枉法裁判行为的。

这主要是指,只要原审法院的审判人员在审理有关案件过程中,存在贪污受贿、徇私舞弊或者枉法裁判等职务违法行为,再审法院就可以此为由,启动再审程序。这里所说的"审判人员",既可以是参加合议庭的法官、陪审员,也可以是参加讨论决定程序的审判委员会委员。上述审判人员只要参与了对该案的法庭审判或者审判委员会讨论决定过程,就都属于审理案件的审判人员。与此同时,上述审判人员的贪污贿赂、徇私舞弊、枉法裁判行为,必须发生在审理该案的过程之中。这些行为不一定达到构成犯罪的程度,也不一定被启动了刑事诉讼程序,只要有证据证明审判人员在审理该案过程中存在着上述不当行为,法院就可以将其视为启动再审的法定事由。

19.4 刑事再审程序的启动方式

在我国刑事诉讼中,当事人对于已生效裁判不服,可以向法院、检察机关提起申诉。但这种申诉并不是启动刑事再审程序的法定方式,而只是法院、检察机关发现已生效裁判确有错误的材料来源。刑事再审程序的法定启动方式只有两个:一是法院依职权主动启动再审程序,二是检察机关向法院提起抗诉。

19.4.1 法院主动启动再审

对于已生效判决、裁定在认定事实或者适用法律上"确有错误"的,法院可以依据职权主动启动再审程序。在司法实践中,法院发现生效裁判确有错误的途径可以是多种多样的,其中当事人的申诉、新闻媒体的报道、人大代表或政协委员的提案、有关权威部门或人士的督促,可能是主要的途径。但是,上述途径最多不过是法院启动再审程序的材料来源,而不是必然引起再审的法定方式。以当事人对生效裁判的申诉为例。对于当事人的申诉,法院可以进行立案审查,但对于没有达到再审条件的案件,法院不会启动再审程序。

那么,法院依据职权启动再审主要有哪几种方式呢?根据刑事诉讼法的规定,法院依据职权启动再审的方式主要有三种:一是法院院长提交审判委员会启动再审;二是上级法提审或者指令再审;三是最高人民法院提审或者指令再审。

首先,各级法院院长对于本院已经发生法律效力的判决或者裁定,如果发现在认定事实或者适用法律上确有错误,必须提交本院审判委员会处理,经审判委员会讨论决定,可以启动再审程序。

在中国刑事诉讼中,法院院长作为司法行政负责人,可以自行启动刑事再审程序。这种将司法行政管理权与司法裁判权合二为一的制度设计,赋予了法院院长较大的权威。当然,法院院长要启动刑事再审程序,也必须同时符合三个条件:一是针对本院所作的已生效的判决和裁定;二是提交本院审判委员会讨论和决定;三是经过审判委员会作出启动再审的决定。这显然说明,法院院长只有提交审判委员会讨论和决定的权力,最终决定是否启动再审程序的权力还是掌握在审判委员会手里。不过,考虑到法院院长是法院的党政最高负责人,又是审判委员会的召集人和主持人,加上各级法院内部存在着较为强烈的司法行政化现象,法院院长一旦认为某一生效裁判"确有错误",其观点将对其他审判委员会委员具有较大的影响力。司法实践的情况也表明,只要法院院长提交审判委员会讨论,后者一般都会作出启动刑事再审程序的决定。

其次,上级法院对于下级法院所作已生效裁判,发现"确有错误"的,有权提审或者指令再审。

根据宪法和法院组织法所确立的司法体制,法院上下级之间在司法裁判方面是监督和被监督的关系。对于下级法院所作的已经发生法律效力的判决或者裁定,上级法院发现在认定事实或者适用法律上"确有错误"的,可以依据职权启动刑事再审程序。当然,上级法院作出再审决定后,可以通过两种方式进行再审审理:一是提审,二是指令再审。所谓提审,是指上级法院将下级法院作出过已生效裁判的案件,通过提高一个审级,交由本院越级审理的一种诉讼活动。通常情况下,对于那些影响较大、案情复杂或者下级法院无法保证公正审判的案件,上级法院才会通过提审的方式进行再审审理。而所谓指令再审,只是指上级法院发现下级法院已生效裁判确有错误的,可以指令下级法院对案件进行重新审理的诉讼活动。上级法院既可以指令作出生效裁判的原下级法院启动再审程序,也可以指令与原下级法院同级的另一个法院启动再审程序。但无论由哪一个下级法院启动再审,上级法院都拥有最终的再审决定权。

最后,最高人民法院对于全国各级法院所作的已生效判决或者裁定,发现在认定事实或者适用法律上"确有错误"的,都可以提审或者指令再审。

近年来在我国产生重大影响的一系列刑事再审案件,如刘涌案件、聂树斌案件、张文中案件、顾雏军案件等,都是由最高人民法院通过提审的方式正式决定启动再审程序的。这显然说明,最高人民法院对于全国各级法院的已生效裁判,都拥有启动刑事再审的权力。这也是最高人民法院对下级法院行使审判权监督权的主要标志。当然,与上级法院启动再审程序的方式一样,最高人民法院对各级法院已生效裁判一旦作出再审决定的,也有提审和指令再审这两种方式。

19.4.2 再审抗诉

对于各级法院的已生效判决、裁定,检察机关假如认为认定事实或适用法律上"确有错误"的,也可以提起刑事再审程序。与法院一样,检察机关也可以接受当事人的申诉,并将新闻媒体的报道、人大代表或政协委员的提案、权威机构或人士的批示等作为启动刑事追诉程序的材料来源。只不过,与法院不同的是,检察机关启动刑事再审程序的方式是提起抗诉。

按照前面的分析,对于法院所作的未生效裁判,检察机关认为"确有错误"的,可以提起抗诉,从而引起第二审程序。与二审抗诉不同,这里所说的抗诉属于一种"再审抗诉",所针对的是法院所作的已生效裁判。与此同时,再审抗诉一旦提起,法院必须启动刑事再审程序,对那些已被生效裁判确定的案件进行重新审理,并作出新的裁判。

检察机关对于已生效裁判提起的再审抗诉,主要有两种法定方式:一是上级检察机关对下级法院所作的已生效裁判,发现在认定事实或适用法律上"确有错误"的,向同级法院提起抗诉;二是最高人民检察院对于全国各级法院所作的已生效裁判,发现在认定事实或适用法律上"确有错误"的,向最高人民法院提起抗诉。

考虑到再审抗诉所针对的是法院所作的已生效裁判,属于检察机关行使法律监督权的特殊方式,因此,我国刑事诉讼法对这种抗诉作出了一些限制。原则上,与作出生效裁判的法院同级的检察机关不得行使再审抗诉权。除了最高人民检察院以外,唯有上级检察机关才能对下级法院所作的生效裁判提起再审抗诉。例如,对于北京市海淀区人民法院所作的生效裁判,北京市人民检察院和北京市人民检察院第一分院都属于这里所说的"上级检察机关",它们假如认为这种裁判确有错误的,都可以提起再审抗诉。而接受这种抗诉的法院则分别是北京市高级人民法院和北京市第一中级人民法院。

最高人民检察院作为国家的最高检察机关,享有最终和最高的法律监督权。最高人民检察院提起再审抗诉的对象既包括全国各级地方法院所作的生效裁判,也包括最高人民法院所作的生效裁判。对于全国各级法院所作的生效裁判,最高人民检察院提起抗诉,这与上级检察机关对下级法院所作的已生效裁判提起抗诉,具有相同的性质。而对于最高人民法院所作的已生效裁判,最高人民检察院提起再审抗诉,这属于一种特别的法律监督方式,也就是最高人民检察院通过抗诉,促使最高人民法院对那些可能在认定事实或适用法律上"确有错误"的案件,进行最后一次重新审理,以避免可能的冤假错案,维护国家法律的统一实施。

19.5 申诉案件的审查程序

19.5.1 申诉的性质和原则

对于已经发生法律效力的判决或者裁定,当事人及其法定代理人可以向法院、检察机关提出申诉。案外人认为已发生法律效力的判决、裁定侵害其合法权益的,也可以向法院、检察机关提出申诉。

申诉人因为经济困难没有委托律师的,法院可以告知其向法律援助机构申请法律援助。但是,申诉人并不属于强制性指定辩护的适用对象。

一般说来,申诉是当事人对生效判决或裁定寻求特别救济的一种方式。申诉的目的在于推动法院启动再审程序,或者推动检察机关提出再审抗诉,或提出再审建议。但是,这种申诉并不必然会导致法院、检察机关启动再审程序。在接受当事人及其法定代理人提出的申诉后,法院、检察机关都要进行严格审查,只有对那些符合法定条件的申诉案件,才会启动再审程序。

申诉要遵循"逐级申诉"的原则。当事人及其法定代理人应当向原作出终审裁判的法院提出申诉。向检察机关提出申诉的,也应首先向原作出终审裁判的法院的同级检察机关提出申诉。未经原终审法院的审查并作出驳回申诉的决定,上级法院通常都会拒绝这种申诉请求。向检察机关提出申诉的,未经原终审法院的同级检察机关的审查,并作出驳回申诉的决定,上级检察机关也不会受理这种申诉。

原终审法院作出驳回申诉决定的,或者原终审法院的同级检察机关作出驳回申诉决定的,当事人及其法定代理人可以向上一级法院或者上一级检察机关提出申诉。上一级法院或者上一级检察机关经过审查,认为申诉不符合法定条件的,应当说服申诉人撤回申诉。对于那些当事人及其法定代理人继续坚持申诉的案件,上一级法院或者上一级检察机关应当驳回申诉。

逐级申诉的原则并不绝对的,而是有几个例外情形。首先,对于那些第二审法院裁定准许撤回上诉的案件,申诉人对第一审判决提出申诉的,可以由第一审法院审查处理。其次,对于案情疑难、复杂、重大的案件,上一级法院可以不经过原终审法院的审查,而进行直接审查。最后,对于死刑案件的申诉,可以由原核准死刑的法院进行审查处理,也可以交由原审法院审查。原审法院一旦进行审查,就应写出审查报告,提出处理意见,层报原核准死刑的法院审查处理。

无论是原终审法院还是上一级法院,也无论是原终审法院的同级检察机关,还是上一级检察机关,一旦认为案件符合法定的申诉条件,就应启动立案审查程序。经过立案审查,法院认为案件达到再审条件的,才会作出再审决定书;检察机关认为案件达到再审条件的,也才会提起抗诉,或者提出再审建议书。可以看出,立案审查是法院、检察机关启动再审前的必经程序,也是独立于再审程序的一种初步审查程序。

19.5.2 申诉案件的立案审查

申诉人向法院提出申诉,要经过较为复杂的立案审查程序。根据最高人民法院的司法解释,这种申诉大体上要经过以下几个程序环节:一是对申诉材料的形式审查;二是对于符合法定条件的申诉案件,法院作出立案审查的决定;三是经过立案审查程序,法院作出启动刑事再审的决定。

19.5.2.1 立案审查的启动(Ⅰ)——法院对申诉材料的形式审查

根据最高人民法院的司法解释,申诉人向法院提出申诉,应当提交以下材料:一是申诉状,应当写明当事人的基本情况、联系方式以及申诉的事实与理由;二是原一、二审判决书、裁定书等法律文书,经过人民法院复查或者再审的,应当附有驳回通知书、再审决定书、再审判决书、裁定书;三是其他相关材料,以有新的证据证明原判决、裁定认定的事实确有错误为由申诉的,应当同时附有相关证据材料;申请人民法院调查取证的,应当附有相关线索或者材料。

法院对申诉材料进行形式审查,认为申诉材料齐全的,法院应当出具收到申诉材料的回执;认为申诉材料不齐全的,法院应当告知申诉人补充材料;申诉人对必要材料拒绝补充且无正当理由的,不启动立案审查程序。

19.5.2.2　立案审查的启动(Ⅱ)——终审法院审查处理

原则上,申诉由作出生效裁判的终审法院审查处理。但是,二审法院裁定准许撤回上诉的案件,申诉人对第一审判决提出申诉的,可以由一审法院审查处理。

上一级人民法院对未经终审法院审查处理的申诉,可以告知申诉人向终审法院提出申诉,或者直接交终审法院审查处理,并告知申诉人。但对于疑难、复杂、重大的案件,上一级法院也可以直接审查处理。

对未经终审法院及其上一级法院审查处理的申诉案件,申诉人直接向上级法院申诉的,上级法院可以告知申诉人向下级法院提出。

对于申诉案件,终审法院的上一级法院依照审判监督程序审理后维持原判的,或者经两级法院依照审判监督程序立案审查,并书面通知驳回申诉申请的案件,当事人及其法定代理人、近亲属继续申诉的,法院一般不予立案审查。

19.5.2.3　立案审查的异地管辖

最高人民法院在对河北省聂树斌案件的申诉审查中,曾将案件申诉审查法院指定为山东省高级人民法院,开创了申诉案件异地管辖的先例,并取得了较为积极的法律效果和社会效果。

为避免原终审法院因与案件存在利害关系而阻碍申诉审查的公正进行,最高人民法院的司法解释确立了申诉案件立案审查的异地管辖制度。根据这一制度,最高人民法院或者上级法院对于申诉案件,可以指定终审法院以外的法院进行审查。被指定的法院应当写出审查报告,提出处理意见,层报最高人民法院或者上级法院。

19.5.2.4　立案审查的方式和决定

对于申诉案件,法院大体上采取书面和间接的审查方式。法院可以查阅申诉材料,调阅全部案卷材料,听取当事人和原办案单位的意见。必要时,可以对原判据以定罪量刑的证据和新的证据进行调查核实。

对于申诉案件,负责立案审查的法院经过审查,认为符合刑事诉讼法有关启动再审的法定条件之一的,应当作出启动刑事再审的决定。法院认为申诉不符合法定条件的,应当说服申诉人撤回申诉。对于仍然坚持申诉的,法院应当书面通知驳回。

申诉人对驳回申诉不服的,可以向上一级法院申诉。上一级法院经审查仍然认为申诉不符合刑事诉讼法有关启动再审程序的法定条件的,应当说服申诉人撤回申诉。对于仍然坚持申诉的,上一级法院应当驳回,或者通知不予重新审判。

19.5.3　申诉案件审查程序的改革

对申诉案件的审查,是非常重要的特别救济程序,但我国法律一直没有将这一审查活动纳入诉讼程序的轨道。原则上,无论是法院还是检察机关,对申诉案件的立案审查,都采取书面审查、间接审查和秘密审查的原则。对于这类案件,法院要组成合议庭,通过阅卷、提审已决犯、调取证据或者走访调查等方式,对案件是否具备再审事由进行全面审查。对于这类案件,检察机关也会指派专门承办检察官,通过上述方式进行全面审查。

近年来,一些法院和检察院对于立案审查程序作出了一些改革。例如,在聂树斌案件的立案审查过程中,最高人民法院在开创了异地法院管辖申诉案件的先例后,还探索试行了听证审查制度,组织社会各界人士参加听证会,并发表对聂树斌案件是否启动再审程序的意见,还给予原终审法院的代表当场发言的机会。山东省高级人民法院还保证申诉方代理律师的合法权利,给予律师全面阅卷的权利,并确保代理律师全程参与听证会,发表本方的代理意见。

又如,最高人民检察院对于申诉案件,在立案审查过程中,曾探索实行过专门听证制度。在听取最高人民检察院承办检察官的口头汇报,以及听取申诉方代理律师的代理意见之后,经过秘密评议,参加听证会的各界人士经过表决,作出是否提起抗诉或者提出再审建议的决定。对此决定,最高人民检察院可以作为提起抗诉或者提出再审建议的参考。

对于上述申诉审查程序的改革探索,最高人民法院、最高人民检察院可以将其确立为正式的刑事诉讼制度,立法机关未来也可以将其吸收进刑事诉讼法之中。

19.6　再审审判程序

经过立案审查,法院认为申诉案件在认定事实或者适用法律方面存在错误的,应当作出再审决定书,启动再审程序。经过立案审查,检察机关认为申诉案件符合再审条件的,可以向法院提起抗诉,或者向法院提出再审建议。对于检察机关提出抗诉的,法院一般都会启动再审程序。

法院审理再审案件,应当组成合议庭,在全面审查的基础上,重点针对申诉、抗诉和决定再审的理由进行审理。原终审判决是由一审法院作出的,再审应依照第一审程序进行审判,所作的判决、裁定可以上诉、抗诉。原终审判决是第二审法院作出的,再审则应依照第二审程序进行审判,所作的判决、裁定一般是终审的判决、裁定。

法院在再审过程中应遵循几项特殊的规则。首先,根据回避制度,原审法院重新审判的,应当另行组成合议庭,原合议庭成员不得参与案件的重新审判活动。

其次,开庭审理的再审案件,再审决定书或者抗诉书只针对部分原审被告人,其他同案原审被告人不出庭不影响审理的,可以不出庭参加诉讼活动。

再次,除检察机关提起抗诉的以外,再审一般不得加重原审被告人的刑罚。再审决定书或者抗诉书只针对部分原审被告人的,也不得加重其他同案原审被告人的刑罚。

又次,对于抗诉案件,检察机关在开庭审理前撤回抗诉,或者接到出庭通知后不派员出庭,且未说明原因的,法院应裁定准许撤回抗诉;对于申诉案件,申诉人在再审期间撤回申诉,或者经依法通知拒不到庭,或者未经法庭许可中途退庭的,法院应当裁定准许撤回申诉。

最后,再审案件是由法院决定再审的,应由合议庭组成人员宣读再审决定书;再审案件系检察机关抗诉的,应由检察官宣读抗诉书;再审案件系申诉人申诉的,则应由申诉人或者其辩护人、诉讼代理人陈述申诉理由。

经过再审,法院可以作出以下裁判:一是对于原判决、裁定认定事实和适用法律正确,量刑适当的,裁定驳回申诉或者抗诉,维持原判决、裁定;二是对于原判决、裁定定罪准确,量刑适当,但在认定事实或适用法律等方面存在瑕疵的,裁定纠正上述瑕疵,并维持原判决、裁定;三是对于原判决、裁定认定事实没有错误,但适用法律有错误,或者量刑不当的,撤销原判决、裁定,依法改判;四是依照第二审程序审理的案件,发现原判决、裁定事实不清、证据不足的,可以依法改判,或者裁定撤销原判决、裁定,发回原审法院重新审判。

19.7 再审程序的争议问题

我国刑事再审程序一直在正当性上面临较大的争议,法学界一直都有改革再审程序的建议和呼声。从根本上说,现行再审程序既无法体现一事不再理的原则,也难以贯彻禁止双重危险的理念,存在着法院和检察机关滥用再审权力的空间。

第一,我国刑事诉讼法没有明确区分"不利于被告人的再审"和"有利于被告人的再审",这使得再审程序经常发挥"继续追诉"的功能。尤其是在原审被告人被作出无罪裁判或者被作出罪轻裁判的情况下,法院自行发动再审程序,检察机关提起抗诉,促使法院启动再审程序,而法院经过再审,竟然可以将无罪裁判改为有罪裁判,将罪轻裁判改为罪重裁判。这就使得法院成为事实上的追诉机关,违背控审分离的原则,破坏了司法裁判的中立性。同时,原审被告人因为同一行为而承受重复的刑事追诉,这也使其陷入不利的境地,造成国家刑罚权的滥用。

第二,在刑事再审的启动方式上,一旦检察机关提起再审抗诉,甚至提出启动再审的检察建议,法院都要自动启动再审程序。而原审被告人以及其他当事人即便反复提出申诉,也难以启动再审程序。显然,控辩双方在启动再审方面处于明显的不对等状态。本来,对于检察机关提起再审抗诉或者提出相关检察建议,法律应当作出更为严格的限制,而对当事人提出的申诉,应当给予一定的特殊保障,由此才能彰显"平等武装"的精神,维护程序的正义。但我国的相关制度设计却"本末倒置",赋予检察机关更为强大的再审启动权,而对当事人的申诉权则作出了极为苛刻的限制。

第三,刑事再审程序的重中之重在于立案审查程序,但这一程序却被设计成一种"暗箱操作模式",使得再审程序的启动受到多方面的外部因素制约,而无法被纳入诉讼的轨道。经过一系列力量的博弈,法院一旦决定启动再审程序,再审本身几乎都会流于形式,纯属对再审决定结论的一种确认而已。很显然,在再审审查和再审程序启动方面,无论是检察机关还是法院,都难以做到独立行使职权,而不得不屈从于多方面的外部压力、干预或影响。

阅读案例材料之十九

聂树斌案件刑事再审决定书[①]

新华社记者2016年6月8日从最高人民法院获悉,最高人民法院已于6日决定依法提审原审被告人聂树斌故意杀人、强奸妇女一案,按照审判监督程序重新审判,并于8日在山东省高级人民法院向聂树斌的母亲送达了再审决定书。

据了解,原审被告人聂树斌故意杀人、强奸妇女一案,河北省石家庄市中级人民法院于1995年3月15日以(1995)石刑初字第53号刑事附带民事判决,认定聂树斌犯故意杀人罪,判处死刑,剥夺政治权利终身;犯强奸妇女罪,判处死刑,剥夺政治权利终身。决定执行死刑,剥夺政治权利终身。聂树斌赔偿附带民事诉讼原告人康某某丧葬费及其他费用2000元。宣判后,聂树斌不服,以是初犯、认罪态度好、量刑太重为由提出上诉。附带民事诉讼原告人康某某也提出上诉。河北省高级人民法院于1995年4月25日作出(1995)冀刑一终字第129号刑事附带民事判决,认定聂树斌犯故意杀人罪,判处死刑,剥夺政治权利终身;犯强奸妇女罪,判处有期徒刑15年。决定执行死刑,剥夺政治权利终身。民事赔偿部分维持一审判决。同年4月27日,聂树斌被执行死刑。

2014年12月,最高人民法院根据河北省高级人民法院申请和有关法律规定精神,决定将该院终审的聂树斌故意杀人、强奸妇女一案,指令山东省高级人民法院进行复查。根据最高人民法院指令,山东省高级人民法院依法组成5人合议庭对本案进行复查。合议庭在全面、交叉阅卷,保障申诉代理律师阅卷并充分听取其意见的基础上,针对被害人尸体检验报告中是否存在骨折、死亡原因等疑问,两次咨询有关法医专家意见;根据阅卷了解的情况,委托鉴定机构对本案侦查卷、一、二审审判正卷中聂树斌全部签名、手印进行了同一性鉴定;根据复查工作情况,六次赴河北等地进行调查核实工作;召开复查听证会,全面听取了申诉人及其代理律师、原办案单位代表以及听证人员的意见。

[①] 参见《最高法决定依法再审聂树斌案》,载《新华每日电讯》2016年6月9日。

山东省高级人民法院经复查认为,原审判决缺少能够锁定聂树斌作案的客观证据,在被告人作案时间、作案工具、被害人死因等方面存在重大疑问,不能排除他人作案的可能性,原审认定聂树斌犯故意杀人罪、强奸妇女罪的证据不确实、不充分,建议最高人民法院启动审判监督程序重新审判,并报请最高人民法院审查。

最高人民法院经审查,同意山东省高级人民法院意见,认为原审判决据以定罪量刑的证据不确实、不充分。依照《中华人民共和国刑事诉讼法》第二百四十二条第(二)项、第二百四十三条第二款之规定,决定提审本案。

最高人民法院表示,将依法组成合议庭,以对法律负责、对人民负责、对历史负责的态度,以事实为根据,以法律为准绳,依法公开、公平、公正审理本案。再审审理情况将依法适时向社会公布。

【深入思考题】

在聂树斌案件的再审过程中,最高人民法院作出了几项重大制度创新:一是对案件申诉复查采取了异地管辖的做法,由山东省高级人民法院负责审查,避免由原作出生效死刑裁决的河北省高级人民法院复查此案;二是山东省高级人民法院允许代理当事人申诉此案的律师全面查阅全部案卷材料,有效保护了律师的诉讼权利;三是山东省高级人民法院组织听证会,在该法院合议庭主持下,河北省高级人民法院和公安部门的代表出席听证会,申诉人及其诉讼代理人也到场发表申诉意见,有关社会各界代表旁听了听证会。对于这些制度创新,你认为在未来的刑事诉讼制度改革中,可否将其吸收进刑事再审程序之中?

第二十章 刑事执行程序中的诉讼问题

> 刑事执行是将法院生效判决付诸实施的活动。应当说,对犯罪人实施刑事处罚,这本身不属于诉讼问题。但是,在刑事执行过程中出现的诸多刑事处罚的变更问题,如减刑、假释、监外执行,以及死缓改无期徒刑、无期徒刑改有期徒刑,等等,则属于诉讼问题,需要被纳入诉讼程序的轨道。

20.1 刑事执行程序的性质
20.2 暂予监外执行
20.3 减刑、假释的适用程序
20.4 死刑及其执行方式的变更
阅读案例材料之二十　镇江减刑假释审理程序

20.1 刑事执行程序的性质

刑事执行是刑罚执行机关将已生效的判决、裁定所确定的内容付诸实施的活动。根据法院生效判决所确定的刑罚内容,刑事执行可分为死刑的执行、无期徒刑的执行、有期徒刑的执行、拘役的执行、管制的执行以及各种附加刑的执行。

刑罚执行机关所执行的生效裁判是指那些已经发生法律效力的判决或者裁定。通常说来,这些生效判决、裁定主要有以下几种:一是已过法定上诉期而没有上诉、抗诉的判决和裁定;二是终审的判决和裁定;三是最高人民法院核准的死刑判决和高级人民法院核准的死刑缓期两年执行的判决。

一般而言,执行程序是刑事诉讼程序的有机组成部分。但是,刑事执行本身是一种非常复杂的活动。作为一种国家权力,刑事执行权可分为执行实施权和执行裁判权两个部分。执行实施权主要是指执行机关将各种生效裁判交付实施以及对被执行人进行监管、矫正等方面的权力。对于执行实施权力的规范,应当属于刑事执行法所要解决的问题。

与此相对应,执行裁判权则是指刑事执行机关对生效裁判的内容及其执行方式作出变更的权力。其中,对于生效裁判内容的变更主要有死刑缓期两年执行被变更为无期徒刑、无期徒刑被变更为有期徒刑、有期徒刑得到减刑或者假释,而生效裁判执行方式的变更则主要有监外执行。由于生效裁判是法院经过正式法律程序所作的法律结论,具有权威性和终局性,因此要对这些生效裁判的内容和执行方式作出变更,就不能草率行事,任意为之,而应当经历较为严格、正规的法律程序。刑事诉讼法对执行活动的规范也主要体现在对生效裁判内容和执行方式的变更方面。这部分内容也应当属于刑事执行中的诉讼问题。

20.2 暂予监外执行

20.2.1 暂予监外执行的适用对象

暂予监外执行是指被判处有期徒刑、拘役的罪犯因法定事由不宜在监狱执行刑罚的,暂时将其放在监狱之外,交由社区矫正机构执行的一种刑罚执行方式。

暂予监外执行的适用对象主要是那些被判处有期徒刑或者拘役的罪犯。具体适用情形有三种：一是有严重疾病需要保外就医的；二是怀孕或者正在哺乳婴儿的妇女；三是生活不能自理、适用暂予监外执行不致危害社会的。

在司法实践中，暂予监外执行适用最多的还是有严重疾病需要保外就医的罪犯。对于这些罪犯，需要保外就医的，应由省级人民政府指定的医院作出诊断，并开具证明文件。但是，对于适用保外就医可能有社会危险性的罪犯，或者自伤自残的罪犯，一律不适用保外就医。

为减少对怀孕或者哺乳婴儿妇女的伤害，对于这类罪犯，法院即使判处无期徒刑的，也可以对其适用暂予监外执行。

20.2.2 暂予监外执行的适用程序

根据暂予监外执行适用诉讼阶段的不同，可以将其分为交付执行前的监外执行与交付执行后的监外执行。这两种监外执行的适用程序具有很大的差异。

在交付执行前，法院发现罪犯符合法定的适用暂予监外执行条件之一的，可以在宣告判决的同时，作出暂予监外执行的决定。具体程序是，法院制作暂予监外执行决定书，并送达同级检察机关。

在交付执行之后，也就是罪犯在服刑过程中，具备法定的适用监外执行条件的，监狱、看守所可以提出暂予监外执行的书面意见，并将该意见的副本送达检察机关。检察机关可以向决定或者批准监外执行的机关提出书面意见。

对于那些在监狱服刑的罪犯，省级司法行政机关的监狱管理部门可以对其监外执行作出审查批准。而对于在看守所服刑的罪犯，监外执行的审批机关则是市级以上公安机关。经过审查，决定或者批准机关作出暂予监外执行决定书的，应当将该决定书抄送检察机关。检察机关假如认为暂予监外执行的决定不当的，应当在一个月之内将书面意见送交作出决定或批准暂予监外执行的机关。后者在接到检察机关的书面意见后，应当立即对该决定进行重新核查。

无论是对那些交付执行前的监外执行，还是对交付执行后的监外执行，一旦发现存在以下法定情形之一的，应当立即终止监外执行，将罪犯重新加以收监：一是发现不符合暂予监外执行条件的；二是严重违反暂予监外执行监督管理规定的；三是暂予监外执行的情形消失后，罪犯刑期未满的。

对于法院决定暂予监外执行的罪犯应当予以收监的,由法院作出收监的决定。而对于那些由监狱管理部门或者市级公安机关决定或者批准暂予监外执行的,则由作出决定或者批准的机关决定予以收监。

20.2.3 暂予监外执行制度的改革

暂予监外执行的决定一旦作出,即意味着罪犯不再在监狱或看守所内服刑,而被恢复一定的人身自由。这种决定是对法院生效裁判所确定的刑罚执行方式的重大变更。但是,这种决定在适用程序上却存在诸多方面的问题,使得监狱、看守所以及暂予监外执行的决定或批准机关享有较大的自由裁量权,甚至容易出现"权钱交易"等司法腐败现象。社会公众对暂予监外执行适用程序的公正性和透明度也提出了一些质疑和批评。法学界和司法界不断呼吁对这种暂予监外执行制度进行彻底的改革。

首先,交付执行后的暂予监外执行,是由监狱报请省级司法行政机关的监狱主管部门加以审查批准,或者由看守所报请市级公安机关加以审查批准。这属于典型的自我审查和自我批准,加上这种审查采取了内部报批、上令下从的行政审批方式,容易滋生腐败和权力滥用现象。

其次,在交付执行后的暂予监外执行的适用过程中,法院不能参与到这种刑罚执行方式的变更过程中来,这就使得作为刑罚裁判权的监外执行决定权,与刑罚实施权完全混同在一起。这种行政审批方式也无法保证审批程序的公开性和透明性,更无法给予罪犯、被害方参与这种审批过程的机会。

再次,2012年修订的《刑事诉讼法》尽管赋予检察机关对监外执行决策过程的"同步监督权",但是这种从外部进行的监督,无法发挥实质性的作用。由于无法了解监狱、看守所建议暂予监外执行的实质理由,也无法参与这种监外执行的决策过程,检察机关难以对这种监外执行的事实依据和法律依据进行实质性的审查,也无法提出有针对性的"书面纠正意见"。

最后,暂予监外执行在适用过程中还存在着其他一些制度缺憾。例如,对于罪犯是否患有严重疾病,或者究竟患有怎样的"严重疾病",还没有建立医生专门资格审查制度,似乎任何一个省级人民政府指定的医院都可以出具这类诊断证明文件。但是,对于诊断医生的回避制度、资格证审查制度以及对其诊断证明进行有效质证等方面的问题,在这种制度设计中都没有受到应有的关注。又如,在暂予监外执行的适用事由不复存在之后,究竟应由哪个部门督促将罪犯予以收监,这也是一个模糊不清的问题。尤其是在监狱、看守所无法尽职尽责的情况下,由哪个部门启动重新收监程序,这是迄今为止尚未得到解决的问题。

20.3 减刑、假释的适用程序

减刑和假释是两种有着密切联系的刑罚执行制度。减刑是被判处管制、拘役、有期徒刑或无期徒刑的罪犯在执行期间确有悔改或立功表现的,依法减轻其刑罚的一种制度。假释则是指对那些被判处有期徒刑或者无期徒刑的罪犯在执行一定刑罚之后,确有悔改或立功表现的,将其附条件地加以提前释放的一种制度。无论是减刑还是假释,都属于在生效裁判执行过程中对刑罚及其执行方式的变更。基于这一原因,减刑权和假释权都被纳入执行裁判权的范畴,也都被列为法院司法裁判的对象。

20.3.1 减刑、假释的审理程序

为限制法官在减刑、假释过程中的自由裁量权,增强减刑、假释程序的公开性和透明性,一些地方法院逐步尝试对减刑、假释案件采取开庭审理的程序。这种开庭审理程序逐步得到了最高人民法院的认可,并被确立在刑事诉讼法之中。

20.3.1.1 减刑、假释的启动程序

执行机关认为罪犯符合减刑、假释条件的,可以提交同级监狱管理机关审核同意的减刑、假释建议书。检察机关认为罪犯符合减刑、假释条件,但执行机关未提请减刑、假释的,可以建议执行机关提请减刑、假释。

对被判处死刑缓期两年执行、无期徒刑案件的减刑,由罪犯服刑地高级法院负责审理并作出裁定;对被判处有期徒刑、拘役、管制或者被减为有期徒刑案件的减刑、假释,由罪犯服刑地中级人民法院负责审理并作出裁定。

法院受理执行机关的减刑、假释申请后,应当组成由法官或者法官与人民陪审员共同组成的合议庭。

合议庭应对执行机关移送的案件材料进行形式审查,对于材料齐备的,应当立案。案件材料一般应包括以下内容:一是减刑或者假释建议书;二是终审法院裁判文书、执行通知书、历次减刑假释裁定书;三是罪犯确有悔改或者立功、重大立功表现的事实证明材料;四是罪犯评审鉴定表、奖惩审批表,等等。除此以外,执行机关报请假释的,应附有社区矫正机构或者基层组织

关于罪犯假释后对所居住社区影响的调查评估报告。检察机关对报请减刑、假释案件提出检察意见的,执行机关应当一并移送受理减刑、假释案件的人民法院。

法院审理减刑、假释案件,应当在立案后五日内将执行机关报请减刑、假释的建议书等材料依法向社会公示。公示内容应当包括罪犯的个人情况、原判认定的罪名和刑期、罪犯历次减刑情况、执行机关的建议及依据。公示应当写明公示期限和提出意见的方式。公示期限为5日。

20.3.1.2 减刑、假释案件的开庭审理程序

对于减刑、假释案件,法院通常采取两种审理方式:一是开庭审理方式,二是不开庭审理方式。开庭审理主要适用于以下减刑、假释案件:一是因罪犯有重大立功表现而提请减刑的;二是提请减刑的起始时间、间隔时间或者减刑幅度不符合一般规定的;三是社会影响重大或者社会关注度高的;四是公示期间收到不同意见的;五是检察机关提出异议的,等等。

法院开庭审理减刑、假释案件,应当通知检察机关、执行机关和被报请减刑、假释的罪犯参加法庭审理。法院可以通知证明罪犯有立功表现的证人、公示期间提出异议的人、鉴定人、翻译人员等参加法庭审理。

开庭审理应当在罪犯服刑场所或者法院确定的其他场所进行。有条件的法院也可以采取视频开庭的方式。因罪犯存在重大立功而被报请减刑的,可以在罪犯服刑地或者居住地开庭审理。

开庭审理由审判长主持进行。审判长宣布开庭并核实被报请减刑、假释的罪犯个人基本情况后,执行机关代表宣读减刑、假释建议书,并说明主要理由,检察官发表检察意见,法庭对相关事实进行调查核实,被报请减刑、假释的罪犯作最后陈述,然后审判长对庭审情况进行总结并宣布休庭评议。

庭审过程中,合议庭人员对报请理由有疑问的,可以向被报请减刑、假释的罪犯、证人、执行机关代表、检察人员提问。庭审过程中,检察官对于报请理由有疑问的,可以出示证据、申请证人到庭,向罪犯、证人提问并发表意见。被报请减刑、假释的罪犯对报请理由有疑问的,可以出示证据,申请证人到庭,向证人提问并发表意见。庭审过程中,合议庭对证据有疑问的,可以休庭,进行调查核实证据的活动。

20.3.1.3 减刑、假释案件的书面审理程序

法院书面审理减刑、假释案件,可以就被报请减刑、假释罪犯是否符合减

刑、假释条件进行调查核实或听取有关方面意见。法院书面审理减刑、假释案件,应当提讯被报请减刑、假释的罪犯。

经过审理,法院根据案件情况,可以作出予以减刑、假释或者不予减刑、假释的裁定。减刑、假释裁定书应当写明罪犯原判和历次减刑情况,确有悔改表现或者立功、重大立功表现的事实和理由,以及减刑、假释的法律依据。法院应将减刑、假释裁定送达报请减刑、假释的执行机关、同级检察机关以及罪犯本人。作出假释裁定的,还应当送达社区矫正机构或者基层组织。减刑、假释裁定书应当通过互联网依法向社会公布。

20.3.2 检察机关对减刑、假释适用的监督

对于减刑、假释的适用,检察机关可以进行同步法律监督。这种法律监督有三个基本途径:一是对减刑、假释建议书的监督;二是出席法庭审理,发表检察意见;三是对法院减刑、假释裁定书的监督。

检察机关在收到执行机关抄送的减刑、假释建议书副本后,应当逐案进行审查,发现减刑、假释建议不当或者违反法定程序的,应当向审理减刑、假释案件的法院提出书面检察意见,也可以向执行机关提出书面纠正意见。

法院开庭审理减刑、假释案件时,检察机关应当指派检察官出席法庭,发表意见。

对于法院送达的减刑、假释裁定书副本,检察机关应当及时进行审查。检察机关经过审查,认为法院所作的减刑或者假释裁定不当的,可以在20日内向法院提出书面的纠正意见。法院应当在收到纠正意见1个月以内重新组成合议庭继续审理。该合议庭所作的裁定为最终的裁定。

20.3.3 减刑、假释程序的改革问题

在生效裁判的执行程序中,"减(减刑)、假(假释)、保(保外就医、监外执行)"的适用面临着相似的难题和挑战。迄今为止,在暂予监外执行的适用过程中,执行实施权与执行裁判权仍然没有分离,监外执行的决定权和批准权仍然被控制在执行机关的上级主管部门手中。相比之下,减刑、假释的适用程序已经不存在这一问题,法院拥有对减刑、假释的裁定权,执行机关只有提出建议的权力。更何况,减刑、假释预先公示制度的建立,减刑、假释开庭审理程序的构建,检察机关对减刑、假释适用的同步监督权的确立,都显示出减刑、假释适用程序不仅实现了司法化,而且走向了公开化和透明化。

但是,与暂予监外执行一样,减刑、假释在适用上也面临着执行机关、法官滥用自由裁量权的问题。这一方面是因为减刑、假释的适用条件存在着不科学的地方,另一方面也是因为减刑、假释的适用程序仍然存在着一些有待解决的问题。

适用减刑、假释的基本条件是罪犯存在悔改、立功或者重大立功表现。但是,对于何谓"悔改""立功"或者"重大立功",法律并没有给出明确的解释。尤其是在减刑的适用中,罪犯在服刑期间的表现情况被折算成非常具体的分数,而这些分数又被折算成减刑的天数。对于这些分数的计算和折抵减刑刑期的数额,无论是检察机关还是法院都是很难发表专业评论意见的。结果,在减刑、假释的适用标准上,刑罚执行机关就基本掌握了话语权和判断权,无论是检察机关的监督,还是法院的审查核实,在一定程度上都无法进行实质性审查。

既然无法对执行机关的适用标准进行实质性的审查,那么,检察机关、法院能否借助于专业人士的力量,来对执行机关的减刑、假释建议作出评断呢?但迄今为止,无论是在书面审理还是开庭审理程序中,由这类专业人士充当专家证人来审核执行机关适用标准的情况,还没有发生过。因此,在大多数减刑、假释的审理过程中,所谓对罪犯"悔改""立功"表现的司法审查,其实是流于形式的。

表面上看,减刑、假释在适用程序上已经实现了司法化和诉讼化,但这种程序设计其实是有问题的。首先,这种程序将执行机关和检察机关设计成相互对立的"控辩双方",这是很成问题的。代表检察机关出庭的检察官通常就是派驻监狱和看守所的检察人员。这些检察官往往长期驻守监狱和看守所,与监狱、看守所存在着较为密切的关系,其中立性和超然性是得不到保障的。更何况,这些检察官一般都缺乏对减刑、假释进行有效监督的动力,他们的出庭往往都是流于形式、应付差事的举动,而缺乏有效制约执行机关的动力。

其次,作为减刑、假释适用程序的真正利害关系人,罪犯难以充分地参与到这一程序中来,被害人则更是被排除于减刑、假释适用程序之外。在这一程序中,罪犯实质上处于证人的地位,其委托辩护人的权利以及辩护人出庭的权利都得不到保障,这就大大影响了罪犯的参与效果。而被害人被禁止参与这一程序,更谈不上委托诉讼代理人来有效地影响法院的裁判结果。这就埋下了一个隐患:被排除在减刑、假释程序之外的被害人,一旦对法院的减刑、假释裁定书不服,就连提出异议的机会都被剥夺了。这既影响了被害人对减刑、假释程序的信任,也容易引发被害方的申诉、信访行为。

20.4 死刑及其执行方式的变更

在死刑裁判的执行过程中,法院既是死刑的执行实施机关,又是死刑案件的执行裁判机关。在死刑案件的执行方面,法院的执行裁判活动主要体现在两个方面:一是遇有法定特殊情形,法院要作出暂停执行死刑立即执行的裁决;二是在死刑缓期两年执行的缓期届满后,法院要作出变更刑罚的裁决。

20.4.1 暂停执行死刑的裁判

原则上,最高人民法院发布死刑执行命令后,高级人民法院应交付原负责案件第一审的中级人民法院执行。但遇有以下情形的,第一审法院应当暂停执行:一是被执行人可能有其他犯罪行为的;二是共同犯罪的其他嫌疑人到案,可能影响其量刑的;三是共同犯罪的其他罪犯被暂停或者停止执行死刑,可能影响其量刑的;四是罪犯揭发重大犯罪事实或者有其他重大立功表现,可能需要改判的;五是罪犯怀孕的;六是原生效判决、裁定可能有影响定罪量刑的其他错误的。

遇有上述情形之一的,一审法院应通过高级人民法院层报最高人民法院予以审查。最高人民法院经过审查,认为可能影响被执行人定罪量刑的,应当裁定停止执行死刑;认为不影响被执行人定罪量刑的,也可以命令继续执行死刑。最高人民法院在死刑执行命令签发后,在死刑执行实施之前,发现被执行人存在上述情形之一的,也可以立即裁定停止执行死刑,并将有关材料移交下级法院。

下级法院接到最高人民法院停止执行死刑的裁定后,应当对停止执行死刑的事由进行调查核实,并及时将调查结果和意见层报最高人民法院审核。最高人民法院应当由原负责死刑核准的合议庭继续负责审查,也可以另行组成合议庭进行审查。

经过阅卷和审核新的证据材料,最高人民法院对于停止执行死刑的案件,可以作出以下裁判:一是确认罪犯怀孕的,应当改判;二是确认罪犯有其他犯罪,依法应当追诉的,或者确认原裁判确有错误或者罪犯有重大立功表现,需要改判的,应当裁定不予核准死刑,撤销原判,发回重新审判;三是确认原裁判没有错误,罪犯没有重大立功表现,或者重大立功表现不影响原裁判执行的,应当裁定继续执行死刑,并由院长重新签发执行死刑的命令。

20.4.2　死刑缓期两年执行期满后刑罚的变更

被判处死刑缓期两年执行的罪犯,在死刑缓期执行期间,没有实施故意犯罪行为的,死刑缓期执行期满后,应当予以减刑。对这类案件的减刑,适用统一的减刑、假释审理程序。具体而言,执行机关应提出书面的减刑建议书,报请罪犯服刑所在地的高级法院裁定。

在死刑缓期执行期间,被执行人实施了故意犯罪行为的,要由罪犯服刑地的中级法院依法进行审判,所作的判决、裁定可以上诉或者抗诉。高级法院经过审判,认定罪犯在死刑缓期执行期间构成故意犯罪,情节恶劣,应当执行死刑的,应当作出适用死刑的判决或者裁定,并报请最高人民法院核准死刑。

最高人民法院经过二审程序,认为罪犯尽管在死刑缓期两年执行期间故意犯罪,但情节并不恶劣,不需要判处死刑立即执行的,可以不再裁定适用死刑立即执行,而是再次适用死刑缓期两年执行。对于这种再次适用的死刑缓期两年执行,缓期执行的期间重新计算,但要报最高人民法院备案。

阅读案例材料之二十

镇江减刑假释审理程序[①]

镇江减刑假释案远程庭审并网络直播

近年来,减刑假释中的权钱交易引发各界关注,"提钱释放""休假式服刑""保而不医"等现象损害司法公信力。江苏省镇江市中级人民法院审判监督庭在江苏全省率先实行减刑、假释远程开庭审理,并且在互联网直播庭审过程,以此打造"阳光审判"工程。

远程"面对面"庭审,实时询问

2015年2月11日,在镇江市中级人民法院科技庭内,审监庭法官通过远程视频系统,对远在镇江句容的边城监狱服刑的徐忠杰减刑一案进行了审理。

徐忠杰,男,1967年9月出生,原江苏省丰县土木建筑工程质量监督站站长。徐忠杰因犯受贿罪,2012年9月被丰县法院判处有期徒刑6年,并处没收财产2.5万元。

2015年2月4日,边城监狱向镇江市中级人民法院提出减刑建议书,建议对罪犯徐忠杰给予减刑1年。

11日庭审现场,3名法官坐在审判台上,对面墙上出现投影画面,监狱民警宣读了提请减刑建议书,检察人员发表了意见。徐忠杰接受审判长邰玉妹"面对面"的实时询问。邰玉妹还向与徐忠杰一同服刑的数名服刑人员询问相关情况。

徐忠杰受监狱表扬1次,并获劳动积极分子称号,其受贿所得赃款9万余元及没收财产2.5万元也已全部履行。合议庭因此裁定准许减刑1年。

2014年5月,镇江市中级人民法院被江苏省高级人民法院确定为减刑、假释远程开庭系统唯一试点单位。当年7月,市中级人民法院启用远程视频系统,开庭审理第一起假释案件。截至目前,共审理了由江苏省边城监狱呈报的

[①] 参见《减刑假释案远程庭审并网络直播,江苏镇江打造"阳光审判"》,https://www.thepaper.cn/newsDetail_forward_1302986,2020年10月10日访问。

减刑、假释案件44件。

2014年11月,江苏省高级人民法院专门发文要求,将镇江远程开庭系统的成果作为模板,向全省法院进行推广。

此外,2014年12月,镇江市中级人民法院对6起减刑案件进行远程视频开庭审理,并在互联网进行了现场直播,同样在江苏全省开了先河。

远程视频开庭,直播促进司法公开

镇江市中级人民法院为何要实行减刑假释远程开庭?

镇江市中级人民法院审判委员会委员、审监庭庭长于竞说,以往,法院对减刑、假释案件,可以采取押解犯人到监外,或者是审判人员进入监区的方式开庭审理,或者书面审理。

"押解犯人到监外进行审理,高风险、高成本,通常法院选择由审判人员进入监区内设的法庭进行审理。"于竞说,不过,镇江辖区内4所监狱中,有3所都在镇江句容市,离市中级人民法院路程远,开车至少要40分钟,每次来回耗费很多时间,同时,入监审理案件,还有复杂的审批与检查手续,耗费大量的人力、物力。最终,"一年五六千件减刑假释案件,基本上是书面审理。"

审监庭副庭长邰玉妹也说,该院审监庭只有8名法官,不单要审理减刑假释案件,还有其他案件,这也造成此前减刑假释案件90%以上是书面审理。

于竞说,依据书面材料审理,有时候并不能深入了解客观情况,"以往减刑有时候容易变成监狱干警说了算,由他们打分,存在暗箱操作的可能,部分罪犯可能行贿或用其他手段加分。"

因此,探索远程视频庭审,似乎也就顺理成章,这可以减少往返监狱的奔波,简化手续,提高审判效率。于竞说,对于减刑假释案,法院从此"从书面审理,迈向常态化开庭审理"。

于竞说,远程系统使用以后,公众可以到审理法院甚至是通过互联网直播旁听开庭,庭审透明度的提高,可以增加公众对减刑、假释案件实质审理的认同感。

据了解,2014年4月,最高人民法院发布《关于减刑、假释案件审理程序的规定》,指出对于职务犯罪、金融类犯罪、涉黑犯罪等三类罪犯要一律开庭审理。此外,因罪犯有重大立功表现报请减刑的,公示期间收到不同意见的,也应当开庭审理。

镇江市中级人民法院党组成员、副院长吴猛说,2015年将加强对"三类犯罪"案件罪犯减刑、假释的审理工作,并争取基本完成本市辖区内所有监所的远程视频系统建设,推进减刑、假释制度改革。

【深入思考题】

1. 法院对于减刑、假释问题组织听证会,对于确保减刑、假释程序的公开化和透明化,有何意义?

2. 在减刑、假释听证会上,监狱、看守所等刑罚执行机关的代表究竟是本案的证人,还是程序的启动者?如何为这种诉讼程序设置适当的控辩双方?

第三部分 | 特别程序

第二十一章　刑事附带民事诉讼程序

第二十二章　刑事和解程序

第二十三章　涉案财物追缴程序

第二十四章　未成年人刑事案件诉讼程序

第二十五章　精神病人强制医疗程序

第二十六章　反腐败案件特别程序

第二十一章　刑事附带民事诉讼程序

> 刑事附带民事诉讼处于非常尴尬的境地：它依附于刑事诉讼程序，就像被害人利益依附于国家利益一样，不具有独立性和自主性；它名为"民事诉讼"，却不适用民事侵权法的一般准则。对于被害人来说，尽量达成刑事和解，避开附带民事诉讼，或许是一种明智的程序选择。

21.1　附带民事诉讼的基本原理
21.2　附带民事诉讼的请求范围
21.3　法院的裁判逻辑
21.4　附带民事诉讼的提起
21.5　附带民事诉讼的审理程序
21.6　检察机关提起的附带民事诉讼
阅读案例材料之二十一　周喜军案件和颜礼奎案件

被害人因人身权利受到犯罪行为侵犯或者财产遭受犯罪人毁坏而受到物质损失的,可以在刑事诉讼过程中提起附带民事诉讼。根据我国刑事诉讼法,被害人自立案之日起,在侦查、审查起诉和审判阶段都可以提起附带民事诉讼。但是,对于被害人的附带民事诉讼请求,除了在审判前阶段调解成功或者当事人达成和解的以外,通常都要接受法院的审理程序。

21.1 附带民事诉讼的基本原理

刑事附带民事诉讼是大陆法国家特有的诉讼制度。我国早在20世纪初期即引进了这一制度。1979年《刑事诉讼法》确立了刑事附带民事诉讼制度。现行刑事诉讼法对这一制度不仅给予保留,还对其不断加以改革和完善。

一般而言,刑事附带民事诉讼制度有三个重要的理论根基:一是"实体关联性理论";二是"程序便利性理论";三是司法统一性理论。

根据"实体关联性理论",由于同一犯罪行为会引发社会危害后果和私人侵权后果,法院只要查明犯罪事实,就既可以确定被告人的刑事责任,也可以对被告人的民事侵权责任作出相应的认定。[①] 当然,公诉的直接起因是犯罪行为,而民事诉讼的直接起因则是犯罪所引起的损害,没有损害后果的发生,民事诉讼就没有提起的基础。正因为如此,立法者在对公诉和民事诉讼进行区分之后,又对两者确立了一种相互依存和不可分割的连带关系。被害人可以向受理公诉案件的法院提起民事诉讼,法院先审理公诉案件,在确定被告人构成犯罪的前提下,再来审理被告人的民事赔偿问题。这样,民事诉讼相对于公诉而言,就处于一种附属的地位,这种附属关系不仅存在于被害人提起附带民事诉讼的程序之中,而且也适用于被害人单独向法院提起民事诉讼的情形之下。在这一方面,法国学者甚至主张所谓"刑事致民事原状待审"的原则,认为在刑事法庭对公诉作出裁判之前,民事法庭不得对民事诉讼作出裁判。不仅如此,在刑事法庭对公诉作出裁判之后,民事法官仍要受到刑事裁判之"既判事由"的约束,也就是不得与刑事裁判发生矛盾。[②]

根据"程序便利性理论",附带民事诉讼的制度设计既有着减少被害人讼累、便利被害人诉讼的考虑,也有着避免同一法院就同一案件作出自相矛盾

---

① 〔德〕Claus Roxin:《德国刑事诉讼法》,吴丽琪译,台湾三民书局1998年版,第646页以下。
② 〔法〕卡斯东·斯特法尼等:《法国刑事诉讼法精义》(上),罗结珍译,中国政法大学出版社1998年版,第112页以下。

的裁判的意味。在一些大陆法国家,为了避免法院就同一犯罪事实进行重复审判活动,以致带来双重工作负担,也为了避免同一法院就同一案件作出自相矛盾的裁判,法律允许被害人在刑事诉讼过程中提出民事赔偿请求,并由法院在公诉程序中将其作为附属事项加以裁决。[①]

而根据司法统一性理论,法院对于同一刑事案件应当作出前后一致的裁判结论。假如将同一刑事案件的刑事部分与民事部分加以分离,由两个相互独立的审判组织,分别按照独立的刑事诉讼程序和民事诉讼程序进行审理,那么,就可能出现刑事裁判与民事裁判的不一致,甚至出现截然矛盾的情况。例如,刑事审判法庭判定被告人不构成犯罪,但民事法庭却作出被告人承担其"犯罪行为"所造成的民事侵权责任的裁决。这显然会破坏司法裁判的统一性,影响公众对司法程序、法院和司法裁判的信任。

在我国,由于刑事公诉与民事诉讼的提起都建立在同一犯罪事实的基础上,因此,被害人在刑事诉讼过程中直接向刑事法庭提出民事赔偿请求,要求同一审判组织在对公诉案件形成裁判意见的基础上,继续就民事赔偿问题进行审理并形成裁判意见。这可以使本来独立的刑事公诉和民事诉讼经过同一审判组织的审理,在同一诉讼程序中得到权威的裁决。这当然有利于提高效率,降低诉讼成本,避免被害人因为重新提起民事诉讼而可能承受的诉讼负担。不仅如此,由同一审判组织按照"先刑后民"的原则审判民事赔偿案件,还可以保持刑事裁判与民事裁判的一致性,避免法院在对基于同一犯罪事实而提起的两种诉讼案件中作出相互矛盾的裁判结果,从而有利于维护司法裁判的权威性和统一性。

21.2 附带民事诉讼的请求范围

附带民事诉讼的请求对象只限于被害人因犯罪行为所遭受的物质损失,而不包括被告人通过犯罪占有、处置的被害人财产。对此类被非法占有、处置的被害人财产,检察机关在提起公诉中可以提出予以追缴的申请。法院通过审判程序作出追缴的裁决后,被害人可以向法院申请予以退赔。

如果是国家机关工作人员在行使职权过程中,侵犯他人人身权利、财产权利并构成犯罪的,被害人或者其法定代理人、近亲属只能提出国家赔偿申

---

① 〔德〕Claus Roxin:《德国刑事诉讼法》,吴丽琪译,台湾三民书局1998年版,第646页以下。

请,而不能提出附带民事诉讼。

那么,被害人提起附带民事诉讼的范围究竟包括哪些方面呢？大体上,这种附带民事诉讼的范围主要是两个方面:一是被害人因人身权利受到犯罪侵犯而遭受的物质损失;二是被告人驾驶机动车致人伤亡而造成的被害人损失。

在被害人人身权利受到犯罪侵犯的案件中,所谓物质损失,主要是指医疗费、护理费、交通费等为治疗和康复而支付的合理费用,以及因误工减少的收入。造成被害人残疾或者死亡的,物质损失还包括残疾生活辅助具费等费用,以及丧葬费等费用。

而在被告人驾驶机动车致被害人伤亡案件中,所谓物质损失,主要包括两个部分:一是因被告人驾驶机动车造成被害人伤亡,给被害人带来的物质损失;二是由于交通事故所造成的第三人的物质损失,包括车辆修理费用、抢救费用、人身伤亡善后处理费用,等等。

根据我国《道路交通安全法》的规定,被告人驾驶机动车发生交通事故造成人身伤亡和财产损失的,首先应由保险公司在机动车第三者责任强制保险责任限额范围内予以赔偿。假如上述机动车第三者责任强制保险限额不足以赔偿人身伤亡和财产损失的,首先由有过错的一方承担赔偿责任,双方都有过错的,按照各自过错的比例承担赔偿责任;其次,被害人为非机动车驾驶人、行人,并没有过错的,由机动车一方承担赔偿责任。但有证据证明非机动车一方、行人有过错的,根据过错程度适当减轻机动车一方的赔偿责任,机动车一方没有过错的,承担不超过 10% 的赔偿责任。

在上述两种案件中,所谓的"物质损失",都不包括被害人因受到精神损害而申请的赔偿。在任何附带民事诉讼中,被害人都不得提起精神损害赔偿的诉讼请求。否则,法院不予受理,也不会支持被害人的诉讼请求。当然,在我国司法实践中,被害人在提起附带民事诉讼时,经常会提出所谓"死亡赔偿金"和"伤残赔偿金"的赔偿请求。对于这两种民事赔偿请求,有些法院通常将其解释为一种特殊的"物质损失",有些法院则将其视为物质损失以外的"特殊精神损失"。不过,法院经过附带民事诉讼程序,一般都不会将这两种损失纳入裁判的范围。但是,在被害人单独提起的民事诉讼中,有些法院则将"死亡赔偿金"和"伤残赔偿金"视为一种物质损失,并纳入民事赔偿范围。至于精神损害赔偿,在有些地方法院,在被害人单独提起的民事诉讼中,也有将其纳入赔偿范围的先例。

当然,刑事诉讼法对附带民事诉讼赔偿范围限定为"物质损失",这只适用于法院作出司法裁判的案件。附带民事诉讼当事人就民事赔偿问题达成调解协议或者和解协议的,赔偿范围和赔偿数额可以由当事人双方加以协商和确定,不受上述有关赔偿范围的限制。

21.3 法院的裁判逻辑

在附带民事诉讼赔偿范围问题上,法学界对于"物质损失"提出了很多不同观点,而司法实务界则对"物质损失"的内涵和外延给出了不同的解释。最高人民法院的基本观点是,附带民事诉讼案件依法只应赔偿直接物质损失,即按照犯罪行为给被害人造成的实际损害赔偿,一般不包括死亡赔偿金和残疾赔偿金,也不包括精神损害赔偿金。但是,经过调解,被告人有赔偿能力且愿意赔偿更大数额的,法院应当支持;调解不成,被告人确实不具备赔偿能力,而被害人或者其近亲属坚持在物质损失赔偿之外要求赔偿金的,法院不予支持;对于确有困难的被害人,给予必要的国家救助。①

最高人民法院为什么要坚持这种裁判逻辑呢?根据相关司法解释,其立论理由主要有四个方面:

一是所谓"附带民事案件与单纯民事案件区别对待说"。根据这一观点,刑事诉讼法将刑事附带民事诉讼赔偿范围确定为"被害人由于被告人的犯罪行为而遭受的物质损失",与刑法所确定的"由于犯罪行为而使被害人遭受的经济损失",都仅仅指物质财产损失,不包括精神损失。同时,刑事犯罪造成的财产损失与单纯民事侵权造成的损失在赔偿依据和理由方面存在明显不同。依据法律规定,对附带民事案件与单纯民事案件不应适用同样的赔偿标准。

二是"避免裁判无法执行说"。根据这一点,司法实践中的刑事案件被告人,绝大多数是经济状况较差的人,几乎没有什么财产可供赔偿,如果超出法律规定的范围判其高额赔偿,必定要打法律"白条"。由于无法得到实际执行,既影响裁判的权威,更常常引发被害方上访、闹访问题,法律效果与社会效果均无法保障。

三是所谓"避免矛盾激化说"。根据这一观点,假如简单套用民法和最高

---

① 参见最高人民法院《关于刑事附带民事诉讼赔偿范围问题的答复》,【法办[2011]159号】。

人民法院有关审理人身损害赔偿案件的司法解释，那么，对被害人的民事赔偿数额就可能高达十几万，乃至数十万元。这常常会使被害方对巨额赔偿抱有不切实际的期待。一旦被告人不能足额赔偿，被害人就可能认为其没有悔罪诚意和表现，导致民事调解根本无法进行，并进而在刑罚诉求方面坚决要求对被告人判处重刑乃至死刑，甚至以缠讼、闹访相威胁、要挟。这种情况会严重影响宽严相济刑事政策和"保留死刑，严格控制，慎重适用死刑"政策的贯彻落实，严重影响社会矛盾的有效化解和和谐社会的建设。

四是所谓"避免被害人境遇更加悲惨说"。根据这一观点，高额赔偿表面上似乎有利于保护被害人的合法权益，这是有的学者和部门认为附带民事诉讼应与单纯民事赔偿执行统一标准的主要考虑，但由于刑事案件被告方实际赔偿能力很低，甚至没有，而被害方"要价"又太高，导致实践中许多被告人亲属认为，与其东借西凑代赔几万元被害方也不满意，索性不再凑钱赔偿，结果造成被害方反倒得不到任何赔偿。命案中的这种情况尤为普遍，直接导致的结果是被害方的境遇更加悲惨，既不利于被害方权益的切实维护，也不利于社会关系的及时修复。

最高人民法院的上述裁判逻辑，所反映的是一种功利主义的理念，强调裁判结果的"可执行性"，实现司法裁判的良好社会效果，追求被害人与被告人关系的修复和矛盾的化解。但是，这种逻辑忽略了司法裁判的内在正义性，使得民事侵权法在附带民事诉讼中形同具文，并人为地造成附带民事诉讼赔偿与单纯的民事赔偿不一致、不均衡的问题。不仅如此，这种裁判逻辑或许可以暂时平息被害方与被告方在民事赔偿上的诉讼争执，却埋下了被害方申诉信访的隐患。事实上，恰恰是因为法院在附带民事诉讼赔偿上固守所谓的"物质损失"标准，被害人得不到应有的经济赔偿和精神抚慰，因此，被害方才更有可能走上申诉信访之路，从而造成双方矛盾的激化和社会冲突的加剧。既然法院通过附带民事诉讼根本无法使被害方获得应有的民事赔偿，那么，被害方与被告方通过自行协商达成刑事和解协议的做法，就在实践中逐渐出现，并发展成一种自上而下的改革实验。

2012年修订的《刑事诉讼法》将刑事和解制度加以吸收，使之成为一种合法的解决民事赔偿问题的特别程序。这固然能够解决一部分被害人获得赔偿的问题，但也使得我国司法制度付出了沉重的代价。一方面，被害方通常会竭力避开附带民事诉讼程序，尽量选择在刑事诉讼程序结束后，再单独提起民事赔偿之诉，这势必造成附带民事诉讼的名存实亡。另一方面，被害方尽量与被告方达成刑事和解协议,通过提出宽大量刑建议来换取被告方提供较高数额的民事赔偿,双方都视附带民事诉讼程序为畏途,尽力避开这种司法裁判程序,这也大大降低了附带民事诉讼制度的声誉,损害了法院刑事审判的公信力。

21.4 附带民事诉讼的提起

21.4.1 附带民事诉讼的提起条件

提起附带民事诉讼,需要同时具备以下法定条件:一是起诉人符合法定条件;二是有明确的被告人;三是有请求赔偿的具体要求、事实和理由;四是属于法院受理附带民事诉讼的范围。

首先来看起诉人的法定条件。我国刑事诉讼法对于起诉人的条件作出了三个方面的限制:一是被害人因其人身权利受到犯罪侵犯或者财物被犯罪人毁坏而遭受物质损失的,有权在刑事诉讼过程中提起附带民事诉讼。二是被害人死亡或者丧失行为能力的,其法定代理人、近亲属有权提起附带民事诉讼。三是国有财产、集体财产遭受损失,受损失的单位不提起附带民事诉讼的,检察机关可以在提起公诉的同时,提起附带民事诉讼,并被列为附带民事诉讼原告人。

其次,所谓明确的被告人,是指被提起附带民事诉讼的被告人应当具有法定的资格。一般情况下,附带民事诉讼中依法负有赔偿责任的人,应为附带民事诉讼被告人。这种被告人可以是以下五种人:一是刑事被告人以及未被追究刑事责任的其他共同侵害人;二是刑事被告人的监护人;三是死刑罪犯的遗产继承人;四是共同犯罪案件中,案件审结前死亡的被告人的遗产继承人;五是对被害人物质损失应该承担赔偿责任的其他单位和个人。

再次,附带民事诉状应载明请求赔偿的具体要求,并提供相应的事实根据和法律依据。

最后,起诉人所提出的民事请求应属于法院受理附带民事诉讼的范围。概括起来,起诉人只应对被害人因人身权利受到犯罪侵犯或财物被犯罪人毁坏而遭受的物质损失,提出民事赔偿请求。以下四种赔偿请求都不属于附带民事诉讼赔偿的范围:一是被害人提出要求赔偿精神损失的请求;二是被告人非法占有、处置的被害人财产;三是国家机关工作人员在行使职权时,侵犯被害人人身、财产权利所造成的损失;四是被告人非法占有、处置的国家财产、集体财产；等等。对于上述第二种和第四种情形,被害人和检察机关可以申请法院追缴涉案财物,在对被害人进行退赔后,将其余涉案财物予以没收,收归国库。而对于第三种情形,法院应告知被害人依法申请国家赔偿。

21.4.2 附带民事诉讼的提起程序

附带民事诉讼应当在刑事案件立案后及时提起。在侦查、审查起诉和审判阶段,被害人或其法定代理人、近亲属都可以提起附带民事诉讼,提交附带民事起诉状。对于被害方提起附带民事诉讼的情况以及附带民事诉状,公安机关、检察机关都应予以接受,并记录在案,随案附卷移送。

被害方在审判阶段提起附带民事诉讼,法院认为符合起诉条件的,应当予以受理。但是,在侦查或者审查起诉期间,被害方和被告方已经接受调解,双方达成协议并全部履行,被害方又提起附带民事诉讼的,法院应当不予受理。

原则上,被害人应当在刑事诉讼过程中提起附带民事诉讼,法院对于符合附带民事诉讼条件的,可以受理并作出司法裁判,或者主持附带民事诉讼当事人的调解或和解。

但是,为有效保护被害人的民事诉权,也为了兼顾便利诉讼的原则,被害人在法定例外情形下也可以单独提起民事诉讼。在我国司法实践中,法院在以下三种情况下,可以告知被害方另行提起民事诉讼：一是法院准许检察机关撤回起诉的案件,对于已经提起的附带民事诉讼,调解不成的,法院应当裁定驳回起诉,并告知附带民事诉讼原告另行提起民事诉讼；二是被害方在一审期间没有提起附带民事诉讼,在第二审期间提起后,二审法院调解不成的,可以告知当事人在刑事裁判生效后,另行提起民事诉讼；三是被害方在刑事诉讼过程中没有提起附带民事诉讼,另行提起民事诉讼后,法院调解不成的,可以根据物质损失情况作出民事判决。

21.5 附带民事诉讼的审理程序

被害人或其法定代理人、近亲属提起附带民事诉讼的,法院应当在法定期限内决定是否立案。对于符合法定起诉条件的,法院应当予以受理,否则,应作出不予受理的裁定。

法院对附带民事诉讼的审理,通常要遵循民事诉讼法的规定。例如,附带民事诉讼当事人对本方提出的主张,承担举证责任。又如,遇有附带民事诉讼判决可能难以执行的情况,法院可以依据职权,或者根据民事原告的申请,采取查封、扣押、冻结等财产保全措施。再如,法院审理附带民事诉讼案件,可根据依法、自愿的原则,进行调解。经调解达成协议的,应当制作调解书,经附带民事诉讼当事人双方签收后,即具有法律效力;调解未达成协议,或者当事人对调解书反悔的,法院应对附带民事诉讼和刑事诉讼一并作出判决。还有,附带民事诉讼原告经过传唤,无正当理由拒不到庭,或者未经法庭许可中途退庭的,应当按撤诉处理。刑事被告人以外的民事被告无理拒不到庭,或者中途退庭的,法院对附带民事诉讼问题可以作出缺席判决。

法院审理附带民事诉讼的程序,也有几个不同于民事审理程序的特征:其一,检察机关提起附带民事诉讼的,法院经过审理,认为民事被告应承担赔偿责任的,应当判令被告直接向遭受损失的单位作出赔偿,或者向该单位的继受人作出赔偿,没有权利义务继受人的,应该判令其向检察机关支付赔偿金,检察机关应上缴国库。

其二,在审理附带民事诉讼过程中,法院对于被告人赔偿被害人物质损失的情况,作为重要的从轻量刑情节。

其三,附带民事诉讼应当与刑事案件一并进行审判。只有为了防止刑事案件的审判过于迟延的,才可以在刑事案件审判程序结束后,由同一审判组织继续审理附带民事诉讼。同一审判组织的成员不能继续参与审判的,可以更换。

其四,对于被害方提起的附带民事诉讼,法院都要进行审理,并进行调解,或者作出判决。通过调解解决的,法院要主持制作民事调解书,经双方签字认可后,民事调解书具有法律效力。法院对附带民事部分作出判决的,应当将刑事部分和民事部分一并判决,并制作统一的"刑事附带民事诉讼判决书"。

其五,法院认定公诉案件被告人的行为不构成犯罪的,对于已经提起的附带民事诉讼,经调解无法达成协议的,应当一并作出刑事附带民事判决书。

21.6 检察机关提起的附带民事诉讼

我国刑事诉讼法建立了检察机关提起附带民事诉讼的制度。根据这一制度,在国家利益、集体利益遭受损失,受损失的单位没有提起附带民事诉讼的情况下,检察机关可以在提起公诉的同时提起附带民事诉讼,并担任附带民事诉讼原告人。

在检察机关提起附带民事诉讼的案件中,有一种特殊的附带民事公益诉讼案件。根据我国民事诉讼法,对污染环境、侵害众多消费者合法权益等损害社会公共利益的行为,法律规定的机关和有关组织可以向人民法院提起民事公益诉讼。但是,检察机关在履行职责中发现破坏生态环境和资源保护、食品药品安全领域侵害众多消费者合法权益等损害社会公共利益的行为,没有法律规定的机关和组织提起诉讼的情况下,可以直接向人民法院提起民事公益诉讼。

而对于那些涉及破坏生态环境和资源保护、食品药品安全领域侵害众多消费者合法权益等损害社会公共利益的行为,检察机关认为构成犯罪并提起刑事诉讼时,也可以向法院一并提起附带民事公益诉讼。在这种诉讼中,出庭支持公益诉讼的检察官具有"公益诉讼起诉人"的诉讼地位。原则上,法院的同一审判组织要对检察机关提起的公诉请求和附带民事公益诉讼请求,一并加以审理,并作出统一的裁判。

为实现民事公益诉讼所应有的公众参与和社会监督功能,确保检察机关依法履行监督职责,我国法律建立了附带民事公益诉讼诉前公告制度。检察机关在提起刑事附带民事公益诉讼时,应当履行诉前公告程序。对于未履行诉前公告程序的,法院应当进行释明,告知检察机关公告后再行提起诉讼。检察机关的公告期间为30日。公告期满,法律规定的机关和有关组织不提起诉讼的,人民检察院可以向人民法院提起诉讼。当然,因人民检察院履行诉前公告程序,可能影响相关刑事案件审理期限的,人民检察院可以另行提起民事公益诉讼。

在刑事附带民事公益诉讼过程中,法院、检察机关应当充分遵循民事公益诉讼的特别规则。除检察机关应当履行诉前公告程序以外,法院应当依法组成由3名审判员和4名人民陪审员参加的合议庭。在环境民事公益诉讼中,人民法院认为人民检察院提出的诉讼请求不足以保护环境公共利益的,可以建议其变更请求或者增加停止侵害、修复生态环境等方面的诉讼请求。

检察机关提起附带民事诉讼的,法院经过审理,认为附带民事诉讼被告人依法应当承担赔偿责任的,应判令附带民事诉讼被告人直接向遭受损失的单位作出赔偿。遭受损失的单位已经终止,有权利义务继受人的,应判令其向继受人作出赔偿。没有权利义务继受人的,应判令其向检察机关交付赔偿款,后者将赔偿款上缴国库。

阅读案例材料之二十一

周喜军案件和颜礼奎案件

周喜军案件[①]

2013年3月4日,吉林省长春市发生了一起盗窃汽车并杀害婴儿的恶性刑事案件。犯罪嫌疑人周喜军被指控在盗窃汽车过程中,实施了残忍的杀害车内婴儿的行为。案件告破后,长春市人民检察院以盗窃罪和故意杀人罪向长春市中级人民法院提起公诉。被害人的法定代理人提出了附带民事诉讼请求,要求被告人赔偿包括丧葬费、死亡赔偿金、医药费等在内的230万元经济损失。

长春市中级人民法院经审理查明,2013年3月4日6时40分,被告人周喜军来到"为家"超市,发现超市主人停放在门口的银灰色丰田RAV4越野轿车没有熄火,7时许,周喜军乘超市主人忙于卖货之机,将车盗走。上车后,周喜军发现有婴儿在后排座上,仍驾车驶往公主岭市怀德镇方向。为防止被发现,他将车牌掰下,轮毂上的红布条解下置于车内。行驶中,将婴儿掐、勒死。8时20分左右,周喜军将婴儿埋于积雪中,后将车内女式挎包、婴儿衣物等抛至路旁沟内。周喜军回家后,从家人及网络得知公安机关在本省和邻省进行全力抓捕,也知道社会公众在自发寻找被盗车辆及婴儿,在无处可逃的情况下,于2013年3月5日16时40分向公安机关投案自首。经鉴定,被盗车辆价值为134900元,已返还给被害人家属。

2013年5月27日,长春市中级人民法院依法审理被告人周喜军故意杀人、盗窃案,并作出一审判决:被告人周喜军被以故意杀人罪,判处死刑,剥夺政治权利终身;以盗窃罪,判处有期徒刑五年,并处罚金人民币5万元;决定执行死刑,剥夺政治权利终身,并处罚金人民币5万元;赔偿被害人家属经济损失17098.5元。宣判后,周喜军提出上诉,请求从轻判罚。许家林也认为赔偿数额太低,提出民事上诉。7月9日上午,吉林省高级人民法院开庭审理此案。

2013年7月24日,吉林省高级人民法院对长春"盗车杀婴"案作出终审宣

[①] 参见杨涛:《"长春杀婴案"受害人为何得不到高额赔偿》,载《中国青年报》2013年5月30日。

判,维持一审对凶手周喜军的死刑判决。法院认为,被告人周喜军的犯罪事实,有经庭审核实的证据予以证实,周喜军亦供认不讳。被告人周喜军以非法占有为目的,窃取汽车,价值巨大,车内的婴儿啼哭,周喜军害怕被抓获,残忍地将婴儿掐、勒颈部致死,故意非法剥夺他人生命,其行为已构成故意杀人罪、盗窃罪,应依法对其数罪并罚。周喜军在自知无处可逃的情况下投案,虽自首成立,但其人身危险性和社会危害性极大,犯罪手段极其残忍,犯罪后果极其严重,不足以从轻处罚。对被害人家属提出的附带民事诉讼,根据相关司法解释规定,依法赔偿丧葬费17098.5元。

经最高人民法院核准,长春"3.4盗车杀婴案"罪犯周喜军于11月22日在吉林省长春市被依法执行了死刑。

尹瑞军诉颜礼奎案件①

尹瑞军与颜礼奎同住淮南市田家庵区老龙眼洞泉村。2012年11月26日17时许,双方因小区菜地问题发生口角并厮打,颜礼奎持刀将尹瑞军捅伤。尹瑞军随后被送往淮南市东方医院集团总医院治疗,经诊断为:全身多处刀刺伤、左坐骨神经挫伤、右腓总神经损伤。后尹瑞军转院至淮南新华医疗集团治疗。2013年8月22日,淮南市田家庵区人民法院作出(2013)田刑初字第00346号刑事判决,颜礼奎犯故意伤害罪,判处有期徒刑一年三个月。2014年8月25日,尹瑞军另行提起民事诉讼,请求人民法院判如所请。

根据尹瑞军的上述请求、理由及颜礼奎的答辩意见,本院归纳本案争议焦点是,颜礼奎应否对尹瑞军主张的误工费、残疾赔偿金、精神抚慰金承担赔偿责任。

法院对于"误工费"的诉讼请求,作出了以下裁判:"尹瑞军系退休职工,对于退休职工,如其主张误工费,其应向法院举出劳务合同或聘用合同、工资表、单位误工证明等证据。但尹瑞军仅向法院提交了营业执照和考勤表,且考勤表标注的日期为2012年6月至9月,时间段较短,上述证据不足以支持尹瑞军关于误工费的主张,对尹瑞军关于误工费的诉讼请求不予支持。"

对于"精神损害赔偿问题",法院的裁判意见是,"本案颜礼奎已因伤害尹瑞军的犯罪行为被判处有期徒刑一年零三个月,颜礼奎被判处刑罚对尹瑞军是一种精神上的抚慰;且精神抚慰金不属于物质损失的范畴,故对尹瑞军关于精神抚慰金的诉讼请求不予支持。"

---

① 参见《尹瑞军诉颜礼奎健康权、身体权纠纷案》,载《最高人民法院公报》2019年第3期。

关于"残疾赔偿金"问题,法院认为,**首先**,颜礼奎的故意伤害行为致尹瑞军构成十级伤残。《中华人民共和国侵权责任法》第四条规定,侵权人因同一行为应当承担行政责任或刑事责任的,不影响依法承担侵权责任;《中华人民共和国侵权责任法》第十六条规定,侵权行为造成受害人残疾的,侵权人应当赔偿受害人残疾赔偿金。根据上述事实和法律规定,尹瑞军关于残疾赔偿金的诉讼请求有事实和法律依据。**其次**,从公平的角度看,犯罪行为对受害人造成的伤害甚至比纯粹的民事侵权造成的伤害更大,如不予支持残疾赔偿金,会导致受害人因遭受犯罪行为侵害得到的赔偿较少,遭受纯粹民事侵权行为的侵害得到的赔偿相对较多,对受害人不公平,支持残疾赔偿金更符合公平原则。**最后**,从残疾赔偿金的性质看,因侵权行为造成受害人残疾的,必然会对受害人今后的生活和工作造成影响,造成受害人的生活成本增加或者劳动能力下降,进而变相减少了受害人的物质收入,残疾赔偿金应属于物质损失的范畴。

【深入思考题】

1. 法院对于被害人提出的附带民事诉讼请求,只赔偿"物质损失",而不支持诸如"精神损害赔偿""死亡赔偿""伤残赔偿"的诉讼请求。法院对此通常辩解说,这是为了避免判决形成"空判",以至于无法得到执行。另外,法院已经对被告人作出了严厉的刑事处罚,甚至判处死刑,就没有必要再判处过高金额的民事赔偿了。对此解释,你同意吗?

2. 对于同一民事赔偿案件,法院刑事审判庭一旦适用刑事附带民事诉讼程序,就只赔偿"物质损失",而假如在刑事审判结束后,由民事审判庭受理此案,却可以适用民法,使民事原告方得到更多的民事赔偿。对此你有何评论?

第二十二章　刑事和解程序

> 传统上,我国司法机关是不接受"私了"的处理方式的。但是,正式的刑事诉讼制度既解决不了被害人的赔偿问题,也无法消解加害方与被害方的对立和冲突,更无法实现社会关系的修复。迫于无奈,司法机关只能放弃严刑峻罚的观念,以量刑减让为筹码,以不起诉为底线,换取或者激励加害方与被害方的刑事和解。

22.1　刑事和解的概念

22.2　刑事和解的理论基础

22.3　恢复性司法

22.4　刑事和解的适用程序

阅读案例材料之二十二　黄静案件

22.1 刑事和解的概念

按照国家追诉的原则,检察机关代表国家利益和社会利益,决定对被告人是否提起公诉,不受被害人意志的左右。但是,随着20世纪末刑事和解制度在中国的兴起,这种传统理论开始受到挑战。越来越多的地方检察机关、法院对于那些加害方与被害方达成和解的轻微刑事案件,或者作出不起诉、撤销案件等放弃追究刑事责任的决定,或者免除刑事处罚、判处缓刑或科以较为轻缓的非监禁刑。2012年,我国立法机关通过修订《刑事诉讼法》,正式将这一改革经验加以吸收,使之转化为一种特别刑事诉讼程序。

所谓刑事和解,是指在公诉案件的刑事诉讼过程中,嫌疑人、被告人在自愿认罪悔罪和积极赔偿的基础上,与被害方达成和解协议,建议司法机关作出宽大刑事处理的诉讼活动。

首先,刑事和解是嫌疑人、被告人与被害方达成的和解协议。在我国刑事诉讼中,对于嫌疑人、被告人自愿认罪认罚的案件,检察机关也会与其进行量刑协商,就所要提出的量刑方案达成和解协议,并责令嫌疑人签署"认罪认罚具结书"。但这种协议并不是"刑事和解"。"刑事和解"是嫌疑人、被告人与被害方自行协商,就建议司法机关宽大处理问题所达成的和解协议。这种协议带有"私力救济"或者"私了"的性质。但只有经过司法机关的审查,并将这种协议的内容加以采纳,作为宽大处理的依据,这种协议才能发挥法律效力。

其次,刑事和解建立在嫌疑人、被告人自愿认罪的基础上,以嫌疑人、被告人向被害方提供经济赔偿为前提。未经嫌疑人、被告人的自愿认罪,被害方不会接受其和解方案。在司法实践中,嫌疑人、被告人不仅要供认犯罪事实,还要具有悔罪表示,甚至向被害方作出真诚谢罪,才有可能得到被害方的谅解。与此同时,在自愿认罪、悔罪或者谢罪的基础上,嫌疑人、被告人还要就民事赔偿问题,与被害方进行充分协商,唯有就民事赔偿问题达成一致意见,并履行了赔偿承诺之后,双方的刑事和解协议才能最终达成。

再次,刑事和解是一种建议司法机关作出宽大刑事处理的协议。在自诉案件和附带民事诉讼案件中,被告人通常也会与被害方达成民事和解协议。但这种协议通常主要涉及被告人向被害方进行民事赔偿的问题。相比之下,刑事和解是一种在公诉案件中达成的和解协议。这种协议尽管也会包含被告人向被害方进行民事赔偿的内容,但其最重要的内容则是双方就刑事处理方案达成协议,也就是同意建议司法机关对嫌疑人、被告人作出宽大刑事处理,如作出不起诉、从轻量刑、减轻或者免除刑事处罚的处理,等等。

最后,刑事和解协议对于司法机关的刑事处理具有一定的法律约束力。司法机关通常会以此为根据,对嫌疑人、被告人作出宽大的刑事处理。在符合法定条件的情况下,双方当事人达成刑事和解协议的,法院应当对被告人作出从轻处罚,并在符合法定条件的情况下,可以对被告人减轻处罚或者免予刑事处罚。检察机关在审查起诉过程中,对于嫌疑人与被害方达成刑事和解的案件,也要综合考虑案件的性质、后果以及其他情况,作出是否不起诉的决定。

22.2 刑事和解的理论基础

从制度发生的动因来看,刑事和解制度的出现,与我国刑事附带民事诉讼制度存在的重大缺陷具有密切的联系。对于被害人提出附带民事诉讼的案件,由于刑事诉讼法将民事赔偿的范围限定为"物质损失",而法院也不因被告人进行民事赔偿而作出宽大的刑事处理,因此,被告方普遍没有赔偿的动力,由此带来附带民事诉讼判决难、执行难的问题,使得一些得不到赔偿的被害人及其近亲属走上申诉、信访的道路。

刑事和解制度的确立,符合"利益兼得"的基本原理,能够达到令各方满意的诉讼效果。通过适用这一制度,嫌疑人、被告人在认罪悔罪和赔礼道歉的基础上,履行了民事赔偿义务,并支付了较高额度的赔偿金,使被害方的民事赔偿诉求得到了程度不同的满足。嫌疑人、被告人因为与被害方达成刑事和解协议,要么被检察机关作出不起诉的决定,要么被法院作出较为宽大的刑事处理,其利益也得到了程度不同的保障。而对于公安机关、检察机关和法院而言,对于被告方与被害方达成刑事和解协议的案件,作出较为宽大的刑事处理,嫌疑人、被告人认罪伏法,不再进行诉讼对抗,而被害方也不再动辄进行申诉、信访,案件以较为平和的方式得以解决。这使得司法机关的办案压力大大减轻。可以说,这就如同美国辩诉交易发生的原理一样,刑事和解制度的推行,符合各方的诉讼利益,具有较大的现实社会基础。

刑事和解制度也符合我国儒家倡导的"和合文化",顺应了"冤家宜解不宜结"的传统理念,具有深厚的社会文化基础。通过达成和解协议,嫌疑人、被告人受到了宽大处理,对被害方不再存有仇恨之情,对司法机关也减少了抵触和抗拒心理。而被害方也由于得到被告人的认罪悔罪和赔礼道歉,而获得了精神上的抚慰;因为得到较高额度的民事赔偿,而获得了物质上的补偿。被害方对加害人的仇恨之情得到一定缓解,对司法机关的不满之心也有所减轻。经验表明,凡是达成刑事和解的案件,被告方与被害方之间的敌视情绪和矛盾都得到了缓解,因犯罪行为发生而遭到破坏的社会关系得到不同程度的修复。对于刑事和解所具有的这种积极意义,我们也可以将其视为一种"司法和谐价值"的实现。

刑事和解制度还体现了一种协商性司法的理念。所谓协商性司法,是指通过诉讼各方的对话、协商和适度妥协,司法机关在兼顾和平衡各方利益的基础上,对案件作出宽大刑事处理的司法理念。在我国刑事诉讼中,认罪认罚从宽制度及其所蕴含的量刑协商机制,属于一种由检察机关与被告方所进行的协商性司法程序,通常被称为"公力合作模式"。而刑事和解制度则属于被告方与被害方通过达成和解协议来推动司法机关从宽处罚的协商性司法程序,被称为"私力合作模式"。

通过适用刑事和解制度,无论是检察机关还是法院,都可以对那些被告方与被害方达成和解协议的疑难案件,作出令各方满意的宽大刑事处理。在一定程度上,被告方给予被害方的高额民事赔偿,换取了适度的宽大刑事处理。而被害方在接受被告方高额民事赔偿后,放弃对被告人适用"严刑峻罚"的要求,提出宽大处理的建议。这种刑事处理尽管不一定完全体现罪刑法定、罪责刑相适应的原则,甚至有些案件也不一定达到法定的最高证明标准,却使得那些疑难案件得到成功的处理,大大提高了刑事诉讼的效率。

22.3 恢复性司法

对于中国新近兴起的刑事和解运动,很多法学者和司法界人士都将其称为"中国的恢复性司法"。那么,究竟什么是恢复性司法?中国的刑事和解真的就是恢复性司法吗?如果它与恢复性司法具有一些本质的差异,那么,这些差异究竟表现在哪些方面呢?

所谓的"恢复性司法"(restorative justice),主要是在新西兰、澳大利亚、加拿大、美国等普通法国家兴起的一种刑事司法改革运动。2002年,联合国经社理事会颁布了一项旨在向全体联合国会员国推行恢复性司法的行动纲领,从而使这一刑事司法模式具有了全球化的意义。一般说来,"恢复性司法"是相对于传统刑事司法制度而言的新型司法模式,它的实践最初发端于美洲、非洲以及澳洲当地居民解决纠纷的民间惯例,后从20世纪70年代开始被一些西方国家用来作为克服传统刑事司法制度之不足的一种改革尝试。正如其他大多数法律理论的发展过程一样,恢复性司法的实践者往往并非这一理论的总结者。"恢复性司法"这一理论模型的提出,是一些西方法学者根据上述刑事司法改革的经验所作出的理论归纳,也是社会科学概念化的一种典型样本。

作为"恢复性司法"的理论集大成者,美国哈佛大学的霍华德·泽赫(Howard Zehr)教授对"恢复性司法"下过一个经典的定义:"恢复性司法最大程度上吸纳特定案件的利害关系人参与司法过程,以求共同地确定和承认犯罪所引发的损害、由该损害所引发的需要以及由此所产生的责任,进而最终实现对损害的最大补救这一目标。"[①]

第一,"恢复性司法"充分关注被害人、加害人和社区因犯罪所受到的伤害。传统的刑事司法制度将犯罪定义为危害国家的行为,国家被视为唯一的受害人,而那些受到犯罪行为直接伤害的被害人却被司法程序忽略、遗忘甚至侮辱了。同时,传统刑事司法关注于追究加害者的刑事责任,强调对加害者的惩罚,因而迫使加害者通过司法制度提供的防御机制来寻求自我保护,但却忽略了加害者实施犯罪的真正原因,尤其是加害者在人格和心理上所受到过的创伤。或许,加害者在很多情况下也是受害者,至少是因为有过受到伤害的经历而产生强烈的受到伤害的感觉,使得犯罪成为加害者没有得到治愈和善待的总爆发。不仅如此,加害者在经历了铁窗生涯之后,很可能与整个社会产生深深的隔膜,甚至对被害人产生不同程度的仇视。另外,犯罪行为的发生,也使得社会成员失去了基本的安全感,削弱了人们对于社区的归属感,从而使社区成员成为一种事实上的"第二受害者"。

第二,"恢复性司法"最大限度地尊重被害人、加害人和社区因为受到犯罪伤害所引发的需要。在"恢复性司法"的支持者们看来,传统的刑事司法过分强调对加害者的惩罚和报应,却忽略了被害人的几项重要需要:一是获得真实信息的需要,包括为什么犯罪行为会发生?加害行为发生后又发生了什么?二是获得事实陈述的机会,包括陈述犯罪事实的经过、自身遭遇犯罪的

[①] 霍华德·泽赫:"恢复性司法",载狄小华、李志刚编著:《刑事司法前沿问题——恢复性司法研究》,群众出版社2005年版,第46页。

经历以及受到犯罪侵害的后果等。三是亲身参与司法过程,重新获得因犯罪行为而失去的控制权。四是获得加害人补偿和当面认罪的需求。传统的刑事司法主要关注加害者获得辩护和防御的权利,却忽略了加害者的一些更为重要的需求,如陈述导致自己犯罪行为的被害人因素、倾诉导致犯罪发生的社会原因、当面向被害人表达悔过和谢罪之情,等等。不仅如此,传统刑事司法也无视社区成员的真正需求,包括作为广义的受害者对犯罪行为及其原因的关注、提供一种形成社区归属感和相互间责任感的机会,等等。

第三,"恢复性司法"承认犯罪行为所引发的各方责任。在"恢复性司法"理论体系里,真正的责任并不仅仅只是追求惩罚的效果,而是意味着一个人直面自己的所作所为,意识到自己行为的影响及其危害后果。"恢复性司法"强调加害人要对犯罪行为加以认知,并对其行为承担法律责任。前者意味着加害者要理解其行为所引发的伤害以及其行为与结果之间的因果关系,后者则要求加害者有义务对其所造成的伤害给予最大限度的恢复和补救。不仅如此,社区乃至整个社会也要承担第二位的责任,那就是认识引发犯罪的社会原因,并采取措施消除这些潜在的犯罪诱因。

第四,"恢复性司法"吸纳所有利害关系人参与司法的过程。普通法国家的"恢复性司法"一般存在三种模式:一是受害人与加害人之间的和解(Victim offender mediation);二是由各方利害关系人参加的协商会议(Conferencing);三是由各方利害关系人以及其他对案件有兴趣的社会成员参与的圆形会谈(Circle)。[①] 但无论采取何种司法程序,"恢复性司法"都为被害人、加害人及其家庭成员、法律代理人、社区成员等提供了一个共同对话和协商的机会。通过这种对话和协商,各方有机会提出问题,发表意见,并就如何弥补犯罪所造成的伤害结果进行充分的协商。被害人有机会陈述自己受到的伤害情况及其影响,对加害人表达谴责之意;加害人借此机会倾听和了解自己行为的影响和后果,承认自己的过错,表达悔过和谢罪之情,并对诱使自己犯罪的原因进行充分的陈述。通过这种对话和协商,双方的家庭成员和社区成员也有机会表达各自的观点,陈述犯罪所造成的伤害后果、所产生的需要以及所要承担的责任。

相比之下,传统刑事司法作为一种由法官主导、由具有对立诉讼立场的

[①] 参见霍华德·泽赫:"恢复性司法",载狄小华、李志刚编著:《刑事司法前沿问题——恢复性司法研究》,群众出版社 2005 年版,第 52 页以下。另参见〔美〕丹尼尔·W. 凡奈思:"全球视野下的恢复性司法",王莉译,载《南京大学学报》2005 年第 4 期。

控辩双方法律职业者参与的司法过程,根本不可能给予被害人、家庭成员以及社区成员充分参与的机会,最终的结果即便是对加害人定罪判刑,也难以为被害人、社区成员提供充分对话和协商的机会,使得各方所受到的伤害难以得到补救,社会隔膜和仇视更难以消弭。

22.4 刑事和解的适用程序

22.4.1 刑事和解的适用范围

2012年修订的《刑事诉讼法》将刑事和解的适用范围限定为两种案件:一是因民间纠纷引起的轻微故意犯罪案件,包括侵犯人身权利的犯罪案件和侵犯财产的犯罪案件,但以可能判处3年有期徒刑以下刑罚为限;二是可能判处7年有期徒刑以下刑罚的过失犯罪案件,但渎职案件除外。

刑事诉讼法对适用刑事和解的案件作出这种限制,意味着在符合刑事和解适用范围的情况下,公安机关、检察机关和法院都可以将刑事和解作为法定的宽大处理情节,并依法作出相应的宽大处理。

所谓宽大的刑事处理,是指根据2012年修订的《刑事诉讼法》的规定,对于被告方与被害方达成刑事和解协议的案件,公安机关可以向检察机关提出从宽处理的建议;检察机关可以向法院提出从宽处理的建议,也可以作出不起诉的决定;法院可以对被告人作出从宽处罚,包括应当从轻处罚,结合案件事实和其他量刑情节,可以减轻处罚或者免除刑罚。因此,刑事和解已经成为法定从轻、减轻和免除刑事处罚的情节。

但是,假如被告方与被害方在上述两种案件之外达成刑事和解协议,司法机关究竟应如何处理呢?原则上,在上述两种案件之外达成的和解协议,不属于法定的从宽处理情节,但属于一种酌定宽大处理情节。遇有这种情况,司法机关仍然可以作出宽大的刑事处理。但对于这种情况下的宽大处理,要作出较为严格的限制。例如,对于因民间矛盾引发的"命案",被告方与被害方达成刑事和解协议的,法院经过对案件情况进行全面审查,一般可以不判处死刑立即执行。这其实就属于一种酌定的宽大处理情节。

22.4.2 刑事和解的适用原则

对于法律规定可以适用刑事和解的案件,法院应遵循以下三项基本原则:一是自愿原则,二是即时履行原则,三是禁止反悔原则。

所谓自愿原则,是指无论是加害方与被害方自行达成和解协议,还是双方在公安机关、检察机关或法院主持或促成下达成和解协议,都要出自真实的意愿,作出自由自愿的选择,而不得出现强迫、威胁、引诱、欺骗等非法促成和解的情况。刑事和解意味着在刑事审判活动中引入当事人自治自主的因素,唯有贯彻自愿原则,才能尊重被告人和被害人对诉讼程序的自由选择,以及对诉讼结局的处分权,使最终的裁判结论获得当事人双方的真正接受,这有利于化解社会矛盾,确保社会关系得到实质性的修复,实现刑事处罚的威慑和预防功能。

在刑事诉讼中,无论是公安机关还是检察机关,在各自主持的诉讼程序中都可以促使加害方和被害方达成和解协议;在审判阶段,加害方和被害方也可以自行达成和解协议;在法院主持下,在人民调解员、辩护人、诉讼代理人、当事人亲友等各方参与下,加害方与被害方也可以达成和解协议。但无论以何种形式达成和解协议,都必须尊重双方的真实意愿。加害方或者被害方对于和解协议提出异议的,法院应当审查和解协议的自愿性和合法性,对于不具有自愿性和合法性的和解协议,法院应当宣告为无效。

所谓即时履行原则,是指在被告方与被害方达成刑事和解协议后,被告方应当立即履行该协议所约定的赔偿损失内容,向被害方交付所约定的赔偿费用。刑事和解是重要的量刑情节,如允许延期履行、分期履行和解协议约定的赔偿损失内容,将会使法院对被告人的从宽处罚建立在尚不确定的事实基础上,一旦被告人获得从宽处罚后,拒不履行或者不全部履行赔偿义务,受上诉不加刑原则所限,二审法院不能加重其刑罚。同时,对于这种当事人之间达成的和解协议,即使被告人拒不履行赔偿义务,法院也无法强制执行,而这无疑会损害司法裁判的权威性,也会使被害方的合法权益难以得到切实保障。因此,法院唯有在被告方实际履行了和解协议所约定的赔偿内容后,才能认定双方所达成的刑事和解协议具有法律效力,并依照刑事诉讼法对被告人依法作出宽大的刑事处罚。

在司法实践中,经常出现被告方与被害方达成和解协议后,被告人并没有实际履行和解协议所约定的赔偿内容。对于这一情况,法院不应认定为刑事和解成立,而应当制作附带民事调解书,按照调解方式结案,并不得对被告人适用法定的宽大刑事处理规定。

所谓禁止反悔原则,是指对于刑事和解协议所约定的赔偿义务,一旦全部履行完毕,无论是被告方还是被害方,即使提出反悔的,也不影响该和解协议的法律效力。但是,有证据证明和解协议存在违法情形或者违反自愿原则的除外。

22.4.3 刑事和解协议书的效力

嫌疑人、被告人与被害方可以在刑事诉讼中达成和解协议书。在侦查、审查起诉和审判阶段,和解协议书要分别在公安机关、检察机关和法院主持下制作,并由双方当事人及其他参加人员签名。

无论是在侦查、审查起诉阶段,还是在审判阶段,和解协议书通常包括以下内容:一是案件的基本事实和主要证据;二是嫌疑人、被告人承认所犯罪行,对指控的犯罪事实没有异议,真诚悔罪;三是嫌疑人向被害人赔礼道歉、赔偿损失,获得被害人的谅解;赔偿损失的,应写明赔偿的数额、履行方式和期限等;四是被害人自愿和解,请求或者同意对嫌疑人依法从宽处罚。

在审判阶段,被告方与被害方自行达成刑事和解的,法院要对该项和解的合法性和自愿性进行审查。法院应当在检察机关、被告人、被害人、辩护人、诉讼代理人参加下,听取各方的意见,在确认和解协议确属合法、自愿的前提下,主持制作和解协议书。

法院认为案件符合刑事诉讼法有关适用刑事和解的条件,并且案件事实清楚,证据充分的,可以告知被告方和被害方自行和解,也可以在双方提出申请的情况下,主持双方当事人协商以达成和解。根据案件情况,法院可以邀请人民调解员、辩护人、诉讼代理人、当事人亲友等参加,共同促成双方当事人和解。双方当事人达成和解后,法院也要主持制作和解协议书。

对于公安机关、检察机关主持制作的和解协议书,被告方和被害方不提出异议的,法院可以直接确认其法律效力。被告方或者被害方提出异议的,法院应当对和解协议的合法性和自愿性进行审查,对于不具有合法性和自愿性的和解协议,法院应当认定为无效。被告方与被害方重新达成刑事和解的,法院应当主持制作新的和解协议书。

对于和解协议书约定的赔偿损失内容,嫌疑人、被告人应当在协议签署后,即时履行。对于双方当事人在侦查或审查起诉阶段达成和解协议并全部履行的案件,被害方又提出附带民事诉讼的,法院不予受理。在审判阶段,和解协议已经全部履行的,当事人即便反悔,法院也不予支持。但是,有证据证明和解协议违反自愿、合法原则的除外。

22.4.4 刑事和解的法律后果

根据我国刑事诉讼法,被告方与被害方达成和解,法院主持制作和解协议书的,可以对被告人作出宽大处理。这里所说的"宽大处理",是指刑事诉讼法将刑事和解确立为一种独立的法定量刑情节,与刑法所确立的自首、立功、从犯、系属未成年人等量刑情节一样,可以成为法院从轻、减轻或者免除刑事处罚的依据。当然,法院对被告人作出宽大处理的前提,是法院主持制作了和解协议书,被告人对和解协议书所约定的赔偿义务已经履行完毕。

首先,对于达成和解协议的案件,法院应当对被告人从轻处理。在从轻处罚方面,法院不再行使自由裁量权,而应承担从轻处罚的义务。

其次,对于达成和解协议的案件,被告人符合适用非监禁刑适用条件的,法院应当适用非监禁刑。换言之,只要被告人的行为在刑法上符合适用缓刑条件或者符合单处罚金、没收财产等附加刑条件的,法院就应当优先适用上述非监禁刑。

再次,对于达成和解协议的案件,法院发现即使对被告人从轻处罚,判处最低刑仍然过重的,可以减轻处罚。也就是说,对于达成和解协议的被告人,在是否适用减轻处罚方面,法院享有自由裁量权。据此,刑事和解已经成为刑事诉讼法确定的法定减轻处罚情节。

最后,对于达成和解协议的案件,法院经过对案件事实进行审查,认为犯罪情节轻微,不需要判处刑罚的,可以适用免予刑事处罚。免予刑事处罚是最为宽大的刑事处理。法院对于达成和解协议的被告人,认为犯罪情节轻微,危害不大,不需要判处刑罚的,可以选择适用免予刑事处罚的处理方式。

阅读案例材料之二十二

黄 静 案 件[①]

某区人民检察院以被告人黄静犯诈骗罪,向某区人民法院提起公诉。被告人黄静对公诉机关的指控无异议,表示认罪。

某区人民法院经公开审理查明:2011年5月,被告人黄静谎称能够帮助被害人练伟良办理户口迁移事宜,以手续费为由骗取练伟良人民币2万元,后提供了一张假的户口迁移商调函(某区劳动管理服务中心核查后确认该商调函并非该中心开具,属虚假)给练伟良。2012年12月,黄静对练伟良谎称可以低价买到海关罚没车,骗取练伟良人民币5.5万元,后向练伟良提供了一张假的机动车销售统一发票(某某区国税局核查后确认没有该发票的入库信息)。由于户口迁移和购买海关罚没车辆事宜均未办成,练伟良于2013年1月8日报警。2013年6月13日,黄静被抓获归案。

2014年1月2日,黄静的父亲与被害人练伟良达成协议,约定由前者代为退赔4万元,其中2.5万元当日交付,余款在2016年6月前分三期付清。被害人对被告人予以谅解,并请求法院对被告人免予刑事处罚。

一审法院认为,被告人黄静以非法占有为目的,诈骗他人财物,数额巨大,其行为已构成诈骗罪。鉴于黄静认罪态度较好,依法可以从轻处罚。黄静积极赔偿,并获得被害人谅解,可以减轻处罚,据此判决被告人黄静犯诈骗罪,判处有期徒刑一年十个月,并处罚金人民币2000元。

一审宣判后,黄静没有上诉,但某区人民检察院提出抗诉。抗诉理由是:(1)原审判决量刑不当。黄静有犯罪前科,诈骗数额巨大,庭审后部分赔偿被害人并获得谅解,可以酌情从轻处罚,应当在3年以上有期徒刑量刑。在被告人没有法定减轻处罚情节的情况下,一审法院对黄静减轻处罚明显不当。(2)原审判决适用法律错误。最高人民法院《关于适用〈中华人民共和国刑事诉讼法〉的解释》只是对刑事诉讼相关程序进行解释,一审法院根据该解释第

[①] 参见姜君伟、吴君炜:《黄静诈骗案——司法实务中如何把握刑事和解制度的适用》,载《刑事审判参考》(第108集),法律出版社2017年版,第77—83页。

505 条直接减轻处罚错误。减轻处罚也没有报最高人民法院核准。建议二审法院予以纠正。某市人民检察院支持抗诉。

二审法院经审理认为,原审被告人黄静以非法占有为目的,虚构事实,隐瞒真相,诈骗他人财物,数额较大,其行为已构成诈骗罪。黄静归案后认罪态度较好,有一定悔罪表现,依法可以从轻处罚。黄静通过近亲属与被害人达成退赔协议,并获得被害人谅解,可以从轻处罚。黄静曾因犯绑架罪被判处刑罚,在量刑时予以考虑。本案双方达成退赔协议,但并未即时履行,因此不符合"当事人和解的公诉案件诉讼程序"的规定,原审判决适用最高人民法院《关于适用〈中华人民共和国刑事诉讼法〉的解释》第 505 条属法律适用错误。原审判决认为"被告人积极赔偿,并获得被害人谅解可以减轻处罚",于法无据,予以纠正。但最高人民法院、最高人民检察院《关于办理诈骗刑事案件具体应用法律若干问题的解释》规定,诈骗公私财物价值 3 万元至 10 万元以上的,应当认定为刑法第 266 条规定的"数额巨大"。从有利于被告人出发,本案诈骗数额宜认定为数额较大,依法应当判处 3 年以下有期徒刑、拘役或者管制,并处或者单处罚金。原审判决定罪准确,证据确实充分,综合全案犯罪的事实、性质、情节和社会危害程度,原审判决量刑尚属适当,可予以维持。经审判委员会讨论决定,裁定驳回抗诉,维持原判。

最高人民法院的法官支持二审法院的裁判意见,并进一步阐明了对刑事和解案件适用法律的意见。首先,作为刑事和解适用条件之一的"因民间纠纷引起",应理解为因婚姻、继承、赡养、抚养、扶养、家庭、房屋宅基地、债务、生产经营、邻里、赔偿等事务而引起的纠纷。本案属于因民间矛盾引起的犯罪案件,符合适用刑事和解的前提条件。

其次,适用刑事和解要遵循三项基本原则:一是自愿原则;二是"即时全面履行"原则;三是"禁止反悔"原则。被告人即使与被害方达成了刑事和解协议,但假如并没有实际履行和解协议所约定的赔偿义务,法院对其不能适用减轻处罚。

最后,我国刑事诉讼法确立刑事和解制度,意味着"在程序法中嵌入了实体规范,体现了该次刑事诉讼法修订的立法创新"。因此,刑事诉讼法虽然是程序法,但其对刑事和解制度的规定,特别是对刑事和解案件范围的规定,以及对刑事和解案件公检法处理原则的规定,均"具有实体上的意义"。刑事诉讼法明确规定,对于达成和解协议的案件,人民法院可以依法对被告人从宽处罚。从宽处罚的意思,可体现为从轻、减轻、免除处罚。最高人民法院司法解释关于刑事和解案件的从轻处罚、减轻处罚、免除刑事处罚的规定,均属于刑事诉讼

"从宽处罚"的范畴。因此,对于符合法定条件的刑事和解案件,人民法院可以直接判决减轻处罚乃至免刑,无须再按照法定刑以下量刑程序报最高人民法院核准,两级检察机关的意见并不符合法律规定。

本案中被告人与被害人之间形式上达成了和解协议,但被告人一方并没有全部即时履行赔偿义务。在这种情况下,被害人或者其法定代理人、近亲属提起附带民事诉讼后,双方愿意和解,法院应当制作附带民事调解书。本案中的赔偿协议只能作为附带民事赔偿情节予以考虑,而不能视为达成刑事和解。因此,原审判决适用相关司法解释以和解为由对被告人黄静减轻处罚是不当的。

二审法院认定本案不符合"当事人和解的公诉案件诉讼程序"的规定,对被告人不应减轻处罚,而应从轻处罚,被告人黄静诈骗数额属"数额较大",据此维持一审法院对被告人黄静以诈骗罪判处有期徒刑一年十个月,并处罚金人民币2000元的判决,是适当的。

【深入思考题】

根据最高人民法院的司法解释,被告方与被害方达成刑事和解协议后,只有被告方完全履行所承诺的经济赔偿义务的,法院才可以对被告人进行减轻处罚。否则,法院最多只能视为达成民事调解,作出从轻处罚。对于这种规定,你认为公正吗?

第二十三章 涉案财物追缴程序

> 追缴涉案财物尽管不是刑罚措施,却动辄造成数以千万乃至上亿元的个人财产或者被退赔,或者被没收。为维护个人的财产权益,我国法律已经在被告人逃匿、死亡案件中确立了违法所得没收程序。未来对于被告人到案的案件,也应建立刑事对物之诉机制,使得涉案财物追缴被纳入司法程序的轨道。

23.1 涉案财物追缴程序概述
23.2 涉案财物的查封、扣押和冻结程序
23.3 审查起诉阶段对涉案财物的处分程序
23.4 对席案件的涉案财物追缴程序
23.5 嫌疑人、被告人逃匿、死亡案件的违法所得没收程序
23.6 涉案财物追缴程序的发展趋势
阅读案例材料之二十三　任润厚案件

23.1 涉案财物追缴程序概述

在刑事公诉案件中，检察机关代表国家提起的追缴涉案财物之诉，大体上属于刑事对物之诉的范畴。与对人之诉相比，对物之诉尽管要向法院提出，但自侦查阶段开始，就要进行必要的程序准备活动，并在整个刑事诉讼程序中具有相对独立的程序保障体系。

一般说来，追缴涉案财物的主要目的，在于剥夺犯罪者违法所得的财物，消除其再次实施犯罪行为的能力。根据我国刑法，被纳入司法机关追缴范围的涉案财物可以分为三个方面：一是违法犯罪所得及其孳息；二是犯罪工具；三是与犯罪活动有关的违禁品。其中，违法犯罪所得及其孳息属于司法机关追缴的主要涉案财物。所谓违法犯罪所得，是指被告人通过实施犯罪而直接或者间接获得的财产。而违法犯罪所得的孳息则是指违法犯罪所得转变或者转化后产生的财产性收益。

司法机关经法律程序确认被告人的财产属于违法犯罪所得及其孳息，或者属于犯罪工具或违禁品后，一般会作出两种处理：一是对被害人的合法财产及其孳息，及时予以返还或者退赔；二是对其余涉案财物予以没收，上缴国库。

要完成对被告人涉案财物的追缴工作，需要在刑事诉讼的各个阶段建立相应的诉讼程序。在侦查阶段，公安机关对于与案件有关的涉案财物，应当采取查封、扣押、冻结等强制性侦查措施，以防止嫌疑人或者其近亲属转移涉案财物，避免涉案财物的毁损、灭失或者贬值，保证生效判决宣告后涉案财物追缴的顺利进行。而在审查起诉阶段，检察机关除了要审查案件是否具备提起公诉的条件以外，还要审查涉案财物是否得到妥善的移送、保管或者处置。在提起公诉时，检察机关要将追缴涉案财物的诉讼请求写入起诉书，将起诉书、量刑建议书连同全部案卷材料移送法院，并且要将作为证据使用的涉案财物随案移送法院。对于不便移送的涉案财物，检察机关还要将其清单、照片、处理结果载入案卷，随案移送法院。而在审判阶段，法院在对被告人的定罪和量刑问题进行开庭审理的同时，还要对涉案财物的权属情况纳入法庭调查和法庭辩论的范围，并将是否追缴涉案财物的决定纳入判决书之中。

根据被告人是否到案的情况，刑事对物之诉可分为两种类型：一是对席案件的对物之诉，也就是被告人到场参与的涉案财物追缴之诉；二是缺席案件的对物之诉,也就是嫌疑人、被告人逃匿或者死亡案件的涉案财物追缴之诉。由此,涉案财物的追缴程序也被区分为两大模式:一是被告人到案案件的涉案财物追缴程序;二是被告人逃匿、死亡案件的违法所得没收程序。我国刑事诉讼法对这两种程序确立了各不相同的制度和规则。

23.2　涉案财物的查封、扣押和冻结程序

在我国刑事诉讼中,那些涉及限制或剥夺个人权益的强制性处分措施通常可分为两类:一是对嫌疑人、被告人人身自由作出限制或剥夺的强制措施;二是对嫌疑人、被告人个人隐私、财产权利等作出限制或剥夺的强制性侦查行为。在侦查阶段,侦查机关一般通过查封、扣押、冻结等方式来限制或剥夺个人的财产权利。

侦查机关之所以要采取查封、扣押、冻结等强制性侦查措施,主要是为了实现以下三个方面的诉讼目标:一是将那些作为违法犯罪所得或其孳息、犯罪工具和违禁品的财产采取保全措施,防止嫌疑人或其近亲属将其加以转移、藏匿或者进行违法处置,确保生效判决执行工作的顺利进行;二是对于确属被害人的涉案财物,及时对其加以返还或者退赔,有效地保护被害人的合法权益;三是对于那些与指控的犯罪事实具有关联性的涉案财物,采纳为指控犯罪的证据,随案移送检察机关和法院,使其发挥证明犯罪事实的作用。

无论是查封、扣押、冻结,还是其他强制性侦查措施,都会对个人财产权利造成程度不同的限制或剥夺。因此,刑事诉讼法需要建立一系列程序保障措施,以防止侦查机关滥用侦查权力,同时确保嫌疑人享有财产权利不受任意查扣或处置的权利。

刑事诉讼法针对查封、扣押、冻结等措施确立了较为严格的审批程序。例如,对于一些影响重大的查封、扣押、冻结等措施,要由县级以上公安局负责人批准,并制作相应的决定或通知文书。这种严格审批主要适用于以下六种情况:一是扣押财物、文件价值较高,或者可能严重影响正常生产经营的;二是查封土地、房屋等不动产,或者船舶、航空器以及其他大型机器设备等特定动产的;三是扣押邮件、电子邮件、电报等的;四是对于容易腐败变质及其他不宜保管的财物进行变卖或拍卖的;五是向金融机构等单位查询存款、汇款、债券、股票、基金份额等财产,或者对这些财产加以冻结的;六是对于被冻结的债券、股票、基金份额等财产加以出售,或者将冻结的债券、股票、基金份

额等财产予以变现的,等等。

又如,执行查封、扣押等措施,侦查机关要遵循法定的诉讼程序。这主要包括:执行查封、扣押等措施,侦查人员不得少于两人,要出示刑事诉讼法所规定的相关法律文书;查封、扣押、冻结的情况应当制作笔录,由侦查人员、持有人和见证人签名;查封、扣押的财物和文件,应当在各方参与下查点清楚,依法开列查封、扣押清单;扣押贵重财物的,应当拍照或者录像,并及时鉴定、估价。

再如,执行查询、冻结等措施,侦查机关要遵循更为严格的期限规定。侦查机关冻结存款、汇款等财产的期限为六个月,冻结债券、股票、基金份额等财产的期限为两年。需要延长冻结期限的,需要重新经历严格的审批程序,每次延长冻结存款、汇款的期限为六个月;每次延长冻结债券、股票、基金份额的期限为两年。

为保证刑事诉讼活动的顺利进行,侦查机关可以对查封、扣押的涉案财产作出以下几个方面的处理:一是对于查封、扣押的财物及其孳息、文件,应当进行妥善保管,以供核查,不得使用、调换、损毁或者自行处理;二是对于容易腐败变质或其他不易保管的财物,在拍照或者录像后委托有关部门加以变卖或者拍卖,并将变卖或拍卖的价款暂予保存;三是对被害人的合法财产及其孳息,权属明确、不存在争议,并且犯罪事实已经查证属实的,应当依法予以返还;四是对于被查封、扣押的财物,准备作为证据使用的,以及无法通知被害人领取的涉案财物及其孳息,应当随案移送检察机关;五是对于查封、扣押的财物不便移送的,应当将其清单、照片或者其他证明文件随案移送,等待法院作出生效判决后,将其上缴国库或者依法予以返还。

与此同时,对于冻结的债券、股票、基金份额等财产,在权利人申请出售,或者冻结有效期即将届满的,侦查机关可依法采取出售或变现措施。所得款项应当继续冻结在其对应的银行账号,或者被指定的专用银行账户之中。但是,对于侦查机关予以冻结的存款、汇款、债券、股票、基金份额等财产,在侦查终结后要不要随案移送检察机关和法院,无论是刑事诉讼法还是相关司法解释,都没有作出明确的规定。

23.3 审查起诉阶段对涉案财物的处分程序

在审查起诉过程中,检察机关对于查封、扣押、冻结的涉案财物,要审查是否得到妥善保管,根据案件情况可以作出以下处理:一是对于被害人的合法财产,不需要在法庭出示的,应当及时返还被害人;二是对于违禁品和不宜长期保存的物品,应当依照规定作出处理,并将清单、照片、处理结果附卷。

在决定提起公诉的决定后,检察机关原则上要将涉案财物随案移送法院,但对于已经处理和不宜移送的财物,应当作出妥善处理。具体说来,检察机关可以作出以下几个方面的决定:

一是对于作为证据使用的物品,应当随案移送。对于不宜移送的物品,应当将其清单、照片或其他证明文件随案移送。

二是对于冻结在金融机构的违法所得及其他涉案财产,应当向法院随案移送该金融机构出具的证明文件,最终交由法院作出生效裁判后,通知金融机构上缴国库。

三是对于查封、扣押的涉案财产,依法可以不移送的,检察机关应当随案移送清单、照片或其他证明文件,由法院作出生效裁判后,再行上缴国库。

四是对于被扣押、冻结的债券、股票、基金份额等财产,在扣押、冻结期限权利人申请出售,或者这些财产有效期即将届满的,可以依法出售或者变现,并将所得价款交由专门银行账户保管,及时告知当事人或其近亲属。

23.4 对席案件的涉案财物追缴程序

通常情况下,检察机关在提起公诉时,会在起诉书中提出追缴违法犯罪所得及其孳息的申请。法院在审理过程中,除了要对定罪、量刑、附带民事诉讼问题进行法庭审理以外,也要对涉案财物追缴问题组织庭审程序。

原则上,法庭审理过程中,合议庭要对查封、扣押、冻结的财物及其孳息,专门调查其权属情况,确认其是否属于违法犯罪所得或者应依法追缴的其他涉案财物。案外人或者利害关系人对于被查封、扣押、冻结的财物及其孳息提出权属异议的,法院应当进行审查,并依法作出处理。

经过法庭审理,对于被查封、扣押、冻结的涉案财物及其孳息,法院确认属于违法所得或者依法应当追缴的其他涉案财物的,应当加以追缴。对于被追缴的涉案财物,一般按照以下顺序进行处置:一是判决返还被害人;二是依法予以没收,上缴国库。

其中,对于判决返还被害人的涉案财物,在判决前已经预先加以返还的,应当注明返还情况,连同返还的清单等载入案卷;没有返还被害人的,应当通知被害人认领,对无人认领的财物,应当公告通知,公告满3个月无人认领的,应当上缴国库;上缴国库后有人认领的,应当退库予以返还,对原物已经拍卖、变卖的,应当返还价款。不仅如此,对于侵犯国有财产的案件,被害单位已经终止且没有权利义务继受人的,有关涉案财物应当上缴国库。

对于应当依法没收的涉案财物,法院应当根据案件情况作出以下处理:一是检察机关没有将涉案财物随案移送法院的,法院应当在判决书中写明,将判决书交由对该项财物查封、扣押、冻结的机关,由其负责对涉案财物加以处理。二是对于随案移送或者经由法院查封、扣押、冻结的财物及其孳息,由一审法院在判决生效后予以处理。三是对于冻结的存款、汇款、债券、股票、基金份额等财产予以没收的,一审法院应在判决生效后,通知金融机构依法上缴国库。

对于查封、扣押、冻结的财物与本案无关的,法院应交由查封、扣押、冻结的机关依法处理。查封、扣押、冻结的财物属于被告人合法所有的,法院应当在赔偿被害人和执行财产刑之后,及时返还被告人;财物没有随案移送的,法院应当通知查封、扣押、冻结机关,将被用来赔偿被害人、执行财产刑的部分移送法院。

但是,在被告人到案的情况下,法庭对于涉案财物追缴问题的审理,并没有建立较为完整的诉讼形态。首先,法庭并没有对涉案财物的权利归属问题组织专门的法庭调查和法庭辩论程序,而一般是在进行定罪调查和定罪辩论中将其作为一种附带问题加以处理。其次,法庭没有给予利害关系人提出异议的机会,使得那些对涉案财物可能主张权利的利害关系人,无从知晓涉案财物追缴程序的进展情况,也无法及时参与法院的涉案财物追缴程序。再次,法院一般不会召集被告人、被害人以及其他利害关系人,集中参与法庭审理程序,无法保证其就涉案财物的权利归属问题提出主张和进行举证、质证和辩论的机会。又次,一审法院就涉案财物的追缴问题作出裁判后,除了被告人可以依法行使上诉权以外,包括被害人在内的其他利害关系人,都无法通过提出上诉的方式寻求司法救济。最后,在法院裁判生效后,对于被追缴的涉案财物,究竟是否以及如何返还被害人,对于将哪些财物予以没收,收归国库,无论是被告人、被害人还是其他利害关系人,既不享有知情权,也没有参与分配的机会。

23.5 嫌疑人、被告人逃匿、死亡案件的违法所得没收程序

通常情况下,对涉案财物的追缴程序适用于被告人到案的刑事案件之中。但在嫌疑人、被告人逃匿或者死亡的案件中,刑事诉讼程序无法正常进行,如何对违法所得及其孳息进行有效的审查和甄别,如何有效保护嫌疑人、被告人的合法权益,如何防止其他利害关系人的合法财产权利不受任意侵犯,就成为一个有待解决的问题。为解决这一问题,我国2012年修订的《刑事诉讼法》确立了一种嫌疑人、被告人逃匿、死亡案件的违法所得没收程序(以下简称为"违法所得没收程序")。

23.5.1 违法所得没收程序的适用范围

根据2012年修订的《刑事诉讼法》,违法所得没收程序主要适用于嫌疑人、被告人逃匿或死亡的重大刑事案件。根据最高人民法院的相关司法解释,这一程序的适用范围可以从以下三个方面加以确定:一是案件范围;二是嫌疑人、被告人逃匿或死亡的界定;三是违法所得的界定。

适用违法所得没收程序适用的案件,主要是那些对国家安全、公务人员廉洁性、经济秩序、公民权利等会造成重大危害的犯罪案件。这类案件可分为四类:一是侵吞公款类犯罪案件,包括贪污、挪用公款、巨额财产来源不明、隐瞒境外存款、私分国有资产、私分罚没财物等案件;二是贿赂类犯罪案件,包括受贿、单位受贿、利用影响力受贿、行贿、对有影响力的人行贿、对单位行贿、介绍贿赂、单位行贿等案件;三是恐怖活动类犯罪案件,包括组织、领导、参加恐怖组织,帮助恐怖活动,准备实施恐怖活动,宣扬恐怖主义、极端主义、煽动实施恐怖活动,利用极端主义破坏法律实施,强制穿戴宣扬恐怖主义、极端主义服饰、标志,非法持有宣扬恐怖主义、极端主义物品等案件;四是其他重大刑事案件,包括危害国家安全、走私、洗钱、金融诈骗、黑社会性质的组织、毒品、电信诈骗、网络诈骗等案件。

适用违法所得没收程序的条件是嫌疑人、被告人逃匿或者死亡,无法参与正常的刑事诉讼程序。所谓嫌疑人、被告人逃匿或者死亡,主要是指两种情况:一是嫌疑人、被告人为逃避追究而潜逃或者隐匿,或者在刑事诉讼过程中脱逃,经通缉一年后不能到案的;二是嫌疑人、被告人被证明确已死亡,或者因意外事故下落不明满两年或者经有关部门证明不可能生存的。

在符合上述条件的情况下,检察机关可以向法院提出没收违法所得的申请。所谓违法所得,主要是指嫌疑人、被告人通过实施犯罪直接或者间接产生、获得的任何财产。但是,违法所得已经部分或者全部转变、转化为其他财产,或者违法所得转变或者转化后形成的财产收益,或来自已经与违法所得相混合财产中违法所得相应部分产生的收益,也应被认定为违法所得。

23.5.2　没收违法所得的申请与受理

嫌疑人、被告人在刑事侦查、审查起诉和审判阶段出现逃匿或者死亡情况的,都可以适用违法所得没收程序。在侦查阶段,公安机关认为案件符合适用违法所得没收程序的法定条件的,应当写出没收违法所得意见书,移送检察机关。检察机关收到公安机关的意见书,或者在审查起诉阶段发现案件符合适用违法所得没收程序条件的,应当写出没收违法所得申请书,向法院提出没收违法所得的申请。

对于检察机关移交的没收违法所得申请书,法院应当启动庭前审查程序。最高人民法院的司法解释为法院受理这类申请确立了两个条件:一是程序条件,二是实体条件。

法院要受理检察机关的申请,需要满足的程序条件主要有三项:一是案件属于没收违法所得申请受案范围;二是案件属于法院管辖,也就是由犯罪地或者嫌疑人、被告人居住地中级法院管辖;三是提交的相关材料齐全,包括申请书、有关证据材料、有关涉案财物的情况等。

法院受理检察机关申请的实体条件是需要达到"有证据证明有犯罪事实"的证明标准。这一标准大体相当于检察机关批准逮捕的证明标准,可从以下三个方面加以理解:一是有证据证明发生了犯罪事实;二是有证据证明该犯罪事实是嫌疑人、被告人实施的;三是证明嫌疑人、被告人实施犯罪行为的证据是真实、合法的。

经过庭前审查,法院认为案件同时符合上述程序条件和实体条件的,应当作出受理申请的决定。经过审查,法院认为案件不属于没收违法所得申请受案范围,或者不属于本院管辖的,应当退回检察机关。法院认为没收违法所得申请不符合"有证据证明有犯罪事实"这一证明标准的,应当通知检察机关撤回申请,检察机关应当撤回申请。

23.5.3 利害关系人的异议

法院受理检察机关提出的没收违法所得的申请后,应当发布公告,公告期为6个月。公告应载明嫌疑人、被告人涉嫌犯罪的事实,嫌疑人、被告人逃匿、被通缉、下落不明、死亡的情况,申请没收的财产情况,申请没收的财产属于违法所得或其他涉案财产的相关事实,申请没收的理由和法律依据,利害关系人申请参加诉讼的期限、方式,以及不按照该期限、方式申请参加诉讼可能承担的不利法律后果,等等。公告应在全国公开发行的报纸、信息网络等媒体和最高人民法院的官方网站刊登、发布,并在法院公告栏张贴。必要时,公告可以在犯罪地、被告人居住地或者被申请没收财产所在地张贴。

法院发出公告后,利害关系人对没收违法所得的申请提出异议,并要求参加诉讼活动的,应在公告期内提出申请。利害关系人可以委托诉讼代理人参加诉讼。原则上,利害关系人在公告期满后申请参加诉讼的,法院可予以拒绝。但是,利害关系人能够合理说明理由的,法院也应当准许。利害关系人不是因为故意或者重大过失在第一审期间没有参加诉讼,在第二审期间申请参加诉讼的,法院应当准许,并发回原审法院重新审判。

利害关系人申请参加或者委托诉讼代理人参加诉讼的,法院应当通过开庭审理方式进行审理。利害关系人及其诉讼代理人无正当理由拒不到庭,或者没有任何利害关系人或其诉讼代理人参加诉讼的,法院应以不开庭方式进行审理。

所谓利害关系人,是指对检察机关申请没收的违法所得主张权利、提出异议或者提出其他权属争议的当事人。通常情况下,利害关系人包括嫌疑人、被告人的近亲属、被害人和其他利害关系人。

涉嫌犯罪的嫌疑人、被告人尽管因为逃匿或者死亡,而无法提出诉讼请求,但是,其近亲属可以作为利害关系人参与法庭审理,对涉案财物主张民事权利。嫌疑人、被告人逃匿境外,委托诉讼代理人申请参加诉讼,且违法所得和涉案财物所在地国(区)主管机关明确提出意见予以支持的,法院应当准许。原则上,检察机关申请没收的涉案财物,与违法犯罪行为无关的,其近亲属或诉讼代理人都可以提出诉讼异议,要求法院将那些与犯罪无关的财物从没收财产范围中予以扣除,或者予以返还。

被害人作为受到犯罪行为直接侵害的人,对于检察机关申请没收的违法所得主张财产权益的,可以作为利害关系人参与诉讼活动。原则上,对于检察机关申请没收的涉案财物,被害人有证据证明属于本方被犯罪人占有、处置的合法财产的,可以向法院提出返还或者退赔的请求。

所谓其他利害关系人,是指在嫌疑人、被告人以及被害人之外,对检察机关申请没收的涉案财物主张民事权益、提出诉讼异议的个人或者单位。这些其他利害关系人,有可能是嫌疑人、被告人的家庭成员、近亲属、同事、朋友、合作伙伴,也有可能是对涉案财物主张民事所有权、抵押权、留置权等民事权益的任何人。原则上,任何人只要有证据证明检察机关申请没收的涉案财物,属于本方合法财产或者本方拥有民事权益的财产的,就可以向法院提出异议,要求将自己的合法财产予以返还或者扣除。

23.5.4 法庭审理程序

在法院公告期届满后,利害关系人及其诉讼代理人不对没收违法所得的申请提出异议,或者在开庭审理期日无正当理由拒不到庭的,法院可以不开庭方式进行审理。

在公告期到期之前,利害关系人提出异议的,法院应当对没收违法所得申请进行开庭审理。开庭审理大体分为法庭调查和法庭辩论等程序。在法院主持下,由检察官、各方利害关系人及其诉讼代理人参与诉讼。出庭的检察官宣读没收违法所得申请书,并在法庭调查阶段就申请没收的财产属于违法所得或其他涉案财产等事实,承担举证责任,出示、宣读证据,向证人进行发问。利害关系人及其诉讼代理人对于申请没收的财产属于违法所得或其他涉案财产的事实存有异议的,可以提出意见,对于申请没收的财产主张权利的,承担举证责任,出示相关证据。在围绕着涉案财产是否属于违法所得问题进行举证、质证完毕后,双方就此进行法庭辩论。

需要注意的是,与传统的刑事诉讼不同的是,违法所得没收程序遵循的是民事诉讼的司法证明机制。检察官作为没收违法所得的申请者,对于涉案财物属于违法所得或其他涉案财产的事实,承担举证责任。但这种证明并不需要达到排除合理怀疑的最高标准,而只需达到高度可能性就可以了。也就是说,检察官的证明只需达到民事诉讼的证明标准,就足以说服法院作出没收违法所得的裁决。与此同时,各方利害关系人对涉案财物是否属于违法所得或其他应被没收的涉案财物,只要提出异议的,也要对此承担举证责任。利害关系人要说服法官接受本方的异议,也要达到高度可能性这一民事诉讼证明标准。

经过开庭审理,检察官将申请没收的财产属于违法所得或其他涉案财产的事实,证明到具有高度可能性的,法院应当裁定将违法所得依法返还被害人,然后将剩余部分予以没收,上缴国库。经过审理,法院认为申请没收的财产不属于违法所得或者其他涉案财产的,应当裁定驳回申请,解除查封、扣押、冻结措施。

对于一审法院所作的裁定,检察机关可以提出抗诉,利害关系人可以提出上诉。检察机关和利害关系人对于一审裁定认定的事实、证据没有争议的,第二审法院可以不开庭审理。相反,若有争议,二审法院应当开庭审理,就上诉或抗诉请求的有关事实和适用法律情况进行审查。二审法院按照刑事诉讼法有关二审程序的裁判方式作出裁判。

23.6 涉案财物追缴程序的发展趋势

迄今为止,我国刑事诉讼法对于嫌疑人、被告人逃匿、死亡案件,确立了违法所得没收程序,将追缴涉案财物问题纳入了诉讼的轨道,使其大体具有了完整的诉讼形态。这是刑事对物之诉制度的重大发展。

但是,刑事诉讼法对于被告人到案案件的涉案财物追缴程序,仍然没有确立最低限度的诉讼形态。检察机关尽管通常在起诉书中提出了追缴涉案财物的申请,但法院并没有就此组织专门的法庭调查和法庭辩论程序。无论是被告人、辩护人还是其他案外人或利害关系人,都没有机会对检察机关追缴涉案财物的申请提出异议、主张民事权利,更没有机会参与有关涉案财物权属争议的解决过程。这不仅无法确保利害关系人有效参与涉案财物的追缴过程,而且容易造成法院无法查明和甄别涉案财物的性质,任意扩大追缴财产的范围,造成被告人或其他利害关系人的合法财产受到任意侵犯。

立法机关既然已经在嫌疑人、被告人逃匿、死亡案件中建立了违法所得没收程序,该程序在实践中也产生了积极效果,那么,对于被告人到案案件,更应该建立完整的诉讼形态。具体而言,在检察机关提出追缴涉案财物的申请后,法院应当设置公告期,公开发布公告,允许被告人、被害人以及其他利害关系人在公告期之内提出异议和主张民事权利。在法庭审理中,对于利害关系人提出异议的,法院应在定罪审理、量刑审理结束之后,对涉案财物追缴问题进行专门的法庭审理。对于涉案财物追缴问题的审理,可以仿照被告人逃匿、死亡案件的违法所得没收程序来进行。

与此同时，我国侦查机关对于涉案财物的查封、扣押、冻结等强制性侦查行为，由于没有被纳入司法审查的轨道，也缺乏有效的程序限制，因此，在司法实践中出现了程度不同的滥用和混乱。比如，任意扩大查封、扣押、冻结的财产范围，将与案件无关的合法财产加以查封、扣押、冻结，并对这些涉案财产进行随意处置等。这些情况已经到了亟待解决的地步。未来，在涉案财物的查封、扣押、冻结以及庭前处置方面，应当建立司法审查机制，将这些强制性侦查行为的批准权收归法院行使；建立统一的涉案财物管理、保全和处理机制，确保办案部门与涉案财物保管部门发生职能上的分离，真正由法院通过司法裁判对涉案财物作出权威的处理，这将是未来司法体制改革的重大课题。

阅读案例材料之二十三

任润厚案件[①]

犯罪嫌疑人任润厚,男,1957年10月19日出生,汉族,山西省代县人,博士研究生文化,山西省人民政府原副省长,曾任山西潞安矿业(集团)有限责任公司董事长、总经理,山西潞安环保能源开发股份有限公司董事长,2014年9月20日因严重违纪被免职,同年9月30日因病死亡。

利害关系人任某甲,女,1959年9月19日出生,汉族,山西省平遥县人,大学本科文化,山西某公司退休职工,系犯罪嫌疑人任润厚妻子。

利害关系人任某乙,女,1984年6月30日出生,汉族,山西省代县人,硕士研究生文化,上海某公司职员,系犯罪嫌疑人任润厚女儿。

利害关系人袁某,男,1982年12月30日出生,河南省登封市人,硕士研究生文化,银行客户经理,系犯罪嫌疑人任润厚女婿。

江苏省扬州市人民检察院以扬检诉没申[2016]1号没收违法所得申请书,于2016年12月2日向扬州市中级人民法院提出没收犯罪嫌疑人任润厚违法所得申请。遵照最高人民法院的指定管辖决定,该法院依法组成合议庭,经审查,有证据证明任润厚实施了受贿、贪污、巨额财产来源不明犯罪,遂于2016年12月9日立案受理,同月17日发出公告。公告期间内,利害关系人任某甲、任某乙、袁某申请参加诉讼。本院于2017年4月27日、6月15日组织检察人员、利害关系人召开庭前会议,并于同年6月21日公开开庭审理了本案。江苏省扬州市人民检察院指派检察员王旭、黄鸿远出庭支持申请,利害关系人任某乙、袁某到庭参加诉讼,利害关系人任某甲因身体原因未到庭。现已审理终结。

江苏省扬州市人民检察院没收违法所得申请书载明以下三项事实:

(1) 2001年至2011年,犯罪嫌疑人任润厚利用担任山西潞安矿业(集团)有限责任公司(以下简称潞安集团)董事长、总经理,山西潞安环保能源开发股

[①] 参见(2016)苏10刑没初1号违法所得没收裁定书,中国裁判文书网2017年9月18日发布,最后访问时间2020年10月10日。

份有限公司(以下简称潞安环能公司)董事长、山西省人民政府副省长等职务上的便利,为洪某职务晋升及其亲属到潞安集团工作提供帮助,2011年至2013年,先后三次收受洪某现金人民币(以下如无注明,币种同)共计15万元;为肖某职务晋升、调整提供帮助,2007年至2009年,先后三次收受肖某现金共计15万元;2007年,指使下属郭某向潞安环能公司常村煤矿矿长王某甲索要15万元用于贿选;2010年,指使郭某向潞安环能公司常村煤矿矿长王某乙索要30万元用于贿选;2011年,要求潞安集团报销其个人及亲属旅游、疗养费用共计123.505549万元。

(2) 2006年及2010年,犯罪嫌疑人任润厚利用担任潞安集团董事长、潞安环能公司董事长职务上的便利,通过其时任秘书毛某指使潞安集团驻北京办事处主任申某、驻太原办事处主任张某报销任润厚贿选礼品及餐饮、住宿费用共计44.16738万元;指使郭某通过潞安环能公司王庄煤矿矿长肖某套取公款25万元用于贿选。

(3) 2000年9月至2014年8月29日,犯罪嫌疑人任润厚及其亲属名下财产和支出共计人民币3045.976549万元、港币43.053768万元、美元107.503099万元、欧元21.40756万元、加元1万元、英镑100镑,以及金条、珠宝、字画、手表等物品155件。任润厚亲属对其中人民币1209.900337万元、港币42.973768万元、美元107.357799万元、欧元21.31966万元、加元1万元,以及物品143件不能说明来源。

检察机关为证明上述事实,提交了报销凭证、发票、账目明细等书证;郭某、毛某、肖某、申某、张某等证人证言;金条、手表等物证;任润厚夫妇工资收入证明、企业年金收入证明、银行交易记录、房产买卖合同等书证;利害关系人任某甲、任某乙、袁某陈述。

案发后,检察机关共扣押、冻结人民币2371.993738万元、港币43.053768万元、美元107.503099万元、欧元21.40756万元、加元1万元、英镑100镑,珠宝及玉石44件,黄金制品54件,字画22幅,手表11块,银行卡及存单存折194张,纪念币、手机、相机及电脑17件,资料类财物7件。

检察机关认为,有证据证明犯罪嫌疑人任润厚实施了受贿、贪污、巨额财产来源不明犯罪。扣押、冻结的财产中,人民币1573.713808万元、港币42.973768万元、美元107.357799万元、欧元21.31966万元、加元1万元以及物品143件具有高度可能属于任润厚受贿、贪污、巨额财产来源不明犯罪所得。依照《中华人民共和国刑事诉讼法》第280条之规定,提请本院依法裁定没收。

利害关系人任某乙提出,检察机关冻结其名下尾号6856民生银行账户存款本金1.1万美元,系其出国留学费用结余部分,因其父母所给的5万美元留学费用已计入家庭重大支出,故该笔1.1万美元不应重复计算;检察机关将其父母所给的购车款认定为家庭重大支出50万元,但其购车实际花费为30万元,故对该项家庭支出应认定为30万元。任某乙为证明其主张,当庭出示了民生银行对账单、购车发票等证据。

利害关系人任某甲、袁某对检察机关没收违法所得申请没有提出异议。

法院经审理查明,犯罪嫌疑人任润厚实施了受贿、贪污、巨额财产来源不明犯罪,检察机关扣押、冻结的任润厚及其亲属名下财产人民币1295.562708万元、港币42.975768万元、美元104.294699万元、欧元21.320057万元、加元1万元,以及珠宝、玉石、黄金制品、字画、手表等物品135件,属于任润厚实施受贿、巨额财产来源不明犯罪所得。

针对检察机关和利害关系人提出的意见,根据庭审举证、质证的证据及查明的事实,一审法院评判如下:

一、关于检察机关所提没收犯罪嫌疑人任润厚实施受贿犯罪所得168.505549万元、贪污犯罪所得69.16738万元的申请

经查,虽有证据证明任润厚实施了受贿、贪污犯罪,但任润厚实施受贿、贪污犯罪的上述所得均直接用于贿选和旅游、疗养支出,未扣押、冻结在案,检察机关申请没收的财产中不应包含该部分违法所得。依照《中华人民共和国刑事诉讼法》第282条第1款之规定,对经查证申请没收的财产属于违法所得及其他涉案财产,除依法返还被害人的以外,应当裁定予以没收;对不属于应当追缴的财产的,应当裁定驳回申请,解除查封、扣押、冻结。故检察机关所提上述申请,法律依据不足,本院不予支持。

二、关于利害关系人任某乙所提其出国留学费用结余1.1万美元已计入冻结账户财产,不应在家庭重大支出中重复计算的意见

经查,任某乙在侦查阶段陈述,其于2006年8月至2008年5月赴美留学,其间任润厚夫妇给其留学费用共计5万美元;出入境记录记载,任某乙于2007年6月29日回国,同年8月16日再次赴美;民生银行对账单记载,任某乙名下尾号6856民生银行账户开户时存入1000美元,2007年8月8日、9日共计存入2万美元,此外无其他资金存入。综合以上证据,从存款时间、金额上看,任某乙名下尾号6856账户于2007年8月存入的2万美元,具有高度可能系任润厚夫妇给予任某乙的赴美留学费用,该账户内剩余存款本金1.1万美元系留学费用结余。鉴于任润厚夫妇为任某乙支出的留学费用已计入任润厚家庭重大支出,冻结在案的存款本金1.1万美元对应金额应在认定该项家庭支出中予以

扣减。故对任某乙所提上述意见，本院予以采纳。

三、关于利害关系人任某乙所提购车重大支出与购车实际花费不符，应认定该项重大支出为30万元的意见

经查，任某乙在侦查阶段陈述，任润厚夫妇给其购车的费用是50万元，任某甲予以认同，检察机关据此认定该项重大支出为50万元。任某乙当庭提交的购车发票证明，其购买萨博牌汽车的裸车价格为30万元，但购买裸车的费用仅是购车费用的一部分，购置税、保险费等相关费用也应计入购车支出；且任某乙在庭审中对50万元购车款结余部分的去向未作说明，亦无证据证明任某乙将购车款结余部分返还任润厚夫妇或存入其名下冻结账户。任某乙主张购车实际花费30万元依据不足，故对其所提上述意见，本院不予采纳。

一审法院认为，本案有证据证明犯罪嫌疑人任润厚实施了受贿、贪污、巨额财产来源不明犯罪，检察机关申请没收的财产中，有人民币30万元属于任润厚实施受贿犯罪所得，有人民币1265.562708万元、港币42.975768万元、美元104.294699万元、欧元21.320057万元、加元1万元以及物品135件属于任润厚实施巨额财产来源不明犯罪所得，依法应当没收；上述违法所得存入银行部分产生的孳息，依法应当一并没收。裁定：

一、没收犯罪嫌疑人任润厚实施受贿犯罪所得人民币三十万元及孳息，上缴国库；

二、没收犯罪嫌疑人任润厚实施巨额财产来源不明犯罪所得人民币一千二百六十五万五千六百二十七元零八分、港币四十二万九千七百五十七元六十八分、美元一百零四万二千九百四十六元九十九分、欧元二十一万三千二百元零五十七分、加元一万元及孳息，以及珠宝、玉石、黄金制品、字画、手表等物品一百三十五件，上缴国库；

三、驳回江苏省扬州市人民检察院没收犯罪嫌疑人任润厚实施受贿犯罪所得人民币一百六十八万五千零五十五元四角九分、实施贪污犯罪所得人民币六十九万一千六百七十三元八角的申请；

四、对于利害关系人能够说明合法来源的英镑一百镑、玉石两件、黄金制品八件、手表两块、资料类物品八件，以及其他不属于违法所得及其他涉案财产的财物，解除扣押措施。

【深入思考题】

1. 在被告人逃匿或者死亡的违法所得没收程序中，行为人尽管不能参与

庭审过程,要不要有专门的近亲属代表其出庭?这种近亲属应具有怎样的诉讼地位?能否成为提出异议的利害关系人?

2. 在被告人到案的涉案财物追缴程序中,由于法院并不组织对涉案财物追缴问题的专门审理程序,被告人、被害人无法就涉案财物的权利归属发表意见,其他利害关系人假如对涉案财物提出民事权属主张,也无法参与到诉讼过程中来。你认为未来的涉案财物追缴程序应采取怎样的诉讼构造?

第二十四章　未成年人刑事案件诉讼程序

> 在未成年人刑事案件的诉讼程序中，应当贯彻教育、诊疗、矫正的理念。司法机关应当像对待犯错的孩子、生病的患者一样，为行为人提供特殊的权利保护，调查其成长背景和犯罪原因，确定有针对性的教育和矫正方案，使其尽早消除恶习，并创造条件使其重新回归社会。

24.1　未成年人案件诉讼程序的关爱诊疗价值
24.2　未成年人案件刑事诉讼的特殊原则
24.3　未成年人刑事案件的特殊制度
24.4　附条件不起诉
24.5　审判程序
24.6　犯罪记录封存
阅读案例材料之二十四　郭某某盗窃案和李某某盗窃案

24.1 未成年人案件诉讼程序的关爱诊疗价值

根据刑法,年满 14 周岁且未满 18 周岁的人,属于限制行为能力人。他们一旦实施了刑法明文规定的危害社会行为,并符合特定犯罪构成要件的,应当承担刑事责任。这些未成年人因涉嫌实施犯罪行为而受到刑事追诉的案件,被称为未成年人刑事案件。根据刑事诉讼法,对于未成年人刑事案件的处理,一律适用一种特殊的刑事诉讼程序,也就是未成年人刑事案件诉讼程序。

自 1984 年上海市长宁区法院首次建立"少年法庭"以来,我国一些地方司法机关对未成年人刑事案件的诉讼方式进行了长期的、有效的改革探索,逐步形成了一套自生自发和自成体系的特殊诉讼程序。2012 年,我国立法机关通过修改《刑事诉讼法》,吸收了我国少年司法改革的成功经验,将未成年人刑事案件诉讼程序正式在基本法律中加以确立。自此,公安机关、检察机关和法院就可以依据刑事诉讼法所确立的理念、原则、制度和程序,来办理未成年人刑事案件。

根据刑事诉讼法,我国未成年人刑事案件诉讼程序要遵循"教育、感化、挽救相结合的方针",贯彻"教育为主、惩罚为辅的原则"。这里所说的"教育""感化""挽救"等基本理念,体现了未成年人刑事案件诉讼程序的特殊价值。相对于普通刑事案件的诉讼程序而言,未成年人刑事案件的诉讼程序要通过对未成年嫌疑人、被告人的特殊保护,对其所涉嫌的犯罪事实、成长经历和犯罪原因进行全面调查,注重对其行为方式的教育、矫治和诊疗,追求使其改造人生观、价值观和世界观,重新回归社会的终极目标。为揭示这种特殊价值,我们先简要分析格里菲斯的家庭模式理论,然后解释这种价值的基本含义。

24.1.1 格里菲斯的家庭模式理论

1970 年,时任美国耶鲁大学副教授的约翰·格里菲斯,发表了"刑事诉讼的意识形态"一文,在批评帕克双重刑事诉讼模式理论的基础上,提出了刑事诉讼的第三种模式——家庭模式理论。[1]

---

[1] John Griffiths, "Ideology in Criminal Procedure", 79 *Yale Law Journal* 359 (1970).

在格里菲斯看来，帕克的刑事诉讼双重模式理论，是在一种对抗性诉讼框架下提出的。刑事诉讼程序被看作是国家与被告人所进行的一场较量。为了避免受到刑事处罚，被告人通常小心翼翼地避免被警察捕获，而在被捕获后也总是否认犯罪并拒绝与警察合作；在接受审判时，被告人则极力抵赖，以避免被定罪；甚至在被定罪和投入监狱后，他们仍然不放弃获得自由的希望。正是在这种带有对抗意味的刑事诉讼程序的背后，存在着两种对立的价值体系——"犯罪控制模式"与"正当程序模式"。① 这两种价值体系不过是同一诉讼模式中处于紧张状态的两个方面而已。因为所谓"犯罪控制"，无非强调了国家减少犯罪行为的理想结果，而"正当程序"则不过是对国家控制犯罪活动施加了程序限制而已。两者其实都属于"争斗模式"（battle model）的两个侧面。

但是，在国家与被告人不进行诉讼对抗的程序中，这种双重模式理论就无法适用了。格里菲斯认为，与"争斗模式"处于同一层面的是"家庭模式"（family model）。这一模式包含着一些超越犯罪控制的价值和理念。即便社会要求对犯罪人进行刑事处罚，为此所展开的刑事诉讼程序也应当是抚慰性的（conciliatory）和教育性的（educational）。具体而言，国家对被告人应当像父母对待犯下错误的孩子一样，给予各方面的关怀和照顾；关心被告人的各种需要比保障他们的权利还重要。未成年人案件的刑事诉讼程序最为典型地体现了家庭模式的基本理念。②

不仅如此，在诸如辩诉交易这样的合作性司法框架下，公诉机关与辩护方经过协商和妥协，就被告人的认罪和量刑问题达成了协议，法官根据双方的合意作出有罪判决。在这种非对抗性司法活动中，被告人在放弃无罪辩护的同时，也放弃了正当程序的各项保障；公诉方对控制犯罪目标的追求，也势必受到一定的消极影响，而在一定程度上让位于对"胜诉结局"的简单维护。

24.1.2 关爱诊疗价值

在刑事诉讼中，国家与被告人既有可能处于对抗的状态，也有可能存在

---

① Herbert Packer, "Two Models of the Criminal Process", 113 *University of Pennsylvania Law Review* 1 (1964). 中译本参见〔美〕弗洛伊德·菲尼、岳礼玲：《美国刑事诉讼法经典文选与判例》，中国法制出版社2006年版，第30页以下。

② Kent Roach, "Criminology: Four Models of the Criminal Process", 89 *Journal of Criminal Law & Criminology* 671. 另参见虞平、郭志媛编译：《争鸣与思辨——刑事诉讼模式经典论文选译》，北京大学出版社2013年版，第51页以下。

非对抗的关系。格里菲斯的家庭模式理论就是针对后一种情况所提出的。他所强调的关爱和满足需要等价值理念,对于我们研究非对抗性司法程序,也具有很大的启发。在未成年人刑事案件诉讼程序中,传统的控制犯罪和正当程序的价值理念难以得到适用,我们所强调的实现实体正义和维护程序正义也不再是排他性的价值目标。我国法律对未成年人刑事案件诉讼程序所确立的"教育、感化、挽救"的刑事政策,其实就是要强调一种特殊的诉讼价值观,这种价值观简单说来,就是追求一种刑事诉讼的关爱诊疗价值。

所谓刑事诉讼的关爱诊疗价值,是指在对待涉嫌犯罪的未成年嫌疑人、被告人方面,司法机关一方面应当将其视为"犯有错误的孩子"一样,在对其给予特殊保护的前提下,对其价值观和行为方式进行教育和矫正;另一方面也要像对待"染有疾病的患者"一样,对其进行心理干预,帮助其戒除毒瘾药瘾,摆脱不良习惯的影响。因此,少年司法程序不再像一般刑事诉讼程序那样,要么动辄强调国家利益,注重对犯罪人的惩罚和威慑,要么偏重被告人的诉讼主体地位,强调其无罪抗辩权利,而应当将教育、治疗和矫正等理念,贯彻于刑事诉讼的全过程之中,使得少年案件从审判前程序到审判程序,再到刑罚执行程序,形成一个整体,共同致力于未成年犯罪人的回归社会目标。

刑事诉讼的关爱诊疗价值,包含着三个方面的理论要素:一是对未成年嫌疑人、被告人给予特殊保护,强调国家是未成年人的"总监护人",在辩护权保障、强制措施适用、不披露案情和身份信息以及犯罪记录封存等方面,给予其一系列特殊的程序保障。二是在刑事诉讼过程中加入教育、治疗和矫正的因素,不仅要调查少年嫌疑人、被告人的成长经历、犯罪原因,而且还要采取心理干预、医疗介入、教育矫正和劳动锻炼等一系列有针对性的诊疗性措施,促使其改变原有的价值观和行为习惯。三是建立一种精密化的刑事诉讼程序,追求刑事处罚和刑事处理的个别化,将侦查、审查起诉、审判与刑罚执行变成一个教育、治疗和矫正的整体过程,将预防未成年嫌疑人、被告人和犯罪人重新实施犯罪,促使其重新回归社会,作为刑事诉讼的终极目标。

需要指出的是,强调刑事诉讼的关爱诊疗价值,并不意味着在未成年人刑事案件的诉讼程序中放弃控制犯罪和正当程序的价值理念,也不等于将诸如实体正义和程序正义等价值弃置不顾。其实,关爱诊疗价值属于一种补充性的价值理念,是为了纠正传统对抗性司法程序的价值偏差,而针对非对抗性司法程序所适用的价值观念。考虑到在未成年人刑事案件中,绝大多数未成年嫌疑人、被告人都会自愿认罪,不再作无罪辩护,因此,这种诉讼程序本身带有非对抗性司法程序的特征,这恰恰是诊疗性价值得以适用的前提和基础。当然,假如有嫌疑人、被告人在法定代理人和辩护人的帮助下,拒绝作出有罪供述,选择无罪辩护的立场,那么,这种案件就应该适用普通刑事诉讼程序,而不再适用未成年人刑事案件诉讼程序。

24.2 未成年人案件刑事诉讼的特殊原则

未成年人刑事案件诉讼程序建立在嫌疑人、被告人自愿认罪的基础上,实行"教育、感化、挽救相结合"的刑事政策,将刑事诉讼的诊疗性奉为基本价值理念,因此,刑事诉讼法为这种诉讼程序确立了一些特殊的原则。这些特殊原则要么成为刑事诉讼法的具体条文,要么体现在一系列刑事诉讼规则之中,成为未成年人刑事案件诉讼程序的基础性法律规范。

24.2.1 教育为主、惩罚为辅的原则

所谓"教育为主,惩罚为辅",是指在未成年人刑事案件诉讼程序中,司法机关在查明案件事实真相的前提下,要将教育、感化、挽救作为刑事诉讼的基本目标,不再将惩罚犯罪人作为刑事诉讼首要目标,对于犯罪人的法律报应和威慑效果的追求,应当让位于对行为人的教育、治疗和矫正目标。

未成年人刑事案件的基本特征是,未成年嫌疑人、被告人在法律上属于限制行为能力人,在心理学上属于身心发育不完整的人,在教育学上属于具有较大可塑性的人。这类行为人之所以走上犯罪的道路,并不完全取决于个人的独立自由意志,而往往是国家关照缺失、社会关爱不足、家庭监护不力的结果。因此,仅仅坚持"严刑峻罚"的理念,要求未成年行为人承担所有责任,这既显得很不公平,也无法发挥像惩罚成年人那样的效果,甚至还会因为未成年行为人缺乏有针对性的教育矫正而使其走上职业犯罪人的道路。正因为如此,在这类案件的诉讼程序中,需要贯彻"教育为主,惩罚为辅"的原则,并将此作为相关制度设计的依据。

在我国刑事诉讼中,"教育为主,惩罚为辅"的原则在一系列制度设计中得到程度不同的体现。例如,在侦查、审查起诉和审判阶段,办案人员都要对未成年行为人的性格特征、家庭情况、社会交往、成长经历、犯罪原因、监护教育情况等进行社会调查,写出报告,并以此为依据作出是否逮捕、附条件不起诉、法庭教育和适用刑罚的依据。又如,检察机关在审查起诉时,对于那些可

能被判处一年有期徒刑以下刑罚的未成年嫌疑人,可以作出附条件不起诉的决定,设置若干时间的考验期,对行为人进行监督考察,在考验期结束后再根据其遵守法律法规和监督考察的效果作出是否提起公诉的决定。再如,法院在审判过程中对于未成年被告人组织专门的法庭教育,在被告人、法定代理人、辩护人以及所在社区、未成年人保护组织等的代表参与下,对被告人进行专门的教育,分析其犯罪的原因,指出行为的错误,引导其改变不良价值观和行为习惯。以上这些制度设计,都体现了将教育、治疗和矫正纳入刑事诉讼全过程的理念。

24.2.2 司法能动原则

在对抗性司法程序中,面对诉讼立场对立的控辩双方,法院应保持中立和消极的地位,对控辩双方不偏不倚,给予双方平等的参与机会。与此同时,法院通过法庭审理要查明案件事实真相,正确适用刑法,着眼于根据事实和法律来裁断检察机关提出的指控是否成立。但在未成年人刑事案件诉讼程序中,司法机关不能仅仅保持这种被动和中立的地位,也不能单纯地将查明案件事实和适用法律作为自己的职责,而应对未成年行为人积极采取教育、治疗和矫正措施,并与其他政府机关、社会团体和其他组织密切合作,运用一切现实的资源和力量,为未成年行为人的帮教和回归社会创造积极的条件。对于这种要求司法机关积极参与社会综合治理的法律规范,我们可称之为"司法能动原则"。

未成年人刑事案件诉讼程序在很多方面体现了"司法能动原则"的要求。法院在审判中要加强与政府部门、共青团、妇联、工会、未成年人保护组织等团体的联系,推动未成年人刑事案件人民陪审、情况调查、安置帮教等工作的开展,这本身就是法院参与社会综合治理的重要表现。法院在未成年人刑事案件的处理方面,形成了一套行之有效的制度和惯例。

在司法实践中,对于以女性法官占多数的少年法庭法官,通常冠之以"法官妈妈"的称谓。这就是对少年法官积极能动作用的形象描述。在少年司法程序中,少年法庭吸收共青团、妇联、工会、未成年人保护组织的代表,担任人民陪审员。他们熟悉未成年人的特点,善于做未成年人教育转化工作,可以在教育、感化和挽救未成年行为人方面发挥积极的作用。与此同时,法院通常委托司法行政机关、共青团组织和其他社会团体进行专业性的社会调查,并根据案件情况对未成年行为人进行心理疏导、心理测评和心理干预,这些都可以为妥善处理未成年人案件,创造较好的条件。不仅如此,在刑罚执行阶段,法院要与刑罚执行机构建立联系,协助做好帮教和改造工作,督促未成年犯罪人的监护人及时探视,协助社区矫正机构指定帮教措施,走访被采取社区矫正措施的未成年犯罪人及其家庭,甚至对那些符合就学、就业条件的未成年犯罪人,提出有关其安置的司法建议。

24.2.3 特殊保护原则

与成年被告人相比,未成年被告人身心发育并不成熟,属于限制行为能力人,无法依靠自身力量来行使诉讼权利,也难以保障自己的合法权益不受侵犯。因此,刑事诉讼法需要为未成年被告人确立一系列特殊的权利保障机制,使其享有一些成年被告人所不享有的"诉讼特权",并且在未成年被告人被作出生效有罪裁判后,也享有一些特殊的制度保障,使其顺利地回归社会生活,避免在政治上和社会准入方面受到各种歧视性待遇。对于这一点,我们可以称之为"特殊保护原则"。

我国刑事诉讼法对未成年人刑事案件所设立的诉讼程序,自始至终贯彻了特殊保护原则。无论是侦查人员、检察人员对其进行讯问,还是法官对其进行讯问或者审理,未成年嫌疑人、被告人的法定代理人都应到场,代其行使诉讼权利,在法定代理人不便到场等例外情况下,嫌疑人、被告人的其他近亲属、所在社区基层组织或者未成年人保护组织的代表,可以到场参加诉讼活动。与此同时,对于没有委托辩护人的未成年嫌疑人、被告人,公检法三机关在各自主持的诉讼程序中都应当为其指定法律援助律师担任辩护人。在采取强制措施方面,公检法三机关都应严格限制逮捕措施的适用,尽量适用监视居住、取保候审等非羁押性强制措施。而在对其采取未决羁押时,应采取与成年在押人员分别羁押、分别管理的措施。不仅如此,对于未成年被告人的法庭审理,应当贯彻不公开审判的原则,注重对其个人隐私、涉嫌犯罪情况的保密。而在法院作出生效有罪裁判后,那些在行为时不满18周岁而最终被判处5年有期徒刑以下刑罚的人,法院、检察机关和公安机关应当对其犯罪记录予以封存,不得向任何单位和个人泄露其犯罪记录,也不得提供其具有犯罪记录的证明。这些针对未成年人的制度设计,都体现了特殊保护的原则,主要目的在于有效实施对未成年嫌疑人、被告人和犯罪人的教育、治疗和矫正,使其顺利回归社会生活,避免受到各种可能的社会歧视和政治不公待遇。

24.2.4 不公开审理原则

作为一项宪法原则,公开审判原则适用于绝大多数刑事案件的审判活动。但是,作为一项例外,对于开庭审理时不满 18 周岁的未成年被告人,应实行不公开审理的原则,不允许社会公众旁听庭审过程,也不允许媒体对庭审过程予以报道。之所以对此类案件实行不公开审理原则,主要是为了实现对未成年被告人的特殊保护,避免因泄露未成年被告人的个人情况、隐私和涉嫌犯罪的事实,而造成社会公众对其产生歧视和偏见,甚至造成新的心理伤害。

原则上,对于审理时不满 18 周岁的未成年被告人,法院一律不得公开审理。但是,经未成年被告人及其法定代理人同意,未成年被告人所在学校和未成年人保护组织可以派出代表,参与法庭审理,并参与法庭教育工作。与此同时,对于犯罪时不满 18 周岁但审理时已成为成年人的被告人,法院认为可能需要封存犯罪记录的,也不得准许社会公众参加旁听。不仅如此,在法庭审理过程中,法院不得向外界披露该未成年被告人的姓名、住所、照片以及其他可能推断出该未成年人身份的其他资料。任何人对于查阅、摘抄、复制的未成年人刑事案件的案卷材料,不得予以公开和传播。

原则上,对于未成年人案件的宣判,应当公开进行。但是,对于依法应当封存犯罪记录的案件,法院宣判时,一般应禁止公众旁听。

24.3 未成年人刑事案件的特殊制度

24.3.1 未成年嫌疑人、被告人行使权利的方式

未成年嫌疑人、被告人属于限制行为能力人,既无法独立地行使和处分各项诉讼权利,也无法有效地参与刑事诉讼活动。因此,刑事诉讼法确立了法定代理人参与刑事诉讼的制度。原则上,无论是在侦查人员、检察人员讯问未成年嫌疑人,还是在法院讯问未成年人嫌疑人或审理未成年人刑事案件过程中,都应通知该未成年人的法定代理人到场参加,并告知其各项诉讼权利和诉讼义务,并允许其代表未成年嫌疑人、被告人行使各项诉讼权利。法定代理人对于办案人员在讯问中侵犯未成年嫌疑人、被告人合法权益的,可以提出意见。所有讯问笔录和法庭审理记录,都应交法定代理人阅读或者向其宣读,并由其签字或者盖章。

但是,在无法通知未成年嫌疑人、被告人的法定代理人,或者法定代理人因不可抗力事由无法到场,或者法定代理人属于共犯的情况下,公安机关、检察机关和法院都需要通知一名符合法定条件的代表,到场参加诉讼活动。对于这种代表,有些国家称之为"合适成年人"。我国刑事诉讼法允许以下人士担任未成年嫌疑人、被告人的诉讼代表:一是法定代理人以外的其他成年家属;二是嫌疑人、被告人所在学校、单位或者居住地的村民委员会、居民委员会的代表;三是未成年人保护组织的代表。这些代表不具有法定代理人的地位,但对于办案人员在讯问中侵犯未成年嫌疑人、被告人合法权益的,可以提出意见。所有讯问笔录和法庭审理记录,也都应交这些代表阅读或者向其宣读,并由其签字或者盖章。

侦查人员在讯问未成年嫌疑人过程中,应当通知法定代理人或者合适成年人到场而没有通知的,或者无正当理由没有保证法定代理人或合适成年人全程参与讯问过程的,所获得的被告人有罪供述,一律不得作为定案的根据。这种非法证据排除规则的确立,是对未成年嫌疑人合法权益的有力保障。

24.3.2 辩护制度

我国法律对于未成年嫌疑人、被告人确立了强制性的指定辩护制度。在未成年人刑事案件的诉讼过程中,嫌疑人、被告人及其法定代理人没有委托辩护人的,公安机关、检察机关和法院都应为其指定法律援助律师担任辩护人。否则,在没有辩护律师参与的情况下,上述国家专门机关所从事的诉讼活动不能产生法律效力。

无论是公安机关还是检察机关,在受理案件后,都应当告知未成年嫌疑人及其法定代理人有权委托辩护人。未成年嫌疑人没有委托辩护人的,公安机关和检察机关都应当通知法律援助机构为其提供辩护律师。

对于审理时不满18周岁的未成年被告人,没有委托辩护人的,法院应当通知法律援助机构指派律师为其提供辩护。未成年被告人或其法定代理人当庭拒绝辩护人辩护的,应当准许,但被告人没有辩护人的,应当休庭。重新开庭后,未成年被告人或其法定代理人再次拒绝辩护人辩护的,法院应作出不予准许的决定。但是,重新开庭时被告人已满18周岁的,法院可以准许其拒绝辩护人辩护的请求,但不得准许其再另行委托辩护人或者申请指定辩护的请求。

24.3.3　社会调查报告制度

社会调查报告是在未成年人刑事案件诉讼程序中,国家专门机关或法定组织对未成年嫌疑人、被告人的性格特点、家庭情况、社会交往、成长经历、犯罪原因、犯罪前后表现及监护教育情况所制作的综合调查报告。对未成年人刑事案件的上述情况进行社会调查,是该类案件诉讼程序的必经环节。

公安机关、检察机关、法院可以自行实施社会调查,也可以委托司法行政机关、共青团组织或者其他社会团体组织展开社会调查。经过社会调查,上述机关或者组织对调查过程制作书面记录,并由此形成社会调查报告。对于这种社会调查报告,法院既可以作为办理案件的参考,作为批准逮捕、移送起诉、提起公诉和定罪量刑的依据,也可以作为法庭教育、教育帮教和安置就业就学的参考。

在审判前阶段制作社会调查报告的,公安机关、检察机关都应当随案移送。法院对于检察机关移送的社会调查报告,以及辩护人提交的反映未成年被告人上述情况的书面材料,都应当予以接受。根据办案的需要,法院也可以自行进行社会调查,或者委托相关机关或社会组织进行社会调查,并形成一份新的社会调查报告。

24.3.4　强制措施

在办理未成年嫌疑人审查逮捕案件时,检察机关应当严格限制适用逮捕措施。原则上,对于罪行较轻,具备有效监护条件或者社会帮教措施,社会危险性较小,不逮捕不至于妨害诉讼正常进行的未成年嫌疑人,应当作出不批准逮捕的决定。

检察机关要对未成年嫌疑人是否具备逮捕必要性进行严格的审查。对于符合以下情形之一的未成年嫌疑人,检察机关一律不得适用逮捕措施:一是涉嫌初次犯罪或者过失犯罪的;二是属于犯罪预备、中止或者未遂的;三是有自首或者立功表现的;四是犯罪后如实供述犯罪事实,真诚悔罪,积极退赃,尽力减少和赔偿损失,取得被害人谅解的;五是不属于共同犯罪的主犯或者犯罪集团的首犯的;六是属于已满14周岁不满16周岁的未成年人或者属于在校学生的;等等。

检察机关在办理未成年嫌疑人审查逮捕案件时,应查明嫌疑人的真实年龄。对于嫌疑人的实际年龄难以作出判断,影响对该嫌疑人是否应当承担刑事责任的认定的,检察机关应当作出不批准逮捕的决定。

24.4 附条件不起诉

所谓附条件不起诉,又被称为"暂缓起诉",是指对于符合法定条件的未成年嫌疑人,检察机关认为犯罪情节轻微,符合起诉条件,但有悔罪表现的,所作的暂时不起诉的决定。检察机关作出附条件不起诉后,会设置若干时间的考验期,并在考验期内,对未成年嫌疑人进行监督考察。在考验期结束后,对于遵守法律法规并服从监督的嫌疑人,可以作出不起诉的决定;而对于违反法律法规或者违反检察机关监督管理规定的嫌疑人,检察机关可以作出提起公诉的决定。由于检察机关所作的是暂时不起诉的决定,所以这种决定被称为"暂缓起诉"。又由于检察机关设置了考验期并要求嫌疑人接受监督考察的条件,故称之为"附条件不起诉"。

我国 2012 年修订的《刑事诉讼法》确立了附条件不起诉制度。这一制度的适用条件有以下三个:一是未成年人涉嫌实施刑法有关侵犯公民人身权利、财产权利以及妨碍社会管理秩序的犯罪,可能判处 1 年有期徒刑以下刑罚;二是嫌疑人的行为已经符合提起公诉的条件;三是嫌疑人有悔罪表现。

对于符合上述条件的未成年嫌疑人,检察机关在征求公安机关、被害人意见的基础上,可以作出附条件不起诉的决定。对于该项决定,公安机关、被害人和嫌疑人都可以申请司法救济。公安机关可以要求检察机关进行复议,复议不被接受的,可以申请上一级检察机关复核。被害人可以向检察机关提出申诉。无论是对公安机关提出的复议、复核申请还是对被害人的申诉,检察机关都要进行审查,作出是否提起公诉的决定。但是,未成年嫌疑人及其法定代理人对于检察机关决定附条件不起诉提出异议的,检察机关应当作出提起公诉的决定。

检察机关所作的附条件不起诉决定,尽管具有暂时中止起诉程序的效力,但也给未成年嫌疑人提出了在考验期之内接受监督考察的义务。嫌疑人在考验期之内遵守监督考察义务的,检察机关在考验期结束后可以作出不起诉的决定。否则,检察机关仍然保留提起公诉的权力。由此,附条件不起诉决定带有暂缓起诉协议的性质,实际属于检察机关与未成年嫌疑人及其法定代理人所签署的延迟起诉协议书。

根据我国刑事诉讼法的规定,附条件不起诉的考验期一般为 6 个月以上

1 年以下。在考验期之内,检察机关对未成年嫌疑人进行监督考察。未成年嫌疑人的监护人有义务对其加强管教,配合检察机关的监督考察工作。检察机关还可以会同嫌疑人的监护人、单位或学校所在地的基层组织、未成年人保护组织的代表,定期对未成年嫌疑人进行考察、教育,实施跟踪帮教。

未成年嫌疑人在考验期之内,应当遵守以下监督考察义务:一是遵守法律法规,服从监督;二是按照考察机关的规定报告自己的活动情况;三是离开所居住的市、县或者迁居,应当报经考察机关批准;四是按照考察机关的要求接受矫治和教育。

在司法实践中,各地检察机关对未成年嫌疑人采取的矫治教育措施主要有:一是完成戒瘾治疗、心理辅导或者其他适当的处遇措施;二是向社区或者公益团体提供公益劳动;三是不得进入特定的场所,与特定的人员会见或者通信,从事特定的活动;四是向被害人赔偿损失、赔礼道歉;五是接受相关教育;六是遵守其他有关保护被害人安全以及预防再犯的禁止性规定。

在考验期届满后,检察机关应当对未成年嫌疑人接受监督考察和教育矫治的情况进行综合评估,作出是否提起公诉的决定。根据刑事诉讼法,对于未成年嫌疑人存在以下两种情形的,应当撤销原来的附条件不起诉的决定,向法院提起公诉:一是嫌疑人实施新的犯罪,或者发现在作出附条件不起诉决定之前还有其他犯罪需要追诉的;二是嫌疑人违反治安管理规定,或者违反考察机关有关附条件不起诉的监督管理规定,情节严重的。

对于不存在上述两种情形的未成年嫌疑人,检察机关经过对监督考察情况进行评估,可以作出不起诉的决定。

24.5 审判程序

为贯彻教育、感化和挽救相结合的刑事政策,落实未成年人刑事诉讼的基本原则,法院在审理未成年人刑事案件过程中,应当适用一系列特殊的诉讼程序。这些特殊程序可以包括特殊的审判组织、特殊的庭前准备程序以及特殊的法庭审理方式。

24.5.1 审判组织

原则上,审理未成年人刑事案件,应当由熟悉未成年人身心特点、善于做未成年人教育工作的审判人员进行,并保持少年审判人员工作的稳定性和连续性。依法需要组成合议庭的,人民陪审员应当由熟悉未成年人身心特点、热心教育、感化和挽救工作,并经过必要培训的共青团、妇联、工会、学校以及未成年人保护组织等单位的工作人员担任。

在司法实践中,各级地方法院一般设立有专门负责审理未成年人刑事案件的少年法庭。根据法院的具体情况,少年法庭可以有两种组织形式:一是未成年人案件审判庭,二是未成年人案件合议庭。前者是由若干名少年法官组成的审判管理机构,与法院原有的刑事审判庭、民事审判庭、行政审判庭相并列,既可以由法官、人民陪审员组建若干个合议庭,也可以由单个法官进行独任审判工作。后者则是在不具备设置未成年人案件审判庭条件的情况下,在法院刑事审判庭之内设立的相对固定的审判组织,可以由几名法官组成相对固定的合议庭。

对于未成年人和成年人涉嫌实施共同犯罪,并被分案起诉至同一法院的案件,可以由同一审判组织进行审理。不宜由同一审判组织审理的,可以分别由少年法庭和刑事审判庭进行审理。但是,对于未成年人和成年人共同犯罪案件进行分案审理的,有关法院或者审判组织应当互相了解不同案件的审理情况,保持全案量刑的均衡。

24.5.2 庭前准备

对于未成年人案件的庭审准备,除了要遵守刑事诉讼法有关庭前准备程序的一般规定以外,还应根据这类案件的特点,注意做好以下几项准备工作:一是及时为没有委托辩护人的未成年被告人,通知法律援助机构指派律师提供辩护;二是对未成年人决定适用简易程序的,应当征求未成年被告人及其法定代理人、辩护人的意见;三是接受检察机关的社会调查报告,或者自行或委托相关机关或组织制作社会调查报告;四是根据案件情况,可以对未成年被告人进行心理疏导,或者征得未成年被告人及其法定代理人同意,可以对未成年被告人进行心理测试。

24.5.3 法庭审理

对于未成年人案件的法庭审理,除了遵守刑事诉讼法有关法庭审理的一般程序以外,还应根据教育、感化和挽救相结合的刑事政策,设置一些特殊的程序环节。

首先,在法庭布局上应当与普通刑事法庭有所区别。为体现对未成年被告人的特殊保护原则,便于展开法庭教育,法院应设置适合未成年人特点的法庭布局。在很多地方法院,都有"圆桌审判"的设置,也就是替代刑事审判法庭的普通布局,采取非正式的法庭布局,尤其是安排未成年被告人与其法定代理人、辩护人同席而坐,以便于他们相互间进行交流沟通,也可以为法庭教育创造必要条件。在法庭审理中,审判人员应当根据未成年被告人的智力发育程度和心理状态,采用适合未成年人的语言表达方式。

其次,在法庭审理中,控辩双方提出对未成年被告人判处管制、宣告缓刑等量刑建议的,应向法庭提供有关未成年被告人能够获得帮教监护以及对所在社区不会产生重大影响的书面材料。辩护人也可以就未成年被告人的量刑问题提交其他书面材料。对于上述书面材料,以及检察机关提交或者法院制作的社会调查报告,法院应当将其纳入法庭调查和法庭辩论的对象,并可以作为法庭教育和量刑的参考。

再次,法庭教育是未成年人案件审理程序的重要环节。法庭教育既可以在法庭辩论后立即进行,也可以在法庭作出有罪宣告后进行。对未成年被告人进行法庭教育,可以邀请各方诉讼参与人、其他成年亲属、代表以及社会调查员、心理咨询师等共同参加。

最后,对于未成年被告人认罪认罚的案件,原则上不适用速裁程序,而可以适用简易程序。在按照简易程序进行审理时,须始终确保法定代理人或者合适成年人到场参加,应贯彻教育、感化、挽救相结合的理念,坚持从快从宽原则,最大限度保护未成年被告人的合法权益,充分地展开法庭教育。

24.6 犯罪记录封存

所谓犯罪记录封存,是指在未成年被告人的有罪判决发生法律效力后,司法机关不得向任何单位或者个人公布其犯罪记录,也不得提供任何涉及其犯罪记录的证明。一些国家和地区为加强对未成年被告人的特殊保护,建立了未成年被告人犯罪记录消灭制度。我国所实行的犯罪记录封存制度,并不会带来犯罪记录消灭的后果,而只是赋予司法机关对有关犯罪记录加以保密的义务,对那些记载犯罪记录的案卷、诉讼文书和其他材料加以封存保管,而不向任何单位和个人予以泄露或者提供。实行这一制度,主要目的在于防止未成年被告人的犯罪事实被公之于众,避免他们在政治、资格准入等方面受到歧视,确保未成年被告人融入社会,重新回归社会生活。这是贯彻教育、感化、挽救相结合的刑事政策的重要制度保障。

根据我国刑事诉讼法,犯罪记录封存制度的适用条件主要有三个:一是行为人在犯罪时不满18周岁;二是法院对其所作的有罪判决已经产生法律效力;三是行为人被判处5年有期徒刑以下刑罚。

对于符合上述条件的案件,检察机关在收到法院生效裁判文书后,应将拟封存的未成年人犯罪记录、案卷等材料装订成册,加密保存,不予公开,并建立专门的未成年人犯罪档案库,执行严格的保管制度。除司法机关根据办案需要,或者有关单位依据国家规定进行查询的以外,检察机关不得向任何单位和个人提供封存的犯罪记录,并不得向任何单位和个人提供有关未成年人犯罪记录的证明。申请查询封存犯罪记录的,有关机关或单位应当提供查询的理由和依据。检察机关应当作出是否同意查询的决定。

除了法院生效裁判所确立的犯罪记录以外,检察机关对未成年嫌疑人作出不起诉决定后,也应对相关记录加以封存。在司法实践中,对于犯罪记录,一般称为"犯罪前科";对于检察机关所作的相对不起诉决定所带来的记录,一般称之为"劣迹记录"。无论是对犯罪记录还是对劣迹记录,检察机关都要承担封存的义务,不得向任何单位和个人进行公布。

法院在审判过程中,对于依法应当封存犯罪记录的案件,实行不公开审理,不允许社会公众旁听庭审过程和宣判过程。在有罪判决发生法律效力后,法院应将未成年被告人的犯罪记录予以封存,不得向任何单位和个人予以公布,也不得提供有关未成年人犯罪记录的证明。但在符合法律明文规定的情况下,司法机关或有关单位可以向法院查询有关封存的犯罪记录。申请查询封存犯罪记录的,有关机关或单位应当提供查询的理由和依据。法院应当作出是否同意查询的决定。

阅读案例材料之二十四

郭某某盗窃案和李某某盗窃案

郭某某盗窃案[①]

郭某某,系南通市某技校学生,作案时17周岁。2017年暑假,郭某某在张家港市游玩期间,结识不良青年小强。小强对其怂恿称,可利用司机忘记锁车,盗窃其车内财物用于吃喝玩乐。郭某某应邀加入小强等人行列。2017年7月21日至7月26日晚,郭某某跟随小强等人在张家港市、启东市小区6次窃取车内现金、香烟、平板电脑等财物,经鉴定共计价值1.01万元。郭某某在6次盗窃犯罪中,望风5次,跟随小强一起盗窃汽车内香烟1次,分赃2000余元。

侦查机关认定郭某某构成盗窃罪,移送张家港市检察院审查起诉。

检察机关审查认为,郭某某伙同他人6次盗窃,事实清楚、证据确实充分、定性无争议。同时考虑到,郭某某为未成年在校生,因交友不慎、受人怂恿实施盗窃,分赃数额不大,案发后能真诚悔罪,改过自新的概率较大,有适用附条件不起诉空间。

检察机关主动开展社会调查。检察官向郭某某户籍所在地司法局发函调查,同时向郭某某的学校、家长、同学了解情况,查明郭某某没有恶习,成绩良好,乐于助人,家庭关系融洽,父母为人平和,并愿意配合检察机关帮教郭某某。经过释法说理后,郭某某能够正视错误并愿意积极改正,其父母主动赔偿被害人损失,化解当事人双方矛盾。

郭某某行为构成盗窃罪,可能判处1年有期徒刑以下刑罚,符合起诉条件,但郭某某是未成年在校学生,真诚悔罪且具备帮教条件。2018年6月29日,张家港市检察院对郭某某作出附条件不起诉决定,确定6个月的考察期。

检察机关依法量化评估帮教内容。为准确考察附条件不起诉人的表现,帮助被不起诉人改过自新,检察机关要求郭某某每月向检察官报到1次、接受谈

[①] 参见《江苏省检察机关依法正确行使不起诉权新闻发布会典型案例》,江苏检察网2019年10月10日发布,http://www.jsjc.gov.cn/yaowen/201910/t20191010_900616.shtml,最后访问时间2020年10月1日。

话 1 次、参加公益活动 1 次、撰写思想汇报 1 份。同时对个案积分考评表进行细化,以便能够对其表现准确进行考察评估。

考验期内,检察官通过多种途径对其进行帮教:一是联合民警、心理咨询师对郭某某集中训诫,各有侧重地开展说理工作,帮助其增强守法意识;二是通过法治教育课,让郭某某认识到法律是人生的底线,违法犯罪的事坚决不能做;三是对郭某某父母开展亲职教育,督促他们认识正确全面履行监护职责的必要性。

在深入帮教过程中,检察官了解到郭某某父亲自杀身亡,抢救期间花光了家庭所有积蓄,郭某某为此背上沉重思想负担,认为是其犯罪行为导致父亲自杀,产生辍学甚至厌世的念头。针对突如其来的家庭变故,检察官为郭某某提供司法救助,帮助其完成学业,同时安排心理咨询师进行心理矫正。

通过检察官、郭某某亲属的共同努力,郭某某逐步成长,主动通过勤工助学减轻母亲经济压力,并进行了深刻自我反省。其在思想汇报中表露悔意,并表示自己在后悔中成长,懂得了什么可为、什么不可为。

2018 年 12 月 28 日考验期满,张家港市检察院依法对郭某某作出不起诉决定。郭某某现已毕业,成为一家汽修厂的技术工人。

对未成年人犯罪案件的处理,既不能一味强调保护,也不能简单适用法律一诉了之。检察机关在办理未成年人犯罪案件中,应当在审查其犯罪行为、主观恶性和后果的基础上,结合帮教改造的可能性依法妥善处理。

本案中,郭某某犯罪情节较轻,系初犯,主观恶性较小,且被害人损失全部挽回,依法可以适用附条件不起诉;同时检察官积极开展调查取证,对郭某某的一贯表现和生活环境作了充分调查,核实其作为在校学生,表现良好,真诚悔罪,具有感化挽救可能。综合以上因素,依法作出附条件不起诉决定。

未成年人刑事政策以教育为主、惩罚为辅,最终目的在于教育、挽救、感化,帮助涉罪未成年人顺利回归社会。对涉嫌犯罪的未成年人,在符合法定条件情况下,暂时不予起诉,并根据其考验期表现作出最终决定,给予其重启人生的机会。考验期内,检察机关的帮教手段是引导其重回生活正轨的重要组成部分。本案中,检察机关综合运用各种帮教措施,帮助涉罪未成年人认识改正错误,顺利度过考验期。

对涉罪未成年人帮教效果如何考量是司法实践中的难点。检察机关探索通过建立积分考评制度,把帮教要求和效果量化为指标,实现评估帮教效果的精准化。本案中,检察机关除有针对性地要求郭某某进行日常汇报外,还要求其参加公益活动,以劳动实践促进思想改造。对郭某某突如其来的家庭变故,通过心理辅导把不利因素转化为改过自新积极因素,并提供司法救助帮助其完成学业。最终,郭某某的生活态度发生巨大转变,在考察期内勤工助学、期满后成功就业,通过劳动为社会作出贡献,附条件不起诉成为其重要人生转折点。

李某某盗窃案[①]

上海市长宁区人民检察院以被告人李某某犯盗窃罪,向上海市长宁区人民法院提起公诉。长宁区法院依照未成年人刑事案件诉讼程序,对李某涉嫌盗窃一案进行了法庭审理,并作出了一审判决。本案的裁判要旨是,"未成年人犯罪案件的审理方式与成年人犯罪案件不同,应根据实际情况适用刑事诉讼法'未成年人刑事案件诉讼程序'专章中的相关规定,结合心理疏导、法律援助等方式,对犯罪的未成年人进行教育、感化和挽救,做到教育为主、惩罚为辅。同时通过加强社会调查,了解其个人成长经历、案外犯罪原因、羁押表现情况以及监护落实情况和社区矫治意见等,作为是否适用缓刑的量刑参考依据。"

本案被告人李某某,女,17 岁,汉族,初中文化,无业,住安徽省芜湖市,在上海无固定住所。2015 年 10 月 20 日因涉嫌犯盗窃罪被刑事拘留,同年 11 月 13 日被逮捕。

李某某的法定代理人是李某俊,李某某的父亲,住安徽省芜湖市。参加刑事诉讼程序的"合适成年人"余蕙芳,系上海市阳光社区青少年事务中心长宁区工作站社工。李某某的指定辩护人浦泽幸,系上海市新华律师事务所律师。

2016 年 2 月 6 日,上海市长宁区人民法院向被告人李某某送达了起诉书副本,并组织心理咨询师对其进行心理疏导。因被告人李某某在开庭审理时未满 18 周岁,上海市长宁区人民法院于同年 2 月 29 日依法不公开开庭审理了本案。根据刑事诉讼法规定,人民法院审理未成年人刑事案件,应当通知未成年被告人的法定代理人到场。但是,被告人李某某的父亲李某俊因服刑无法通知到庭,李某某的母亲因离家出走杳无音讯无法通知到庭。经上海市长宁区人民法院通知,李某某的伯父李某平作为其成年亲属到庭参与诉讼,上海市阳光社区青少年事务中心长宁区工作站社工余蕙芳担任李某某的合适成年人到庭参与诉讼,安徽省芜湖市鸠江区司法局工作人员赵家发以社会调查员身份到庭参与诉讼。经上海市长宁区人民法院指定,上海市长宁区法律援助中心指派上海市新华律师事务所浦泽幸律师担任被告人李某某的指定辩护人到庭参与诉讼。

上海市长宁区人民法院经审理查明的案件事实有两项:

[①] 参见《上海市长宁区人民检察院诉李某某盗窃案》,载《最高人民法院公报》2016 年第 8 期。

(1) 2015年10月20日4时许,被告人李某某前往上海市娄山关路836号巴比馒头店内购买食品,乘被害人袁飞龙不备之机,窃得被害人袁飞龙放置于店内工作台下面的一只黑色单肩包,内有现金人民币8400元。被害人袁飞龙发现后追至娄山关路814号处将被告人李某某抓获并在附近地面发现被窃的黑色单肩包。

上述事实,有被害人袁飞龙的报案和陈述笔录、上海市公安局长宁分局调取证据清单和发还清单、案发现场附近街面监控录像及制作过程说明、案发经过情况表,被告人李某某的供述、作案现场辨认照片和笔录,安徽省芜湖市公安局户政服务中心出具的户籍证明等证据证实,并经庭审举证质证查证属实。被告人李某某及其成年亲属李某平、合适成年人余蕙芳、指定辩护人浦泽幸在开庭审理过程中均无异议,应予认定。

(2) 2014年11月4日,被告人李某某在安徽省芜湖市无为县一家数码店窃得一台苹果IPAD,价值人民币1485元,受到安徽省芜湖市无为县公安局行政拘留10日处罚(不执行)。公诉人在起诉书附件四"量刑建议书"中,建议法院对此酌情处理。但是,无为县公安局出具的"行政处罚决定书"中,只有作案事实和处罚结果,没有案发经过和到案情况。经向无为县公安局调取被害人报案笔录、被处罚人讯问笔录、证人询问笔录和无为县公安局行政处罚决定书证实,2014年11月4日,李某某在无为县一家数码店窃得一台苹果IPAD后,于同年11月19日在同学陪同下前往上述同一家数码店欲变卖时被发现当场抓获。对此,公诉人、被告人及其成年亲属、合适成年人、指定辩护人在庭审中均无异议,应予确认。

由于被告人李某某犯罪时未满18周岁,侦查机关上海市公安局长宁分局委托安徽省芜湖市鸠江区司法局对李某某开展社会调查。该局经调查后于2015年11月3日出具了社会调查报告。

上海市长宁区人民法院在审理中,于2月6日向该局发送了社区矫正征询意见函,并于同年2月26日收到书面回复。由于鸠江区司法局在开展社会调查时,被告人李某某及其父亲分别在押,相关情况不明,上海市长宁区人民法院派员前往安徽省芜湖市等地开展了补充社会调查。经综合社会调查情况反映,上海市长宁区人民法院在审理中了解到,李某某初中毕业后曾在无为县某中学读书,后辍学。其父亲精神发育迟滞(轻度),无正当职业,2015年12月因犯盗窃罪被安徽省芜湖市鸠江区人民法院判处有期徒刑8个月,现在服刑中。其母亲多年前离家出走至今未归。其与妹妹自幼与祖父母生活在一起,家庭没有稳定收入,生活靠祖父母务农收入维持,经济特别困难。李某某平时在村里和学校遵纪守法,与他人和睦相处,表现良好。2015年6月,李某某通过网友介绍,独自一人来到上海寻找工作。其间,李某某无固定住所,曾日夜在网吧等处漂泊。由于家庭缺失,父母对其疏于管教,致其脱离监护。李某某文化程度较低,法制意识薄弱,一时糊涂犯下罪错。事发后,李某某对自己的错误行为有所认识,在监所期间认罪悔过,表现较好。为此,李某某的伯父李某平愿意接纳并做好对李某某的帮教工作。鸠江区司法局建议对李某某适用缓刑,并同意做好社区矫治工作。上述情况,有上海市长宁区人民法院分别制作的李某某、李某平、李某俊谈话笔录,向安徽省芜湖市鸠江区人民法院调取并经与原件核对无异的安徽昌平司法鉴定所司法鉴定意见书(复印件)、鸠江区人民法院刑事判决书(复印件),安徽省芜湖市鸠江区司法局提供的社会调查报告和社区矫正征询意见回复函,上海市长宁区看守所出具的"李某某羁押表现情况说明"等证据证实。对此,公诉人、被告人及其成年亲属、合适成年人、指定辩护人在庭审中均无异议,应予确认。

鉴于庭审中被告人李某某及其成年亲属、合适成年人、指定辩护人对公诉人指控的罪名和事实均无异议,在辩论结束后、被告人最后陈述前,法庭组织公诉人、李某某的成年亲属、合适成年人、指定辩护人分别对被告人李某某进行了法庭教育。当庭宣判后,法庭对被告人李某某进行了法庭教育。

上海市长宁区人民法院一审认为:

被告人李某某以非法占有为目的,秘密窃取他人财物,数额较大,其行为已构成盗窃罪,应依法承担刑事责任,并处罚金。公诉机关指控的犯罪事实清楚,证据确实充分,指控成立。李某某及其成年亲属、合适成年人、指定辩护人对此均无异议。李某某犯罪时已满16周岁不满18周岁,系未成年人,应当从轻处罚。李某某到案后能如实供述自己的罪行,系坦白,可以从轻处罚。李某某窃取的赃款已被当场追回和发还,没有造成被害人损失,可酌情从轻处罚。公诉人提出的对被告人的上述量刑意见成立,应予采纳。

鉴于庭审中新增社会调查情况,被告人已具备所在社区帮教条件,公诉人当庭表示可以适用缓刑的意见可予采纳。李某某的指定辩护人提出李某某犯罪时系未成年人,应当从轻处罚;李某某到案后能坦白认罪,可以从轻处罚;李某某一时冲动,虽构成犯罪但没有造成被害人损失以及李某某家境贫困、家庭结构残缺等,要求在量刑时酌情考虑并处以缓刑的意见与事实相符,法院可予采纳。

被告人李某某因过早离开家庭和学校,缺少家庭和学校教育,导致其法制意识淡薄。李某某初中毕业后,不思进取,盲目交友,独自一人来到上海后没有稳定工作和收入,没有固定住所,在网吧等地闲逛,在不劳而获思想驱动下,最终走上了盗窃的犯罪道路。李某某的母亲离家出走,父亲缺乏管教,致其没有约束自己的行为,从而滋生了子女犯罪,对此负有不可推卸的责任。李某某作案时尚未成年,到案后至庭审中,能自愿认罪认罚;经法庭教育,有悔罪表现。结合社会调查情况中有关其个人成长经历、社会调查意见和羁押期间表现情况等,可在对全案综合考虑基础之上判处其拘役并宣告缓刑,同时判处禁止令执行事项。

法院希望被告人李某某家长言传身教,切实加强家庭教育,履行保护责任。希望李某某吸取教训,进一步增强法制意识,认真学习文化知识和工作技能,争取回归社会和成年后能找到一份力所能及的工作,多为家庭分担责任。希望李某某在安徽省芜湖市鸠江区司法局工作人员带回原籍社区报到后,遵守法律法规,服从社区监督管理,接受社区和家庭教育,完成公益劳动,珍惜法庭给予的教育挽救和悔过自新的机会,做一名遵纪守法、自食其力、有益社会的好公民。

综上,上海市长宁区人民法院于2016年2月29日作出判决:(1)被告人李某某犯盗窃罪,判处拘役5个月,缓刑5个月,并处罚金人民币500元。(2)被告人李某某在缓刑考验期限内禁止进入夜总会、酒吧、迪厅、网吧等娱乐场所。禁止每日22点至次日6点离开其户籍地或居住地,如因治病或者探望长辈、亲属等原因确需在禁止时段离开住所的,应由法定代理人等成年亲属陪同,并应在事发后24小时内向社区报告。

一审宣判后,被告人李某某没有提出上诉,上海市长宁区人民检察院也没有提出抗诉,一审判决已发生法律效力。

【深入思考题】

1. 对于未成年人刑事案件的附条件不起诉制度,有人认为适用范围太小,无法起到更大的监督矫正作用。也有人认为,法律没有为被作出附条件不起诉的未成年嫌疑人,提出较为具体的监管要求,容易流于形式,难以发挥监管矫正的作用。你对此有何评价?

2. 对于法院对未成年被告人的"圆桌审判"和"法庭教育",有人认为实施效果并不明显,很难在短时间内达到感化、挽救和教育未成年被告人的作用。你同意这种观点吗?

第二十五章 精神病人强制医疗程序

> 对具有社会危害性的精神病人适用强制医疗程序,这本身具有"保安处分程序"的性质,可以发挥社会防卫的功能。但是,将这一程序纳入诉讼的轨道,通过法庭审理来确定行为人的精神状况,并决定是否将其送交强制医疗,这符合程序正义的理念,可以避免出现行为人"被精神病"的现象发生,防止国家专门机关滥用送交强制医疗的权力。

25.1 精神病人强制医疗程序的性质
25.2 精神病人强制医疗程序的启动
25.3 审理程序
25.4 救济程序
25.5 解除强制医疗程序
阅读案例材料之二十五 宋某某强制医疗案

25.1 精神病人强制医疗程序的性质

我国刑法对于精神病人实施的危害社会行为,确立了两种处理方式:一是尚未完全丧失行为能力的精神病人,被称为限制行为能力人,应当承担刑事责任,但可以从轻或者减轻处罚;二是不能辨认是非或者不能控制自己行为的精神病人,被称为无行为能力人,不负刑事责任。我国刑事诉讼法对于上述两种精神病人分别适用不同的诉讼程序:对于前者,按照一般刑事诉讼程序进行立案、侦查、起诉和审判;而对于后者,则适用精神病人强制医疗程序。

所谓精神病人强制医疗程序,是指对于实施特定严重危害社会的行为,经法定程序鉴定不负刑事责任的精神病人,有继续危害社会可能的,司法机关通过诉讼方式将其送交强制医疗的程序。与一般的刑事诉讼程序不同,精神病人强制医疗程序具有以下几个方面的特征:

首先,精神病人强制医疗程序的适用对象是具有危害社会可能的精神病人。这种特殊行为人要同时具备三个方面的条件:一是实施过危害公共安全或者严重危害公民人身安全的暴力行为;二是经法定程序鉴定属于不负刑事责任的精神病人;三是行为人具有继续危害社会可能的。

其次,精神病人强制医疗程序不是为了解决被告人刑事责任问题而设立的程序,而是一种审查确认被申请人是否符合强制医疗条件的程序,带有确认程序的性质。在检察机关提出强制医疗申请,或者法院在审判过程中发现被告人符合强制医疗条件时,法院要启动法庭审理程序,来确定被申请人是否实施了特定的暴力行为,是否属于不负刑事责任的精神病人,是否具有继续危害社会的可能。经过法庭审理,法院确认被申请人符合强制医疗条件的,才作出强制医疗的决定。可见,这种程序并不解决行为人的刑事责任问题,而是确认其是否符合强制医疗的条件。

再次,对于被申请人是否符合强制医疗条件的审查确认,要交由法院通过诉讼程序作出裁决。过去,对精神病人的强制医疗,要么由精神病人的监护人或其他近亲属自行送交医疗机构,要么由公安机关自行送交医疗机构进行强制医疗,而没有被纳入司法审查的范围。2012年修订的《刑事诉讼法》通过后,对精神病人的强制医疗开始通过诉讼方式来进行,法院经过法庭审理对此问题作出裁决。这既可以保障被申请人及其法定代理人的诉讼权利,使其在律师帮助下有效参与强制医疗程序,又可以对公安机关和检察机关的权力进行有效的制约和平衡,防止对不符合条件的行为人滥用强制医疗措施。同时,对于接受强制医疗的精神病人是否解除强制医疗,也纳入法院司法审查的范围,这也有助于加强对强制医疗机构的监督和制约,既可以避免不适当地延长强制医疗的时间,又可以防止将那些尚具有危害社会可能的精神病人,解除医疗,以致造成新的危害社会行为的发生。

最后,精神病人强制医疗程序具有"保安处分程序"的性质。在一些大陆法国家,对于那些在接受刑事处罚后或者依法不承担刑事责任的特定行为人,具有继续危害社会可能性的,司法机关可通过诉讼程序对其采取各种强制医疗、戒瘾和管护处分的措施,对此措施,一般称为"保安处分"。保安处分建立在"社会防卫理论"的基础上,以保护社会秩序和社会成员的安全为出发点,强调对具有危害社会倾向和现实可能的行为人,采取必要的强制处分措施。例如,对于患有精神疾病、实施过暴力行为的无行为能力人,仍然具有危害社会可能的,可以采取强制医疗;对于吸毒成瘾、实施过犯罪行为的人,在刑罚执行完毕后仍然可能危害社会的,可以采取强制戒除毒瘾的措施;对于那些实施了严重暴力行为的未成年人,法院在不追究刑事责任,或者对其执行刑罚完毕后,认为行为人仍然具有危害社会可能的,可以对其采取专门的未成年人管护措施,等等。我国刑法没有确立"保安处分"制度,但在相关法律理论中却承认建立这一制度的必要性。精神病人强制医疗程序符合保安处分程序的基本特征,可以发挥保卫社会、保护社会成员以及消除行为人社会危害可能性的功能。而将精神病人强制医疗纳入诉讼的轨道,就属于在我国刑事诉讼法中确立保安处分制度的开始。

25.2 精神病人强制医疗程序的启动

通常情况下,检察机关提出强制医疗申请,是启动精神病人强制医疗程序的主要方式。公安机关发现嫌疑人符合强制医疗条件的,可以写出强制医疗意见书,移送检察机关。对于公安机关移送或者检察机关在审查起诉中发现的精神病人,检察机关认为符合强制医疗条件的,应当向法院提出强制医疗申请书。法院由此启动强制医疗程序。对于这种启动方式,我们称为"检察机关申请启动方式"。除此以外,法院在对审理中自行发现被告人可能符合强制医疗条件的,应当主动对被告人进行精神病鉴定,启动精神病人强制医疗程序。对于上述后一种启动方式,我们可以称为"法院主动启动方式"。

25.2.1 检察机关申请启动方式

公安机关在侦查过程中,发现嫌疑人实施暴力行为,危害公共安全或者严重危害公民人身安全,可能属于依法不负刑事责任的精神病人的,应当对其进行精神病鉴定。经过鉴定确认嫌疑人依法不负刑事责任,但具有继续危害社会可能,符合强制医疗条件的,可以写出强制医疗意见书,将其连同鉴定意见和案卷材料一并移送检察机关。

对于实施过暴力行为的精神病人,公安机关可以采取临时性的保护性约束措施,必要时也可以将其送交精神病医院接受治疗。在采取保护性约束措施时,应当对精神病人严加看管,确保约束的方式、方法和力度,以避免和防止危害他人或其自身人身安全为限度。对于没有继续危害社会可能的嫌疑人,应及时解除不必要的约束措施。

检察机关在接受公安机关移送强制医疗意见书之后,应当对案件进行全面审查。检察机关应审查查明本案是否属于本院管辖、涉案精神病人的基本情况、实施暴力行为的事实、鉴定程序是否合法、涉案精神病人是否具有继续危害社会的可能、证据材料是否随案移送、证据是否确实充分、采取的保护性约束措施是否适当,等等。经过审查,检察机关认为案件符合强制医疗条件的,应作出提出强制医疗申请的决定,否则,则作出不提出强制医疗申请的决定。

检察机关在审查起诉过程中自行发现嫌疑人可能属于不负刑事责任的精神病人的,应当组织精神病鉴定程序,经鉴定确认嫌疑人符合强制医疗条件的,也应当向法院提交强制医疗申请书。

检察机关提交的强制医疗申请书,作为精神病人强制医疗之诉的启动文书,具有启动法院审理程序的法律效力。该申请书应包括以下几项内容:一是涉案精神病人的基本情况;二是涉案精神病人的法定代理人的基本情况;三是案由和案件来源;四是涉案精神病人实施暴力行为的事实;五是涉案精神病人不负刑事责任的依据;六是涉案精神病人继续危害社会的可能;七是提出强制医疗申请的理由和法律依据。

25.2.2 法院主动启动方式

法院在法庭审理过程中发现被告人可能符合强制医疗条件的,应自行决定是否启动强制医疗程序。其中,第一审法院应当依照法定程序对被告人进行精神病鉴定。经鉴定,被告人属于依法不负刑事责任的精神病人的,法院应适用强制医疗程序,对案件进行审理。第二审法院可以有两种处理方式:一是像第一审法院那样,依照强制医疗程序对案件作出处理;二是裁定发回原审法院重新审判。

25.3 审理程序

25.3.1 庭前准备程序

对于检察机关提出强制医疗申请的案件,法院要对是否符合受理条件进行庭前审查。这种审查基本上属于形式审查,也就是审查该项申请是否具备法定的形式要件。具体而言,法院要审查案件是否属于本院管辖,申请书是否写明申请人情况以及实施暴力行为的事实,申请书是否附有相关证据材料,是否附有鉴定意见以及其他证明被申请人不负刑事责任的证据材料,申请书是否列明被申请人的法定代理人的情况,等等。

经过审查,法院对于检察机关的强制医疗申请可以作出三种决定:一是不属于本院管辖的,将案件退回检察机关;二是移送的案件材料不齐全的,通知检察机关限期补送;三是符合法定形式要件的,予以受理。

法院决定开庭审理后,应当组成合议庭,对案件进行开庭审理。法院应当通知被申请人的法定代理人和诉讼代理人到场。被申请人没有委托诉讼代理人的,法院应为其通知法律援助机构指派律师担任其诉讼代理人,为其提供法律帮助。被申请人的法定代理人请求不开庭审理的,法院经过审查可以作出同意的决定。

25.3.2 法庭审理程序

法院对于申请强制医疗案件的审理,基本上遵循一般刑事审判的程序。这种审理大体上也可以分为开庭、法庭调查、法庭辩论等若干诉讼阶段。在法庭调查阶段,检察官宣读申请书,被申请人的法定代理人、诉讼代理人发表意见;对所有证据的举证和质证也按照这一顺序展开;在法庭辩论阶段,检察官发表意见,被申请人的法定代理人和诉讼代理人发表意见,双方可以相互辩论。

但是,考虑到这一程序所要解决的并不是被申请人的刑事责任问题,而

是确定其是否符合强制医疗条件的问题,因此,整个审理程序具有以下三个方面的特点:

首先,在审理对象方面,法庭应围绕着三个问题来展开法庭调查和法庭辩论:一是被申请人是否实施了危害公共安全或者严重危害公民人身安全的暴力行为;二是被申请人是否属于依法不负刑事责任的精神病人;三是被申请人是否有继续危害社会的可能。这是检察官需要提出证据加以证明的对象和待证事实,也是被申请人一方加以抗辩的事实,更是法院通过庭审要作出裁判的问题。

其次,原则上,法院可以不通知被申请人出庭,而是通知被申请人的法定代理人和诉讼代理人代其行使诉讼权利,参加法庭调查和法庭辩论。但是,如果被申请人提出出庭要求,法院在审查其身体和精神状态后,认为其可以出庭的,应当准许。被申请人出庭的,在法庭调查和法庭辩论阶段,可以参与举证、质证和辩论活动。

最后,法院在审理过程中发现案件符合强制医疗条件的,可以主动启动强制医疗程序,对被告人是否符合强制医疗条件进行法庭审理。这种法庭审理,应先由合议庭组成人员宣读法院对被告人所作的精神病鉴定意见,说明被告人可能符合强制医疗的条件。然后依次由公诉人和被告人的法定代理人、诉讼代理人发表意见。双方还可以相互进行辩论。

25.3.3 裁判方式

经过开庭审理,法院可以对被申请人或者报告人是否符合强制医疗条件作出裁判。根据强制医疗程序启动方式的不同,这种裁判方式也有一定的差异。

对于检察机关提出强制医疗申请的案件,法院经过审理可以作出三种决定:一是对于符合精神病人强制医疗条件的案件,应对作出对被申请人强制医疗的决定;二是认定被申请人属于依法不负刑事责任的精神病人,但不符合强制医疗条件的,应当作出驳回强制医疗申请的决定,但可以责令其监护人等严加看管;三是认定被申请人具备完全或部分刑事责任能力,依法应当追究刑事责任的,应作出驳回强制医疗申请的决定,并将案件退回检察机关处理。

法院在审理过程中自行启动强制医疗程序的,经过法庭审理,可以作出以下三种决定:一是对于符合强制医疗条件的被告人,应当判决被告人不负刑事责任,同时作出对被告人强制医疗的决定;二是认定被告人属于依法不负刑事责任的精神病人,但不符合强制医疗条件的,应对判决宣告被告人无罪或者不负刑事责任,但可以责令其监护人等严加看管;三是对于具有完全或部分刑事责任能力,应当追究刑事责任的被告人,应按照普通程序继续进行法庭审理。

25.4 救济程序

与一般刑事案件的诉讼程序不同,强制医疗程序要确定被申请人是否符合强制医疗条件,法院经过审理不需要作出判决或者裁定,而只需作出相关的决定。对这种决定,检察机关不能提起抗诉,被申请人及其法定代理人不能提起上诉。但是,为保障被申请人及其法定代理人的诉讼权利,确保一审法院的决定接受上级法院的审查和监督,我国刑事诉讼法对这类案件建立了特殊的司法救济机制。

原则上,一审法院所作的强制医疗决定,一经送达公安机关和被申请人一方,立即产生法律效力,公安机关应立即将被强制医疗的人送交强制医疗。

被决定强制医疗的人、被害人及其法定代理人、近亲属不服的,可以向上一级法院申请复议。但是,复议期间不停止执行强制医疗的决定。

对于不服强制医疗决定的复议申请,上一级法院应当组成合议庭,对案件进行重新审理。经过审理,认为被决定强制医疗的人符合强制医疗条件的,应驳回复议申请,维持原决定;认为被决定强制医疗的人不符合强制医疗条件的,应当撤销原决定;认为原审违反法定诉讼程序,可能影响公正审判的,应撤销原决定,发回原审法院重新审判。

对于一审法院自行启动强制医疗程序,并判决被告人不负刑事责任,同时决定强制医疗的案件,检察机关可以提起抗诉,被决定强制医疗的人、被害人及其法定代理人、近亲属申请复议的,上一级法院应当按照第二审程序进行审理。

25.5 解除强制医疗程序

我国《刑事诉讼法》不仅将对被申请人决定强制医疗问题纳入诉讼程序的轨道,而且还通过法庭审理方式来确定强制医疗的解除问题。根据《刑事诉讼法》,在被决定强制医疗的精神病人经过一段时间的治疗后,可以有两种解除强制医疗的启动方式:一是强制医疗机构提出解除强制医疗的意见,二是被强制医疗的人及其近亲属提出解除强制医疗的申请。

无论是医疗机构的意见还是被强制医疗的人的申请,都要向原作出强制医疗决定的法院提出。法院接受上述意见或者申请后,应审查是否附有对被强制医疗的人的诊断评估报告。强制医疗机构提出解除强制医疗意见,没有附上诊断评估报告的,法院应要求其提供。被强制医疗的人及其近亲属提出解除申请,强制医疗机构没有提供诊断评估报告的,申请人可以申请法院予以调取。必要时,法院可以委托鉴定机构对被强制医疗的人进行鉴定。

对于医疗机构提出意见或者被强制医疗的人提出申请的案件,法院要组成合议庭进行审查。经过审查,法院可以作出两种决定:一是被强制医疗的人已经不具有人身危险性,不需要继续强制医疗的,应当作出解除强制医疗的决定,责令被强制医疗的人的家属严加看管和医疗;二是被强制医疗的人仍然具有人身危险性,需要继续强制医疗的,应作出继续强制医疗的决定。

被强制医疗的人及其近亲属提出的解除申请被法院驳回的,在6个月之内不得再次提出解除强制医疗的申请。6个月之后,被强制医疗的人及其近亲属重新提出解除申请的,法院应当予以受理。

阅读案例材料之二十五

宋某某强制医疗案[①]

北京市海淀区人民法院经审理查明:2012年11月30日16时20分许,被申请人宋某某在北京市地铁2号线鼓楼大街站内,将在站台边等候列车的被害人李嘉伟(男,37岁)推下站台,致使李嘉伟被正在进站的列车碾压致伤,造成其右侧第6—10肋骨骨折;右侧血气胸;左侧血胸;右下肺破裂;右肺血管破裂;右侧肋间血管破裂;双肺挫伤;右侧胸部皮下气肿;头部开放伤口;脑外伤后神经反应;全身多处软组织损伤。

2012年12月6日,被申请人宋某某被抓获归案,并供述了上述事实。2013年1月6日,被申请人宋某某经法定程序鉴定,依法不负刑事责任。被申请人宋某某于2013年1月7日被释放,同日被采取临时保护性约束措施。

北京市海淀区人民检察院认为被申请人宋某某实施了暴力行为,严重危害他人人身安全,经法定程序鉴定为依法不负刑事责任能力的精神病人,并有继续危害社会的可能,应当予以强制医疗,向北京市海淀区人民法院提出强制医疗申请。

宋某某的法定代理人及诉讼代理人对检察机关提出的事实和证据不持异议,但认为宋某某现不具有社会危险性,其亲属能对被申请人宋某某进行监管,不需要强制医疗。并当庭出示下列证据:

1. 宋某某的法定代理人与被害人达成的和解协议,证明双方已对赔偿事宜达成了和解。

2. 宋国珍写的保证书,证明宋国珍希望法院解除对宋某某的强制医疗,其愿意全程监护对宋某某的治疗,负担由此产生的经济责任和后果。

北京市海淀区人民法院认为,被申请人宋某某在2007年2月就曾被医院诊断为精神分裂症,在2012年1月至2012年10月连续发生无故打骂他人的情况,在2012年11月30日又实施了将他人推下地铁站台,造成被害人身体遭

[①] 参见北京市海淀区人民法院(2013)一中刑医复字第1420号《刑事判决书》。

到列车碾压后多处受伤的危害后果。被申请人宋某某虽经法定程序鉴定为依法不负刑事责任能力的精神病人,但其行为严重危害了他人的生命安全,具有社会危险性,应予以强制医疗。针对被申请人宋某某的法定代理人及诉讼代理人提出的被申请人宋某某现不具有社会危险性,没有必要被强制医疗的意见,法院认为在案证据表明,现被申请人宋某某的病情没有康复,仍然存在继续危害社会的可能,故对此点意见法院不予采纳。

北京市海淀区人民法院依照刑法第十八条第一款、刑事诉讼法第二百八十四条、第二百八十五条第一款之规定,决定对被申请人宋某某予以强制医疗。

宣判后,被申请人宋某某的法定代理人向北京市第一中级人民法院申请复议。

宋某某法定代理人的申请理由是:宋某某已不具有社会危害性,其有能力对宋某某进行治疗与监管,申请撤销原审法院的强制医疗决定。

宋某某诉讼代理人的意见是:宋某某目前病情有所缓解,且其亲属表示可以提供治疗与安保措施,可以避免宋某某再次发生危害社会的行为,故请求撤销对宋某某的强制医疗决定。

北京市第一中级人民法院经复议后认为,宋某某目前的病情尚未康复,仍有继续危害社会的可能,其法定代理人并不能够提供足以防止其可能继续危害社会的安全保障措施。综合宋某某目前的疾病治疗及其监护人的看管情况,宋某某仍有继续危害社会的可能,应当予以强制医疗。依照最高人民法院《关于适用〈中华人民共和国刑事诉讼法〉的解释》第537条第1项之规定,决定:驳回复议申请,维持原决定。

【深入思考题】

对于精神病人强制医疗程序,有人认为司法实践中公安机关仍然主导了司法鉴定程序,法庭审理往往流于形式,无法起到从实质上审查行为人精神状况的作用。你认为应作出怎样的制度安排,才能确保法院对行为人精神状况以及是否移送强制医疗的实质审理?

第二十六章　反腐败案件特别程序

> 惩治腐败本身是一个重要的政治目标。但是,即便再强调这一目标的重要性,也应注重手段和方式的正当性,至少不应使反腐败案件的诉讼程序在法治水平上发生明显倒退。2018年修订的《刑事诉讼法》为反腐败案件确立了一些特别程序,这应该被视为暂时性和过渡性的制度安排。

26.1　反腐败案件的管辖
26.2　监察委员会的刑事调查
26.3　监察留置
26.4　监察机关调查与检察机关审查起诉的程序衔接
26.5　对被调查人的权利保障
26.6　缺席审判
阅读案例材料之二十六　纪检监察机关的"四种形态"

26.1　反腐败案件的管辖

国家监察体制改革完成以后,原来由检察机关对职务犯罪案件行使的立案管辖权,整体上被转隶给监察委员会。目前,除了司法工作人员侵犯公民人身权利以及妨害司法公正的犯罪案件,仍然由检察机关行使立案管辖权以外,其他绝大多数由国家公职人员实施的犯罪案件,都由监察委员会负责立案调查。

监察委员会作为统一行使监察职能的国家专门机关,同时负有对国家公职人员进行政务调查和刑事调查的职责。与监察委员会合署办公的党内纪律检查委员会,还可以对具有中共党员身份的国家公职人员行使党纪调查权。可以说,在对那些涉嫌犯罪的公职人员行使刑事调查权方面,监察委员会与侦查机关并没有实质性的区别,其刑事调查权与侦查权具有相同的性质和法律效果。

根据我国法律规定,监察委员会负责立案管辖的刑事案件主要有以下六类:一是贪污贿赂犯罪案件,包括贪污罪、受贿罪、挪用公款罪等17个罪名;二是滥用职权犯罪案件,包括滥用职权罪,食品监管渎职罪,滥用管理公司、证券职权罪等15个罪名;三是玩忽职守犯罪案件,包括玩忽职守罪,环境监管失职罪,国有公司、企业、事业单位人员失职罪等11个罪名;四是徇私舞弊犯罪案件,包括徇私舞弊低价折股、出售国有资产罪,非由批准征收、征用、占用土地罪,枉法仲裁罪等15个罪名;五是重大责任事故犯罪案件,包括重大责任事故罪,工程重大安全事故罪,不报、谎报安全事故罪等11个罪名;六是公职人员实施的其他犯罪案件,包括破坏选举罪,背信损害上市公司利益罪,违法发放贷款罪等19个罪名。[①]

26.2　监察委员会的刑事调查

26.2.1　监察委员会刑事调查权的性质

在监察体制改革完成之后,监察委员会所进行的立案调查工作,也就是

[①] 参见中央纪律检查委员会和国家监察委员会2018年4月发布的《国家监察委员会管辖规定(试行)》。

党的纪律检查委员会所进行的立案调查工作,这种调查同时具有党纪调查、政纪调查和刑事调查的性质。通过这种调查,被调查人触犯党纪的,纪律检查委员会可根据调查结果,作出党纪处分;被调查人触犯相关法规的,监察委员会可以作出政务处分;监察委员会发现被调查人构成某一职务犯罪的,还可以将案件移送检察机关进行审查起诉。

监察委员会调查的案件假如仅仅止步于党纪处理或者政务处理,那么,其调查权就仅仅具有党纪调查权或政务调查权的性质。但是,监察委员会经过党纪调查和政务调查,认为被调查人已经涉嫌职务犯罪,需要移送检察机关审查起诉的,那么,这种调查就具有了刑事调查的性质。而所谓刑事调查,既具备刑事侦查的基本形式,也可以产生刑事侦查的法律效果,因此属于一种特殊的刑事侦查。

按照监察法的要求,监察机关经过调查,认为被调查人涉嫌职务犯罪的,应当制作起诉意见书,连同案卷材料和证据,一并移送检察机关审查起诉。这显然表明,在检察机关收到监察机关移送的起诉意见书和案卷材料之后,不需再经过专门的立案和侦查程序,即可以向法院提起公诉。在这种案件中,监察机关的立案和调查就已经具有刑事立案和刑事侦查的效力。检察机关可以监察机关调查所得的证据为依据,向法院提起公诉。

另外,无论是检察机关还是法院,对于监察委员会调查所得的证据,要进行全面的审查判断。对于监察人员违法获取的证据,检察机关和法院都可以将其予以排除,不得作为提起公诉和判决的根据。这也说明,监察委员会的调查程序要像侦查程序一样,接受检察机关和法院的合法性审查,并受到相关证据规则的规范和约束。

26.2.2 监察委员会的刑事调查

为有效地展开党纪调查、政务调查和刑事调查,监察委员会可依法行使十二种调查职权。从形式上看,这些调查权与刑事侦查权具有大体的相似性;而从法律效果上看,监察委员会通过这些刑事调查所获取的证据材料可以作为检察机关提起公诉的根据。

26.2.2.1 强制性调查措施

监察法赋予监察机构对被调查人财产的临时处置权,既包括查询、冻结、调取、查封、扣押等权力,也包括对被调查人住宅、办公室等处所进行搜查的权力。这些涉及侵犯个人财产权、住宅秘密、通讯秘密、个人隐私的调查权力,直接由监察机构调查人员加以行使,无须经过法院、检察机关的司法审查和司法授权。在程序构造上,这些调查程序基本上具有一种行政化的构造,也就是监察机构根据"工作需要"自行授权、自行决定并自行执行的方式。加上被调查人无法委托或者被指定律师提供法律帮助,因此,被调查人只能孤立地面对监察官员的调查,消极地等待监察官员的处置。

当然,监察法对于监察官员的上述调查权也作出了一些程序限制。例如,冻结的财产与本案无关的,应在查明后3日内解除冻结;搜查应出示搜查证,并有被搜查人或者见证人在场;调取、查封、扣押财物、文件和电子数据,应当收集原物原件,由持有人、保管人、见证人在场核对和签字;对调取、查封、扣押的财物、文件,应当设立专用账户,由专用场所的专门人员妥善保管,等等。

26.2.2.2 剥夺人身自由措施

根据监察法,"监察机关已经掌握其部分违法犯罪事实及证据,仍有重要问题需要进一步调查",并有法定妨碍调查行为的,可以采取留置措施。监察法对留置设置了审批程序,要求监察机构领导人集体决定采取留置措施,市级以下监察机关和省级监察机关采取留置措施时,都要报上一级监察机关批准或者备案。监察法还设定了留置的次数,一次留置不得超过3个月,在特殊情况下可以延长一次,延长时间也不得超过3个月,延长还要报上一级监察机关批准。不仅如此,采取留置措施后,应在24小时内通知被留置人所在单位和家属,并应保障其饮食、休息和安全。

26.2.2.3 技术调查措施

监察法赋予监察机关采取技术调查措施的权力。这些技术调查措施与刑事诉讼法对技术侦查措施的程序限制大体相似。例如,两部法律都要求这种技术调查(技术侦查)措施要经过"严格的批准手续";批准决定应当明确采取技术调查的种类和适用对象,自签发之日起3个月有效;对于复杂、疑难案件,经过批准,技术调查的有效期可以延长,每次延长不超过3个月,但没有延长次数的限制,等等。

与刑事诉讼法所确立的技术侦查措施一样,监察法所确立的技术调查措施,大体包括记录监控、行踪监控、通信监控、场所监控等多种特殊调查手段,属于对被调查人的通讯、行踪、谈话、会面等活动进行全程监控的秘密调查手段,会对被调查人的自由、隐私、尊严等权益造成不同程度的侵犯。监察委员会在采取技术调查措施方面,仍然适用行政化的审批决定机制。

26.2.2.4 非强制性调查措施

监察法还赋予监察机关进行谈话、讯问、询问、勘验、检查、鉴定等方面的调查权。相对于刑事诉讼法对上述行为的规范而言,监察法所确立的上述调查程序更为简单,缺乏最基本的程序控制机制。例如,在诸如谈话、询问、讯问方面,监察法没有规定应当有两名调查人员在场参加,没有确立"个别询问(讯问)"的规则,没有告知被调查人的基本诉讼权利,尤其是有辩护的权利;监察法没有对勘验、检查措施设定最基本的程序要求,尤其是诸如见证人到场签字、对实物证据的来源和提取加以全面记录等要求;监察法也没有对监察机关的鉴定设置任何限制性规范,对于鉴定人、鉴定机构的鉴定资质,鉴定检材的来源和资格,鉴定操作程序、鉴定意见的形式要件等,也没有作出任何明确的规范。

26.3 监察留置

在我国监察体制中,以留置取代"双规"和"双指",被视为"用法治思维、法治方式惩治腐败的体现",实现了"双规的法治化",属于我国法制建设的重大进步。根据监察法,留置属于监察机关有权采用的十二种调查措施之一。而在监察实践中,监察机关一旦采取留置措施,即可以在较长时内剥夺被调查人的人身自由,并迫使其接受审查和讯问。因此,留置又被视为监察机关最重要的调查措施。

所谓"监察留置",是指监察机关在调查那些涉嫌职务违法或职务犯罪的公职人员时,为查明有关违法或犯罪事实所采取的剥夺人身自由的监察措施。与"双规"相同的是,监察留置也会造成被调查人被剥夺人身自由的后果。但与"双规"不同的是,监察留置的期限受到了法律的严格限制,一次留置不得超过3个月,对同一案件通常不得采取超过两次的留置措施。

监察法对留置的适用确立了三个基本条件:一是适用留置的案件类型,监察法要求只有在被调查人涉嫌贪污贿赂、失职渎职等严重职务违法或者职务犯罪的情况下,监察机关才可以采取留置措施。这就意味着对于其他职务违法或职务犯罪行为,或者对于较为轻微的前述职务违法和职务犯罪行为,监察机关就不能采取留置措施。二是证据条件,也就是监察机关已经掌握被调查人"部分违法犯罪事实及证据",但"仍有重要问题需要进一步调查"的。

三是存在妨碍调查的法定情形,包括涉及案情重大、复杂的;可能逃跑、自杀的;可能串供或者伪造、隐匿、毁灭证据的;可能有其他妨碍调查行为的情形。

监察留置的适用要经过较为严格的审批程序。通常情况下,采取留置措施,要由监察机关领导人员集体研究决定。设区的市级以下监察机关采取留置措施,要报上一级监察机关批准。省级监察机关采取留置措施,要报国家监察委员会备案。在监察实践中,对公职人员采取留置措施,监察机关在报请上级监察机关批准之前,还要首先报请同级党委负责人审查批准。

对于监察留置的场所,监察法并没有作出明确的规定。在监察实践中,监察机关通常将两种场所作为留置地点:一是原来由纪检监察机构设立的"双规点",如纪检监察培训中心、纪检监察廉政教育基地等;二是在公安机关下设的看守所内设置专门的留置区域。还有些地方将检察机关曾经设置的专门监视居住场所,改造成专门的监察留置场所。

无论在哪一场所执行留置措施,监察机关都将留置的决定权与对被留置人的看护权进行了分离。原则上,留置措施的决定权要由监察机关经过严格审批后决定采取。但在采取留置措施过程中,监察机关在两个方面要接受公安机关的协助配合和监督制约:一是监察机关要在公安机关配合下执行留置措施,将被调查人带至留置场所;二是将被调查人留置在特定场所后,公安机关派人进行看护,以保证被留置人员的安全。

当然,监察留置并没有被纳入我国法定的刑事强制措施体系之中,而属于由监察委员会专门适用的特殊强制措施。由于监察留置无论是在适用场所还是在适用期限、审批程序等方面都具有显著的特点,特别在审批机制上具有鲜明的"政治色彩",因此,这种措施仍然属于传统"双规"措施的延续。更确切地说,监察留置同时带有"特殊强制措施"与"隔离审查措施"的性质,属于一种被用来进行党纪调查、政务调查和刑事调查的保障措施。

26.4 监察机关调查与检察机关审查起诉的程序衔接

监察委员会经过调查,认为被调查人涉嫌某一特定犯罪,符合提起公诉条件的,可以提交起诉意见书,将案件移送检察机关审查起诉。检察机关不再经过专门的立案侦查程序,而直接对案件进行审查起诉活动。而在监察委员会向检察机关移交案件过程中,存在着监察委员会调查程序与检察机关审查起诉程序的衔接问题。这些衔接问题主要表现在三个方面:一是强制措施的衔接；二是证据材料的衔接；三是补充调查的衔接。

26.4.1 强制措施的衔接

对于监察委员会移送审查起诉的案件，检察机关应当依照刑事诉讼法的规定采取强制措施。通常情况下，对于监察委员会已经采取留置措施的案件，检察机关应当对犯罪嫌疑人采取刑事拘留措施。这种先行拘留措施一经采取，监察委员会的留置措施自动解除。

在拘留期间，检察机关应当对案件是否符合逮捕条件进行审查，并在拘留后10日内作出是否逮捕的决定。在特殊情况下，审查决定逮捕的时间可以最多延长4日。经过审查，检察机关认为案件具备逮捕条件的，应当作出批准逮捕的决定。而对于不符合逮捕条件的案件，检察机关则可以对犯罪嫌疑人作出取保候审或者监视居住的决定。

26.4.2 证据材料的衔接

监察委员会通过调查，将收集的证明被调查人有罪的证据材料，载入案卷之中。在移送审查起诉时，监察委员会要将全部案卷材料连同起诉意见书移送检察机关。对于监察委员会调查所得的所有证据材料，检察机关都要予以接受，并将其作为审查起诉的基础，甚至作为提起公诉的根据。

2012年修订的《刑事诉讼法》实施后，对于行政机关在行政执法中收集的物证、书证、视听资料和电子数据，可以直接移送检察机关，检察机关可以将其作为审查起诉和提起公诉的根据。这开创了检察机关确认行政机关证据材料的证据效力的先河。2018年修订的《刑事诉讼法》通过以后，检察机关往前更迈进了一大步，对于监察委员会在监察调查过程中所收集的全部证据材料，包括物证、书证、视听资料、电子数据、证人证言、被调查人供述和辩解等证据材料，都可以在刑事诉讼中使用，作为审查起诉和提起公诉的根据。这就意味着，监察委员会通过一场统一的调查活动，所获取的所有证据材料，包括实物证据、言词证据以及笔录证据，都可以成为检察机关指控犯罪的证据。当然，对于这些证据，法院仍然要对其证据能力和证明力进行审查，对于不具有证据能力或证明力的证据，仍然可以将其予以排除，不作为定案的根据。

26.4.3 补充调查的衔接

对于监察委员会移送起诉的案件，检察机关经过审查，认为案件尚未达到起诉条件,而需要补充调查核实证据的,应当退回监察委员会补充调查,也可以自行补充侦查。检察机关一旦作出退回补充调查的决定,就构成一种"程序倒流",案件暂时退回到监察调查阶段。监察委员会经过补充调查后,可以将案件重新移送检察机关审查起诉。

名义上,尽管监察委员会所要进行的是"补充调查",而不是"补充侦查",但这种补充调查与公安机关的"补充侦查"并没有实质性的区别,属于一种特殊性质的补充侦查。另一方面,与公安机关的补充侦查一样,监察委员会的补充调查也最多不超过两次,每次以一个月为限。

26.5 对被调查人的权利保障

在监察体制改革完成之前,我国纪检监察机构所进行的党纪调查和政纪调查,属于刑事诉讼程序的前置性调查措施。由于"双规"和"双指"的采用没有受到有效的法律约束,加之法律对整个调查程序缺乏必要的规范和限制,因此,对被调查人的权利保障出现了很多问题。而在监察体制改革完成之后,被调查人的权利保障问题得到了一定程度的重视。监察法所确立的一系列制度都对惩治腐败与权利保障进行了兼顾,贯彻了正当程序的理念。甚至在一些方面,监察法对被调查人的权利保障还取得了一些法律上的突破。当然,与刑事诉讼法对犯罪嫌疑人的权利保障相比,监察法对被调查人的权利保障也存在一些重大缺憾,这有待于今后通过深化司法体制改革来加以解决。

监察法主要通过完善监察调查程序来加强被调查人的权利保障。首先,调查人员在采取讯问、询问、留置、搜查、调取、查封、扣押、勘验、检查等调查措施时,均应出示工作证件,出具书面通知,由二人以上进行,形成笔录、报告等书面材料,并由相关人员签名或者盖章。这种程序措施可以督促调查人员严格遵守法律规定的调查程序,实行调查全程留痕,并确保调查人员相互监督,避免出现刑讯逼供、诱供等违法调查取证的情况,也防止调查人员出现伪造或变造证据的情况发生。

其次,调查人员进行一些重要的调查取证工作,包括讯问、搜查、查封、扣押等,一律应当进行全程录音录像,留存备查。在监察实践中,监察机关采取留置措施的,对于在留置场所所进行的讯问,一律都要进行同步和全程录音录像。对重要调查活动进行全程录音录像的制度设计,既是对调查人员重要调查工作所采取的严格规范,对于避免刑讯逼供、诱供等非法取证活动是有利的,同时也属于对调查人员的一种保护性措施。但是,对于这种录音录像,我国法律并没有建立随案移送的制度,导致检察机关和法院无法查阅这种录音录像,辩护人更是无法通过调阅录音录像来质疑监察机关调查程序的合法性。

再次,在采取留置措施后,监察委员会要对被调查人采取以下权利保障措施:一是监察机关应当在24小时以内,将留置地点和事由通知被留置人的所在单位和家属。这与刑事诉讼法有关逮捕、拘留的相关程序保障保持了一致。二是监察机关应保障被留置人员的饮食、休息和安全,提供医疗服务,讯问被留置人员应合理安排讯问时间和时长,讯问笔录由被讯问人阅读后签名。三是对被留置人移送监察机关提起公诉后,法院作出有罪判决的,应将留置的期限按照"一日折抵一日"的原则予以折抵。而在法院作出无罪判决或者监察机关作出不起诉决定后,对于所采取的留置措施,监察机关还要承担国家赔偿责任。这种将留置折抵刑期以及将留置措施纳入国家赔偿范围的规定,为被留置人提供了重要的权利保障和救济途径。

最后,监察法要求监察机关在收集、固定、审查和运用证据时,完全遵循刑事诉讼法所确立的有关证据要求和证明标准。该法严禁监察机关以威胁、引诱、欺骗及其他非法方法收集证据,严禁"侮辱、打骂、虐待、体罚或者变相体罚被调查人和涉案人员"。对于监察机关以非法方法收集的证据应当依法予以排除,不得作为案件处置的依据。这样,监察机关的调查活动就与侦查机关的侦查措施一样,被纳入刑事诉讼法所确立的非法证据排除规则的调整范围,这为被调查人提供了非常重要的程序救济手段。与此同时,监察法要求监察机关遵守客观义务,全面收集不利于和有利于被调查人的证据,查明违法犯罪事实,"形成相互印证、完整稳定的证据链"。这与刑事诉讼法有关侦查终结、提起公诉和定罪都要达到最高证明标准的规定,大体是吻合的。这对于贯彻疑罪从无原则,减少冤假错案,都是重要的保障性规范。

26.6 缺席审判

缺席审判是我国反腐败案件特殊程序的主要组成部分,是指在符合法定条件的被告人逃往境外、无法出席法庭审理的情况下,法院对案件进行的特殊审判程序。2018年修订的《刑事诉讼法》首次确立了缺席审判程序。根据立法部门的解释,之所以要设立缺席审判程序,主要是出于依法惩治外逃贪腐贿赂犯罪人的现实需要,一方面要追究那些潜逃海外的腐败分子的刑事责任,将其转移到海外的涉案财物及时加以追缴,另一方面也要对其诉讼权利进行有效保障,确保其享有基本的辩护权,维护程序的正义。

26.6.1 缺席审判的适用条件

缺席审判是在被告人无法到场的情况下所进行的审判活动,对这种诉讼程序一旦适用不当,就有可能剥夺被告人的辩护权,无法保障被告人获得公正审判的机会,甚至还有可能因为无法全面调查核实证据,而出现冤假错案的可能性。正因为如此,对于缺席审判的适用应作出严格的限制。

首先,我国刑事诉讼法对缺席审判程序的适用范围作出了严格限制,原则上,这一程序只能适用于以下两类案件:一是贪污贿赂案件,也就是监察委员会负责调查的那些公职人员涉嫌实施的贪污贿赂犯罪案件;二是严重危害国家安全以及恐怖活动犯罪案件,但要同时具备"需要及时进行审判"和"经最高人民检察院加以核准"这两个条件。可以说,在实践中适用较多的还是贪腐贿赂犯罪案件。

其次,缺席审判只能适用于嫌疑人、被告人身处境外的案件。所谓身处境外,是指有确实和充分的证据证明,嫌疑人、被告人逃往中国大陆以外的其他地方,既包括身处外国,也包括身处我国香港、澳门、台湾等地区。

再次,从案件证据情况来看,对于监察委员会或公安机关移送的案件,检察机关经过审查,认为犯罪事实清楚,证据确实、充分,依法应当追究刑事责任的,才可以向法院提起适用缺席审判程序的请求。

最后,法院要适用缺席审判程序,还必须将传票和起诉书副本以合法方式送达给被告人,而被告人没有按照要求到案。要满足这一条件,法院就需要查明被告人所在国家或地区,查明被告人的住处,并进行合法有效的送达,并确认被告人拒绝回国接受审判。

与被告人到场案件的审判一样,法院适用缺席审判程序的,也应对案件是否具备开庭审理的条件进行庭前审查。经过审查,法院认为案件同时符合两项条件的,才可以作出开庭审理的决定:一是起诉书有明确的指控犯罪事实;二是案件符合缺席审判程序适用条件。其中,对"起诉书有明确的指控犯罪事实"的审查,属于法院的形式审查;而对"案件符合缺席审判程序适用条件"的审查,则属于法院的实质审查。

26.6.2 送达

在缺席审判过程中,将传票、起诉书副本送达给被告人,是一个十分重要的程序环节,也是法院开启缺席审判程序的必要条件。而在法院作出一审判决后,将判决书副本送达给被告人,也是保障其行使上诉权的制度保障。考虑到被告人身处境外,我国法院在送达诉讼文书方面势必会遇到一系列困难,也应采取与普通诉讼文书送达不同的诉讼程序。

根据我国刑事诉讼法,法院对传票、起诉书、判决书等文书的送达,可以有两种法定方式:一是通过有关国际公约规定或者外交途径提供的司法协助方式,向被告人进行送达;二是采取被告人所在国家或地区法律允许的其他方式,进行诉讼文书的送达。在司法实践中这些送达方式有多种多样,如通过邮寄送达,通过我国驻外使领馆人员进行送达,通过公告送达,通过留置方式进行送达,等等。但不论采取何种送达方式,都必须符合国际公约或外交途径确定的司法协助方式,或者符合被告人所在国家和地区的法律要求。

原则上,对传票、起诉书副本、判决书副本的送达必须满足法定的送达要求,才属于合法的送达,并产生送达的法律效力。在法院对传票、起诉书副本送达完成后,被告人仍然拒绝按照要求到案参加诉讼的,缺席审判程序才能适用。在判决书副本送达完成后,被告人提出上诉的,案件进入第二审程序。

26.6.3 被告人及其近亲属的参与方式

在缺席审判过程中,法院应当保护被告人及其近亲属的辩护权。原则上,被告人有权委托辩护人,被告人的近亲属可以代为委托辩护人。被告人及其近亲属没有委托辩护人的,法院应当通知法律援助机构指派律师为其提供辩护。这表明,法院对于缺席审判案件应当适用强制性指定辩护制度。在被告人及其近亲属没有委托辩护人的情况下,法院没有为被告人及其近亲属指定辩护律师的,法院所进行的审判应当属于违反法定的诉讼程序,可能影响公正审判的情形,二审法院可以作出撤销原判、发回重新审判的裁定。

在缺席审判过程中,被告人的诉讼权利由其近亲属代为行使。被告人的近亲属和辩护人有权出示、宣读和播放本方实物证据,对本方证人进行发问,对公诉方的证据发表质证意见,对公诉方证人进行交叉询问,并在法庭辩论阶段发表辩护意见。

一审法院经过法庭审理,作出判决的,应将判决书送达被告人及其近亲属、辩护人。需要注意的是,对于身处境外的被告人,一审法院也要将判决书予以送达,以确保被告人有效行使上诉权利。对于一审判决书,被告人及其近亲属不服的,有权向上一级法院提出上诉。辩护人经被告人或者其近亲属同意,也可以提出上诉。

我国刑事诉讼法尽管允许被告人的近亲属代其参与法庭审理程序,代其行使诉讼权利,但对于"被告人近亲属"的范围没有作出清晰的界定。特别是在被告人有多个近亲属,他们要么争相代表被告人参与审理,要么在代表被告人参与法庭审理方面互相推诿时,刑事诉讼法也没有确立一种遴选"被告人近亲属"的办法。为解决这一问题,法院可以在庭前会议上通知被告人的近亲属参加庭前准备活动。对于近亲属参加诉讼存在争议的,法院应当及时明确指定一名近亲属代表被告人参加诉讼。

26.6.4 缺席审判案件的重新审理

无论是在缺席审判过程中,还是在法院通过缺席审判作出生效裁判之后,都有可能出现被告人自动投案或者被抓获归案的情况。在被告人到案之后,原来进行的缺席审判活动及其所形成的裁判是否还具有法律效力呢?对于这一问题,我国刑事诉讼法确立了两种重新审理程序。

首先,无论是在一审阶段还在二审阶段,被告人到案后,原来进行的审判活动和裁判结论一律归于无效,一审法院应当在被告人到场的情况下,重新审理此案。

其次,法院通过缺席审判程序,作出生效有罪裁判后,犯罪人到案的,法院应将犯罪人交付执行刑罚。但是,在交付执行刑罚之前,法院应告知犯罪人有权对生效判决或者裁定提出异议。犯罪人对判决、裁定提出异议的,法院应当启动刑事再审程序,对案件进行重新审理。

26.6.5 两种特殊案件的缺席审判

为解决司法实践中经常出现的中止审理和被告人死亡案件的诉讼程序问题,刑事诉讼法也确立了相关的缺席审判制度。

首先,对于被告人因患有严重疾病无法出庭,法院中止审理超过6个月,被告人仍然无法出庭的,经被告人及其法定代理人、近亲属申请或者同意恢复审理的,法院可以在被告人不出庭的情况下进行缺席审理,依法作出判决。这种缺席审理,建立在被告人及其法定代理人、近亲属同意适用的前提之下,属于他们对本方诉讼权利的自由处分。

其次,对于被告人死亡的案件,法院应当裁定终止审理。但是,对于有证据证明被告人无罪的案件,法院可以在被告人不出庭的情况下,进行缺席审判,直接作出无罪判决。可见,对于被告人死亡的案件,适用缺席审判程序的前提条件应当是作出无罪判决。

不仅如此,法院按照审判监督程序重新审判的案件,被告人死亡的,法院也可以进行缺席审理,依法作出判决。对于这类缺席审判,也应该严格限定为法院宣告无罪的案件。而对于经过再审准备作出有罪判决的案件,法院不得启动缺席审判程序。换言之,法院在再审程序中进行缺席审判的,绝对不得作出有罪判决。

阅读案例材料之二十六

纪检监察机关的"四种形态"[①]

在反腐败案件中,中国实行党的纪律检查委员会和监察委员会合署办案的体制,将党纪处理、政务处理和刑事处理视为处理公职人员贪污贿赂案件的统一整体。从党内监督执纪的处理方式来看,已经形成了处理违纪违法犯罪人员的"四种形态"。

具体而言,第一种形态是"经常开展批评和自我批评、约谈函询,让'红红脸、出出汗'成为常态"。第一种形态的处理方式主要有14项,包括谈话函询了结、"面对面"初步核实了结等2种情形,以及经纪律审查后仅给予提醒谈话、警示谈话、批评教育、纠正或责令停止违纪行为、责成退出违纪所得、限期整改、责令作出口头或书面检查、召开民主生活会批评帮助、责令公开道歉(检讨)、通报(通报批评)、诫勉(诫勉谈话)、其他批评教育类措施等党纪处理措施。

第二种形态是"党纪轻处分、组织调整",成为违纪案件的大多数处理方式。第二种形态大体上有21项处理措施,包括党内警告、党内严重警告等2项党纪轻处分,行政警告、行政记过、行政记大过,行政降级等4项政纪轻处分,以及取消荣誉称号、撤销政协委员资格、终止(罢免、撤销、责令辞去)人大代表资格、取消预备党员资格、取消(罢免)当选资格、终止党代表资格、停职(停职检查)、调整(调离)职务(岗位)、免职、引咎辞职、责令辞职、改任非领导职务、安排提前退休、降低退休待遇、其他组织调整类措施等15项组织措施。

第三种形态则是"党纪重处分、重大职务调整",使之成为违纪违法案件的少数处理方式。第三种形态共包括12项处理措施,包括撤销党内职务、留党察看、开除党籍等3项党纪重处分,行政撤职、行政开除等2项政纪重处分,降职、取消退休待遇、解聘、解除劳动合同、辞退、组织除名(劝退)、其他重大职务调整类措施等组织措施。

[①] 参见朱金刚:《贯通运用监督执纪"四种形态"》,载《中国纪检监察报》2019年5月23日。

第四种形态是"对严重违纪人员涉嫌违法犯罪的",追究刑事责任,这应成为极少数案件的处理方式。第四种形态可包括2项处理措施,包括纪检监察机关立案审查和调查完毕后移送检察机关审查起诉,以及司法机关判处刑罚后移送纪检监察机关作出开除党籍、开除公职处分等情形。

据统计,2019年1月至9月,全国纪检监察机关运用监督执纪"四种形态"批评教育帮助和处理共124.9万人次。其中,运用第一种形态批评教育帮助85.4万人次,占总人次的68.4%;运用第二种形态处理29.8万人次,占23.9%;运用第三种形态处理4.8万人次,占3.8%;运用第四种形态处理4.9万人次,占3.9%。

监督执纪"四种形态"被视为"全面从严治党"的重大实践和理论创新。"四种形态"贯通规、纪、法,兼具教育警醒、惩戒挽救和惩治震慑功能,是一体推进不敢腐、不能腐、不想腐的重要载体,是一个环环相扣、严密完整的逻辑体系。

从"四种形态"数据结构来看,2019年1月至9月,纪检监察机关运用第一、二种形态处理的被调查人数量所占比例为92.3%,运用第三、四种形态处理的被调查人数量所占比例为7.7%。与此同时,运用第一种形态处理的被调查人数量持续增长,所占比例从2017年的59.7%,到2018年的63.6%,再到2019年前三个季度的68.4%。这显然说明,"红脸出汗"已渐成常态,实现了惩治极少数、教育大多数的政治和社会效果。

【深入思考题】

1. 随着监察体制改革的完成,监察委员会集中行使党纪调查权、政务调查权和刑事调查权,并对被调查人的出路确立了四种形态,而作为第四种形态的刑事处理只占反腐败案件的很小一部分。在监察委员会动辄强调其"政治机关"的情况下,这会不会造成反腐败效果的弱化?

2. 在监察委员会的调查过程中,辩护人被排除于调查程序之外,被调查人的合法权益究竟应如何加以保障?

3. 缺席审判制度的确立,无疑为反腐败案件确立了有效追究刑事责任的途径。但是,对于中国法院通过缺席审判程序所作的有罪判决,假如外国司法机关以不符合公正审判的最低标准为由,拒绝协助引渡"罪犯",拒绝协助追缴涉案财物,怎么办?

参考文献

一、中文著作(按作者姓氏拼音字母顺序排列)

蔡敦铭:《刑事诉讼法论》,台湾五南图书出版公司1996年版。
蔡敦铭:《两岸比较刑事诉讼法》,台湾五南图书出版公司1996年版。
陈瑾昆:《刑事诉讼法通义》,朝阳大学1930年版。
陈朴生:《刑事诉讼法实务》,台湾海天印刷厂有限公司1980年版。
陈瑞华:《比较刑事诉讼法》(第二版),北京大学出版社2020年版。
陈瑞华:《程序性制裁理论》(第二版),中国法制出版社2010年版。
陈瑞华:《量刑程序中的理论问题》,北京大学出版社2011年版。
陈瑞华:《论法学研究方法》(第三版),法律出版社2017年版。
陈瑞华:《司法体制改革导论》,法律出版社2017年版。
陈瑞华:《刑事辩护的理念》,北京大学出版社2017年版。
陈瑞华:《刑事辩护的艺术》,北京大学出版社2018年版。
陈瑞华:《刑事审判原理论》(第二版),北京大学出版社2004年版。
陈瑞华:《刑事诉讼的前沿问题》(第五版)(上、下),中国人民大学出版社2013年版。
陈瑞华:《刑事诉讼的中国模式》(第三版),法律出版社2018年版。
陈瑞华:《刑事证据法》(第三版),北京大学出版社2019年版。
陈瑞华:《刑事证据法的理论问题》(第二版),法律出版社2018年版。
陈一云主编:《证据学》(第二版),中国人民大学出版社2000年版。
戴修瓒:《刑事诉讼法释义》,上海法学编译社1929年版。
顾昂然:《新中国的诉讼、仲裁和国家赔偿制度》,法律出版社1996年版。
胡适:《读书与治学》,生活·读书·新知三联书店1999年版。
黄东熊:《刑事诉讼法论》,台湾三民书局股份有限公司1991年版。
江礼华等主编:《美国刑事诉讼中的辩护》,法律出版社2000年版。
康焕栋:《刑事诉讼法论》,上海会文堂新记书局1936年版。
李心鉴:《刑事诉讼构造论》,中国政法大学出版社1992年版。
林钰雄:《刑事诉讼法》,台湾学林文化事业出版有限公司2001年版。
沈家本:《修订法律大臣沈家本等奏刑事诉讼律草案告成装册呈览一折》。
宋冰:《读本:美国与德国的司法制度和司法程序》,中国政法大学出版社1998年版。
宋英辉:《刑事诉讼目的论》,中国人民公安大学出版社1995年版。

王人达、曾粤兴:《正义的诉求——美国辛普森案与中国杜培武案的比较》,法律出版社2003年版。

王兆鹏:《美国刑事诉讼法》,北京大学出版社2005年版。

孙少康:《刑事诉讼法》,上海商务印书馆1935年版。

夏勤:《刑事诉讼法要论》,朝阳大学1921年版。

徐京辉、程立福:《澳门刑事诉讼法》,澳门基金会1999年版。

徐静村:《刑事诉讼法学》(上、下),法律出版社1998年版。

张军、姜伟、田文昌:《刑事诉讼:控辩审三人谈》,法律出版社2001年版。

二、译著(根据作者名字字母顺序排列)

〔法〕贝尔纳·布洛克:《法国刑事诉讼法》,罗结珍译,中国政法大学出版社2009年版。

〔美〕博登海默:《法理学——法哲学及其方法》,邓正来译,华夏出版社1987年版。

〔美〕戴尔卡门:《美国刑事诉讼——法律和实践》,张鸿巍等译,武汉大学出版社2006年版。

〔美〕菲尼、〔德〕赫尔曼、岳礼玲:《一个案例两种制度——美德刑事司法比较》,郭志媛译,中国法制出版社2006年版。

〔美〕戈尔丁:《法律哲学》,齐海滨译,生活·读书·新知三联书店1987年版。

〔美〕哈罗德·伯曼编:《美国法律讲话》,陈若曦译,生省·读书·新知三联书店1988年版。

〔美〕华尔兹:《刑事证据大全》,何家弘等译,中国人民公安大学出版社1993年版。

〔法〕卡斯东·斯特法尼等:《法国刑事诉讼法精义》(上、下),罗结珍译,中国政法大学出版社1998年版。

〔德〕拉德布鲁赫:《法学导论》,米健等译,中国大百科全书出版社1997年版。

〔法〕勒内·达维德:《当代主要法律体系》,漆竹生译,上海译文出版社1983年版。

〔德〕罗科信:《刑事诉讼法》(第24版),吴丽琪译,法律出版社2003年版。

〔英〕麦高伟等:《英国刑事诉讼程序》,何家弘等译,法律出版社2003年版。

〔法〕让·文森等:《法国民事诉讼法要义》(上),罗结珍译,中国法制出版社1999年版。

〔日〕松尾浩也:《日本刑事诉讼法》,丁相顺译,中国人民大学出版社2006年版。

〔英〕特纳:《肯尼刑法原理》,王国庆等译,华夏出版社1989年版。

〔日〕田口守一:《刑事诉讼法》,张凌等译,中国政法大学出版社2010年版。

〔德〕托马斯·魏根特:《德国刑事诉讼程序》,岳礼玲等译,中国政法大学出版社2004年版。

〔美〕虞平、郭志媛编译:《争鸣与思辨:刑事诉讼模式经典论文选译》,北京大学出版社2013年版。

三、英文部分(按作者姓氏字母顺序排列)

Amar, A. R.,"Fourth Amendment First Principle", 107 *Harvard Law Review* 757 (1994).

Amar, A. R., *The Constitution and Criminal Procedure—First Principle*, Yale University Press, 1997.

Amsterdam, A. G., "Speedy Criminal Trial: Rights and Remedies", *Stanford Law Review*, Vol. 27, Feb. 1975.

Bayles, Michael D., *Procedural Justice*, Kluwer Academic Publishers, 1990.

Bradley, C. M., "The Exclusionary Rule in Germany", in 96 *Harvard Law Review* 1032 (1983).

Carlson, R. L., *Criminal Justice Procedure*, fourth edition, Anderson Publishing Co., 1991.

Choo, A. L. T., *Abuse of Process and Judicial Stays of Criminal Proceedings*, Clarendon Press · Oxford, 1993.

Choo, A. L. T., "Halting Criminal prosecutions: The Abuse of process Doctrine Revisited", in *Criminal Law Review*, 864(1995).

Dandu Shigemitsu, *Japanese Criminal Procedure* (translated by B. J. George), Fred B. Rothman & Co., 1965.

Esmein, *A History of Continental Criminal Procedure*, D Reidel Publishing Company, 1913.

Fenwick, Helen, *Civil Rights: New Labour, Freedom and the Human Rights Act*, Pearson Education Limited, 2000.

Hatchard, J. and others, *Comparative Criminal Procedure*, The British Institute of International and Comparative law, 1996.

Ingman, Terence, *The English Legal Process*, seventh edition, Blackstone Press Limited, 1998.

Israel, J. H. and LaFave, Wayne R., *Criminal Procedure: Constitutional Limitation*, West Publishing Co., 1993.

Klotter, J. C., *Criminal Evidence*, Fifth Edition, Anderson Publishing Co., 1992.

LaFave, Wayne R. and Israel, Jerold H., *Criminal Procedure*, second edition, West Publishing Co., 1992.

Lucas, J. R., *On Justice*, Oxford University Press, 1980.

Murphy, P., *Murphy on Evidence*, Blackstone Press Limited, 1995.

Packer, Herbert, *The Limits of the Criminal Sanction*, Stanford University Press, 1968.

Samaha, J, *Criminal Procedure*, Wadsworth Publishing Company, 1999.

Sanders, A. and others, *Criminal Justice*, 2th edition, Butterworths & Co. (Publishers) Ltd., 2000.

Scherer, Klaus R., *Justice: Interdisciplinary Perspective*, Cambridge Univ. Press, 1992.

Sprack, J., *Criminal Procedure*, eighth edition, Blackstone Press, 2000.

Saltzburg, S. A. and others, *American Criminal Procedure: Cases and Commentary*, Sixth

Edition, West Publishing Co., 2000.

Stuart, D., *Charter Justice in Canadian Criminal Law*, Thomson Canada Limited, 2001.

Summers, R. S., "Evaluating and Improving Legal Process—A Ples for 'Process Values'", in *Cornell Law Review*, Vol. 60, November 1974, No. 1.

Uglow, Steve, *Criminal Justice*, Sweet & Maxwell, 1996.

Wyngaert, C. V. D. and others, *Criminal Procedure Systems in the European Community*, Butterworths & Co. (Publishers) Ltd. 1993.

Zander, M., *The Police and Criminal Evidence Act 1984*, revised second edition, Sweet & Maxwell, 1990.

索　引

（按汉语拼音顺序排列）

1979年《刑事诉讼法》　9,10,28,77,78,
　　138,143,152,231,259,260,456,508
1996年修订的《刑事诉讼法》　10,34,77,
　　78,130,222,231,259,380,410,457
2012年修订的《刑事诉讼法》　11,12,30,
　　34,52,54,55,78,85,87,100,103,149,
　　160,163,166,210,231,235,259,263,
　　276,419,420,428,430,432,439,450,
　　494,512,526,539,560,572,587
2018年修订的《刑事诉讼法》　12,34,165,
　　236,250,263,338,343,432,433,435,
　　581,587,589

A

案中案　21,117,125

B

柏林　19
保守职业秘密规则　271
比例性原则　294,310,311
避免利益冲突规则　271
边沁　14
辩护原则　135,145,163—166
辩论式诉讼　67,77
不告不理　64,65,91,112,146,152,153,
　　230,396,442
不公开审理原则　556,557

不可补正的无效　117,123
不起诉　5,10,17,28,29,53,80,138,143,
　　144,149,150,152,153,195,196,203,
　　231—233,235,237,242,243,293,327,
　　335,349,367,379,381,387—395,402,
　　406, 407, 520—522, 526, 560, 561,
　　564—566,589
不做自己案件的法官　26,43

C

裁量不起诉　391,393
裁量性的排除　128
撤回起诉　85,102,104,106,209,230,320,
　　344,368,387,401,402,411,424,436,
　　437,514
撤销原判、发回重审　18,102,114—117,
　　124,127,129,130,158,166,209,215,
　　252,278,283,285,289,453—457
沉默权　71,74,161,162,224,225,308,371
成比例原则　145,194,294,368,369
程序便利性理论　508
程序补救型发回重审　454,455
程序倒流　85, 173, 320, 380, 381, 402,
　　454,588
程序的参与性　45
程序的对等性　45,47
程序的工具性　35

程序的公正性　39,40,90,108,127,130,
　　212,222,494
程序的合理性　45,47,48
程序的和谐性　52,53
程序的及时性　45,48
程序的经济性　40
程序的协商性　55
程序的诊疗性　54
程序的终结性　45,49
程序先于权利　43
程序性辩护　125,126,247,261,265—267
程序性裁判　21,81,84,103,117,124—
　　126,160,409
程序性上诉　125,127
程序性违法　103,114,115,117—124,126,
　　127,129,130,199,452,454,455
程序性正当程序　44,476
程序性制裁　6,13,18,103,114—122,124,
　　125,127—129,166,208,210,214,281,
　　315,454,455
程序正义　26,40,42—45,47,49,50,52,
　　56,113,137,138,178,211,247,279,
　　280,283,345,416,457,469,553,571
程序之诉　94—97,101,102,104,106,
　　111,183
迟来的正义为非正义　26,48
存疑不起诉　389,392,393

D

达维德　43,597
《大宪章》　43
逮捕前置主义　79,298
单方面接触　46
弹劾式诉讼　64,65,67,146,151,230
当事人主义　66,67
第二次伤害　149,202

定罪裁判　160,298,409,430,431
对抗式诉讼　10,66,67,69,72,74,75,77,
　　86,89,256,277,296
对人之诉　93—98,100—102,104,105,
　　111,534
对物之诉　93—102,104,105,111,533,
　　534,543

F

发回重审　8,14,85,103,158,284,289,
　　290,320,345,402,452—456,460,468
法定不起诉　393,407
法律保留原则　145,194,204,205,293,368
法律上有罪　15,16,31,156,157,223,227
法律意义上的辩护　245
法律援助值班律师　12,55,166,252,
　　253,352
法庭教育　55,554,555,557,559,562,563,
　　569,570
犯罪记录封存　54,550,553,563,564
犯罪控制　30,31,552
非法证据排除　8,11,34,84,87,95,96,
　　101,102,106,107,114,116—119,122,
　　124,127,128,132,134,161—163,165,
　　174,181,195,210,254,260,278,343,
　　386,421,423,432,438,439,558,589
非强制性侦查行为　374,376
附条件不起诉　54,55,389,391,394,550,
　　554,560,561,565—567,570

G

告诉才处理　105,106,144,202,236,359,
　　411,437
格里菲斯　551,552
工具价值　35,37,39
公力合作模式　523

公诉转自诉 202,233,236,237,242,243
公益义务 267,268,273
公正审判 14,20,44,45,123,129,130,166,198,205—207,209,210,218,252,266,275,283,289,343,393,443,444,453—457,460,466,468,469,479—481,577,590,591,595
管辖异议 46,200,207—210,219,260,424
国家追诉原则 106,135,137,138,144—150,202,223,230,234,236,365

H

合作性司法 552
横向构造 62,63,66—69,86
恢复性司法 149,520,523—525
混合式诉讼 64—66,75—77,150,151,230
霍华德·泽赫 524,525

J

积极自由 19
既判力 472—474,476
家庭模式 551,552
监察留置 195,581,585,586
检察官的客观义务 389
检察一体原则 145,183,390
简易程序 10,11,34,42,101,142,160,177,253,260,303,326,328,331—333,349,350,389,408—410,421,423,425,431—435,437,562,563
交叉询问 10,70,71,73,74,76,78,81,165,225,419,425—427,431,438,439,591
教育、感化、挽救相结合 551,554,563
教育为主、惩罚为辅 54,137,551,554,566,567
结果中心理论 49,50

禁止拒绝辩护规则 271,273
禁止强迫自证其罪 135,144,160—164,227,228
精神病人强制医疗 11,87,92,94,96,97,103,104,107,111,292,571—574,576,580
纠问式诉讼 64—67,138,146,147,150,151,154,226,230,418
卷宗移送主义 75
绝对不起诉 349,389,392,393,406
绝对的撤销原判 117,129,130
绝对排除 84,117,123,128,163
绝对无效 117,122,123

K

可补正的排除 117,128,129,163
可补正的无效 117,123
控辩协商 12,34,325,328,331,333,339,340,352
控审分离原则 135,137,138,144,150—154,230,233,365,381,397,400

L

拉德布鲁赫 150,597
利害关系人 45,46,49,51,52,87,99—101,109,360,498,524,525,537—543,545—549
两审终审 9,41,136,143,176,206,209,210,219,234,409,442,444—446,470,479
量刑程序的相对独立 430,431
量刑协商 56,142,325,328,333—336,338—345,351,352,387,402—405,521,523
量刑之诉 97,98,100,104,111,183
令状主义 295,372,373

流水作业的构造模式 82

M

马克思 150,168
免受双重危险 473,475,476

N

内在价值 35,39,40,49

P

帕克 16,30,32,551
排除非法证据 12,14,18,20,25,92,101,107,109,110,115—117,120,123,124,126—129,131,132,142,160,162,166,186,209,210,221,226,254,260,266,267,344,361,369,383,385,390,404,411,422—424,439,457,479
排除规则 84,118,128,129,163,440
平等武装 31,47,154,222,234,446,488
平野龙一 371

Q

起诉裁量原则 137,145,391,393
起诉法定原则 137,145,390
强制措施法定原则 294
强制性的排除 128
强制性侦查行为 7,21,80,84,86,164,245,358,368,370—376,535,544
强制性指定辩护 10,11,166,252,457,483,591
全面审查原则 145,445
缺席审判 12,108,250,411,581,589—593,595

R

人民主权原则 171,194

认罪答辩 336—338
认罪认罚从宽 12,34,41,55,56,141,142,174,236,252,263,325—327,341,343—345,347—349,352,381,402,403,405,432—434,523
认罪认罚具结书 12,34,166,236,253,327,328,340—343,346—349,352,405,407,421,431,433—435,521
任意性指定辩护 250

S

上诉不加刑 137,145,234,445—447,527
社会调查报告 55,558,559,562,563,568,569
涉案财物追缴程序 100,533—535,537,538,543,549
审判方式改革 77
审判公开原则 136,139,141,145,370,415—417
审判集中原则 137,420,421,424
审判之中的审判 21,117,125
审判中心主义 86,90,174,326,343
审问式诉讼 66,67,71,72,75,77,86
实体关联性理论 508
实体性裁判 117,125,126
实体性正当程序 44
实体性制裁 115,116
实体正义 35—37,39,42,49,50,52,56,137,138,212,248,416,553
事实上有罪 15,16,29—31,156
司法公信力理论 49,52
司法救济 19,21,33,34,38,80,110,114,117,118,170,214,244,248,259,295,296,304,306,321,322,442,443,447,462,538,560,577
司法能动原则 555

司法审查 6,14,25,35,68,79—81,84,86,103,110,116,119,125—127,150,159,173,183,189,195,233,266,295,296,299,302,305,316,318,329,337,338,340,370,372,373,376,386,388,392,498,544,572,573,583

司法统一性理论 508,509

私力合作模式 150,523

诉权 6,18—20,33,63,65,67,68,83,86,91—96,100,106,107,109,110,124—126,138,143,147—154,170,172,173,182,184,202,210,222,226,227,230,231,233,234,254,275,334,345,346,389,390,393,401—404,411,443,446—450,452,463,473,482,488,514,538,591,592

诉讼代表人 238—240,292

诉讼对象 92—94,96,101,108,110,227

诉讼构造 5,7,62,66—68,79,87,88,90,95,151,173,234,370—373,387,391,423,461,463,464,549

诉讼客体 63,65,92,93,95—99,102,110,125,151,164,226,373

诉讼行为无效 116,121,126

诉讼职能 63,67,150,182,183,370

诉讼主体 34,63—66,68,74,92,93,96,98,137,144,164,170,200,220,224,226,227,280,345,346,371,388,553

诉中诉 21,117,125

速裁程序 12,42,101,142,177,236,253,260,326,328,340,345,348,349,382,389,410,423,425,433—435,563

T

特殊保护原则 417,556,562

听取双方的陈述 26,43,164

庭前会议 11,20,34,42,87,102,105,106,126,132,165,210,213,221,226,254,260,265,280,408,410—412,421—425,438,440,545,592

庭前实质审查 10,77

庭审实质化 12,42,90,140,174,284,408,409,419,421,424,425,438,440

W

外在价值 35

违法所得没收程序 11,87,100,533,535,538—540,542,543,548

委托辩护 9,12,13,34,55,162,165,246,248—253,308,309,328,346,347,352,360,423,465,498,556,558,562,591

无效辩护 244,277—279,281—284,288,290

无罪辩护 126,156,160,197,198,225—227,241,243,245—247,261—264,267,270,282,288,344,345,381,414,552—554

无罪推定 31,47,97,135—137,143,144,154—160,163,164,169,223,227,228,294,296,301,339,370,381,393,453

X

瑕疵证据的补正 128,129

相对的撤销原判 117,129,130

相对独立的量刑程序 235,263,408,430

相对排除 117,128

相对无效 117,122,123,456

消极自由 19

协商性司法 56,333,336,338,432,523

刑事辩护全覆盖 12,252

刑事附带民事公益诉讼 99,184,238,516

刑事和解协议 231,235,236,407,512,

521,522,526—528,531,532
刑事审判方式改革 67,69,77,89
刑事诉讼构造 62—64,67—69,71,74—77,82,83
刑事诉讼价值 35,68,137
刑事诉讼目的 28—30,32,34,140,477
刑事之诉 91—97,108,110,111
形式正义 36—39,42,444

Y

一事不再理 402,472—476,488
疑罪从无 10,136,145,156,158,160,174,453,589
以司法裁判为中心 68,79,83
有错必纠 17,49,477,478
有效辩护 140,166,227,229,244,257,276,278—281
圆桌审判 55,563,570

Z

正当程序 30—32,42,43,157,194,229,302,552,553,588
正当法律程序 29,43,44,475,476
正义不仅要实现,而且要以人们看得见的方式实现 212
正义先于真实 43
证据辩护 247,261,266,267
直接和言词原则 174,343,417—420,424,429
职权主义 9,66,67,77,151,307
指定辩护 9—13,55,166,246,249—253,260,279,288,289,309,328,346,347,423,457,465,479,558,567—569,591
忠诚义务 166,265,267—273,279
终止诉讼 17,28,29,231,394,401,454
专家辅助人 20,102,228,260,261,286,288,419,422,423,425—429,480
专家证人 428,498
自然意义上的辩护 245
自然正义 43,211
纵向构造 62,63,67,68,79,86
罪轻辩护 247,261,263—265
尊严理论 49,50